Uni-Taschenbücher 1275

Eine Arbeitsgemeinschaft der Verlage

Wilhelm Fink Verlag München
Gustav Fischer Verlag Jena und Stuttgart
Francke Verlag Tübingen
Paul Haupt Verlag Bern und Stuttgart
Dr. Alfred Hüthig Verlag Heidelberg
Leske Verlag + Budrich GmbH Opladen
J. C. B. Mohr (Paul Siebeck) Tübingen
R. v. Decker & C. F. Müller Verlagsgesellschaft m. b. H. Heidelberg
Quelle & Meyer Heidelberg · Wiesbaden
Ernst Reinhardt Verlag München und Basel
F. K. Schattauer Verlag Stuttgart · New York
Ferdinand Schöningh Verlag Paderborn · München · Wien · Zürich
Eugen Ulmer Verlag Stuttgart
Vandenhoeck & Ruprecht in Göttingen und Zürich

Horst Buszello/Peter Blickle/Rudolf Endres (Hrsg.)

Der deutsche Bauernkrieg

2., durchgesehene und ergänzte Auflage

Ferdinand Schöningh
Paderborn · München · Wien · Zürich

CIP-Titelaufnahme der Deutschen Bibliothek

Der deutsche Bauernkrieg / Horst Buszello ... (Hrsg.). –
2., durchges. und ergänzte Aufl. – Paderborn; München; Wien;
Zürich: Schöningh, 1991
  (UTB für Wissenschaft: Uni-Taschenbücher; 1275)
  ISBN 3-506-99410-7
NE: Buszello, Horst [Hrsg.]; UTB für Wissenschaft / Uni-
  Taschenbücher

2., durchgesehene und ergänzte Auflage 1991

© 1984 Verlag Ferdinand Schöningh, Paderborn
(Verlag Ferdinand Schöningh GmbH, Jühenplatz 1, D 4790 Paderborn)

Das Werk, einschließlich aller seiner Teile, ist urheberrechtlich geschützt. Jede Verwertung außerhalb der engen Grenzen des Urheberrechtsgesetzes ist ohne Zustimmung des Verlages unzulässig und strafbar. Das gilt insbesondere für Vervielfältigungen, Übersetzungen, Mikroverfilmungen und die Einspeicherung und Verarbeitung in elektronischen Systemen.

Printed in Germany
Herstellung: Ferdinand Schöningh, Paderborn
Einbandgestaltung: Alfred Krugmann, Freiberg am Neckar

ISBN 3-506-99410-7

Inhaltsverzeichnis

Vorwort 7

Einleitung

Deutungsmuster des Bauernkriegs in historischer Perspektive 11
Von *Horst Buszello*

Methodenfragen der gegenwärtigen Bauernkriegsforschung 23
Von *Peter Bierbrauer*

Das Reich zu Beginn des 16. Jahrhunderts 38
Von *Peter Blickle*

Regional-chronologischer Teil

Oberrheinlande 61
Von *Horst Buszello*

Oberschwaben und Württemberg 97
Von *Claudia Ulbrich*

Franken 134
Von *Rudolf Endres*

Thüringen 154
Von *Rudolf Endres*

Mittelrhein 177
Von *Wolf-Heino Struck*

Alpenländer 191
Von *Peter Blickle*

Systematischer Teil

Ursachen 217
Von *Rudolf Endres*

Stadt und Bürgertum. Zur Steuerpolitik und zum Stadt-Land-Verhältnis 254
Von *Ulf Dirlmeier*

Legitimation, Verlaufsformen und Ziele 281
Von *Horst Buszello*

Folgen und Wirkungen 322
Von *Helmut Gabel* und *Winfried Schulze*

Kommentierte Auswahlbibliographie 353
Von *Peter Bierbrauer*

Hinweise zu Neuerscheinungen (1983–1990) 381

Zeittafel 395

Der deutsche Bauernkrieg. Übersichtskarte 408

Die Autoren 410

Register 412

Vorwort

Vor genau 50 Jahren veröffentlichte Günther Franz seine Darstellung des deutschen Bauernkriegs. Das epochemachende Werk, welches seither elf Auflagen erlebte, beendete für Jahrzehnte die Diskussion um dieses Ereignis deutscher Geschichte. Die Auseinandersetzung um Wesen und Bedeutung des Bauernkriegs begann in der Bundesrepublik Deutschland erst wieder gegen Ende der 60er Jahre — nun unter gründlich veränderten Umständen sowohl politischer wie geschichtstheoretischer Natur. Sie kulminierte im Umfeld des Gedenkjahres 1975, der 450jährigen Wiederkehr des Bauernkriegs.
Der vorliegende Band ist eine Gemeinschaftsleistung von neun Autoren, die für ihren jeweiligen Beitrag die Verantwortung tragen. Damit kommen auch unterschiedliche Forschungsansätze und interpretatorische Wertungen zum Ausdruck.
Das Buch erscheint unter dem traditionellen Titel „Der deutsche Bauernkrieg". Herausgeber und Autoren sind sich der damit verbundenen Problematik vollauf bewußt. Sie wollen mit der Titelwahl keine Charakterisierung der Ereignisse von 1524 bis 1526 geben, vielmehr nur eine rasche und unzweideutige Identifizierung des Buches ermöglichen; dafür erschien der herkömmliche und allgemein verbreitete Begriff „Bauernkrieg" am besten geeignet. Daß Herausgeber und Autoren im Geschehen von 1524 bis 1526 mehr sehen als nur einen „Krieg" von „Bauern", dürfte aus den einzelnen Beiträgen hinreichend deutlich werden.

Im April 1983   Die Herausgeber

Vorwort zur zweiten Auflage

Die Zustimmung, die das Buch seit seinem Erscheinen gefunden hat, veranlassen Verlag, Herausgeber und Autoren, eine zweite Auflage vorzulegen. Eine Überprüfung der seit 1983/84 erschienenen Literatur hat ergeben, daß eine inhaltliche Revision oder Neufassung der ursprünglichen Darstellung nicht notwendig ist. So bringt die Neuauflage den seinerzeitigen Text, wobei einzelne Versehen berichtigt, kleinere Ergänzungen eingearbeitet wurden. Die neuerschienene Literatur wird in einem ausführlichen Nachtrag erfaßt, der die Auswahlbibliographie, Stand 1983, fortschreibt. Dieses Verfahren hat gegenüber der anderen Möglichkeit, die jüngste Literatur in den Anmerkungsapparat einzuarbeiten, auch den Vorteil, daß es den Leser schneller und direkter in die laufende Forschung einführt.

Im Juli 1990   H. B.

Einleitung

Deutungsmuster des Bauernkriegs in historischer Perspektive

Von Horst Buszello

Die folgenden Ausführungen beanspruchen nicht, einen Abriß der Bauernkriegshistoriographie zu geben. Unser Interesse gilt lediglich den Versuchen, das Geschehen von 1525 zu deuten und zu erklären. Wir fragen nach der Entstehung, Rezeption und Veränderung typischer Deutungsmuster bis zur Mitte des 20. Jahrhunderts.

Die Diskussion um Charakter und geschichtliche Bedeutung des deutschen Bauernkriegs begann bereits im Jahre 1525. Mit Ausnahme der geschlagenen „Bauern" beteiligten sich alle politischen und konfessionellen Gruppen an der Auseinandersetzung. Eines ist allen Stellungnahmen gemeinsam: Sie entstammten nicht einem distanzierten Bemühen um Erklärung und Verstehen, sondern dem hitzigen Tageskampf; sie waren Anklage oder Verteidigung, zumeist beides in einem[1].

Die katholische Partei machte kurzerhand die Reformation bzw. Luther zum Urheber des Aufstandes. Der Bauernkrieg war in deren Sicht eine direkte und unmittelbare, persönlich zu verantwortende Folge der lutherischen Lehre: „Het Luther nye kein buch geschriben, teutschland wer wol zu frid beliben."[2]

Die reformatorische Seite antwortete zunächst mit einer Richtig-

---

[1] Zum folgenden s. *J. Maurer*, Prediger (wie Bibl. Nr. 136); auch *M. Bußmann*, Theologie und Bauernkrieg, theol. Diss. Münster (masch.) 1977, bes. S. 220 ff. *V. Lötscher*, Der deutsche Bauernkrieg in der Darstellung und im Urteil der zeitgenössischen Schweizer, phil.-hist. Diss. Basel 1943 (und: Basler Beiträge zur Geschichtswissenschaft 11, 1943). Zum Müntzer-Bild, jedoch mit vielen allgemeinen Bemerkungen zum Bauernkrieg in der Historiographie, s. *M. Steinmetz*, Müntzerbild (wie Bibl. Nr. 34). — Wichtige Texte sind abgedruckt in *A. Laube* — *H.-W. Seiffert* (Hrsg.), Flugschriften (wie Bibl. Nr. 17), S. 353 ff.

[2] Zit. nach *J. Maurer*, Prediger (wie Bibl. Nr. 136), S. 241. — Dazu: *A. Herte*, Das katholische Lutherbild im Banne der Lutherkommentare des Cochläus, 3 Bde., 1943; *S. Looß*, Katholische Polemik zur Haltung Luthers im Bauernkrieg, in: *G. Brendler* — *A. Laube* (Hrsg.), Bauernkrieg 1524/25 (wie Bibl. Nr. 48), S. 145—151.

stellung³. Demnach haben die Aufständischen die evangelische Lehre, die sich allein auf das Heil der Seele bezog, „fleischlich" umgedeutet und zum Deckmantel ihrer eigensüchtigen, irdischen Wünsche gemacht. Solche Verkehrung des wahren reformatorischen Anliegens sei das Werk von irregeleiteten Fanatikern, Schwärmern und Mordpropheten gewesen. Größter und gefährlichster Volksverführer war in den Augen Luthers der „Erzteufel" Thomas Müntzer. Jene falschen Propheten konnten jedoch nur an Boden gewinnen — und hier gingen die Reformatoren von der Verteidigung zum Angriff über —, weil die verstockten und selbstsüchtigen Anhänger des alten Glaubens das Gotteswort mit allen Mitteln unterdrückt und die Prediger des wahren Evangeliums verfolgt, vertrieben oder umgebracht hatten.

Über ihre Kritik am Verhalten der altgläubigen Geistlichkeit gewann die reformatorische Geschichtsschreibung wenigstens ansatzweise einen Zugang zu möglichen wirtschaftlichen und sozialen Ursachen der Erhebung: Der altgläubige Klerus habe nicht nur das Gotteswort unterdrückt, sondern gleichzeitig den „armen Mann" auch wirtschaftlich ausgebeutet. Dieser Vorwurf konnte — wie schon bei Luther deutlich wird — auf den Adel ausgedehnt werden.

So gegensätzlich die Positionen der katholischen und der reformatorischen Partei auch waren, einig waren sich beide Seiten in der ‚Verteufelung' des Aufstandes (dieses im buchstäblichen und im übertragenen Sinne). Der Aufstand war eine Bewegung, die auf totale Zerstörung der legitimen Ordnung abzielte; Raub und Brand waren seine Kennzeichen.

Schon die Zeitgenossen (Adel, Klerus, städtische Magistrate und in deren Gefolge die Geschichtsschreiber) prägten das Wort „Bauernkrieg". Man muß annehmen, daß mit ihm eingewurzelte soziale Ressentiments bewußt ins Spiel gebracht wurden. Ein *Bauern-Krieg* disqualifizierte sich von selbst, ihm ging jeder positive Zug ab.

---

³ Vgl. zum folgenden *H. Kirchner,* Der deutsche Bauernkrieg im Urteil der Freunde und Schüler Luthers, theol. Hab.schr. Greifswald (masch.) 1968; *Ders.,* Der deutsche Bauernkrieg im Urteil der frühen reformatorischen Geschichtsschreibung, in: *H. A. Oberman* (Hrsg.), Bauernkrieg 1525 (wie Bibl. Nr. 51), S. 95—125 (239—269); *R. Kolb,* The Theologians and the Peasants: Conservative Evangelical Reactions to the German Peasants' Revolt, in: Archiv für Reformationsgeschichte 69 (1978), S. 103—131.

In der Historiographie erlosch das Interesse an den Ereignissen von 1525 recht bald; die Chroniken der nachreformatorischen Zeit boten — wenn überhaupt — nur einige dürftige Angaben. Wachgehalten wurde die Erinnerung an den Bauernkrieg dagegen in der konfessionellen Kontroversliteratur des 17. und 18. Jahrhunderts. In ihr, d. h. in der Auseinandersetzung um Werk und Person Martin Luthers, überlebten zugleich die Deutungsversuche des frühen 16. Jahrhunderts[4].

Die erste ‚moderne‘ Bauernkriegsmonographie, erschienen 1795, entstammte der Feder des Göttinger Professors für Geschichte und Politik *Georg Friedrich Sartorius*[5]. Das plötzliche und bis dahin unübliche Interesse an den Ereignissen von 1525 erklärt sich aus den Zeitumständen, dem Erlebnis der Französischen Revolution.

Das Werk des Sartorius war in erster Linie ein Mahnschreiben an die Obrigkeiten. Es war ein Aufruf, notwendige Reformen durchzuführen, um einem Volksaufstand zuvorzukommen. Denn aufgeklärte und weise Politik, bedacht auf wirtschaftlichen, sittlichen und geistigen Fortschritt, sei die beste Versicherung gegen Umsturzversuche; Unterdrückung des Volkes provoziere dagegen die Rebellion. Als Beweis dient der Bauernkrieg.

Der Bauernkrieg war für Sartorius keine Folge der Reformation; Bauernaufstände und Unruhen in den Städten gab es lange vor der kirchlichen Erneuerung. Geradezu abwegig erschien ihm der Versuch, Luther als Person zum „Urheber" des Aufstandes zu machen — war er doch nicht einmal „Urheber" der Reformation. Luther sprach lediglich aus, was die Mehrheit des Volkes dachte, er war der „Interpret ... des Rufs seines Zeitalters".

Der Bauernkrieg wurzelte, so Sartorius, in den „mannigfaltigen Gebrechen der bürgerlichen und kirchlichen Ordnung", auf die die Herren nur mit verstärkter Gewalt und Tyrannei reagierten. Nicht die geistige, kirchliche Erneuerung, sondern der egoistische Starr-

---

[4] Dazu und zum folgenden *M. Arnscheidt*, Wandlungen in der Auffassung des deutschen Bauernkriegs zwischen 1790 und 1848, phil. Diss. Heidelberg (masch.) 1976, hier S. 13—34. Doch s. auch u. Kapitel „Folgen und Wirkungen", S. 340 f., 347 ff.

[5] *G. F. Sartorius*, Versuch einer Geschichte des Deutschen Bauernkriegs, 1795 (das Buch erschien in zwei Ausgaben in Berlin und in Frankenthal). Dazu *W. v. Hippel*, Bauernkrieg (wie Bibl. Nr. 33). — Das negative Bild des Bauernkriegs auch in der weitverbreiteten „Allgemeinen Geschichte vom Anfang der historischen Kenntnis bis auf unsere Zeiten" des *K. v. Rotteck*, Bd. 7, 1824, 8. Aufl. 1833, S. 111—114.

sinn der Herren und besonders der altgläubigen Geistlichkeit, deren Unvermögen zu vernünftigen Reformen haben die „bürgerliche Rebellion" hervorgerufen.

Dennoch bestand auch für Sartorius eine „gewisse Verbindung" zwischen der Reformation und der „bürgerlichen Rebellion, die wir Bauernkrieg nennen": Die siegreiche Reformation wirkte wie der Luftzug, der ein lange glimmendes Feuer zum Brand entfachte. Doch konnte sie nichts hervorbringen, was nicht schon zuvor im Volk angelegt war und seine Gründe in den realen Umständen der Zeit hatte.

War der Bauernkrieg in der Sicht des Sartorius einerseits eine „natürliche" Folge von „Mißbräuchen, die mit der Zeit unerträglich geworden waren", enthüllte er anderseits das abschreckende, furchterregende Gesicht einer Volkserhebung. Der Freiheit, die die Bauern begehrten, waren sie nicht würdig; es mangelte ihnen an Sittlichkeit und Bildung. Denn das Volk, wie es sich 1525 zeigte, war „unbändig und rachsüchtig", „roh und ungeschlacht", „feige und furchtsam". Ungebildet wie es war, wurde es eine leichte Beute für Gaukler, Fanatiker und Lügenapostel.

Eine neue Phase in der Auseinandersetzung mit dem Bauernkrieg begann 1830; an ihrem Beginn stand ein Quellenfund. In jenem Jahr veröffentlichte *Ferdinand Friedrich Oechsle* nach ausgedehnten Archivstudien „Verfassungspläne der Bauern", darunter Wendel Hiplers Beratungsplan für die Heilbronner Versammlung und einen „Verfassungsentwurf für das deutsche Reich" (den Oechsle ebenfalls Hipler zuschrieb)[6]. Die Archivfunde erwiesen die Unzuverlässigkeit und Einseitigkeit der bislang benutzten chronikalischen Berichte aus dem 16. Jahrhundert. Speziell der „Reichsreformentwurf" widerlegte den seit dreihundert Jahren wiederholten Vorwurf, die Bauern wollten nur zerstören und vernichten. In den aufgefundenen Dokumenten wurde ein Bauernkrieg sichtbar, der Achtung und Anerkennung verlangte; in ihnen erwiesen sich die Aufständischen als schöpferisch und konstruktiv, wie es Liberale und Demokraten im Vormärz auch sein wollten. In der Tat — kaum einer der nachfolgenden Historiker konnte sich der

---

[6] *F. F. Oechsle,* Beiträge zur Geschichte des Bauernkrieges in den schwäbisch-fränkischen Grenzlanden, 1830; Titelauflage: Geschichte des Bauernkrieges in den schwäbisch-fränkischen Grenzlanden, 1844, S. 153 bis 174. Neben Oechsle auch *H. W. Bensen,* Geschichte des Bauernkriegs in Ostfranken aus den Quellen bearbeitet, 1840. — S. dazu *K. Arnold,* arm man vnnd gemainer nutz (wie Bibl. Nr. 124 a).

Attraktivität entziehen, die von den „Verfassungsplänen" ausging, und für mehr als hundert Jahre wurde der Bauernkrieg zu einem Kampf für ein erneuertes deutsches Reich[7].
Für die Ursachenfrage ergaben die Archivfunde Oechsles keine neuen Ansatzpunkte. Der Aufstand war „eine natürliche Folge der unerträglichen Verhältnisse jener Zeit". Nur mittelbar hatte die Reformation Anteil am Aufruhr. Gegen den Willen Luthers leitete das Volk aus der religiösen Freiheit auch eine politische ab — doch „wen könnte das wundern"?

In der Mitte des 19. Jahrhunderts, in der spannungsgeladenen Atmosphäre des Vormärz und der Jahre nach 1848, legte die Geschichtsschreibung eine Reihe konträrer Bauernkriegsdarstellungen vor. Wie schon 1795 waren es auch 50 Jahre später die politischen Umstände, die zur Beschäftigung mit dem Bauernkrieg anregten. Als abschreckendes Beispiel oder leuchtendes Vorbild wirkte er als Mahnung an die eigene Zeit.

Die von Oechsle angebahnte neue Sicht des Bauernkriegs fand ihren konsequenten Ausdruck in der dreibändigen „Allgemeinen Geschichte des großen Bauernkrieges" von *Wilhelm Zimmermann:* „Als eines der unheilvollsten Ereignisse, als ein Einbrechen blinder Naturkräfte in den teutschen Staat pflegt man die bewaffnete Erhebung des gemeinen Mannes zu betrachten, welche unter dem nicht ganz entsprechenden Namen des großen Bauernkrieges bekannt geworden ist. Man ist gewohnt, darin nur die düstere Brand- und Todesfackel zu sehen, welche die rohe Faust der Empörung gegen das Herz des teutschen Vaterlandes geschwungen, indem man mehr an einzelne Erscheinungen und Taten, als an den innern Zusammenhang und an den Geist desselben sich hält ... Waren auch die Menschen nicht groß, die sich in Wort und Tat damit befaßten, so waren es doch große Dinge und hohe Interessen, welche der Bewegung zugrunde lagen und in ihr hervortraten."[8]

---

[7] *H. Vahle*, Bauernkrieg als politische Bewegung (wie Bibl. Nr. 23).
[8] *W. Zimmermann*, Allgemeine Geschichte des großen Bauernkrieges, 3 Bde, 1841—43 (Zitat: Bd. 1, S. 4 f.); eine überarbeitete 2. Auflage erschien in zwei Bänden 1856. — *M. Arnscheidt*, Wandlungen (wie Anm. 4), S. 159—179; *F. Winterhager*, Bauernkriegsforschung (wie Bibl. Nr. 32), S. 21—41; auch *A. Friesen*, Reformation and Utopia. The Marxist Interpretation of the Reformation and its Antecedents (Veröffentlichungen des Instituts für Europäische Geschichte, Abt. Abendländische Religionsgeschichte 71), 1974.

Der Bauernkrieg war für Zimmermann Ausdruck des uralten Kampfes der Menschen und Völker um Freiheit gegen die Kräfte der Unterdrückung. Freiheit aber wird nur im Kampf geboren — „das lehren die Geschichten der Staaten".

Reformation und Bauernkrieg waren nach Zimmermann auf je eigene Weise die schließliche und unvermeidliche Folge einer langandauernden, alle Lebensbereiche erfassenden „Krankheit" im deutschen Reich. Der geistige und der politische Befreiungskampf konnten deshalb nicht in einem Verhältnis von Ursache und Wirkung, sondern nur in einem solchen der wechselseitigen Beeinflussung zueinander stehen. „Der Brennstoff [zum Bauernkrieg] war da, lange angesammelt; die Reformation trat nur hinzu, als der elektrische Schlag, der ihn überall zugleich entzündete." Indem sich die Aufständischen unter dem „Panier" des Evangeliums sammelten, wurde es das „Bindungsmittel", das aus der Fülle einzelner, nur zeitgleicher Erhebungen eine Einheit machte — „nicht eine Einheit des Plans, aber doch des Zweckes".

In letzter Consequenz strebte die Revolution auch für Zimmermann auf eine politische Neuordnung Deutschlands zu. Die Reichsreformpläne der fränkischen Bauernführer waren „großartig und originell, praktisch und gemeinnützig". Doch anders als Oechsle lobte der radikale Demokrat Zimmermann nicht die maßvolle Zurückhaltung der Entwürfe, sondern im Gegenteil deren demokratische Spitze, die „klug und kunstvoll unter Worten und Wendungen versteckt" war: „... unter einem Haupt, dem Kaiser, lauter Freie, Gleiche auf deutscher Erde".

Eine neue Einstellung fand Zimmermann zu Thomas Müntzer, dem „Propheten der Volkssache". Müntzer war in Wort und Tat über Luther hinausgegangen. Doch hatten er und die anderen „Bewegungsmänner" die lutherische Lehre von der evangelischen Freiheit „nicht falsch verstanden ..., sondern anders ...: von der gleichen Grundlage wie Luther ausgehend, gewannen sie andere Resultate, weil sie die Consequenzen ihrer Grundsätze annahmen". Anders als Luther scheiterte Müntzer, weil er seiner Zeit vorausgeeilt war und sich in dem getäuscht hatte, was das Volk 1525 leisten konnte.

Den Gegenpol zu Zimmermann bildete *Leopold von Ranke*, der auf der Basis seiner konservativ-protestantischen Grundhaltung auf ältere Interpretationsansätze zurückgriff[9]: „Haß und Rach-

---

[9] *L. v. Ranke*, Deutsche Geschichte im Zeitalter der Reformation, Bd. 2, 1839, danach zahlreiche Auflagen; zuletzt hg. v. *P. Joachimsen* (Werke,

sucht, die sich lange angesammelt, fanden endlich Raum, sich zu entladen"; von Ort zu Ort „flutete die wilde Zerstörung"; es waren „verworrene" Gedanken, denen die Menge anhing, und „unabsehbare Möglichkeiten einer neuen Gestaltung der Dinge [zeigten sich] in der Ferne". Daß es so weit dann doch nicht kam, war, so Ranke, das Verdienst Luthers und der weltlichen Fürsten, die sich endlich zur Tat aufrafften.

Auf die Ursachen ging Ranke nur mit wenigen, blassen Sätzen ein. Da er die „angewachsene Bedrückung des Bauernstandes" auf die „letzten Jahre" begrenzte, die „Auflegung neuer Lasten" nicht näher erläuterte, erschien der Bauernkrieg in erster Linie als eine Reaktion auf die „Verfolgung der evangelischen Lehre", „die mehr als früher oder später irgendein geistiges Element den gemeinen Mann in Deutschland ergriffen, zu selbständiger Teilnahme angeregt hatte". Nachdem die Unruhe einmal ausgebrochen war, gab es kein Halten mehr, denn „es liegt nun einmal nicht in der Natur des Menschen, sich mit einem beschränkten Gewinn zu begnügen, und die siegreiche Menge wird niemals verstehen, innezuhalten". „Haß und Rachsucht" trafen sich mit dem „Fanatismus der schwärmerischen Predigt ..., der die Zerstörung rechtfertigte, sich berufen glaubte, Blut zu vergießen und ... ein neues himmlisches Reich aufzurichten".

Auch für *Georg August Wirth* konnten die „Triebfedern" der Massenerhebung „nicht allzu rein sein", und bald offenbarte der Aufstand alle „Greuel und Schrecken, welche der bewaffnete Fanatismus zu verursachen pflegt"[10]. Eine durchgreifende Reform der Reichsverfassung und damit die Wiederherstellung der nationalen Einheit waren für Wirth ein dringendes Erfordernis der Zeit. Lobende Anerkennung fanden deshalb die Reichsreformpläne der fränkischen Bauernführer — „allein was konnten Reformationspläne helfen, wenn die Bauernhaufen im Feld ungeregelt sich selbst überlassen blieben". Diese Sicht des Bauernkriegs war alles andere als originell. Doch als einer der ersten Historiker des 19. Jahrhunderts lehnte Wirth ausdrücklich die These von der wirtschaftlichen Not der Bauern ab: Mit dem zunehmenden Nationalwohlstand

---

Akademie-Ausgabe, 1. Reihe, 7. Werk), 1925. Charakteristisch für Ranke ist die dem Naturgeschehen entlehnte Metaphorik; sie unterstreicht das Unberechenbare, Besorgniserregende und Zerstörerische des Bauernkriegs.

[10] *J. G. A. Wirth*, Die Geschichte der Deutschen, Bd. 3: Die Geschichte der Reformation in Deutschland (1843), 1844, S. 70—114; eine 2. Auflage erschien 1846.

waren auch die Bauern reicher geworden, „und zu Ausgang des 15. Jahrhunderts war dies ganz entschieden der Fall". Der Bauernkrieg resultierte denn auch aus einem „Nachwehen des Luxus, in Verbindung mit einem unklaren Drang, die Staatszustände zu ändern, und die geringern Stände zu heben".

„Auch das deutsche Volk hat seine revolutionäre Tradition" — mit diesem Satz leitete *Friedrich Engels* seine 1850 erschienene Schrift über den deutschen Bauernkrieg ein[11]. Die erste Darstellung auf der Basis der materialistischen Geschichtsphilosophie fußt auf den Forschungen von Wilhelm Zimmermann, dessen aus der idealistischen Philosophie bezogene Interpretation Engels ‚vom Kopf auf die Füße stellte', d. h. unter den Prämissen seiner materialistischen Auffassung umschrieb.

Der entscheidende Vorgang in der deutschen Geschichte des 14. und 15. Jahrhunderts war für Engels der Aufschwung der „Industrie", der den Schichtenbau der Gesellschaft differenzierte, alte Gegensätze verschärfte und neue schuf. Doch erst unter dem Einfluß der Reformation formierten sich — so Engels — die entstandenen Gruppen zu großen „Lagern". Nach jahrhundertelanger Dominanz der Religion konnten sich die gesellschaftlichen „Klassen" nur in Gestalt „theologischer Ketzereien" ihrer selbst bewußt werden; mit anderen Worten: „sehr positive materielle Klasseninteressen mußten als religiöse Streitigkeiten ausgetragen werden", „die Reformation [war der] einzig mögliche populäre Ausdruck der allgemeinen Bestrebungen". Gegen das „katholisch-reaktionäre", feudale Lager bildeten sich eine „bürgerlich-reformierende" und eine „revolutionäre" Opposition. Die eine umfaßte die Masse des niederen Adels, die reichen und mittleren Bürger und selbst Teile der weltlichen Fürsten; die andere setzte sich aus Bauern und städtischen „Plebejern" zusammen, zu denen sich Angehörige des niederen Klerus gesellten. Als Konsequenz dieses Ansatzes verstand Engels den Bauernkrieg, obwohl er am traditionellen Begriff festhielt, nicht als eine ständisch-bäuerliche Bewegung, sondern als Revolution der „unterste[n], von allen übrigen Ständen exploitierten Schichte[n] der Nation ..., [der] Bauern und [der] Plebejer".

---

[11] *F. Engels,* Der deutsche Bauernkrieg, zuerst in: Neue Rheinische Zeitung. Politisch-ökonomische Revue, Heft 5/6, 1850; Buchausgaben 1870 und 1875. Druck u. a. in: *K. Marx — F. Engels,* Werke, Bd. 7, 1973, S. 327—413. Dazu mit Literaturangaben *F. Winterhager,* Bauernkriegsforschung (wie Bibl. Nr. 32), S. 41—62.

Die lutherische Reformation war für Engels 1517 gesellschaftlich noch nicht festgelegt. Doch mehr und mehr entwickelte sich Luther zum Ideologen der gemäßigten Kräfte, während Thomas Müntzer zum geistigen Repräsentanten der revolutionären Partei wurde. Nach den ersten Erfolgen zog sich das bürgerliche Lager aus der gemeinsamen Front gegen die feudalen Gewalten zurück und versuchte, sich zwischen Revolution und Restauration „durchzulavieren", womit es die ganze Bewegung desavouierte. Am Ende erklärten sich Luther und die bürgerliche Opposition offen gegen die revolutionären Kräfte. Auf sich allein gestellt, unterlagen Bauern und „Plebejer" 1525/26 der „bürgerlichen, adligen und fürstlichen Seite".

Reformation und Bauernkrieg waren für Engels Stufen eines einheitlichen geschichtlichen Vorganges, der bereits 1476 einsetzte. Auf dem Boden der materialistischen Weltanschauung war der Gegensatz von religiös-geistiger und wirtschaftlich-politischer Bewegung aufgehoben. Der Bauernkrieg wurde nicht mehr als Ende mittelalterlicher Aufstände oder Revolten verstanden, sondern als Teil und Höhepunkt einer frühen bürgerlichen Revolution, der „Revolution Nr. 1 der Bourgeoisie"[12].

Angesichts der ökonomischen Entwicklung war es nach Engels ein objektives Erfordernis, die politische Zersplitterung Deutschlands zu überwinden. Das gemäßigte, auf Ausgleich mit Adel und Bürgertum bedachte Reichsreformprogramm des Wendel Hipler (so die Zuordnung von Engels), welches „die definitiven Interessen des Bürgertums" widerspiegelte, war Ausdruck dieser Notwendigkeit. Doch die aus der „lokalen und provinziellen Zersplitterung" resultierende „lokale und provinzielle Borniertheit" der Massen und die letztlich divergierenden Interessen von Bauern und Bürgern verhinderten ein „konzentriertes, nationales Auftreten" und leiteten die Niederlage der Revolution ein, deren Resultat wiederum die „Verschärfung und Konsolidierung" der Zersplitterung Deutschlands war.

Das spätere 19. Jahrhundert hat keine Bauernkriegsdarstellung von Bedeutung hervorgebracht. Neu belebt wurde nur die religiöskonfessionelle Diskussion; *Johannes Janssen* und *Wilhelm Stolze* sind als Wortführer zu nennen[13]. Offensichtlich waren die Mög-

---

[12] Aus einer handschriftlichen Notiz zum „Bauernkrieg" von 1884, in: *K. Marx — F. Engels*, Werke, Bd. 21, 1973, S. 402.
[13] Auf katholischer Seite schrieb Johannes Janssen: Der Bauernkrieg wurde zwar nicht durch die Reformation veranlaßt. „Aber ihren Charak-

lichkeiten, das Geschehen von 1525 umfassend zu deuten, erst einmal erschöpft; und durch die Lösung der nationalen Frage 1871 rückten andere Themen in den Vordergrund der historischen Auseinandersetzung. Nicht die allgemeine, sondern die Landesgeschichte führte die Forschung in den Jahrzehnten vor und nach 1900 weiter. Sie öffnete den Blick für die jeweiligen regionalen Besonderheiten und wirkte der oberflächlichen Generalisierung entgegen, doch geriet der Bauernkrieg zugleich in Gefahr, sich in eine Vielzahl von regional oder lokal begrenzten Einzelaktionen aufzulösen. Systematische Untersuchungen mit übergreifenden Fragestellungen fehlten zwar nicht vollständig, doch blieben sie eher die Ausnahme der Regel. Vor allem gelangte die sozial- und wirtschaftsgeschichtliche Forschung nicht über erste Ansätze hinaus[14].

Einen neuen und zugleich wirkungsmächtigen Impuls brachte erst die 1933 erschienene Monographie von *Günther Franz*[15]. Genau 90 Jahre nach dem Werk von Zimmermann legte Franz eine Arbeit vor, die — abgestützt durch eigene Archivstudien und in Kenntnis der gesamten lokal- und regionalgeschichtlichen Literatur — eine detaillierte Verlaufsschilderung mit einer umfassenden Interpretation verband.

Die Reformation als verursachender Faktor trat bei Franz völlig zurück. Die Rolle von Fanatikern und Schwärmern wurde regional differenziert gesehen; im Blick auf das Ganze blieben sie Randerscheinungen. Das von Franz betonte „göttliche Recht", zugleich

---

ter der Allgemeinheit und der ‚unmenschlichen Furchtbarkeit' erhielt die soziale Revolution erst aus den durch die religiösen Wirren geschaffenen oder entwickelten Zuständen des Volkes." Und an anderer Stelle: „Luther konnte nicht leugnen, daß er dies alles geschrieben." *J. Janssen*, Geschichte des deutschen Volkes, Bd. 2, 1879 (und weitere Auflagen), S. 391—580, hier S. 409, 458. Dagegen war der Bauernkrieg für den protestantischen Historiker Wilhelm Stolze in erster Linie ein Abwehrkampf gegen die beginnende katholische Reaktion. „Unsere Geschichte ... ist also durch keine soziale Revolution entstellt." *W. Stolze*, Der deutsche Bauernkrieg. Untersuchungen über seine Entstehung und seinen Verlauf, 1907 (Zitat S. VI f.) Diese Anschauung auch in weiteren Arbeiten von Stolze.
[14] *P. Blickle*, Revolution von 1525 (wie Bibl. Nr. 42), S. 2—5; *V. Press*, Bauernkrieg als Problem (wie Bibl. Nr. 35), S. 163.
[15] *G. Franz*, Der deutsche Bauernkrieg, 1933. Dazu auch *Ders.*, Der Bauernkrieg in heutiger Sicht (1976), in: *Ders.*, Persönlichkeit und Geschichte, 1977, S. 67—77; wieder in: *F. Dörrer* (Hrsg.), Gaismair (wie Bibl. Nr. 78), S. 37—43.

Handlungslegitimation und Grundlage aller Neuerungsbestrebungen ab Februar/März 1525, wurde auf wiklifitisches und hussitisches Gedankengut zurückgeführt, welches über die Bundschuhverschwörungen in den Bauernkrieg einfloß; damit wurde auch von dieser Seite ein bestimmender Einfluß der Reformation geleugnet. Gleichzeitig wurde der Bauernkrieg noch stärker als bisher an die sog. Voraufstände herangerückt; er war End- und Höhepunkt eines seit dem Ausgang des 13. Jahrhunderts immer breiter werdenden Stromes bäuerlicher Erhebungen.

In der Frage der wirtschaftlichen Situation der Bauern enthielt sich Franz jeder eindeutigen Stellungnahme, betonte jedoch den relativen Reichtum der Bauernführer. Die Ursachen des Bauernkriegs lagen für Franz denn auch nicht im wirtschaftlichen, sondern im politischen Bereich: im Gegeneinander des älteren, gemeindlich-genossenschaftlichen und des jüngeren, territorialstaatlich-herrschaftlichen Prinzips. Die Bauern kämpften um den Erhalt ihrer innerdörflichen Autonomie gegen den vordringenden Territorialstaat und seinen Anspruch, das herrschaftliche Gebot auch im Dorf voll zur Geltung zu bringen. Mittelalterliches, genossenschaftliches Rechtsverständnis stand gegen den neuzeitlichen, obrigkeitlichen Herrschaftsanspruch. Dieser Erklärungsansatz brachte es mit sich, daß Franz das Bürgertum und seine Rolle im Geschehen von 1525 nur am Rande berücksichtigte. Der Bauernkrieg war ein *Bauern*-Krieg, eine „wirkliche politische Revolution ..., deren Träger der deutsche Bauer war".

Der politische Charakter der Erhebung wurde für Franz auch in den Zielen sichtbar. Gerade die reicheren Bauern wollten sich „die Stellung im politischen Leben der Nation erringen, die ihnen ihrer wirtschaftlichen Lage nach zukam". Dabei beschränkten sich die Bestrebungen dieser Bauern nicht auf den nächsten Lebensumkreis, sondern sie bezogen Kaiser und Reich mit ein. Die Bauern wollten „aus den Kräften des Bauerntums heraus das Reich neu aufbauen". „Der Bauernkrieg [war] ein Glied in dem Kampf der Deutschen um das Reich." Waren die Bauern in den älteren Darstellungen mehr oder weniger Objekte, von Fanatikern verführt oder von den Verhältnissen getrieben, wurden sie bei Franz zu Subjekten des Geschehens. Sie handelten aus einem klaren Rechtsbewußtsein und aus einem politischen Willen.

Der Bauernkrieg erwuchs für Franz aus einem Kampf der Bauern um „altes Recht", wandelte sich unter dem Einfluß des „göttlichen Rechts" zu einer „religiös-sozialen Bewegung", um schließlich in eine „wirkliche politische Revolution" auszumünden. Doch nahm der Bauernkrieg als politische Bewegung, wie Franz ausdrücklich betont, nicht Ideen und Strömungen des 19. Jahrhunderts vorweg; er war im Gegenteil eine „[Rück-]Besinnung auf ursprüngliches deutsches Staatsdenken", eine rückwärts gewandte Revolution.

Der Bauernkriegsdeutung von Günther Franz war ein durchschlagender Erfolg beschieden; elf Auflagen des Buches — die letzte 1977 — sind dafür Beweis genug. Für Jahrzehnte konnte das Thema „Bauernkrieg" als erledigt gelten[16]. Einen eigenen Ansatz verfolgte lediglich die marxistische Historiographie in der Sowjetunion, die auf die kanonisch gültigen Thesen von Friedrich Engels zurückgriff. Zu nennen sind vor allem die Arbeiten von *M. M. Smirin*[17].

Die wissenschaftliche Neubesinnung setzte in Deutschland erst in den 60er Jahren ein — zunächst in der DDR, später in der Bundesrepublik. Einen nachhaltigen Aufschwung erfuhr die Forschung in beiden Teilen Deutschlands durch das Gedenkjahr von 1975, durch die 450jährige Wiederkehr des deutschen Bauernkriegs.

---

[16] Vgl. *W. P. Fuchs*, Das Zeitalter der Reformation, in: Gebhardt. Handbuch der deutschen Geschichte, hrsg. v. *H. Grundmann*, Bd. 2, 1970⁹, hier S. 64—72; *A. Waas*, Bauern im Kampf (wie Bibl. Nr. 40).

[17] S. dessen in der Bibliographie, Nr. 43 und 44, genannte Arbeiten. *F. Winterhager*, Bauernkriegsforschung (wie Bibl. Nr. 32), S. 130 f.

Methodenfragen
der gegenwärtigen Bauernkriegsforschung

Von Peter Bierbrauer

Als sich 1975 anläßlich der 450. Wiederkehr des Bauernkriegsjahres die mit dem Spätmittelalter und der Frühneuzeit befaßten Historiker auf breiter Front den über Jahrzehnte nur von einigen Einzelgängern bearbeiteten Ereignissen von 1525 zuwandten und allein bis 1977 über 500 Studien zu diesem Gegenstand veröffentlichten[1], mochte man angesichts der methodischen Fortschritte und empirischen Zuwächse einer an sozial- und landesgeschichtlichen Fragestellungen geschulten Geschichtswissenschaft wohl zu Recht auf ein erneuertes und vertieftes Bild des Bauernkriegs hoffen. Nachdem nun, acht Jahre später, die sporadisch noch erscheinenden Veröffentlichungen nicht verdecken können, daß das Interesse wiederum deutlich abgesunken ist, führt eine Zwischenbilanz des Forschungsertrages zu einem eher ernüchternden Ergebnis. Gewiß ist der Kenntnisstand in vielerlei Hinsicht durch eine Reihe wertvoller Studien bereichert worden; so lassen sich etwa über die verursachenden Faktoren präzisere Aussagen machen als zuvor und sind die regionalen Eigenheiten deutlicher herausgearbeitet worden[2]. Stellt man sich jedoch die hypothetische Frage, ob die Herausgeber des „Gebhardt" bei einer etwaigen Neuauflage des Handbuchs sich durch den gesicherten Stand der Forschung zu einer grundsätzlichen Revision des von Walther Peter Fuchs verfaßten und im wesentlichen auf den Ergebnissen und Thesen von Günther Franz

---

[1] Vgl. *U. Thomas* (Bearb.), Bibliographie zum Bauernkrieg (wie Bibl. Nr.18), der die 1975/76 erschienene Literatur zusammengestellt hat.

[2] Im Bereich der Ursachenforschung ist eine Konzentration auf die wirtschaftlichen (vgl. Bibl. Nr. 97—99, 101, 102) und in geringerem Umfang auf die religiös-kirchlichen Faktoren (vgl. Bibl. Nr. 109—111) festzustellen, während die politisch-rechtlichen Aspekte nur vereinzelt verfolgt wurden (vgl. Bibl. Nr. 108). Bei der regionalen Forschung sind vor allem die Untersuchungen von *Rudolf Endres* für Franken hervorzuheben (vgl. Bibl. Nr. 71—73, 99, 100).

fußenden Bauernkriegskapitels veranlaßt sehen müßten³ — die Antwort würde wohl eher negativ ausfallen: Das Bild des Bauernkriegs hat an Facetten gewonnen, eine neue Interpretation jedoch hat sich in der Geschichtswissenschaft der Bundesrepublik Deutschland nicht allgemein durchsetzen können.

Diese Einschätzung drängt sich auf, auch wenn man berücksichtigt, daß von verschiedenen Historikern durchaus der Versuch unternommen wurde, neue Zugänge zur Bauernkriegsgeschichte zu erschließen, neue Interpretationsweisen zu erproben und neue Thesen durchzusetzen⁴; am nachdrücklichsten geschah dies durch Peter Blickle, der 1975 die einzige auf die Gesamtproblematik zielende Bauernkriegsmonographie veröffentlichte⁵. Aber Blickles thesenreiche, mittlerweile in erweiterter Form neuaufgelegte „Revolution von 1525" blieb in ihrem schon im Titel signalisierten Bemühen, den Bauernkrieg auf einen anderen, neuen Begriff zu bringen, in einer eigenartigen Sonderstellung. Zwar wurden die strukturgeschichtlich-analytischen Qualitäten des Buches häufig gewürdigt, seine Thesen viel und kontrovers diskutiert, aber insgesamt erweckt die wissenschaftliche Diskussion, soweit sie in der Bundesrepublik Deutschland geführt wurde, eher den Eindruck einer vorherrschenden Abwehrhaltung gegen begriffliche Festlegungen und thesenhafte Zuspitzungen. Weniger die theoretisch-begriffliche Abstraktion als vielmehr die empirische Differenzierung bestimmte Ansatzpunkt und Zugriff der meisten Historiker; und die Charakterisierung des Bauernkriegs durch Walther Peter Fuchs als einer „Summe von Einzelaktionen"⁶ gewann dabei fast die Bedeutung eines methodischen Postulates. So verwies etwa Rudolf Endres 1975 auf die „heute übereinstimmende Meinung in der wissenschaftlichen Literatur", daß „der Bauernkrieg in seinem Verlauf als eine Summe unterschiedlicher Einzelaktionen gesehen werden" müsse⁷, und ähnlich charakterisierte auch Rainer Wohlfeil die

---

³ *W. P. Fuchs,* Das Zeitalter der Reformation, in: Gebhardt. Handbuch der deutschen Geschichte, hrsg. v. *H. Grundmann,* Bd. 2, 1970⁹, S. 1—117, hier S. 64—72.
⁴ Vgl. insbesondere die in der Auswahlbibliographie aufgeführten Arbeiten von *Jürgen Bücking, Heide Wunder, Hans-Martin Maurer, Tom Scott* und *David Sabean* (Bibl. Nr. 37, 38, 57, 63, 98).
⁵ *P. Blickle,* Revolution von 1525 (wie Bibl. Nr. 42).
⁶ *W. P. Fuchs,* Das Zeitalter der Reformation (wie Anm. 3), S. 67.
⁷ *R. Endres,* Probleme des Bauernkrieges (wie Bibl. Nr. 73), S. 90.

Erhebung „als eine Vielzahl unterschiedlicher lokaler, regionaler, territorialer und überregionaler Einzelaktionen"[8].

In den angeführten Zitaten wird der empirisch gesicherte Sachverhalt hervorgehoben, daß die zeitliche und räumliche Abfolge des Ereignisses „Bauernkrieg" nicht in einen geschlossenen und kontinuierlichen Geschehenszusammenhang integriert werden kann. 1525 formierte sich in der Tat keine einheitliche Streitmacht aller Aufständischen, um auf der Basis eines wohldurchdachten Feldzugsplanes ein genau definiertes Ziel zu erkämpfen. Zwischen der Pfalz und Salzburg, zwischen der Schweiz und Thüringen gewann der Aufstand vielmehr unterschiedliche Ausprägungen und bildeten sich unabhängig voneinander spezifische Organisationsformen der Empörer, die sich teilweise wiederum in umfassenderen Einheiten integrierten, wie in der „Christlichen Vereinigung" der oberschwäbischen Haufen, teilweise aber auch die lokale Ebene nicht zu übersteigen vermochten[9]. Es erübrigt sich, auf den regionalen Aspekt näher einzugehen, da er in den Beiträgen dieses Bandes hinreichend deutlich wird. An dieser Stelle soll zunächst die methodische Problematik erörtert werden, die sich aus der regionalen Differenzierung ergibt.

1. Differenzierung und Einheit

Die Vielfalt der regionalen Erscheinungsformen ist zweifellos ein Charakteristikum des deutschen Bauernkriegs, es stellt sich jedoch die Frage, ob mit der besonderen Betonung dieses Aspekts ein Weg zur Erklärung und zum Verständnis des Geschehens eröffnet wird. Wohl jede soziale Bewegung mit hohem Mobilisierungsgrad und vergleichbarer räumlicher und zeitlicher Erstreckung ließe sich als eine „Summe von Einzelaktionen" beschreiben. Dieser Umstand ist daher, für sich genommen, zur Profilierung des Bauernkriegs als eines singulären historischen Ereignisses unergiebig. Um ein spezifisches Profil herauszuarbeiten, wurde deshalb von nicht wenigen Historikern eine differenzierende und vergleichende Analyse der regionalen Aufstände im Hinblick auf Merkmale wie Ursachen, Trägerschichten und Zielsetzung als Forschungsstrategie

---

[8] *R. Wohlfeil*, Nachwort, in: *Ders.* (Hrsg.), Bauernkrieg 1524—1526 (wie Bibl. Nr. 56), S. 280.

[9] Die beste Darstellung des Verlaufs bietet noch immer *G. Franz*, Bauernkrieg (wie Bibl. Nr. 39).

gefordert[10] oder auch in ersten Ansätzen bereits in Angriff genommen. Tragfähige Gemeinsamkeiten lassen sich jedoch auch auf diesem Weg offenbar nicht ohne weiteres zutage fördern. Während beispielsweise die Leibeigenschaft in Oberschwaben im Zusammenhang der Aufstandsursachen eine wesentliche Bedeutung besitzt[11], scheint sie in Franken keine Rolle zu spielen[12]; während die Bergleute des Tiroler Bergbauzentrums Schwaz die Bauern aktiv unterstützten, kam in der erzgebirgischen Bergstadt Annaberg kein Bündnis zustande[13]; während die oberschwäbischen Bauern eine neue Form staatlicher Ordnung auf genossenschaftlich-korporativer Grundlage erstrebten, beschränkten sich die Bauern in Salzburg auf das Ziel, eine Beteiligung am landständischen Regiment durchzusetzen[14]. Angesichts derartiger Divergenzen gelangte Franklin Kopitzsch im Rahmen eines Forschungsüberblicks zu dem Ergebnis, daß sich „Antworten auf die Fragen nach Ursachen, Trägern und Charakter ... sinnvoll nur für einzelne Regionen geben"[15] ließen, und Rainer Postel bestätigte diese Auffassung durch die Feststellung, die regionalen Aufstände erschienen „in ihren wirtschaftlichen und sozialen Hintergründen, in ihren Trägern und in deren Forderungen als uneinheitlich"[16].

Wenn jedoch weder auf der Ebene der äußeren Ereignisabläufe noch in den Strukturmerkmalen der separierten „Einzelaktionen" signifikante Übereinstimmungen nachgewiesen werden können, läßt sich ein irgendwie gearteter Gesamtzusammenhang des Ereignisses „Bauernkrieg" nicht mehr vermitteln. Die Konsequenz einer

---

[10] Vgl. etwa *R. Endres*, Lage des „Gemeinen Mannes" (wie Bibl. Nr. 99), S. 61, oder *V. Press*, Bauernkrieg als Problem (wie Bibl. Nr. 35), S. 170 ff.
[11] *P. Blickle*, Revolution von 1525 (wie Bibl. Nr. 42), S. 40—50.
[12] *R. Endres*, Probleme des Bauernkrieges (wie Bibl. Nr. 73), S. 91.
[13] Zur Bündnisproblematik zwischen Bauern und Bergleuten vgl. *A. Laube*, Bergarbeiter und Bauern (wie Bibl. Nr. 134), und *K.-H. Ludwig*, Bergleute (wie Bibl. Nr. 135).
[14] *P. Blickle*, Revolution von 1525 (wie Bibl. Nr. 42), S. 196. — Allgemein zur Differenzierung der politischen Ziele die Untersuchungen von *Horst Buszello* (wie Bibl. Nr. 41, 122, 123).
[15] *F. Kopitzsch*, Bemerkungen zur Sozialgeschichte der Reformation und des Bauernkrieges, in: *R. Wohlfeil* (Hrsg.), Bauernkrieg 1524—1526 (wie Bibl. Nr. 56), S. 185.
[16] *R. Postel*, Zur Sozialgeschichte Niedersachsens in der Zeit des Bauernkriegs, in: *H.-U. Wehler* (Hrsg.), Bauernkrieg 1524—1526 (wie Bibl. Nr. 55), S. 80.

Preisgabe der Vorstellung des Bauernkriegs als einer historischen Einheit scheint von daher naheliegend, und sie ist zumindest ansatzweise auch bereits gezogen worden, etwa in der Aussage Horst Buszellos, der Bauernkrieg sei „weder in seinem äußeren, organisatorischen Ablauf noch in seinen politischen Zielsetzungen eine Einheit"[17], oder in dem lapidaren Satz Kopitzschs: „Er [der Bauernkrieg] läßt sich nicht auf einen Nenner bringen"[18].

Dieser Argumentationsschritt führt nun allerdings in eine paradoxe Situation. Nicht nur die Zeitgenossen der Ereignisse von 1525 haben die Erhebung als geschlossenen Vorgang erlebt und beschrieben[19], auch durch eine nun bald zwei Jahrhunderte zurückreichende wissenschaftliche Tradition ist der Bauernkrieg, ungeachtet aller interpretatorischen Unterschiede, als fester Markstein in unserem historischen Bewußtsein verankert worden. Auch die zitierten jüngeren Autoren stehen in ebendieser Tradition, was allein schon durch ihren unproblematisierten Gebrauch des Begriffs „Bauernkrieg" deutlich wird, und sie würden zweifellos die These verwerfen, zwischen 1524 und 1526 sei lediglich eine zufällige Koinzidenz territorialer und überterritorialer Aufstände zu verzeichnen. Wenn nun aber eine Beziehung zwischen den „Einzelaktionen" als gegeben anzunehmen ist, kann sich die Forschung der Aufgabe nicht entziehen, sie zu bestimmen und zu benennen, sie dementsprechend „auf den Begriff" zu bringen. Der an der regionalen Sonderung orientierte Forschungsansatz gerät in das Dilemma, einerseits einen Zusammenhang der Erscheinungen vorauszusetzen, ihn andererseits aber empirisch nicht mehr aufzeigen zu können.

Daß dieses Problem zwar erkannt wurde, daß es aber offensichtlich nur schwer zu bewältigen ist, läßt sich an der Argumentation Rainer Wohlfeils aufzeigen. Von der Einsicht ausgehend, daß der Bauernkrieg „trotz aller regionalen Unterschiede" als „einheitliches Phänomen"[20] betrachtet werden müsse, gelangt er, nachdem auch er in den regionalen Aufständen kein verbindendes Element

---

[17] *H. Buszello*, Gemeinde (wie Bibl. Nr. 122), S. 127.
[18] *F. Kopitzsch*, Bemerkungen zur Sozialgeschichte der Reformation und des Bauernkriegs, in: *R. Wohlfeil* (Hrsg.), Bauernkrieg 1524—1526 (wie Bibl. Nr. 56), S. 185.
[19] Vgl. etwa *Johannes Kesslers* Chronik „Sabbata" (wie Bibl. Nr. 16), S. 170, die nicht nur feststellt, der Aufruhr sei „durch Tütschland hinweg" gegangen, sondern ihn auch auf „ainerlai ursach" zurückführt.
[20] *R. Wohlfeil*, Bauernkrieg als geschichtswissenschaftliches Problem, (wie Bibl. Nr. 27), S. 16.

zu erkennen vermag, zu der Folgerung, die Einheit außerhalb der eigentlichen Aufstandsaktivitäten zu suchen, und findet sie schließlich in der Reaktion der Obrigkeiten: Erst durch die „politischen und militärischen Maßnahmen der Fürsten" seien die „Bewegungen in den einzelnen Aufstandsgebieten ... zu einem Krieg zusammengebunden worden", und nur „insofern" sei „der Bauernkrieg eine einheitliche Erscheinung"[21]. Diese These jedoch vermag einer Überprüfung nicht standzuhalten. Betrachtet man die Aktionen der herrschaftlichen Seite mit dem gleichen Differenzierungsgrad wie die der aufständischen Opponenten, treten auch hier Unterschiede, ja Gegensätze klar zutage[22].

Die Widersprüche, in die das „regionalistische Konzept" gerät, scheinen nur schwer auflösbar. In diesem Zusammenhang sind nun zwei Strategien zu betrachten, die zur Bewältigung der Begründungsschwierigkeiten in der wissenschaftlichen Diskussion propagiert worden sind, und zwar zum einen die Inanspruchnahme theoretischer Modelle und Konzepte zur Erklärung des Bauernkriegs[23] und zum anderen die Forderung nach einer intensivierten Erforschung des mikrostrukturellen Beziehungsgefüges der ländlichen Gesellschaft[24]. Damit ist ein neuer Aspekt des Methodenproblems erreicht: das Verhältnis von Theorie und Empirie in der Bauernkriegsforschung.

---

[21] *R. Wohlfeil*, Nachwort, in: *Ders.* (Hrsg.), Bauernkrieg 1524—1526 (wie Bibl. Nr. 56), S. 280.
[22] Die Einsicht in die Unterschiedlichkeit der obrigkeitlichen Verhaltensweisen läßt sich bereits durch die Lektüre von *G. Franz*, Bauernkrieg (wie Bibl. Nr. 39), unschwer gewinnen. — Daß selbst innerhalb des Schwäbischen Bundes, dessen Heer den größten Anteil an der Niederschlagung des Aufstands besaß, erhebliche Gegensätze bestanden, zeigt *Chr. Greiner*, Politik des Schwäbischen Bundes (wie Bibl. Nr. 127).
[23] Vgl. etwa *R. Wohlfeil*, Bauernkrieg als geschichtswissenschaftliches Problem (wie Bibl. Nr. 27), S. 27 ff. — *H. Wunder*, Der samländische Bauernaufstand von 1525. Entwurf für eine sozialgeschichtliche Forschungsstrategie, in: *R. Wohlfeil* (Hrsg.), Bauernkrieg 1524—1526 (wie Bibl. Nr. 56), S. 149, 169 ff. — *D. Sabean*, Literaturbericht (wie Bibl. Nr. 22), S. 221 ff.
[24] Vgl. etwa *V. Press*, Bauernkrieg als Problem (wie Bibl. Nr. 35), S. 170 ff. — *J. C. Stalnaker*, Sozialgeschichtliche Interpretation des Bauernkrieges (wie Bibl. Nr. 36). — *D. Sabean*, Probleme der deutschen Agrarverfassung zu Beginn des 16. Jahrhunderts. Oberschwaben als Beispiel, in: *P. Blickle* (Hrsg.), Revolte (wie Bibl. Nr. 47), S. 132—150.

2. Theorie und Empirie

Daß die Forderung einer verstärkten Berücksichtigung theoretischer Konzepte in der jüngeren Bauernkriegsforschung weithin Zustimmung gefunden hat[25], spiegelt nicht nur die im letzten Jahrzehnt gewachsene prinzipielle Einsicht in die „Theoriebedürftigkeit" historischer Wissenschaft wider, sondern auch die ganz konkreten Schwierigkeiten der Bauernkriegshistoriker, die Vielfalt und die Vielschichtigkeit der Phänomene mit dem hermeneutischen Instrumentarium ihrer Wissenschaft zu bewältigen. „Theorie" soll das Beziehungsnetz entwirren helfen, Kausalitätsketten aufdecken und ein adäquates Begriffssystem zur Beschreibung liefern. „Theorie" soll jedoch zugleich — und darin liegt der wesentliche Bezugspunkt zur empirischen Forschung — der Arbeit an den Quellen neue Perspektiven eröffnen und ihr als Wegweiser für Fragestellungen und Ansatzpunkte dienen.

Daß dies als Programm leichter zu formulieren als in der Forschungspraxis umzusetzen ist, zeigt allein schon die verhältnismäßig kleine Anzahl von neueren Untersuchungen, in denen ein theoretischer Ansatz konsequent durchgeführt wurde[26]. Die offenkundigen Schwierigkeiten auf das vielfach behauptete „Theoriedefizit" der Historiker zurückzuführen, wäre in diesem Fall nicht gerechtfertigt; sie liegen vielmehr in der Natur der Sache.

Theorien sind — um eine vereinfachte, aber deswegen wohl auch unproblematische Definition vorzutragen — systematisch geordnete Aussagen über Zusammenhänge, insbesondere Kausalzusammenhänge, zwischen genau bestimmten Typen von Ereignissen. Eine „Theorie des Bauernkriegs" als eines singulären historischen Ereignisses ist demzufolge von vornherein ausgeschlossen. Sofern Theorien in der Bauernkriegsforschung zum Tragen kommen, handelt es sich immer um Theorien für einen wesentlich umfassenderen Gegenstandsbereich, die in der Regel aus nomothetischen Nachbardisziplinen bezogen und für die Bauernkriegsforschung adaptiert werden. Das gilt etwa für die von der Sozialanthropologie ent-

---

[25] So jedenfalls die Einschätzung von *P. Blickle*, Revolution von 1525 (wie Bibl. Nr. 42), S. 15.
[26] Einen theoretischen Ansatz als Grundlage einer Analyse wählten lediglich *H. Wunder*, Mentalität aufständischer Bauern (wie Bibl. Nr. 38), und *J. Bücking*, „Bauernkrieg" als Systemkonflikt (wie Bibl. Nr. 37). Wesentlich häufiger wurden Theoriefragmente zur Beschreibung und Interpretation verwendet, etwa der Begriff „Systemkonflikt".

wickelte Theorie der „peasant society"[27], für politikwissenschaftliche Revolutionstheorien[28] und soziologische Theorien wie die Systemtheorie[29] oder die Modernisierungstheorie[30], die in der neueren Forschung in Anspruch genommen worden sind. Auch das von der Geschichtswissenschaft der DDR entwickelte Konzept der „frühbürgerlichen Revolution"[31] ist, genaugenommen, keine Theorie des Bauernkriegs, sondern ein Erklärungsmodell des Bauernkriegs im Rahmen der globalen Theorie des Historischen Materialismus. Dabei fungiert, in wissenschaftstheoretischer Umschreibung, die Ereignisfolge Reformation — Bauernkrieg als „Explanandum", während als „Explanans" die auf die gesellschaftlichen Ausgangsbedingungen des frühen 16. Jahrhunderts angewandten Gesetzeshypothesen des Historischen Materialismus dienen — etwa die Annahme, der historische Prozeß resultiere aus Klassenkämpfen, die Annahme einer notwendigen Abfolge der Gesellschaftsformationen Feudalismus — Kapitalismus, die Basis-Überbau-These usw. Daraus folgt schließlich die Erklärung von Reformation und Bauernkrieg als einer vorrangig durch die Widersprüche zwischen den vordringenden kapitalistischen Wirtschaftsformen und der niedergehenden feudalen Produktionsweise verursachten frühen bürgerlichen Revolution.

Bei dem Versuch, die verschiedenen theoretischen Modelle und Konzepte für die Analyse des Bauernkriegs nutzbar zu machen, ergeben sich eine Reihe unterschiedlicher Probleme, die bereits auf dem Feld der Begrifflichkeit beginnen. Während der Bauernkriegsforscher mit historisch gesättigten Real- oder Idealtypen operiert („Reichsstadt", „Grundherrschaft", „Dorfgemeinde" usw.), findet er auf der Ebene der Theorie allgemeinere Kategorien, die häufig

---

[27] Für ihren Einsatz plädieren *D. Sabean*, Literaturbericht (wie Bibl. Nr. 22), und *H. Wunder*, Mentalität aufständischer Bauern (wie Bibl. Nr. 38).

[28] Auf politikwissenschaftliche Revolutionstheorien bezieht sich *P. Blickle*, Revolution von 1525 (wie Bibl. Nr. 42), S. 283—287.

[29] Einen systemtheoretischen Ansatz verfolgt *Hans Rosenberg* in einer noch nicht veröffentlichten Studie, die *P. Blickle*, Revolution von 1525 (wie Bibl. Nr. 42), S. 13—15, zitiert.

[30] Die Modernisierungstheorie Barrington Moores legte *J. Bücking*, „Bauernkrieg" als Systemkonflikt (wie Bibl. Nr. 37), seiner Untersuchung zugrunde.

[31] Vgl. die in der Auswahlbibliographie zusammengestellte Literatur (Nr. 25—31).

nicht ohne weiteres übertragbar sind. Wenn innerhalb des Modells der „frühbürgerlichen Revolution" von „Klassen" die Rede ist, so läßt sich dieser Terminus nicht durch den historischen Ständebegriff ersetzen, weil der Terminologie jeweils abweichende Betrachtungsweisen der gesellschaftlichen Beziehungen zugrunde liegen: ein ökonomisch fundiertes Feudalismuskonzept auf der einen und eine immanent historische, an sozialen und rechtlichen Kriterien orientierte Vorstellung der Ständegesellschaft auf der anderen Seite. Bedeutungsverschiebungen bei der Übersetzung theoriespezifischer Begriffe in die Begriffswelt der Historiker scheinen — das mag das Beispiel verdeutlichen — unvermeidlich, was den Einsatz von Theorien erschweren kann.

Diskrepanzen zwischen den Erklärungsmöglichkeiten theoretischer Modelle und den konkreten Fragestellungen der Historiker ergeben sich auch aus einem anderen Umstand. Der aus einer langwierigen und intensiven Beschäftigung mit dem Bauernkrieg erwachsene fortgeschrittene und differenzierte Kenntnisstand hat zur Folge, daß die ungelösten und kontroversen Fragen von den beteiligten Forschern auf der Ebene der Mikrostrukturen angegangen und diskutiert werden, etwa das komplexe und nach wie vor ungelöste Problem der wirtschaftlichen Lage der Bauern als Ursachenfaktor[32] oder die Frage nach dem Rezeptionsprozeß der reformatorischen Predigt im bäuerlichen Bewußtsein[33]. Fortschritte sind in diesen mit widersprüchlichen Thesen und Ergebnissen besetzten Problemfeldern nur durch das Eindringen in das verästelte Beziehungsgeflecht der ländlichen Gesellschaft des 16. Jahrhunderts zu erwarten[34]. Die in die Bauernkriegsdiskussion eingeführten Theorien beziehen sich jedoch — sieht man einmal ab vom Modell der „frühbürgerlichen Revolution" — auf Makrostrukturen. So

---

[32] Vgl. etwa die Arbeiten von *D. Sabean, E. Schwarze* und *D. Loesche* (wie Bibl. Nr. 98, 101, 102), die verallgemeinerungsfähige Ergebnisse noch nicht erkennen lassen.

[33] Die Rezeption der reformatorischen Theologie in der ländlichen Gesellschaft des Reiches ist bislang noch nicht systematisch erforscht worden. Als nützliche Vorstudien sind die Untersuchungen von *J. Maurer*, Prediger (wie Bibl. Nr. 136), und *G. Zimmermann*, Zehntenfrage (wie Bibl. Nr. 112 a), zu betrachten. Etwas günstiger ist die Forschungslage für die Schweiz. Vgl. *P. Blickle*, Die Reformation im Reich (Uni-Taschenbücher 1181), 1982, S. 97.

[34] *V. Press*, Bauernkrieg als Problem (wie Bibl. Nr. 35), S. 170 ff. — *P. Blickle*, Revolution von 1525 (wie Bibl. Nr. 42), S. 16, 21.

zielt etwa Eric Wolfs Theorie der „peasant society" auf die Ursachen von Beharrung und Wandel in vorindustriellen Agrargesellschaften[35], während Barrington Moores Modernisierungstheorie in globalem Maßstab die Rolle von Bauernrevolutionen beim Übergang von Agrargesellschaften zu Industriegesellschaften zu erklären versucht[36]. Anwendbar auf die im Bereich der Mikrostrukturen anstehenden empirischen Probleme sind diese Theorien jedenfalls kaum.

Damit soll die potentielle Leistungsfähigkeit der „Makrotheorien" für die grundsätzliche Einordnung des Bauernkriegs in den historischen Prozeß nicht bestritten werden. Voraussetzung ist jedoch, daß die Forschung zunächst die Subsumierbarkeit des Bauernkriegs unter das jeweils spezifische theoretische Bedingungsgefüge klärt, das heißt konkret, die kontroversen empirischen Fragen einer Lösung zuführt.

Eine gänzlich andere Problemlage besteht im Hinblick auf die Konzeption der „frühbürgerlichen Revolution". Durch die intensive Arbeit der Historiker der DDR hat das Modell eine erhebliche Kohärenz gewonnen und zugleich einen hohen Differenzierungsgrad erreicht[37], so daß es Erklärungen sowohl für den Bauernkrieg in seiner Gesamtheit als auch für spezifische Fragestellungen zu liefern vermag. In der seit etwa zehn Jahren lebhaft geführten Auseinandersetzung ist von der Seite der nicht-marxistischen Forschung vor allem die unzureichende oder fehlende empirische Absicherung der zentralen Thesen kritisiert worden[38]. Dieser Ein-

---

[35] *E. Wolf,* Peasants, Englewood Cliffs / New Jersey 1966, S. VIII.

[36] *B. Moore,* Soziale Ursprünge von Diktatur und Demokratie. Die Rolle der Grundbesitzer und Bauern bei der Entstehung der modernen Welt (suhrkamp taschenbuch wissenschaft 54), 1974, S. 9, 520 ff.

[37] Die Ausdifferenzierung des Modells wird deutlich, wenn man die Position von 1960 — vgl. *M. Steinmetz,* Die frühbürgerliche Revolution in Deutschland (1476—1535) ..., in: Zeitschrift für Geschichtswissenschaft 8 (1960), S. 113—124 — mit den heute vertretenen Auffassungen — dazu die in der Auswahlbibliographie aufgeführten Arbeiten von *Vogler, Steinmetz* und *Hoyer* (wie Bibl. Nr. 28, 30, 94) — vergleicht. Die Entwicklung analysiert bei *J. Foschepoth,* Reformation und Bauernkrieg (wie Bibl. Nr. 31).

[38] *V. Press,* Bauernkrieg als Problem (wie Bibl. Nr. 35), S. 167; *R. Wohlfeil,* Bauernkrieg als geschichtswissenschaftliches Problem (wie Bibl. Nr. 27), S. 10. Vgl. weiterhin die Beiträge von *R. Wohlfeil, Th. Nipperdey, Otthein Rammstedt* und *A. Friesen,* in: *R. Wohlfeil* (Hrsg.), Reformation (wie Bibl. Nr. 25).

wand, dessen prinzipielle Berechtigung von den Verfechtern der „frühbürgerlichen Revolution" nicht bestritten wird[39], zielt auf die historische Adäquatheit des Modells, tangiert aber nicht seine innere Konsistenz im Rahmen der zugrunde liegenden Theorie des Historischen Materialismus. Aus der Perspektive der marxistischen Geschichtswissenschaft der DDR verbürgt jedoch gerade die verbindliche Geltung dieser Theorie die Richtigkeit ihrer Konzeption der „frühbürgerlichen Revolution".

Gegen diesen Verbindlichkeitsanspruch lassen sich nun allerdings grundsätzliche Einwände formulieren. Die Gesetzeshypothesen theoretischer Systeme müssen — in dieser Forderung besteht in der Wissenschaftstheorie Übereinstimmung — auf empirischem Weg falsifizierbar sein[40]. Die fundamentalen Gesetzesaussagen des Historischen Materialismus genügen dieser Bedingung jedoch nicht. Die Annahme beispielsweise, der Klassenkampf sei „in der Klassengesellschaft die entscheidende Triebkraft des gesellschaftlichen Fortschritts"[41], ist empirisch schlechterdings nicht widerlegbar. Es handelt sich bei derartigen Aussagen daher nicht eigentlich um Gesetzeshypothesen. Sie ließen sich — um einen von Thomas S. Kuhn im Hinblick auf naturwissenschaftliche Theorien geprägten[42], mittlerweile aber auch von den Sozialwissenschaften rezipierten[43] Begriff zu verwenden — wohl zutreffender als „Paradigmen" bezeichnen, das bedeutet, als a priori-Annahmen, die nicht widerlegbar sind und auch von ihren Vertretern nicht als widerlegbar verstanden werden[44]. Folgt man dieser Argumentation, er-

---

[39] *M. Steinmetz*, „Reformation und Bauernkrieg — Höhepunkte der Geschichte des deutschen Volkes", in: Sächsische Heimatblätter 19 (1973), S. 101.

[40] *K. R. Popper*, Logik der Forschung (Die Einheit der Gesellschaftswissenschaften. Studien in den Grenzbereichen der Wirtschafts- und Sozialwissenschaften 4), 1969³, S. 47—59.

[41] Artikel „Klassenkampf", in: *G. Klaus — M. Buhr* (Hrsg.), Philosophisches Wörterbuch, Bd. 1, Leipzig 1969, S. 573.

[42] *Th. S. Kuhn*, Die Struktur wissenschaftlicher Revolutionen (suhrkamp taschenbuch wissenschaft 25), 1976².

[43] Vgl. etwa *H. W. Reese — W. F. Overton*, Modelle der Entwicklung und Theorien der Entwicklung, in: *P. B. Baltes — L. H. Eckensberger* (Hrsg.), Entwicklungspsychologie der Lebensspanne, 1979, S. 55—86.

[44] Kuhn verwendet den Paradigma-Begriff keineswegs eindeutig und hat — nach voraufgegangener Kritik — eine wissenschaftssoziologische und eine philosophische Gebrauchsweise in seinem Werk unterschieden.

gibt sich als Konsequenz die Feststellung, daß der Wahrheitsgehalt der Theorie des Historischen Materialismus und der daraus abgeleiteten Konzeption der „frühbürgerlichen Revolution" sich der intersubjektiven Nachprüfbarkeit entzieht. Damit jedoch fehlt die entscheidende Voraussetzung, um das Modell der „frühbürgerlichen Revolution" zur Erklärung empirischer Phänomene in der Bauernkriegsforschung einsetzen zu können. Anders formuliert: Die aus dem Modell deduzierbaren Erklärungen erscheinen nur unter der Bedingung einer subjektiven Anerkennung der zugrunde liegenden Paradigmen als überzeugend.

Die Erwartung, durch den Einsatz von Theorien die Vielfalt der Phänomene durchdringen und ihren Zusammenhang im Bauernkrieg erklären zu können, läßt sich vorderhand offenbar nicht erfüllen. Die bisher in die Diskussion eingeführten Theorien vermögen zusätzliche Aspekte anzudeuten, alternative Perspektiven zu eröffnen und neue Fragen aufzuzeigen. Zur Lösung der alten tragen sie nur wenig bei. So sind die Historiker letztlich selbst gefordert, ein für ihre spezifischen Forschungsaufgaben adäquates analytisches Instrumentarium zu entwickeln. Einige Vorüberlegungen hierzu seien abschließend vorgetragen.

3. Kausalität und Intentionalität

Die zuvor diskutierten theoretischen Ansätze und Konzepte besitzen bei aller Unterschiedlichkeit eine fundamentale Übereinstimmung: sie zielen auf eine kausale Erklärung der Bauernkriegsereignisse, und sie suchen die Erklärung vorrangig im Bereich ökonomischer Interessen. Auch dort, wo theoretische Prämissen nicht in Anspruch genommen oder expliziert werden, findet sich vielfach die gleiche Orientierung: die Forderung nach einer intensivierten Auseinandersetzung mit der wirtschaftlichen Lage der Bauern, verbunden mit der Vorstellung, auf diesem Weg zu einer Erklärung des Bauernkriegs gelangen zu können[45].

Die hier vorgetragene Definition versucht den Kern des philosophischen Paradigma-Begriffs zu fassen.
[45] Besonders ausgeprägt bei *J. C. Stalnaker*, Sozialgeschichtliche Interpretation des Bauernkriegs (wie Bibl. Nr. 36), der (S. 44) eine allgemeine Übereinstimmung der Forschung konstatiert, daß „ökonomischer Wandel ... gewöhnlich die grundlegende Ursache von Aufständen" sei.

Die besondere Betonung der ökonomischen Faktoren in der neueren Forschung ist insoweit gerechtfertigt und verständlich, als die über Jahrzehnte kaum angefochtene Darstellung des Bauernkriegs durch Günther Franz wirtschaftliche Klagen zwar keineswegs übergangen, bei der Gesamtinterpretation jedoch in den Hintergrund gedrängt hatte. Franz verstand den Bauernkrieg in erster Linie als eine politische Auseinandersetzung zwischen den zur Landeshoheit drängenden Territorialherren und den um die Wahrung ihrer Autonomie kämpfenden bäuerlichen Gemeinden[46]. In dem Bemühen, die Einseitigkeit dieser Interpretation zu korrigieren, übersahen die Kritiker jedoch allzuoft die neue Perspektive, die Franz in der Betrachtung des Bauern und der ländlichen Gesellschaft gewonnen hatte. In einer Zeit, deren Bauernbild durch die Vorstellung eines unpolitischen Konservativismus bestimmt wurde[47], hatte Franz die Figur eines politischen Bauern gezeichnet, der aktiv und zielbewußt in das historische Geschehen eingriff. Franz, der erstmals von den bäuerlichen Beschwerden her einen Zugang zum Bauernkrieg suchte, hatte die Bauern als denkende und handelnde Wesen ernst genommen, ihr Rechtsbewußtsein analysiert und in der Differenzierung von Altem Recht und Göttlichem Recht die Bedeutung legitimatorischer Konzepte für das Agieren der Aufständischen aufgezeigt. Nicht auf der Ebene der objektiven Ursachen und Wirkungen fand Franz die Einheit des Bauernkriegs, sondern in der Subjektivität der Beteiligten, in ihren Antrieben und Intentionen. Peter Blickle, der die inhaltlichen Thesen von Franz in entscheidenden Punkten revidierte, die wirtschaftlichen Interessen der Empörer herausarbeitete und den Zusammenhang mit der Reformation stärker konkretisierte[48], steht in seinem methodischen Zugriff durchaus in der Kontinuität des Franz'schen Ansatzes. Auch Blickle geht von den Beschwerden und Zielen der Bauern aus, betont die Bedeutung der Zwölf Artikel als programmatischer Klammer und die legitimatorische Funktion der reformatorischen Predigt; auch er gewinnt die innere Einheit der Ereignisse letztlich aus den Intentionen der handelnden Subjekte.

---

[46] *G. Franz*, Bauernkrieg (wie Bibl. Nr. 39), insbes. S. 2 f., 80 f., 291 f.

[47] *W. Conze*, „Bauernstand, Bauerntum", in: Geschichtliche Grundbegriffe. Historisches Lexikon zur politisch-sozialen Sprache in Deutschland, hrsg. v. O. *Brunner*, W. *Conze* u. R. *Koselleck*, Bd. 1, 1972, S. 430—434.

[48] *P. Blickle*, Revolution von 1525 (wie Bibl. Nr. 42), S. 32—148, 237—244.

Was die theoriebewußten Protagonisten innovatorischer Forschungsstrategien von der von Franz und Blickle bezogenen Position scheidet, ist letzten Endes ein unterschiedlich stark differenziertes Bild des Bauern. Die verschiedenen Perspektiven lassen sich mit einer von Ernst Bloch aufgegriffenen biblischen Metapher[49] veranschaulichen. Die auf die objektive wirtschaftliche Lage orientierten Forscher sehen die „Mühseligen und Beladenen" als die Träger eines Aufstandes, der als Reaktion auf die ökonomische Bedrängnis verstanden wird. Die bei der subjektiven rechtlichen und politischen Vorstellungswelt der Rebellen ansetzenden Historiker begreifen den Aufstand als Versuch der „Erniedrigten und Beleidigten", die ihnen vorenthaltenen Rechte zu erkämpfen.

Offenkundig ist die zweite Sichtweise die komplexere. Sie schließt eine direkte kausale Verbindung zwischen objektiv gegebenen gesellschaftlichen Bedingungen als Ursache und dem Ausbruch des Aufstands als Wirkung aus und schaltet gewissermaßen das subjektive Bewußtsein als kognitiven Faktor dazwischen: Dann, und nur dann, wenn die Mühseligen und Beladenen ihre Lage als ungerecht verstanden haben und als Erniedrigte und Beleidigte entschlossen sind, sie zu verändern, eröffnet sich der Weg zum Widerstand.

Folgt man dieser Überlegung und begreift demzufolge das Agieren der Aufständischen nicht als determiniertes „Verhalten", sondern als bewußtes und zielgerichtetes „Handeln", ergeben sich weitreichende methodische Konsequenzen. Eine kohärente kausale Erklärung des Bauernkriegs ist unter einer „Handlungsperspektive" nicht mehr zu erwarten, weil Intentionalität nicht auf Kausalität reduzierbar ist[50]. Die Frage nach den objektiven Ursachen des Bauernkriegs muß folglich ergänzt werden durch die Frage nach den subjektiven Gründen der Bauern bei ihrer Erhebung.

Der Unterschied ist nicht nur semantischer Art. Die Geschichte

---

[49] *E. Bloch*, Naturrecht und menschliche Würde (suhrkamp taschenbuch wissenschaft 250), 1977, S. 13, veranschaulicht die divergierenden Zielorientierungen der Sozialutopien und des Naturrechts mit der Gegenüberstellung der „Mühseligen und Beladenen" und der „Erniedrigten und Beleidigten" als jeweiligen Adressaten.

[50] Die Versuche, intentionales Handeln durch die Konstruktion einer „teleologischen Erklärung" in das Hempel-Oppenheim-Schema kausaler Erklärung zu integrieren, sind von Georg Henrik von Wright mit zwingenden Argumenten verworfen worden. Vgl. *G. H. v. Wright*, Erklären und Verstehen, 1974.

des Spätmittelalters zeigt uns in vielerlei Beispielen einen Bauernstand, der sich mit der ihm zugedachten Rolle als Herrschaftsobjekt nicht mehr abzufinden bereit war[51], der in Aufständen für erweiterte Persönlichkeitsrechte und soziale Verbesserungen kämpfte, der auf territorialer Ebene politischen Einfluß zu gewinnen suchte und die Integration in die landständischen Vertretungskörperschaften vielfach durchsetzte. Alle diese Erscheinungen zeugen von einem wachsenden Selbstbewußtsein der Bauern und setzen eine kollektive Erwartungshaltung voraus, die zu analysieren noch keine ernsthaften Anstrengungen unternommen worden sind. Die Frage nach den Gründen für das Handeln der Aufständischen zielt auf diese Bewußtseinsebene. Sie zu beantworten bedarf es mehr als einer differenzierenden Untersuchung der von situativen Gegebenheiten und Erfordernissen abhängigen Programme und Beschwerdeschriften. Eine Antwort jedoch ist unabdingbar, will man den Bauernkrieg nicht nur aus objektiven Ursachen erklären, sondern auch aus den Intentionen der Handelnden verstehen.

---

[51] Vgl. allgemein: *P. Blickle*, Deutsche Untertanen. Ein Widerspruch, 1981. — Zur Zielsetzung der spätmittelalterlichen Aufstände: *Ders.*, Von der Leibeigenschaft in die Freiheit. Ein Beitrag zu den realhistorischen Grundlagen der Freiheits- und Menschenrechte in Mitteleuropa, in: *G. Birtsch* (Hrsg.), Grund- und Freiheitsrechte im Wandel von Gesellschaft und Geschichte (Veröffentlichungen zur Geschichte der Grund- und Freiheitsrechte 1), 1981, S. 27 ff.; weiterhin *P. Bierbrauer*, Bäuerliche Revolten im Alten Reich. Ein Forschungsbericht, in: *P. Blickle* (Hrsg.), Aufruhr und Empörung? Studien zum bäuerlichen Widerstand im Alten Reich, 1980, S. 37—41. — Zur Landstandschaft der Bauern: *P. Blickle*, Landschaften im Alten Reich. Die staatliche Funktion des gemeinen Mannes in Oberdeutschland, 1973.

Das Reich zu Beginn des 16. Jahrhunderts

Von Peter Blickle

Ein Ereignis wie der Bauernkrieg von 1525, von Leopold von Ranke als das „größte Naturereignis des deutschen Staates" und von Friedrich Engels als der „großartigste Revolutionsversuch des deutschen Volkes" apostrophiert und in der neueren Forschung verbreitet als „Revolution des gemeinen Mannes" definiert[1], kann ohne eine zumindest kursorische Darstellung der politischen, ökonomischen und sozialen Rahmenbedingungen nicht verstanden werden. Sie sollen in zweifachem Zugriff zur Darstellung gebracht werden: einmal in dem Aufweis des teils komplementären, teils spannungsreichen Gefüges feudaler und genossenschaftlicher *Strukturen* (1), zum anderen in der Skizzierung der wichtigsten, die Strukturen bedrohenden und verändernden *Ereignisse* in den letzten Jahrzehnten vor dem Bauernkrieg (2).

1. Feudale und genossenschaftliche Strukturen

Es gehört zu den gesicherten Grundkenntnissen der Geschichtswissenschaft, daß das soziopolitische System des Reiches auf zwei Prinzipien fußt — Herrschaft und Genossenschaft. Beide sind polar aufeinander bezogen und finden sich auf verschiedenen politisch-staatlichen Ebenen wieder. Das Reich lebt aus der Spannung von Kaiser und Reichsständen (1), das Territorium aus jener von Fürst und Landständen (2). Darüber freilich darf man zwei Institutionen nicht übersehen, in denen sich genossenschaftliche Momente besonders deutlich, dauerhaft und gleichförmig ausgeprägt haben: Dorf und Stadt (3), ein in der bisherigen Forschung eher wenig beleuchteter Zusammenhang.

---

[1] *L. v. Ranke*, Deutsche Geschichte im Zeitalter der Reformation, Bd. 2 [zuerst 1829], hrsg. v. *P. Joachimsen* (Werke. Akademie-Ausgabe, 1. Reihe, 7. Werk), 1925, S. 165. — *F. Engels*, Der deutsche Bauernkrieg, in: *K. Marx — F. Engels*, Werke, Bd. 7, 1960, S. 409. — *P. Blickle*, Revolution von 1525 (wie Bibl. Nr. 42).

1.1 Das Reich — Kaiser und Reichsstände

Eine klassisch gewordene Formulierung von Heinrich Mitteis besagt, das Reich sei eine „Aristokratie mit monarchischer Spitze" gewesen. Die begriffliche Chiffre steht für die Tatsache, daß für alle politischen Entscheidungen von größerer Tragweite der Konsens der geistlichen und weltlichen Fürsten des Reiches unabdingbar war. Die Mitwirkung der Großen des Reiches im kaiserlich-königlichen Heer und Gericht unterstreicht deren politische Bedeutung nachdrücklich, denn Friedewahrung und Rechtssicherung sind die vorrangigen Aufgaben eines jeden Staates[2].

Diese seit dem Mittelalter prinzipiell unbestrittene Vorstellung vom Zusammenwirken von Kaiser und Reichsständen in den entscheidenden Reichsangelegenheiten geriet im 15. Jahrhundert unter einen erheblichen Bewährungsdruck, weil das Reich immer weniger in der Lage war, die elementaren staatlichen Aufgaben wahrzunehmen: die sich über Jahrzehnte hinziehenden Hussitenkriege und die zunehmenden inneren Fehden offenbarten die Verletzlichkeit des Reiches[3]. Das förderte Überlegungen nach seiner Reorganisation. Die sogenannte „reformatio"-Diskussion des 15. Jahrhunderts forderte eine Reform nicht nur der staatlichen, sondern auch der kirchlichen Ordnungen, was bei der engen Verschränkung von ‚imperium' und ‚sacerdotium' auch nicht weiter verwundern kann[4].

Das Ergebnis der reformatio-Debatte war eine Klärung der kaiserlichen und reichsständischen Kompetenzen in Form institutioneller Fixierungen und eine Steigerung der politischen Effizienz des Reiches, wie sie durch die Reichstage, vor allem während der Regierungszeit Kaiser Maximilians I., festgelegt wurde[5].

---

[2] Prinzipiell wird beim handbuchartigen Charakter dieses Abschnitts die Zahl der Belege knapp gehalten und auf Wesentliches beschränkt; allein dort, wo neuere Forschungen noch nicht generell rezipiert sind, wird auf Spezialforschungen eingegangen. — Auswahlweise sei verwiesen auf *H. Helbig*, Königtum und Ständeversammlung in Deutschland am Ende des Mittelalters, in: Standen en Landen 24 (1962), S. 65—92; Nachdruck in: *H. Rausch* (Hrsg.), Die geschichtlichen Grundlagen der modernen Volksvertretung, Bd. 2 (Wege der Forschung 469), 1974, S. 94 bis 122.
[3] *H. Angermeier*, Königtum und Landfrieden im deutschen Spätmittelalter, 1966.
[4] *A. Schröcker*, Unio atque concordia. Reichspolitik Bertholds von Henneberg 1484 bis 1504, phil. Diss. Würzburg 1970.
[5] Unentbehrlich noch immer *F. Hartung*, Deutsche Verfassungs-

Wichtigstes politisches Entscheidungsgremium im Reich bildete fortan der *Reichstag*[6]. In der Tradition der älteren königlichen Hoftage stehend, bewilligte er dem Kaiser die Steuern, entschied er über Krieg und Frieden, entstanden unter seiner Mitarbeit und Zustimmung die wichtigsten Reichsgesetze. Aus der mittelalterlichen Pflicht der Fürsten zur Hoffahrt war ein Recht auf Reichsstandschaft geworden. Spätestens seit 1521 (Reichsmatrikel) war die Zusammensetzung der Reichstage im Gegensatz zu den Hoftagen dem Willen des Königs entzogen. Zahl und Namen der Reichsstände standen im wesentlichen fest, der Beratungsmodus nach Kurien (Kurfürsten-, Fürsten- und Städtekurie) hatte sich gefestigt, die Periodizität der Reichsversammlungen schien — wenigstens zeitweise — gesichert und damit ihre Einberufung dem Belieben des Kaisers entzogen.

Gegenüber dem Mittelalter hatte sich das Kräfteschwergewicht innerhalb des Reiches eindeutig auf die Seite der Reichsstände verlagert. Aber eine zweite Beobachtung, die auf wichtige soziale Umschichtungen im Reich hindeutet, ist nicht minder wichtig. Gemeint ist der verstärkte Einfluß des Bürgertums auf den Reichstagen. Im Hochmittelalter waren nur die geistlichen und weltlichen Fürsten auf Hoftage geladen worden, seit dem Spätmittelalter zogen die Könige zunehmend auch die Reichsstädte bei. Zu Beginn des 16. Jahrhunderts galten sie als dritter „Stand", wiewohl ihr Recht auf „Sitz und Stimme" nie unbestritten und ihr politisches Gewicht als Kurie kaum von Bedeutung war; denn die Entscheidungen erfolgten zwischen der Kurfürsten- und Fürstenkurie; auf deren gemeinsames Votum hatten die Städte kaum mehr Einfluß. Ihre Bedeutung lag in einem anderen Bereich — in den interkurialen Ausschüssen, die sich im frühen 16. Jahrhundert immer mehr durchsetzten[7]. Sie wurden von seiten der Kurfürsten und Fürsten

---

geschichte vom 15. Jahrhundert bis zur Gegenwart, 1964[8], §§ 3—9. — Zur Problematisierung des Forschungsstandes *P. Moraw*, Versuch über die Entstehung des Reichstags, in: *H. Weber* (Hrsg.), Politische Ordnungen und soziale Kräfte im alten Reich (Veröffentlichungen des Instituts für Europäische Geschichte Mainz, Abt. Universalgeschichte, Beiheft 8), 1980, S. 1—36.

[6] Zuletzt, unter Aufarbeitung der Forschung *H. Neuhaus*, Reichsständische Repräsentationsformen im 16. Jahrhundert. Reichstag — Reichskreistag — Reichsdeputationstag (Schriften zur Verfassungsgeschichte 33), 1982.

[7] *G. Oestreich*, Zur parlamentarischen Arbeitsweise der deutschen

Das Reich zu Beginn des 16. Jahrhunderts 41

durch ihre meist bürgerlichen Räte beschickt, von seiten der Städte durch ihre führenden Politiker. Repräsentierte der Reichstag nach außen noch die hierarchische Struktur des Lehnswesens, so hatte das Bürgertum sich in der täglichen Arbeitspraxis der vorberatenden (und vorentscheidenden) Ausschüsse längst, wenn auch informell, entscheidende Positionen gesichert. Dieser Aufweichung scharfer ständischer Schranken entsprach um 1500 auch der Versuch, über den ‚Gemeinen Pfennig‘ eine einheitliche Reichssteuer durchzusetzen, die mit ihrer Orientierung an Einkommen und Vermögen gleichfalls die tradierten Statusunterschiede der mittelalterlichen Heerschildordnung abschwächte[8].

Das vielleicht wichtigste Ergebnis der Reichsreform lag in der Verabschiedung des Ewigen Reichslandfriedens (1495), der reichsrechtlich die Fehde zur Durchsetzung von Rechtsansprüchen verbot und deren Austrag vor ordentliche Gerichte verwies. Dazu wurde das *Reichskammergericht*[9] eingerichtet, das wegen der Modalitäten der Benennung der Kammerrichter als reichsständisches Gericht gelten muß, auch wenn der Kaiser den Präsidenten ernannte. Insofern es die Fehde zu ersetzen hatte, das Fehderecht bislang aber dem Adel vorbehalten war, erstreckte sich seine Zuständigkeit in erster Instanz auf Klagen von reichsunmittelbaren Ständen, wurde darüber hinaus aber auch Appellationsinstanz gegenüber den territorialen Gerichten, soweit dem nicht ältere Privilegien der Fürsten (privilegium de non appellando[10]) im Weg standen. Kein Zweifel, daß die Kaiser das Reichskammergericht als Schmälerung ihrer Kompetenzen empfanden; das beweist die Schaffung einer konkurrierenden Institution, des *Reichshofrates,* der allerdings erst unter

---

Reichstage unter Karl V. (1519—1556). Kuriensystem und Ausschußbildung, in: Mitteilungen des österreichischen Staatsarchivs 25 (1972), S. 217 bis 243; Nachdruck in: Ders., Strukturprobleme der frühen Neuzeit. Ausgewählte Aufsätze, 1980, S. 201—228.

[8] *W. Schulze,* Reichstage und Reichssteuern im 16. Jahrhundert, in: Zeitschrift für Historische Forschung 2 (1975), bes. S. 43—58.

[9] *R. Smend,* Das Reichskammergericht (Quellen und Studien zur Verfassungsgeschichte des Deutschen Reiches in Mittelalter und Neuzeit IV, 3), 1911, bes. die zusammenfassenden Bemerkungen S. 65 ff.

[10] Eine differenzierende Betrachtung der Reichweite des Privilegs jetzt bei *U. Eisenhardt,* Die kaiserlichen Privilegia de non appellando (Quellen und Forschungen zur höchsten Gerichtsbarkeit im alten Reich 7), 1980, S. 3—52.

König Ferdinand recht eigentlich arbeitsfähig wurde (seit 1527)[11].

Nur bei hinreichender Autorität des Reichskammergerichts konnte es gelingen, das Fehdeverbot durchzusetzen. Es bedurfte einer Institution, die notfalls mit Gewalt die Urteile des Gerichts exekutierte. Mit dieser Aufgabe wurden die *Reichskreise*[12] betraut. Für die Gebiete der reichsunmittelbaren Fürsten und Städte wurden 1500 sechs Kreise nach geographischen Einheiten eingerichtet, die 1512 unter Einbeziehung der kurfürstlichen und habsburgischen Territorien auf 10 erweitert wurden. Analog zum Reichstag bildete sich auf der Ebene des Kreises der *Kreistag* aus, der allerdings nach dem Mehrheitsprinzip und nicht nach Kurien seine politischen Entscheidungen fällte. Während des 16. Jahrhunderts wuchsen den Kreisen immer mehr Kompetenzen zu, während sie ursprünglich nur an der Benennung der Beisitzer des Reichskammergerichts und der Mitglieder des Reichsregiments beteiligt waren.

Mit dem *Reichsregiment* ist jene letzte Institution der Reichsreformbewegung genannt, die gleichermaßen die Stärke der Stände wie die Schwäche des Kaisers anzeigt. Das Reichsregiment sollte eine Art Regierungsbehörde unter ständischem Einfluß und unter Kontrolle des Reichstages sein. Damit wären die Rechte des *Kaisers*, der nach Reichsrecht noch immer als oberster Richter, oberster Lehensherr, oberster Gesetzgeber und Inhaber der Imperia und Regalien galt, weiter geschmälert worden. Faktisch waren diese ‚Reservatrechte' ohnehin durch die bestehenden Institutionen und deren Besetzung sehr eingeschränkt: die Rechtsprechung durch das Reichskammergericht, die Gesetzgebung durch den Reichstag, die Verwaltung der Imperia durch Verpfändungen und Verleihungen an die Reichsstände, der politische Handlungsspielraum durch die Wahlkapitulation, die Karl V. hatte unterschreiben müssen[13]. Nicht ohne Grund haben sich Maximilian I. und Karl V. gegen das

---

[11] *W. Sellert*, Über die Zuständigkeitsabgrenzung von Reichshofrat und Reichskammergericht (Untersuchungen zur deutschen Staats- und Rechtsgeschichte, NF 4), 1965.
[12] Zuletzt *A. Laufs*, Der Schwäbische Kreis. Studien über Einungswesen und Reichsverfassung im deutschen Südwesten zu Beginn der Neuzeit (Untersuchungen zur deutschen Staats- und Rechtsgeschichte, NF 16), 1971; hier vor allem der Überblick S. 1—57.
[13] Vgl. *G. Kleinheyer*, Die kaiserlichen Wahlkapitulationen. Geschichte, Wesen und Funktion (Studien und Quellen zur Geschichte des deutschen Verfassungsrechts, Reihe A 1), 1968, S. 45—69.

Regiment mit Entschiedenheit gewehrt; doch wird man seine kurze Lebensdauer (1. Reichsregiment: 1500—1502, 2. Regiment: 1521 bis 1530) eher auf das geringe Interesse der Fürsten am Reich als auf die Defensivstrategie der Kaiser zurückführen müssen. Den großen Herausforderungen seiner Zeit, der Fehde Franz von Sickingens gegen Kurtrier (1523) und dem Bauernkrieg (1524/26), war es nicht gewachsen. Die großen Probleme der Zeit wurden von den deutschen Fürsten selbst gemeistert, nicht vom Reich. Eine besondere Rolle kam hierbei dem *Schwäbischen Bund* zu, ein 1488 auf habsburgische Initiative gegründetes Bündnis von Fürsten, Reichsstädten, Reichsrittern und Reichsklöstern in Schwaben zur Sicherung des Landfriedens, dem nach und nach weitere Fürsten aus dem ober- und mitteldeutschen Raum beitraten — Bayern, Hessen, Kurpfalz, Kurmainz, Kurtrier u. a. Seine erste größere Bewährungsprobe bestand der Bund 1519, als durch ihn der wegen Landfriedensbruch geächtete Herzog Ulrich von Württemberg sein Land verlassen mußte; seine zweite große Bewährungsprobe sollte der Bauernkrieg werden.

1.2 Die Territorien — Fürst und Landstände

Die deutschen Territorialstaaten sind wie das Reich Ständestaaten. „Fürst und Land stehen nebeneinander, gleichberechtigt und eigenberechtigt; aus doppelter Quelle fließt die Staatsgewalt. Dualistisch ist die Praxis in Verwaltung, Gesetzgebung, Finanzwesen; erst durch das Zusammenwirken von Fürst und Ständen kommt Staatstätigkeit zustande."[14] Dieses Urteil fällte Werner Näf im Bezug auf Alteuropa insgesamt; es gilt für die deutschen Territorien ohne Einschränkung.

Die Stellung des *Fürsten* war im Spätmittelalter eine solche des ‚princeps inter pares'. Seine Vorrangstellung im Territorium basierte auf einer in der Regel besonders ausgedehnten Grundherrschaft (verbunden mit Leibherrschaft und Niedergerichtsbarkeit), der Lehnsherrschaft über adlige Vasallen und der Vogtei über die landsässigen Klöster. Als Heerführer und Vorsteher im Landgericht unterstrich er seine Schutz- und Schirmfunktion gegenüber dem Land[15].

[14] *W. Näf,* Der geschichtliche Aufbau des modernen Staates, in: Ders., Staat und Staatsgedanke. Vorträge zur neueren Geschichte, 1935, S. 37.

[15] *O. Brunner,* Land und Herrschaft. Grundlagen der territorialen Verfassungsgeschichte Österreichs im Mittelalter, 1970⁶.

Um 1500 läßt sich bereits die Tendenz erkennen, die fürstliche Stellung auszubauen. Verwaltungstechnisch kommt dies durch das Entstehen der *Regimente* (Räte, Hofräte, Ratsstuben, Kammergerichte, Kanzleien, Regierungen) zum Ausdruck, funktional in der Ausweitung fürstlicher Kompetenzen in den Bereich der sogenannten ‚guten Polizei': Neu ist an den Regimenten, daß sie, im Gegensatz zu älteren Verwaltungsformen, die Dienste für den Fürsten nicht mehr mit der Vergabe von Lehen quittierten, sondern ihre Räte in Geld entlohnten; neu ist auch, daß neben die ‚geborenen Räte', d. h. die Adligen des Landes, die aufgrund des Indigenatsrechts einen Anspruch auf ‚Rat und Hilfe' gegenüber dem Fürsten hatten, nun in zunehmendem Maße ‚wesentliche Räte' traten, d. h. ausgebildete Juristen aus dem Bürgerstand[16].

Neu ist an den fürstlichen Zuständigkeiten die Ausdehnung der Verwaltungstätigkeit unter dem Begriff der ‚guten Polizei'. Verwaltungsmaßnahmen erfolgten in Form von Polizeimandaten; da jedoch das Mandat in der Regel nicht konsenspflichtig war, eröffnete sich hier fürstlicher Tätigkeit ein weites Feld ständisch unkontrollierter Machtausübung. Die Bedeutung der Polizei läßt sich daran messen, daß während des 16. Jahrhunderts umfassende Polizeiordnungen konkurrierend neben die Landrechte und Landesordnungen traten und sie schließlich, allerdings erst seit dem 17. Jahrhundert, in unterschiedlichem Maße verdrängten[17].

Das Bemühen, den fürstlichen Einfluß im Territorium zu verstärken, kommt auch in der *Ämterorganisation* zum Ausdruck. Zum Zwecke der besseren administrativen Durchdringung und judikativen Erfassung des Landes wurde es in Ämter unterteilt, in denen besoldete und abrufbare Amtleute (Vögte) die fürstlichen Rechte wahrnahmen[18].

In wesentlichen politischen Entscheidungen freilich war der Fürst an die Zustimmung seiner Stände gebunden. „Die Stände sind das Land" (Otto Brunner), ein sie verbindendes Recht (Landrecht) konstituiert den politischen Verband des Landes. Daraus ergibt sich der hohe Stellenwert der Stände für die Ausformung und Entwick-

---

[16] Vgl. *G. Oestreich*, Verfassungsgeschichte vom Ende des Mittelalters bis zum Ende des Alten Reiches, in: Gebhardt. Handbuch der deutschen Geschichte, hrsg. v. *H. Grundmann*, Bd. 2, 1970^9, S. 397 ff., S. 404—408.

[17] *H. Maier*, Die ältere deutsche Staats- und Verwaltungslehre, 1980^2, bes. S. 78—91.

[18] Beispielhaft für eine Region *W. Grube*, Vogteien, Ämter, Landkreise in der Geschichte Südwestdeutschlands, 1960^2.

lung des Landrechts. Institutionell nahmen die Stände, gemeinhin die Landschaft genannt, ihre Rechte durch den *Landtag* wahr, eine dem Reichstag verwandte Einrichtung. Wurden im Mittelalter die Stände vom Fürsten nach seinem Ermessen auf ‚Landtage' berufen, so hatte sich um 1500 ein fest umrissener Kreis von Landtagsberechtigten herausgebildet.

Das geläufige Erscheinungsbild der Landtage deutscher Territorien, geprägt von Adel, Geistlichkeit (Prälaten) und Städten[19], bringt das Repräsentationsprinzip des Ständestaats nicht hinreichend deutlich zum Ausdruck. Neuere Forschungen haben gezeigt, daß zu den Prinzipien der Repräsentation zweierlei gehört: der unmittelbare Bezug zum Landesherrn und die Wahrnehmung jurisdiktionell-administrativer (öffentlich-rechtlicher), wenn man so will ‚staatlicher' Funktionen[20]. Das erklärt die persönliche Standschaft von Adel und Prälaten, die direkt unter dem Landesherrn standen und über eigene Grundherrschaften (in der Regel mit Gerichtsbarkeit) verfügten (was gleichzeitig den Ausschluß der adligen bzw. geistlichen Untertanen und Grundholden von den Landtagen verständlich macht); das erklärt die kollektive Standschaft von städtischen und ländlichen Gemeinden, sofern sie unmittelbar dem Landesfürsten unterstanden und eine eigene Gerichts- und Verwaltungshoheit erlangen konnten. Wo das nicht der Fall war wie in Brandenburg oder Kursachsen, gab es auch keine Repräsentation ländlicher Gemeinden. Wo die Prinzipien der Standschaft, hier der Landstandschaft, voll zur Entfaltung kamen, gab es demgemäß eine Repräsentation von Adel, Geistlichkeit und Drittem Stand, eine Erscheinung, die sich auch in Frankreich in den ‚états généraux' und den ‚états provinciaux' oder im schwedischen Reichstag wiederfinden läßt.

Die Zuständigkeiten der Landstände umfaßten, wie die der Reichsstände, Steuerbewilligung, Gesetzgebung in der engeren Be-

---

[19] Zusammenfassung wichtiger Aufsätze bei *H. Rausch* (Hrsg.), Grundlagen der modernen Volksvertretung (wie Anm. 2). — Die jüngste, noch immer unersetzte Gesamtdarstellung von *F. L. Carsten,* Princes and Parliaments in Germany from the 15th to the 18th Century, Oxford 1959.
[20] *P. Blickle,* Landschaften im Alten Reich. Die staatliche Funktion des gemeinen Mannes in Oberdeutschland, 1973, zusammenfassend S. 565 f. — Schärfer formuliert bei *M. Mitterauer,* Grundlagen politischer Berechtigung im mittelalterlichen Ständewesen, in: *K. Möckl — K. Bosl* (Hrsg.), Der moderne Parlamentarismus und seine Grundlagen in der ständischen Repräsentation, 1977, S. 11—41.

deutung von Weiterentwicklung des Landrechts, teilweise die Entscheidung über Krieg und Frieden, über Landesteilungen, über Verpfändungen und über Vormundschaftsregierungen. Ein politisch besonders wertvolles Recht der Stände stellte die Steuerbewilligung dar, denn die immer aufwendiger werdende Verwaltung und die seit der Renaissance sprunghaft steigenden Repräsentationskosten machten den Fürsten in immer stärkerem Maße von den Geldbewilligungen seiner Stände abhängig. Auf diese Weise gelang es ihnen nicht selten, ihre Vorstellungen und Ziele in Form von Beschwerden (Gravamina) dem Fürsten vorzutragen — eine frühe Form des Petitionsrechts könnte man dies nennen —, die dann umgearbeitet und auf dem Mandats- oder Gesetzesweg positives Recht des Territoriums wurden. Inwieweit hier die Stände auch die Polizeigesetzgebung beeinflußt haben, ist eine noch weitgehend unerforschte und damit offene Frage.

Es ist im Zusammenhang mit dem Bauernkrieg nicht unwichtig, darauf hinzuweisen, daß eine politische Repräsentation von Bauern auf Landtagen vor allem in jenen Gebieten anzutreffen ist, die schließlich auch von der revolutionären Bewegung von 1525 erfaßt wurden: Salzburg, Tirol, Schwäbisch-Österreich, Württemberg, Baden, Vorderösterreich. In Rückbindung an die ständischen Repräsentationsprinzipien heißt das, daß hier die politischen Rechte der Städte und Dörfer besonders hoch entwickelt waren.

1.3 Stadt und Dorf

Dietrich Gerhard hat neulich nochmals die ‚assoziative Komponente' der europäischen Geschichte betont und damit auch die Bedeutung der Gemeinden herausheben wollen[21]. Das gilt für das Reich in ganz besonderem Maße, weil hier zumindest die ländliche Gemeinde eine sehr viel höhere Entwicklungsstufe erreicht hat als in Westeuropa. Neben dem ‚Feudalismus' bildet sich seit dem Spätmittelalter der ‚Kommunalismus' als neues Strukturprinzip der Gesellschaft heraus, zumindest in Mitteleuropa[22]. Der Begriff beschreibt das horizontale, für Stadt und Dorf gleichermaßen verbindliche Ordnungsprinzip, in das die weit überwiegende Mehrheit der Gesellschaft des Reiches (über 95%) eingespannt ist.

[21] *D. Gerhard,* Old Europe. A Study of Continuity. 1000—1800, New York, London u. a. 1981.
[22] *P. Blickle,* Der Kommunalismus als Gestaltungsprinzip zwischen Mittelalter und Moderne, in: Gesellschaft und Gesellschaften. Festschrift zum 65. Geburtstag von *Ulrich Im Hof,* 1982, S. 95—113.

Für Stadt und Dorf, für Bürger und Bauern gilt eine zweifache Bindung: die horizontale in Form der Gemeinde und die vertikale in Form der Herrschaft. Dabei muß als wichtig hervorgehoben werden, daß die Gemeinde den primären Lebenszusammenhang für die bürgerliche und bäuerliche Gesellschaft darstellt. Gegenüber der älteren Forschung, die dazu neigte, Stadt und Land zu trennen, müssen die strukturellen Gemeinsamkeiten von Stadt und Dorf betont werden[23]. Dorf und Stadt stellen einen eigenen Friedensbereich dar, der einmal durch den Dorfetter, einmal durch die Stadtmauer markiert wird. Stadt und Dorf sind eigene Rechtsbereiche, durch Stadtrecht und Dorfrecht (Weistumsrecht) vom Landrecht und Territorialrecht abgehoben. Dem Handwerker mit Bürgerrecht und eigenem Haus in der Stadt entspricht der Bauer mit Gemeinderecht und eigenem Hof im Dorf; im Begriff des „gemeinen Mannes" haben die Zeitgenossen des 16. Jahrhunderts die gemeinsamen Lagemerkmale von Handwerkern und Bauern treffend zum Ausdruck gebracht. Dem Stadtgericht entspricht das Dorfgericht; dem städtischen Bürgermeister der dörfliche Ammann und dem städtischen Rat das Kollegialorgan der dörflichen Vierer (Sechser, Achter, Zwölfer).

Die genannten strukturellen Gemeinsamkeiten werden um so einsichtiger, wenn man an die oft übersehene Tatsache erinnert, daß der Typus Stadt nicht an Nürnberg, Augsburg, Straßburg und Köln allein entwickelt werden darf, vielmehr die überwältigende Zahl der Mittel- und Kleinstädte berücksichtigt werden muß. Neunzig Prozent der rund 3 000 Städte Deutschlands um 1500 gehören nicht in die Kategorie der auf hochspezialisiertes Handwerk, Fernhandel und Bankwesen gründenden Reichsstadt vom Typus Augsburg. Die Mittel- und Kleinstädte bewahren oft einen ackerbürgerlichen Charakter, ihre handwerkliche Produktion beschränkt sich nicht selten aufs nächste Umland, die Verbindungen zu den Bauern sind eng.

Betont man diesen Aspekt, so wird auch einsichtig, daß Stadt und Dorf in ähnlicher Weise feudaler Herrschaft unterworfen waren. Nur für die geringe Zahl von rund 50 Reichsstädten gilt diese

---

[23] *P. Blickle*, Deutsche Untertanen. Ein Widerspruch, 1981, S. 51—60. — Die Position selbst ist alt, hat sich aber bislang nicht durchsetzen können; zuerst *G. L. v. Maurer*, Geschichte der Dorfverfassung in Deutschland, 2 Bde, 1856/66; zuletzt *K. S. Bader*, Das Dorf als Friedens- und Rechtsbereich (Studien zur Rechtsgeschichte des mittelalterlichen Dorfes 1), 1957, S. 230—238.

Feststellung nicht oder nur mit sehr erheblichen Einschränkungen. Wie die Stadtgemeinde üblicherweise einen Stadtherrn hat, so die ländliche Gemeinde einen Dorfherrn. In der Regel ist die Intensität der feudalen Herrschaft in der Stadt schwächer ausgeprägt als auf dem Land, aber prinzipiell gilt, daß dem Landesherrn erhebliche Einflußmöglichkeiten auch hier vorbehalten bleiben, von der Mitwirkung bei der Bestellung der städtischen Amtsträger bis zur städtischen Gesetzgebung, selbst grundherrliche und leibherrliche Rechte übt der Stadtherr gelegentlich noch aus, vor allem bei den kleineren, wirtschaftlich weniger bedeutenden Städten.

Die Abhängigkeit des Bauern geht weiter als die des Städters. Als Norm kann gelten, daß der Bauer einem Grundherrn unterworfen ist, d. h. der von ihm bewirtschaftete Grund und Boden einen Feudalherrn (gelegentlich auch eine Stadt oder eine städtische Stiftung) als Obereigentümer hat[24]. Für die Nutznießung des Bodens entrichtet der Bauer — neben einigen, meist unerheblichen Diensten (gemessene Fronen) — Abgaben in Naturalien und/oder Geld (Feudalrente), die approximativ 30% des Bruttoertrags vom Getreidebau ausmachen[25]. Verbreitet — und das gilt vor allem für das spätere Aufstandsgebiet — untersteht der Bauer persönlich auch noch einem Leibherrn, der mit dem Grundherrn identisch sein kann, aber nicht sein muß. Leibherrschaft bedeutet rechtlich beschränkte Freizügigkeit und Heiratsfähigkeit, wirtschaftlich die Pflicht zu prinzipiell unbeschränkten Dienstleistungen (ungemessene Fronen) und zur Abgabe eines Teils der Verlassenschaft im Todesfall an den Leibherrn (Laß, Fall, Besthaupt)[26]. Mit Grund- und Leibherrschaft verbunden waren feudale Gerichtsrechte, soweit sie sich eben auf die Sache (Hofgut) oder die Person bezogen, die damit naturgemäß in Konkurrenz zur autochthonen dörflichen oder städtischen Gerichtsbarkeit traten.

Hervorzuheben ist die weitgehende Autonomie der städtischen und ländlichen Gemeinden, doch zu betonen ist auch, daß diese

---

[24] *F. Lütge*, Geschichte der deutschen Agrarverfassung vom frühen Mittelalter bis zum 19. Jahrhundert (Deutsche Agrargeschichte 3), 1967². *H. Patze* (Hrsg.), Die Grundherrschaft im späten Mittelalter, 2 Bde. (Vorträge und Forschungen 27), 1983.
[25] *W. Abel*, Geschichte der deutschen Landwirtschaft vom frühen Mittelalter bis zum 19. Jahrhundert (Deutsche Agrargeschichte 2), 1978³, S. 200.
[26] *C. Ulbrich*, Leibherrschaft (wie Bibl. Nr. 106). — *W. Müller*, Leibeigenschaft im Bauernkrieg (wie Bibl. Nr. 107).

Autonomie durch die feudale Herrschaft eine beschränkte und eingegrenzte war. Nur die Reichsstädte, insbesondere die wirtschaftlich führenden Städte, haben sich dieser herrschaftlichen Einbindung weitgehend entziehen können. In ihnen entwickelten sich Spezialhandwerke von Weltruf, weltweite Handelsverbindungen und Finanzimperien von europäischer Geltung. Um das zu erklären, empfiehlt es sich, die wichtigeren Ereignisse am Vorabend des Bauernkriegs zu diskutieren.

2. Die Dynamik der Ereignisse

Zu Beginn des 16. Jahrhunderts sind die Bauprinzipien mittelalterlicher gesellschaftlicher und politischer Ordnungen noch deutlich zu erkennen. Es bleibt aber auch unübersehbar, daß strukturelle Verspannungen erfolgt waren: Das ständische Element im Reich hatte sich auf Kosten des monarchischen Prinzips verfestigt; die Reichsfürsten hingegen versuchten, in ihren Territorien die ständische Komponente zurückzudrängen; Bürgertum und Bauernschaft lösten sich aus den früher exklusiv vertikal-herrschaftlichen Bindungen und setzten mit dem ‚Kommunalismus‘ ein ihrer Lebensweise kongeniales Prinzip ins Recht.

Diese bislang nur angedeuteten Tendenzen erhalten schärfere Konturen, benennt man die wichtigsten Ereignisse vor 1525, die gleichzeitig auch die krisenhafte Situation des Reichs vor Ausbruch des Bauernkriegs in den Blick bringen: Dazu gehört die spätmittelalterliche Agrardepression (1), deren Ausläufer bis ins frühe 16. Jahrhundert reichten; dazu gehört das Entstehen einer politischen Öffentlichkeit (2), das die politisch Verantwortlichen zu bislang völlig unbekannten Rücksichtnahmen zwang; dazu gehört schließlich der Beginn der Reformation (3), der das bestehende staatliche und kirchliche System erheblich bedrohte.

2.1 Die spätmittelalterliche Agrarkrise
und die Konjunktur der städtischen Wirtschaft

Zu Beginn des 14. Jahrhunderts und verstärkt durch die große Pest der Jahre 1348/50 setzte eine Depression im agrarwirtschaftlichen Bereich ein, die bis an die Schwelle der Neuzeit anhielt, genährt von immer erneuten regionalen Pestkatastrophen kleineren und größeren Ausmaßes während des 15. Jahrhunderts. Die Folge

dieser demographischen Einbrüche, die wie 1348/50 bis zu 30%
der Bevölkerung hinwegrafften, war ein spürbarer Rückgang der
Nachfrage nach landwirtschaftlichen Erzeugnissen und damit ein
starker Getreidepreisverfall[27]. Diese Entwicklung hat das soziale
Gefüge in erheblichem Maße destabilisiert. Für den *Adel*, vornehmlich
den niederen Adel, hatte der Getreidepreisverfall verheerende
Konsequenzen. Er nämlich lebte in der Hauptsache von den
Naturalabgaben seiner bäuerlichen Hintersassen; der Getreidepreisverfall
bedeutete nicht selten seinen wirtschaftlichen Ruin,
zumal seine Einkommen auch in normalen Zeiten für ein standesgemäßes
Leben vergleichsweise schmal waren und neue Revenüen
außerhalb der Landwirtschaft zu erschließen nicht möglich war. —
Daß sich der wirtschaftliche Abstieg mit dem Verlust seiner militärischen
Funktionen wegen der Kriegführung mit Söldnertruppen
kreuzte, verschärfte nur die Situation und entzog dem Adel im
Bewußtsein breiter gesellschaftlicher Schichten seine Legitimitätsgrundlage.

Für die *Bauern* war die Agrarkrise nicht weniger existenzbedrohend,
zumindest soweit sie für den Markt produzierten. Die
schlechten Erlöse führten dazu, daß Grenzböden aufgegeben wurden,
der Getreidebau oft der Weidewirtschaft wich, ja schließlich
ganze Dörfer wüstfielen. Eine Landflucht, wie sie erst wieder im
Zeitalter der Industrialisierung begegnet, charakterisiert das Spätmittelalter
und insbesondere das 15. Jahrhundert. Das brachte die
Grundherren, die Bezieher der Feudalrente, unter erneuten Druck,
denn neben den Preisverfall für Getreide trat nun auch noch der
Rückgang der Getreidelieferungen seitens der Bauern. Naheliegenderweise
versuchten sie, diese für sie negativen Entwicklungen zu
korrigieren. Theoretisch gab es zwei Möglichkeiten, die auch praktisch,
allerdings mit unterschiedlichem Erfolg, erprobt wurden: die
Bedingungen für die Bauern zu verbessern und damit wenigstens
die Bewirtschaftung der Güter sicherzustellen oder mit außer-ökonomischen
Mitteln, also dem politischen Instrumentarium der
Herrschaftsrechte, den Bauern am Wegzug zu hindern. Im ersten
Fall verbesserte man die Besitzrechte der Bauern — eine Maß-

---

[27] Zuletzt *W. Abel*, Strukturen und Krisen der spätmittelalterlichen
Wirtschaft (Quellen und Forschungen zur Agrargeschichte 32), 1980. —
Kritisch zu Abels Konzept *P. Kriedte*, Spätmittelalterliche Agrarkrise
oder Krise des Feudalismus?, in: Geschichte und Gesellschaft 7 (1981),
S. 42—68.

nahme, die sich vor allem im bayerisch-österreichischen Rechtsbereich durchsetzte[28]; im zweiten Fall verschärfte man die älteren, jetzt Leibeigenschaft genannten Formen der Unfreiheit und verbot dem Bauern unter Androhung hoher Sanktionen für sich, seine Familie und die ganze Dorfgemeinschaft den Wegzug[29] — eine Maßnahme, die sich vor allem im Südwesten des Reiches findet. Die Verbesserung der Leiherechte zeigte im wesentlichen wohl den gewünschten Erfolg, die Verschärfung der Unfreiheit wohl nicht — jedenfalls erweist der deutsche Südwesten sich als der Raum mit den meisten spätmittelalterlichen Bauernaufständen[30]. Die geringe Wirksamkeit der Maßnahmen südwestdeutscher Grundherren mag freilich auch darauf zurückzuführen sein, daß angesichts der großen Zahl der Städte und ihrer überdurchschnittlichen wirtschaftlichen Bedeutung — erinnert sei nur an Augsburg, Ulm, Straßburg, Basel, Zürich und Bern — hier die Landflucht schwerer zu stoppen war als im städteärmeren deutschen Südosten.

Nutznießer der Agrarkrise, wenn es denn überhaupt einen gegeben hat, war die *Stadt*. Die Pestumzüge trafen die dicht besiedelten Städte stärker als das flache Land. Daraus ergaben sich mehrere Folgen: Die Preise für landwirtschaftliche Erzeugnisse sanken beim Rückgang der städtischen Nachfrage, und folglich mußte der Bürger weniger für seinen Lebensunterhalt aufbringen; die bei den immer wiederkehrenden Pestepidemien zahlreichen Todesfälle in der Stadt führten zu einer Kapitalkonzentration in den Händen der überlebenden Menschen; angesichts des Arbeitskräftemangels in den Städten waren die Löhne sehr hoch. Das alles beschleunigte den Aufschwung der städtischen Wirtschaft und begünstigte den sozialen Aufstieg des Bürgertums.

Entscheidend und innovatorisch war gewiß, daß sich ein ‚kapitalistischer Geist' während des 15. Jahrhunderts in den Städten her-

---

[28] *H. Wopfner*, Beiträge zur freien bäuerlichen Erbleihe Deutschtirols im Mittelalter (Untersuchungen zur Deutschen Staats- und Rechtsgeschichte 67), 1903. — *G. Kirchner*, Probleme der spätmittelalterlichen Klostergrundherrschaft in Bayern: Landflucht und bäuerliches Erbrecht, in: Zeitschrift für bayerische Landesgeschichte 19 (1956), S. 1—94.
[29] *C. Ulbrich*, Leibherrschaft (wie Bibl. Nr. 106).
[30] *P. Blickle*, Bäuerliche Erhebungen im spätmittelalterlichen deutschen Reich, in: Zeitschrift für Agrargeschichte und Agrarsoziologie 27 (1979), S. 208—231.

ausbildete[31]. Das Prinzip der auskömmlichen Nahrung, nach dem die zünftisch organisierte städtische Wirtschaft weitgehend konzipiert war, wurde überlagert vom Prinzip des Gewinns; aufgrund solcher Entwicklungen spricht man in der Geschichtswissenschaft von ‚Frühkapitalismus', um das Neue des Wirtschaftens um 1500 zu kennzeichnen. Richtig bleibt an dieser Benennung, wie kritisch man ihr auch immer gegenüberstehen mag, daß sich symmetrisch zur Geldkonzentration in der Hand einiger herausragender bürgerlicher Familien eine lohnabhängige Arbeiterschicht bildet, vor allem im Bereich des Montanwesens, dann auch im Textilsektor, in bescheidenerem Umfang auch im graphischen Gewerbe[32]. Der ‚Lohnarbeiter' ist durchaus eine neue Figur; er legt Zeugnis dafür ab, daß die in Geburts- und Berufsstände gegliederte spätmittelalterliche Gesellschaft brüchig geworden war. In den Städten treten die strukturellen Schwächen des mittelalterlichen sozialen und politischen Systems zuerst und besonders deutlich zutage: rund 30% der städtischen Bevölkerung Nürnbergs leben von Almosen und der Unterstützung durch karitative Einrichtungen der Stadt[33].

Insgesamt freilich entwickelt sich die Wirtschaft der Städte weitgehend ungebrochen bis ins 16. Jahrhundert. Und damit steigt auch das Selbstwertgefühl des Bürgertums. Nichts zeigt das deutlicher als die Territorialpolitik der Reichsstädte; während des 14., 15. und teilweise noch des frühen 16. Jahrhunderts erwerben sie große Landgebiete in ihrer näheren Umgebung; dies hauptsächlich auf Kosten des verarmenden Adels: Nürnberg, Ulm, Straßburg, Zürich und Basel bauen Territorien auf, die oft mehr als 100 Dörfer umfassen.

Soziale und wirtschaftliche Depossedierungen breiter Schichten des Adels, Entwurzelung und eine bislang unbekannte horizontale Mobilität der Bauern, Aufstieg der Städte auf Kosten der älteren Eliten, soziale Desintegration in Form der Entstehung einer Lohnarbeiterschaft sind Folgeerscheinungen der Krise im landwirtschaftlichen Bereich. Die in Bewegung, ja in Auflösung geratenen

---

[31] Grundlegend *E. Maschke,* Deutsche Städte am Ausgang des Mittelalters, in: *W. Rausch* (Hrsg.), Die Stadt am Ausgang des Mittelalters, 1974, S. 1—44.
[32] *A. Laube,* Bemerkungen zum Zusammenhang von Frühkapitalismus und frühbürgerlicher Revolution, in: *G. Brendler — A. Laube* (Hrsg.), Bauernkrieg 1524/25 (wie Bibl. Nr. 48), S. 57—66.
[33] Zur Gesamtcharakteristik *R. Endres,* Zünfte und Unterschichten (wie Bibl. Nr. 131).

breiten Schichten der Gesellschaft werden zunehmend auch eine politische Größe.

2.2 Die Entstehung der politischen Öffentlichkeit

Zu den bemerkenswerteren Erscheinungen des Spätmittelalters gehört die epidemische Ausbreitung bäuerlicher Widerstandsaktionen. Besonders in der zweiten Hälfte des 15. Jahrhunderts wächst die Aufstandshäufigkeit rapide. Das läßt sich nicht nur mit dem wachsenden herrschaftlichen Druck erklären, sondern muß auch mit verbesserten Möglichkeiten der Kommunikation und einer gezielten Propaganda zusammenhängen. Wie im einzelnen die Kommunikation verbessert und das politische Bewußtsein geweckt wurde, ist bislang noch nicht hinreichend genau erforscht. Doch ist anzunehmen, daß organisierte Meinungsbeeinflussung, wie sie durch die günstige Überlieferung zu den Bundschuhaufständen hinreichend bekannt ist[34], keine singuläre Erscheinung war. Auch ist anzunehmen, daß die Aufnahme der Bauern in die Landtage Oberdeutschlands im 15. Jahrhundert deren politischen Horizont erheblich erweiterte[35]. Und schließlich muß die hohe horizontale Mobilität politisch sensibilisierend gewirkt haben.

Mit einer öffentlichen Meinung jedenfalls rechneten die Fürsten und Obrigkeiten im frühen 16. Jahrhundert. Erstmals bei der Königswahl 1519 wurde offenkundig[36], daß die Kurfürsten sich über die öffentliche Meinung, über die Stimmung beim „gemeinen Mann", nicht ohne weiteres hinwegzusetzen wagten. Und auf dem Wormser Reichstag von 1521 beschäftigte die ‚causa Lutheri' Kaiser und Reichsstände nicht zuletzt deswegen so nachhaltig, weil sie den „gemeinen Mann" hinter Luther wußten[37].

Die Destabilisierung der alten Ordnungen oder, positiv gewendet, die Hoffnungen auf einen neuen Anfang gaben die Prädisposition dafür ab, daß sich überhaupt eine politische Öffentlichkeit entwickeln konnte. Das Medium, das die Formen der Kommunikation qualitativ veränderte, war die im Druck verbreitete Informa-

---

[34] *A. Rosenkranz*, Der Bundschuh. Die Erhebungen des südwestdeutschen Bauernstandes in den Jahren 1493—1517, 2 Bde, 1927.
[35] *P. Blickle*, Landschaften (wie Anm. 20), S. 435—438.
[36] *St. Skalweit*, Reich und Reformation, 1967, S. 93.
[37] *R. Wohlfeil*, Der Wormser Reichstag von 1521, in: *F. Reuter* (Hrsg.), Der Reichstag zu Worms von 1521. Reichspolitik und Luthersache, 1971, S. 59—154, bes. S. 152.

tion, sei es das Buch, die Flugschrift oder das Flugblatt. Einige Zahlen sollen das illustrieren: 1518 erschienen 150 deutsche Schriften, 1521 bereits 620 und 1524 gar 990[38]. In den fünf Jahren vor 1517 wurden 527 Schriften verlegt, in den fünf Jahren nach 1517 3 113[39]. Besonders eindrucksvoll läßt sich das Interesse einer breiteren Öffentlichkeit über die Flugschriftenproduktion, die sich im wesentlichen ja an den Gemeinen Mann wandte, nachweisen. Bis 1530 wurden an die 10 000 Titel herausgegeben[40], das bedeutet bei der üblicherweise angenommenen Auflagehöhe von 1 000 Stück 10 Millionen Flugschriften bei einer Gesamtbevölkerung Deutschlands von 12 Millionen. Es ist müßig, über den Alphabetisierungsgrad der Bevölkerung um 1520 zu spekulieren, die Flugschriften jedenfalls beweisen, daß es für sie einen Markt gab. Das mag ein letzter Blick auf den Bauernkrieg selbst bestätigen. 25 Drucke der oberschwäbischen Zwölf Artikel sind in rund zwei Monaten erschienen; 8 Auflagen erlebte die sogenannte Memminger Bundesordnung der oberschwäbischen Bauern[41].

Der Bauernkrieg ist hinsichtlich seiner Ausdehnung und Programmatik ohne das Kommunikationsmittel Flugschrift kaum denkbar, und es dürfte nicht ohne jeden Erklärungswert sein, daß die leistungsfähigsten Druckereien mitten im späteren Aufstandsgebiet standen: Straßburg, Hagenau, Basel, Nürnberg, Augsburg wären hier beispielhaft zu nennen. Auch wenn der Grad der Alphabetisierung gering war, die gedruckte Information muß den Kommunikationsprozeß ungemein gefördert haben; dabei freilich muß man sich vergegenwärtigen, daß Flugschrift und Flugblatt mit anderen Informationsträgern wirken konnten — der Predigt, dem Gespräch, dem Lied, dem Schauspiel[42]. Bevorzugter Gegenstand

---

[38] *B. Moeller*, Deutschland im Zeitalter der Reformation (Deutsche Geschichte 4), 1977, S. 88.

[39] *H. Brackert*, Bauernkrieg und Literatur (edition suhrkamp 782), 1975, S. 66.

[40] Die Zahlen beruhen auf der Sammlung des SFB „Spätmittelalter und Reformation" (Z 1) unter der Verantwortung von H.-J. Köhler. Vgl. dazu *H.-J. Köhler* u. a., Bibliographie der deutschen und lateinischen Flugschriften des frühen 16. Jahrhunderts, 1978.

[41] *H. Claus*, Der deutsche Bauernkrieg im Druckschaffen der Jahre 1524—1526 (Veröffentlichungen der Forschungsstelle Gotha 16), 1975, S. 24—31.

[42] Den gegenwärtigen Forschungsstand dokumentiert *H.-J. Köhler* (Hrsg.), Flugschriften als Massenmedium der Reformationszeit (Spätmit-

der öffentlichen Diskussion war, wie sich aus der Buch- und Flugschriftenproduktion eindeutig ergibt, die Religion.

2.3 Die Anfänge der Reformation

Die Aggressionen, die mit den entstehenden Unsicherheiten und Veränderungen freigesetzt wurden, richteten sich zuerst und vor allem gegen die Kirche. Der *Antiklerikalismus*[43] ist ein in der Gesellschaft weitverbreiteter Affekt, der sich in Bauernaufständen und städtischen Unruhen gleichermaßen äußerte. Dem Antiklerikalismus spiegelbildlich ist — paradoxerweise — eine ausgeprägte *Frömmigkeit*[44]. Sie läßt sich als periphere und rechenhafte Frömmigkeit näher präzisieren. An die Stelle des Christuskults trat die Verehrung der „Fünf Wunden"; nicht die Heilige Messe interessierte die Gläubigen, sondern die Elevation der Hostie. Religiöse Übungen und Werke der Nächstenliebe wurden auf Tage, Wochen, Monate und Jahre im Fegefeuer verrechnet; Seelgerät- und Meßstiftungen, Wallfahrten und Rosenkranzandachten verkümmerten zur Handelsware mit einem strafenden Gott.

An Peripherierung und Rechenhaftigkeit setzte *Martin Luthers* Ablaßkritik (95 Thesen) an, die herkömmlicherweise als Auftakt der Reformation interpretiert wird. Damit und mit seinen weiteren Schriften, vor allem den großen Programmschriften des Jahres 1520, erreichte Luther eine unerwartete Resonanz[45]. Der päpstliche Bann und die kaiserliche Acht waren die Folge. Daß beide Maßnahmen kaum Wirkungen zeigten, macht deutlich, wie brüchig die Autorität der römischen Kirche und die des römischen Reiches geworden waren; daß ein Kurfürst wie Friedrich der Weise die Reichsacht übergehen und Luther Schutz gewähren konnte, macht deutlich, wo die kommenden politischen Kräfte im Reich zu suchen waren — bei den Territorialfürsten.

Als Luther in Acht und Bann getan wurde, war seine Theologie in Grundzügen formuliert. Sie konzentriert sich in der sog. Rechtfertigungslehre: Allein Gottes Gnade (sola gratia) führt den Men-

telalter und Frühe Neuzeit. Tübinger Beiträge zur Geschichtsforschung 13), 1980.

[43] *H.-J. Goertz*, Antiklerikalismus (wie Bibl. Nr. 111).

[44] *J. Lortz*, Zur Problematik der kirchlichen Mißstände im Spätmittelalter, in: Trierer Theologische Zeitschrift 58 (1949), S. 1—26, 212 bis 227, 257—279, 347—357.

[45] Für die Frühzeit Luthers vgl. jetzt *M. Brecht*, Martin Luther. Sein Weg zur Reformation 1483—1521, 1981.

schen zum Glauben (sola fide), der durch das Wort der Schrift (sola scriptura) vermittelt wird. Die Heilsnotwendigkeit der Sakramente und ihre Vermittlung durch eine Kaste geweihter Priester war damit hinfällig, die Grundlage der römischen Kirche prinzipiell bedroht. In religiösen Fragen hat Luther den Menschen, den Christen, autonom gemacht, ihn aus allen traditionalen Bindungen befreit; nicht jedoch im weltlichen Bereich. Seine Soziallehre beläßt die säkularen Ordnungen in ihrem historischen Recht, ja macht sie geradezu unangreifbar, insofern er Obrigkeit als Notordnung gegen die Erbsündhaftigkeit begreift und damit die Faktizität der bestehenden Systeme als kongruent mit dem göttlichen Schöpfungswillen ausgibt. Auf diesen Punkt hinzuweisen ist deswegen wichtig, weil sich daran vor allem die Parteigänger und Weggefährten Luthers rieben und sich schließlich auch von ihm trennten. Die Rechtfertigungslehre blieb bei allen reformatorischen Spielarten der gemeinsame theologische Kern des Protestantismus. Die von der theologischen Position abgeleitete und entwickelte Ethik jedoch zeigt eine breite Streuung. Auf der einen Seite stehen die oberdeutschen Reformatoren, an ihrer Spitze *Huldrich Zwingli* in Zürich und *Martin Butzer* in Straßburg, die darauf drängten, mit der Kirche auch die Welt zu verändern. Vor allem Zwingli hat sehr nachdrücklich die Auffassung vertreten, die weltlichen Ordnungen müßten nach einem naturrechtlichen Parameter, den er im göttlichen Gesetz der Schrift zu finden glaubte, gebessert werden. Die Legitimität des Staates wird seine Christlichkeit[46].

Auf der anderen Seite stehen *Thomas Müntzer* und Teile der Täufer, die von einer starken Endzeitnaherwartung geprägt waren und folglich die Wiederkunft Christi vorbereiten zu müssen glaubten. In einer kurzschließenden Argumentationsführung hatte Müntzer die Fürsten, die Herrschenden und Mächtigen mit den Gottlosen identifiziert, die vernichtet werden müssen. Damit beauftragt sind die Auserwählten, die das Kreuz erlitten und den Geist erfahren haben, und das heißt in seiner auf Symmetrie angelegten Argumentation: die Ausgebeuteten und Entrechteten, die Bauern und Bergknappen[47].

---

[46] Jetzt zusammenfassend *G. W. Locher*, Zwingli und die schweizerische Reformation (Die Kirche in ihrer Geschichte. Ein Handbuch, Bd. 3, Lief. J 1), 1982. — Schärfer in der Interpretation in die genannte Richtung *P. Blickle*, Die Reformation im Reich (Uni-Taschenbücher 1181), 1982, S. 48—55.

[47] Vgl. *Th. Nipperdey*, Theologie und Revolution bei Thomas Münt-

Die neu sich formierenden theologischen Richtungen hatten noch keinen staatlichen Hintergrund. Kaum ein Fürst innerhalb des Reiches interessierte sich ernsthaft für die theologischen Querelen der Professoren und Prädikanten. Die Bürger und die Bauern wurden zum sozialen Einfallstor der Reformation. Seit 1523 gibt es in den Städten und wenige Monate später auch auf dem Land eine ‚reformatorische Bewegung' — in Nürnberg, Zürich, Konstanz, Memmingen und Straßburg und deren bäuerlichem Hinterland. Es ist der Vorabend des Bauernkriegs.

---

zer, in: *Ders.*, Reformation, Revolution, Utopie. Studien zum 16. Jahrhundert (Kleine Vandenhoeck-Reihe 1408), 1975, S. 38—84.

Regional-chronologischer Teil

Oberrheinlande

Von Horst Buszello

Deutlicher als anderswo gliedert sich der Bauernkrieg am Oberrhein in zwei zusammenhängende, doch wesensmäßig verschiedene Phasen.

Die Ereignisse von Juni 1524 bis März/April 1525 stehen noch in der Tradition spätmittelalterlicher bäuerlicher Widerstandsaktionen. Bei ihnen handelt es sich um parallel laufende, herrschafts-(territorial-)interne Auseinandersetzungen zwischen Bauern und Obrigkeit um Herkommen und Altes Recht. Der aufgebrochene Konflikt war grundsätzlich lösbar durch den Entscheid eines ordentlichen oder eines Schiedsgerichts.

Demgegenüber verlief der Aufstand seit Anfang April 1525 als herrschaftsübergreifende, überterritoriale Bewegung. Gemeinsame Legitimationsgrundlage aller Aufständischen war nun das Evangelium als lebens- und gesellschaftsgestaltendes Prinzip. Gegner war nicht mehr die einzelne Herrschaft, sondern die überkommene, unchristliche Ordnung der Welt überhaupt. Ein gerichtlicher Ausgleich der gegensätzlichen Vorstellungen von Aufständischen und Obrigkeiten war nicht mehr möglich.

Das Wort „Bauernkrieg" (mit der Betonung auf Krieg) ist im strengen Sinne nur auf die zweite Phase der Erhebung anwendbar. Gleiches gilt für den in der jüngeren Diskussion bevorzugten Begriff „Revolution des gemeinen Mannes".

Der Umschwung von der ersten zur zweiten Phase war letztlich das Ergebnis eines neuen Impulses, der von außen, von Oberschwaben bzw. Memmingen, kam. Der neue Aufstand breitete sich am Oberrhein jedoch nicht wellenförmig von Ost nach West aus. Anfang April erfaßte er zunächst den Hegau und den östlichen Schwarzwald. Vor und nach dem Osterfest (16. April) brach die Erhebung im Elsaß aus, wenige Tage später im Hochstift Speyer, in der Ortenau und in der linksrheinischen Pfalz. Das Markgräflerland und der Breisgau folgten erst Anfang Mai.

Der neue Aufstand wurde am Oberrhein von mehr als 20 Haufen getragen. Dennoch wäre es falsch, in ihm nur das Nebeneinan-

Der habsburgische Besitz am Oberrhein und die westlichen Teile von Schwäbisch-Österreich zur Zeit des Bauernkriegs

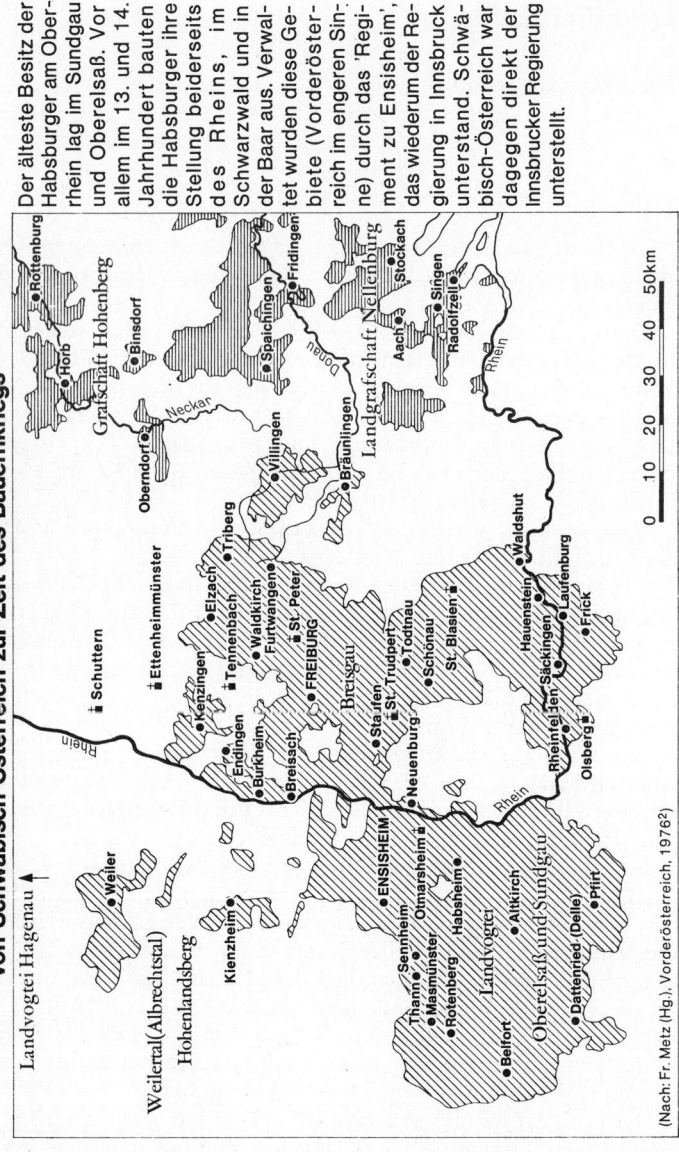

(Nach: Fr. Metz (Hg.), Vorderösterreich, 1976²)

Der älteste Besitz der Habsburger am Oberrhein lag im Sundgau und Oberelsaß. Vor allem im 13. und 14. Jahrhundert bauten die Habsburger ihre Stellung beiderseits des Rheins, im Schwarzwald und in der Baar aus. Verwaltet wurden diese Gebiete (Vorderösterreich im engeren Sinne) durch das 'Regiment zu Ensisheim', das wiederum der Regierung in Innsbruck unterstand. Schwäbisch-Österreich war dagegen direkt der Innsbrucker Regierung unterstellt.

der separierter Aktionen zu sehen. Zwischen den Haufen bestand eine weiträumige Kommunikation, Koordination und Kooperation. Die Kommunikationswege wurden bestimmt durch geographische und politische Bedingungen. Vor allem am Rhein wirkten sich die stromübergreifenden territorialen Brücken aus (Stadt und Hochstift Straßburg, die Grafschaften Hanau-Lichtenberg und Bitsch-Zweibrücken, Vorderösterreich).

Ein Kennzeichen der zweiten Erhebung am Oberrhein ist deren zeitliche Ungleichheit. Als die Aufständischen auf der rechten Rheinseite mit der Einnahme von Freiburg einen spektakulären Sieg errangen, war der Aufstand im Elsaß bereits niedergeschlagen.

Die Oberrheinlande waren und sind ein Gebiet großer geographischer und wirtschaftlich-kultureller Verschiedenheit. Die Frage nach den Ursachen der Erhebung muß deshalb regionenspezifisch beantwortet werden.

Uneinheitlich waren auch die Folgen des Aufstandes. Gerade für die Oberrheinlande wird man die pauschale Behauptung einer allgemeinen Schlechterstellung der Bauern nach 1525 durch eine differenzierende Betrachtung ersetzen müssen.

1. Die Stühlinger Erhebung und ihre Folgen (Juni 1524 — April 1525)

Nach dem Bericht des Villinger Ratsherrn und Chronisten Heinrich Hug erhoben sich am 23. Juni 1524, dem Johannistag, die Bauern der Landgrafschaft Stühlingen gegen ihren Herrn, den Grafen Sigmund von Lupfen[1].

Nähere Einzelheiten über den Beginn der Erhebung erfahren wir aus einem Schreiben des Grafen vom 27. Juni. Darin heißt es, die Bauern hätten sich „zusamen gethan und verpflicht", seien „mit werhaftiger hand zum Sperwerholtzlin" gezogen und hätten von den gräflichen Amtleuten verlangt „zuberichten, wes wir [der Landgraf] von Romyschen keysern und konigen gefryet und begnadet sind". Offenbar waren die Bauern der Überzeugung, daß der Graf in den Anforderungen an sie über das hinausgegangen war, was er mit Recht verlangen konnte.

Aus Raumgründen beschränken sich die folgenden Anmerkungen auf die wichtigsten Belege und den Nachweis jüngster Literatur.
[1] *Heinrich Hugs* Villinger Chronik, hrsg. v. *Ch. Roder* (Bibliothek des literarischen Vereins in Stuttgart 164), 1883, S. 98. — Die Darstellung

Über die Ereignisse im Anschluß an die Erhebung vom 23. Juni sind wir nur mangelhaft unterrichtet. Als Vermittler zwischen den streitenden Parteien entsandte Erzherzog Ferdinand, in dessen „Schutz und Schirm" die Landgrafschaft stand, zwei österreichische Regierungsbeamte, die Ritter Hans Jakob von Landau und Ulrich von Habsberg; als Unterhändler wirkten ferner Gesandte der vier österreichischen Waldstädte und der Grafschaft Hauenstein. Nur soviel ist bekannt, daß die Bauern einen ersten Vergleich in den „principal artickel[n]" zurückwiesen. Das gleiche Schicksal widerfuhr einem zweiten Vertragsentwurf, den Hans Jakob von Landau und Ulrich von Habsberg auf einem „Tag" zu Tiengen am 22. Juli vorlegten. Ergebnis der Tiengener Verhandlung war schließlich nur ein Stillhalteabkommen bis zum 24. August. Bis dahin sollten beide Seiten ihre Haltung zum fraglichen Vertrag nochmals überdenken[2].

In den kommenden Wochen blieb keine Seite untätig. Graf Sigmund erbat von Erzherzog Ferdinand „zwei Stuck Büchsen" zur Verteidigung seines Stühlinger Schlosses. Hatten die Bauern wohl schon früher Hans Müller von Bulgenbach zu ihrem Hauptmann gewählt, gaben sie sich am 14. August eine militärische Ordnung und eine Fahne, welche die österreichischen Farben (rot und weiß, dazu wohl eine schwarze Inschrift) zeigte[3].

Am 24. August endete das vor einem Monat geschlossene Stillhalteabkommen. An diesem Tag (vielleicht auch erst eine gute Woche später, eine zweifelsfreie Datierung läßt sich nicht gewinnen) zogen 800 Stühlinger Bauern in Waldshut ein. Seit Dezember 1523 stand diese Stadt in offener Rebellion gegen ihren Herrn, Erzherzog Ferdinand; allen Mandaten zum Trotz hielt sie an ihrem reformatorisch gesinnten Pfarrer Balthasar Hubmaier fest[4]. Mit Sicherheit schlossen die Stühlinger und Waldshuter keine „evangelische Bruderschaft"; wohl aber sagten sie sich gegenseitig Schutz und Hilfe zu. Deutlich muß man den unterschiedlichen Charakter

---

der Ereignisse beruht, soweit nicht anders angegeben, auf den Arbeiten von *G. Franz*, *E. Müller* und *T. Scott* (wie Bibl. Nr. 39, 62, 63).

[2] *W. Stolze*, Akten zur Geschichte der Stühlinger Erhebung des Jahres 1524, in: Zeitschrift für die Geschichte des Oberrheins NF 42 (1929), S. 274—295, hier Nr. 5—9.

[3] Ebd., Nr. 10 f.; *H. Schreiber*, Bauernkrieg (wie Bibl. Nr. 7), Bd. 1, Nr. 12, 15.

[4] Dazu *T. Bergsten*, Hubmaier (wie Bibl. Nr. 64); zur Chronologie des Stühlinger Zuges vgl. ebd., S. 148 Anm. 21.

beider Bewegungen sehen. „Altrechtlich" waren die Gründe der Stühlinger, religiös die der Waldshuter; gemeinsam war beiden ‚nur' die Opposition zur Obrigkeit.

Von Waldshut begaben sich die Bauern in militärischer Formation nach Tiengen, wo weiter über eine gütliche Beilegung des Konflikts verhandelt werden sollte. Beim Anmarsch der Bauern verließen die Herren unverzüglich die Stadt.

Anfang September war die Situation ernster als zuvor. Die Bauern hatten nicht nur den Tiengener Vertrag abgelehnt, sie hatten sich zudem mit den „Ketzern" in Waldshut verbündet und offen militärische Stärke demonstriert. Auf der anderen Seite erwog Erzherzog Ferdinand immer öfter eine gewaltsame, militärische Lösung des Konflikts. Doch waren ihm für den Augenblick die Hände anderweitig gebunden. Aus diesem Grund nahmen er und die übrigen Herren ein Vermittlungsangebot der eidgenössischen Stadt Schaffhausen an.

Nach eingehender Befragung beider Seiten und „gütlicher" Verhandlung konnte Schaffhausen die streitenden Parteien am 10. September zur Annahme eines Vertrages bewegen, der in 39 Artikeln das künftige Verhältnis zwischen den Grafen von Lupfen und den Bauern auf eine beiderseits akzeptierte und schriftlich fixierte Basis stellte. Obwohl die bäuerlichen Verhandlungspartner äußerstes Entgegenkommen gezeigt hatten, scheiterte am Ende auch dieser Vermittlungsversuch. Die Herren bestanden unnachgiebig auf einem Schuldbekenntnis der Bauern, demütiger Bitte um Verzeihung und Auslieferung der Fahne. Ein solches Ansinnen lehnten die Bauern, durchdrungen von der Rechtmäßigkeit ihres Vorgehens, ab. Vor allem sperrten sie sich, die Fahne auszuliefern[5].

Die nächste Aktion ging wieder von den Stühlingern aus. Am 6. Oktober verließen sie die Landgrafschaft und durchzogen in großem Bogen die nördlich angrenzenden Gebiete der Herren von Schellenberg und der Grafen von Fürstenberg. Selbst der bauernfeindlich gesinnte Chronist Heinrich Hug vermerkt, daß der Zug in großer Ordnung vor sich ging[6]. Er war ein diszipliniertes und wohlorganisiertes Werben um Verständnis und ggf. Unterstützung. Am 12. Oktober zogen sich die Stühlinger wieder über die Wutach zurück.

---

[5] Die Quellen in *H. Schreiber*, Bauernkrieg (wie Bibl. Nr. 7), Bd. 1, Nr. 25, 28 f., 31 f., 35—38, 44.
[6] *Heinrich Hugs* Villinger Chronik (wie Anm. 1), S. 100 f.

Vier Tage vor dem Aufbruch der Stühlinger, am 2. Oktober, hatten sich — allen Vorsichtsmaßnahmen der Herren zum Trotz — auch die Hegauer erhoben. Die Tatsache, daß der aus seinem Land vertriebene Herzog Ulrich von Württemberg vom nahen Hohentwiel aus mit den Bauern konspirierte, machte diesen Aufstand in den Augen der Herren so gefährlich[7].

Am 3. Oktober rückte ein Freiwilligen-Corps aus Zürich in Waldshut ein. Der militärische Wert der Truppe war sicherlich begrenzt; doch schien die Sorge der Herren berechtigt, die Eidgenossen könnten militärisch in den Konflikt eingreifen.

Unter dem Eindruck einer derart verschärften Situation reagierten die Herren schnell. Bereits am 8. oder 9. Oktober vermittelten drei Gesandte der Stadt Überlingen sowie zwei Vertreter der österreichischen Regierung einen Vertrag, nach dem die Hegauer ihre Beschwerden zu endgültiger rechtlicher Entscheidung vor das Landgericht in Stockach bringen sollten. Am 13. Oktober gelang es denselben Unterhändlern, auch für die Stühlinger Bauern einen schiedsrichterlichen Austrag ihrer Beschwerden zu vereinbaren[8]. Beide Verträge verschafften den Herren für die kommenden Monate eine dringend benötigte Atempause im Hegau und in der Landgrafschaft Stühlingen.

Ende Oktober hielten die in der Grafschaft Hauenstein belehnten Bauern des Klosters St. Blasien eine „Gemeinde" ab, auf der sie dem Abt „den Eidt, die Eigenschafft, Läs, Gefäll und Tagen" aufkündigten. Vom 1. bis 4. November besetzten mehr als 500 Bauern in einer durchaus friedlichen Demonstration das Kloster. Ausdrücklich verwies ihr Sprecher auf das Vorbild der Stühlinger. Auf einer neuerlichen „Gemeinde" am 21. November wiederholten die Bauern „vom Wald" den Beschluß von Ende Oktober; sie stellten alle Abgaben und Dienste ein und boykottierten die Gerichtstage.

Am 10. Dezember plünderten Hauensteiner Bauern zusammen mit solchen aus dem Münstertal das Kloster St. Trudpert. Wohl auf einer Versammlung am 16. Januar 1525 verfaßten die Hauensteiner Bauern zusammen mit Abgesandten der Talvogteien Schön-

---

[7] Zu Württemberg und Herzog Ulrich s. u. Kapitel „Oberschwaben und Württemberg", S. 128.

[8] Hegau: *L. Muchow*, Zur Geschichte Überlingens im Bauernkrieg, phil. Diss. Freiburg/Br. 1889, S. 16 f.; *D. Göpfert*, Bauernkrieg am Bodensee und Oberrhein 1524/25 mit einer Wiedergabe der Bodmaner Chronik, 1980, Beilage Nr. 3. Stühlingen: *Heinrich Hugs* Villinger Chronik (wie Anm. 1), S. 101.

au und Todtnau ihre Klagen gegen den Abt von St. Blasien. Eine Gesandtschaft überbrachte sie Erzherzog Ferdinand, dem Inhaber der Landesherrschaft, mit der Bitte, ihnen einen unparteiischen „Commissari" zu geben. Erzherzog Ferdinand wählte das Landgericht zu Stockach (welches schon über die Klagen der Hegauer zu befinden hatte)[9].

Am 18. November erschienen „etlich fögt uß dem Brigentall, doch nit all", vor dem Rat der vorderösterreichischen Stadt Villingen und baten im Namen ihrer Gemeinden um Abstellung etlicher Beschwerden. Als der Rat eine Woche später seine Antwort gab, spaltete sich die Bewegung. Während ein Teil der Bauern, darunter auch die fünf Vögte, nach Hause zurückkehrte, durchzog eine andere Gruppe (der sog. „neue Haufe") benachbarte fürstenbergische und württembergische Dörfer. Zeitweiliger Wortführer dieser Bauern war Hans Müller von Bulgenbach[10].

Die Stühlinger Ereignisse wirkten — mit einem bemerkenswerten Ergebnis — auch in den nahen Klettgau[11]. Im Oktober wandten sich die Klettgauer hilfesuchend an den Rat der Stadt Zürich, in deren Burgrecht sie standen: Hans Müller und seine Anhänger hätten mit Repressalien gedroht, falls sie ihnen keine Unterstützung gewährten. Zürich gab die erbetene Hilfe, stellte jedoch zugleich die Frage, ob die Klettgauer den Religionsmandaten der Stadt „und dem rechten, wahren Gottswort (wie das jetzt wahrlich fürgelegt wird) anhangen wöllent oder nit". Indem Zürich die Klettgauer auf das Gotteswort verwies, legte es diese auf die eigene reformatorische Politik fest; es verpflichtete die Klettgauer, nichts zu unternehmen, was nicht zuvor von Zürich — dem Hort des rechten Bibelverständnisses — gutgeheißen worden war.

---

[9] *H. Schreiber*, Bauernkrieg (wie Bibl. Nr. 7), Bd. 1, Nr. 86, Bd. 2, Nr. 139, 151 f. Die Beschwerden auch in *G. Franz*, Quellen Bauernkrieg (wie Bibl. Nr. 2), Nr. 24. Vgl. *K. F. Wernet*, Die Grafschaft Hauenstein, in: *F. Metz* (Hrsg.), Vorderösterreich, 1976², S. 431—466.

[10] *Heinrich Hugs* Villinger Chronik (wie Anm. 1), S. 104—110. S. auch *U. Lutz*, Die Herrschaftsverhältnisse in der Landgrafschaft Baar an der Wende vom 15. zum 16. Jahrhundert (Veröffentlichungen des Alemannischen Instituts Freiburg/Br. 46), 1979.

[11] *H. Schreiber*, Bauernkrieg (wie Bibl. Nr. 7), Bd. 1, Nr. 81, 140, Bd. 2, Nr. 144—146, 167; z. T. auch in *G. Franz*, Quellen Bauernkrieg (wie Bibl. Nr. 2), Nr. 65 f. Vgl. *M. Bußmann*, Theologie und Bauernkrieg, theol. Diss. Münster (masch.) 1977, S. 150—160; *W. Elliger*, Müntzer (wie Bibl. Nr. 82), S. 640—675.

In einem Schreiben vom 23. Januar 1525 erklärten die Klettgauer unter Hinweis auf das „göttlich wort und Gerechtigkeit" ihren grundsätzlichen Gehorsam gegenüber dem Grafen Rudolf von Sulz; sie wollten ihrem Herrn alles leisten, „so göttlich und billig ist, auch christenlich zu geben". Doch fügten sie hinzu, daß sie mit etlichen Beschwerden und Bürden überladen seien; sie baten Zürich, sich beim Grafen für sie zu verwenden. Falls Graf Rudolf dies wünsche, könnten sie ihre Klagen „in Artikels-Weiß" vorbringen. Es erinnert schließlich an das Verhalten der Stühlinger im August (oder September) 1524, wenn die Klettgauer am 29. Januar mit einer blau-weißen (der Zürcher?) Fahne nach Waldshut zogen.

Die angekündigte Beschwerdeschrift legten die Klettgauer wohl erst im März vor. Doch nun dienten „Evangelium und göttliches Recht, Billigkeit und Recht" als pauschale Begründung der nachfolgenden Klagen. Ohne Zweifel war Zürichs anfänglicher Hinweis auf das Gotteswort im kirchlich-theologischen Sinne zu verstehen. Die Klettgauer gingen jedoch einen Schritt weiter und übertrugen das Gotteswort auch auf den gesellschaftlichen Bereich: Überzeugender als „Billigkeit und Recht" offenbarten „Evangelium und göttliches Recht" (ein Gegensatz bestand freilich noch nicht) den Unrechtscharakter zahlreicher Einrichtungen. Legte das Evangelium dem Christen einerseits Pflichten auf (dieser Aspekt stand im Januar noch im Vordergrund), gab es ihm anderseits auch Rechte (so die Position im März).

Am 25. März erging die Weisung an die Klettgauer Gesandten in Zürich, nur noch nach einer einzigen Richtschnur zu handeln — „das ist nach dem Gotzwort ... und den Handel nit anheben, es siege dan das Alt und Nuw Testament Richter sieg". Doch damit war der Aufstand in ein zweites, revolutionäres Stadium getreten.

Am 27. Dezember 1524 fand vor dem Stockacher Landgericht die erste Verhandlung in Sachen der Hegauer Bauern statt. Doch war der Prozeß gescheitert, bevor er begonnen hatte. Entgegen den Vertragsbestimmungen sollte das Gericht nach dem Willen der Herren statt einer rechtlichen nur eine gütliche Verhandlung führen; und entgegen dem Herkommen war es ausschließlich mit Adligen besetzt. Die bäuerlichen Abgeordneten verließen unter Protest die Verhandlung. Auch eine zweite Tagung am 16. Januar 1525 brachte kein Ergebnis[12].

---

[12] *L. Muchow*, Überlingen (wie Anm. 8), S. 18—21. S. auch u. S. 104 f.

Das Schiedsgerichtsverfahren, bei welchem über die Klagen der Stühlinger, Fürstenberger, Schellenberger und anderer Bauern befunden werden sollte, war durch den Tod des Grafen Sigmund von Lupfen (28. Dezember 1524) hinfällig geworden. Am 10. Februar schlossen Herren und Bauern eine neue Vereinbarung, nach der die Klagen durch das Reichskammergericht, welches damals in Esslingen seinen Sitz hatte, entschieden werden sollten. Gemäß Erlaß des Kammergerichts vom 7. März legten Herren und Bauern ihre Klagen am 4. bzw. 6. April schriftlich vor[13]. Eine Verhandlung fand jedoch nicht mehr statt.

Ergebnislos verliefen schließlich auch zwei Verhandlungen zur Beilegung des Konflikts zwischen der Stadt Waldshut und der österreichischen Regierung.

Einen Einblick in die *Ursachen der Stühlinger Erhebung* geben die Beschwerden der Bauern, zusammengestellt für den Prozeß vor dem Reichskammergericht. Die 62 Artikel der Klageschrift enthüllen das Bild einer kleinen südwestdeutschen „Herrschaft", die durch eine Fülle von Neuerungen den Lebensraum der Bauern mehr und mehr einengte. Das tradierte Gefüge von Herr und Bauer bzw. bäuerlicher Gemeinde: Gebot und Gehorsam, Rechte und Pflichten, Einkünfte und Abgaben, wurde einseitig zugunsten der Herrschaft verschoben. Der Angriff der Landgrafen von Stühlingen auf die Rechte der Bauern erfolgte auf breiter Front. In allen Fällen bemerkt man einen verstärkten und erfindungsreichen Zugriff auf die bäuerlichen Freiheiten. Die Untertanen wurden vermehrt in Pflicht genommen.

Auch wenn man den eigentlichen und letzten Grund aller Neuerungen im gesteigerten finanziellen Interesse der Herrschaft sieht, muß man doch die doppelte, die wirtschaftliche und die politisch-rechtliche Dimension jeder getroffenen Maßnahme betonen. Jede erzwungene Leistungssteigerung unterwarf den einzelnen oder die Gemeinde stärker als bisher dem herrschaftlichen Gebot, entzog Freiheiten und Rechte. Umgekehrt schlug sich jede Ausdehnung oder Intensivierung der herrschaftlichen Gebotsgewalt (d. h. Verkürzung tradierter Freiheiten und Rechte) in erhöhten Leistungsansprüchen nieder. „Verherrschaftung" der Bauern (wenn dieser

---

[13] *F. L. Baumann*, Akten Oberschwaben (wie Bibl. Nr. 4), Nr. 91, 114, 144, 194—197, 199—202. Die Stühlinger Klagen auch in *G. Franz*, Quellen Bauernkrieg (wie Bibl. Nr. 2), Nr. 25.

Ausdruck erlaubt ist) und Erhöhung von Abgaben und Diensten gingen Hand in Hand[14].

Legitimationsgrundlage der bäuerlichen Beschwerden war das Alte Recht, das Herkommen. Dieses, gleichbedeutend mit dem „Rechten", war einseitig durch die Herrschaft verändert, verletzt worden. Religiöse Motive spielten keine Rolle. Darüber darf auch der Zug der Stühlinger in das „ketzerische" Waldshut nicht hinwegtäuschen.

Von gewissen Akzentverschiebungen abgesehen, glichen die Klagen der Fürstenberger denen der Stühlinger. Dagegen beschränkten sich die Bauern des Klosters St. Blasien auf die Bereiche Leibeigenschaft und Gerichtswesen[15].

Auf die geschilderten Ereignisse im Schwarzwald, im Hegau und Klettgau läßt sich die gängige Bezeichnung „Bauernkrieg" kaum anwenden. Die Chronisten (Heinrich Hug und Andreas Lettsch) sprechen denn auch von „uffrur und unwill", „uffgeleuff", „ufflönung", „empörung", „zwayung" oder „spenn und stöss"[16]. Was man gewöhnlich die erste Phase des Bauernkriegs nennt, war eine *Abfolge von demonstrativen Aktionen und Verhandlungen*. Ziel der Demonstration war es, die Herren an den Verhandlungstisch und vor ein Gericht zu bringen. Denn „um die Meinung vieler Menschen wirksam werden zu lassen, mußte man auch damals weder brennen noch morden. Man mußte aber eine große Menschenansammlung zu Wege bringen ... Das einzige Druckmittel solcher Mehrheiten waren sie selbst, also die Angst vor großen Massen"[17]. — Im einzelnen lassen sich die folgenden Stadien oder Stufen unterscheiden:

— Initiierende Aktion
— Demonstration der Entschlossenheit und der Stärke
— Vereinbarung zur Konfliktlösung
— Gütlicher oder rechtlicher Entscheid der Klagen.

---

[14] Zum wirtschaftlichen Hintergrund *H. Buszello*, „Teuerung" am Oberrhein (wie Bibl. Nr. 97).

[15] Dazu *Cl. Ulbrich*, Leibherrschaft (wie Bibl. Nr. 106), S. 25—113.

[16] Zur Einordnung der Stühlinger Erhebung und der sie begleitenden Ereignisse in die Geschichte bäuerlicher Erhebungen: *P. Blickle* (Hrsg.), Aufruhr und Empörung? Studien zum bäuerlichen Widerstand im Alten Reich, 1980; *Cl. Ulbrich*, Agrarverfassung und bäuerlicher Widerstand im Oberrheingebiet, in: Zeitschrift für Agrargeschichte und Agrarsoziologie 30 (1982), S. 149—167.

[17] *J. Maurer*, Prediger (wie Bibl. Nr. 136), S. 222.

Verglichen mit den Ereignissen im Hegau, in St. Blasien, Villingen und im Klettgau verlief die Stühlinger Erhebung dreistufig. Die Demonstration wurde von Mal zu Mal nachdrücklicher, doch nie gewalttätig: Zug ins „Sperwerholtzlin", Marsch nach Waldshut und von dort nach Tiengen, Zug durch die Gebiete nördlich der Wutach.

In zwei Fällen wandten sich die Bauern mit ihren Klagen an die nächsthöhere Instanz: die Hauensteiner an Erzherzog Ferdinand, die Klettgauer an Zürich. Von der entfernteren Obrigkeit erwarteten sie Hilfe gegen die nächstgesessene.

Während die Bauern die vereinbarten Gerichtstage sehr ernst nahmen, handelten die Herren — je länger, je mehr — nur unter dem Druck mangelnder militärischer Rüstung. Verhandlungen dienten ihnen in erster Linie dazu, Zeit zu gewinnen; und ein Scheitern der Gerichtstage war wohl von Anfang an einkalkuliert.

2. Der Bauernkrieg am Oberrhein (April — Dezember 1525)

2.1 Hegau, Schwarzwald, Breisgau, Ortenau

Am 20. April 1525 sagten die Stühlinger Bauern jede weitere Teilnahme am Prozeß vor dem Esslinger Reichskammergericht ab. Mit diesem Schritt zogen sie die Konsequenz aus einer inzwischen gründlich veränderten Situation.

Anfang April war der Aufstand im Hegau erneut ausgebrochen[18]. Der dortige Haufen unter Führung von Hans Ben(c)kler beschränkte seine Aktionen jedoch nicht auf den Hegau. Von Riedöschingen kommend, zog er in die Gegend um Bonndorf und Löffingen, wo er sich mit den Schwarzwälder Bauern unter Hans Müller von Bulgenbach vereinigte. Vom 12. bis 16. April fielen die Orte bzw. Städte Neudingen, Pfohren, Hüfingen, Bräunlingen, Fürstenberg, Dorf und Schloß (Donau-)Eschingen, Geisingen und Möhringen. Über Engen und Aach zog das vereinigte Bauernheer zurück in den Hegau, wo die Stadt Radolfzell zur Übergabe gezwungen werden sollte.

---

[18] Ein detaillierter Bericht über die Ereignisse im Schwarzwald und Hegau in der Villinger Chronik des *Heinrich Hug* (wie Anm. 1), S. 110 bis 151; dazu die in Anm. 1 angegebene Literatur. — Zu den Ereignissen im Hegau s. auch u. Kapitel „Oberschwaben und Württemberg", S. 104 f.

Der Zug des Schwarzwälder Haufens unter Hans Müller von Bulgenbach 16. April - 19. Juni 1525

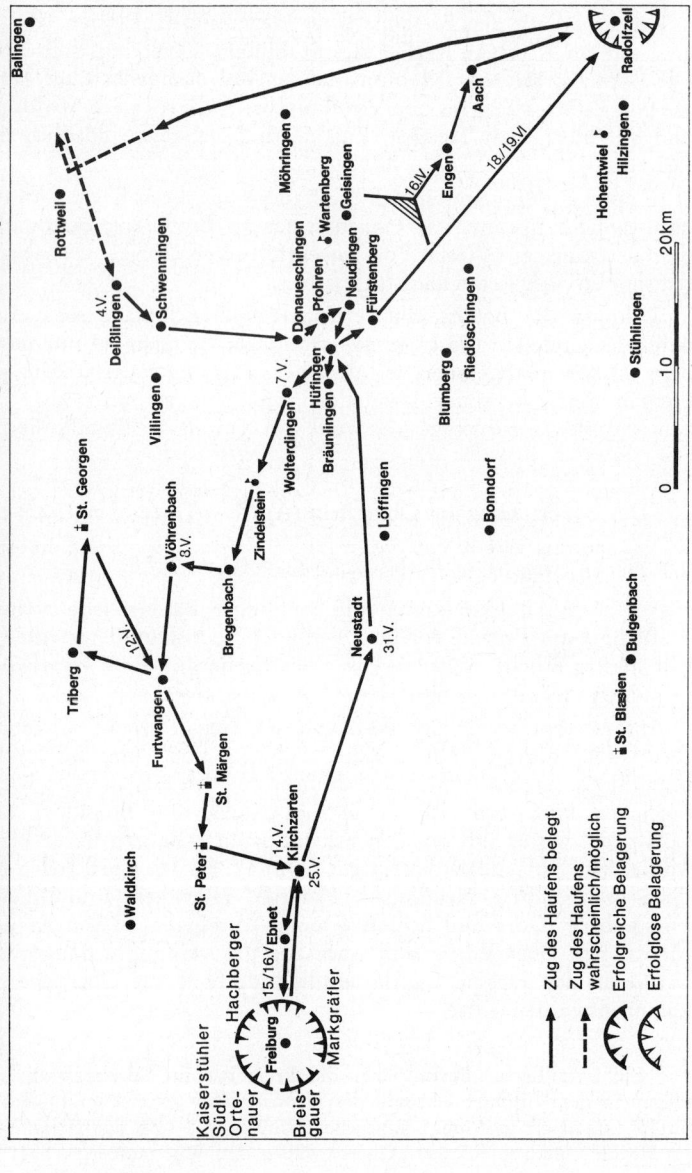

Für den erneuten Ausbruch der Erhebung im Hegau und in der Baar wird man mehrere Umstände verantwortlich machen müssen. Der gescheiterte Prozeß vor dem Stockacher Landgericht und der späte Verhandlungsbeginn vor dem Reichskammergericht zu Esslingen hatten in beiden Gebieten eine latente Unruhe erzeugt bzw. wachgehalten. Unter dem stimulierenden Einfluß der Ereignisse im nahen Oberschwaben schlug diese Anfang April in offene Empörung um. Eine wesentliche Rolle in der Vorgeschichte des „zweiten Aufstandes" im Hegau und Schwarzwald spielte auch der aus seinem Land vertriebene Herzog Ulrich von Württemberg. Blieb der Versuch, das verlorene Herzogtum mit Waffengewalt zurückzuerobern, auch eine unglückliche Episode (23. Februar bis 17. März), so war das Unternehmen des Herzogs dennoch von Bedeutung für die bäuerliche Sache. Entschiedene radikale oder enttäuschte Bauern fanden ein neues Wirkungsfeld im Umkreis oder im Dienst des Herzogs. Diese Gruppen konnten auch nach dem Ende des Feldzugs als Kristallisationspunkte der neuen Erhebung wirken.

Auf der anderen Seite hatte die von Herzog Ulrich ausgehende und überschätzte Gefahr bewirkt, daß der Schwäbische Bund seine Rüstungen in größerer Eile vorantrieb. Als ein Einsatz des Bundesheeres gegen Herzog Ulrich nicht notwendig wurde, konnte es nun gegen die Bauern marschieren[19].

Nach den Siegen bei Leipheim und Wurzach (4. bzw. 14. April) und dem Abschluß des Weingartener Vertrags mit den (Boden-) Seebauern (17. April) zog das Heer unter Truchseß Georg von Waldburg in den Hegau. Doch in Stockach erreichte den Truchsessen der dringende Befehl, umgehend nach Württemberg zu marschieren, um für die blutigen Ereignisse in Weinsberg (16. April) Rache zu nehmen. In dem Glauben, jener wiche einer militärischen Kraftprobe aus, folgten die Bauern dem Bundesheer nach Norden. In Rottweil kehrten die Hegauer nach Hause zurück. Die Schwarzwälder setzten ihren Marsch wohl noch etwas fort, schwenkten dann aber gleichfalls ab[20]. Nach einem langen und erfolgreichen Zug erreichte der Haufen des Hans Müller von Bulgenbach am 8. Mai

---

[19] Dazu *Ch. Greiner*, Politik des Schwäbischen Bundes (wie Bibl. Nr. 127).
[20] Eine dritte Gruppe, bestehend aus Hauensteiner Bauern, war auf direktem Wege nach Hause zurückgekehrt. Mehrere Tage plünderten sie das Kloster St. Blasien. Dazu die Chronik des *Andreas Lettsch*, in: *F. J. Mone*, Quellensammlung der badischen Landesgeschichte, Bd. 2, 1854, S. 48—50.

Vöhrenbach. Von dort sandte er ein Schreiben nach Villingen, in dem er die Stadt ultimativ zum Anschluß aufforderte.

Dieser „Artikelbrief" gibt wie kein anderes Schriftstück Auskunft über *Selbstverständnis, Motive und Ziele der Schwarzwälder*[21]. Gegen Unterdrückung und Gewalt, Eigennutz und Selbstsucht der alten Obrigkeiten setzen die Bauern ihr Programm einer neuen Ordnung der „brüderlichen Liebe" und des „gemeinen christlichen Nutzens". Diese Ordnung folgt nicht aus einer — und sei es noch so alten — Menschensatzung oder aus einem neuerlichen Verhandlungskompromiß. Sie erfüllt einzig und allein Gottes Gebot von „brüderlicher Liebhabung"; sie realisiert das „göttliche Recht". In der „christlichen Vereinigung und Bruderschaft" der Schwarzwälder ist die neue Ordnung zumindest ansatzweise vorweggenommen; sie ist deren Garant und Vollstrecker.

War der Stühlinger Haufen von 1524 eine „Interessengemeinschaft" zur Durchsetzung bestimmter, klar formulierter Einzelforderungen, ist der Haufen von 1525 ein „Kampfbund" zur Errichtung einer neuen, wahrhaft christlichen Volksgemeinschaft. Der Rechtsgrund aller Beschwerden von 1524 war das Alte Recht; der Blick ging gleichsam zurück, und für die Bauern kam alles darauf an, in umfangreichen Beschwerdekatalogen Rechtsverletzungen nachzuweisen. Nun lassen die Schwarzwälder die Vergangenheit und mit ihr das Alte Recht hinter sich; der Blick ist nach vorne gerichtet auf den Aufbau einer neuen, christlichen Gesellschaft. Einzelklagen sind überflüssig geworden. Die Aufständischen hatten potentiell den Weg zur Revolution beschritten. Aus der Empörung einzelner Bauernschaften war der Bauernkrieg geworden.

Soweit wie möglich will die „christliche Vereinigung" ohne Blutvergießen zum Ziel gelangen. Einzelpersonen und Gemeinden, die sich der neuen Ordnung widersetzen, werden mit dem „weltlichen Bann" belegt. Der Gebannte wird aus jeder Gemeinschaft ausgeschlossen, er wird behandelt wie ein „abgeschnittenes, abgestorbenes Glied", gleichsam nicht mehr existent. Pauschal wird der Bann über Schlösser und Klöster verhängt. Sofern deren Bewohner

---

[21] Gedruckt u. a. in *G. Franz*, Quellen Bauernkrieg (wie Bibl. Nr. 2), Nr. 68. Für eine Herleitung des „Artikelbriefs" aus dem Gedankengut von Thomas Müntzer *W. Elliger*, Müntzer (wie Bibl. Nr. 82), S. 651 bis 672; dagegen *P. Blickle*, in: Zeitschrift für Agrargeschichte und Agrarsoziologie 24 (1976), S. 79 f. Gegen Hubmaier als Verfasser *T. Bergsten*, Hubmaier (wie Bibl. Nr. 64), S. 277—301. Zur Interpretation *G. Vogler*, Schlösserartikel (wie Bibl. Nr. 124).

sie freiwillig verlassen und Mitglied der „christlichen Vereinigung" werden, sollen sie mit Hab und Gut aufgenommen werden. Der verlangte Auszug aus Schlössern und Klöstern ist mehr als nur eine militärisch notwendige Maßnahme; er ist sichtbarer Ausdruck dafür, daß Adel und Geistlichkeit auf ihre hergebrachten Privilegien verzichten.

Der „Artikelbrief" wirft implizit die Frage nach der künftigen „Obrigkeit" auf. Gedanken dazu enthält ein sog. „Verfassungsentwurf", der freilich nur schwer einzuordnen ist; auf ihn gehen wir weiter unten (S. 317) ein.

Der „Artikelbrief" machte keinen oder nur geringen Eindruck auf den Rat der Stadt Villingen. Und eine Belagerung der Stadt paßte offensichtlich nicht in das Konzept der Schwarzwälder. Bereits am 9. Mai rückte der Haufen wieder aus Vöhrenbach ab. Ziel war das vorderösterreichische Freiburg im Breisgau — neben Radolfzell und Villingen eine dritte Bastion der Herren. Am 15. und 16. Mai erschien der Haufen vor der Stadt[22], wo er sich mit den gleichfalls anrückenden Bauern aus dem Markgräflerland, dem Breisgau und der südlichen Ortenau zur Belagerung vereinigte.

Noch Ende April waren das Markgräflerland und der Breisgau ruhig gewesen. Nun, zwei Wochen später, war das Land „alls uff der puren sitten, ußgenomen Brissach, Friburg und Walkilch"[23]. Innerhalb weniger Tage hatten sich die Bauern erhoben und in vier Haufen organisiert (Markgräflerland, Breisgau, nördlicher Kaiserstuhl, Hachberg). Überall wurden Klöster und Burgen besetzt, geplündert oder zerstört; die kleineren Städte öffneten ohne Gegenwehr die Tore. Erhielten die Markgräfler den entscheidenden Anstoß wohl vom Schwarzwald, waren die Kaiserstühler stärker auf das Elsaß orientiert[24].

Zusammen mit den Aufständischen aus der südlichen Ortenau zogen die Haufen vor Freiburg. Am 15. und 16. Mai schloß sich der Belagerungsring. Die Entscheidung fiel, als die Schwarzwälder in einem überraschenden Handstreich das „Blockhaus" auf dem

---

[22] Die Stationen des Zuges in *Heinrich Hugs* Villinger Chronik (wie Anm. 1), S. 115—120.

[23] Ebd., S. 121. — Zum Aufstand im Markgräflerland, dem Breisgau und der südlichen Ortenau s. die bei *G. Franz*, Bauernkrieg (wie Bibl. Nr. 39), S. 138 Anm. 7 und S. 139 Anm. 9, angegebene Literatur.

[24] *H. Schreiber*, Bauernkrieg (wie Bibl. Nr. 7), Bd. 2, Nr. 216, Bd. 3, Nr. 499.

Schloßberg oberhalb Freiburgs besetzten. Am 20. Mai bat die Stadt um einen Waffenstillstand; vier Tage später trat sie vertraglich der „christlichen Vereinigung" bei[25].

Das großangelegte und exakt geplante Zusammenspiel von sechs Haufen war in organisatorischer und militärischer Hinsicht eine der denkwürdigsten Operationen im Bauernkrieg. Dennoch blieb der Sieg letztlich ohne Folgen, da sich die allgemeine Lage in allen angrenzenden Gebieten bereits entschieden zum Nachteil der Bauern verändert hatte.

Nach dem Fall Freiburgs waren die Haufen umgehend in ihre Heimat zurückgekehrt. Anfang Juni hielten sich die Schwarzwälder einige Zeit in der Gegend um Bräunlingen, Hüfingen und (Donau-)Eschingen auf — unschlüssig über das weitere Vorgehen. Villingen hatte damit begonnen, die umliegenden Dörfer mit Raub und Brand zu überziehen; Freiburg ignorierte mehr und mehr das aufgezwungene Bündnis mit den Aufständischen.

Am 18./19. Juni zogen die Schwarzwälder abermals in den Hegau, nach (Radolf-)Zell. Die Belagerung der Stadt war bislang ohne Erfolg geblieben. Nun sollte eine gemeinsame Aktion wie in Freiburg die Entscheidung bringen. Doch war es dafür bereits zu spät. Zum Entsatz der Stadt rückte ein österreichisch-bündisches Heer heran. Am 1. und 2. Juli (zuletzt bei Hilzingen) wurden die Bauern entscheidend geschlagen. Der Aufstand im Hegau brach zusammen. Die Bauern ergaben sich auf der Grundlage der vom Schwäbischen Bund aufgestellten Kapitulationsbedingungen („Hegauer Artikel")[26]. Die Bauern mußten

— sich dem Schwäbischen Bund auf Gnade und Ungnade ergeben,

— Fahnen und Waffen abliefern,

— den Herren erneut Gehorsam schwören,

— geloben, kein Bündnis mehr gegen ihre Herren einzugehen, keine Versammlungen abzuhalten oder Kirchweihfeste zu besuchen,

---

[25] Der Vertrag in *H. Schreiber*, Bauernkrieg (wie Bibl. Nr. 7), Bd. 2, Nr. 260; die Verträge mit Waldkirch und Breisach ebd., Nr. 261, 273.

[26] *Heinrich Hugs* Villinger Chronik (wie Anm. 1), S. 135 f., mit richtiger Datierung der Schlachten. Ein Druck der „Hegauer Artikel" in: *K. Walchner — J. Bodent*, Biographie des Truchsessen Georg III. von Waldburg, 1832, Anl. D (S. 371—373); auszugsweise auch in *G. Franz*, Quellen Bauernkrieg (wie Bibl. Nr. 2), Nr. 201. Dazu *Th. F. Sea*, Schwäbischer Bund (wie Bibl. Nr. 147).

— alle entwendeten Besitztümer zurückgeben,
— die Anführer ausliefern,
— pro Haus 6 fl. Brandschatzung zahlen (doch sollten die Reichen den Armen zu Hilfe kommen; ausgenommen waren Familien, die sich nicht an der Erhebung beteiligt hatten),
— die Kirchenglocken abliefern, Kirchtürme und Kirchhofmauern abbrechen.

Schadensersatzansprüche einzelner Herren an ihre Untertanen sollten in gesonderten Verträgen geregelt werden.

Von Hilzingen rückte das bündische Heer auf die Baar und den Schwarzwald zu. Am 12. Juli beschworen auch die Stühlinger und Fürstenberger die nur geringfügig modifizierten „Hegauer Artikel". Die übrigen Untertanen folgten bis Mitte August.

Hans Müller von Bulgenbach, Kopf und Organisator der Stühlinger und der Schwarzwälder Erhebung, hatte vorübergehend auf dem Hohentwiel Zuflucht gefunden. Bei seinem Versuch, sich nach Westen (wohl zu den Klettgauern) durchzuschlagen, wurde er von Schaffhausen aufgegriffen, doch bald wieder freigelassen. Wenig später fiel er in die Hände der österreichischen Regierung. Nach 40tägiger Haft und Folter wurde er in Laufenburg enthauptet[27].

Unter dem Eindruck der vernichtenden Niederlagen, die die nord- und mittelelsässischen Haufen bei Zabern und Scherweiler-Kestenholz erlitten hatten, nahmen die Markgräfler Bauern Ende Mai ein Vermittlungsangebot von Stadt und Hochstift Straßburg an. Da Herzog Anton von Lothringen einen Feldzug in den Sundgau und von dort möglicherweise in den Breisgau abgelehnt hatte, stimmte auch Markgraf Ernst dem Versuch einer gütlichen Regelung zu.

Nach Verhandlungen in Offenburg, Basel, Breisach und wieder Basel stand am Ende der 2. *Basler Vertrag* vom 12. September. In 40 Artikeln regelte er die Rechtsverhältnisse zwischen dem Markgrafen und seinen Untertanen in den Herrschaften Röttlen, Sausenberg und Badenweiler. Bei grundsätzlicher Wahrung der herrschaftlichen Rechtsansprüche kam er den Bauern im einzelnen durchaus entgegen. Ein Beispiel: Die Leibeigenschaft und mit ihr die Einschränkung des „freien Zugs" blieben bestehen; doch wurden der Todfall und alle Heiratsbeschränkungen aufgehoben.

Es gibt keinen Grund anzunehmen, daß Markgraf Ernst diesen Vertrag bald wieder aufgehoben habe. Vielmehr spricht alles da-

---

[27] Chronik des Andreas Lettsch (wie Anm. 20), S. 46, 50.

für, daß er ein dauernder „Bestandteil der Agrar- und Herrschaftsverfassung des Markgräflerlandes wurde"[28].

Der 2. Basler Vertrag stand nicht allein. Am Oberrhein hatte er eine Parallele im *Renchener Vertrag* für die nördliche Ortenau. Seit dem 27. April verhandelten Gesandte des Markgrafen Philipp von Baden und der Stadt Straßburg mit dem Oberkircher und dem Schwarzacher Haufen über eine friedliche Beilegung des Konflikts. Eine „gütliche Unterhandlung" wurde für den 22. Mai zu Renchen angesetzt. Von den Herren waren neben Markgraf Philipp vertreten: der Bischof von Straßburg, die Grafen von Bitsch-Zweibrücken und von Hanau-Lichtenberg, Graf Wilhelm von Fürstenberg als Landvogt der Ortenau sowie zwei Ritter als Vertreter der Ortenauer Ritterschaft. Die jeweiligen Ausschüsse handelten für die Haufen zu Oberkirch und Schwarzach[29]. Nach nur dreitägiger Verhandlung wurde am 25. Mai — ausgehend von den Zwölf Artikeln — der Vertrag geschlossen. Er gleicht im allgemeinen (prinzipielle Wahrung der herrschaftlichen Rechte) und im beson-

---

[28] Der Vertrag in *K. Hartfelder*, Urkundliche Beiträge zur Geschichte des Bauernkriegs im Breisgau, in: Zeitschrift für die Geschichte des Oberrheins 34 (1882), S. 393—466, hier Nr. 27. Dazu *P. Blickle*, Revolution von 1525 (wie Bibl. Nr. 42), S. 262 f. Zur Schadensregulierung in Rötteln-Sausenberg, Badenweiler und Hachberg s. *K. Hartfelder*, Urkundliche Beiträge (wie o.), Nr. 25 f., 28 (Zahlung pro Haus 5 oder 6 fl.). — Die rege Vermittlungstätigkeit der Eidgenossen hat ihre Gründe. Vor allem Basel und Schaffhausen waren aufgrund ihrer geographischen Lage unmittelbar von den Ereignissen im Schwarzwald, Breisgau und Elsaß betroffen. Überdies kam es unter dem Einfluß der deutschen Ereignisse auch in der Schweiz seit Ende April 1525 zu Unruhen (Zürich, Schaffhausen, St. Gallen, Thurgau, Bern, Solothurn, Stadt und Hochstift Basel, Graubünden). Doch blieben die Bewegungen auf die einzelnen „Orte" begrenzt; mit Ausnahme von Graubünden erreichten sie nirgends den Grad der Entwicklung wie in den angrenzenden deutschen Gebieten. Vgl. *G. Franz*, Bauernkrieg (wie Bibl. Nr. 39), S. 148—153; *Ders.*, Bauernkrieg. Aktenband (wie Bibl. Nr. 1), Nr. 83—156; ferner die in der Bibliographie, Nr. 92 f., angegebenen Arbeiten von *P. Herzog* und *H. Rennefahrt*. Zu Graubünden s. u. Kapitel „Alpenländer", S. 191 ff.

[29] *K. Klein*, Der Bauernkrieg in der Ortenau und das Elsaß, in: *A. Wollbrett* (Hrsg.), Guerre des paysans (wie Bibl. Nr.65), S. 129—132; *Ders.*, Die Ortenau und das benachbarte Elsaß im Bauernkrieg, in: Die Ortenau 55 (1975), S. 264—287; *Cl. Ulbrich*, Die Huldigung der Petersleute. Zu den Folgen des Bauernkriegs im Kloster Schwarzach, in: Bauer, Reich und Reformation, Festschrift *G. Franz* zum 80. Geburtstag, 1982, S. 74—84.

deren (konkrete Erleichterungen für die Bauern) so sehr dem späteren 2. Basler Vertrag, daß man ihn als dessen Vorlage bezeichnen kann. Es ist nicht ganz klar, in welchem Ausmaß der Renchener Vertrag nach dem Ende des Bauernkriegs in Kraft blieb. Markgraf Philipp und die Stadt Straßburg bemühten sich wiederholt, die Grafen von Bitsch-Zweibrücken und von Hanau-Lichtenberg zur Einhaltung des auch von ihnen unterzeichneten Vertrages zu bewegen; ob sie erfolgreich waren, ist nicht mehr festzustellen. Immerhin beriefen sich Untertanen aus der Grafschaft Hanau-Lichtenberg noch 1725 vor dem Reichshofrat auf den Renchener Vertrag[30].

Der Renchener und der 2. Basler Vertrag sind ein Beweis dafür, daß eine gütliche Regelung auf der Basis der Zwölf Artikel durchaus im Bereich des Möglichen lag. Beide Verträge bilden einen auffälligen Kontrast zur bedingungslosen Unterwerfung, zu der die österreichischen Untertanen im Breisgau durch den 2. *Offenburger Vertrag* vom 18. September gezwungen wurden[31]. In ihm brachte Erzherzog Ferdinand — durch die Unterhändler nur geringfügig modifiziert — die Artikel zur Anwendung, die der Schwäbische Bund zuvor im Hegau und Schwarzwald durchgesetzt hatte.

Die letzten Entscheidungen des Bauernkriegs am Oberrhein fielen im Klettgau und in der Grafschaft Hauenstein. Am 4. November wurden die Klettgauer Bauern bei Grießen geschlagen. Wohl am 10. November nahmen die Hauensteiner nach mehrtägiger Beratung den 2. Offenburger Vertrag an. Unterwerfung und neue Huldigung erfolgten am 13. November.

Am 5. Dezember kapitulierte Waldshut. Balthasar Hubmaier hatte mit seinen Anhängern wenige Stunden vor dem Eintreffen der Sieger die Stadt verlassen. Nach einem kurzen Aufenthalt in Zürich (wo er verhaftet, verhört und dann ausgewiesen wurde) wirkte er in Nikolsburg/Mähren, bis ihn sein Beschützer an die österreichische Regierung auslieferte. Am 10. März 1528 wurde er als Ketzer verbrannt, seine Frau drei Tage später in der Donau ertränkt.

---

[30] Druck u. a. in *G. Franz*, Quellen Bauernkrieg (wie Bibl. Nr. 2), Nr. 197. Dazu *P. Blickle*, Revolution von 1525 (wie Bibl. Nr. 42), S. 263 f.
[31] *H. Schreiber*, Bauernkrieg (wie Bibl. Nr. 7), Bd. 3, Nr. 457. Dazu *Poinsignon*, Brandschatzung im Breisgau nach dem Bauernkrieg 1525, in: Zeitschrift für die Geschichte des Oberrheins 37 (1884), S. 79—97.

Ein unerwartetes Nachspiel hatte der Bauernkrieg im Kloster St. Blasien. Kunz (Konrad) Jehle „zur Nidernmülly", der Anführer der Hauensteiner, war im November 1525 untergetaucht. In der Fastenzeit 1526 fiel er österreichischen Beamten und Soldaten in die Hände, welche sich auf dem Weg nach St. Blasien befanden. Er wurde in das Kloster gebracht, dort verhört und am nächsten Tag an einem Eichbaum oberhalb von Waldshut gehenkt. Am 11. April brannte das Kloster nieder. Konrads Freunde hatten den Brand gelegt, um seinen Tod zu rächen[32].

2.2 *Elsaß*

Am 2. April 1525, einem Sonntag, predigte Clemens Ziegler, Straßburger Gärtner und gefragter Laienprediger, auf dem Kirchhof des kleinen Ortes Heiligenstein (n. Barr); er mußte diesen Platz wählen, da ihm die Kirche selbst verschlossen blieb[33]. Den Inhalt der Predigt kennen wir nicht. Doch war sie Grund genug für Nikolaus Ziegler, Herr zu Barr, zwei Initiatoren dieser Versammlung festnehmen zu lassen. Einer der beiden konnte jedoch in die Kirche entkommen (3. April). Noch am Abend desselben Tages sammelten sich aufgebrachte Einwohner aus der Umgebung, um in der Nacht bewaffnet vor Heiligenstein zu ziehen. Schon am nächsten Vormittag erreichte eine Abordnung die Freilassung der beiden Gefangenen. Am 9. und 10. April fand erneut eine Zusammenkunft in St. Leonhardt (St. Léonard) „unter der Linde" und/oder Bernardsweiler(-willer) statt. Die Anwesenden beschlossen, am Ostermontag (17. April) nach Dorlisheim zu ziehen; auch erwogen sie, sich am Rhein zu lagern, um sich mit den „Schwarzwälder" Bauern zu verbinden.

Bereits in diesen Tagen wuchs die Bewegung im mittleren Elsaß über das Stadium einer lokalen Unruhe hinaus[34]. In einem Straß-

---

[32] Chronik des *Andreas Lettsch* (wie Anm. 20), S. 50 f.
[33] Zum Bauernkrieg im Elsaß immer noch unentbehrlich *K. Hartfelder*, Zur Geschichte des Bauernkriegs in Südwestdeutschland, 1884; knapp *G. Franz*, Bauernkrieg (wie Bibl. Nr. 39); grundlegend jetzt *A. Wollbrett* (Hrsg.), Guerre des paysans (wie Bibl. Nr. 65); *G. Bischoff*, Alsace (wie Bibl. Nr. 66). Detaillierte Schilderung des Geschehens, sonst wenig ergiebig, *G. Heumann*, La guerre des paysans d'Alsace et de Moselle (Problèmes/Histoire 5), Paris 1976.
[34] *H. Virck*, Correspondenz Straßburg (wie Bibl. Nr. 8), Nr. 194 bis 198, 202.

burger Gesandten-Bericht vom 15. April heißt es, „das die gemein versamlüng, so bi einander letst gewesen sind, ein usschüz von stetten und dorfern gemacht haben". Sprecher und Führer des „Ausschusses" war Erasmus Gerber aus Molsheim. Dieser Ausschuß hatte für Ostermontag einen „Tag" zu Dorlisheim ausgeschrieben. Am 14. April fand ein Karfreitagsgottesdienst in der überfüllten Dorlisheimer Kirche statt. Am 16. April waren die Bauern im Besitz der Zwölf Artikel. Abends um sechs Uhr zogen etwa 400 Mann in das nahegelegene Kloster Altdorf, dessen Abt nach Dachstein floh.

Am 17. April wandte sich Erasmus Gerber an die Reformatoren in Straßburg[35]. Er lud sie zu einer Kundgebung im Lager der Bauern ein, „zu verfechten das wort gots vor den inrissenden zuckenden wolfen, die das kätzeri schelten". Mit Erlaubnis des Rats begaben sich Wolfgang Capito, Matthäus Zell und Martin Butzer nach Altdorf, wo sie enthusiastisch empfangen wurden. Nach eigenem Bericht wiesen sie die Bauern jedoch darauf hin, daß das von ihnen beanspruchte Evangelium Liebe und Gehorsam verlange; die Versammelten sollten daher die Haufen auflösen und sich — bis auf einige Sprecher — nach Hause begeben; dann werde sich die Stadt Straßburg für ihre Anliegen verwenden. Solchen Vorschlägen konnten die Bauern nicht folgen; die Reformatoren ritten unverrichteterdinge wieder ab. Der Versuch der Aufständischen, die Identität ihrer und der reformatorischen Bewegung zu demonstrieren, war gescheitert.

Im Zusammenhang mit den Ereignissen in Dorlisheim und Altdorf bildeten sich zwei kleinere Haufen um die Abtei Truttenhausen und um das Kloster Ittenweiler(-willer). Bedeutender war ein dritter Haufen. Er war in der Gegend um Dambach und Epfig entstanden, hatte dann jedoch das Kloster Ebersheimmünster (Ebersmunster) zu seinem Standquartier gemacht. Von der Ebene erstreckte sich der Aufstand in die Täler der Vogesen — in das Tal von Urbeis (Vallée d'Orbey) mit den Klöstern Pairis und Alspach sowie in das Weilertal (Val de Villé) mit dem Kloster Hugshofen (Honcourt) (Haufen von Hugshofen).

Unmittelbar nach Ostern brach der Aufstand auch im Norden aus. Das Operationsgebiet des Neuburger Haufens erstreckte sich auf den Raum zwischen Bitsch (Bitche), Weißenburg (Wissembourg), Neuweiler(-willer) und Sufflenheim (Soufflenheim); enge Beziehungen bestanden zum Schwarzacher Haufen auf der rechten

[35] Ebd., Nr. 199, 201.

Rheinseite. Südlich von Weißenburg bildete sich der Kleeburger Haufen; sein Führer wurde der Rebmann und Weißenburger Bürger Bacchus Fischbach[36]. Der Kleeburger Haufen arbeitete eng mit dem Kolbenhaufen zusammen, der um das Kloster Stürzelbronn entstanden war. Im Nordwesten, beiderseits der Grenze zu Lothringen und zum Saarland, stand der Herbitzheimer Haufen, benannt nach dem gleichnamigen Kloster. Zwischen Hagenau und Straßburg lagerte der Stephansfelder Haufen.

In der Woche nach dem Osterfest erfaßte die Unruhe auch den Sundgau. Der größte der sich bildenden Haufen operierte in der Tiefebene, entlang der Straße von Basel nach Mülhausen (Mulhouse). Kleinere Haufen entstanden um Sulzmatt (Soultzmatt), Chaux, Belfort und Dattenried (Delle).

Innerhalb weniger Tage hatten sich die Untertanen im gesamten Elsaß erhoben. Drei Umstände kamen zusammen und bewirkten den mehr oder weniger gleichzeitigen Ausbruch der Erhebung. Die Zeit war „reif". Seit dem Jahreswechsel 1524/25 befürchteten die Obrigkeiten den Ausbruch eines neuen „Bundschuhs"; Anlaß der Sorge waren die sich mehrenden Unruhen in Städten und Dörfern. Zum anderen wirkten die Nachrichten, die von den Ereignissen in Oberschwaben, im Hegau und Schwarzwald ins Land kamen, stimulierend und aufreizend. Schließlich führte das Osterfest die Menschen zusammen, gab den Initiatoren und Agitatoren das nötige Publikum. Eine ‚Sogwirkung' ging ohne Zweifel von den Ereignissen um Dorlisheim und Altdorf aus.

Am 24. April verließ der größere Teil des zu Altdorf lagernden Haufens die Abtei und zog unter Führung von Erasmus Gerber nach Maursmünster (Marmoutier). Wahrscheinlich hatte Erasmus Gerber die strategische Bedeutung des Ortes erkannt: nur einige Kilometer nördlich, bei Zabern (Saverne), mündeten zwei Straßen, die das Elsaß mit Lothringen verbanden. Spätestens am 23. April ging unter den Aufständischen das Gerücht, daß Herzog Anton von Lothringen gegen sie rüste[37].

Eine große Aktivität entfaltete der Haufen zu Ebersheimmünster. Vom 7. bis 18. Mai durchzog er das Gebiet an den Abhängen der Vogesen zwischen Schlettstadt (Sélestat) und Colmar[38]. Zu

---

[36] Zu Weißenburg jetzt *H.-G. Rott*, Weißenburg (wie Bibl. Nr. 70).

[37] *H. Virck*, Correspondenz Straßburg (wie Bibl. Nr. 8), S. 136 Anm. 2, 137.

[38] Dazu der Bericht des Ulrich von Rappoltstein, in: *L. Baillet*, La guerre des paysans. Un cas de conscience dans la famille de Ribeaupierre,

einem „langen Marsch" traten auch die Sundgauer an (27. April bis 24. Mai).

Weniger spektakulär waren die Ereignisse im Norden. Der Kleeburger Haufen eroberte die Schlösser St. Remig (St. Remy) und Roedern (letzteres gemeinsam mit dem Kolbenhaufen).

Der Bericht über die Ereignisse in den ersten beiden Maiwochen liest sich wie eine einzige Erfolgsmeldung. Dennoch wurden Grenzen sichtbar. Es gelang den Aufständischen nicht, die größeren Städte der Rheinebene zum Anschluß zu bringen (Ensisheim, Mülhausen, Schlettstadt, Colmar, Oberehnheim/Obernai, Straßburg, Weißenburg). Eine Gefahr ging von diesen Städten freilich nicht aus. Die meisten wurden von inneren Unruhen heimgesucht, und die unteren Bevölkerungsschichten sympathisierten offen mit den Bauern[39]. In der Mehrzahl der Fälle verlegte sich der Rat auf ein vorsichtiges Taktieren zwischen den Fronten.

Wo lagen die *Gründe der Unzufriedenheit und Unruhe im Elsaß*? Eine Komponente im Ursachenbündel war die wirtschaftliche Lage der Landbevölkerung. Das ausgehende 15. und das beginnende 16. Jahrhundert waren eine Zeit extremer Produktions- und Preisschwankungen, hervorgerufen durch überreiche Ernten und Mißernten in dichter Folge. Nur wenige Leute konnten diese Situation zu ihrem Vorteil ausnutzen und Gewinne erzielen. Die überwiegende Zahl der im Elsaß besonders marktabhängigen Bauern und Winzer standen dagegen vor einer prekären wirtschaftlichen Lage. Die Einkommensverluste zwangen zur Aufnahme von Krediten bei reichen Bürgern, geistlichen Körperschaften und Juden. Die Verschuldung war in vielen Fällen die Vorstufe zum Verlust von Haus und Hof durch Pfändung. Wenn die Preise für Nahrungsmittel in Mißerntejahren stiegen, litten auch die unteren Schichten der Stadtbevölkerung[40].

Bereits in den Bundschuhverschwörungen richtete sich der Unwille in besonderer Weise gegen Geistliche und Juden. Diese Tendenz konnte durch die Reformation nur verstärkt werden, die im städtereichen Elsaß rasch Eingang gefunden hatte. Straßburg, im Süden auch Basel waren Zentren der Reformation[41].

in: Bulletin philologique et historique (jusqu'à 1610), 1967, S. 357 bis 437, hier S. 406—426.

[39] *P. Blickle,* Revolution von 1525 (wie Bibl. Nr. 42), S. 174—179.

[40] *F. Rapp,* Vorgeschichte des Bauernkrieges (wie Bibl. Nr. 69); *H. Buszello,* „Teuerung" am Oberrhein (wie Bibl. Nr. 97).

[41] Grundlegend für Straßburg und den „Pfaffenhaß" *F. Rapp,* Ré-

Der Zug des Haufens von Ebersheimmünster
Anfang Mai 1525

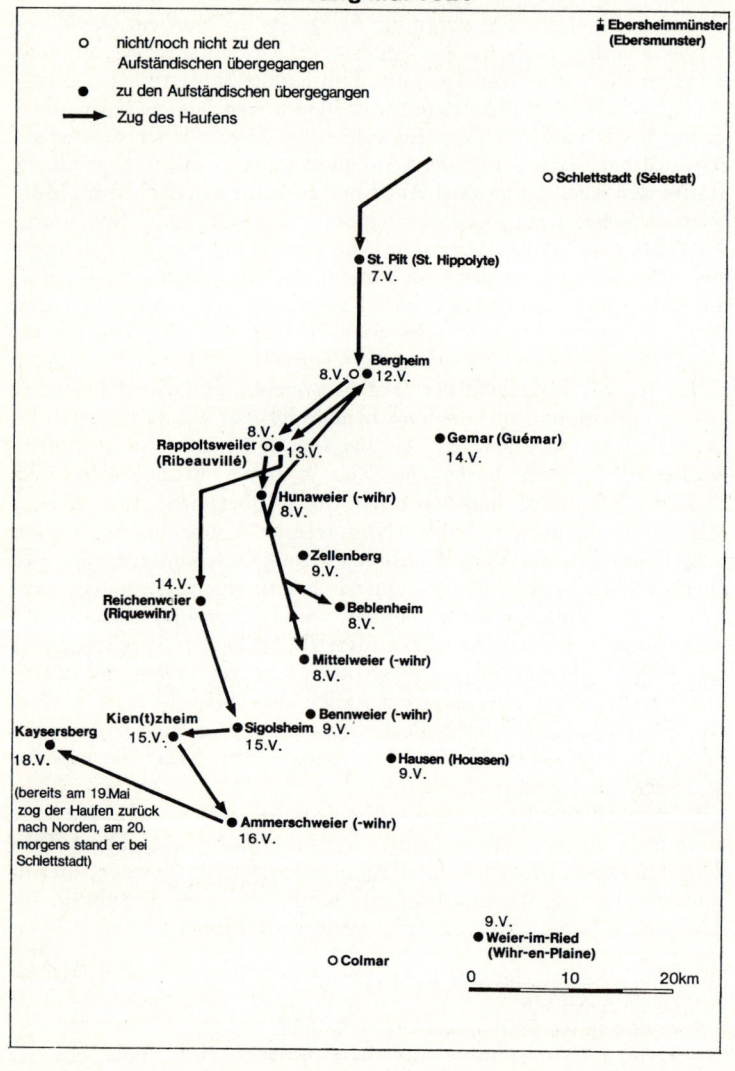

⚓ **Ebersheimmünster (Ebersmunster)**

○ nicht/noch nicht zu den Aufständischen übergegangen
● zu den Aufständischen übergegangen
→ Zug des Haufens

○ Schlettstadt (Sélestat)

● St. Pilt (St. Hippolyte)
7.V.

Bergheim
8.V. ○● 12.V.

● Gemar (Guémar)
14.V.

8.V.
Rappoltsweiler ○●
(Ribeauvillé) 13.V.

● Hunaweier (-wihr)
8.V.

● Zellenberg
9.V.

● Beblenheim
8.V.

14.V.
Reichenweier ●
(Riquewihr)

● Mittelweier (-wihr)
8.V.

Kaysersberg ● Kien(t)zheim ● Sigolsheim ● Bennweier (-wihr)
18.V. 15.V. 15.V. 9.V.

● Hausen (Houssen)
9.V.

(bereits am 19. Mai zog der Haufen zurück nach Norden, am 20. morgens stand er bei Schlettstadt)

● Ammerschweier (-wihr)
16.V.

9.V.
● Weier-im-Ried
(Wihr-en-Plaine)

○ Colmar

0   10   20 km

Der Zug des Sundgauer Haufens unter Heinrich Wetzel
Ende April bis Mai 1525

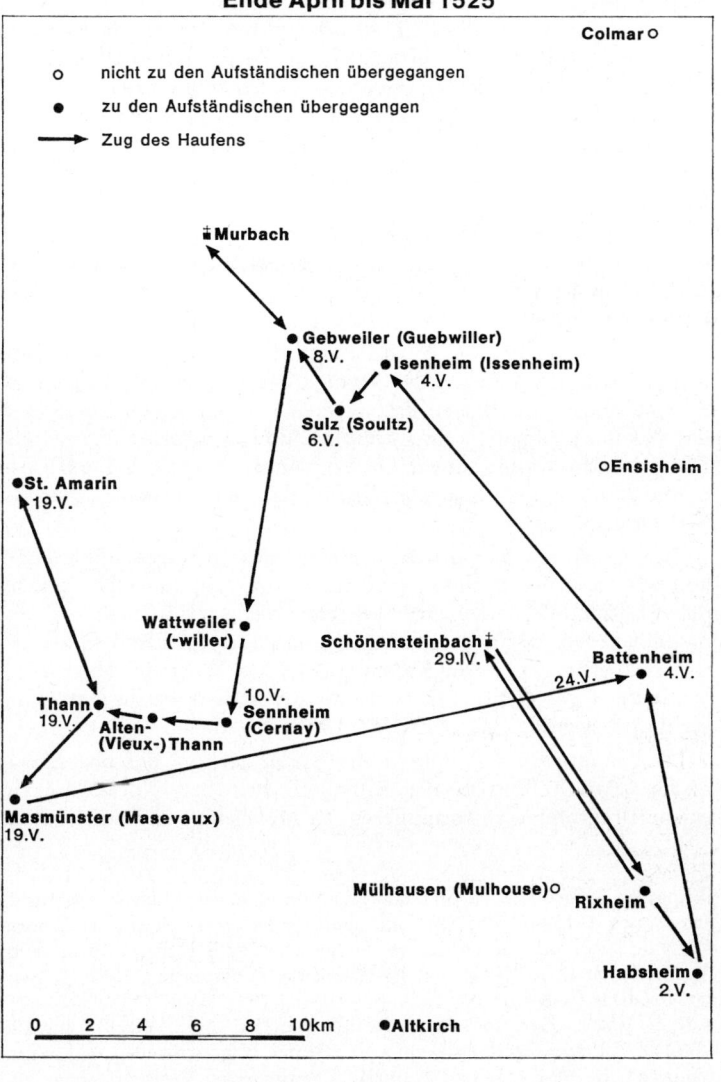

Colmar ○

○ nicht zu den Aufständischen übergegangen
● zu den Aufständischen übergegangen
→ Zug des Haufens

‡ Murbach

● Gebweiler (Guebwiller)
8.V.
● Isenheim (Issenheim)
4.V.

Sulz (Soultz)
6.V.

○ Ensisheim

● St. Amarin
19.V.

Wattweiler (-willer)
Schönensteinbach ‡
29.IV.
Battenheim
4.V.
24.V.

Thann ●
19.V.
10.V.
Sennheim (Cernay)
Alten- (Vieux-)Thann

● Masmünster (Masevaux)
19.V.

Mülhausen (Mulhouse) ○ Rixheim ●

Habsheim ●
2.V.

0 2 4 6 8 10km   ● Altkirch

Die reformatorische Predigt fiel auf fruchtbaren Boden. Die elsässischen Haufen von 1525 verstanden sich als Streiter für ein erneuertes, reines Evangelium — „dem armen, gemeinen Mann zu Trost und Hilfe, welcher bislang durch die Priesterschaft betrogen wurde". Die Fahne des Haufens von Ebersheimmünster zeigte die Initialen VDMIE (Verbum Domini Manet In Eternum); das Banner des Sundgauer Haufens führte die Inschrift „Jesus Christus". Nicht zufällig begann der Aufstand im ganzen Land mit einem Sturm auf die Klöster.

In einem Satz mit Mönchen und Priestern wurden häufig auch die Juden genannt. Pfaffen- und Judenhaß, ein Kennzeichen der Erbung im Elsaß, hatten dieselben Wurzeln: eine wirtschaftliche und eine religiöse.

Ostersonntag, den 16. April, waren die in Dorlisheim versammelten Bauern im Besitz der Zwölf Artikel (der „artikel, so die Schwebischen buren lossen usgon")[42]. Vier Tage später besaß auch der Neuburger Haufen ein Exemplar. Von hier verbreitete sich die Schrift nach Westen, sogar in Lothringen tauchte sie auf. Am 6. Mai lasen die Sundgauer die Zwölf Artikel aus einem „gedruckten Büchlein" vor.

Der Grundton der Zwölf Artikel: das uneingeschränkte Bekenntnis zum Evangelium, traf genau die religiöse Überzeugung der Elsässer. Vor allem aber leisteten die Artikel dieses — und damit wurden sie für die Aufständischen auch im Elsaß so attraktiv: sie verknüpften den Kampf für Gottes Wort mit einer wirtschaftlichen und politischen Neuordnung, sie lenkten die Bewegung gleichsam „zurück" in das tägliche Leben.

Die *landesweite Übernahme der Zwölf Artikel* der oberschwäbischen Bauern enthob die Aufständischen der Notwendigkeit, eigene Programme zu formulieren. In Molsheim versammelte Bau-

---

formes et Réformation à Strasbourg. Église et société dans le diocèse de Strasbourg (1450—1525) (Ass. des publ. prés les univ. de Strasbourg. Coll. de l'institut des hautes études alsaciennes 23), Paris 1974. Auch *M. Lienhardt — J. Willer*, Straßburg und die Reformation, 1982; *J. Maurer*, Prediger (wie Bibl. Nr. 136).

[42] *H. Virck*, Correspondenz Straßburg (wie Bibl. Nr. 8), Nr. 196 (S. 111). Zu den Zwölf Artikeln s. u. Kapitel „Oberschwaben und Württemberg", S. 109—113, und Kapitel „Legitimation, Verlaufsformen und Ziele", S. 281—284.

ernführer erklärten, „sy wollen kurz die hie beyligenden 12 artikel volzogen haben, oder all geistlich und weltlich vertilgen"[43].

Als gemeinsame geistige Grundlage aller Haufen erleichterten die Zwölf Artikel auch im Elsaß den *überregionalen Zusammenschluß der Aufständischen*[44]. Treibende Kraft hinter diesen Vorgängen war einmal mehr Erasmus Gerber, die überragende Gestalt der elsässischen Erhebung. Schon vor dem 22. April hatten sich die Haufen zu Neuburg, Stephansfeld und Altdorf miteinander verbündet. Nur wenige Tage später trat auch der Kleeburger Haufen dem Bündnis bei. Zum Abschluß gelangte diese Entwicklung auf einem „Tag" zu Molsheim. Am 10./11. Mai schlossen 13 Haufen aus dem gesamten Elsaß und der angrenzenden Pfalz einen förmlichen Bund unter einheitlicher oberster Leitung: „Auf hüt Donderstag nach Jubilate anno etc. 25 habent sich alle versamleten Haufen zusamen vereinigt und verbundt, bei einander zu sterben und genesen bi dem heilgen Evangelion und solichs hanthaben in alweg etc."

Im landesweiten Zusammenschluß gingen die Elsässer weiter als die Bauern auf der rechten Rheinseite. Das Bündnis wird hier institutionalisiert und damit dauerhaft gemacht. Dort arbeiteten die Haufen nur in einem besonderen Fall zusammen, bei der Belagerung Freiburgs; es fehlte der die Permanenz sichernde institutionelle Rahmen.

Bereits am 29. April hatte Erasmus Gerber ein Schreiben an alle Gemeinden des Altdorfer Haufens gesandt. Darin ordnete er an, daß jede Gemeinde den „vierten Mann" für jeweils acht Tage zum Haufen abordnen solle; dies war die übliche Form des regulären Landaufgebots. Die anderen männlichen Bewohner blieben während dieser Zeit zu Hause, um die notwendige Arbeit zu verrichten. Ziel dieser Vorschrift war wiederum die geordnete Permanenz der Haufen; es galt, das normale Leben aufrechtzuhalten und doch jederzeit eine einsatzfähige Truppe zu besitzen.

Zahlreiche, zumeist kleinere Städte waren im Elsaß zu den Aufständischen übergegangen oder zum Anschluß gebracht worden. Dennoch besteht kein zwingender Grund, auf das gängige Wort „Bauernkrieg" zu verzichten. Ackerbürger, „Rebleute" und Gärtner, dazu in vielen Fällen Metzger und Gerber (die mit der länd-

---

[43] *G. Franz*, Bauernkrieg. Aktenband (wie Bibl. Nr. 1), Nr. 73.
[44] Eine Analyse des elsässischen Zusammenschlusses erfolgt u. S. 312—314. Dort auch die Nachweise und die Literatur.

lichen Bevölkerung eng verbunden waren) waren die Gruppen innerhalb der städtischen Bevölkerung, die am ehesten mit den Bauern sympathisierten oder sich ihnen anschlossen. Dies schloß freilich nicht aus, daß Angehörige anderer Berufsgruppen an die Spitze der Erhebung traten, Organisatoren und Wortführer wurden[45].

Der landesweite Zusammenschluß von 13 Haufen am 10./11. Mai war der Höhepunkt des elsässischen Bauernkriegs. Acht Tage später erstickte die Erhebung im Blut von 25 000 Erschlagenen. Verantwortlich für das beispiellose Blutbad war ein Landfremder, Herzog Anton von Lothringen. Das Treffen bei Lupfstein (Lupstein) am 16. Mai, das Gemetzel bei Zabern am 17. Mai und die Schlacht zwischen Schwerweiler(-willer) und Kestenholz (Châtenois) am 20. Mai bedeuteten das Ende des elsässischen Aufstandes.

Unter den Gefangenen von Zabern war auch Erasmus Gerber. Noch am Abend des 17. Mai wurde er vor der Stadt gehenkt.

Die Niederlage der Bauern glich einer Katastrophe. Der Altdorfer, Neuburger, Stephansfelder und Herbitzheimer Haufen sowie der von Ebersheimmünster waren vernichtet. Die Überlebenden standen wie unter einem Schock; Panikstimmung verbreitete sich im Land.

Trotz mehrmaliger Bitte der vorderösterreichischen Regierung zu Ensisheim lehnte Herzog Anton einen Marsch in den Sundgau ab. Auf direktem Weg kehrte er durch das Weilertal (Val de Villé) nach Lothringen zurück. Somit entging der Sundgauer Haufen der Vernichtung, hatte jedoch wenig Chancen, allein auf sich gestellt noch etwas erreichen zu können. Da der Ensisheimer Regierung noch immer die Machtmittel für ein militärisches Vorgehen fehlten, mußte auch sie fürs erste den Verhandlungsweg beschreiten.

Am 26. Mai vermittelten Gesandte aus Basel, Zürich und Solothurn einen Waffenstillstand zwischen den bei Battenheim lagernden Sundgauern und der vorderösterreichischen Regierung, der schließlich bis zum 20. August verlängert wurde. In der Sache selbst führten die eidgenössischen Bemühungen zu keinem Ergebnis; Erzherzog Ferdinand und die Ensisheimer Regierung boykottierten mit fadenscheinigen Gründen oder einfachem Schweigen jeden Ausgleich. Nach der Wendung, die der Bauernkrieg im gesamten Südwesten genommen hatte, waren sie an einer vertrag-

---

[45] *F. Rapp,* Guerre des paysans (wie Bibl. Nr. 68), S. 144 f.

lichen Lösung nicht mehr interessiert; ihnen ging es nur noch um einen Zeitgewinn. Dennoch legten die Bauern auf einem „Tag" zu Basel am 4. Juli ihre Klageschrift vor, desgleichen die Herren die Gegenklage. Am 14. Juli verkündeten die Gesandten von Basel, Zürich, Bern, Solothurn und Schaffhausen ihren in 24 Artikel gefaßten Entscheid, der aber erst Rechtskraft erlangen sollte, wenn Erzherzog Ferdinand ihn gebilligt haben würde[46]. Diese Zustimmung traf nie ein. So zeigt die Basler Verhandlung nur, welche Klagen die Sundgauer vorbrachten und wie ein Ausgleich hätte aussehen können. — Am 23. August griff der Adel das Dorf Battenheim an.

Ende August machten sich die ersten Auflösungserscheinungen im Haufen bemerkbar. Einzelne Bauernschaften schlossen Separatverträge mit ihren Herren. Die weiterhin zum Widerstand Entschlossenen zogen noch einmal vor die Stadt Sulz (Soultz), doch blieben ihnen dieses Mal die Tore verschlossen; von Uffholtz aus versuchten sie vergeblich, Wattweiler(-willer) zu stürmen. Mitte September zogen sich die Reste des Haufens nach Rixheim, Habsheim und schließlich nach Montbéliard zurück (18. September).

Aus diesen Tagen stammen mehrere Briefe, die Heinrich Wetzel, Oberster des Sundgauer Haufens, an die Eidgenossen richtete. Am 4. September bat er flehentlich, die „armen Lüt" vor Gewalt und Unterdrückung zu schützen. Drei Tage später versuchte er gar die ‚Flucht' des ganzen Landes in die Eidgenossenschaft: „So bittend wir trüwlich und ernstlich ..., daß ihr das Landt zu eweren Handen nemen und bewaren; darzu begeren wir auch hilflich zu sin mit lib und Gutt und was zu sollichem dient, und hiemit befellen wir uns ewer Gnaden."[47]

Durch Vermittlung des Markgrafen Philipp von Baden hatten Erzherzog Ferdinand und die Breisgauer Bauern am 18. September den 2. Offenburger Vertrag geschlossen. Am 24. September nahmen auch die Sundgauer diesen Vertrag an; damit willigten sie in die bedingungslose Unterwerfung[48].

In der Verfolgung und Bestrafung der Bauernführer entwickelte die Ensisheimer Regierung einen erschreckenden Eifer. Wo immer

---

[46] Die Texte in *H. Schreiber,* Bauernkrieg (wie Bibl. Nr. 7), Bd. 3, Nr. 381—383. Dazu *Heinrich Ryhiners* Chronik des Bauernkrieges 1525, in: Basler Chroniken, Bd. 6, hrsg. v. *A. Bernoulli,* 1902, S. 503—522. *P. Blickle,* Revolution von 1525 (wie Bibl. Nr. 42), S. 95—97.

[47] *H. Schreiber,* Bauernkrieg (wie Bibl. Nr. 7), Bd. 3, Nr. 425, 439.

[48] Zum Offenburger Vertrag s. o. S. 79.

die Möglichkeit bestand, flüchteten die Führer von einst in die Schweiz. Im Vergleich dazu verfuhren die mittel- und nordelsässischen Obrigkeiten ‚milde' mit ihren Untertanen. Als Grundlage dienten zwei Vereinbarungen, die die Herren auf Initiative des unterelsässischen Landvogts am 7. Juni und 29. August in Hagenau geschlossen hatten[49].

2.3 Hochstift Speyer, Baden, Pfalz

Das Zeichen zum Aufstand im Hochstift Speyer gaben etwa 50 Bauern, die sich am 20. April auf dem Letzenberg bei Malsch versammelten. Schriftlich forderten sie die Einwohner der umliegenden Ortschaften auf, „inen mit gewapneter handt zuzuziehen und das evangelium und gotlich gerechtigkeit helffen zu retten"[50]. Am 23. April zog der Haufe in die Stadt Bruchsal ein; zwei Bürger traten an die Spitze der Bewegung. Von Bruchsal marschierte die Schar in die Markgrafschaft Baden; Durlach öffnete die Tore, das Kloster Gottsaue wurde geplündert, ein Hof des Klosters Herrenalb in Langensteinbach verwüstet.

Bischof Georg, der sich zu seinem Bruder nach Heidelberg begeben hatte, blieb in Kontakt mit den Aufständischen. Ein geplantes Treffen zu Bruchsal scheiterte kurzfristig. Erst am 29. April, mittags um zwei Uhr, erreichte er die Bauern, die gerade das Kloster Herrenalb einnahmen und die Besatzung auf die Zwölf Artikel verpflichteten. Die Nacht verbrachte Bischof Georg in der Abtskammer, „auf der Erde im Stroh". Am nächsten Morgen begannen die Verhandlungen.

Der Bischof erbot sich, alle Beschwerden gemäß „dem Evangelium, dem Wort Gottes, der Billigkeit und dem gemeinen Nutzen" abzustellen. Die Bauern wiederum versicherten, alles zu tun, „was dem göttlichen Recht, dem heiligen Wort Gottes und dem Evangelium gemäß sei und was mit der Heiligen Schrift bewiesen werden

---

[49] W. *Gunzert*, Zwei Hagenauer Abschiede von 1525, in: Elsaß-Lothringisches Jahrbuch 17 (1938), S. 164—171; *F. Rapp*, La répression dans le territoire des évêques de Strasbourg, in: *A. Wollbrett* (Hrsg.), Guerre des paysans (wie Bibl. Nr. 65), S. 121—125.

[50] *P. Harer*, Beschreibung des Bauernkriegs (wie Bibl. Nr. 15); Chronik „Bauernkrieg am Oberrhein", in: *F. J. Mone*, Quellensammlung (wie Anm. 20), Bd. 2, S. 17—41. Zusammenfassende Darstellung bei *G. Franz*, Bauernkrieg (wie Bibl. Nr. 39), mit ausführlichen Literaturnachweisen. Karten: W. Alter (Bearb.), Der Bauernkrieg in der Pfalz, in: Pfalzatlas, 1983, Karte Nr. 105 f.; dazu Textband, S. 1363–1397.

könne". Obwohl sich die Worte glichen, muß bezweifelt werden, daß beide Seiten mit ihnen denselben Sinn verbanden. Verknüpfte der Bischof den Hinweis auf das Wort Gottes mit Billigkeit und gemeinem Nutzen, rekurrierten die Bauern auf die Schrift, die Bibel. Sodann konzentrierten die Aufständischen ihre Angriffe auf den Klerus, insbesondere das Domkapitel, welches sie „strafen wollten". Am Abend des 30. April wurden die Verhandlungen unterbrochen. Fortgesetzt wurden sie am 3. Mai in Udenheim (Philippsburg), dieses Mal in Gegenwart von Vertretern des Domkapitels und der Stadt Speyer. Bereits zwei Tage später wurde ein Vertrag geschlossen. Domkapitel und Geistlichkeit wurden entmachtet; deren Güter wurden inventarisiert, die Einnahmen suspendiert „bis zu einer allgemeinen Veränderung des geistlichen Standes". Alle obrigkeitlichen Rechte gingen auf den Bischof über. Im gesamten Hochstift sollte das Evangelium fortan „ohne allen menschlichen Zusatz lauter gepredigt werden"[51].

Es ist nur folgerichtig, wenn einige der Aufständischen an eine Säkularisierung des Stifts dachten. Der Bischof sollte den Titel eines Pfalzgrafen annehmen und heiraten; andernfalls sollte das Hochstift nach seinem Tode an die Pfalz fallen[52].

Das *Programm der Speyrer Bauern* waren die Zwölf Artikel. Eingang in den Vertrag vom 5. Mai fand jedoch nur der erste Artikel, die Predigt des Evangeliums betreffend. Daraus den Schluß zu ziehen, die Aufständischen hätten auf alle übrigen Forderungen verzichtet, wäre indes voreilig. Sie erwarteten eine grundsätzliche, überregionale Reform („Veränderung des geistlichen Standes"), und bei dieser wären Fragen der Leibeigenschaft, von Abgaben und Diensten zu regeln gewesen.

Nachdem auch mit Kurfürst Ludwig von der Pfalz und Markgraf Philipp von Baden eine Absprache getroffen worden war, löste sich der Haufen am 8. Mai auf. Nur die Hauptleute blieben in Bruchsal beisammen.

---

[51] Der Vertrag in *F. J. Mone* (wie Anm. 50), S. 27 f. Zur Rolle des Domkapitels *L. G. Duggan*, Bishop and Chapter. The Governance of the Bishopric of Speyer to 1552 (Studies presented to the International Commission for the History of Representative and Parliamentary Institutions 62), New Brunswick / N. J. 1978. Zur Stadt Speyer s. *W. Alter* in: *W. Eger* (Red.), Geschichte der Stadt Speyer, Bd. 1, 1982, S. 487—495.

[52] *A. Adam*, Zwei Briefe über den Bauernaufstand im Bistum Speyer 1525, in: Zeitschrift für die Geschichte des Oberrheins 6 (1881), S. 699 f.

Einen Tag zuvor, am 7. Mai, hatte sich im Kraichgau ein neuer Haufen gebildet. Initiator und Führer war der „Pfaffe" Anton Eisenhut, ehemals Pfarrer in Weiler (bei Brackenheim) und Kaplan in Eppingen. Eisenhut war durchdrungen von einem tiefen Haß auf Adel und Geistlichkeit, unter deren Habsucht der Gemeine Mann schwer litt. Nach einem Schreiben des pfälzischen Kurfürsten war es das Ziel von Eisenhut, Adel und Klerus „auszureuten"[53].

Ausgangspunkt des Bauernkriegs in der linksrheinischen Pfalz war die Gegend um Landau. Die Unruhen begannen in der Woche nach dem Osterfest; erstes Ziel war der Mönchshof Geilweiler. Gemeinsam mit Speyrer Untertanen plünderten die Pfälzer die umliegenden Klöster und Schlösser. Der Haufen lagerte sich schließlich bei Winzingen. Am Abend des 6. Mai zog er vor Neustadt; bereits am folgenden Tag ergab sich die Stadt ohne einen Versuch der Gegenwehr[54].

Ein zweiter Haufen bildete sich im Nordosten, bei Bockenheim. Er vereinigte Pfälzer und Leininger Bauern, dazu Bürger aus Pfeddersheim. Beim Anmarsch einer pfälzischen Truppe wich er nach Süden aus; bei Wachenheim, nur wenige Kilometer nördlich von Winzingen, bezog er ein Lager.

Angesichts der bedrohlichen Situation, die die Vereinigung des Geilweiler und des Bockenheimer Haufens darstellte, suchte Kurfürst Ludwig das Gespräch mit den Aufständischen. Durch Vermittlung von Neustadt trafen sich der Kurfürst und die Bauern am 10./11. Mai in Forst, einem Ort zwischen Winzingen und Wachenheim. Das Treffen begann mit einer Truppenparade, die die Macht der Haufen demonstrieren sollte. Die Verhandlungen selbst wurden rasch abgeschlossen. Die Aufständischen sollten die Haufen auflösen und sich wieder nach Hause begeben; dagegen versprach Kurfürst Ludwig, daß die Beschwerden auf einem Landtag beraten und entschieden werden sollten, der für den 8. Juni einberufen wurde[55]. Nach einem gemeinsamen Essen, zu dem der Kurfürst die Hauptleute beider Haufen eingeladen hatte, gingen die Ver-

---

[53] *G. Bossert*, Zur Geschichte des Bauernkriegs im heutigen Baden, in: Zeitschrift für die Geschichte des Oberrheins NF 26 (1911), S. 250—266, 544—546.

[54] *W. Alter*, Neustadt im Bauernkrieg 1525, in: Neustadt an der Weinstraße, hrsg. v. *K.-P. Westrich*, 1975, S. 179—190.

[55] Zu den Landtagen in der Pfalz s. *H. J. Cohn*, The Government of the Rhine Palatinate in the Fifteenth Century, Oxford 1965.

handlungen zu Ende. Der Kurfürst kehrte nach Heidelberg zurück. Bei Johannes Brenz, dem Reformator von Schwäbisch Hall, und Philipp Melanchthon, einem gebürtigen Pfälzer, bestellte er ein theologisches Gutachten über die Zwölf Artikel[56].

Schon Peter Harer, kurpfälzischer Sekretär und Chronist des dortigen Bauernkriegs, hat die Ansicht vertreten, daß der *Aufstand in der Pfalz nicht von endogenen Kräften verursacht* worden sei; Unruhe und Aufstand drangen seiner Meinung nach von den Rändern in die Pfalz ein[57].

Pfälzische und speyerische Besitzungen schoben sich auf beiden Seiten des Rheins ineinander; ebenso lagen pfälzische Orte in Streulage mit solchen elsässischer Herren. Ende April verließ der Kolbenhaufen das Elsaß und durchzog südpfälzisches Gebiet. Es ist durchaus denkbar, daß die Erhebung Pfälzer Untertanen in der Gegend um Landau in ursächlichem Zusammenhang mit dem Anmarsch des Kolbenhaufens stand. Aus dem Bauernkrieg gibt es mehrere Beispiele dafür, daß die Bewohner eines Landes lieber selbst Schlösser und Klöster plünderten, als sie Fremden in die Hände fallen zu lassen. Auch später orientierten sich der Geilweiler und mit ihm der Bockenheimer Haufen nach Süden, zum Elsaß hin.

Das *Programm der Pfälzer* waren die Zwölf Artikel. Eigene Beschwerden haben sie wohl nicht formuliert, zumindest sind solche nicht bekannt. Daraus sollte man jedoch nicht den Schluß ziehen, daß in der Pfalz kein *Grund zur Klage* gegeben war. Zwar brach der Aufstand in den fruchtbaren Gebieten der Rheinebene aus, doch wiesen gerade sie die größte Bevölkerungsdichte auf. Weiterhin ist zu bedenken, daß der Süden und der Norden der Pfalz, d. h. die Heimat des Geilweiler und des Bockenheimer Haufens, in

---

[56] Das Gutachten von Melanchthon in *G. Franz*, Quellen Bauernkrieg (wie Bibl. Nr. 2), Nr. 44. Zu Brenz s. u. S. 282 Anm. 4. — Nur von lokaler Bedeutung waren zwei kleinere Haufen um Frankenthal und um Kaiserslautern; letzterer wurde von „frommen Bauern" jener Gegend zur Kapitulation gezwungen. Der Vollständigkeit halber sei schließlich noch der kurzlebige Nußdorfer Haufen aus den Anfangstagen der Bewegung erwähnt. Im Saarland verebbte der Aufstand.
[57] Dagegen *Cl. Ulbrich-Manderscheid*, Der Bauernkrieg im Saar-Pfalz-Raum, in: *A. Wollbrett* (Hrsg.), Guerre des paysans (wie Bibl. Nr. 65), S. 133—136, hier S. 133 f.

den zurückliegenden Jahrzehnten mehr als andere Landesteile von Kriegen und Fehden heimgesucht worden waren[58].

Die Siege des Schwäbischen Bundes über die Württemberger und Herzog Antons von Lothringen über die Elsässer dürften auch am kurpfälzischen Hof zu Heidelberg die letzten Bedenken ausgeräumt haben, nun gleichfalls zum Angriff überzugehen. Am 23. Mai verließ das Heer, verstärkt durch Reiter und Fußknechte des Erzbischofs von Trier, die Pfalz; zwei Tage später zog es ungehindert in Bruchsal ein[59]. Die Bedingungen, die die Sieger der Stadt stellten, waren hart. Fünf Anführer der Erhebung wurden hingerichtet. „Zu einer Verehrung" übersandte Truchseß Georg von Waldburg, dessen Heer in den Kraichgau gezogen war, Anton Eisenhut und drei weitere Gefangene an Kurfürst Ludwig; nach kurzem Verhör wurden auch sie auf dem Schloßplatz enthauptet.

Ende Mai vereinigte sich das pfälzisch-trierische Heer mit dem des Schwäbischen Bundes zum Zug in das Hochstift Würzburg. Nach den Schlachten bei Königshofen und Ingolstadt sowie dem Einzug in die Stadt Würzburg (2., 4., 8. Juni) kehrte das pfälzisch-trierische Heer an den Rhein zurück. Von Oppenheim rückte es nach Westhofen, von dort nach Pfeddersheim, wo die Aufständischen am 23./24. Juni entscheidend geschlagen wurden. Noch im Lager vor Pfeddersheim erschienen Gesandte der Städte Mainz, Frankfurt, Worms und Speyer sowie aus dem Rheingau, um die Unterwerfung anzubieten[60].

Über Freinsheim, Neustadt, Godramstein, Minfeld und Freckenfeld zog das siegreiche Heer nach Weißenburg im Elsaß. Kurfürst Ludwig beschuldigte die Reichsstadt der tätlichen Mithilfe bei der Einnahme von Seltz, „der Pfalz Flecken", von St. Remig (St. Remy), „der Pfalz offenes Haus", und von Roedern, welches einem pfalzgräflichen Diener gehörte. Nach viertägigem Beschuß ergab sich die Stadt (11./12. Juli). Der Vertrag, den die Sieger ihr aufzwangen, enthüllt den wahren Grund für das harte Vorgehen

---

[58] *E. Kristek,* Bauernlage und Bauernnot in der Grafschaft Leiningen 1400—1525 (Westmärkische Abhandlungen zur Landes- und Volksforschung, Beiheft 4), 1941, S. 48—108.

[59] Dazu *A. Stern,* Regesten zur Geschichte des Bauernkrieges, vornehmlich in der Pfalz, in: Zeitschrift für die Geschichte des Oberrheins 23 (1871), S. 179—201.

[60] Dazu *W.-H. Struck,* Bauernkrieg am Mittelrhein (wie Bibl. Nr. 88), und u. Kapitel „Mittelrhein", S. 186—188.

des pfälzischen Kurfürsten. Dieser nutzte die Gelegenheit, die Reichsstadt mehr als bisher seinem Einfluß zu unterwerfen[61].

Zurück in Heidelberg, feierte Kurfürst Ludwig den Sieg über die Aufständischen mit einem Gottesdienst in der Heilig-Geist-Kirche.

Im Dezember 1525, nach der Schlacht bei Grießen, der Unterwerfung der Hauensteiner und der Einnahme von Waldshut, war der Bauernkrieg am Oberrhein beendet. Was blieb, war die Furcht der Herren vor einer neuen Erhebung. Die — freilich nicht überall und konsequent durchgeführte — Entwaffnung der Bauern und die Suche nach den („Rädels-")Führern von einst sollten neue Aktionen verhindern. Diese und andere Repressivmaßnahmen waren indes nicht unproblematisch, konnten sie doch neuen Widerstand herausfordern. Das zeigen die Vorgänge in St. Blasien: Die Hinrichtung des Kunz Jehle beantworteten dessen Freunde mit einem erfolgreichen Brandanschlag auf das Kloster[62].

Noch im Januar 1527 liefen Meldungen oder Gerüchte über neue Aufstandspläne in der Ortenau, im Breisgau und im Elsaß um. Als deren Initiator nennen die obrigkeitlichen Korrespondenzen Hans in der Matten (Mattenhans)[63]. Und im Oktober 1527 schlossen die Erzbischöfe von Köln, Mainz und Trier zusammen mit dem pfälzischen Kurfürsten ein Bündnis zur Abwehr eines neuen Bauernaufstandes[64].

---

[61] Der Vertrag in *B. Boell*, Der Bauernkrieg um Weißenburg Anno 1525, 1873, S. 50—57. Dazu *J.-L. Vonau*, La guerre des paysans dans l'Outre-Forêt, in: *A. Wollbrett* (Hrsg.), Guerre des paysans (wie Bibl. Nr. 65), S. 39—42; *H.-G. Rott*, Weißenburg (wie Bibl. Nr. 70). — Zur prozessualen Nachgeschichte des Pfälzer Bauernkriegs s. auch W. *Alter*, Eberhart Augenreich (1474—1550). Ein Bauernkriegsschicksal, in: Mitteilungen des historischen Vereins der Pfalz 77 (1979), S. 145—229, 78 (1980), S. 223–299.

[62] Vgl. o. S. 80.

[63] *K. Hartfelder*, Akten zur Geschichte des Bauernkriegs in Süddeutschland, in: Zeitschrift für die Geschichte des Oberrheins 39 (1885), S. 376—430, hier S. 430; *H. Virck*, Correspondenz Straßburg (wie Bibl. Nr. 8), Nr. 341, 446; *A. Stern*, Regesten (wie Anm. 59), S. 198 f. — Bereits im August 1525 hatte Hans in der Matten in der Gegend um Schopfheim den Versuch einer neuen Erhebung gemacht, war jedoch von den dortigen Untertanen vertrieben worden; *K. Hartfelder*, Urkundliche Beiträge (wie Anm. 28), Nr. 28, S. 438 f.

[64] *A. Stern*, Regesten (wie Anm. 59), S. 199—201.

Zu Verwicklungen zwischen den Obrigkeiten führten schließlich deren wechselseitige Schadensersatzansprüche. Besonders langwierig waren die Auseinandersetzungen zwischen Erzherzog Ferdinand und den Breisgauer Ständen auf der einen und Markgraf Ernst von Baden auf der anderen Seite. Eine vertragliche Regelung der vorderösterreichischen Ansprüche an die markgräflichen Untertanen gelang erst im Oktober 1527[65].

---

[65] Dazu *H. Schreiber*, Bauernkrieg (wie Bibl. Nr. 7), Bd. 3, Nr. 473, 478, 496, 506 f.; *K. Hartfelder*, Urkundliche Beiträge (wie Anm. 28), S. 442—466.

Literatur-Nachtrag zu S. 82 (Sundgau):

J.-M. Debard, La Guerre des Paysans dans les marges occidentales du monde germanique 1525 dans la Porte de Bourgogne, le Comté de Montbéliard et le Bailliage d'Amont de Franche-Comté, in: Pays d'Alsace 96/97 (1976), S. 33—48.

Oberschwaben und Württemberg

Von Claudia Ulbrich

Zu Beginn des Jahres 1525 entstanden in Oberschwaben innerhalb weniger Wochen drei mächtige Bauernbünde: der Baltringer Haufen in der Nähe der Reichsstadt Biberach, die Vereinigung der Allgäuer im Gebiet um Kempten und die der Bodenseebauern bei dem hochgelegenen Dorf Rappertsweiler bei Lindau[1]. Zunächst waren es reine Schutzbündnisse, denen sich Tausende von Bauern spontan anschlossen. Bewaffnet trafen sie sich an traditionsreichen, deutlich sichtbaren Orten und verbanden sich zu Schwurgemeinschaften[2]. Dies muß für die Teilnehmer eine ermutigende, für die Herren eine beeindruckende Demonstration der Stärke des geeinten Gemeinen Mannes gewesen sein. Sie war jedoch nicht als Androhung von Gewalt gemeint, sondern hatte, wie zu zeigen sein wird, zunächst einzig und allein das Ziel, die Verhandlungsposition der Bauernschaften gegenüber ihren Herren zu verbessern[3]. Die Verhandlungsgegenstände waren noch offen. Bei keinem der drei Bauernbünde läßt sich in der Phase des Aufbruchs ein festes Programm oder gar eine konkrete Zielsetzung erkennen. Was die Massen mobilisierte, war neben der allgemeinen Unzufriedenheit[4] eine im Kern revolutionäre Idee, die bei allen Bünden von Anfang an mehr oder minder deutlich begegnet: die Auffassung nämlich, daß das Göttliche Recht durchgesetzt werden müsse. Dies war freilich eine sehr vage und abstrakte Vorstellung, die zunächst nur

---

[1] Zum Verlauf des Bauernkriegs in Oberschwaben vgl. *G. Franz*, Bauernkrieg (wie Bibl. Nr. 39), S. 113—134.

[2] *H.-M. Maurer*, Bauernkrieg als Massenerhebung (wie Bibl. Nr. 57), bes. S. 260 ff.

[3] Gewalt gegen die Obrigkeit gehörte im 16. Jahrhundert nicht zum Handlungsrepertoire aufsässiger Bauern. Erst im Zuge der Radikalisierung der Bewegung — als Antwort auf die militärische Intervention der Herrschaften — kamen ganz vereinzelt Gewalttätigkeiten vor. Vgl. dazu *H.-M. Maurer*, Bauernkrieg als Massenerhebung (wie Bibl. Nr. 57), S. 281.

[4] Für die Ursachen des Bauernkriegs in Oberschwaben vgl. *P. Blickle*, Revolution von 1525 (wie Bibl. Nr. 42), S. 31 ff.

punktuell konkretisiert wurde. Am häufigsten geschah dies in Zusammenhang mit den Forderungen nach der Aufhebung der Leibeigenschaft und nach dem Recht, zu jagen und zu fischen[5]. Diese Forderungen waren nicht neu. Sie standen in einer alten naturrechtlichen Tradition, die aber politisch erst wirksam werden konnte, nachdem durch die Reformation eine grundlegende Transformation des Rechtsverständnisses erfolgt war. Es war Zwingli, der Naturrecht und Gottesrecht gleichsetzte, der diesem Recht als einem für das positive Recht verbindlichen „System überpositiver, auf Gott begründeter Normen" eine prinzipielle Legitimität verlieh[6]. Seine Schüler, unter ihnen der Memminger Prädikant Christoph Schappeler, predigten bereits in vielen oberdeutschen Gemeinden[7] und vermittelten dem Gemeinen Mann die Idee vom Göttlichen Recht, die es ihm ermöglichte, Alternativen zur gesellschaftlichen Wirklichkeit zu entwickeln. Innerhalb einer relativ kurzen Zeitspanne wurde aus dieser revolutionären Idee ein Programm abgeleitet, das zum politischen Manifest der gesamten Bauernkriegsbewegung des Jahres 1525 wurde: Die Zwölf Artikel, „Dye Grundtlichen vnd rechten haupt Artickel, aller Baurschafft vnd Hyndersessen der gaistlichen vnd Weltlichen oberkayten, von woelchen sy sich beschwert vermainen"[8]. Durch die Forderung, die weltliche Ordnung mit dem Evangelium zu harmonisieren, wurde die bestehende feudale Gesellschaftsordnung offen für Veränderungen, durch sie wurde die Rebellion zur Revolution[9].

Bäuerliche Schwurgemeinschaften, die sich in der gleichen Art wie die schwäbischen Bauernbünde organisierten, gab es überall im Aufstandsgebiet. Sie existierten bereits vorher im Schwarzwald, Klettgau und Hegau; sie entstanden im Frühjahr 1525 im Elsaß, in Franken und in der Pfalz. Seit Beginn des Jahres 1525 waren sie alle auf Expansion angelegt. Ohne irgendwelche Herrschaftszugehörigkeiten oder Landesgrenzen zu beachten, warben bzw. zwangen die Bünde ihre Nachbarn zum Anschluß und bauten so im herr-

---

[5] Vgl. ebd., Anhang 2 (S. 295—301), und für den Leibeigenschaftsartikel: *W. Müller*, Leibeigenschaft im Bauernkrieg (wie Bibl. Nr. 107), S. 1 ff.

[6] *P. Bierbrauer*, Das Göttliche Recht (wie Bibl. Nr. 115), S. 210 ff. Dort auch eine Zusammenstellung der wichtigsten Forschungspositionen.

[7] *G. W. Locher*, Die Zwinglische Reformation im Rahmen der europäischen Kirchengeschichte, 1979, S. 452 ff.

[8] Druck bei *A. Götze* (Hrsg.), Zwölf Artikel (wie Bibl. Nr. 3).

[9] *P. Blickle*, Revolution von 1525 (wie Bibl. Nr. 42), bes. S. 23 ff.

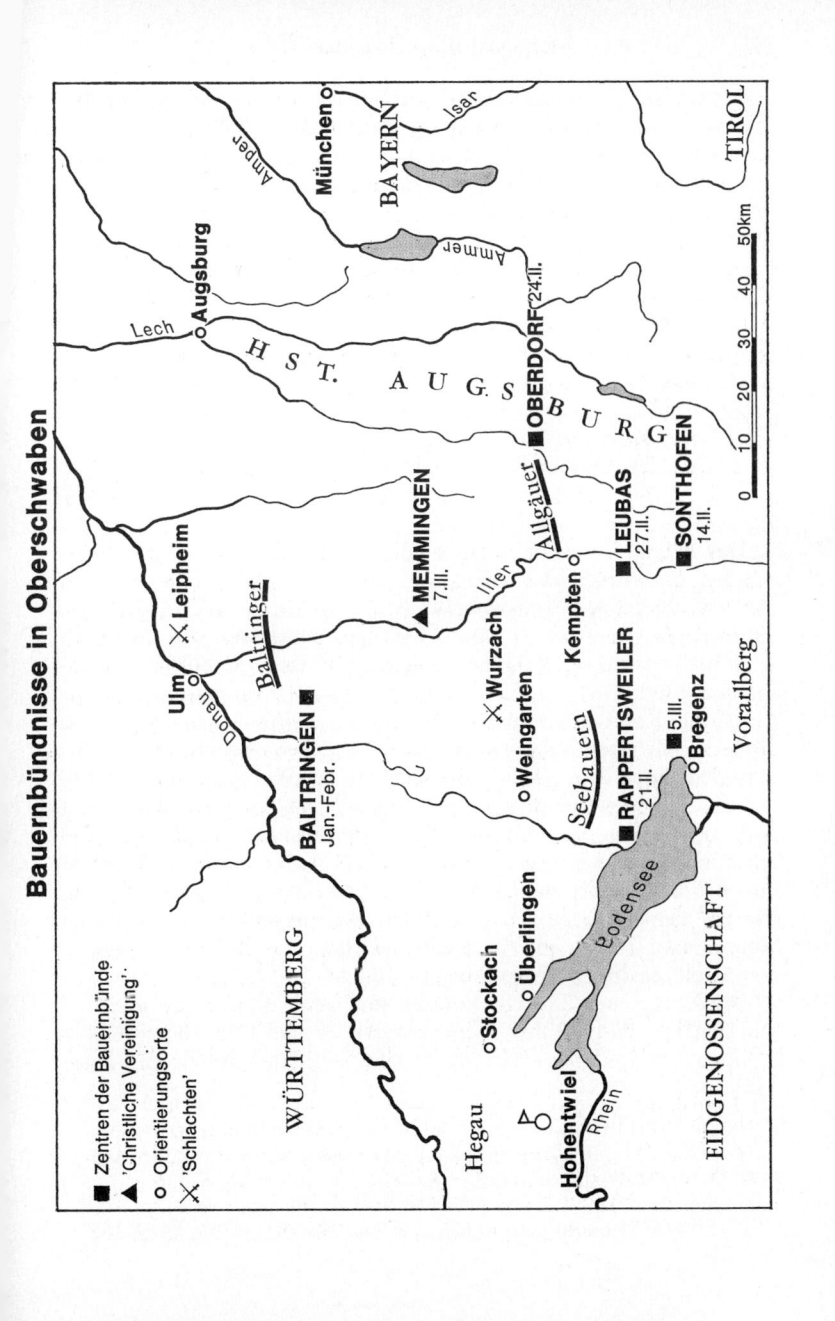

Bauernbündnisse in Oberschwaben

- ■ Zentren der Bauernbünde
- ▲ 'Christliche Vereinigung'
- ○ Orientierungsorte
- ✕ 'Schlachten'

schaftlich stark zerklüfteten deutschen Südwesten eine bäuerliche Einungsbewegung auf, der sich, obwohl sie illegal war, breite Teile der Bevölkerung anschlossen. Impulse, die zum Aufstand in Württemberg führten, gingen fast gleichzeitig von Oberschwaben und Franken aus. Die Bedingungen waren im Herzogtum Württemberg freilich ganz andere als in den Kleinstaaten Schwabens, und so fand jede der beiden Landschaften ihre eigenen, ihren Traditionen und Herrschaftsstrukturen entsprechenden Ziele: In Oberschwaben war es die „Christliche Vereinigung", die eine Alternative zum Feudalismus hätte darstellen können, in Württemberg die landschaftliche Verfassung als Perspektive des frühmodernen Staates[10].

1. Bäuerliche Schwurgemeinschaften: Die Allgäuer und Baltringer

Das Allgäu ist ein instruktives Beispiel für die Entwicklung bäuerlicher Schwurgemeinschaften im Bauernkrieg. Leitidee war von Anfang an das Göttliche Recht. Am 12. Februar 1525 trafen die Untertanen des Bischofs von Augsburg, des Abtes von Kempten und vieler weiterer Allgäuer Adelsherrschaften in Sonthofen zusammen und schworen einen Eid, das heilige Evangelium und das Göttliche Recht einander handhaben zu helfen. Man wollte, so hieß es, Zehnten, Tod- und Erbfallabgaben verweigern[11]. Unmittelbar nach dem „Tag" zu Sonthofen forderten die Werdensteiner Bauern, daß der Pfarrer predige wie der zu Kempten[12], verlangten die Augsburger neben Veränderungen im kirchlichen Bereich die Abschaffung der Leibeigenschaft und zahlreicher Abgaben sowie die Freiheit, zu jagen und zu fischen[13]. Sie forderten ihren Herrn, den Bischof von Augsburg, auf, persönlich zu ihnen zu kommen, und drohten, ihm Renten, Zinsen und Gülten zu verweigern, falls er diesen Wunsch nicht erfüllte[14].

Die Kemptener Bauern wandten sich wenig später von den traditionellen Formen des Konfliktaustrags ab. Der rücksichtslose Ausbau der Leibherrschaft hatte hier seit Jahrzehnten für Kon-

---

[10] Ebd., S. 151 ff.
[11] *G. Franz*, Bauernkrieg. Aktenband (wie Bibl. Nr. 1), Nr. 25, S. 145.
[12] *Ders.*, Quellen Bauernkrieg (wie Bibl. Nr. 2), Nr. 29, S. 136.
[13] Ebd., Nr. 35, S. 163 f.
[14] *G. Franz*, Bauernkrieg. Aktenband (wie Bibl. Nr. 1), Nr. 27, S. 162.

fliktstoff gesorgt[15]. Im Januar 1525 war der letzte gütliche Versuch zwischen der Untertanenschaft des Klosters, der Kemptener Landschaft, und Abt und Konvent gescheitert, so daß der Kemptener Bauernschaft im Rahmen der traditionellen Konfliktregulierungsmöglichkeiten nur noch der Rechtsweg übrigblieb. Am 23. Januar beschworen die Bauern in Leubas einen Bund und verpflichteten sich, gemeinsam die bei der Rechtshandlung anfallenden Kosten zu übernehmen. Jörg Schmid (Knopf) zu Leubas wurde alsbald mit den Beschwerden der Landschaft nach Ulm geschickt, um beim Schwäbischen Bund Klage gegen den Abt zu erheben[16]. Noch während der Beratungen mit einem Tübinger Juristen über den bevorstehenden Prozeß rief ihn die Landschaft zurück mit der Begründung, man sei nun stark genug und brauche den Rechtsweg nicht mehr[17]. Ganz offensichtlich sahen die Kemptener, daß sich ihnen als Mitgliedern der Sonthofener Vereinigung mit der Berufung auf das Evangelium und das Göttliche Recht die Möglichkeit bot, weiter reichende Ziele anzustreben und durchzusetzen als bei dem zu erwartenden kostspieligen und langwierigen Prozeß gegen den Abt. Dieser wäre selbstverständlich auf der Grundlage des Alten Rechts geführt worden und hätte nach den früheren Erfahrungen der Kemptener Bauernschaft sicherlich nur geringe Ergebnisse gebracht. Schon in der Auseinandersetzung 1491/92 hatte der Schwäbische Bund eindeutig für den Abt votiert und die Ablehnung des Vergleichsentwurfs durch die Bauernschaft mit einer militärischen Intervention beantwortet[18]. Eine solche war auch im Februar 1525 zu befürchten. Um sich davor zu schützen, bekräftigten die Allgäuer am 24. Februar in Oberdorf erneut ihren Eid. Die versammelten Bauern — es sollen 8 000 gewesen sein, die bewaff-

---

[15] Für die Kemptener Ereignisse: *P. Blickle*, Landschaften im Alten Reich. Die staatliche Funktion des gemeinen Mannes in Oberdeutschland, 1973, S. 321 ff.
[16] Der Schwäbische Bund war eine Einung der weltlichen und geistlichen Obrigkeiten Oberdeutschlands zur Sicherung des Landfriedens. Die Beilegung der Konflikte zwischen Untertanen und Obrigkeit gehörte zu seinen Aufgaben (*J. C. Lünig*, Teutsches Reichs-Archiv, Bd. 7, 4, Leipzig 1711, S. 117 ff.: Bundesordnung).
[17] *F. L. Baumann*, Akten Oberschwaben (wie Bibl. Nr. 4), Nr. 407, S. 348.
[18] *P. Blickle*, Landschaften (wie Anm. 15), S. 332 f. Eine Gegenüberstellung der Beschwerden von 1492 und 1525 zeigt, daß ungeachtet des Vertrags von 1492 die meisten Streitpunkte weiterbestanden.

net im Ring standen[19] — versprachen, einander beizustehen und jedem zum Recht zu verhelfen. Das Bündnis war für jeden offen, der den Eid zu leisten bereit war, auch für Herren, die Unrecht erlitten. Es war den Mitgliedern des Bundes bei Leibesstrafe untersagt, Aufruhr zu machen. Dagegen konnte sich jede Herrschaft gütlich oder rechtlich mit ihren Untertanen vertragen, doch mußte sie dies vor dem Allgäuer Bund tun. Den ausführlichen Bestimmungen zum Schutz des Bündnisses wurde die Forderung nach Verkündigung des heiligen Evangeliums vorangestellt. Einzelartikel sollten in anderem Zusammenhang erörtert werden[20]. Noch am gleichen Tag kam es in Oberdorf auch zu dem von den Augsburger Bauern erbetenen Zusammentreffen mit dem Bischof. Dieser war aber nicht gekommen, um zu verhandeln, sondern um zu verzögern. Freundlich bat er seine Untertanen, nicht mehr aufrührerisch zu sein und einen weiteren Bescheid abzuwarten[21]. Dies war eine bei den Obrigkeiten beliebte Taktik im Umgang mit aufsässigen Untertanen, die aber nun nicht mehr griff. In Anwesenheit und mit Unterstützung etlicher Allgäuer Bauern machten die Augsburger ihre Bereitschaft, auf das Begehren des Bischofs einzugehen, von der Annahme ihrer Artikel abhängig. Sie forderten noch einmal die Aufhebung der Leibeigenschaft und damit verbunden die Abschaffung der Todfallabgabe und der Heiratsbeschränkungen sowie die Freiheit, zu jagen und zu fischen. Statt Zehnten zu geben, wollten sie die Pfarrer mit Geld besolden. Darüber hinaus verlangten sie die Herausgabe der Fahne und der Kirchenschlüssel. Sie brauchten sie, um im Falle der Gefahr Sturm läuten zu können[22].

Das grundsätzlich Neue am Allgäuer Bund war also nicht, daß er statt des Rechtswegs eine gewaltsame Lösung anstrebte — so wird die erwähnte Äußerung der Kemptener Bauern häufig interpretiert[23] —, sondern daß er als herrschaftsübergreifendes Bünd-

---

[19] *G. Franz*, Bauernkrieg. Aktenband (wie Bibl. Nr. 1), Nr. 28, S. 163.

[20] Der Eid ist im Wortlaut überliefert. Gedruckt bei *G. Franz*, Quellen Bauernkrieg (wie Bibl. Nr. 2), Nr. 38, S. 166 f.

[21] *G. Franz*, Bauernkrieg. Aktenband (wie Bibl. Nr. 1), Nr. 28, S. 163.

[22] Zur Funktion des Sturmläutens als Alarmsignal und als starkes akustisches Mittel der Aufrüttelung: *H.-M. Maurer*, Bauernkrieg als Massenerhebung (wie Bibl. Nr. 57), S. 262 f.

[23] Vgl. z. B. *S. Hoyer*, Das Militärwesen im deutschen Bauernkrieg 1524—1526, 1975, S. 64.

nis seinen Mitgliedern in Verhandlungen und Prozessen mit der Obrigkeit den Rücken stärkte. Dies war um so nötiger, als die Herren vielerorts mit sehr fragwürdigen Methoden versuchten, die gerade erst erfolgte politische Emanzipation der Bauern rückgängig zu machen und die Bauern als Untertanen im pejorativen Sinn dem neuentstandenen Territorialstaat einzupassen[24]. Während die Herren das Recht der Einung für sich in Anspruch nahmen und sich beispielsweise im Schwäbischen Bund gegenseitig „Amtshilfe" leisteten, waren den Untertanen derartige Zusammenschlüsse untersagt. Fühlten sie sich in ihren Rechten verletzt, so konnten sie unter Einhaltung eines meist festgelegten Instanzenwegs gegen ihre Herren klagen[25]. Doch die Bereitschaft der Herren, sich der rechtlichen Auseinandersetzung zu stellen und rechtliche Entscheide anzuerkennen, war am Vorabend des Bauernkriegs teilweise sehr gering. Dies machen Klagen über die Verweigerung des Rechts ebenso deutlich wie solche über die Nichteinhaltung von Verträgen[26].

Am 27. Februar wurde der Allgäuer Bund zur „Christlichen Vereinigung der Landart Allgäu" weitergebildet. Auf das Gerücht hin, daß der Schwäbische Bund mit Waffengewalt gegen sie vorgehe, hatten sich die Allgäuer Bauern in Leubas versammelt und beschlossen, daß jeder dem Bund beitreten müsse, andernfalls sollte er dem weltlichen Bann verfallen sein[27]. Die mit diesem Beschluß vollzogene Bildung eines Zwangskollektivs war für die Bauern die einzige Möglichkeit, das Risiko der Rebellion zu mindern. War es doch kaum zu erwarten, daß der Schwäbische Bund gewillt oder in der Lage war, die gesamte Bauernschaft militärisch anzugreifen. Nur wenige Bauernschaften widersetzten sich den drohenden Aufforderungsschreiben der Verbündeten und hielten ihren Herren die

---

[24] *P. Blickle*, Revolution von 1525 (wie Bibl. Nr. 42), S. 131 ff., und *Ders.*, Deutsche Untertanen. Ein Widerspruch, 1981, S. 86 ff.

[25] Zu dieser Problematik allgemein: *P. Blickle* (Hrsg.), Aufruhr und Empörung? Studien zum bäuerlichen Widerstand im Alten Reich, 1980.

[26] Diese Mißstände spiegeln sich in den Lokal- und Regionalbeschwerden der oberschwäbischen Bauern sehr deutlich wider. 41% aller Beschwerdeschriften enthalten Vorwürfe gegen die Rechtsprechungspraxis, 24% klagen über die Ladung vor fremde Gerichte und 13% über Rechtsverweigerung. *P. Blickle*, Revolution von 1525 (wie Bibl. Nr. 42), S. 36.

[27] Dies bedeutete den Verlust aller Rechte und Berechtigungen innerhalb der Gemeinde.

Treue[28]. In Leubas wurden auch organisatorisch wichtige Entscheidungen getroffen. Die Vollversammlung wurde ersetzt durch einen Ausschuß, an dessen Spitze gewählte Hauptleute standen. Die Gründung des Bundes wurde den Obrigkeiten angezeigt, ein deutliches Zeichen dafür, daß man den Anspruch erhob, politisch ernst genommen zu werden. Bereits jetzt konnte die Bewegung nicht mehr als eine spontane, regional begrenzte Rebellion angesehen werden. Es bestanden Verbindungen zu anderen Aufständischen, dies war auch der Obrigkeit nicht entgangen. So klagte der Bischof von Augsburg am 29. Februar, seine Bauern seien „der puren pundtnuß im Hegew anhengig worden"[29].

Über die Verhältnisse im Hegau sind wir schlecht unterrichtet, doch spricht einiges dafür, daß die Idee des Göttlichen Rechts nicht nur durch die Reformatoren, sondern auch durch die rebellischen Bauern im Schwarzwald und Hegau nach Oberschwaben vermittelt wurde. Massenerhebungen hatte es im Hegau und Schwarzwald bereits 1524 gegeben. Seit Ende des Jahres beriefen sich in diesem Gebiet einzelne Bauernschaften auch auf das Evangelium und das „göttliche Recht" (wenngleich noch unklar bleibt, welche konkreten Vorstellungen sie mit letzterem Begriff verbanden)[30]. Im Januar 1525 faßten die Hegauer den Beschluß, den bereits fest verabredeten rechtlichen Austrag ihrer Auseinandersetzungen mit den Obrigkeiten abzulehnen[31]. Dies war in den Augen der Herren eine

---

[28] Die bayerischen Bauern beteiligten sich nicht am Aufstand. Für das Verhalten der Bauern im angrenzenden Pfaffenwinkel (westl. Bayern) vgl. *R. Blickle*, „Spenn und Irrung" im „Eigen" Rottenbuch, in: *P. Blickle* (Hrsg.), Aufruhr und Empörung? (wie Anm. 25), S. 143 ff. Als Gründe für den Nichtanschluß werden genannt: „die positiven Erfahrungen [der Bauern] beim Austrag von Konflikten auf gerichtlichem Weg, ihre sozial und wirtschaftlich vergleichsweise günstige und rechtlich gesicherte Lage und ihr positives Verhältnis zur Landesherrschaft" (S. 144). Ähnliches dürfte auch für weite Teile Vorarlbergs gelten. Für die dortigen Auseinandersetzungen über einen Anschluß vgl. *B. Bilgeri*, Geschichte Vorarlbergs, Bd. 3, 1977, S. 20 ff.
[29] *W. Stolze*, Die 12 Artikel von 1525 und ihr Verfasser, in: Historische Zeitschrift NF 55 (1903), S. 1—41, hier S. 29.
[30] Vgl. dazu o. Kapitel „Oberrhein", S. 67 f. Ferner *C. Ulbrich*, Bäuerlicher Widerstand in Triberg, in: *P. Blickle* (Hrsg.), Aufruhr und Empörung? (wie Anm. 25), S. 146—214, hier S. 166 f.
[31] *J. Strickler* (Hrsg.), Actensammlung zur Schweizerischen Reformationsgeschichte in den Jahren 1521—1532, Bd. 1, 1878, Nr. 982, S. 335, und *F. L. Baumann*, Akten Oberschwaben (wie Bibl. Nr. 4) Nr. 64, S. 86.

offene Empörung, die militärisch unterdrückt werden mußte. Man begann zu rüsten, hatte aber in Anbetracht der zahlreichen Krisenherde Schwierigkeiten, ein Heer aufzustellen[32]. Die Hegauer Bauern erkannten die Gefahr. Sie zogen in der Nachbarschaft Erkundigungen ein, wer ihnen im Falle eines Angriffs beistehe. Der Memminger Hanß Helbling wurde beauftragt, Knechte zu werben. Dieser Auftrag ist zusammen mit einer Fassung der „Oberrheinischen Bundesordnung" überliefert — ein Umstand, der in den Überlegungen zur Entstehungsgeschichte der Memminger Bundesordnung und der Zwölf Artikel nicht ohne Bedeutung ist[33]. Allgäuer Bauern, unter ihnen Untertanen des Bischofs von Augsburg und des Abtes von Kempten, sollen zu denen gehört haben, die Anfang Februar in den Hegau gezogen sind, um Hilfe zu leisten[34]. Die Bewegung kam jedoch kurzfristig zum Stillstand, nachdem die Städte Konstanz, (Radolf-)Zell, Stockach und Engen einen Vergleich zwischen dem Hegauer Adel und seinen Bauern zustande gebracht hatten, dessen Inhalt nicht bekannt ist[35]. Haben die Oberschwaben aus dem Hegau nicht nur Erfahrungen, sondern auch ein Programm mit nach Hause gebracht?

In ähnlichen Schritten wie der Allgäuer muß sich auch der Baltringer Haufen entwickelt haben, soweit die punktuell lückenhafte Überlieferung dies erkennen läßt. Seit kurz vor Weihnachten 1524 traf sich in dem Dorf Baltringen bei Ulm regelmäßig eine kleine Gruppe von Unzufriedenen und fand ungewöhnlich schnell und ohne ein festes Programm zu entwickeln Anhänger. Bereits in der ersten Januarhälfte hatte sich die Bauernschaft des Klosters Ochsenhausen den Baltringern angeschlossen und Beschwerden formuliert[36]. Der Abt versprach, sich der Billigkeit gemäß zu verhalten und sicherte der konflikterfahrenen Ochsenhauser Landschaft

---

[32] Besonders die gleichzeitige Auseinandersetzung mit Herzog Ulrich von Württemberg und der drohende Zusammenschluß der aufständischen Bauern mit ihm komplizierte die Lage; vgl. *F. L. Baumann*, Akten Oberschwaben (wie Bibl. Nr. 4), bes. Nr. 75 ff.

[33] *P. Blickle*, Nochmals Zwölf Artikel (wie Bibl. Nr. 117), S. 293 und S. 296. S. auch u. S. 110, 115.

[34] *W. Stolze*, 12 Artikel (wie Anm. 29), S. 40.

[35] *F. L. Baumann*, Akten Oberschwaben (wie Bibl. Nr. 4), Nr. 105, S. 117 f.

[36] *Ders.*, Die Zwölf Artikel der oberschwäbischen Bauern 1525, 1896, S. 17 und S. 42 f., und *Ders.*, Akten Oberschwaben (wie Bibl. Nr. 4), Nr. 58 b, S. 35.

am 14. Januar notariell ein gütliches oder rechtliches Verfahren zu[37]. Noch war es möglich, die Bauernschaft mit einem solchen Versprechen zu beruhigen, wenngleich das Verfahren der notariellen Absicherung keinen Zweifel an dem bestehenden Mißtrauen läßt. Die Bewegung der Baltringer breitete sich immer mehr aus, so daß eine stärkere Organisation erforderlich wurde. Die Bauern wählten noch im Januar oder Anfang Februar Ulrich Schmid aus Sulmingen, einen frommen und redekundigen Mann, der die Massen zu begeistern verstand, zu ihrem Oberen. Er wurde von dem Haufen so geehrt, heißt es in der Heggbacher Chronik, daß man ihn „uf stangen erhöchte, daß er das Volk lerte, und der Hl. Geist redte scheinberlich us im"[38]. Die Wahl dieses Mannes macht es wahrscheinlich, daß auch bei den Baltringern die Idee des Göttlichen Rechtes von Anfang an wirksam war, wenngleich ein eindeutiges Bekenntnis zu diesem Rechtsprinzip erst für den 27. Februar überliefert ist.

Bereits Anfang Februar wurden die Baltringer von der Obrigkeit als ernste Gefahr angesehen. Am 2. Februar brachte das Kloster Heggbach auf Anraten des Schwäbischen Bundes seine Habe in Sicherheit[39]. Drei Tage später beriet der Bund über Möglichkeiten, die Empörung niederzuwerfen. Zwar gab es Stimmen — an ihrer Spitze der bayerische Bundesgesandte Dr. Leonhard Eck —, die für eine sofortige militärische Intervention votierten, doch entschloß man sich, nicht zuletzt um Zeit zu gewinnen, zunächst zu Verhandlungen. Am 9. Februar kam es zu einem ersten Treffen zwischen den Abgeordneten des Schwäbischen Bundes und den bei Baltringen versammelten bewaffneten Bauern. Ulrich Schmid versicherte, die Bauern wollten weder Aufruhr noch Gewalt und seien nur bewaffnet aus Angst, die Obrigkeit würde ihnen diese Versammlung verübeln und sie, ohne ihre Absichten zu erfragen, „werlos abwürgen". Sie seien „gaistlich und liblicher wis" beschwert, ‚geistlich', weil sie des Wortes Gottes beraubt seien, ‚leiblich' wegen der hohen Schatzungen und Beschwerden, die nicht erwirtschaftet werden könnten. Die abschließende Bitte um Milderung der Beschwerden weist darauf hin, daß die Baltringer von

---

[37] *Ders.*, Zwölf Artikel (wie Anm. 36), S. 43. Zu den Konflikten in Ochsenhausen: *P. Blickle*, Bäuerliche Erhebungen im spätmittelalterlichen deutschen Reich, in: Zeitschrift für Agrargeschichte und Agrarsoziologie 27, 1979, S. 208 ff.
[38] *G. Franz*, Quellen Bauernkrieg (wie Bibl. Nr. 2), Nr. 30, S. 141.
[39] Ebd., S. 140.

Anfang an kein förmliches Verfahren anstrebten. Dennoch einigten sie sich mit dem Schwäbischen Bund, daß sie zunächst einmal ihre Forderungen zusammenstellen und sie den Obrigkeiten vortragen würden. Als Termin für das nächste Treffen wurde der 16. Februar festgesetzt[40].

In den folgenden Tagen wurde deutlich, daß das Mißtrauen der Bauern nicht ungerechtfertigt war: Statt die Verhandlungen abzuwarten, intensivierte der Schwäbische Bund seine Rüstung. Am 11. Februar wurde das erste, am 14. das zweite Drittel der Eilenden Hilfe aufgeboten. Gleichzeitig ging ein Mandat an die Bauern, in dem sie zur Ruhe aufgefordert wurden[41]. Spätestens in diesen Tagen steigender militärischer Bedrohung wurde auch der Baltringer Bund zu einem Zwangskollektiv umgebildet. Dörfer, die den Anschluß verweigerten, wurden bedroht[42]. Für die, die sich der Bewegung anschließen wollten, aber das Risiko fürchteten, waren die Drohbriefe eine Entscheidungshilfe. Sie minderten die Strafwürdigkeit in den Augen der Obrigkeit. Das System hatte Erfolg. Die Zahl der Anhänger wuchs unglaublich schnell. Bis Mitte Februar hatten 7 000 bis 10 000 Bauern aus den verschiedensten Herrschaften zwischen Lech und Meßkirch zu den Baltringern geschworen. Sie zeigten ein hohes Maß an Gruppendisziplin, so daß Ulrich Schmid gegenüber den verängstigten Gesandten des Schwäbischen Bundes versichern konnte, solange er Oberster sei, würde niemandem ein Leid geschehen, denn alle würden ihm folgen[43]. Dieses Verhalten erklärt sich wohl nur aus dem in der Tradition begründeten Konsens über die Formen bäuerlichen Widerstands, wonach sich Gewalt gegen die Obrigkeit zumindest so lange verbot, wie Verhandlungen möglich waren[44]. Die Baltringer bauten in diesen Tagen ihre Organisation aus und wählten Hauptleute und Räte. Ein Ausschuß übergab dem Schwäbischen Bund am 16. Februar ihre Beschwerden. Insgesamt waren es mehr als 300 Schriften. Etwa dreißig Klagstücke sind erhalten und von Peter

---

[40] Ebd., Nr. 31, S. 144 f.
[41] *F. L. Baumann,* Zwölf Artikel (wie Anm. 36), S. 46.
[42] *Ders.,* Akten Oberschwaben (wie Bibl. Nr. 4), Nr. 58 b, S. 37.
[43] *G. Franz,* Quellen Bauernkrieg (wie Bibl. Nr. 2), Nr. 31, S. 146.
[44] Vgl. o. Anm. 3 und *P. Bierbrauer,* Bäuerliche Revolten im Alten Reich. Ein Forschungsbericht, in: *P. Blickle* (Hrsg.), Aufruhr und Empörung? (wie Anm. 25), S. 26 ff. *S. Hoyer,* Militärwesen (wie Anm. 23), S. 46 ff., stellt ebenfalls eine äußerst geringe militärische Aktivität in den Bauernaufständen vor 1525 fest.

Blickle zusammen mit den übrigen oberschwäbischen Lokal- und Regionalbeschwerden in einer quantitativen Analyse ausgewertet worden. Demzufolge lieferte die Leibherrschaft mit ihren Todfallabgaben und Diensten, ihren Heirats- und Wegzugsbeschränkungen den meisten Konfliktstoff. Ihre kompromißlose Abschaffung wurde von 70% der Dörfer und Herrschaften Oberschwabens gefordert. Einen zweiten Beschwerdekomplex bilden Jagd, Fischerei, Holzbezug und Allmende mit 81%, einen dritten die Grundherrschaft, die aus ihr entwickelte niedere Gerichtsherrschaft sowie die grundherrlichen Dienste (83%)[45].

84% der Baltringer Artikel sind nicht legitimiert. Immerhin berufen sich 13% der Beschwerdeschriften global in der Präambel auf das Göttliche Recht, 8% auf das Alte Herkommen[46]. Dieses Legitimationsdefizit ist ungewöhnlich. Denn bäuerliches Handeln ist in hohem Maße geprägt durch den Anspruch und das Bewußtsein, Recht und Gerechtigkeit zu verteidigen. Was dies konkret bedeutete, was „billig und recht" war, darüber bestand ein in der Tradition begründeter und von ihr bestimmter Konsens. Aus diesem Rechtsdenken resultierte für die Bauern nicht nur die sachliche Beschränkung ihrer Klagen auf das Alte Herkommen, sondern auch der Zwang zur Legitimation[47]. Wenn die Mitglieder des Baltringer Bundes im Februar 1525 weitgehend darauf verzichteten, ihre Beschwerden zu begründen, so zeigt dies, wie sehr sie in diesen Bund integriert waren. Der Bund, der nach herkömmlichem Rechtsverständnis illegal war und dem sie unter vielen Risiken beigetreten waren, wollte ganz global die Milderung der Beschwerden erwirken. Diese im einzelnen zu formulieren, war Aufgabe und Verpflichtung der Mitglieder[48]. Legitimationsbedürftig war also nicht die einzelne Beschwerde, sondern der Bund als solcher. Spätestens am 27. Februar bekannte sich der Baltringer Haufen, der sich nun „Christliche Vereinigung" nannte, offiziell zum Göttlichen Recht. Als Devise galt, was die 27 Dörfer der Reichsstadt Memmingen bereits drei Tage vorher formuliert hatten. Das gött-

---

[45] *P. Blickle,* Revolution von 1525 (wie Bibl. Nr. 42), S. 32 ff.
[46] Ebd., S. 146.
[47] Ebd., S. 143, und *P. Bierbrauer,* Das Göttliche Recht (wie Bibl. Nr. 115), S. 210 f.
[48] Die Bauern des Klosters Rot beispielsweise beriefen sich, als sie ihre Beschwerden übergaben, auf den Beschluß der Baltringer; *F. L. Baumann,* Akten Oberschwaben (wie Bibl. Nr. 4), Nr. 58 b, S. 37, und *Ders.,* Zwölf Artikel (wie Anm. 36), S. 18.

liche Wort soll Maßstab für alle Entscheidungen werden: „Was vns dann dasselbig götlich wort nimpt und gibt, wöl wir alzeit gern annemen vnd bey demselben bleiben."[49] Vor den Gesandten des Schwäbischen Bundes forderte Ulrich Schmid, daß die Herren freiwillig, „us sunder gnad", auf ihre Beschwerden eingingen und die Mißstände abstellten. Da die Gesandten auf dem rechtlichen Austrag beharrten, schlug er ihnen das Göttliche Recht vor, „das jedem Stand usspricht, was im gebürt". Er verpflichtete sich, innerhalb der nächsten drei Wochen gelehrte Männer zu benennen, die den Streit auf der Grundlage dieses Rechtsprinzips schlichten würden. Der Schwäbische Bund, der Handlungsfreiheit für die Auseinandersetzung mit Herzog Ulrich von Württemberg brauchte, willigte ein[50]. Auch die Baltringer wußten, welche Gefahr die Gründung der „Christlichen Vereinigung" und die definitive Ablehnung des traditionellen Rechtswegs mit sich brachten. Sie sandten Briefe an Ulm und Ehingen, an Augsburg und Kempten, um zu erfragen, wie sich die Städte im Falle eines Angriffs verhalten würden[51].

Ulrich Schmid begab sich in die Reichsstadt Memmingen, wo er den Kürschnergesellen Sebastian Lotzer, einen bibelkundigen Laien, zum Feldschreiber gewann. Über Christoph Schappeler hatte Lotzer die Lehren Zwinglis kennengelernt und seit 1523 das Recht der Laien, das göttliche Wort zu deuten, verteidigt[52]. Seine Fähigkeiten stellte er nun den Baltringer und Memminger Bauern zur Verfügung.

2. Programmschriften: Die „Eingabe der Memminger Bauern" und die Zwölf Artikel

In Memmingen hatte der Rat am 22. Februar beschlossen, Ratsgesandtschaften in die der Stadt zugehörigen Dörfer abzuordnen. Sie sollten die Untertanen zur Formulierung ihrer Artikel auffor-

---

[49] *F. L. Baumann*, Akten Oberschwaben (wie Bibl. Nr. 4), Nr. 107, S. 119, und Nr. 119, S. 131.
[50] *G. Franz*, Quellen Bauernkrieg (wie Bibl. Nr. 2), Nr. 31, S. 146 f.
[51] *F. L. Baumann*, Akten Oberschwaben (wie Bibl. Nr. 4), Nr. 119, S. 131, und *Ders.*, Zwölf Artikel (wie Anm. 36), S. 59 f., Anm. 4. Auch Landgraf Philipp von Hessen und viele Reichsstädte sollen gleichlautende Briefe erhalten haben.
[52] *G. Franz*, Bauernkrieg (wie Bibl. Nr. 39), S. 121 f.

dern und ihnen die Abstellung ihrer Beschwerden in Aussicht stellen. Auf diese Weise hoffte man zu verhindern, daß sich die Memminger Dörfer, die vereinzelt bereits Mitte Februar Beschwerden formuliert hatten, der Bewegung anschlossen. Was die Organisation betrifft, so war der Rat von Anfang an bemüht, Ausschüsse bilden zu lassen: Jedes Dorf sollte vier Männer wählen, die die Beschwerden anzeigten[53]. Am 24. Februar forderten die Memminger Dörfer zunächst global eine Einigung auf der Grundlage des göttlichen Wortes. Wenn der Rat darauf eingehen würde, dann würde jedes Dorf gesondert seine Beschwerden anzeigen[54]. Der Rat beantwortete dieses Gesuch noch am gleichen Tag mit einem Mandat, in dem er versicherte, er wolle auch „zu gotzwort setzen". Er forderte die Untertanen auf, den Bauern zu helfen, die gehorsam geblieben und deshalb in Gefahr waren, von den Aufständischen angegriffen zu werden, und bat nochmals darum, daß die Beschwerden eingereicht würden[55]. Die Memminger Bauern formulierten nun zwar, wie versprochen, Einzelbeschwerden, reichten sie aber nicht ein[56]. Ihre Forderungen wurden zwischen dem 24. Februar und 3. März in zehn Artikel zusammengefaßt und dem Rat übergeben, der sie am 15. März beantwortete[57]. Diese „Memminger Eingabe" stimmt weitgehend mit den etwa gleichzeitig entstandenen Zwölf Artikeln überein, die auf den Beschwerden der Baltringer Dörfer aufbauen. Beide Schriften wurden von Sebastian Lotzer redigiert und gingen weit über die jeweiligen Lokalbeschwerden hinaus. Nach Ansicht von Peter Blickle hat Lotzer bei der Abfassung der Schriftstücke eine „Oberrheinische Bundesordnung" gekannt, die programmatisch die Durchsetzung des Göttlichen Rechts, pragmatisch die Stabilisierung des bäuerlichen Bündnisses anstrebte. Von ihr seien „die prinzipiell neuen Forderungen von 1525 (Schrift als Norm für den innerweltlichen Bereich, Pfarrerwahl durch die Gemeinde, Aufhebung der Leibeigenschaft) übernommen und unter Berücksichtigung der regionalen Besonderheiten — hier die Lage der Dörfer der Reichsstadt Memmingen, dort die Situation

---

[53] *F. L. Baumann,* Akten Oberschwaben (wie Bibl. Nr. 4), Nr. 58 b, S. 39 (zum 22. Februar).
[54] Ebd., Nr. 107, S. 119.
[55] Ebd., Nr. 58 b, S. 39 (zum 24. Februar).
[56] *P. Blickle,* Nochmals Zwölf Artikel (wie Bibl. Nr. 117), S. 301 ff.
[57] *F. L. Baumann,* Akten Oberschwaben (wie Bibl. Nr. 4), Nr. 108, S. 120 ff.

der Baltringer Bauern — weitergeschrieben, abstrahiert und systematisiert" worden[58].

Ziel der Zwölf Artikel war es, die „Schmach des Wort Gotes" aufzuheben — d. h. dem Vorwurf zu begegnen, daß das Evangelium Ursache der Empörung sei — und „die Ungehorsamikait, ja die Empörung aller Bauren christenlich [zu] entschuldigen". Das Evangelium will nichts anderes, heißt es in der Präambel, als Liebe, Friede, Geduld und Einigkeit. Und die Bauern begehren, so heißt es weiter, nichts anderes als das Evangelium zu hören und ihm gemäß zu leben. Dies ist aber nicht möglich, weil sich etliche Widerchristen gegen das Evangelium aufbäumen. Ursache der Empörung ist folglich nicht das Evangelium, sondern der Teufel. Dieser „schedlist Feind" des Evangeliums erweckt den Unglauben und unterdrückt das Wort Gottes. Daher können die Bauern, die für das Evangelium eintreten, nicht ungehorsam oder aufrührerisch genannt werden[59]. Diese Präambel hatte nicht nur apologetischen Charakter, sie lieferte den Aufständischen auch die erforderliche Rechtfertigung für ihr Vorgehen. Dadurch, daß der Gegner als Feind des Evangeliums abqualifiziert wurde, wurden die Bauern von der Verpflichtung, ihre Konflikte nur auf dem herkömmlichen gütlichen oder rechtlichen Weg auszutragen, entbunden. Widersacher des Glaubens konnten nicht über eine am Evangelium orientierte Gesellschaftsordnung richten. Und daß diese angestrebte Gesellschaftsordnung sich grundsätzlich am Evangelium und am Wort Gottes ausrichtete, daran ließen die Einzelartikel keinen Zweifel. Jeder von ihnen ist mit Textstellen aus der Bibel begründet. Die Zwölf Artikel fordern:

1. das Recht der Gemeinden zur Wahl und Absetzung des Pfarrers;

2. die Abschaffung des Kleinzehnten; der Großzehnt soll zur Versorgung der Pfarrer verwendet werden; was übrigbleibt, ist für die Armenpflege und die Landesverteidigung bestimmt; soweit Adel, Geistliche, Städte oder städtische Stiftungen im Besitz des Zehnten sind und dessen rechtmäßigen Erwerb urkundlich nachweisen können, soll der Zehnt von den Gemeinden zurückgekauft werden;

---
[58] *P. Blickle*, Nochmals Zwölf Artikel (wie Bibl. Nr. 117), S. 306.
[59] *G. Franz*, Quellen Bauernkrieg (wie Bibl. Nr. 2), Nr. 43, S. 175. Zu den Zwölf Artikeln s. auch u. Kapitel „Legitimation, Verlaufsformen und Ziele", S. 281—284.

3. die Aufhebung der Leibeigenschaft;
4. die Freigabe von Jagd und Fischerei;
5. die Rückgabe der Wälder und Forsten; bei nachweislichem Kauf der Fischerei-, Holz- und Forstrechte wollen sich die Gemeinden mit den Besitzern gütlich einigen;
6. die Reduzierung der Dienste;
7. die Einhaltung der Bestimmungen der Lehensbriefe, damit die Bauern ihre Güter ordnungsgemäß bebauen können;
8. die Neufestsetzung der Gülten;
9. die Abschaffung der Willkür bei der Bemessung von Strafen durch eine Regelung der Bußenhöhe nach den älteren Gerichtsordnungen;
10. den Einzug veräußerter Allmenden, wobei wie im 4. und 5. Artikel im Fall des rechtmäßigen Erwerbs dem Besitzer eine gütliche Übereinkunft in Aussicht gestellt wird;
11. die Abschaffung der Todfallabgabe.

Abschließend wird im 12. Artikel die grundsätzliche Bereitschaft erklärt, auf alle Forderungen zu verzichten, die dem Wort Gottes nicht gemäß sind. Sollten sich aber aus der Heiligen Schrift weitere Artikel ergeben, so sollen sie selbstverständlich aufgenommen werden[60]. Diese Zwölf Artikel der oberschwäbischen Bauern waren, wie Blickle betont, „Beschwerdeschrift, Reformprogramm und politisches Manifest zugleich"[61]. Ihre besondere Bedeutung liegt darin, daß sie einerseits konkrete politische, ökonomische und soziale Nöte oder Probleme widerspiegeln und damit den krisenhaften Charakter der spätmittelalterlich-frühneuzeitlichen Agrarverfassung verdeutlichen, daß sie daneben aber durch die Forderung, die weltliche Ordnung gemäß dem göttlichen Wort, wie es in der Bibel vermittelt wird, zu gestalten, den Weg zu politischen und gesellschaftlichen Veränderungen freimachen. Mit der Rechtfertigung der bäuerlichen Bewegung als Kampf gegen die Unterdrückung des Evangeliums beseitigen sie die bei den Bauern zweifelsohne vorhandenen Hemmnisse, sich gegen die ungerechte Obrigkeit aufzulehnen, ohne die geltenden Spielregeln zu beachten. Damit ermöglichen sie, Alternativen zum herkömmlichen Protesthandeln zu entwickeln. Den bereits bestehenden bäuerlichen Einungen

---

[60] Ebd., S. 175 ff.
[61] *P. Blickle*, Revolution von 1525 (wie Bibl. Nr. 42), S. 23.

liefern sie eine den Massen einsichtige Rechtfertigung für ihr Verhalten und ermöglichen deren Weiterbildung zu Verbänden mit klaren politischen Zielen. Die Mittel waren noch offen. Soweit die Zwölf Artikel überhaupt Hinweise enthalten, wie die zum Teil revolutionären Forderungen (Pfarrerwahl, Zehnt, Leibeigenschaft) durchgesetzt werden könnten, sind es gemäßigte Vorschläge: Dort, wo berechtigte Ansprüche bestehen, will man eine gütliche Vereinbarung herbeiführen. Auch diese dem bäuerlichen Gerechtigkeitsdenken kongenialen Vorstellungen machten das Programm für viele akzeptabel. Die Forderung nach einer Harmonisierung der weltlichen Ordnung mit dem Evangelium und die daraus deduzierbaren Konsequenzen für bäuerliches Protesthandeln verliehen den Zwölf Artikeln ihre Durchschlagskraft und machten sie auch für Aufstandsgebiete brauchbar, deren Basisforderungen inhaltlich von den Zwölf Artikeln abwichen. Innerhalb von zwei Monaten erschienen 25 Drucke, das waren schätzungsweise 25 000 Exemplare. Sie fanden im gesamten Aufstandsgebiet Verbreitung[62].

3. Widersprüche in der Konzeption:
Die „Christliche Vereinigung" und ihr Verfassungsentwurf

Für die weitere Entwicklung in Oberschwaben entscheidend war die am 7. März vollzogene Bildung einer „Christlichen Vereinigung", in der sich die Baltringer mit den Allgäuern und den Bodenseebauern verbündeten und gemeinsam eine Bundesordnung verabschiedeten. Die Initiative zu einem gemeinsamen Vorgehen ging auf die Baltringer zurück, denen der Schwäbische Bund für den 6. März in Memmingen einen „Tag" zum Verhör angesetzt hatte. Sie baten die Bodenseebauern und die mit diesen bereits verbündeten Allgäuer um Beistand[63]. Der Bund der Seebauern hatte sich gerade erst konstituiert. Er vereinigte die zahlreichen kleinen Haufen zwischen Pfullendorf und Überlingen im Westen und Bregenz im Osten. Zentrum der Bewegung am Bodensee war das Dorf Rappertsweiler bei Lindau[64]. Hier hatten sich am 21. Februar Untertanen verschiedener Herrschaften zusammenge-

---

[62] Ebd., S. 24.
[63] *G. Franz*, Quellen Bauernkrieg (wie Bibl. Nr. 2), Nr. 47, S. 189 f.
[64] *D. W. Sabean*, Vorabend des Bauernkriegs (wie Bibl. Nr. 98), S. 8 ff.

schlossen. Geführt wurden sie von zwei Landadligen aus städtischem Patriziat, Dietrich Hurlewangen aus Lindau und Hans Jacob Humpis von Senftenau. Ihr Ziel war, einander bei der Durchsetzung des Evangeliums und des Göttlichen Rechts beizustehen[65]. Durch zahlreiche Werbebriefe versuchten sie sofort nach ihrem Zusammenschluß, die benachbarten Gebiete zum Anschluß zu überreden. Von Drohungen gegenüber Dissidenten war hier noch keine Rede. Am 5. März sammelten sich die Anhänger der Bewegung — es sollen nun 7 000 gewesen sein — bei Bregenz[66]. Sie gaben sich eine Organisation, die durch Elemente der kommunalen Selbstverwaltung bestimmt war. Es wurden Hauptleute und Räte, Profosen (d. i. eine Art Militärpolizei), Schultheißen und Gerichte gewählt und eine Verteidigungsordnung aufgestellt[67]. Es war, wie der Großkeller des Klosters Weingarten betont, eine äußerst friedliche Versammlung, die aber wie die anderen bäuerlichen Einungen nun dazu überging, ihren Nachbarn, statt Werbeschreiben, Drohbriefe zuzusenden[68].

Das Bittgesuch der Baltringer Bauern muß den Seebauern am 5. März bereits vorgelegen haben und war vermutlich der Anlaß für die organisatorische Weiterbildung. Spätestens an diesem Tag muß auch der eidliche Zusammenschluß der Seebauern mit den Allgäuern erfolgt sein, der in der Instruktion für die Seebauern erwähnt ist: Zwei Mitglieder des Allgäuer Haufens waren, so heißt es hier, bei den Seebauern, um den Eid entgegenzunehmen bzw. für den Allgäuer Bund zu leisten. Die Delegierten der Seebauern sollten nun in Memmingen zunächst die Allgäuer Abgeord-

---

[65] *G. Franz*, Bauernkrieg. Aktenband (wie Bibl. Nr. 1), Nr. 35, S. 167. Bereits in den ersten überlieferten Briefen der Seebauern vom 26. Februar ist ein eindeutiges Bekenntnis zum Evangelium und zum Göttlichen Recht enthalten. Dieses Schlagwort wurde nicht erst, wie *H. Buszello*, Bauernkrieg als politische Bewegung (wie Bibl. Nr. 41), S. 55, meint, Mitte März übernommen, so daß man wohl doch davon ausgehen kann, daß bei den Seebauern ebenso wie bei den Allgäuern (am 14. Februar) die Idee des Göttlichen Rechtes zur Bildung herrschaftsübergreifender Bündnisse führte.
[66] *G. Franz*, Bauernkrieg. Aktenband (wie Bibl. Nr. 1), Nr. 35, S. 173, und *Ders.*, Quellen Bauernkrieg (wie Bibl. Nr. 2), Nr. 46, S. 189.
[67] Ebd. Dazu auch *D. W. Sabean*, Vorabend des Bauernkriegs (wie Bibl. Nr. 98), S. 11.
[68] *G. Franz*, Bauernkrieg. Aktenband (wie Bibl. Nr. 1), Nr. 36, S. 174.

neten aufsuchen und mit ihnen gemeinsam den Baltringer Haufen bzw. dessen Gesandte ausfindig machen, um sich dann mit diesem zu verbünden. Bei den Verhandlungen mit dem Schwäbischen Bund sollten sie die Baltringer unterstützen und auch ihrerseits betonen, daß sie die gleichen Ziele wie die Baltringer verfolgten. Über den Inhalt der Verhandlungen wollte der Seehaufen eine schriftliche Mitteilung. Die Seebauern gaben den Delegierten auch ihre Artikel mit, die sich auf die Forderung nach der Verkündigung des reinen Evangeliums, nach dem Recht zur Wahl und Absetzung des Pfarrers und der Versorgung desselben durch die Gemeinden beschränkten[69]. Diese Instruktion, die klare und bindende Anweisungen für die Abgeordneten enthält, ist ein eindrucksvolles Dokument dafür, wie stark die bäuerlichen Haufen von der Basis her organisiert waren. Sie ist einmal mehr ein Beweis für die Stärke des ethischen Moments in den Bünden und verdeutlicht die Integrationswirkung des Eides.

In Memmingen kam es am 6. März zunächst zu Beratungen der Deputierten der drei Bauernbünde über das weitere Vorgehen. Folgt man einer jüngst geäußerten Ansicht, dann war Verhandlungsgrundlage eine Fassung der „Oberrheinischen Bundesordnung"[70]. Ulrich Schmid, Sebastian Lotzer und Christoph Schappeler lehnten die Anwendung von Gewalt gegen die Obrigkeiten strikt ab. Anders die Deputierten der Allgäuer und der Seebauern, die sich erst nach längeren Beratungen dazu entschließen konnten, dem Vorschlag der Baltringer zuzustimmen. Nachdem man sich per Handschlag geeinigt hatte, wurden die Artikel aufgeschrieben[71]. Diese als „Memminger Bundesordnung" bekanntgewordene Programmschrift war für alle drei Bauernbünde verbindlich und wurde im ganzen Land von den Kanzeln verkündet[72]. Sie war darauf angelegt, den Herren „mit Lieb

---

[69] *G. Franz*, Quellen Bauernkrieg (wie Bibl. Nr. 2), Nr. 47, S. 189.
[70] *P. Blickle*, Nochmals Zwölf Artikel (wie Bibl. Nr. 117), S. 286 ff., hat nachzuweisen versucht, daß die „Memminger Bundesordnung" von einer oberrheinischen Vorlage abhängig ist.
[71] *G. Franz*, Quellen Bauernkrieg (wie Bibl. Nr. 2), Nr. 31, S. 148.
[72] Zur Interpretation und Verbreitung der „Memminger Bundesordnung" vgl.: *P. Blickle*, Nochmals Zwölf Artikel (wie Bibl. Nr. 117), S. 288 ff., *Ders.*, Revolution von 1525 (wie Bibl. Nr. 42), S. 153 ff., und *H. Buszello*, Bauernkrieg als politische Bewegung (wie Bibl. Nr. 41), S. 53 ff.

und Fründtschaft" zu begegnen, wie Schappeler es gefordert hatte[73], und die drohende Radikalisierung innerhalb der Bauernhaufen zu verhindern. Die Mitglieder der „Christlichen Vereinigung" wurden zu Frieden und Gerechtigkeit verpflichtet. Dies bedeutete:

1. Alle Abgaben und Leistungen, die dem Göttlichen Recht gemäß sind, werden entrichtet.
2. Der Landfriede muß eingehalten werden (Verbot des Aufruhrs unter Androhung von Strafen).
3. Anerkannte Schulden werden bezahlt, umstrittene Abgaben wie Zehnten, Renten und Gülten bis zum Austrag des Handels verweigert.
4. Adel und Geistlichkeit werden „mit freuntlicher Ermanung ersucht", ihre Schlösser resp. Klöster nicht oder nur mit Mitgliedern der Vereinigung zu besetzen.
5. Dienstleute sollen sich entweder der Vereinigung anschließen oder das Amt verlassen. Keiner soll allein mit der Obrigkeit verhandeln.
6. Pfarrer sollen „freundlich ersucht" werden, das Evangelium zu predigen, andernfalls sind sie zu beurlauben.
7. Verträge mit Obrigkeiten dürfen nur mit Bewilligung der Landschaft geschlossen werden. Auch nach Abschluß eines Vertrages bleibt die Mitgliedschaft in der „Christlichen Vereinigung" bestehen.
8. Jeder Haufen bestimmt einen Oberen und vier Räte, die bevollmächtigt werden, mit den anderen zu verhandeln.
9. Raub ist verboten.
10. Wegziehende Handwerksleute und Soldaten bleiben Mitglied der Vereinigung und sind verpflichtet, ihr im Fall der Not beizustehen.
11. Es wird weiterhin Gericht gehalten.
12. Spielen, Gotteslästerung u. a. sind verboten[74].

Die „Christliche Vereinigung" der Allgäuer, Bodenseer und Baltringer erhob den Anspruch, politisch anerkannt zu werden, doch hatte die Verfassung, zu der sie sich bekannte, den Charakter des

---
[73] *G. Franz*, Quellen Bauernkrieg (wie Bibl. Nr. 2), Nr. 31, S. 148.
[74] Druck ebd., Nr. 51, S. 195 ff.

Vorläufigen und Unbestimmten[75]. Der Schwerpunkt lag auf dem Ausbau der inneren Ordnung (Friedewahrung) und der Organisation (Ausschüsse, Räte). Die Bezeichnung als „Landschaft", die Bindung durch den Eid, der Anspruch, auf Dauer zu bestehen und auch die Herren zu integrieren, deuten darauf hin, daß die „Christliche Vereinigung" eine Eidgenossenschaft in Oberschwaben anstrebte[76]. Neben der Schweiz war dabei das von der Basis her entwickelte bäuerliche Einungswesen sicherlich Vorbild. Konsequent durchdacht, hätte die Realisierung dieses Verfassungsentwurfs eine revolutionäre Alternative zu den bestehenden Herrschaftsstrukturen bedeutet. Es sollte ein genossenschaftlicher Bund auf korporativer Grundlage aufgebaut werden, der die Dorfgemeinden, Stadtgemeinden bzw. Landschaften — bei Beibehaltung größtmöglicher Autonomie — in regionale Bündnisse integrierte. Diese bildeten „gleichberechtigt in föderativem Zusammenschluß eine staatliche Einheit im oberschwäbischen Raum". Dieses „Modell einer korporativ-bündischen Verfassung" sollte die patriarchalisch-obrigkeitlich strukturierten „Kleinstaaten" ersetzen und damit „die kleinräumigen feudalen Herrschaftsgebilde" auflösen zugunsten eines größeren, auf dem Wahlprinzip aufbauenden Verbandes. Die Norm für diesen neu zu gründenden Staatsverband sollten das Evangelium und das Göttliche Recht, seine ethische Zweckbestimmung der gemeine Nutzen und die brüderliche Liebe sein[77].

Die Erreichung dieses revolutionären Zieles wäre nur denkbar gewesen, wenn die Aufständischen von der Rechtmäßigkeit und der Nützlichkeit von Gewalt zur Durchsetzung politischer Ziele überzeugt gewesen wären. Einen Ansatzpunkt zur Legitimierung von Gewalt boten, wenn auch mit Sicherheit unbeabsichtigt, die Zwölf Artikel, die aber gerade in Oberschwaben kaum Resonanz fanden. Die „Memminger Bundesordnung", revolutionär in der Zielsetzung, war illusionär bezüglich der Mittel. Dem radikalen Schlösserartikel, der zur Entmachtung des Feudaladels hätte führen sollen, war von Anfang an der Erfolg dadurch versagt, daß diese Entmachtung auf dem Wege freundlicher Ermahnung erfolgen sollte[78]. Die ansonsten sehr realistisch denkenden Bauern können

---

[75] *P. Blickle*, Revolution von 1525 (wie Bibl. Nr. 42), S. 155.
[76] *H. Buszello*, Bauernkrieg als politische Bewegung (wie Bibl. Nr. 41), S. 66 f.
[77] *P. Blickle*, Revolution von 1525 (wie Bibl. Nr. 42), S. 196.
[78] *G. Franz*, Quellen Bauernkrieg (wie Bibl. Nr. 2), Nr. 51, S. 196 (Art. 4).

kaum geglaubt haben, daß die Herren freiwillig das Feld räumen und auf ihre zum größten Teil althergebrachten Rechte verzichten würden. Wenn sie dennoch diesem Weg zustimmten und auf den Kurs von Schmid, Lotzer und Schappeler einschwenkten, so ist dies wohl primär damit zu erklären, daß diese die Seebauern, die Allgäuer und einen großen Teil der Baltringer in ihrer Überzeugung, für das Wort Gottes mit dem Schwert kämpfen zu müssen, verunsicherten. Um ihre traditionsbedingten Hemmnisse, Aufruhr zu machen, wo Verhandlungen möglich schienen, zu überwinden, hätten die Bauern eine doktrinäre Rechtfertigung von Gewalt gebraucht. Diese wurde ihnen in Memmingen von Schappeler verweigert, so daß sich die gemäßigte Richtung durchsetzte. Die Landschaft sollte zunächst versuchen, ob man sich mit den Obrigkeiten gütlich einigen könne, und falls dies scheiterte, den Rechtsweg beschreiten. Dabei sollte, gemäß den Abmachungen der Baltringer mit dem Schwäbischen Bund, das Göttliche Recht Grundlage einer durch die Reformatoren gefällten Entscheidung sein[79]. Dies gab dem Gegner Zeit, seine Schlagkraft zu verstärken. Und da auch die Bauern wußten, daß sie mit einer militärischen Auseinandersetzung rechnen mußten, entwarfen sie gleichzeitig mit der Bundesordnung eine den Artikelbriefen der Landsknechtsheere nachgebildete Landesordnung, in der die für den Verteidigungsfall notwendigen Maßnahmen geregelt wurden[80].

Der Schwäbische Bund, militärisch noch nicht in der Lage, die Bauern zu unterwerfen, ging aus taktischen Gründen zunächst auf die Verhandlungen ein. Durch Gespräche mit einzelnen Bauernschaften und mit jedem der drei Bünde versuchte er, die Solidarität innerhalb der „Christlichen Vereinigung" zu untergraben, unterschätzte dabei aber die bindende Kraft des Eides. Die Bauern hielten sich strikt an die Bundesordnung und begannen nun auch konsequent — entsprechend den darin enthaltenen Bestimmungen — die „Christliche Vereinigung" weiter auszubauen. Außenstehende wurden zum Anschluß gezwungen. Auch Landsknechte und Diener mußten der Vereinigung schwören. Pfarrer wurden abgesetzt. Das postulierte Recht, jagen und fischen zu dürfen, wurde wahrgenommen. Nur die Herren und ihren Besitz ließ man in Ruhe[81].

[79] Das Vorgehen ist in der „Instruction der Buren" geregelt. Ebd., Nr. 31, S. 149.
[80] Druck ebd., Nr. 54, S. 198 ff.
[81] *F. L. Baumann*, Akten Oberschwaben (wie Bibl. Nr. 4), Nr. 158, S. 157, und *Ders.*, Zwölf Artikel (wie Anm. 36), S. 90 ff.

Mitte März wurden die Reformatoren benannt, die über die Auslegung des göttlichen Wortes urteilen sollten. Unter ihnen waren Luther und Zwingli, Melanchthon und Osiander[82]. Der Schwäbische Bund war nicht bereit, diese als Schiedsrichter zuzulassen. Er lehnte alle von den Bauern entworfenen Richterlisten ab und forderte schließlich am 24. März, daß sich jede Obrigkeit einzeln mit ihren Untertanen gütlich oder rechtlich vertragen solle. Als Urteiler sollten von jeder Partei je zwei Laien benannt werden. Für den — sehr wahrscheinlichen — Fall, daß diese vier Schiedsrichter sich nicht einigen könnten, behielt sich der Schwäbische Bund das Recht vor, einen Obmann zu benennen, der ermächtigt wurde, zusammen mit den vier Schiedsrichtern einen verbindlichen Spruch zu fällen. Sofort nach der Annahme dieses Vorschlags sollte sich die Vereinigung auflösen. Die Bauern sollten ihren Herren wie bisher gehorsam sein und sich jeder Zusammenrottung enthalten[83]. Dieser Vorschlag, der dem Schwäbischen Bund einen eindeutigen Vorteil beim Gerichtsentscheid brachte, war für die Bauern unannehmbar.

4. „Bauernschlachten" — Aspekte des Verlaufs

4.1 Oberschwaben

Ende März waren in den Augen der meisten Aufständischen die Verhandlungen endgültig gescheitert. Diese Einsicht brachte den großen Umschwung. Mit gezielten Anschlägen auf die Besitzungen der Feudalherren versuchten die Bauern nun, ihre Forderungen mit Gewalt durchzusetzen. Am 26. März ging das erste Schloß in Flammen auf. Zahllose weitere Schlösser und Burgen, zugleich Symbole der feudalen Herrschaft, wurden gestürmt und zerstört. Klöster wurden geplündert, Paramente, Reliquien, Bibliotheken und Archive verwüstet. Vergeblich versuchten die Städte, einen Ausgleich der Bauern mit ihren Herren herbeizuführen. Der Schwäbische Bund drängte auf eine militärische Lösung. Am 4. April rückten die Truppen des Bundes in Leipheim bei Ulm gegen die Bauern vor. Diese gaben kampflos auf. Und trotzdem wurden Hunderte, wenn nicht Tausende auf der Flucht erschlagen, die anderen in Leipheim in der Kirche eingesperrt. Am nächsten

---

[82] *G. Franz*, Quellen Bauernkrieg (wie Bibl. Nr. 2), Nr. 32, S. 150 f.
[83] *F. L. Baumann*, Zwölf Artikel (wie Anm. 36), S. 151 ff.

Tag wurden sechs bis sieben Rädelsführer und ihr Hauptmann, der Pfarrer von Leipheim, öffentlich hingerichtet, die Städte Leipheim und Günzburg zur Plünderung freigegeben. Von diesem Ereignis eingeschüchtert, baten viele Bauern des Baltringer Bundes um Gnade. Ihr Bündnis wurde aufgelöst, die Waffen wurden eingezogen, und die meisten erklärten sich bedingungslos zu erneuter Huldigung bereit[84]. Die Auseinandersetzungen, die es gerade innerhalb dieses Haufens über die Anwendung von Gewalt gegeben hatte, die Tatsache, daß Ulrich Schmid und Sebastian Lotzer den Kampf mit dem Schwert bis zuletzt abgelehnt hatten, haben sicher nicht nur die Einheit, sondern auch die Kampfkraft des Bundes erheblich beeinträchtigt. Dazu kam mangelnde militärische Erfahrung[85]. Entgegen der Bundesordnung kamen weder die Allgäuer noch die Seebauern den Baltringern zu Hilfe. Die Gründe hierfür sind nicht bekannt, doch liegen sie wohl eher im organisatorischen Bereich als in der häufig unterstellten mangelnden Solidarität. Die wenig später bedrohten Seebauern wurden nicht nur von den Allgäuern, sondern auch von einem beachtlichen Kontingent von Hegauern unterstützt[86].

Die Seebauern waren militärisch erfahrener als die Baltringer und ganz offensichtlich gewillt, sich der Herausforderung des Schwäbischen Bundes zu stellen. Nachdem Georg Truchseß von Waldburg, der Führer des Bundesheeres, in Wurzach seine eigenen Bauern, die von Schwarzwäldern unterstützt wurden, niedergeworfen hatte, wandte er sich nach Gaisbeuren, wo der Seehaufen lagerte. Die Bauern zogen sich nach Weingarten zurück. Sie waren dem Bundesheer nicht nur zahlenmäßig überlegen, sondern auch in der strategisch besseren Position, zögerten aber anzugreifen. In dieser kritischen Situation nahm Georg Truchseß ein Vermittlungsangebot des Grafen von Montfort und der Stadt Ravensburg an. Er erklärte sich bereit, auf den Kampf zu verzichten, falls die Bauern auf den früheren Verhandlungsvorschlag des Bundes eingehen, ihre Waffen abliefern und versprechen würden, nicht mehr weiterzukämpfen. Nachdem der Truchseß gedroht hatte, nachts das Klo-

---

[84] *G. Franz*, Quellen Bauernkrieg (wie Bibl. Nr. 2), Nr. 59, S. 205 ff.
[85] *S. Hoyer*, Militärwesen (wie Anm. 23), S. 147 ff.
[86] *G. Franz*, Quellen Bauernkrieg (wie Bibl. Nr. 2), Nr. 62, S. 215. Der Schreiber des Truchsessen berichtet von 8 000 Allgäuern und 4 000 Hegauern, die den Seebauern zu Hilfe gekommen seien. In Wurzach sollen unter den 4 000 Aufständischen 1 500 Schwarzwälder gewesen sein; ebd., Nr. 61, S. 210.

ster Weingarten anzuzünden, um ein „Wachfeuer" zu haben, führten die Vermittlungsverhandlungen zum Erfolg. Am 17. April einigten sich die Bauern mit dem Schwäbischen Bund auf die Annahme des Weingartener Vertrags[87]. Die Waffen brauchten sie nicht abzuliefern, dies konnten sie als Verhandlungserfolg verbuchen; doch wurden sie verpflichtet, das bestehende Bündnis zwischen Allgäuern und Seebauern aufzulösen und keine weiteren derartigen Verträge und Bündnisse mehr zu schließen. Der Weg zur Schlichtung des Streites war wieder auf die rechtliche bzw. gütliche Handlung zurückgeführt, aber im Gegensatz zu den früheren Vorschlägen des Bundes war nun vorgesehen, daß das Urteil von sechs Städten und in letzter Instanz von Erzherzog Ferdinand von Österreich, dem Gubernator und Statthalter des Kaisers, gefällt werden sollte[88]. Mit der Benennung dieser Schiedsrichter war der Schwäbische Bund wenigstens ansatzweise auf eine von der „Christlichen Vereinigung" vorgeschlagene Richterliste eingegangen und hatte die Entscheidung in die Hand des Stellvertreters des Kaisers gelegt[89]. Die Obrigkeiten nahmen Georg Truchseß diesen Vertrag übel, da ihrer Meinung nach zu befürchten war, daß die dem Landadel nicht gerade gut gesinnten Städte kein für sie positives Urteil fällen würden[90]. Andererseits rechneten sie damit, daß das ganze Land sich auf die Seite der Aufständischen stellen würde, wenn dem Bauernheer auch nur ein einziger Sieg über die Truppen des Schwäbischen Bundes gelingen würde, denn auch in den Städten hatte die Bewegung viele Anhänger[91].

Über die Gründe, warum die Bauernschaft diesem Vertrag zugestimmt hat, ist viel gerätselt worden. Ihr bereitwilliges Einschwen-

---

[87] Ebd., Nr. 62, S. 211 ff., über den Verlauf, und Nr. 63, S. 216 ff., Druck des Weingartener Vertrags. Der Vertrag wird als Kapitulation der Bauern bezeichnet (*D. W. Sabean*, Vorabend des Bauernkriegs [wie Bibl. Nr. 98], S. 15) und als Verrat an der Bauernbewegung angesehen (*G. Franz*, Bauernkrieg [wie Bibl. Nr. 39], S. 133 f.). Diese Urteile widersprechen der Einschätzung des Vertrags durch die Zeitgenossen und übersehen die Ziele der Bauernschaften.
[88] *G. Franz*, Quellen Bauernkrieg (wie Bibl. Nr. 2), Nr. 63, S. 218 (Art. 7).
[89] Ebd., Nr. 31, S. 149.
[90] *F. L. Baumann*, Akten Oberschwaben (wie Bibl. Nr. 4), Nr. 266, S. 265.
[91] Ebd. Zur Rolle der Städte: *P. Blickle*, Revolution von 1525 (wie Bibl. Nr. 42), S. 165 ff.

ken auf den Verhandlungsweg kann wohl nur plausibel erklärt werden, wenn man die These akzeptiert, daß die Bauern von sich aus nie die gewaltsame Auseinandersetzung gesucht hatten, sondern von Anfang an verhandeln wollten. Dies zu erreichen, war das primäre Ziel der regionalen Bündnisse, die aufgelöst werden konnten, nachdem man im Weingartener Vertrag, wie man glaubte, ausreichende Garantien erhalten hatte, daß beide Seiten den Vertrag halten und eine friedliche Konfliktregulierung suchen würden[92]. Mit der Einigung auf ein bauernfreundliches Schiedsgericht schien die Durchsetzung der konkreten Ziele, die Sicherung der materiellen Existenz, die Stabilisierung der politischen Rechte und die Befriedigung der religiösen Bedürfnisse auf dem Verhandlungsweg erreichbar. Man hatte „ain ander zu Recht" verholfen und konnte hoffen, daß die Gerechtigkeit wiederhergestellt würde[93]. Preisgegeben wurde das während der Auseinandersetzung erst entwickelte revolutionäre Ziel der Schaffung eines Staatsgebildes auf der Grundlage einer kommunal-bündischen Verfassung. In dieser Phase des Aufruhrs war die noch nicht ausgereifte Konzeption der „Christlichen Vereinigung" ein Schritt zu weit nach vorn.

Die „Christliche Vereinigung" war mit der Unterwerfung der Baltringer und ihrer Herauslösung aus dem Bauernbündnis bereits ernsthaft in Frage gestellt. In den Augen der Allgäuer waren die Baltringer von dem Bündnis abgefallen, und genau dies hatte der Schwäbische Bund mit dem Vorgehen gegen einzelne Bauernhaufen beabsichtigt[94]. Die übrigen Haufen blieben bestehen. Die Oberallgäuer diskutierten lange über die Annahme des Weingartener Vertrags. Die „gemaine lantschaft" wollte zunächst prüfen, ob es sich um einen „guten, erlichen bericht" handele[95]. Schließlich ent-

---

[92] Der Weingartener Vertrag enthielt auch Bestimmungen für den Fall, daß einzelne Obrigkeiten den Vertrag nicht einhalten würden. *G. Franz*, Quellen Bauernkrieg (wie Bibl. Nr. 2), Nr. 63, S. 219 f. (Art. 14).
[93] So die Präambel der Allgäuer Artikel vom 24. Februar (ebd., Nr. 38, S. 166). Im gleichen Sinne auch die Präambel der „Memminger Bundesordnung" (ebd., Nr. 51, S. 196) und die Schwörartikel der „Christlichen Vereinigung" (ebd., Nr. 52 f., S. 197 f.).
[94] *F. L. Baumann*, Akten Oberschwaben (wie Bibl. Nr. 4), Nr. 235, S. 247. Der Schwäbische Bund vermied, wann immer es möglich war, mit herrschaftsübergreifenden Bauernbünden zu verhandeln oder diese anzuerkennen. Dies wird auch in den Formen der Anrede häufig sichtbar.
[95] *F. L. Baumann*, Akten Oberschwaben (wie Bibl. Nr. 4), Nr. 235, S. 247.

schieden sich Anfang Mai 2 000 bei Kempten versammelte Bauern gegen den Vertrag[96]. Damit war die Befriedung Oberschwabens wieder in Frage gestellt, denn es bestand nun die Gefahr, daß diejenigen, die den Kampf bereits aufgegeben hatten, erneut zum Anschluß an die Bewegung gezwungen würden. Daß das System der Expansion der Bauernbewegung durch die Bildung von Zwangskollektiven funktionierte und erneut Aufstände entzünden konnte, auch wenn dies vertraglich verboten war, daran bestand kein Zweifel[97]. Schließlich war die Empörung Anfang April im Hegau und Schwarzwald erneut ausgebrochen, nachdem sich die Bauernschaften nach der Annahme der ersten Verträge von den Obrigkeiten getäuscht sahen[98]. Mit dem gleichen System war die Bauernbewegung auch in andere Gebiete hineingetragen worden. Von Franken und Schwaben aus erreichte sie Württemberg.

4.2 Württemberg

Am 14. April erhielt die Bürgerschaft der württembergischen Amtsstadt Bottwar ein Aufforderungsschreiben von der Weinsberger Aufstandsgruppe, sich der Bewegung anzuschließen[99]. Zwei Tage später, am Tag der Weinsberger Tat[100], war es soweit. Zweihundert Einwohner von Bottwar, unter ihnen auch solche, die gerade für die Landmiliz, die gegen die Empörer eingesetzt werden sollte, aufgeboten worden waren, zogen auf den Wunnenstein und forderten die umliegenden Dörfer auf, ihnen zuzuziehen. Mit dem Hinweis, falls sie diesem Gesuch nicht Folge leisteten, sollten sie wissen, „daß mir wellen kumen, es mußt aber nit eywer nutz sin", erleichterten sie den angeschriebenen Gemeinden die Entscheidung,

---

[96] Ebd., Nr. 259, S. 260.
[97] Ebd., Nr. 266, S. 263 f., und Nr. 317, S. 294. So berichtete bspw. der Schreiber von Scheer dem Truchsessen von Waldburg, daß die Bauern den Plan hätten, die Seebauern, die bereits gehuldigt hatten, mit Gewalt wieder auf ihre Seite zu bringen.
[98] S. dazu o. Kapitel „Oberrheinlande", S. 71 ff.
[99] *F. L. Baumann,* Akten Oberschwaben (wie Bibl. Nr. 4), Nr. 291, S. 279 f.
[100] Bei der berüchtigten Weinsberger Tat, der einzigen von einem Bauernheer verübten Gruppentötung, machten die Bauern für sich das Kriegsrecht geltend. Die Tat ist weder als „Massaker" zu bezeichnen noch typisch für das Verhalten der Bauernheere. Zum Verlauf G. *Franz,* Bauernkrieg (wie Bibl. Nr. 39), S. 188—192, zur Einschätzung H.-M. *Maurer,* Bauernkrieg als Massenerhebung (wie Bibl. Nr. 57), S. 281.

sich dem illegalen Bündnis anzuschließen[101]. Denn wenn die Bewegung scheiterte, konnten sich die Gemeinden — und das taten sie dann auch — mit dem Argument herausreden, daß sie mit Gewalt zum Anschluß gezwungen worden seien[102]. Der Ehrbarkeit in der Stadt Bottwar war klar, daß auch sie in Kürze gezwungen würde, sich der Bewegung anzuschließen. Sie nahm Rücksprache mit der Obrigkeit und schickte Abgeordnete auf den Wunnenstein, die versuchten, die Versammelten zum Gehorsam zu überreden und, da dies nicht möglich war, den Zusammenschluß mit dem Weinsberger Haufen zu verhindern. Matern Feuerbacher, ein Wirt aus Bottwar, stellte sich den Aufständischen als Hauptmann zur Verfügung und wurde gewählt. Als Verfechter einer gemäßigten Linie gewann er bestimmenden Einfluß auf die Empörung in Württemberg.

Unmittelbar nach dem Entstehen des Bottwarer Haufens wandten sich die Ämter Bottwar und Beilstein an die Landschaft[103]. Man hoffte, die Vertreter der Städte und Ämter, die in Württemberg neben den landsässigen Prälaten landtagsberechtigt waren, könnten den Konflikt kanalisieren, indem sie den Aufständischen eine politische Lösung des Konflikts auf der Ebene des Landtags in Aussicht stellten. Die Landschaft schickte Abgeordnete auf den Wunnenstein, die mit einem Ausschuß der Aufständischen Verhandlungen aufnehmen sollten. Die von diesem formulierten Ziele waren noch sehr grob und den Württembergischen Verhältnissen wenig angepaßt, ein weiteres Indiz dafür, daß die Bauernbewegung mit ihrem politischen Manifest, den Zwölf Artikeln, imstande war, den Umschlag von der latenten Unzufriedenheit zum manifesten Konflikt und schließlich zur revolutionären Aktion auszulösen. Der Ausschuß des Bottwarer Haufens forderte:

— die Handhabung von Recht und Gerechtigkeit;

— die Predigt des heiligen Evangeliums und ein ihm gemäßes Leben;

— die Abstellung nicht näher präzisierter Einzelbeschwerden der Dörfer;

---

[101] *G. Franz,* Aus der Kanzlei der württembergischen Bauern im Bauernkrieg, in: Württembergische Vierteljahreshefte für Landesgeschichte 41 (1935), S. 83—108, S. 281—305, hier S. 85, Nr. 1.
[102] Vgl. z. B. *F. L. Baumann,* Akten Oberschwaben (wie Bibl. Nr. 4), Nr. 291, S. 279 f., und Nr. 311, S. 292.
[103] *G. Franz,* Aus der Kanzlei (wie Anm. 101), Nr. 90, S. 304 f.

— die Übernahme der Zwölf Artikel[104].

Zur Lösung des Konflikts schlugen die Abgeordneten der Landschaft vor, einen Landtag auszuschreiben. Der Ausschuß lehnte ab,

---
[104] Ebd., S. 305.

Der Eroberungszug der württembergischen Untertanen

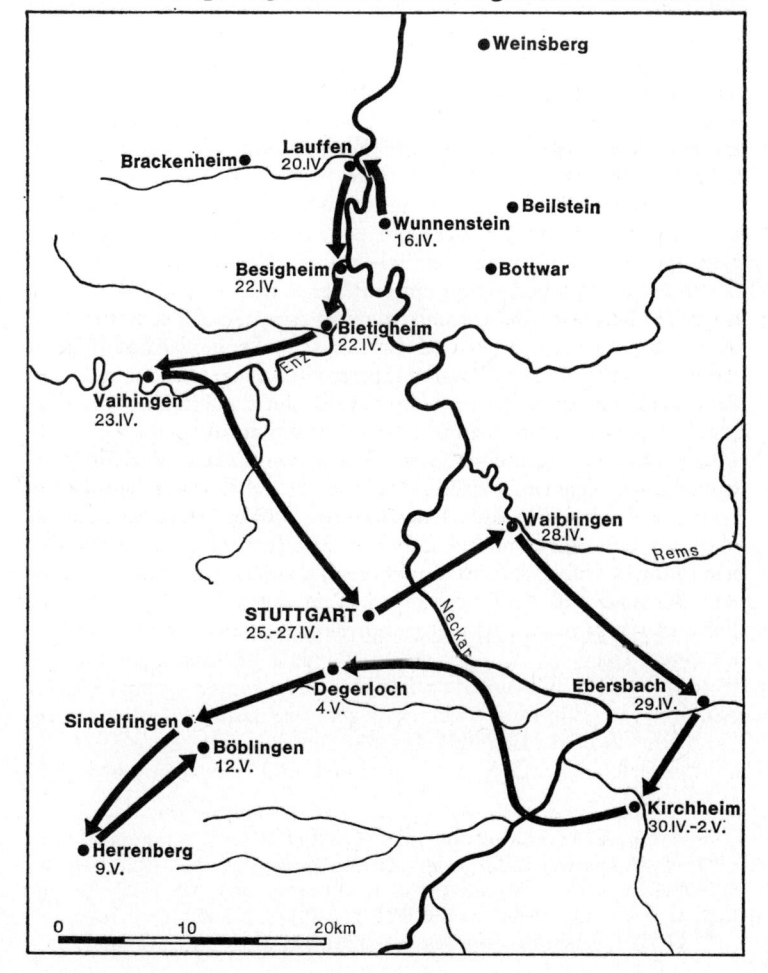

es sei denn, der Landtag würde „uff stund jetz im veld gehalten", und machte mit diesem nicht realisierbaren Vorschlag deutlich, daß er den herkömmlichen Landtag zur Beilegung der Konflikte nicht mehr akzeptierte. Alle weiteren Versuche der Landschaft, die Konflikte auf Landtagsebene zu lösen, scheiterten[105]. Statt dessen starteten die württembergischen Untertanen vom Wunnenstein aus einen Demonstrationsmarsch, um kampflos fast das ganze Land auf ihre Seite zu bringen. Lauffen (20. April), Besigheim (22. April), Bietigheim (22. April), Vaihingen an der Enz (23. April), die von der Obrigkeit geräumte Landeshauptstadt Stuttgart (25. April), Waiblingen (28. April), Ebersbach (29. April) und Kirchheim (30. April) waren die wichtigsten Stationen des pedantisch organisierten Protestzuges, der alle württembergischen Unzufriedenen integrierte[106]. Bereits in Bietigheim hatte sich am 22. April der Zabergäuhaufen unter der Führung des Baumeisters Hans Wunderer aus Brackenheim angeschlossen. Wunderer erhielt als Oberster Hauptmann die gleiche Position wie Feuerbacher. Wenige Tage später vereinigten sich der Gäuhaufen aus dem Böblinger Amt und schließlich ein weiterer aus den Ämtern vor dem Wald mit der Hauptgruppe der Aufständischen. Auch Jäcklin Rohrbach, neben dem Pfaffen Anton Eisenhut Unterhauptmann der Württemberger, kehrte von Maulbronn zurück. Der vereinte Haufen war zum Schluß fast 10 000 Mann stark[107].

Obwohl es sich um eine Massenbewegung handelte, die die Teilnehmer vor ungeheure Ordnungsaufgaben stellte, gelang es, Disziplin zu wahren. Ein auf dem Böblinger Schlachtfeld gefundenes Mandat der Württemberger enthält ausführliche polizeiliche Bestimmungen zum Schutze von Frauen, Kindern und alten Leuten. Aufruhr und Meuterei waren verboten, der Obrigkeit, d. h. den Führern des Haufens, war zu gehorchen. Keiner durfte sich länger als einen Tag vom Haufen entfernen, ohne Erlaubnis der Hauptleute bzw. der Obrigkeit plündern oder hinter ihrem Rücken Schriften in Empfang nehmen oder verbreiten[108]. Hauptleute, Fähnriche und Profosen überwachten den Zug und bestraften Ordnungswidrigkeiten. Über die Einnahmen und Ausgaben wurde von

---

[105] *P. Blickle,* Revolution von 1525 (wie Bibl. Nr. 42), S. 215 ff.
[106] *H.-M. Maurer,* Bauernkrieg als Massenerhebung (wie Bibl. Nr. 57), S. 269.
[107] *G. Franz,* Bauernkrieg (wie Bibl. Nr. 39), S. 216 ff.
[108] *Ders.,* Quellen Bauernkrieg (wie Bibl. Nr. 2), Nr. 139, S. 425 f.

den Beutemeistern genauestens Buch geführt und Rechenschaft abgelegt[109]. "Regiert" wurden die Württemberger von Matern Feuerbacher zusammen mit weiteren gewählten Hauptleuten und einem Ausschuß, dem zeitweilig dreißig Bürgermeister angehörten. Dieses "Regiment der Landschaft" war nicht einfach eine Kopie des bestehenden Systems, es unterschied sich von diesem in wesentlichen Punkten, auf die noch näher einzugehen sein wird. Feuerbacher, der von seinem ständig den Standort wechselnden Hauptquartier aus amtierte, verstand sich als Repräsentant der Landschaft. Er stellte Schutzbriefe, Anweisungen und Mandate aus und nahm damit die Funktion des Landesherrn wahr. Als solcher wurde er auch von den meisten anerkannt. Seine Verordnungen wurden in der Kanzlei der Aufständischen niedergeschrieben, in der zahlreiche Schreiber beschäftigt waren[110].

Mit dem geschilderten Ausbau der Organisation und der Regierungstätigkeit hatte sich in Württemberg während des Protestmarsches der Aufständischen eine Art Staat im Staate gebildet, der eine systemverändernde Alternative zur bestehenden landständischen Verfassung hätte werden können, wäre die Bewegung nicht der taktischen und militärischen Übermacht des Gegners unterlegen.

Auf die Nachricht, daß das Heer des Schwäbischen Bundes heranrücke, wichen die Bauern am 4. Mai von Kirchheim nach Degerloch zurück. Von dort zogen sie über Sindelfingen nach Herrenberg, das eine bayerische Besatzung hatte. Am 9. Mai erstürmten sie die Stadt nach einem sechsstündigen Kampf. Hier trafen sie auf die Truppen des Schwäbischen Bundes, die wegen einer Meuterei in den eigenen Reihen aufgehalten worden waren. Truchseß Georg von Waldburg zögerte mit dem Angriff und bot zum Schein Verhandlungen an. Wieder gelang es ihm, mit dieser Taktik die Solidarität der Aufständischen zu erschüttern und damit ihren Kampfgeist erheblich zu schwächen[111]. Feuerbacher votierte für einen friedlichen Ausgleich und wurde abgesetzt. An seine Stelle trat Ritter Bernhard Schenk von Winterstetten, der frühere Vogt von Weinsberg[112]. Während der Truchseß seine Truppen in eine stra-

---

[109] *H.-M. Maurer*, Bauernkrieg als Massenerhebung (wie Bibl. Nr. 57), S. 273.
[110] Ebd., S. 285 f.
[111] *G. Franz*, Quellen Bauernkrieg (wie Bibl. Nr. 2), Nr. 143, S. 431 ff.
[112] *G. Franz*, Bauernkrieg (wie Bibl. Nr. 39), S. 221.

tegisch günstige Position brachte und durch Verhandlungen bzw. Drohungen die Stadt Böblingen gewinnen konnte, diskutierten die Bauern in ihren Ausschüssen und Versammlungen stundenlang über das weitere Vorgehen[113]. Nachdem Matern Feuerbacher, der das Vertrauen der Masse besessen hatte, die militärische Auseinandersetzung abgelehnt hatte, werden viele an der Rechtmäßigkeit und Nützlichkeit eines Kampfes gezweifelt haben. Mit ihrem Zögern hatten sie die Chance, in der Schlacht zu bestehen, vertan. Nach ersten militärischen Erfolgen des Truchsessen ergriffen viele die Flucht. Mindestens 2 000—3 000 von ihnen wurden erstochen. Die Überlebenden mußten sich auf Gnade und Ungnade ergeben[114].

5. Systemverändernde Alternative? — Die landschaftliche Verfassung in Württemberg

Die Empörung in Württemberg war ausgelöst worden durch die bäuerliche Einungsbewegung jenseits der Grenzen des Landes. Von ihr hatte sie auch ihr Programm, die Zwölf Artikel, übernommen und wie diese als gemeinsames Anliegen die Durchsetzung des Evangeliums und des Göttlichen Rechtes postuliert. Der revolutionäre Impuls der Bauernbewegung war so stark, daß in Württemberg die bestehenden Divergenzen zwischen Stadt und Land überwunden werden konnten. Und diese Divergenzen waren in Anbetracht der politischen Krise des Landes beachtlich. Herzog Ulrich von Württemberg war 1519 vom Schwäbischen Bund unter der Führung Österreichs und Bayerns aus dem Lande vertrieben worden. Württemberg erhielt eine habsburgische Regierung, deren Hauptstütze die wohlhabende bürgerliche Oberschicht der württembergischen Städte, die sog. „Ehrbarkeit", war. Der einfache Mann dagegen sympathisierte mit Herzog Ulrich, der mehrfach versuchte, sich mit den Bauern zu verbünden und sein Land zurückzuerobern. Der Streit spaltete auch das Lager der Aufständischen. Feuerbacher war Anhänger der Österreicher, Wunderer dagegen sympathisierte mit Herzog Ulrich[115].

---

[113] *H.-M. Maurer*, Bauernkrieg als Massenerhebung (wie Bibl. Nr. 57), S. 288.
[114] Zu den anschließenden Bestrafungen: *E. Mayer*, Behandlung der Empörer (wie Bibl. Nr. 61), S. 25 ff.
[115] *G. Franz*, Bauernkrieg (wie Bibl. Nr. 39), S. 219 f.

Divergenzen und Interessengegensätze bestanden auch bezüglich der Vorstellungen von der Verfassung des Landes. Bereits seit den ersten Landtagen in der Mitte des 15. Jahrhunderts dominierte in Württemberg die Ehrbarkeit, eine sozial weitgehend homogene Schicht, aus der nicht nur die vom Landesherrn stark abhängigen Schultheißen und Ratsmitglieder, sondern auch die ebenfalls auf dem Landtag repräsentierten Prälaten kamen. Stadt und Amt waren in Württemberg eine Verwaltungseinheit, geführt von einer städtischen Elite. Die Bauern hatten, von der Umlage der Steuern abgesehen, kaum politische Rechte. Bereits 1514, im „Armen Konrad", hatten sie vergeblich versucht, dies zu ändern. Im Tübinger Vertrag wurden damals die bestehenden Verhältnisse verfassungsrechtlich verankert[116]. 1525 nun, im Zuge der allgemeinen Bauernbewegung, eröffnete sich erneut die Möglichkeit, diese Entwicklung zu korrigieren. Daß dies mit Hilfe der städtischen Ehrbarkeit geschah, mag ein Indiz dafür sein, daß diese versuchte, radikale Veränderungen der nach der Weinsberger Tat zunächst siegreichen Bauernbewegung zu verhindern. Sie tat es durch die Mitarbeit an einer Modifikation der landständischen Verfassung, durch die, das war das gemeinsame Ziel der Aufständischen, die Funktionen des Landesherrn erheblich eingeschränkt werden sollten.

Die Alternative zur bestehenden Verfassung wurde zunächst nicht in einem theoretischen Konzept entwickelt, sondern ergab sich aus dem Protesthandeln selbst. Bereits kurz nach ihrem Zusammenschluß bezeichneten sich die Aufständischen als Landschaft. Der Begriff setzte sich bis Ende April/Anfang Mai für die Gesamtheit aller der Bewegung angeschlossenen Ämter durch. Diese „lantschaft Wurtemberg" erhob den Anspruch, das Land zu repräsentieren[117]. Sie nahm von sich aus Kontakt mit dem Schwäbischen Bund auf und betonte in einem Schreiben vom 30. April, sie hätte dieses Bündnis nur angefangen, um zu verhindern, daß die übrigen Bauern in Württemberg einfielen. Diese eigenständige bäuerliche Bewegung erstrebe zwar die gleichen Ziele wie die anderen Bauernhaufen und bitte um die Abstellung der später noch zu präzisierenden Beschwerden, sie wolle sich aber mit diesen nicht verbünden. Die Württemberger Bauern erklären in diesem Zusammenhang ihre Loyalität gegenüber dem Kaiser, dem sie unmittelbar

---

[116] P. Blickle, Landschaften (wie Anm. 15), S. 90 ff.
[117] Für den Landschaftsbegriff in der württembergischen Erhebung: Ders., Revolution von 1525 (wie Bibl. Nr. 42), S. 216 f.

unterstellt bleiben wollen[118]. Versucht man, die Aussageabsicht dieses Briefes nachzuvollziehen, so liegt die Interpretation nahe, daß die Württemberger nicht in ein herrschaftsübergreifendes bäuerliches Bündnis integriert werden wollten; im Klartext heißt das, daß sie den Anschluß an eine geplante, aber nie realisierte und von den Obrigkeiten immer negierte „christliche Vereinigung" aller Aufständischen ablehnten und, ähnlich wie die Memminger Dörfer, für sich allein eine Lösung suchen wollten. Denn die politischen Ziele einer solchen „christlichen Vereinigung" paßten nicht auf den landständisch verfaßten württembergischen Staat[119].

Nach den Vorstellungen der Landschaft sollte Herzog Ulrich wieder in seine Herrschaft eingesetzt werden, doch wollte man die landesherrlichen Rechte auf ein Minimum an Kompetenzen reduzieren. Die Regierungsgeschäfte sollten vom Herzog gemeinsam mit einem zwölfköpfigen, von der Landschaft gewählten Regiment geführt werden, dem je vier Bauern, Bürger und Adlige angehörten. Diese Gruppen sollten auch auf dem Landtag vertreten sein, dessen Aufgabe es war, eine Landesordnung auszuarbeiten. Hier wie auch auf der untersten Ebene der Räte und Gerichte sollte das Wahlprinzip gelten[120]. Ähnliche, den Prinzipien des dualistischen Ständestaats verwandte Verfassungsentwürfe wurden auch in Würzburg, Bamberg und Salzburg, im Markgräflerland und in Tirol entwickelt. Sie waren die politische Antwort der größeren Territorien mit ständestaatlicher Verfassungsstruktur auf die Herausforderung, die Gesellschaft auf der Grundlage des Göttlichen Rechts neu zu gestalten[121].

6. Folgen und Erfolge

Mit der Schlacht bei Böblingen war die Empörung in Württemberg beendet; Oberschwaben wurde erst zwei Monate später end-

---

[118] *G. Franz*, Aus der Kanzlei (wie Anm. 101), Nr. 50, S. 106.

[119] Das gleiche gilt für alle frühmodernen Staaten, die am Bauernkrieg beteiligt waren, also auch für Salzburg, Tirol, Bamberg, Fulda und Würzburg. Vgl. dazu *H. Buszello*, Bauernkrieg als politische Bewegung (wie Bibl. Nr. 41), S. 19; doch spricht die Gleichartigkeit der hier entwickelten Alternativentwürfe zur bestehenden Verfassung wohl eher für die Einheit der Bauernbewegung als für eine Summe von Einzelaktionen.

[120] *P. Blickle*, Revolution von 1525 (wie Bibl. Nr. 42), S. 218.

[121] Ebd., S. 212 f.

gültig militärisch unterworfen. Wer dem barbarischen Gemetzel der Sieger auf der Flucht entkommen war, mußte nun mit der Rache der Justiz rechnen. Die Hauptführer wurden z. T. in Schnellverfahren hingerichtet, zahlreiche Höfe und Dörfer verbrannt oder zur Zahlung von Brandschatzungsgeldern verurteilt. Besonders hart betroffen war die Gegend um Weinsberg, die ohne Berücksichtigung der Schuldfrage kollektiv für die einzige Bluttat der Bauern büßen mußte. Um mehr Gerechtigkeit bemüht war man bei den folgenden Gerichtsverfahren gegen Tausende von gefangenen Bauern. Die große Mehrheit der Aufständischen kam mit Freiheits-, Geld- und Ehrenstrafen davon. Andere konnten untertauchen und wurden von der Bevölkerung gedeckt[122].

Aus der militärischen Niederlage auf einen völligen Mißerfolg der Bauernbewegung zu schließen und von der „Ausschaltung des Bauerntums als eines politischen Faktors aus dem aktiven Geschehen der Nation" zu sprechen, wie dies die ältere Forschung getan hat[123], ist jedoch unzulässig. Zugegeben, die württembergische Erhebung hatte keine Veränderung der Herrschaftsverhältnisse zur Folge; doch gilt es als wahrscheinlich, daß „der erstaunliche Ausbau der landschaftlichen Rechte im Herzogtum Württemberg im 16. Jahrhundert" indirekt durch die Empörung gefördert worden ist[124]. In Württemberg war der Aufstand sehr schnell niedergeschlagen worden, und es hatte weder Verträge noch grundlegende Verhandlungen mit der Obrigkeit gegeben. Dies war sicherlich nicht unwesentlich durch die geschilderte politische Konstellation und die Divergenzen innerhalb der Gruppe der Aufständischen bedingt. Die oberschwäbischen Bauern dagegen verstanden die militärische Unterwerfung keineswegs als eine endgültige politische Niederlage. Sie blieben renitent und kamen, wenn auch nur vereinzelt, ihren im Bauernkrieg postulierten Zielen ein gutes Stück näher. Im Januar 1526 erzwang die Kemptener Untertanenschaft Verhandlungen mit dem Abt vor dem Schwäbischen Bund. Der nun abgeschlossene „Memminger Vertrag" brachte ihr nicht nur

---

[122] *H.-M. Maurer*, Bauernkrieg als Massenerhebung (wie Bibl. Nr. 57), S. 290, und *E. Mayer*, Behandlung der Empörer (wie Bibl. Nr. 61), S. 25 ff.
[123] So bspw. *W. P. Fuchs*, Das Zeitalter der Reformation, in: Gebhardt. Handbuch der deutschen Geschichte, hrsg. v. *H. Grundmann*, Bd. 2, 1970⁹, S. 71.
[124] *H.-M. Maurer*, Bauernkrieg als Massenerhebung (wie Bibl. Nr. 57), S. 294.

wirtschaftliche Entlastungen, sondern auch mehr Rechte und mehr Rechtssicherheit. Georg Truchseß von Waldburg, der Sieger auf dem Schlachtfeld, bot im Frühjahr 1526 von sich aus seinen eigenen Bauern Verhandlungen an. Sie trugen ihm ihre inhaltlich ganz den Zwölf Artikeln verpflichteten Gravamina vor und erhielten wesentliche Erleichterungen in bezug auf die Leibeigenschaft und Dienstpflicht. Auch der Bischof von Augsburg kam seinen Untertanen in bezug auf die Leibeigenschaft entgegen und wandelte die Besthauptabgabe in eine Vermögensabgabe um[125].

Die eigentliche Bedeutung der Bewegung des Jahres 1525 liegt jedoch weniger in den sichtbaren Erfolgen einzelner Bauernschaften unmittelbar nach der Niederwerfung des Aufstands als in der Art, wie sie den historischen Prozeß beeinflußt hat. Hier seien abschließend zwei Bereiche hervorgehoben:

1. Die Angst vor einem neuen Bauernkrieg blieb bei den Obrigkeiten lange bestehen und förderte die Bereitschaft, die Bauernschaften als Verhandlungspartner ernst zu nehmen[126]. Um zu verhindern, daß die Bauern noch einmal den traditionellen Weg der Konfliktregulierung verlassen würden, wurden die Möglichkeiten des gerichtlichen Austrags von Untertanenkonflikten weiter ausgebaut[127]. Ob der Rechtsweg damit tatsächlich gerechter wurde, ist zu bezweifeln, doch war diese Maßnahme geeignet, gewaltsame Bauernrevolten, wie sie die europäischen Nachbarländer kannten, zu verhindern. Daß die Bauernschaften sich auf das Angebot der Obrigkeiten einließen und den Rechtsweg weiterhin akzeptierten, hat seine Ursache wohl weniger in der Kriminalisierung des Widerstands[128] als in der Einstellung der bäuerlichen Gesellschaft zur Obrigkeit. Für diese Einstellung war die Position, die der Bauer in Staat und Gesellschaft einnahm, von grundlegender Bedeutung.

2. Nach dem Bauernkrieg wurde der Prozeß der politischen Emanzipation und Integration, der lange vor 1525 eingesetzt und

---

[125] *P. Blickle*, Revolution von 1525 (wie Bibl. Nr. 42), S. 256 f.

[126] Zur Angst vor einem neuen Bauernkrieg: *W. Schulze*, Oberdeutsche Untertanenrevolten zwischen 1580 und 1620, in: *P. Blickle* (Hrsg.), Bauer, Reich und Reformation. Festshift für *Günther Franz* zum 80. Geburtstag, 1982, S. 120 ff.; *C. Ulbrich*, Agrarverfassung und bäuerlicher Widerstand im Oberrheingebiet, in: Zeitschrift für Agrargeschichte und Agrarsoziologie 30 (1982), S. 149 ff.

[127] *W. Schulze*, Bäuerlicher Widerstand und feudale Herrschaft in der frühen Neuzeit (Neuzeit im Aufbau 6), 1980, bes. S. 76 ff.

[128] Ebd., S. 73 ff.

in vielen oberdeutschen Herrschaften zum Abschluß von „Agrarverfassungsverträgen" geführt hatte[129], forgesetzt. Durch die Bildung bzw. institutionelle Verfestigung der Landschaften konnte die Gesamtuntertanenschaft vieler oberschwäbischer Territorien auf lange Sicht ihre politische Mitsprache sichern. Erst im Absolutismus setzte, wenn auch mit unterschiedlichen ‚Erfolgen', der Prozeß der Entmündigung des Gemeinen Mannes ein[130].

---

[129] So bspw. in Weingarten (1432), Schussenried (1439), Weissenau (1448), Rot a. d. Rot (1456), Salem (1473). *P. Blickle,* Grundherrschaft und Agrarverfassungsvertrag, in: *H. Patze* (Hrsg.), Die Grundherrschaft im späten Mittelalter, Bd. 1 (Vorträge und Forschungen 27), 1983, S. 241 bis 261.

[130] *P. Blickle,* Revolution von 1525 (wie Bibl. Nr. 42), S. 272 f.

Franken

Von Rudolf Endres

„Und wiewol die angezaygt sindflus, das ist die beswerlich entborung der unterthanen, das hohe Teutschland vast an allen orten durchwuttet, so hat sie doch an kainem ende so heftig und erschrockenlich eingetrungen, als in dem stifte Wirtzburg und herzogthumb zu Francken", so schreibt der fürstbischöfliche Sekretär Lorenz Fries in seiner Einleitung zur Beschreibung des Bauernkriegs in Ostfranken, den er als Augenzeuge und unmittelbar Betroffener miterlebt hatte[1].

Schon im Jahre 1476, unter Bischof Rudolf von Scherenberg, hatte im Taubertal der später als junger Hirte bezeichnete Hans Behem (Böhm), der Pfeifer von Niklashausen, mit seinen eschatologischen und sozialkritischen Predigten und Reden weites Aufsehen erregt, wobei seine Ablehnung aller Obrigkeit besonderen Nachhall fand. Doch der energische Fürstbischof ließ Behem gefangennehmen und in Würzburg als Ketzer verbrennen; die Kirche in Niklashausen wurde niedergerissen[2].

Allerdings waren damit die aufrührerischen Ideen nicht aus der Welt geschafft; vielmehr wurden sie durch politische und vor allem wachsende wirtschaftliche und soziale Schwierigkeiten und durch „neue Zumuthungen" noch verstärkt und vertieft.

Die Territorienkarte Frankens wurde bestimmt von den drei geistlichen Fürstentümern Würzburg, Bamberg und Eichstätt, von den beiden zollerischen Markgraftümern Ansbach und Kulmbach-Bayreuth, von den fünf Reichsstädten Nürnberg, Rothenburg, Schweinfurt, Windsheim und Weißenburg mit ihren Landgebieten sowie von den Kleinterritorien der Fürsten und Grafen und vor allem von der zahlreichen, nach Reichsfreiheit strebenden Ritter-

---

[1] *Lorenz Fries*, Die Geschichte des Bauernkrieges in Ostfranken, hrsg. v. *A. Schäffler* und *Th. Henner*, 1883, Neudruck 1978, Bd. 1, S. 3.

[2] *K. A. Barack*, Hans Böhm und die Wallfahrt nach Niklashausen im Jahre 1476, ein Vorspiel des großen Bauernkrieges, 1859; zuletzt *K. Arnold*, Niklashausen 1476, 1980.

schaft mit ihren Zwerggebieten. Verfassungsrechtlich herrschte in Franken, dem „klassischen Land territorialer Zersplitterung", das Prinzip des „territorium non clausum", weshalb der einzelne Bauer in der Regel mehreren Herren zugeordnet war. Entsprechend den sich überschneidenden Rechts- und Herrschaftskreisen waren auch die Agrarverfassung in Franken bunt gemischt und die rechtliche und soziale Lage der Bauern völlig uneinheitlich[3].

1. Bedingungen und Ursachen

Eine umfassende Darstellung der materiellen Lebensbedingungen der ländlichen und städtischen Bevölkerung Frankens am Vorabend des Bauernkriegs gibt es nicht. Die wenigen Vorarbeiten lassen noch keine endgültigen Aussagen zu, lassen aber die außerordentlichen Schwierigkeiten dieses Komplexes erkennen, nämlich: Der für Franken typischen Herrschaftszersplitterung und -überschichtung, der kaum überschaubaren Gemengelage und dem Konglomerat von staatlichen, grundherrlichen, gerichtsherrlichen und geistlichen Rechten entsprach eine außerordentliche Mannigfaltigkeit und Differenzierung der sozialen und wirtschaftlichen Verhältnisse. Generell aber läßt sich wohl sagen, daß Franken ein Gebiet der reinen Grundherrschaft mit weitgehender Zersplitterung des feudalen Eigentums war, allerdings mit *relativ gutem Besitzrecht* der Bauern, der sog. Erbzinsleihe, und vor allem mit *persönlicher Freiheit*[4]. Leibeigenschaft gab es zu diesem Zeitpunkt in Franken nur noch in unerheblichem Umfang in einigen westlichen und südlichen Randgebieten. Sie konnte zudem leicht abgelöst werden: 3 fl. für einen Mann, 4 fl. für eine Frau[5].

Weiterhin kann festgehalten werden, daß in Franken die *wirtschaftliche und soziale Differenzierung auf dem Lande* sehr weit fortgeschritten war, selbstverständlich bei regionalen und lokalen Unterschieden, ja selbst innerhalb der gleichen Gemeinde. Es trifft auch für Franken zu, daß die kleinen Höfe, bis hin zu Achtel- und Sechzehntelhöfen, und die Seldengüter und Tropfhäuser auf dem

---

[3] Vgl. *R. Endres,* Franken, in: Handbuch der bayerischen Geschichte, hrsg. v. *M. Spindler,* 1980², Bd. 3/1, S. 193 ff. und S. 349 ff.

[4] *R. Endres,* Bauernkrieg im Hochstift Bamberg (wie Bibl. Nr. 72), S. 95; *Ders.,* Probleme des Bauernkrieges (wie Bibl. Nr. 73), S. 91 f.

[5] *M. Tischler,* Die Leibeigenschaft im Hochstift Würzburg vom 13. bis zum beginnenden 19. Jahrhundert, 1963, S. 88 ff.

Dorf überwogen. Daran waren nicht allein die Realteilungen schuld, sondern auch die allgemeine „Bevölkerungsexplosion" seit der Mitte des 15. Jahrhunderts, die von den fränkischen Städten nicht mehr aufgefangen werden konnte. Dies hatte schließlich eine breite unterbäuerliche Schicht von Kleinpächtern, Köblern, Bloßhäuslern, Tagelöhnern, Hausgenossen und Dienstboten zur Folge, von besitzlosen Dorfhandwerkern und landwirtschaftlichen Saisonarbeitern[6].

Nicht nur die unterbäuerliche Schicht auf dem Lande und in den kleinen Ackerbürgerstädten, auch die vielen aufgeteilten kleinen Bauernhöfe und die Seldengüter, die an der unteren Grenze der Ertragsfähigkeit rangierten und keine Marktquote erwirtschaften konnten, mußten von neuen Forderungen und Belastungen durch die Grundherren und den Landesherrn, von Mißernten und Kriegen, von der Einschränkung der Nutzungsrechte am Gemeindebesitz, der Allmende, sowie von Neuerungen jeglicher Art empfindlich, ja oft in ihrer wirtschaftlichen Existenzfähigkeit entscheidend getroffen werden. Die reicheren Bauern und Ackerbürger — im Amt Burgkunstadt gab es immerhin 15% mit einem Vermögen von mehr als 100 fl., mehrere Aufrührer im Nürnberger Landgebiet besaßen sogar über 500 fl.[7] — spürten zwar die verschiedenen Belastungen weniger, dafür aber litten sie an dem Widerspruch ihrer wirtschaftlichen Lage und ihrer politisch-rechtlichen Stellung. Sie wehrten sich gegen die bisherigen Autonomieverluste durch den frühmodernen Staat.

Bei den Belastungen der Bauern standen die grundherrlichen Abgaben, die *Zinsen und Gülten,* der *Große und Kleine Zehnt* und der *Handlohn* (eine Abgabe von allen Liegenschaften des Lehengutes bei sämtlichen Besitzveränderungen) im Vordergrund. Insgesamt betrug die Höhe der grundherrlichen Abgaben durchschnitt-

---

[6] Vgl. *F. Graf,* Die soziale und wirtschaftliche Lage der Bauern im Nürnberger Gebiet zur Zeit des Bauernkrieges, in: 56. Jahresbericht des Historischen Vereins für Mittelfranken, 1909, S. 1—162; *F. Heidingsfelder,* Die Zustände im Hochstift Eichstätt am Ausgang des Mittelalters und die Ursachen des Bauernkrieges, 1911; *F. Remus,* Untersuchungen über die Entstehung des Bauernkrieges im Hochstift Würzburg, phil. Diss. Marburg (masch.) 1925; *R. Endres,* Zur wirtschaftlichen und sozialen Lage in Franken vor dem Dreißigjährigen Krieg, in: Jahrbuch für fränkische Landesforschung 28 (1968), S. 5—52.

[7] *L. P. Buck,* The Containment of Civil Insurrection: Nürnberg and the Peasants' Revolt, 1524—1525, phil. Diss. Ohio 1971, S. 114 f.

lich etwa 40% des Gesamtertrags als Grundrente, dazu kamen 10% als Zehnt und anfallsweise der Handlohn, was zusammen mehr als die Hälfte des Bruttoertrages ausmachte[8]. Dies führte verständlicherweise bei den zahlreichen Mißwuchsjahren zu größten Schwierigkeiten. Mißernten größeren Ausmaßes gab es in Franken gerade vor und nach dem Bauernkrieg, und zwar in den Jahren 1502/03, 1505, 1515, 1517—24, 1527, 1529—34 und 1540/41[9].

Bei dem Beschwerdekomplex der persönlichen Dienste, der *Fronen*, und der *dörflichen Allmenden* machten zwei Neuerungen den fränkischen Bauern besonders zu schaffen. Mit den großen herrschaftlichen Jagden, dem besonderen Vergnügen des Adels, stiegen nicht nur die Flurschäden durch das besonders und übermäßig gehegte Wild, es wurden auch spezielle neue Fronen eingeführt: das Hundslager, der Hundshaber oder der Hundezins. Diese besagen, daß die gesamte Jagdgesellschaft samt ihren vielen Hunden von den Bauern für die Dauer der Jagd einquartiert und angemessen versorgt werden mußte. Auch mußten sich die Bauern als Treiber zur Verfügung stellen. Manche kleine Gemeinde wurde im Jahr 2- bis 3mal von einer adligen Jagdgesellschaft heimgesucht und ausgesaugt[10].

Ähnliches gilt für die sprunghafte Ausdehnung der landesherrlichen sowie klösterlichen und adligen Schafzucht, vor allem im Bereich der Fränkischen Alb. Manche Gemeinden mußten 4 oder 5 Herden von je 1 000 und mehr Schafen auf ihren Fluren dulden, Hollfeld sogar 8 Schaftriebe, was nicht zuletzt eine Einschränkung, ja fast völlige Bannung der Allmende bedeutete, wodurch besonders die Armen in der Gemeinde getroffen wurden[11].

Sehr viele Gemeinden litten auch unter der *Beschränkung der*

---

[8] *R. Braun*, Das Benediktinerkloster Michelsberg 1015—1525 (Die Plassenburg 39), 1977, S. 301.
[9] Zusammengestellt nach den Chroniken und Annalen Nürnbergs.
[10] S. z. B. die Beschwerden und Klagen der Gemeinden Eltmann und Seßlach, in: *Lorenz Fries*, Bauernkrieg in Ostfranken (wie Anm. 1), Bd. 2, S. 56 und 284. Vgl. auch *R. Endres*, Bauernkrieg in Franken (wie Bibl. Nr. 71), S. 39 ff.
[11] Wegen der Schafhutrechte kam es im Hochstift Bamberg 1462 und 1464 sogar zu zwei „Schafkriegen". *R. Braun*, Benediktinerkloster Michelsberg (wie Anm. 8), S. 148.

Waldnutzung oder gar der willkürlichen Bannung des Waldes sowie unter dem *Verbot des Fischfangs*[12].

Seit dem 15. Jahrhundert kamen zu den grundherrlichen Lasten in verstärktem Maße noch die *landesherrlichen Steuern*, und zwar direkte wie indirekte, und seit 1500 auch noch die *Reichssteuern bzw. die Aufwendungen für das Landesaufgebot*. Unter den indirekten Steuern ist als erste das Ungeld zu nennen, eine Abgabe auf Wein und Bier, die im Laufe des 15. Jahrhunderts auch auf dem flachen Lande eingezogen wurde[13]. Im Rothenburgischen wurde wenige Jahre vor dem Aufstand zusätzlich eine erweiterte Wein- und Biersteuer einverlangt, das „Bodengeld", sowie eine nicht weniger verhaßte Viehsteuer, das „Klauengeld"; begründet wurden beide Sondersteuern mit der Befreiung der Insel Rhodos von den Türken[14].

Besonders gravierend aber waren die außerordentlichen Landessteuern, die „Bethe", im Hochstift Würzburg auch der „Guldenzoll", die zur Tilgung der Landesschulden einverlangt wurden und im allgemeinen 5—10% aller liegenden und fahrenden Habe betrugen. Die „gemeine Landessteuer" wurde in allen Territorien Frankens in immer kleiner werdenden Intervallen erhoben, bis sie schließlich zu einer regelmäßigen Steuer geworden war[15]. Außerdem gab es in den drei geistlichen Fürstentümern noch die sog. „*Weihsteuer*", die auch erst im Laufe des 15. Jahrhunderts aufgekommen war[16]. Weiterhin erhob der Landesherr im Kriegsfall eine eigene „Reissteuer" und zog für das Reich die Türkensteuern ein, selbstverständlich gegen Beteiligung[17]. Bei den in Geld zu

---

[12] S. z. B. die Klagen der Gemeinden Münnerstadt und Ebern, in: *Lorenz Fries*, Bauernkrieg in Ostfranken (wie Anm. 1), Bd. 2, S. 243 ff. und 72 ff. Vgl. auch *R. Endres*, Lage des „Gemeinen Mannes" (wie Bibl. Nr. 99), S. 65 ff.

[13] So wehrte sich beispielsweise die Gemeinde Rattelsdorf bei Bamberg gegen das Ungeld, „das sonst nirgend im lande auf keinem dorf sitte und gewonheit" gewesen sei. *R. Endres*, Bauernkrieg im Hochstift Bamberg (wie Bibl. Nr. 72), S. 101.

[14] *P. Eilentrop*, Verfassung, Recht und Wirtschaft in Rothenburg o. T. zur Zeit des Bauernkrieges, phil. Diss. Marburg 1909, S. 67 ff.

[15] *R. Endres*, Bauernkrieg in Franken (wie Bibl. Nr. 71), S. 42 f.

[16] *R. Endres*, Bauernkrieg im Hochstift Bamberg (wie Bibl. Nr. 72), S. 101 f.

[17] In der Regel behielten die Landesherren ein Drittel der eingezogenen Reichssteuern als Aufwandsentschädigung ein.

leistenden Abgaben versuchten die Fürsten zudem, durch Münzmanipulationen ihre Einkünfte zu steigern. So verlangten die Markgrafen und der Fürstbischof von Würzburg einen Aufpreis von etwa einem Viertel, wenn die Steuern in den inflationistischen Silbermünzen und nicht in Gold bezahlt wurden[18].

Bedenkt man nun, daß beispielsweise im Hochstift Bamberg folgende außerordentliche Steuern bezahlt werden mußten: Weihesteuern in den Jahren 1501, 1503, 1505 und 1522, Kriegssteuern 1510 und 1519 (wegen Ulrich von Württemberg) und 1523 (wegen Franz von Sickingen), 1521 für den Romzug des Kaisers und 1524 eine Türkensteuer, so kann man sich, berücksichtigt man noch dazu die hohen grundherrlichen Abgaben, letztlich ausrechnen, daß viele Untertanen tatsächlich mehr als die Hälfte ihres Einkommens als Steuern und Zinsen wieder abgeben mußten, wie sie beklagten[19]. Die materiellen Lasten lagen dabei weniger in der einzelnen Abgabe und Steuer, sondern in der Häufung der zudem meist neuen Steuerforderungen, deren Schwere durch die vielen Mißernten noch verstärkt wurde.

Gegen die rigoros eingetriebenen Steuern, gegen die sog. „neuen Zumuthungen" der Landesherren, wandten sich überall in Franken die Beschwerden der Aufständischen. Nur gegen diese als unrechtmäßig und unchristlich empfundenen überhöhten Steuerforderungen des im Aufbau befindlichen Territorialstaates richtete sich der Aufstand, nicht aber gegen den Territorialstaat an sich. Was sich für die Empörer primär als wirtschaftlich motivierte Bewegung darstellte, war aber für die Fürsten — auch wenn sie sich dessen nicht voll bewußt waren — letztlich ein politischer Aufruhr. Denn gerade auf dem Weg über den Ausbau der Finanzwirtschaft suchten in Franken die Landesherren ihren Staat auszubauen und zu konsolidieren. Nicht umsonst wurde die Steuerhoheit schließlich sogar zum Hauptmerkmal der landesherrlichen Gewalt, der „Staatlichkeit" in Franken. Bezeichnenderweise bestand auch später der Hauptvorwurf der Landesherren ihren aufständischen Untertanen gegenüber darin, daß diese für die Dauer des Aufruhrs die Zahlung von Steuern und Abgaben verweigert hätten[20].

---

[18] *R. Endres,* Bauernkrieg in Franken (wie Bibl. Nr. 71), S. 42 f.
[19] *P. Eilentrop,* Rothenburg o. T. (wie Anm. 14), S. 91.
[20] *R. Endres,* Probleme des Bauernkrieges (wie Bibl. Nr. 73), S. 95.

2. Aspekte des Verlaufs und der Ziele

Tatsächliche wirtschaftliche und soziale Schwierigkeiten in breiten Schichten der Bevölkerung auf dem Lande und in den Städten, stetig wachsende Belastungen und nicht zuletzt Haß und Neid auf die Privilegierten, auf Adel, Klöster und Geistlichkeit, bereiteten den Boden für den Aufstand in Franken. Zum auslösenden Moment schließlich wurde das „Evangelium", das „Wort Gottes". Denn die Reformation lieferte neue Argumente und die Rechtfertigung für die Beschwerden durch das „göttliche Recht". Der politische und soziale Protest konnte jetzt mit einem religiösen Anspruch auftreten.

Die *Reformation* hat, geistig schon lange vorbereitet, seit etwa 1521 festen Fuß in Franken gefaßt. Als Zentrum der reformatorischen Bewegung darf Nürnberg gelten. Seit 1521 kam es zu Zehntverweigerungen im Bambergischen und im Nürnberger Landgebiet, und auch die Erhebung in Forchheim im Jahre 1524, die noch einmal blutig niedergeschlagen werden konnte, stand unter dem Einfluß eines evangelischen Predigers[21]. Während sich für Eichstätt kein direkter Zusammenhang zwischen evangelischer Lehre und dem Bauernaufstand nachweisen läßt, ist er für Rothenburg sowie für die Hochstifte Würzburg und Bamberg unübersehbar. An dem Aufstand in Rothenburg trug weniger Andreas Bodenstein, genannt Karlstadt, die Schuld, der sich nach seiner Vertreibung aus Kursachsen in Rothenburg versteckt gehalten hatte; mehr Einfluß ist dem Reformator Dr. Teuschlin zuzuschreiben, unter dessen sozialrevolutionärem Programm sich die Rothenburger Bürger und die Landbevölkerung vereinigten[22]. Offenkundig ist auch die Verbindung von reformatorischer Bewegung und Bauernaufstand im Hochstift Bamberg. So waren für den großen Aufstand im April 1525 in der Stadt Bamberg die Predigten des Johann Schwanhausen verantwortlich, die zudem noch durch den Buchdrucker Erlinger weiterverbreitet wurden. Aus seinem sozialen Reformprogramm konnte leicht die Ablehnung des

---

[21] *G. Vogler,* Ein Vorspiel des deutschen Bauernkrieges im Nürnberger Landgebiet, in: *G. Heitz — A. Laube — M. Steinmetz — G. Vogler* (Hrsg.), Bauer im Klassenkampf (wie Bibl. Nr. 49), S. 49—81; *G. Vogler,* Nürnberg 1524/25, 1982, S. 83 f.
[22] *P. Schattenmann,* Bauernkrieg und Reformation im Gebiet der Reichsstadt Rothenburg o. T., in: Zeitschrift für bayerische Kirchengeschichte 3 (1928), S. 208 ff.

Zehnten und die Säkularisation des Kirchengutes abgeleitet werden, und tatsächlich verweigerten die Bamberger Bürger und Gärtner unter seinem Einfluß die Zahlung der Steuern. Dabei predigte Schwanhausen zwar gegen die herrschende soziale Ordnung, nicht aber gegen die Obrigkeit, womit er sich als Anhänger Luthers ausweist[23].

Selbstverständlich spielte die religiöse Frage, die Forderung nach der „klaren, reinen und unverdunkelten Predigt des Gotteswortes", im Verlauf des Bauernkriegs in Franken eine wichtige Rolle, doch gehören die Forderungen nach der freien Pfarrerwahl, nach der Aufhebung der privilegierten und von allen Abgaben befreiten Stellung der Priester schon mehr in den Bereich der Politik. Die Religionsfrage hatte zwar sehr oft den letzten Anstoß zur Erhebung gegeben, doch nahm dann die Bewegung bald einen anderen Verlauf, rückten die sozialen, wirtschaftlichen und politischen Fragen und Probleme weit in den Vordergrund[24].

Dies gilt bereits für die Behandlung der *Klöster* und der Deutschordenskommenden, gegen die sich besonders der Haß der Bevölkerung richtete. Vor allem beim Odenwälder und beim Neckartaler Haufen ist ein auffallend fanatischer Pfaffenhaß zu beobachten[25]. Im Würzburgischen, und im Bambergischen sogar mit Zustimmung des Bischofs, sollten die reichen Klöster säkularisiert und einige in evangelische Priesterseminare oder Schulen umgewandelt werden. Vor allem aber sollten ihre Einkünfte zur Abgleichung von Landessteuern verwendet werden, damit der „arme mann nicht so hoch beschwert" werde[26]. Von Absichten auf eine Säkularisation der drei geistlichen Fürstentümer als der revolutionären Änderung des gesamtpolitischen Status der Hochstifte ist hinsichtlich Bamberg und Eichstätt nichts bekannt; und für Würz-

---

[23] *R. Endres*, Bauernkrieg im Hochstift Bamberg (wie Bibl. Nr. 72), S. 104 ff.; *W. Zeißner*, Altkirchliche Kräfte in Bamberg unter Bischof Weigand von Redwitz (1522—1556), 1975, S. 41 ff.

[24] Vgl. die Artikel der Bamberger Bürger, in: *G. Franz*, Quellen Bauernkrieg (wie Bibl. Nr. 2), S. 408.

[25] Sie zerstörten allein im Hochstift Würzburg 31 Klöster. S. die zeitgenössische Aufstellung des Ebracher Priors Johann Nibling, abgedruckt in: *C. Höfler*, Fränkische Studien IV (Archiv für Kunde österreichischer Geschichts-Quellen 8), 1852, S. 260 ff.

[26] Vgl. z. B. die Forderungen der Gemeinde Münnerstadt, in: *Lorenz Fries*, Bauernkrieg in Ostfranken (wie Anm. 1), Bd. 2, S. 234; *R. Endres*, Bauernkrieg im Hochstift Bamberg (wie Bibl. Nr. 72), S. 111 ff.

burg tauchen radikale Vorstellungen nur bei einigen Aufständischen gegen Ende der Empörung auf sowie in der Umgebung Graf Wilhelms von Henneberg, der sich bei einer Säkularisation beträchtlichen territorialen Zugewinn ausrechnete[27]. Ganz im Gegenteil: Wie Markgraf Kasimir in den beiden Fürstentümern Ansbach und Bayreuth, so werden sowohl in Bamberg wie auch in Würzburg die Bischöfe von den Aufständischen ausdrücklich als Obrigkeit anerkannt. Weigand von Redwitz, Bischof von Bamberg, wird sogar kniefällig gebeten, „alleiniger Oberherr" zu sein und die verhaßte Mitregierung des Domkapitels auszuschalten[28], während die Würzburger sogar an der Herrschaft des Kapitels nichts auszusetzen hatten. Generell in Franken sowohl in den Städten wie auf dem Lande ist jedoch die Forderung nach Aufhebung der wirtschaftlichen und sozialen Sonderstellung der Geistlichen, nach ihrer völligen Gleichstellung mit Bauern und Bürgern, nach ihrer Teilhabe an den kommunalen Pflichten und ihrem „bürgerlichen Mitleiden"[29].

Unterschiedlich war dagegen die *Behandlung des Adels*. Während die Bamberger Bürger bei ihrem ersten Aufstand in der Osterwoche 1525 noch erklärten, „mit denen vom adel hetten sie nits zu schaffen", womit sich dieser Aufruhr als eine rein hauptstädtische Angelegenheit zur Erlangung größerer kommunaler Autonomie zu erkennen gibt, bringt eine zweite Aufruhrwelle nach dem 15. Mai eine tiefgreifende Abrechnung mit dem Adel[30]. Dieser zweite Aufstand beseitigte die Sonderrechte und Privilegien des Adels und schuf seine Gleichstellung mit Bürgern und Bauern, wie es auch der Taubertaler und der Neckartal-Odenwälder Haufen in dem berühmt-berüchtigten „Schlösserartikel" gefordert hatten: „Item es sollen auch schedliche Schloß, Wasserheuser und Bevestigung, daraus gemainem Mann bisher hohe merkliche Beschwerung

---

[27] *H.-Chr. Rublack*, Die Stadt Würzburg im Bauernkrieg, in: Archiv für Reformationsgeschichte 67 (1976), S. 76—100. *R. Endres*, Bauernkrieg und Bürgeraufruhr, in: Würzburg, hrsg. v. *A. Wendehorst*, 1981, S. 67 ff.

[28] S. die Forchheimer Artikel, in: *G. Franz*, Quellen Bauernkrieg (wie Bibl. Nr. 2), S. 315.

[29] Vgl. z. B. die Forderungen der Bürger von Forchheim, Bamberg, Würzburg, Münnerstadt, in: *G. Franz*, Quellen Bauernkrieg (wie Bibl. Nr. 2), S. 315 und 408; *Lorenz Fries*, Bauernkrieg in Ostfranken (wie Anm. 1), Bd. 2, S. 229, und Bd. 1, S. 104 ff.

[30] *R. Endres*, Bauernkrieg im Hochstift Bamberg (wie Bibl. Nr. 72), S. 115 ff.

zugestanden sein, eingeprochen oder ausgeprant werden, doch was darinnen von farender Hab ist, soll inen, sover sie Bruder sein wöllen und wider gemaine Versamblung nit getan haben, widerfarn."[31] Von Enteignungen oder Sozialisierungsmaßnahmen ist jedoch gegenüber dem Adel nicht die Rede.
Mit der politischen Ausschaltung der Mediatgewalten und der völligen Gleichstellung von Geistlichkeit und Adel mit dem Gemeinen Mann strebten die Aufständischen in Franken einen einheitlichen Untertanenverband in einem zentralistisch geleiteten Staat an, dessen Aufgabe sie, wie ihre Klosterpläne und die Forderung nach Verwendung des Großen Zehnten für die Armen zeigen, in der Sicherstellung wirtschaftlicher Gerechtigkeit für alle sahen[32]. Lediglich gegen Ende der Aufstandsbewegung verlangten die Bamberger und Würzburger eine stärkere Kontrolle der Landesregierung und ein größeres Mitspracherecht im Regiment. Im Bambergischen sollte eine „Ordnung", bestehend aus Vertretern der Ritter, Bürger und Bauern, Friede und Recht im Hochstift wahren und die Beschwerden abstellen[33]. Das Würzburger Lager forderte, daß ein ständisches Kollegium aus Adligen, Bürgern und Bauern viermal im Jahr mit dem Bischof alle anstehenden Aufgaben behandeln sollte[34]. Die Kontrolle der landesfürstlichen Gewalt stand also noch ganz im spätmittelalterlichen Verfassungsleben, nur wurden in der landständischen Bewegung die Geistlichen durch die Bauern ersetzt. In Franken wurde das Landesfürstentum nicht in Frage gestellt, wollte man nicht gegen die Obrigkeit als solche vorgehen, sondern das Ziel des Aufstandes war die Beseitigung von ständischen Privilegien und die Abstellung materieller Beschwerden, insbesondere der neuen Steuerlasten, ohne dabei jedoch grundsätzlich das Steuerrecht der Territorialstaaten anzutasten. In Franken war somit der Bauernkrieg weniger eine politische, vielmehr in erster Linie eine wirtschaftliche und soziale Bewegung, die sich bei ihrem Vorgehen auf das „göttliche Recht" und „Wort Gottes" berief.

---

[31] *G. Franz*, Quellen Bauernkrieg (wie Bibl. Nr. 2), S. 368 f. *G. Vogler*, Schlösserartikel (wie Bibl. Nr. 124).
[32] *H. Angermeier*, Vorstellungen von Staat und Reich (wie Bibl. Nr. 121), S. 329—343.
[33] *R. Endres*, Bauernkrieg im Hochstift Bamberg (wie Bibl. Nr. 72), S. 116 f.
[34] *H.-Chr. Rublack*, Stadt Würzburg im Bauernkrieg (wie Anm. 27), S. 90 ff.

Der Bauernkrieg im fränkischen Gebiet (1525)

Die Bewegungen der großen Bauernhaufen
- ➡ Neckartal- Odenwälder Haufen
- ╍➤ Taubertaler Haufen
- ● Die größeren Bauernlager
- • Klöster, Schlösser und Städte, die von den Bauern erobert wurden bzw. sich ihnen anschlossen
- ✕ 4.V. Orte und Daten wichtiger Schlachten
- ••••➤ Strafzug des Truchseß

Fulda
Hammelburg
Wiesbaden
Frankfurt
Mainz
Würzburg
Darmstadt
Würzburg
Heidingsfeld
Miltenberg
Höchberg
Amorbach
4.VI. ✕
Ingolstadt
Pfeddersheim
23.VI. ✕
Worms
Odenwald
Lauda
Königshofen ✕ 2.VI.
Buchen
Mergentheim
Neckar
Ballenberg
Neustadt
Heidelberg
Krautheim
Möckmühl
Haardt
Speyer
Gundelsheim
Schöntal
Kraichgau
Landau
Neckarsulm
Öhringen
Neckargartach
Lichtenstein
Bruchsal
Heilbronn
Weinsberg
Eppingen
Flein ✕ 16.IV.
Hall
Maulbronn
Lauffen
Bietigheim
Wunnenstein Gaildorf
Großbottwar
Kocher

0   15   30   45km

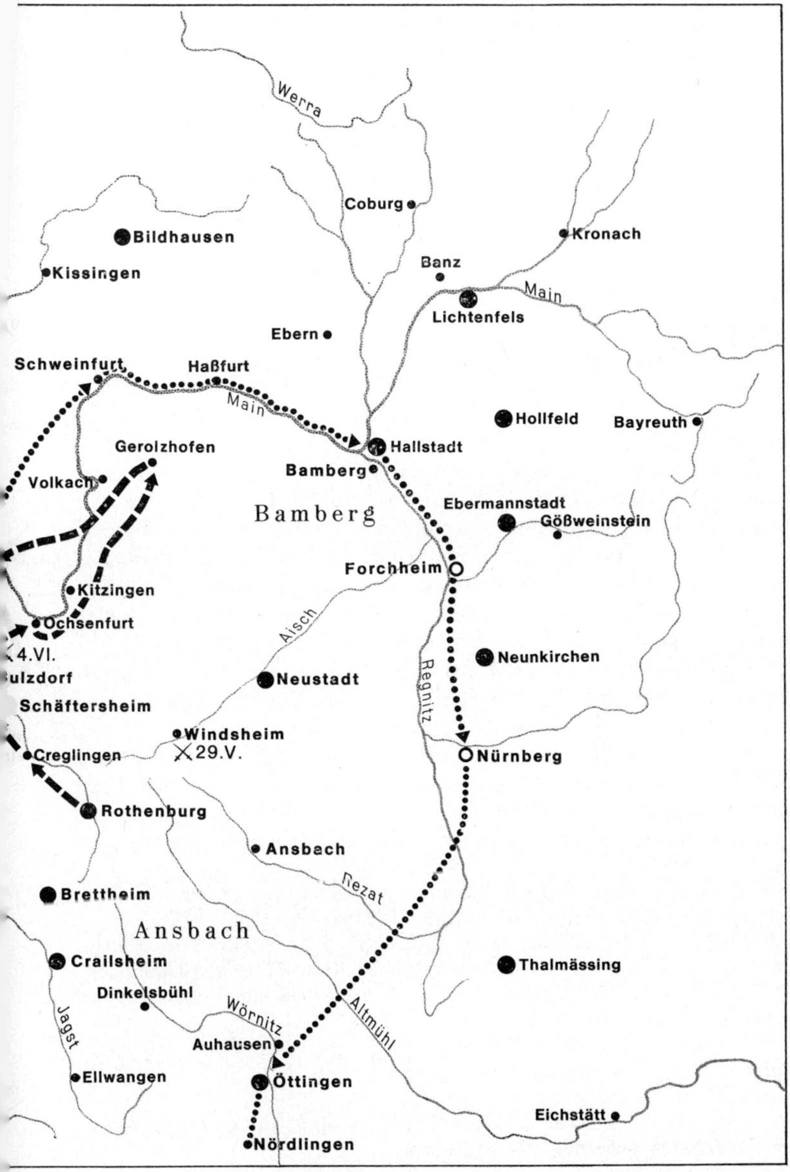
Werra
Coburg
Kronach
Bildhausen
Kissingen
Banz
Main
Lichtenfels
Ebern
Schweinfurt
Haßfurt
Main
Hollfeld
Bayreuth
Hallstadt
Gerolzhofen
Bamberg
Volkach
Bamberg
Ebermannstadt
Gößweinstein
Forchheim
Kitzingen
Ochsenfurt
Aisch
4.VI.
ulzdorf
Neunkirchen
Neustadt
Regnitz
Schäftersheim
Windsheim
29.V.
Creglingen
Nürnberg
Rothenburg
Ansbach
Rezat
Brettheim
Ansbach
Crailsheim
Thalmässing
Dinkelsbühl
Jagst
Wörnitz
Altmühl
Auhausen
Öttingen
Ellwangen
Eichstätt
Nördlingen

Bezeichnenderweise blieben die Aufstände weitgehend auf die eigenen Landesgrenzen beschränkt. Nur im Südwesten Frankens bildeten sich zwei überterritoriale Haufen, der Taubertaler und der Neckartal-Odenwälder Haufen. Im Lager vor Würzburg erhielten beide noch Zuzug aus den westlichen Ämtern des Ansbachischen[35]. Die Dinkelsbühler und Crailsheimer Bauern verbündeten sich dagegen mit dem Ellwanger Haufen, und die Bauern im Ries traten als „gemeine Bauernschaft" den Grafen von Öttingen gegenüber[36]. Im Norden des Hochstifts Würzburg entstand der Bildhäuser Haufen. Einen eigenen Haufen bildeten schließlich die Bamberger Untertanen. In Franken überwog die „provinzielle Borniertheit" oder besser noch die „Lokalborniertheit".

Das *Heilbronner Programm* Wendel Hilplers, das eine Koordination der einzelnen Bauernbewegungen zumindest in Süddeutschland vorsah, sowie der Reichsreformplan des Miltenberger Amtskellers Friedrich Weygandt, der auf dem geplanten Bauernparlament in Heilbronn vorgelegt werden sollte, kamen nicht zur Ausführung[37]. Dieses umfassende und weitblickende Programm für eine politische und gesellschaftliche Neuordnung im Reich übertraf die Vorstellungen des „gemainen armen Mannes" in Franken, der nur an engbegrenzte regionale oder lokale Regelungen dachte. Diese erwartete er von der „Reformation der Hochgelehrten der hailigen Schrift", die feststellen sollten, was man nach dem Evangelium geistlicher und weltlicher Obrigkeit zu leisten schuldig sei. Bis zu ihrem Entscheid sollten alle Abgaben, Steuern und Dienste ruhen[38].

Nur bis zu einem gewissen Maß kann von einem Anschluß der *Städte* an die Bauernbewegung, wie sie auch in Weygandts Programm vorgesehen war, die Rede sein. Zwar nahm der Aufstand Ende März in Rothenburg seinen Ausgang, gärte es in den meisten

---

[35] *C. Gräter*, Franken (wie Bibl. Nr. 74), S. 105 ff. — Zum Neckartal-Odenwälder Haufen s. auch u. Kapitel „Mittelrhein", S. 177 ff.
[36] *G. Franz*, Bauernkrieg (wie Bibl. Nr. 39), S. 212 ff. *L. Müller*, Beiträge zur Geschichte des Bauernkrieges im Ries und seinen Umlanden, in: Zeitschrift des Historischen Vereins für Schwaben und Neuburg 16/17 (1889/90), S. 23—160.
[37] *G. Franz*, Quellen Bauernkrieg (wie Bibl. Nr. 2), S. 370—380. Zuletzt *K. Arnold*, arm man vnnd gemainer nutz (wie Bibl. Nr. 124 a), S. 257—313.
[38] Vgl. die Artikel der fränkischen Bauernschaft, in: *G. Franz*, Quellen Bauernkrieg (wie Bibl. Nr. 2), S. 368 f.

Städten und schlossen sich im Verlauf der Aufstandsbewegung die meisten Landstädte, wie etwa Ochsenfurth, Volkach oder Kitzingen, den Bauern an, allerdings meist erst unter dem Druck der Stadtarmut und der vorbeiziehenden Bauernhaufen. Und bald bildeten die Ackerbürger einen wesentlichen Bestandteil im Bauernlager oder übernahmen sogar, wie beim Bildhäuser Haufen, die Führung[39]. Ausgesprochen zurückhaltend, ja sogar feindlich verhielten sich dagegen die großen Städte gegenüber den Bauern. In Würzburg wurden die Stadttore erst geöffnet, nachdem die Bauern gedroht hatten, alle Weinberge rings um die Stadt zu verwüsten; und selbst nach der Verbrüderung mit den Bauern unterhielt der Würzburger Rat, wie auch der Bamberger, eine bewaffnete Söldnertruppe, die die Bürger vor Übergriffen der Bauern schützen sollte. Lediglich mit der Stadtarmut, mit dem „trunkenen Pöfel", fand eine echte Verbrüderung statt, die allerdings mehr zweckgebunden war für die Plünderung der Weinkeller der Geistlichkeit[40].

Entscheidend für die Erfolgsaussichten des Aufstands in Franken wurde die Tatsache, daß sich die wichtige *Reichsstadt Nürnberg* verweigerte. Zwar gärte es auch in der Stadt und auf dem umfangreichen Landgebiet, war auch hier der „gemaine Mann aufrührerisch", aber durch geschicktes Taktieren und einige Zugeständnisse gelang es dem Rat, die Zügel fest in der Hand zu halten. Das patrizische Ratsregiment sah in dem Aufstand der Bauern nur ein „Werk des Teufels gegen die Reformation" und in dem angeblichen „Kampf für das Evangelium" nur „Meuterei gegen die von Gott eingesetzte Obrigkeit". So wurde Nürnberg, das zu diesem Zeitpunkt bereits die Reformation eingeführt hatte, schließlich sogar mit zum Retter der katholischen Hochstifte, allerdings nicht ganz ohne Eigennutz, denn es befürchtete, daß die Bauern nach einem Sieg vor dem Würzburger Liebfrauenberg als nächstes die Reichsstadt angreifen würden. Deshalb vermittelten die Nürnber-

---

[39] In den Bauernheeren, die bei Königshofen und Ingolstadt vom Heer des Schwäbischen Bundes vernichtend geschlagen wurden, stammte der Großteil der Kämpfer aus den Ackerbürgerstädten im Tauber- und Neckartal, wie ein Augenzeuge berichtete. O. *Merx*, Beiträge zur Geschichte der religiösen und sozialen Bewegung in den Stiftern Mainz, Würzburg und Bamberg (1524—1526), in: Archiv des Historischen Vereins für Unterfranken und Aschaffenburg 49 (1907), S. 153.
[40] G. *Franz*, Quellen Bauernkrieg (wie Bibl. Nr. 2), S. 353—356; R. *Endres*, Bauernkrieg in Franken (wie Bibl. Nr. 71), S. 53 f.

ger mit großem Erfolg in Bamberg und bemühten sich um einen Ausgleich in Eichstätt und in Würzburg. Nach der Niederwerfung der Empörung aber war Nürnberg nicht nur Beschützer der Lutheraner vor dem Schwäbischen Bund, sondern sicherer Unterschlupf für sehr viele gesuchte Aufrührer[41]. Denn Dr. Eck, der bayerische Kanzler, wollte durch den Schwäbischen Bund nicht nur die aufständischen Bauern niederwerfen, sondern anschließend auch die „lutterische Sekte" ausrotten lassen[42].

Die Nürnberger tauschten zwar dem fränkischen Lager vor Würzburg Pulver gegen gestohlenen Domherrenwein ein, aber sie verweigerten die von den Bauern dringend geforderten Kanonen und Bedienungsmannschaften. Das bedeutende Nürnberger Waffenpotential aber wäre vielleicht kriegstechnisch entscheidend gewesen, denn damit wäre wahrscheinlich die letzte Bastion, der Liebfrauenberg, gefallen. So blieben die Bauernhaufen nur ein „nackets elends volk mit unverstendigen hauptleuten", wie die Fürstenpartei sie verächtlich charakterisierte, dem mit einigen Pferden und etlichen Schlangenbüchsen ein Ende gemacht werden konnte, was ja dann auch geschah. Ungenügende Ausrüstung, Disziplinlosigkeit, mangelnde Zusammenarbeit und schlechte Führung waren tatsächlich die Merkmale der Aufständischen[43]. Daran konnten weder der Bauernhauptmann Götz von Berlichingen noch der idealistische Florian Geyer, noch die strenge Feldordnung der Fränkischen Bauern („Ochsenfurter Ordnung") etwas ändern[44].

Die *Anführer der einzelnen Haufen*, die treibenden Kräfte beim Aufstand, kamen aus allen Schichten des Volkes. Wir finden fürstliche Beamte, wie den Kastner von Kronach, oder den reichen Mainmüller von Hallstadt; wir sehen aber auch zweifelhafte Exi-

[41] Nürnberg drohte sogar damit, seine Truppen aus dem Heer des Schwäbischen Bundes abzuziehen, „dan allein die aufrurer zu strafen, das sein beschlossen, und gar nit die evangelisch". *R. Endres,* Bauernkrieg in Franken (wie Bibl. Nr. 71), S. 56 f.
[42] *J. E. Jörg,* Deutschland in der Revolutions-Periode von 1522 bis 1526, 1851, S. 153; *E. Metzger,* Leonhard von Eck (1480—1550), 1980, S. 103 ff.
[43] *S. Hoyer,* Das Militärwesen im deutschen Bauernkrieg 1524—1526, 1975, bes. S. 162 ff.
[44] Abgedruckt in: *G. Franz,* Quellen Bauernkrieg (wie Bibl. Nr. 2), S. 347—353. Zu Götz von Berlichingen und seiner Rolle im Bauernaufstand s. *H. Ulmschneider,* Götz von Berlichingen, 1974, S. 133—170. Weiterhin *G. Franz,* Florian Geyer, in: *Ders.,* Persönlichkeit und Geschichte. Aufsätze und Vorträge, 1977, S. 127—133.

stenzen und entlaufene Pfaffen. Es stehen auch angesehene Handwerker an der Spitze, wie der Schreiner Hans Schnabel beim Bildhäuser Haufen. In Würzburg ist der radikale Anführer ein redegewandter Spengler Hans Bermeter, genannt Linck, der nebenbei noch Spielmann war[45]. Es finden sich aber auch viele Bauern und Landarbeiter. Gerade in dieser ländlichen Armut wurden vereinzelt radikale Forderungen laut, wie etwa in Wassertrüdingen, wo dem reichen Bürgermeister erklärt wurde: „Ir großen hansen, ir muest mit uns tailn und muest als reich sein als der ander."[46] Beim „armen mann" kam es auch zu spontanen Reaktionen, wurden beim Wein und Bier *Aktionen gegen Schlösser und Klöster* beschlossen und vom Wirtshaus aus auch sogleich ausgeführt. Vor allem die radikalen, insbesondere antiklerikalen Haufen in Unterfranken machten ihrem lange aufgestauten Haß gegen die reichen „Pfründenesser", gegen Klöster und Ordenskommenden, in einem gewaltsamen Klostersturm Luft, wie sie auch die Schlösser des privilegierten Adels, deren tatsächlicher oder auch nur vermeintlicher Luxus sie mit Neid erfüllte, leerplünderten und niederrissen[47].

Anders verlief der Aufstand gegen den Adel im Bambergischen[48]. Hier vollzog sich das Niederreißen der Burgen — innerhalb von 10 Tagen wurden Mitte Mai rund 200 Burgen mehr oder weniger zerstört, oft wurde auch nur das Dach abgedeckt — sowie die Austreibung der Adligen weitgehend in ruhigen, geordneten, manchmal geradezu grotesken Bahnen. Das zentrale Bauernlager bei Hallstadt, später bei Bamberg, überwachte genau die einzelnen Aktionen. Die kleineren Haufen auf dem Lande wurden nicht nur angewiesen, welche Burgen sie stürmen durften und welche nicht, sie mußten auch hinterher Rechenschaft ablegen und die eroberten Güter, außer Eßwaren, ins Hauptlager bringen, wo sie dann gerecht verteilt werden sollten. Generell ahndete die Zentrale jede Eigenmächtigkeit; hatte ein lokaler Haufen voreilig gehandelt, so mußte er den Schaden wieder gutmachen. In Gößweinstein bei-

---

[45] *Lorenz Fries,* Bauernkrieg in Ostfranken (wie Anm. 1), Bd. 1, S. 61—64; *G. Franz,* Quellen Bauernkrieg (wie Bibl. Nr. 2), S. 356—358.

[46] *C. Jäger,* Markgraf Casimir und der Bauernkrieg in den südlichen Grenzämtern des Fürstentums unterhalb des Gebirgs, in: Mitteilungen des Vereins für Geschichte der Stadt Nürnberg 9 (1892), S. 62.

[47] *C. Gräter,* Franken (wie Bibl. Nr. 74), S. 51 ff. *R. Endres,* Lage des „Gemeinen Mannes" (wie Bibl. Nr. 99), S. 72 ff.

[48] Vgl. hierzu *R. Endres,* Bauernkrieg im Hochstift Bamberg (wie Bibl. Nr. 72), S. 115 ff.

spielsweise erstellten die Bauern vor dem Sturm ein ausführliches Inventar von all dem, was sie der Besitzerin der Burg belassen wollten, was ihr als einem „gemeinen Edelweib" zustehe, und das war noch reichlich genug. Wenn man aber vorher detailliert festlegte, was man einem adligen Burgbesitzer belassen wollte, um weiterhin einen angemessenen Lebensstil führen zu können, dann konnte es sich nicht um spontane, haßerfüllte Aktionen gehandelt haben. Selbstverständlich spielten auch im Bambergischen Rache, Haß und Neid beim Sturm auf Burgen und vor allem auf die reichen Klöster eine Rolle, wurden die verhaßten Statussymbole des Adels, wie Turnierausrüstungen und Jagdgeräte, vernichtet und die Registraturen verbrannt. Was die Aufständischen brauchen konnten, nahmen sie jedoch mit[49].

Oftmals war der eigentliche Anstoß für die Plünderungen die Angst, eventuell leer auszugehen, oder aber die Drohung des Nachbarhaufens, er wolle die Arbeit übernehmen. So rief die Stadt Kronach die benachbarten Adligen zusammen und bat sie, ihre Sitze selbst einzureißen, damit nicht der Bauernhaufen von Hallstadt komme. Wegen des Sturms auf die reichen Klöster Banz und Langheim belauerten sich sogar die obermainischen Städte, da keine der anderen die Beute gönnte. Erst als die Rieser Bauern drohten, die Klöster Auhausen und Heidenheim zu erstürmen, fanden sich die Bauern aus der Umgebung bereit, diese gewinnbringende Arbeit doch selbst zu leisten. Das geplünderte Gut aber fiel Markgraf Kasimir in die Hände, der es jedoch nicht mehr der Kirche zurückgab, wie er überhaupt, angeblich zum Schutz vor den Bauern, zahlreiche Klöster inventarisieren und ihre Schätze in die fürstliche Kammer bringen ließ[50].

3. Niederwerfung und Bestrafung

So opportunistisch wie in der Klosterfrage war Kasimirs Haltung im Bauernkrieg insgesamt. Da er sich ständig auf die Einführung der Reformation berief und auch auf dem Landtag am 1. Mai 1525 praktisch alle Forderungen der Aufständischen erfüllt hatte,

---

[49] *R. Endres*, Adelige Lebensformen (wie Bibl. Nr. 100), S. 13 ff.; *Ders.*, Adelige Lebensformen in Franken im Spätmittelalter, in: Adelige Sachkultur des Spätmittelalters (Österreichische Akademie der Wissenschaften, Phil.-Hist. Klasse, Bd. 400), 1982, S. 73—104.
[50] *R. Endres*, Probleme des Bauernkriegs (wie Bibl. Nr. 73), S. 102 ff.

glaubten die Bauern bis zum Schluß, einen Verbündeten in ihm zu haben, selbst noch nach der Schlacht von Ostheim, in der er am 8. Mai die Bauern aus dem Ries schlug[51]. Ähnlich verhielt sich Wilhelm von Henneberg, der ruhig zusah, wie der Bildhäuser Haufen die Klöster zerstörte. Als jedoch der Sieg des Bundesheeres feststand, schwenkte er, der sich sogar mit den Bauern verbrüdert hatte, sofort um und ließ 130 Rebellen hinrichten[52].

Anders dagegen die Fürstbischöfe Conrad von Thüngen und Weigand von Redwitz. Beide versuchten zunächst unter Einsatz ihres Lebens in direkten Verhandlungen mit ihren aufrührerischen Untertanen, alle Beschwerden und Vorwürfe zu bereinigen. Conrad von Thüngen verließ allerdings, als der Landtag gescheitert war, die Liebfrauenburg, um in Heidelberg Hilfe zu holen, was von seinen Untertanen als Landesverrat angesehen wurde[53]. Weigand von Redwitz dagegen blieb bis zum Schluß in Bamberg, im Gegensatz zu seinen Domkapitularen, die entweder geflohen waren oder sich mit den Bauern verbrüdert hatten. Weigand bemühte sich sogar mehrmals um direkte Verhandlungen mit dem zentralen Bauernlager bei Hallstadt, was jedoch von den Hauptleuten abgelehnt wurde, da man seinen ausgleichenden Einfluß auf die Bauern fürchtete. Der Bischof nahm sofort das Vermittlungsangebot Nürnbergs an und war bis zuletzt zu Zugeständnissen bereit und bemüht, echte Beschwerden abzustellen. Er war auch nicht für den Einzug des Heeres des Schwäbischen Bundes in das Hochstift verantwortlich (Mitte Juni), vielmehr versuchte er, wenn auch vergebens, diesen Straffeldzug abzuwenden[54].

Auch in Würzburg, wo die Bauern rund drei Wochen herrschten, hatte sich das Blatt gewendet. Der Liebfrauenberg konnte sich halten, und von Süden rückte das Heer des Schwäbischen Bundes heran, dem sich auch Kurfürst Ludwig von der Pfalz und Bischof Conrad von Würzburg angeschlossen hatten. Götz von Berlichingen verließ mit einem Teil des Odenwälder Haufens das Bauernlager; der andere Teil und ein neues Bauernheer aus dem Hinterland

---

[51] *C. Jäger*, Markgraf Casimir (wie Anm. 46), S. 26 ff. und S. 39 ff.

[52] *M. Meyer*, Zur Haltung des Adels im Bauernkrieg. Die Politik Wilhelms von Henneberg gegenüber Bauern, Fürsten, Klerus und Städten, in: Jahrbuch für Regionalgeschichte 1972, S. 200—224; vgl. auch *H. Ulmschneider*, Götz von Berlichingen (wie Anm. 44), S. 139 ff.

[53] *G. Franz*, Bauernkrieg (wie Bibl. Nr. 39), S. 203 ff.

[54] *R. Endres*, Bauernkrieg im Hochstift Bamberg (wie Bibl. Nr. 72), S. 126 ff.

versuchten, das Bundesheer am Tauberübergang zu hindern. So kam es am 2. Juni bei Königshofen zur Schlacht, in der die kriegsunerfahrenen Bauern vernichtend geschlagen wurden; rund 7 000 Bauern sollen getötet worden sein. Zwei Tage später trieben zwei Kanonenschüsse in die Wagenburg des Würzburger Ersatzheeres die Bauern kopflos auseinander; kaum einer der rund 5 000 Bauern überlebte. Der Weg nach Würzburg war frei, das sich auf Gnad und Ungnad ergeben mußte.

Wie sehr sich die einzelnen Fürsten in ihrem Verhalten gegenüber den aufständischen Untertanen unterschieden, wird besonders deutlich nach der Niederwerfung des Aufstandes. Markgraf Kasimir zog in einem grausamen Rachefeldzug durch das Land; allein in Kitzingen ließ er 60 Bürger blenden[55]. Auch Conrad von Thüngen hielt strenges *Strafgericht* in Würzburg. Nicht umsonst bemühte er sich später wegen seines harten Vorgehens um die Absolution in Rom[56]. In Bamberg dagegen kam es nur zu einigen wenigen Hinrichtungen, und diese gingen fast ausschließlich zu Lasten des Schwäbischen Bundes. Die Nürnberger hatten schon zuvor den Bambergern den Rat erteilt, sich auf Gnad und Ungnad ihrem Bischof zu ergeben, da er kein „blutdürstiger Mann" sei.

Weigand regelte auch sogleich die *Schadensersatzfrage* mit seinem Domkapitel und dem Adel, um jeglicher persönlichen Rache und Bereicherung vorzugreifen. Eine paritätisch besetzte Kommission hatte alle Schäden im Hochstift zu ermitteln, die durch eine allgemeine Vermögenssteuer von 5% — das Domkapitel hatte 20% gefordert — sowie durch eine Herdsteuer in Höhe von 3½ fl. erstattet werden sollten. Bischof Conrad von Würzburg, der das Bamberger Modell der Schadensregelung übernahm, ließ dagegen das „Schloßgeld" von 8½ fl. und die dreimalige „Aufruhrsteuer" in Höhe der normalen Landessteuer unterschiedslos von arm und reich eintreiben. Auch Markgraf Kasimir erpreßte über 100 000 fl. an Strafgeldern aus seinen Landen, davon allein 13 000 fl. aus der Stadt Kitzingen. Wer die Bußen nicht bezahlen konnte, wurde ausgewiesen oder floh[57]. Mancher adlige Burgen-

---

[55] Bericht des markgräflichen Hauptmanns Michel Groß von Trokkau, abgedruckt in: *G. Franz*, Quellen Bauernkrieg (wie Bibl. Nr. 2), S. 397—401.

[56] *A. Wendehorst*, Mitteilungen aus der Gothaer Handschrift Chart. A. 185, in: Würzburger Diözesangeschichtsblätter 35/36 (1974), S. 149 bis 168.

[57] *K. Arnold*, Kitzingen (wie Bibl. Nr. 131 a), S. 11—50.

besitzer aber nutzte die Gelegenheit, um auf billige Weise sein „alt zerrissen rattennest" gegen einen modernen, komfortablen Neubau umzutauschen[58].

Obwohl durch die harten Strafen und Bußgelder viele Bauern und Ackerbürger in ihrer wirtschaftlichen Existenz schwer getroffen oder gar vernichtet wurden, obwohl von den Aufständischen hohe Blutopfer gebracht wurden und viele „landreumig" geworden waren, konnten die Schadensersatzgelder doch nach einigen Jahren aufgebracht und damit der Friede zwischen den Landesherren und ihren Untertanen wiederhergestellt werden. Dabei muß bedacht werden, daß für einen Tagelöhner auf dem Lande die Bußgelder etwa dem Gesamtverdienst eines halben Jahres entsprachen[59].

Von den im Verlauf des Aufstands gemachten Zugeständnissen hielt allein Nürnberg die Erleichterungen bei, wohingegen überall sonst die alten Abgaben, Dienste und Steuern wieder eingeführt wurden. In den geistlichen Gebieten ging man nun energischer gegen die „lutterische sekt" vor, der man allein die Schuld an der Empörung der Bauern und Bürger gab. Von nachhaltiger Wirkung waren die zur Strafe ausgesprochenen Verluste oder erheblichen Einschränkungen der dörflichen oder städtischen autonomen Rechte und Freiheiten, die nur zum Teil später wieder zurückgenommen wurden. Zum großen Gewinner wurde so der im Ausbau befindliche frühmoderne Territorialstaat. Viele der fränkischen Bauernkriegsteilnehmer, vor allem die Anführer der Aufständischen, traten wenig später bei den Täufern wieder in Erscheinung[60].

---

[58] *G. Franz*, Quellen Bauernkrieg (wie Bibl. Nr. 2), S. 396 f.

[59] *R. Endres*, Bauernkrieg im Hochstift Bamberg (wie Bibl. Nr. 72), S. 135 ff.

[60] *G. Seebaß*, Bauernkrieg und Täufertum in Franken (wie Bibl. Nr. 146), S. 140—156.

Thüringen

Von Rudolf Endres

Nach Friedrich Engels war der Aufstand in Thüringen der Höhepunkt des gesamten Bauernkriegs[1], wobei die „Volksreformation Thomas Müntzers"[2] im Mittelpunkt gestanden haben soll. Auch in Thüringen war der Aufstand der Bauern und Ackerbürger der vielen Kleinstädte, die sich seit Ende April 1525 fast überall gegen ihre adligen oder klösterlichen Feudalherren erhoben, keine geschlossene Aktion, sondern eine Summe lose miteinander in Verbindung stehender Erhebungen. Schuld daran trug die politische Zerrissenheit des Landes. Denn die Landschaft zwischen Unstrut, Werra, Thüringer Wald und Harz war seit dem Mittelalter keine politische Einheit. Die wettinische Teilung von 1485 führte schließlich zur Aufspaltung Thüringens in einen größeren südlichen Teil unter den Ernestinern und in einen nördlichen Teil, der unter der Herrschaft der Albertiner stand. Selbständigkeit besaßen nur die beiden reichsunmittelbaren Städte Nordhausen und Mühlhausen, die jedoch in ihrer politischen Macht und in ihrem wirtschaftlichen Reichtum verkümmert waren. Denn die beiden Reichsstädte hatten sich unter die Schutzherrschaft der sächsischen Fürsten begeben müssen, wie diese auch die Oberherrschaft über die relativ selbständigen Grafen von Schwarzburg, Mansfeld, Stolberg, Hohnstein und Gleichen ausübten. Dagegen konnten sich die Wettiner nicht gegen die kurmainzische Herrschaft auf dem Eichsfeld und in Erfurt durchsetzen[3]. In den Mittelpunkt des Thüringer Aufstandes rückten Mühlhausen und Thomas Müntzer, der jedoch nicht der Urheber der Empörung und auch nicht der überragende Organisator aller Haufen war. Müntzer war und blieb Theologe. Die Konsequenzen, die sich aus seiner Theologie ergaben, machten ihn zum Revolutionär.

---

[1] *Friedrich Engels,* Der deutsche Bauernkrieg, in: *K. Marx — F. Engels,* Werke, Bd. 7, 1960, S. 357 f.
[2] *M. M. Smirin,* Die Volksreformation des Thomas Münzer und der große Bauernkrieg, 1956².
[3] *M. Bensing,* Thüringer Aufstand (wie Bibl. Nr. 79), S. 24 ff.

1. Bedingungen und Ursachen

In dem bis in kleinste Teile zerrissenen Thüringen war den vielen weltlichen und geistlichen Mittel- und Zwergherrschaften bis in das 16. Jahrhundert hinein eine relativ eigenständige Herrschaft gestattet. Keines der beiden wettinischen Häuser konnte ein geschlossenes Territorium aufbauen und die Integration der vielen Mediatgewalten durchführen. Die Gegensätze und Rivalitäten zwischen den Albertinern und Ernestinern, zuletzt auch in ihrer Stellung zur Reformation, verschärften die unsichere Lage im Lande. Denn die Ernestiner Kurfürst Friedrich der Weise und Herzog Johann unterstützten nachhaltig Martin Luther, wohingegen Herzog Georg, der Albertiner, entschieden für die alte Kirche eintrat[4].

Der mittlere Adel, wie etwa die Grafen von Schwarzburg oder Mansfeld, stand seit langem im Kampf gegen die Mediatisierungspolitik der Landesfürsten, wie sie selbst umgekehrt versuchten, die vielen geistlichen und weltlichen Zwergterritorien zu beseitigen. Auch zwischen den Städten und den Landesherren wuchsen die Spannungen. Das Bürgertum sah vor allem die zunehmenden Eingriffe des frühmodernen Territorialstaates in bisherige autonome Bereiche der Gemeinden als „unzumutbare Neuerungen" an[5]. Auch wuchs der wirtschaftliche und soziale Druck in den Städten, wenn auch die großen Vermögensunterschiede wie in den Handelszentren Ober- und Westdeutschlands fehlten. Denn die Städte Thüringens waren Klein- oder Mittelstädte, in denen Ackerbau und Zunfthandwerk vorherrschten. Wenigen reichen Bürgern standen ein relativ breiter Mittelstand, aber auch wachsende arme und ärmste Schichten gegenüber. So hatten beispielsweise in Erfurt 75% der Einwohner nur ein bescheidenes Einkommen und 15% waren sogar völlig mittellos. Besonders in den Vorstädten verschlechterte sich die wirtschaftliche Lage der Einwohner, die zudem politisch rechtlos waren, was sie zu einem radikalen Potential werden ließ[6].

---

[4] *P. Kirn,* Friedrich der Weise und die Kirche, 1926; *I. Höß,* Beginn und Verlauf der Reformation, in: Geschichte Thüringens, hrsg. v. *H. Patze* u. *W. Schlesinger,* Bd. 3, 1967, S. 20 ff.

[5] Vgl. *H. Müller,* Die Forderungen der thüringischen Städte im Bauernkrieg, in: Die frühbürgerliche Revolution in Deutschland ..., hrsg. v. *G. Brendler,* 1961, S. 138—144.

[6] *K. Czok,* Vorstädte in Sachsen und Thüringen (wie Bibl. Nr. 130), S. 53—68.

Auf dem Lande herrschte, nach Friedrich Lütge[7] und Dietrich Lösche[8], die Grundherrschaft vor, bei weitgehender Zersplitterung des feudalen Eigentums, aber mit relativ gutem Besitzrecht der Bauern. Leibeigenschaft gab es in Thüringen nicht mehr; sie scheidet als Motiv der Erhebung aus.

Weit fortgeschritten war auf dem Lande die *sozio-ökonomische Differenzierung*. So betrug in den zu Mühlhausen gehörenden 19 Dörfern der Anteil der Vermögens- und Besitzlosen bereits rund 50%[9]. Sie und die vielen Kleinstellenbesitzer oder Gütler, die kaum mehr als den Eigenbedarf erwirtschaften konnten, wurden durch die verschiedenen grundherrlichen Abgaben und verschärften Frondienste schwer belastet. Noch mehr getroffen aber wurden sie durch die Beschränkungen der Allmenden, insbesondere durch die Vermehrung und Ausdehnung der adligen und klösterlichen Schäfereien auf Kosten des dörflichen Gemeindebesitzes[10]. Weiterhin hatten die Bauern unter der stetig zunehmenden Umwandlung kirchlicher Strafen in Geldbußen zu leiden und unter der Verpfändung ganzer Dörfer.

Die *Mißernten* der Jahre 1523 und 1524 trieben dann die wirtschaftlichen Schwierigkeiten auf dem Lande auf einen Höhepunkt.

Neben der Dorfarmut und den vielen Gütlern gab es aber auch eine nicht unbedeutende Schicht von reichen Bauern, die sich in ihrem Reichtum kaum von dem städtischen Besitzbürgertum unterschieden. Sie erfuhren vor allem den *Widerspruch zwischen wirtschaftlicher Macht und fehlendem politischen Einfluß*. Das Stadt-Land-Verhältnis charakterisiert Manfred Bensing: „Die Bedingungen für ein zeitweiliges Zusammengehen zwischen Teilen der städtischen und ländlichen Bevölkerung waren in Thüringen überaus günstig, nicht nur wegen der großen wirtschaftlichen Nähe von Stadt und Land; Stadt- und Landarmut lebten gleichermaßen

---

[7] *F. Lütge*, Die mitteldeutsche Grundherrschaft und ihre Auflösung, 1957².

[8] *D. Lösche*, Mühlhausen (wie Bibl. Nr. 101), S. 64—72.

[9] *D. Lösche*, Vermögensverhältnisse thüringischer Bauern im Jahre 1542, in: Jahrbuch für Wirtschaftsgeschichte 1964, Teil II/III, S. 122 ff.; *E. Schwarze*, Veränderungen der Sozial- und Besitzstruktur in ostthüringischen Ämtern und Städten am Vorabend des Bauernkriegs, in: ebd., S. 255—273.

[10] S. *W. P. Fuchs* — *G. Franz*, Akten Mitteldeutschland (wie Bibl. Nr. 13), Nr. 1202, 1207, 1208, 1244 u. a. Vgl. auch *R. Quietzsch*, Triftgerechtigkeit (wie Bibl. Nr. 104), S. 52—78.

wirtschaftlich gedrückt und rechtlos. Es bestanden keine gesellschaftlichen Schranken, die ihr Zusammenfinden hätten erschweren können."[11]
Gemeinsamkeit zwischen der städtischen und bäuerlichen Bevölkerung bestand auch in der Bereitschaft, gegen Klerus und Klöster vorzugehen, deren reiche Besitzungen zu säkularisieren und dem gemeinen Nutzen zu übergeben. Übereinstimmung herrschte auch in der Ablehnung der lokalen Mediatgewalten und der fürstlichen Beamten sowie in der Ablehnung der frühkapitalistischen Wirtschaftspraxis. Nicht umsonst entstanden Zentren des Aufstands vor allem dort, wo sich im Bergbau und im Hüttenwesen frühkapitalistische Zentren herausgebildet hatten, etwa im westlichen Thüringer Wald oder im Harz.

Ausschlaggebend wurde schließlich die *Tätigkeit radikaler Prediger*, die sich hauptsächlich aus entlaufenen Mönchen rekrutierten. Denn seit 1522 breitete sich die Reformation Luthers erfolgreich in den Städten und Dörfern Thüringens aus, was zu zahlreichen Klosteraustritten von Mönchen und Nonnen und sogar zu Selbstauflösungen von Klöstern führte. Noch richtete sich der Zorn der Prediger und des Volkes gegen die „Papisten", gegen die Sittenlosigkeit der Pfaffen und gegen kirchliche Mißbräuche. Doch zunehmend traten radikalere Prediger mit sozial-revolutionären Programmen auf, traten vor allem Müntzer und seine Anhänger in Erscheinung und rückten bald in den Mittelpunkt des Geschehens.

2. Thomas Müntzer und Mühlhausen

Thomas Müntzer[12], der „radikale Reformator", bei dem Theologie und Revolution eine Einheit bildeten, wurde um 1490 in

---

[11] *M. Bensing*, Thüringer Aufstand (wie Bibl. Nr. 79), S. 34.
[12] Aus der Fülle der Literatur zur Biographie und Theologie Thomas Müntzers sowie zu seiner Rolle im Bauernkrieg siehe vor allem *W. Elliger* (wie Bibl. Nr. 82), *A. Friesen* — *H.-J. Goertz* (wie Bibl. Nr. 83), *M. Bensing* (wie Bibl. Nr. 79), *M. Steinmetz* (wie Bibl. Nr. 80); weiterhin *E. Bloch*, Thomas Müntzer als Theologe der Revolution, 1960; *G. Wehr*, Thomas Müntzer in Selbstzeugnissen und Bilddokumenten (Rowohlt Monographien 188), 1972; *Th. Nipperdey*, Theologie und Revolution bei Thomas Müntzer, in: *Ders.*, Reformation, Revolution, Utopie, 1975, S. 38—84; *R. van Dülmen*, Reformation als Revolution (wie Bibl. Nr. 112).

Stolberg am Harz als Sohn eines Handwerksmeisters geboren. Er studierte in Leipzig und Frankfurt a. d. Oder Theologie und erhielt im Mai 1520 auf Empfehlung Luthers in Zwickau eine Pfarrstelle. In der bedeutenden Tuchmacherstadt wandelte er sich, nicht zuletzt unter dem Einfluß der waldensisch-taboritischen „Zwikkauer Propheten", vom Anhänger Luthers zum entschiedenen Gegner Luthers und dessen Wort- und Rechtfertigungslehre. Als aufgrund seiner Predigten Unruhen in Zwickau auszubrechen drohten, mußte Müntzer die Stadt verlassen[13]. Er wandte sich nach Prag, wo er hoffte, die Reste der hussitisch-taboritischen Gemeinden reaktivieren zu können. Im Vertrauen auf die Unterstützung des böhmischen Volkes veröffentlichte er im November 1521 sein „Prager Manifest", in dem er erstmals sein neues Bekenntnis und seine revolutionäre Theologie formulierte[14].

Im Mittelpunkt der *Lehre Müntzers* stehen sein eschatologisches Bewußtsein und seine Geist- und Kreuzestheologie, die im bewußten Gegensatz zu Luthers Verständnis von der Heiligen Schrift entwickelt werden. Der Geist der Heiligen Schrift, nicht das Wort, ist für Müntzer die alleinige Grundlage des Glaubens. Bereitet und fähig zum Empfang des Geistes wird der Mensch durch das Leiden, durch die subjektive Kreuzeserfahrung und die Nachfolge Christi inmitten der Welt. Damit der Mensch wieder unmittelbar Gott erfahren kann, muß auch die Herrschaft der Pfaffen beseitigt werden, da sie den Weg zu Gott verstellt haben.

Die Geisterfahrung und Leidenstheologie bleibt jedoch nicht individuell beschränkt, sondern wird von Müntzer auf die ganze Welt übertragen mit dem Anspruch auf eine radikale Verchristlichung aller Lebensbereiche. Die Welt wird nicht, wie bei Luther, als Schöpfung demütig hingenommen, sondern sie ist so zu verändern, daß Gottes Herrschaft in ihr verwirklicht werden kann. Diese Veränderung ist hier auf Erden und jetzt zu vollführen und zu realisieren. Deshalb müssen die Feinde Gottes, die von den Auserwählten zu scheiden sind, vernichtet werden, da sie den Anbruch der Herrschaft Gottes verhindern wollen. Den Auserwählten aber, so fordert Müntzer, müssen die „neue apostolische Kirche" und das „Reich dieser Welt" übergeben werden.

---

[13] *P. Wappler*, Thomas Müntzer in Zwickau und die „Zwickauer Propheten" (Schriften des Vereins für Reformationsgeschichte 182), 1908, Neudruck 1966.

[14] Abgedruckt in: *Thomas Müntzer*, Schriften (wie Bibl. Nr. 14), S. 491 ff.

Müntzers Kampf gegen die Gottlosen ist bestimmt von seiner eschatologischen Erwartung, von seiner festen Überzeugung vom unmittelbar bevorstehenden Anbruch einer neuen Zeit. Als „Knecht Gottes", als „Prophet" und „Bote Gottes" ist er von seiner Sendung und Mission unerschütterlich überzeugt und fordert alle Menschen zu unbedingtem Gehorsam auf. Müntzers Lehre war zwar ausschließlich religiös begründet und motiviert, doch mußten sein Predigen und Handeln unausweichlich politisch-radikal und sozial-revolutionär werden, wenn es an die Realisierung der Herrschaft Christi, an die Vernichtung der Gottlosen und an die Aufrichtung des egalitären Reiches Gottes ging.

Seit Ostern 1523 wirkte Müntzer als Prediger in dem kleinen Ackerbürgerstädtchen Allstedt im Mansfeldischen. Schon bald nahm Graf Ernst Anstoß an Müntzers apokalyptischen Predigten und verbot seinen Untertanen den Besuch des Gottesdienstes in Allstedt. Schließlich wandte sich Ernst von Mansfeld an Kurfürst Friedrich den Weisen als den Landesherrn, um ihn zum Einschreiten gegen Müntzer zu bewegen; doch dieser ermahnte den radikalen Prediger in Allstedt nur zu mehr Zurückhaltung. In seiner „Verantwortung" berief sich Müntzer dann darauf, daß er seine Legitimation direkt von Gott habe und daß Gott allein sein Richter sei[15].

Am 24. März 1524 gründete Müntzer in Allstedt den *„Bund der Auserwählten"*[16], dem der Rat und rund 500 Bürger, Handwerker und Bergknappen angehörten. Dieser heilige Bund, den Gott mit den Auserwählten schloß, sollte zum Kampfinstrument gegen die Gottlosen werden. Müntzer forderte sogar Friedrich den Weisen und Herzog Johann auf, diesem Bunde beizutreten und so zu Kämpfern Gottes zu werden. Doch die Fürsten versagten sich. Daraufhin wandte sich Müntzer gegen alle „gottlosen Regenten", voran gegen die Fürsten, die sich der Errichtung des Gottesstaates auf Erden und der gottgewollten Ordnung entgegenstellten, und

---

[15] Über Müntzers Wirken in Allstedt, insbesondere über seine liturgischen Reformen, siehe *Thomas Müntzer*, Schriften (wie Bibl. Nr. 14), S. 25—217; *W. Elliger*, Müntzer (wie Bibl. Nr. 82), S. 337 ff.; *K. Honemeyer*, Thomas Müntzers Allstedter Gottesdienst ..., in: *A. Friesen — H.-J. Goertz*, Thomas Müntzer (wie Bibl. Nr. 83), S. 213—298.
[16] Vgl. *M. Bensing*, Idee und Praxis des „Christlichen Verbündnisses" bei Thomas Müntzer, in: *A. Friesen — H.-J. Goertz*, Thomas Müntzer (wie Bibl. Nr. 83), S. 299—338.

sprach dem Volk, das ihm folgte, allein das Recht auf herrschaftliche Gewalt zu[17]. Vor allem Herzog Georg von Sachsen und Ernst von Mansfeld, die die Ausbreitung der reformatorischen Bewegung verhindern wollten, wurden von Müntzer in seinen Predigten als Stützen der Gottlosen gebrandmarkt. Den Grafen von Mansfeld schalt er einen „ketzerischen Schalk und Schindfessel" und drohte ihm schlimmste Rache an[18]. Nach einem Verhör in Weimar[19] wurde Müntzer ultimativ aufgefordert, seinen Bund aufzulösen, doch entzog er sich dem durch die Flucht aus Allstedt[20].

Am 15. August 1524 traf *Thomas Müntzer in Mühlhausen* ein. Obwohl Luther vor dem falschen Propheten gewarnt hatte, wurde er in der Reichsstadt erwartungsvoll empfangen. Mühlhausen, mit rund 7 500 Einwohnern und 19 abhängigen Dörfern die größte Stadt Mitteldeutschlands, hatte zwar Schutzverträge mit den sächsischen Fürsten schließen müssen, doch genoß es relative Unabhängigkeit aufgrund der ständigen Rivalitäten zwischen den beiden wettinischen Linien. Trotz seiner Größe lebten die meisten Bürger vom Handwerk (40%) und von der Landwirtschaft (35%); der kapitalbildende Fernhandel fehlte. Das mehr oder weniger oligarchische Stadtregiment lag in der Hand einer dünnen, reichen zünftisch-patrizischen Oberschicht. Die *Sozialstruktur der Stadt* aber wurde geprägt von einer relativ breiten Mittelschicht, die fast die Hälfte der Bürgerschaft umfaßte und zwischen 80 und 800 fl. Vermögen versteuerte. Es gab aber auch eine breite Unterschicht: fast ein Viertel der Bürger hatte nur zwischen 4 und 80 fl. Besitz und rund ein Zehntel war völlig besitzlos. Noch schlechter waren die sozio-ökonomischen Verhältnisse in den Vorstädten, wo 40%

---

[17] Vgl. die sog. „Fürstenpredigt", die Müntzer am 13. Juli 1523 vor Herzog Johann und Prinz Johann Friedrich hielt. *G. Franz* (Hrsg.), Thomas Müntzer. Die Fürstenpredigt, 1967. S. auch *C. Hinrichs*, Luther und Müntzer. Ihre Auseinandersetzung über Obrigkeit und Widerstandsrecht, 1952, S. 37 ff.; *Thomas Müntzer*, Schriften (wie Bibl. Nr. 14), S. 396.

[18] *Thomas Müntzer*, Schriften (wie Bibl. Nr. 14), S. 393 f.

[19] Der Bericht über das Verhör ist abgedruckt in: *C. E. Förstemann* (Hrsg.), Zur Geschichte des Bauernkrieges im Thüringischen und Mansfeldischen, in: Neue Mitteilungen aus dem Gebiet historisch-antiquarischer Forschungen 12 (1868), S. 182.

[20] Bericht des Schossers Hans Zeiß an Herzog Johann, in: *G. Franz*, Quellen Bauernkrieg (wie Bibl. Nr. 2), S. 488 f.

Thüringen 161

der Einwohner, die zudem politisch rechtlos waren, zu den völlig Armen zählten[21].

Die zahlreichen Stadtarmen, voran die in den Vorstädten, aber auch die mittlere handwerklich-bäuerliche Schicht bildeten den Nährboden für neue politische und soziale Ideen, die von dem ehemaligen Mönch *Heinrich Pfeiffer* vertreten wurden. Sein erster Erfolg war die Wahl einer Bürgervertretung, der „Achtmänner", am 1. April 1523 gewesen[22], die dann in 54 Artikeln die Beschwerden der Gemeinde und der Vorstädte dem Rat vorlegten[23]. Opposition und Forderungen paßten noch völlig in den Rahmen der stetig wachsenden Zahl innerstädtischer Unruhen am Vorabend des Bauernkriegs. So verlangte man auch in Mühlhausen die Teilhabe der Gemeinde an der Stadtverwaltung, die Kontrolle der Finanzen und des Gerichtswesens, die Besteuerung der Geistlichkeit sowie die Berufung evangelischer Prediger. Unter dem Druck der Bürger und Vorstädter mußte der Rat die Forderungen erfüllen und das Institut der „Achtmänner" akzeptieren, woraufhin wieder Ruhe in Mühlhausen einkehrte, wenn auch die Schwierigkeiten keineswegs vollständig ausgeräumt waren.

Als Müntzer in Mühlhausen eintraf, wo er das in Allstedt begonnene Werk fortzusetzen beabsichtigte, stellte er sich sogleich an die Spitze der aufständischen Bewegung und verkündete sein Programm: „... dass sie keiner oberkeit gehorsam sein, Niemanden Zinsen noch Rente zu geben schuldig seien, und man solle alle geistlichen Stände verfolgen und austreiben."[24] Seine immer radikaler werdenden sozial-revolutionären Predigten brachten bald die Stadtarmut in Bewegung, während das Besitzbürgertum eine schwankende Haltung einnahm: einerseits war es mit der Vertreibung der Geistlichen und der Absetzung des alten Rates einver-

---

[21] Zu den sozialökonomischen Verhältnissen in Mühlhausen s. *A. Vetter*, Bevölkerungsverhältnisse der ehemaligen Freien Reichsstadt Mühlhausen in Thüringen im 15. und 16. Jahrhundert, 1910; *R. Bemmann*, Die Stadt Mühlhausen im späten Mittelalter, 1915; *G. Franz*, Bauernkrieg (wie Bibl. Nr. 39), S. 248 ff. *M. Bensing*, Thüringer Aufstand (wie Bibl. Nr. 79), S. 28 ff.
[22] Vgl. *D. Lösche*, Achtmänner, Ewiger Bund Gottes und Ewiger Rat, in: Jahrbuch für Wirtschaftsgeschichte 1960, Teil I, S. 135 ff.
[23] Abgedruckt in: *G. Franz*, Quellen Bauernkrieg (wie Bibl. Nr. 2), S. 479—485. S. auch *G. Günther*, Der Mühlhäuser Recess, in: Die frühbürgerliche Revolution in Deutschland (wie Anm. 5), S. 167 ff.
[24] *M. Bensing*, Thüringer Aufstand (wie Bibl. Nr. 79), S. 66.

standen, andererseits aber fürchtete es die übrigen Konsequenzen des Müntzerschen Programms.

Mitte September 1524 brach der Aufruhr in der Reichsstadt aus. Die Aufständischen gründeten den „Ewigen Bund Gottes", eine militärische Organisation, die sich überwiegend aus der Stadtarmut, speziell aus den Vorstädten, zusammensetzte. Einige Zünfte und Stadtviertel sowie die radikalen Vorstädte formulierten nun die *sozial-revolutionären „11 Mühlhäuser Artikel"*[25], die wahrscheinlich von Müntzer und Pfeiffer beeinflußt worden waren. Darin wurden die Einsetzung eines neuen „Ewigen Rates" gefordert und zugleich die Pflichten und Rechte der Ratsmitglieder festgelegt. Weiterhin verlangte der Artikelbrief, daß das neue Regiment allein auf der Grundlage des Evangeliums und des Göttlichen Rechts beruhen müsse. Denn das Wort Gottes sei die Garantie für die vollständige Beseitigung aller Unterschiede zwischen den Menschen, sowohl im Besitz wie im Ansehen. Den Aufständischen ging es also nicht mehr nur um die Partizipation am Stadtregiment, sondern um die völlige Beseitigung der bisherigen Ordnung und um die Errichtung eines christlichen Regiments. Nach Müntzers chiliastischen Vorstellungen sollte mit der Neuordnung der politischen und gesellschaftlichen Verhältnisse in Mühlhausen sogar ein Beispiel für die Gottesherrschaft in Thüringen und darüber hinaus in der gesamten Christenheit gesetzt werden.

Doch vorerst unterlag die revolutionäre Bewegung. Der alte Rat ließ rund 200 Bauern aus den umliegenden Dörfern in die Stadt rufen, um die Unruhen niederzuhalten und den Sturm auf die Kirchen zu verhindern. Mit den Bauern verbündeten sich die meisten Bürger der Innenstadt, so daß sie gemeinsam die Ausweisung Müntzers und Pfeiffers durchsetzen konnten[26].

Müntzer und Pfeiffer wandten sich nach Bibra, wo sie mit dem „Buchführer" und späteren Täufer Hans Hut zusammentrafen, und weiter nach Oberdeutschland. Pfeiffer und Hut gingen nach Nürnberg, um dort Müntzers „Ausgedrückte Entblößung"[27] und die „Hochverursachte Schutzrede und antwort wider das Gaistloß Sanfft lebende fleysch zu Wittenberg"[28] zum Druck zu bringen.

---

[25] Abgedruckt in: *G. Franz*, Quellen Bauernkrieg (wie Bibl. Nr. 2), S. 491—494.
[26] *M. Bensing*, Thüringer Aufstand (wie Bibl. Nr. 79), S. 69—73.
[27] Abgedruckt in: *Thomas Müntzer*, Schriften (wie Bibl. Nr. 14), S. 265—320.
[28] Abgedruckt in: ebd., S. 321—344.

Der lutherisch gesinnte Nürnberger Rat jedoch ließ Pfeiffer verhören und ausweisen; von den beiden Drucken wurde der Großteil konfisziert[29]. Müntzer selbst nahm im Schwarzwald und am Oberrhein Verbindung mit den dortigen Reformatoren auf[30].

In Mühlhausen waren mit der Ausweisung Müntzers und Pfeiffers keineswegs die inneren Konflikte beseitigt; es gärte weiterhin. So konnte bereits am 13. Dezember Pfeiffer wieder zurückkehren. Obwohl der alte Rat wiederum bewaffnete Bürger gegen den aufständischen Anhang Pfeiffers aufbot, fand er jetzt nicht mehr die Unterstützung der Mehrheit in der Stadt und vor allem nicht der Bauern, die sich nun Pfeiffer zuwandten. So mußte der Rat schließlich Pfeiffer die Predigt gestatten, der in wachsendem Maß sogar die Unterstützung der Achtmänner gewann, was zeigt, daß inzwischen selbst das Besitzbürgertum von der revolutionären Bewegung erfaßt worden war[31].

Ende Februar 1525 kehrte auch Müntzer wieder nach Mühlhausen zurück und wurde sogleich als Pfarrer an der Marienkirche eingestellt. Als revolutionärer Prediger stellte er sich sofort an die Spitze des Aufstands. Denn in der Erhebung der Bürger und Bauern sah er die Befreiung zum wahren Christentum und erkannte in den Aufständischen die von Gott auserwählten Träger der künftigen Herrschaft Gottes. Die Auserwählten waren nach Müntzers Lehre sogar zur Anwendung von Gewalt berechtigt, weil sie im Geistbesitz waren und den Auftrag zur Verchristlichung der Welt von Gott erhalten hätten.

Schon am 17. März wurde der *„Ewige Rat"* Gottes in Mühlhausen gewählt, dem Müntzer und Pfeiffer jedoch nicht angehörten. Als nächster Schritt wurden die Klöster in der Stadt aufgehoben und ihre säkularisierten Besitzungen in den „gemeinen nutz" überführt. Mönche und Nonnen mußten in den weltlichen Stand zu-

---

[29] Ein Aufenthalt Müntzers in Nürnberg, wie er von vielen Forschern angenommen wurde, kann nicht zweifelsfrei belegt werden, wenn auch manches dafür spricht. Vgl. *G. Vogler,* Nürnberg 1524/25, 1982, S. 213 ff., wo Quellenlage und Literaturstand eingehend diskutiert werden.
[30] *W. Elliger,* Müntzer (wie Bibl. Nr. 82), S. 672.
[31] *G. Brendler,* Idee und Wirklichkeit bei der Durchsetzung der Volksreformation Thomas Müntzers in Mühlhausen (Februar bis April 1525), in: *G. Brendler* — *A. Laube* (Hrsg.), Bauernkrieg 1524/25 (wie Bibl. Nr. 48), S. 81—88.

rücktreten oder die Stadt verlassen. Küchen und Keller der Klöster und der Geistlichkeit wurden geplündert[32].

Die Erfolge der Aufständischen in Mühlhausen blieben selbstverständlich nicht ohne Auswirkungen auf ganz Thüringen, wo an verschiedenen Orten Anhänger Müntzers dessen revolutionäres Programm verkündeten und Zentren der Unruhe schufen, deren Vereinigung mit Mühlhausen die Fürsten zu fürchten begannen[33]. Der energische Herzog Georg von Sachsen entschloß sich als erster, gegen die Unruhen und die drohende Gefahr mit militärischer Gewalt vorzugehen. Schon Anfang Februar suchte er die Zustimmung der unsicheren Ernestiner dazu zu gewinnen, gemeinsam Mühlhausen den Schutz aufzukündigen und die Zufahrtsstraßen zu sperren. Kurfürst Friedrich und Herzog Johann lehnten das Ansinnen des Vetters jedoch ab, wie auch eine Übereinkunft mit Landgraf Philipp von Hessen an der Unentschlossenheit der Ernestiner scheiterte. Kurfürst Friedrich, der im Sterben lag, meinte sogar resignierend: „Will es Gott also haben, so wird es also herausgehen, daß der gemeine Mann regieren soll."[34]

3. Die Ausbreitung des Aufstandes

Zur gleichen Zeit griff die Aufstandsbewegung von Franken und vor allem von Fulda her immer mehr nach Thüringen über[35]. In der *Reichsabtei Fulda*, wo seit 1521 der 18jährige Graf Johann von Henneberg als Koadjutor regiert, hatte sich die Hauptstadt erhoben und in 8 Artikeln ihre Beschwerden festgehalten: die Zwölf Artikel sollten angenommen, die Klöster enteignet und die Macht des fürstlichen Schultheißen eingeschränkt werden[36]. Die

---

[32] Vgl. den Bericht der Mühlhäuser Chronik, abgedruckt in: *G. Franz*, Quellen Bauernkrieg (wie Bibl. Nr. 2), S. 494—501; Der Ewige Rat zu Mühlhausen, hrsg. v. *G. Günther*, 2 Bde, 1962/64; *M. Bensing*, Thüringer Aufstand (wie Bibl. Nr. 79), S. 78 ff.; *D. Lösche*, Achtmänner, Ewiger Bund Gottes und Ewiger Rat (wie Anm. 22), S. 161 ff.

[33] M. Bensing, Thüringer Aufstand (wie Bibl. Nr. 79), S. 82 ff.

[34] Kurfürst Friedrich an seinen Bruder Herzog Johann am 14. April 1525, abgedruckt in: *G. Franz*, Quellen Bauernkrieg (wie Bibl. Nr. 2), S. 501 f.

[35] *G. Franz*, Bauernkrieg (wie Bibl. Nr. 39), S. 238 ff.; *G. Vogler*, Oberschwäbische Zwölf Artikel (wie Bibl. Nr. 120).

[36] *O. Merx* (Hrsg.), Akten Mitteldeutschland (wie Bibl. Nr. 11), Nr. 170.

Bauern, die aus dem Ulstertal in die Hauptstadt geströmt waren, trugen ebenfalls ihre Forderungen vor, wobei auch sie mehr kommunale Selbstverwaltungsrechte und die Besteuerung der Adligen und Geistlichen verlangten[37]. Am 22. April wurde der Koadjutor gezwungen, die 13 Artikel der Stadt und Landschaft Fulda, damit zugleich auch die Zwölf Artikel, anzunehmen und auf seinen geistlichen Titel zu verzichten; er durfte sich nur noch als „Fürst in Buchen" bezeichnen. Nach diesem großen Erfolg plünderte der Fuldaer Haufen die Klöster der Umgebung und drang dann über die Grenzen des Stifts hinaus — ein Teil in das *Stift Hersfeld*, wo der Abt die Zwölf Artikel ebenfalls anerkennen mußte, und ein anderer Teil nach Thüringen, wo diese Artikel einen Flächenbrand auslösten. Fast überall erhoben sich Bauern und Ackerbürger, die Klöster und Schlösser plünderten und in Brand steckten. Größere Haufen bildeten sich vor allem im Südwesten im Werratal und im Norden um Nordhausen[38].

Gleich zu Beginn des Aufstandes beorderte Müntzer seine verläßlichsten Anhänger und engsten Gesinnungsgenossen aus allen Unruhezentren Thüringens nach Mühlhausen. Daraus läßt sich die Absicht Müntzers ablesen, die Aufstandsbewegung zentral zu steuern und von Mühlhausen aus ganz Thüringen zu erobern. Zugleich aber wollte Müntzer, nach Meinung von Manfred Bensing[39], mit der Konzentration seines Anhangs wieder das Übergewicht in Mühlhausen gegen den Einfluß Pfeiffers zurückgewinnen. Denn Pfeiffer sah in der konkreten Befriedigung der bäuerlich-bürgerlichen Forderungen und Interessen in einem begrenzten Gebiet das Ziel des Aufstandes und lehnte Müntzers universalen Anspruch ab.

Zunächst zog ein Mühlhäuser Aufgebot Ende April nach Langensalza, wo die Annahme der Zwölf Artikel erzwungen worden war. Müntzer wollte als nächstes nach Heldrungen in der Grafschaft seines Erzfeindes Ernst von Mansfeld ziehen und von dort weiter nach Frankenhausen, einem weiteren Aufstandszentrum. Pfeiffers Absichten waren dagegen auf das Eichsfeld gerichtet.

---

[37] Abgedruckt in: *G. Franz*, Quellen Bauernkrieg (wie Bibl. Nr. 2), S. 466 f. Zu Fulda s. auch u. Kapitel „Mittelrhein", S. 180.
[38] *O. Merx*, Der Bauernkrieg in den Stiftern Fulda und Hersfeld und Landgraf Philipp der Großmütige, in: Zeitschrift des Vereins für hessische Geschichte und Landeskunde NF 28 (1904), S. 259—333. — Zu Hersfeld s. auch u. Kapitel „Mittelrhein", S. 180 f.
[39] *M. Bensing*, Thüringer Aufstand (wie Bibl. Nr. 79), S. 103 ff.

Nicht ganz zufällig trafen wohl auf dem Zug nach Frankenhausen Eichsfelder Bauern ein, die kniefällig um Schutz vor dem wütenden Adel baten. Es kam zu einer Auseinandersetzung zwischen Müntzer und Pfeiffer, wobei Pfeiffer den größeren Teil des Haufens für sich gewinnen konnte, indem er auf die zu erwartende reiche Beute in den Klöstern und Schlössern auf dem *Eichsfeld* hinwies. Dort hatten sich innerhalb weniger Tage die Bauern und Ackerbürger erhoben, die Zwölf Artikel zur Grundlage ihrer Forderungen gemacht und den Adel zum Eintritt in das Bauernheer gezwungen. Als der Mühlhäuser Haufen dann am 30. April ins Eichsfeld kam, fiel ihm das ganze Land zu. Bei dem Sturm auf Klöster und Burgen entluden sich Haß und Neid gegen Ritter und Pfaffen. Nur Duderstadt und Heiligenstadt öffneten nicht ihre Stadttore, sondern plünderten ihre Klöster selbst[40].

Entscheidend für den weiteren Verlauf des Aufstandes wurde die *Haltung der Städte, des Adels und der Bergknappen.* Die thüringischen Städte waren alle vom Aufstand bedroht und ihr Fall schien nur eine Frage der Zeit. In Erfurt drängten Rat, Bürgerschaft und Bauern gemeinsam den Einfluß des Mainzer Erzbischofs zurück, nachdem sie die Häuser der Geistlichen geplündert hatten[41]. In Goslar, wo die Silbergruben stillstanden, mußte die evangelische Predigt erlaubt werden. In Halle konnte Kardinal Albrecht die Aufständischen selbst besänftigen, während in Halberstadt, Quedlinburg und Aschersleben die Klöster gestürmt wurden. Überall richteten sich die Forderungen und Ziele der Aufständischen in den Städten auf mehr politische und wirtschaftliche Autonomie der Bürgergemeinde und wandten sich gegen die Kirche mit ihren privilegierten Besitzungen und gegen die Steuerfreiheit der Adelshöfe. Auch Adel und Geistlichkeit sollten das „bürgerliche mitleiden" tragen. Zwar ging der Aufstand vielfach von Städten aus und hatte in Städten wie Mühlhausen und Frankenhausen seine Zentren, doch ein planvolles Zusammenwirken von Städten und Bauern kam auch in Thüringen nicht zustande[42].

---

[40] *G. Franz*, Bauernkrieg (wie Bibl. Nr. 39), S. 258 ff. (mit weiterer Literatur).
[41] Die Artikel der Stadt Erfurt und die Stellungnahme Luthers, abgedruckt in: *G. Franz*, Quellen Bauernkrieg (wie Bibl. Nr. 2), S. 540 bis 546; *G. Franz*, Bauernkrieg (wie Bibl. Nr. 39), S. 245 ff.
[42] *H. Müller*, Die Forderungen der thüringischen Städte im Bauernkrieg, in: Die frühbürgerliche Revolution in Deutschland (wie Anm. 5), S. 138—144.

Die Haltung des Adels war äußerst ambivalent. Gleich nach Ausbruch des Aufstandes wurden die mächtigen und von ihren Untertanen gefürchteten Grafen von Mansfeld, Schwarzburg, Hohnstein, Stolberg, Gleichen und Henneberg von den Bauern vor die Alternative gestellt, sich entweder der „christlichen Vereinigung" zu unterwerfen oder ihre Herrschaft zu verlieren. Dabei erkannten die relativ selbständigen Grafen sehr wohl auch die Möglichkeit, daß die Bewegung des Volkes das Territorialfürstentum schwächen könnte, von dem sich der Adel bedroht sah. Die Gefahr einer völligen Mediatisierung aber wuchs um so mehr, wenn der Adel sich vor den aufrührerischen Bauern unter den Schutz der mächtigen wettinischen Fürsten stellen würde. Die Grafen hofften deshalb insgeheim auf einen Sieg der Bauern, so daß der Adel danach „die Dinge wieder in den vorigen Gang bringen" könnte. Da zudem mit der Verbrüderung die Verfügung über den säkularisierten Kirchenbesitz lockte, bestand besonders für den weitgehend verarmten Niederadel ein echter wirtschaftlicher Anreiz zu einem Bündnis mit den Aufständischen. Mehr oder weniger freiwillig unterstellten sich viele Adlige, wie etwa die Grafen von Schwarzburg, Stolberg und Hohnstein, dem Bund und rückten sogleich in führende Positionen ein[43]. Alle, voran Wilhelm von Henneberg, zogen sich aber sofort zurück, als der Sieg der Fürsten klar zu erkennen war, was sie jedoch nicht von dem Vorwurf Herzog Georgs befreite, sie hätten „dem Montzer mehr pflicht und gehorsam geleyst" als ihrem Landesherrn[44].

Konsequent ablehnend gegenüber dem Aufstand verhielt sich dagegen der gesamte unter albertinischer und Mainzer Lehenshoheit stehende Adel, obwohl seine ökonomische Lage sich nicht im mindesten von der der benachbarten Standesgenossen unterschied. Doch der energische Georg von Sachsen hatte seinen Adel bereits weitgehend integriert und zudem die reformatorische Bewegung von Anfang an unterdrückt[45]. So sehr sich also nach der verheerenden Niederlage des Adels von 1523 ein Bündnis von Bauern und Adligen gegen die Territorialfürsten anbot, es kam nicht zustande, von einigen kurzzeitigen Ausnahmen abgesehen.

Es gilt dies auch für die Bergknappen, auf die Müntzer so große Hoffnungen setzte. So hielten sich die alten Bergstädte praktisch

---

[43] *M. Bensing*, Thüringer Aufstand (wie Bibl. Nr. 79), S. 200 ff.
[44] Zitat ebd., S. 202.
[45] Ebd., S. 203 f.

völlig zurück. Es gab zwar einige Unruhen in Annaberg, Marienberg und Buchholz, doch die Bergleute gingen nicht geschlossen vor, wie auch keine Verbrüderung mit den Bauern stattfand[46]. Nur die Joachimsthaler Knappen empörten sich gegen den Grafen von Schlick, artikulierten in ihren Forderungen aber ausschließlich rechtliche und soziale Probleme aus dem Bergbau, die ihnen weitgehend zugestanden wurden[47].

Schon gleich nach Ausbruch des Aufstandes in Thüringen hatte Müntzer ein „Manifest an die Bergknappen im Mansfeldischen" gerichtet und sie darin aufgefordert, den Kampf gegen die gottlosen Fürsten aufzugreifen und sich mit den Bauernhaufen zu vereinen. Er drängte: „... Wie lange schlaft ihr? Fangt an und streitet den Streit des Herrn, es ist hohe Zeit."[48] Doch blieb der erhoffte Zuzug aus, die Masse der Bergknappen willigte in einen neuen Lohnvertrag mit dem Grafen von Mansfeld ein und wandte sich damit von der revolutionären Bewegung unter Müntzer ab[49].

Auch Luther versuchte den Aufruhr einzudämmen, als er Anfang Mai in der Grafschaft Mansfeld predigte. Aber das Volk lehnte ihn ab und soll ihn sogar verhöhnt haben. Diese schmachvolle Erfahrung, die wachsenden Erfolge Müntzers und die zögernde Haltung der Fürsten veranlaßten ihn nach dem 6. Mai zu der verhängnisvollen Flugschrift: „Wider die räuberischen und mörderischen Rotten der Bauern", in der er forderte, die Bauern müsse man wie tolle Hunde totschlagen[50].

---

[46] *A. Laube,* Bergarbeiter und Bauern (wie Bibl. Nr. 134); Revolution im Erzgebirge (wie Bibl. Nr. 86).

[47] *I. Mittenzwei,* Joachimsthaler Aufstand 1525 (wie Bibl. Nr. 85).

[48] Abgedruckt in: Flugschriften des Bauernkrieges, hrsg. v. *K. Kaczerowsky* (Rowohlts Klassiker ..., Deutsche Literatur 33), 1970, S. 121 f.

[49] *E. Paterna,* Da stunden die Bergkleute auff, 2 Bde, 1960.

[50] Abgedruckt in: *A. Laube — H.-W. Seiffert,* Flugschriften (wie Bibl. Nr. 17), S. 328—332. Aus der Vielzahl der Literatur zur Entstehung der Schrift und zu Luthers Haltung gegenüber den aufständischen Bauern s. *P. Althaus,* Luthers Haltung im Bauernkrieg, 1952; *C. Hinrichs,* Luther und Müntzer, ihre Auseinandersetzung über Obrigkeit und Widerstandsrecht, 1952; *M. Greschat,* Luthers Haltung im Bauernkrieg, in: Archiv für Reformationsgeschichte 56 (1965), S. 31—47; *L. Grane,* Thomas Müntzer und Martin Luther, in: *B. Moeller* (Hrsg.), Bauernkriegs-Studien (wie Bibl. Nr. 50), S. 69 ff.; *F. Lütge,* Luthers Eingreifen in den Bauernkrieg in seinen sozialgeschichtlichen Voraussetzungen und Auswirkungen, in: *Ders.,* Studien zur Sozial- und Wirtschaftsgeschichte. Gesammelte Abhandlungen, 1963, S. 112 ff.

Während in der Forschung bislang der Aufstand im Werratal nicht weiter mit Thomas Müntzer in Verbindung gebracht wurde, glaubt Manfred Bensing direkte Zusammenhänge sowohl ideologischer als auch organisatorischer Natur mit den Aufständischen in Mühlhausen zu erkennen[51]. So sollen Müntzers enge Vertraute Rinck, Fuchs und Sippel sein chiliastisch-eschatologisches Programm im Werratal verbreitet haben. Den Anstoß aber gaben die Aufständischen aus Fulda, die am 20. April die Bauern im *Werratal* veranlaßten, sich zu erheben. Ihr Programm bildeten die Zwölf Artikel, die Adel, Städte und Klöster annehmen mußten. Am 23. April trafen die Bauern in Salzungen ein, das sich sofort verbrüderte. Weiterhin erhielt der Haufen starken Zulauf von Bauern, Ackerbürgern der kleinen Städte und auch von Salzknappen, so daß er schließlich eine Stärke von rund 5 000 Mann erreichte. Die Aktionen des Werrahaufens richteten sich zunächst gegen die Klöster, die geplündert wurden, und gegen die Adligen, die gezwungen wurden, zu Fuß mitzuziehen.

Im Werrahaufen selbst erhoben sich bald Schwierigkeiten, da man sich über das weitere Vorgehen nicht einigen konnte. Die Anhänger Müntzers wollten eine Verbindung mit Mühlhausen und anderen Aufstandsgebieten herstellen. Ihnen stand der größere Teil der Aufständischen gegenüber, die nur ihre eigenen Interessen vertraten und ihre lokalen Beschwerden abgestellt sehen wollten. Die Müntzeranhänger mußten sich der „Lokalborniertheit" beugen. So wurde Schmalkalden erobert, mußte sich der Graf von Meiningen unterwerfen und mußte Wilhelm von Henneberg sich verbrüdern[52].

4. Das Ende

Am 29. April hatte Landgraf Philipp von Hessen mit seiner Söldnertruppe Hersfeld besetzt und sein Eintreffen in Eisenach angekündigt. Dadurch erhielten die gemäßigten und antirevolutionären Kräfte in der Stadt Auftrieb. Sie nahmen Hans Sippel, den

---

[51] *K. Schmöger*, Der Bauernkrieg im oberen Werratal, 1958.
[52] Zu dem Doppelspiel Wilhelms von Henneberg, der sich am 3. Mai auf die Zwölf Artikel verpflichtete, aber nicht daran dachte, sie zu halten, sondern nur Zeit gewinnen wollte, vgl. *M. Meyer*, Zur Haltung des Adels im Bauernkrieg, in: Jahrbuch für Regionalgeschichte 1972, S. 200 bis 224.

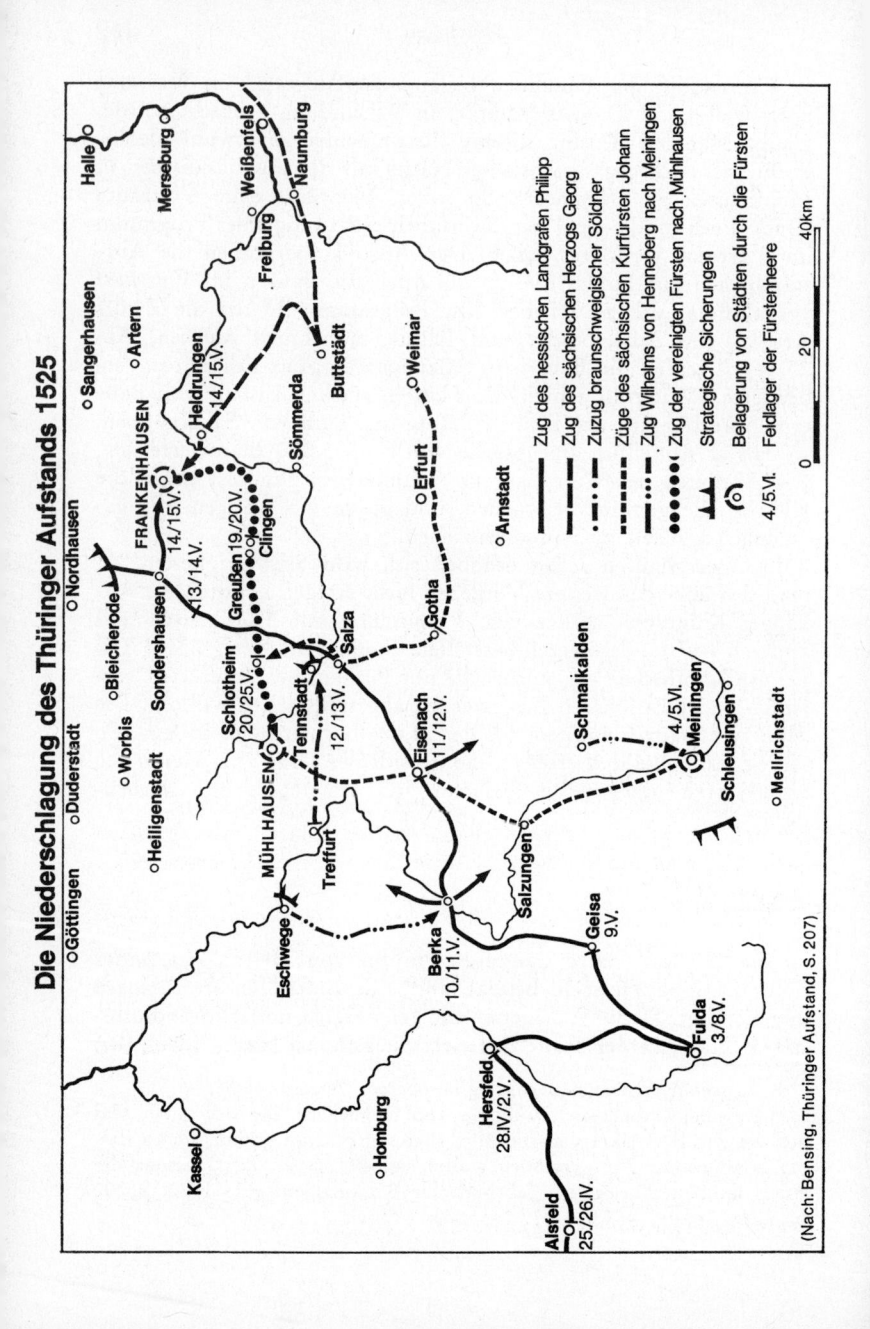

Die Niederschlagung des Thüringer Aufstands 1525

Zug des hessischen Landgrafen Philipp
Zug des sächsischen Herzogs Georg
Zuzug braunschweigischer Söldner
Züge des sächsischen Kurfürsten Johann
Zug Wilhelms von Henneberg nach Meiningen
Zug der vereinigten Fürsten nach Mühlhausen
Strategische Sicherungen
Belagerung von Städten durch die Fürsten
Feldlager der Fürstenheere

(Nach: Bensing, Thüringer Aufstand, S. 207)

obersten Hauptmann des Werrahaufens und einige Bauernräte gefangen und ließen sie noch vor Eintreffen des Landgrafen hinrichten. Führerlos geworden, löste sich der Werrahaufen auf. Damit war bereits am 10. Mai die Erhebung in Südwestthüringen beendet. Einige Aufständische schlossen sich dem Bildhäuser Haufen in Franken an, einige andere zogen nach Frankenhausen[53].

In der Schwarzburger Salzstadt *Frankenhausen* hatte die Ankündigung Müntzers, er werde mit dem gesamten Mühlhäuser Haufen eintreffen, der innerstädtischen Opposition großen Auftrieb gegeben. Der alte Rat wurde gestürzt, das Amtsschloß erstürmt und das Nonnenkloster geplündert. Dann erfolgte die Annahme der 14 Frankenhäuser Artikel, in denen sich die Beschwerden und Interessen aller städtischen Schichten und der Bauern widerspiegeln[54]. Radikale Müntzersche Forderungen fehlten. So wurden von den Grafen von Schwarzburg die Abschaffung der landesherrlichen Abgaben, die volle Selbstverwaltung, die Beseitigung der neuen Handelshemmnisse und die Freiheit von Wasser, Weide, Holz und Wildbann gefordert. Zu diesem gemäßigten, hauptsächlich gegen die schwarzburgische Herrschaft gerichteten Programm konnten sich sogar die wohlhabenden Bürger in Frankenhausen bekennen. Bald jedoch setzte eine deutliche Radikalisierung im Lager ein, nicht zuletzt unter dem verstärkten Einfluß der Müntzeranhänger. In den Artikeln, die am 3. Mai den Grafen von Stolberg und Schwarzburg vorgelegt wurden, waren bereits die Müntzerschen Forderungen aufgenommen, daß die Grafen ihre Titel ablegen, der politischen Herrschaft und Gerichtsgewalt entsagen und alle Schlösser bis auf eines aufgeben müßten. Als Ausgleich dafür bot man ihnen gewisse Rechte über die konfiszierten geistlichen Güter[55].

Doch allmählich gewann auch in Frankenhausen die gemäßigte Partei wieder mehr Einfluß. Sie nahm hinter dem Rücken des Lagers Verhandlungen mit Albrecht von Mansfeld und Kurfürst Johann auf — Friedrich der Weise war am 4. Mai gestorben — und

---

[53] *M. Bensing,* Thüringer Aufstand (wie Bibl. Nr. 79), S. 157 f. und 206 ff.

[54] Abgedruckt in: *W. P. Fuchs* — *G. Franz,* Akten Mitteldeutschland (wie Bibl. Nr. 13), Nr. 1269, S. 168 f.

[55] Abgedruckt in: Zur Geschichte des großen deutschen Bauernkrieges, bearb. v. *W. Zöllner,* 1961, Nr. 43, S. 115. S. auch den Bericht des Allstedter Schossers, abgedruckt in: *W. P. Fuchs* — *G. Franz,* Akten Mitteldeutschland (wie Bibl. Nr. 13), Nr. 1323, S. 202 f.

versuchte dabei, das Heer der Fürsten auf Mühlhausen zu lenken. Da traf am 10. oder 11. Mai Thomas Müntzer, längst erwartet[56], in Frankenhausen ein, riß die Führung an sich und leitete sofort Maßnahmen zur militärischen Stärkung des Lagers ein, in dem rund 7000 Aufständische versammelt waren. Als „Prophet Gottes" schrieb er Sendbriefe an die Grafen Ernst und Albrecht von Mansfeld. Von seinem Erzfeind Ernst verlangte er bedingungslose Unterwerfung: „Sag an, du elender dürftiger Madensack, wer hat Dich zu einem Fürsten des Volkes gemacht, welches Gott mit seinem teuren Blut erworben hat. Du sollst und mußt beweisen, ob Du ein Christ bist."[57] Graf Albrecht forderte er zum sofortigen Beitritt zum Bund auf[58]. Im Lager suchte Müntzer durch tägliche Predigten und revolutionäre Propaganda die Stimmung zu radikalisieren und die Bereitschaft zum Kampf zu stärken. Schließlich wandte er sich an die Städte Erfurt und Nordhausen sowie an den Grafen von Schwarzburg um militärische Hilfe, die jedoch verweigert wurde[59].

Der Frankenhäuser Haufen stand somit allein. Der Werrahaufen war zerfallen, die südthüringischen Haufen hatten sich aufgelöst, in Sachsen blieb es weitgehend ruhig und Mühlhausen hatte sich unter Pfeiffers Führung abgesondert[60]. Auch Müntzer war es also nicht gelungen, die einzelnen Haufen zu vereinen und gemeinsame Aktionen durchzuführen. Gegen lokale Beschränktheit und Sonderinteressen konnte auch Thomas Müntzer mit seinem chiliastischen und sozial revolutionären Programm sich nicht durchsetzen.

---

[56] S. Frankenhausens Hilfegesuch an Mühlhausen, abgedruckt in: *G. Franz*, Quellen Bauernkrieg (wie Bibl. Nr. 2), S. 518.

[57] Abgedruckt in: *G. Franz*, Quellen Bauernkrieg (wie Bibl. Nr. 2), S. 519.

[58] Ebd., S. 521.

[59] *M. Bensing*, Thüringer Aufstand (wie Bibl. Nr. 79), S. 191 ff.

[60] Während *M. Bensing* vom Verrat Pfeiffers an Müntzer und dem Thüringer Aufstand spricht (Thüringer Aufstand [wie Bibl. Nr. 79], S. 182 ff.), geht *G. Günther* von einer bis in den Tod währenden Kampfgemeinschaft Müntzers und Pfeiffers aus. Pfeiffer sei nur deshalb in Mühlhausen zurückgeblieben, damit die Stadt nicht ungeschützt an eine „Konterrevolution" falle, zumal der Ratssyndikus Dr. Otthera im Verdacht stand, mit der Fürstenpartei zu konspirieren. *G. Günther*, Müntzer und Pfeiffer in Mühlhausen, in: *G. Heitz — A. Laube — M. Steinmetz — G. Vogler* (Hrsg.), Bauer im Klassenkampf (wie Bibl. Nr. 49), S. 157 bis 182.

Am 11. Mai brach Herzog Georg mit 800 Reitern in Leipzig auf, während sich die Heere Philipps von Hessen und Heinrichs von Braunschweig bei Langensalza vereinigten. Mit etwa 1 400 Reisigen und mindestens 3 000 Knechten zogen sie an Mühlhausen und Erfurt vorbei direkt nach Frankenhausen[61]. Der Haupttruppe wurde ein kleiner Spähtrupp vorangeschickt, der von zwei Fähnlein aus dem Bauernhaufen in ein Gefecht verwickelt wurde. Als das vom Marsch ermüdete Hauptheer am 14. Mai Frankenhausen berannte, wurde es von den mehr als 7 000 Verteidigern zurückgeschlagen, was die Anhänger Müntzers in der Überzeugung ihrer Unbesiegbarkeit bestärkte. Am Abend unterbreitete Philipp von Hessen den Bauern ein Verhandlungsangebot, forderte sie zur Ergebung auf Gnad und Ungnad und zur Auslieferung der Hauptleute auf[62].

Am 15. Mai traf das sächsische Heer unter Herzog Georg vor Frankenhausen ein, vereinigte sich mit dem hessisch-braunschweigischen Heer und gemeinsam schloß man die Wagenburg der Bauern ein. Zuvor aber wurden noch Verhandlungen zwischen den Fürsten und den Bauern eingeleitet. Die Fürsten forderten, man solle „den falschen Propheten Thomas Montzer sampt seynem anhange lebendig heraus antworten"[63]. Müntzer aber konnte den Haufen in einer Predigt von der Notwendigkeit des Kampfes mit den gottlosen Fürsten und vom Beistand Gottes überzeugen. Als sichtbares Zeichen für den Bund mit Gott werteten die Bauern einen Regenbogen oder Sonnenhof, der während Müntzers Predigt am Himmel erschien[64].

Unmittelbar nach Müntzers Predigt setzte der Angriff der Fürsten ein, beginnend mit ihrer Artillerie. Die unvorbereiteten Bauern — vermutlich galt noch Waffenruhe oder wurde zumindest

---

[61] Die Zahlen der zum Heer gehörenden Reisigen und Knechte schwanken sowohl in den Quellen wie auch in der Literatur ganz erheblich.

[62] Zur militärischen Organisation der Fürstenheere und vor allem der Bauernhaufen sowie zum genauen Ablauf der Schlacht bei Frankenhausen siehe *S. Hoyer*, Das Militärwesen im deutschen Bauernkrieg 1524—1526 (Militärhistorische Studien 16), 1975, bes. S. 155 ff.

[63] Thomas Müntzers Briefwechsel. Auf Grund der Handschriften und ältesten Vorlagen hrsg. v. *H. Böhmer* und *P. Kirn*, 1931, Nr. 93.

[64] *M. Bensing*, Zum sogenannten Regenbogen am Tag der Schlacht bei Frankenhausen (15. Mai 1525), in: Eichsfelder Heimathefte 4 (1964), S. 231 ff.

von den Bauern für den Zeitraum der noch laufenden Verhandlungen angenommen — wurden überrascht, überrumpelt und fast ohne Widerstand niedergemacht. Wer nicht bereits vor den Toren der Stadt den Tod fand, wurde in den engen Straßen Frankenhausens erstochen. Nach dem grausamen Morden zählte man mehr als 5 000 Tote, rund 600 Bauern wurden gefangen, während das Heer der Fürsten nur 6 Söldner verloren haben soll[65]. Müntzer wurde nach der Schlacht in der Stadt in einem Versteck entdeckt, gefangengenommen und Ernst von Mansfeld übergeben. Unter der Folter soll er widerrufen haben, was jedoch nicht sicher belegt ist[66]. Am 27. Mai wurde er in Mühlhausen enthauptet. Thomas Müntzers chiliastische Revolution war gescheitert.

Nach der brutalen Vernichtung des Frankenhäuser Lagers, das als Exempel die Aufstandsbewegung in ganz Deutschland erschüttern sollte, zogen die verbündeten Fürsten am 19. Mai nach *Mühlhausen*, um auch noch das letzte Zentrum des Aufstandes in Mitteldeutschland zu zerstören. Zum Fürstenheer stießen noch Wilhelm von Henneberg, der mit den Bauern verbrüdert gewesen war, und auch der Ernestiner Kurfürst Johann, der von Luther überzeugt worden war, daß die Bauern „allzumal Räuber und Mörder" wären[67].

---

[65] Auch hier gehen die Angaben über die getöteten und gefangengenommenen Aufständischen auseinander, von 4 000 bei Thomas Müntzer in seinem Brief an die Mühlhäuser bis zu 7 423 in der Mansfeldischen Chronik. Vgl. auch den Bericht Landgraf Philipps an den Erzbischof von Trier, der von rund 6 000 Toten und 600 Gefangenen spricht. *G. Franz,* Quellen Bauernkrieg (wie Bibl. Nr. 2), S. 523 f.

[66] Vgl. hierzu *M. Steinmetz,* Müntzerbild (wie Bibl. Nr. 34); *W. Elliger,* Müntzer (wie Bibl. Nr. 82), S. 636 ff. Die Niederschrift des peinlichen Verhörs, bekannt unter dem Titel „Bekenntnis Thomas Müntzers", ist abgedruckt in: *Thomas Müntzer,* Schriften (wie Bibl. Nr. 14), S. 543 bis 549. Als das politische Testament Müntzers gilt ein Abschiedsbrief an die Mühlhäuser vom 17. Mai 1525, abgedruckt in: *G. Franz,* Quellen Bauernkrieg (wie Bibl. Nr. 2), S. 535. Sein „Widerruf", der ihm nach dem Verhör abgenötigt wurde und der dem Brief an die Mühlhäuser beigegeben wurde, ist abgedruckt in: *Thomas Müntzer,* Schriften (wie Bibl. Nr. 14), S. 550. Zweifel an der Echtheit des „Widerrufs" lassen neben dem Mühlhäuser Abschiedsbrief auch noch der Bericht des Mansfelder Rats Rühl an Luther aufkommen, abgedruckt in: *G. Franz,* Quellen Bauernkrieg (wie Bibl. Nr. 2), S. 528 f.

[67] *M. Bensing,* Thüringer Aufstand (wie Bibl. Nr. 79), S. 234 ff.

Die Mühlhäuser waren zwar für die Verteidigung gerüstet, doch verhandelte der alte Rat beim Anrücken des Fürstenheeres und rief zur Übergabe der Stadt auf. Dabei rückte Johann von Otthera stark in den Vordergrund, der es als Stadtsyndikus des alten Rates und des Ewigen Rates verstanden hatte, die Unruhen dazu zu nutzen, um mißliebige Ratsgeschlechter auszuschalten[68]. Er hatte sich für den Auszug Müntzers aus der Stadt eingesetzt und riet nun Pfeiffer und seinem Anhang zur Flucht nach Franken. Es ist jedoch möglich, daß er die Fürsten von der Absicht Pfeiffers informieren ließ, so daß diese bei Eisenach die Flüchtenden gefangennehmen konnten. Otthera bereitete auch die Übergabe Mühlhausens vor. Am 25. Mai erfolgten der Kniefall der Bevölkerung und die Übergabe der Stadtschlüssel. Die Unterwerfungsbedingungen waren sehr hart: die Stadtmauern mußten geschleift, das Territorium abgetrennt, die Waffen abgeliefert und insgesamt 40 000 fl. an die Fürsten als Brandschatzung und Schadensersatz bezahlt werden. Außerdem mußte der Rat schwören, nicht beim Kaiser und beim Reich zu klagen. Mehr als 50 Rädelsführer wurden hingerichtet, darunter Thomas Müntzer und Heinrich Pfeiffer[69].

Nach der Übergabe Mühlhausens fanden überall in Thüringen lokale Verhandlungen und zahlreiche Hinrichtungen statt. Eine allgemeine *Strafaktion der Fürsten* mit neuer Huldigung schloß sich an. Die alten Lasten, Abgaben, Steuern und Fronen wurden wieder eingeführt. Im albertinischen Nordthüringen wurde ein Strafgeld von 10 fl. pro Herd als Schadensersatz für die zerstörten Klöster und Schlösser eingetrieben. Herzog Georg benutzte den Strafzug aber auch gleich, um den reformatorischen Gottesdienst in seinem Territorium wieder abzuschaffen und die evangelischen Prediger zu vertreiben. Kurfürst Johann hielt sich auf seinem Huldigungs- und zugleich Strafzug besonders an den Städten schadlos, die er mit hohen Bußen belegte und denen er zahlreiche Rechte und Privilegien nahm. Die von ihm verhängte Strafsumme von mehr als 100 000 fl. brachte mehr als das Doppelte einer normalen Jahreseinnahme im Kurfürstentum. Manche arme Dorfgemeinde war sogar gezwungen, ihre Allmende zu verpfänden, um die Buße auf-

---

[68] *F. Dreiheller*, Johann von Otthera. Der Retter der thüringischen Stadt Mühlhausen im Bauernkrieg, 1970. Die ausführliche Lebensbeschreibung stellt Ottheras zwielichtiges Verhalten wohl etwas zu positiv dar.
[69] Bericht aus der Mühlhäuser Chronik, abgedruckt in: *G. Franz*, Quellen Bauernkrieg (wie Bibl. Nr. 2), S. 537—540.

bringen zu können[70]. Sieger war unbestritten der frühmoderne Landesstaat, da die Mediatgewalten Kirche und Adel schwere Verluste hatten hinnehmen müssen und die autonomen Selbstverwaltungsrechte der Städte und Gemeinden weitgehend eingeschränkt wurden. Dies alles waren entscheidende Schritte zur Intensivierung des Staates und zur Schaffung eines einheitlichen Untertanenverbandes in einem geschlossenen Flächenstaat[71].

[70] G. *Falk*, Strafgeldregister, unausgeschöpfte Quellen zur Geschichte des Bauernkrieges 1525 in Thüringen, in: Die frühbürgerliche Revolution in Deutschland (wie Anm. 5), S. 126—133.
[71] Vgl. W. P. *Fuchs* — G. *Franz*, Akten Mitteldeutschland (wie Bibl. Nr. 13), Einleitung S. XXXIV f.

Mittelrhein

Von Wolf-Heino Struck

Unter den Regionen, die vom deutschen Bauernkrieg erfaßt wurden, hat der Mittelrhein den Charakter einer Randzone[1]. Dem Begriff des Mittelrheins ordnen wir dabei jene Landschaft zu, die im Süden an die Pfalzgrafschaft, im Südosten an Franken, im Osten an Thüringen grenzt und im Norden die Landgrafschaft Hessen, den Taunus und Westerwald sowie im Nordwesten das Erzstift Trier einbezieht. Der Aufstand ist in diese Gebiete von Süden und Osten hereingetragen worden. Gleichwohl bildeten sich auf Grund eigener Voraussetzungen im Erzstift Mainz, in der Reichsstadt Frankfurt und in den Reichsabteien Fulda und Hersfeld drei Zentren mit mehr oder minder selbständigen Zielsetzungen. Die entscheidungsvollen Vorgänge spielten sich innerhalb von drei Monaten ab, ja im Kern zwischen Ostern (16. April) und Pfingsten (4. Juni) 1525, wenngleich die ihnen zugrundeliegenden Spannungen sich schon mehrere Jahre angestaut hatten.

Den Anfang machte das *kurmainzische Oberstift* um die erzbischöfliche Nebenresidenz Aschaffenburg[2]. Zumeist aus den kleinen Städten und den Dörfern des Oberstifts rottete sich am 26. März 1525 der Neckartal-Odenwälder Haufen zusammen. Bedrängnis durch die landesherrlichen Behörden, das Autonomiestreben der zu einer landständischen Korporation zusammengeschlossenen „Neun Städte" des Oberstifts und demokratische Regungen in den Gemeinden wirkten dabei in einem Ursachen-

---

[1] *G. Franz*, Bauernkrieg (wie Bibl. Nr. 39); *A. Waas*, Bauern im Kampf (wie Bibl. Nr. 40); *H. Buszello*, Bauernkrieg als politische Bewegung (wie Bibl. Nr. 41); *P. Blickle*, Revolution von 1525 (wie Bibl. Nr. 42); *W.-H. Struck*, Bauernkrieg am Mittelrhein (wie Bibl. Nr. 88). Im folgenden wird regionale oder lokale Literatur zum Thema nur aufgeführt, soweit sie nicht im letztgenannten Werk zitiert ist. — Die wichtigsten Quellen in: *G. Franz*, Quellen Bauernkrieg (wie Bibl. Nr. 2), Nr. 107, 122, 147—150, 155.

[2] Zu Dieburg: *E. G. Franz*, Hessen und Kurmainz (wie Bibl. Nr. 89), S. 640 ff.

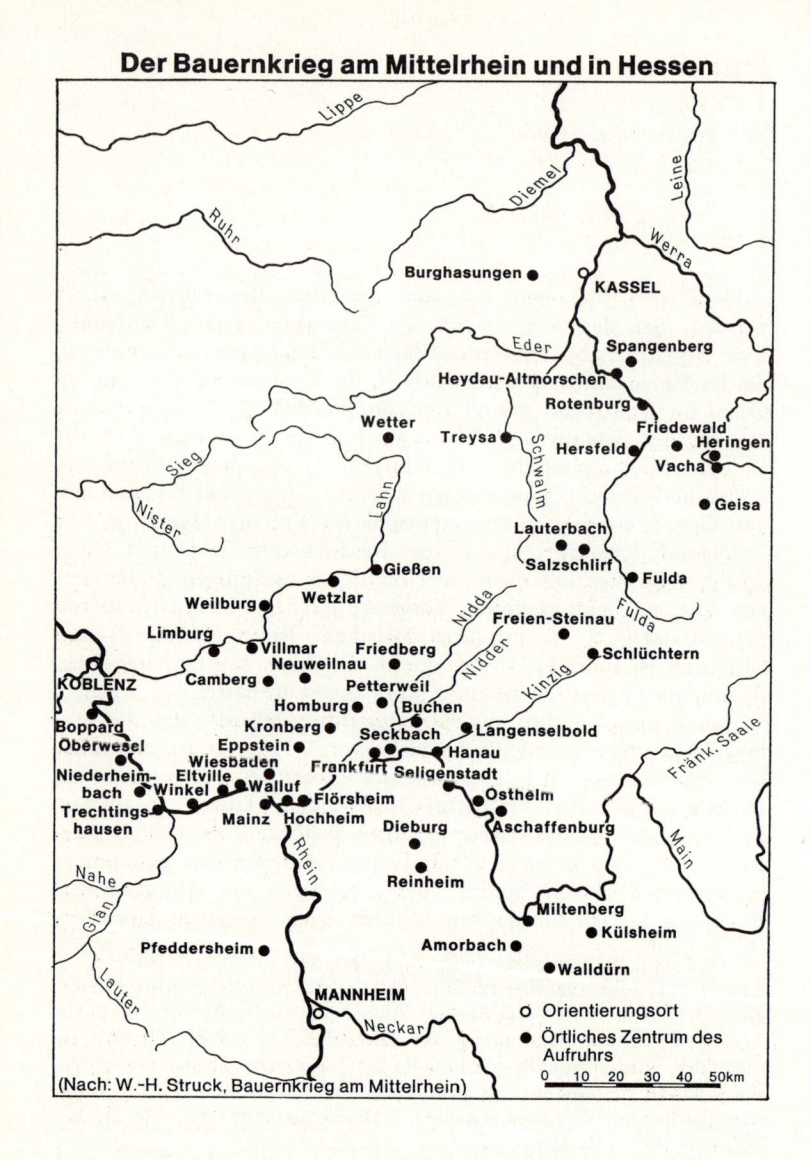

Der Bauernkrieg am Mittelrhein und in Hessen

(Nach: W.-H. Struck, Bauernkrieg am Mittelrhein)

○ Orientierungsort
● Örtliches Zentrum des Aufruhrs

0 10 20 30 40 50 km

komplex zusammen, auf den nun die Zwölf Artikel aus dem Geist des Evangeliums trafen. Um den 12. April forderte der Haufen den Statthalter des nicht im Lande weilenden Kardinal-Erzbischofs Albrecht von Brandenburg, Wilhelm von Hohnstein, Bischof von Straßburg, zur Öffnung aller Befestigungen des Landes auf. Am 1. Mai mußte der Statthalter die Zwölf Artikel annehmen, am 7. Mai mit dem Erzstift dem Bündnis der Bauern unter Verpflichtung zu einer hohen Kriegsentschädigung beitreten (Miltenberger Vertrag). Die Klöster wurden zum Untergang bestimmt; Priester und Ordenspersonen hatten ihren Habit abzulegen. Die Adligen sollten binnen einem Monat bei den Hauptleuten des Haufens erscheinen. Den städtischen Obrigkeiten wurden die landesherrlichen Kellereien bis zur Aufrichtung einer „Reformation" überlassen. In den Städten setzten sich die Unterschichten durch. Es kam zu vielen Übergriffen. Doch im Grundsatz wurde Gewaltanwendung abgelehnt. Die vom Statthalter angenommene *„Amorbacher Erklärung"* vom 4./5. Mai stellte eine maßvolle Plattform auf dem Wege zu einer staatlichen Neuordnung dar, wie sie dann, freilich ohne Kontakt zu den Massen selbst, Mitte Mai in Heilbronn unter den Abgesandten der Aufständischen zur Beratung stand.

In der *Reichsstadt Frankfurt* kam die durch die evangelische Bewegung schwelende, durch Dr. Gerhard Westerburg, einen Schüler von Andreas Karlstadt in Wittenberg, angefachte Unruhe zum Ausbruch, als am 13. April 1525 einige „christliche Brüder" aus der Stadt und aus der Vorstadt Sachsenhausen dem Rat elf Artikel vorlegten. Sie könnten ihre Beschwerden, worin sie lange wie in einem Kerker eingezwängt gewesen seien, nicht länger ertragen. Es sei hohe Zeit, eine christliche, brüderliche Weise in Einigkeit anzufangen. Da der Rat zögerte, entstand am 17. April auf dem Friedhof von St. Peter in der Neustadt eine Konspiration wider die Obrigkeit und die Geistlichkeit. Am 19. April traten die Bürger in Harnisch. Ein Ausschuß legte dem Rat am 20. April 43 Artikel vor. Am 22. April erzwang die Gemeinde dessen Zustimmung zu den nun auf 46 vermehrten Artikeln. Mit gut 10 000 Einwohnern zu den Großstädten zählend, spürte Frankfurt als Handelsemporium des gesamten Rhein-Main-Gebiets die krisenhaften Erscheinungen der Zeit in besonderem Maße. Die Artikel enthalten drei Grundgedanken: Einordnung der Geistlichkeit in die bürgerliche Gesellschaft, Einschränkung der ratsobrigkeitlichen Gewalt und finanzielle und soziale Maßnahmen zugunsten der kleinen Leute. Manche Forderung lehnt sich an die Zwölf Artikel an, so auch eingangs die Bestimmung, daß Rat und Gemeinde den Pfarrer setzen sollen. Jahrgezeiten und Bruderschaften entfallen. Aus deren Gülten soll ein Opferkasten zur Versorgung der Armen geschaffen werden, damit niemand von Haus zu Haus betteln muß. Den Lohn der Arbeiter auf dem Feld will man gebessert haben. Die Steuer (Schatzung) soll nur mit Einwilligung der Gemeinde festgesetzt werden. Träger der Bewegung waren die Zünfte. Der Artikelbrief wurde von den Wollwebern, Metzgern, Schmieden, Bäckern, Schuhmachern und Schneidern besiegelt. Nur redlich Angelernte sollen zu den Zünften zugelassen werden. Die Handwerke erhalten das Recht, die an sie gerichteten Briefe selbst zu öffnen. Ohne ihre Einwilligung darf der Rat die Zunftrollen nicht mindern oder mehren. Eine von der neuen Kapitalwirtschaft, der „frühbürgerlichen Revolution", benachteiligte Volksgruppe meldete sich hier also zu Wort.

Aus dem wirtschaftlichen Interesse einer geschäftlich tätigen, aber oft verschuldeten Mittelschicht erklären sich auch die Artikel, die den hohen Zins (Wucher) und den Handel der Juden einschränken wollen. Ähnliche judenfeindliche Bestimmungen gehörten auch in Mainz, im Rheingau, in Bingen, Wetzlar, Fulda und Marburg zu den Forderungen der Aufständischen. Demnach waren hier überall im Erwerbsleben stehende, nicht unbegüterte Volksschichten an der Bewegung beteiligt.

In Frankfurt wurden infolge der vermittelnden Politik des Rats ernstere Unruhen vermieden.

Heftigere Formen nahm der Bauernkrieg in der *Reichsabtei Fulda* an. Der Aufstand brach hier am 18. April, also einen Tag später als in Frankfurt, aus[3]. Mit 370 steuernden Bürgern ohne die sicherlich nicht geringe Zahl der Beisassen war Fulda immerhin eine kleine Mittelstadt. Der Stadtrat bewilligte sogleich die acht Artikel der Bürger. Drei Tage später, am 22. April, mußte der Koadjutor als „Fürst in Buchen" die gemeinsamen Artikel von Stadt und Landschaft anerkennen und damit zugleich die Zwölf Artikel.

Von Fulda dehnte sich die Empörung in der Nacht vom 20. zum 21. April auf das nördlich benachbarte *Reichsstift Hersfeld* aus. Wie in Fulda gingen Stadt und Land zusammen. Die Bürgerschaft, etwa ähnlich stark wie in Fulda, verpflichtete sich unter dem Stadtsiegel, der Bauernschaft bei dem Gotteswort, den Zwölf Arti-

---

[3] Zu Fulda s. auch o. Kapitel „Thüringen", S. 164 f.

keln und was das Evangelium mit sich bringt, als christliche Brüder beizustehen. Der Abt gestand am 21. April die Zwölf Artikel zu. Die Bauernhaufen von Fulda und Hersfeld verbündeten sich am 24./25. April.

Wenige Tage später erhoben sich die Bürger von Mainz und die Bewohner des Rheingaus etwa gleichzeitig. Zwischen beiden Aufständen bestanden Zusammenhänge, wie dies die gemeinsame Zugehörigkeit zum Erzstift und alte nachbarliche Beziehungen über den Rheinstrom nahelegten. Doch die Aktionen verliefen in getrennten Bahnen.

In *Mainz*, einer großen Mittelstadt von ca. 5 000 Einwohnern ohne eigentliche Oberschicht, da der Erzbischof seit 1462 Inhaber des Stadtregiments war, schufen die Nachrichten über die Bauernaufstände in Oberdeutschland schon in der ersten Aprilhälfte Unruhe. Die Bürger benutzten die Prozession am Tag des heiligen Markus, dem 25. April, an der sie in Waffen teilzunehmen pflegten, zum Aufstand. Unter den Führern waren ein Bäcker, ein Holzflößer, ein Barbier, ein Schneider und der Maler Jörg Dresseler. Das Domkapitel und die landesherrlichen Beamten lieferten die Stadtschlüssel der Tore und Türme aus und ließen das Geschütz von der Martinsburg auf den Platz bringen. Auch erfüllte man sogleich das Verlangen nach Freilassung der gefangenen Priester. Das Gleiche wird auch der Rheingau fordern. Hier zeigt sich ebenso wie in Bingen, daß die seit der Sickingenfehde von 1522/23 festzustellende Bekämpfung der evangelischen Lehre in Kurmainz zusätzlichen Zündstoff für den Aufruhr lieferte. Die Forderungen wurden in 31 Artikel gefaßt. Die Bürgerschaft will mit ihnen nichts wider den Kurfürsten, das Domkapitel und deren Obrigkeit unternommen haben, sondern nur Milderung von Beschwerden erreichen. Doch der Neuerungen sind genug. Die Pfarrer sollen durch die Kirchengeschworenen gewählt werden. Statt des Zehnten soll nur noch der 30. Teil von Früchten und Wein gegeben werden. Auf die Ermäßigung von verschiedenen Gebühren drängen u. a. die Küfer und Metzger. Die Bürgerschaft soll durch die Wahl von Zwanzigern am Stadtregiment beteiligt werden. Mit dem Verbot, daß Geistliche oder deren Mägde weltliche Güter oder Häuser kaufen dürfen, wiederholt man allerdings nur ein Mandat des Erzbischofs; die Geistlichkeit hatte den dritten Teil der Wohnhäuser in der Stadt in ihren Besitz gebracht. Das Domkapitel stimmte den Artikeln am 27. April zu; auf den gleichen Tag datierte auch der erzbischöfliche Statthalter am 1. oder 2. Mai seine Zustimmung zurück.

Im *Rheingau,* einer als Gerichtsgemeinde und Markgenossenschaft zusammengeschlossenen „Landschaft" mit hergebrachten bürgerlichen Freiheiten, wird besonders deutlich, wie sich der Konflikt aus dem Zusammenprall zweier historischer Prozesse zuspitzte. Auf der Seite des Erzbischofs stand das Streben, die zentrale Staatsgewalt zu stärken, auf seiten der Landschaft der Wunsch, die freiheitliche Verfassung zu wahren und auszubauen. Die 21 Winzergemeinden, mit zusammen 3 018 Herdstätten (ohne Adel und Geistlichkeit) eine beachtliche Volksmenge, die sich durchaus schon stark in Reiche und Arme schied, mußten auf jede Neuerung finanziellen Charakters höchst empfindlich reagieren. Einem auf Gewinn bedachten oder unverschuldet in Not geratenen Winzer mußten die Zehntrechte der Mainzer Chorherrenstifte, denen fast alle Pfarreien im Rheingau inkorporiert waren, und die vielen Grund- und Kapitalzinsen besonders verhaßt sein. Die gegen die verweltlichte Kirche gerichtete evangelische Lehre fand hier günstigen Boden; der Erzbischof warf nachträglich den Rheingauern vor, sie hätten viele lutherische aufrührerische Prediger bei sich gehegt. Als die Bürger von Eltville, dem Verwaltungsmittelpunkt des Landes, am Tag des heiligen Georg, dem 23. April, ihre Harnische wiesen, schwuren an die 200 Mann zusammen, um dem Rat einige Artikel zur Vollziehung zu überreichen: ein Vorgang also ähnlich wie zwei Tage später in Mainz. Schon am Tage darauf war das ganze Land in Bewegung. Auf Drängen des Volks beschloß eine Versammlung der Schöffen und Räte aus den Gemeinden am 29. April 29 Artikel, die das Domkapitel von den erzbischöflichen Räten auf ihre Vereinbarkeit mit dem Göttlichen Recht prüfen lassen sollte. Bevor die Antwort des Statthalters und der Domherren eintraf, zogen die Rheingauer gerüstet vom 2. bis 4. Mai auf die Wacholderheide, ein strategisch günstiges Gelände vor der Zisterzienserabtei Eberbach. Dort verpflichteten sich Statthalter und Domkapitel am 18. Mai mündlich und in Eltville am nächsten Tag schriftlich zur Anerkennung der nun in 31 Artikeln neu gefaßten Forderungen. Wie in den Zwölf Artikeln steht das Begehren voran, daß jede Gemeinde selbst ihren Pfarrer wählt, hier mit dem Zusatz, daß man einen gelehrten Prediger zu haben wünscht. Und wie in den Zwölf Artikeln will man zur Besoldung des Pfarrers den Zehnten selbst einsammeln und den Überschuß zum Nutzen der Gemeinde, insbesondere für Arme, verwenden.

Wie in Mainz soll nur der dreißigste Teil der Feldfrüchte gereicht werden. Anders als dort lauten aber die Bedingungen für den Wegfall der Zinsen und Gülten — in beiden Fällen maßvoller als die vom Bundschuhführer Joß Fritz zu Beginn des 16. Jahrhunderts aufgestellte Forderung.

Wenn die Aufständischen im Rheingau es am 5. Mai als ihr Ziel bezeichnen, daß „die Landschaft in ein Besserung und gemeiner Nutz in ein Mehrung zu Handhabung des Rechten gestellt und geführt" werde, so umschreiben sie damit die Grundhaltung der gesamten mittelrheinischen Aufstandsbewegung. Hier wie auch sonst kehrt die Forderung wieder, daß niemand seinem rechtmäßigen Richter entzogen werden soll. Man will, wie von alters hergebracht, frei vom Ungeld in Mainz sein und wünscht für die mit schweren Kosten teuer erkauften Waren Ermäßigung an den Zöllen zu Ehrenfels und Mainz, ein Hinweis auf die Beteiligung der auf Handel und Wandel angewiesenen Volksschichten am Aufstand. Radikal waren die Rheingauer jedoch in dem Verlangen nach Aussterben der Klöster, und man scheute auch nicht vor gewaltsamem Vorgehen zurück, insbesondere bei der Verproviantierung in der wohlhabenden Abtei Eberbach, wo man das an 100 000 Liter fassende Weinfaß zu fast zwei Dritteln austrank.

Mit Mainz verband sich der Rheingau am 20. Mai zu dem Versprechen „beieinanderzustehen". Im Rheingau waren auch Boten aus Frankfurt erschienen, und Anhänger der Bewegung stellten Verbindungen mit Bingen, Wiesbaden, Flörsheim und Hochheim her. Aber jeder Ort handelte doch für sich. Rheingau und Mainz wiesen am 17. Mai den Neckartal-Odenwälder Haufen ab, als er zum Bündnis und Beitritt in seine Bruderschaft aufforderte: sie wollten bei ihrem Fürsten bleiben und das Geld nicht außer Landes führen lassen.

So ließen sich denn auch andere Ortschaften des Erzstifts Mainz eigene Artikelbriefe über ihre Beschwerden und Wünsche ausstellen, am 4. Mai Hochheim, am 20. Mai Mainz-Kastel, am 23. Mai Bingen[4]. Hochheim allein hatte über Besthaupt und Leibbede zu klagen, Abgaben, die im Rheingau unbekannt waren. Kastel bezog sich in seinen Artikeln mehrfach auf den Rheingau. In Bingen zeigte sich auch Einfluß der Stadt Worms. An der Einholung des verbannten Pfarrers ist in Bingen auch Jorg der Arzt beteiligt. In

---

[4] Zu Bingen auch: *K. M. Reidel,* Bingen zwischen 1450 und 1620, phil. Diss. Mainz (masch.) 1963, Druck 1965.

der Bewegung traten der Schultheiß und der alte Zöllner hervor, Zeugen dafür, daß sich die Auflehnung gegen das Domkapitel auf die Oberschicht in der Bürgerschaft erstreckte.

Aufgesplittert in die territorialen Herrschaftsbezüge standen ebenso die übrigen Aufstände nebeneinander. Auch in ihnen mischten sich allgemeine Anliegen mit Beschwerden über lokale Mißstände. Außerhalb der Weinbaugebiete betrafen die Tumulte fast nur die Städte. Die Dörfer waren dort in der Regel kleiner und kommunalrechtlich passiver. Die Forschung stößt zur Erklärung solcher bäuerlichen Zurückhaltung auch auf die Fragen nach Mentalität, Sozialcharakter und individueller Dynamik.

Vertreter der Mittelschicht beteiligten sich an dem Aufstand der Bürgerschaft im gräflich-nassauischen *Wiesbaden*[5]. Er war von den Rheingauern beeinflußt, ereignete sich also wohl Mitte Mai während des Auszugs der rheingauischen Bauern auf den Wacholder. In den beiden wetterauischen Reichsstädten mußte der Rat Artikel bewilligen, in *Friedberg* am 27. Mai, in *Wetzlar* am Tage danach. Der Angriff richtete sich in diesen Städten vor allem gegen die Vorrechte der Geistlichkeit, zielte aber auch — mit unterschiedlicher Deutlichkeit — auf Demokratisierung des Stadtregiments. Dies gilt auch für *Hanau*, wo die Bürgerschaft schon am 11. Januar 1525, mithin noch vor dem vollen Ausbruch des Bauernkriegs unter Berufung auf die göttliche Schrift 19 Artikel aufstellte. Die Gemeinde Neuweilnau wünschte vom Grafen von Nassau-Weilburg Wiederzulassung des freien Weinschanks neben dem gräflichen Wirt. Den Grund für die jetzt verbreitete Empörung sah sie wie das „gemein Geschrei" in dem eigensüchtigen Reichtum und dem verkehrten Leben der Geistlichkeit.

Daß einige Reisige in das Kloster Arnstein an der Lahn gelegt wurden und die Bauern um die Stadt Westerburg sowie in Mensfelden bei Limburg[6] sich aufrührerisch zeigten, läßt die Ausdehnung der Unruhe abschätzen. Beschwichtigend wirkte, daß der Wetterauer Grafenbund seit 1522 bemüht war, in seinem Gebiet im Sinne Luthers altkirchliche Mißbräuche abzustellen; die Sendgerichtsbarkeit und die Bettelmönche wurden nicht mehr zugelassen.

---

[5] Zu Wiesbaden auch: *O. Renkhoff*, Wiesbaden im Mittelalter (Geschichte der Stadt Wiesbaden 2), 1980, S. 329—338.

[6] Zu Westerburg und Mensfelden: *H. Gensicke*, Zum Bauernkrieg im Lahngebiet, in: Nassauische Annalen 93 (1982), S. 243—246.

Außerdem schützte der Grafenbund das Land durch eine streifende Rotte[7].

Wenn wir die herkömmlichen Verhältnisse als systemneutral ansehen, so mußten alle Veränderungen durch die historische Entwicklung und insbesondere die oft kleinen Schritte zur Erweiterung obrigkeitlicher Rechte Unruhe stiften. Aus der ungeregelten Situation entstand Rechtsunsicherheit. Deren Überwindung durch eine umsichtige und konsequent vorgehende Staatsführung vermochte der Unzufriedenheit entgegenzuwirken. Diese Erkenntnis ergibt sich aus einem Blick auf die damaligen Vorgänge in Kurtrier und in der Landgrafschaft Hessen.

Richard von Greiffenclau, der tatkräftige Erzbischof und Kurfürst von Trier, und Landgraf Philipp der Großmütige von Hessen standen konfessionell in verschiedenen Lagern. Aber beide hielten den Aufruhr im wesentlichen von ihren Landen fern, wie sie schon mit dem Aufstand der Reichsritterschaft fertig geworden waren.

Von Ansammlungen fremder Bauern im Südwesten abgesehen, blieb das platte Land in *Kurtrier* ruhig. Der Erzbischof hielt streng auf das Verbot reformatorischer Ideen. In Koblenz wurde 1525 ein Anhänger Luthers hingerichtet. Unruhen entstanden in den Städten Trier, Boppard, Oberwesel und Limburg, an Rhein und Lahn durch die im Druck ausgegangenen Frankfurter Artikel beeinflußt. Am 4. Mai einigte sich der Erzbischof mit Oberwesel, am 8. Mai mit Boppard. In Trier entwarf der Rat am 9. Mai auf Drängen der Bürgerschaft Artikel. Es ging vornehmlich darum, die Privilegien der Geistlichkeit und, bei Boppard und Oberwesel, auch des Adels zu beschneiden. Dagegen erstrebten die 16 Artikel, die der Rat in Limburg am 30. Mai uneingeschränkt besiegeln mußte, eine stärkere Beteiligung der Gemeinde und insbesondere des Dreizehnerausschusses aus den Nachbarschaften an der Stadtregierung.

Die *Landgrafschaft Hessen* erlebte verbreitet Unruhe lediglich im Südosten in der Nähe des Neckartal-Odenwälder Haufens und im Osten von Hersfeld und Fulda aus. Hier wurde das Kloster Heydau geplündert, das Stift Rotenburg stark beschädigt. Tumulte sind sonst nur in Treysa, in der Vogtei der Abtei Hasungen sowie in Wetter, Marburg und Gießen festzustellen. In der Landgrafschaft räumte die Spiritualisierung der geistlichen Institutionen durch ein vorreformatorisches Kirchenregiment und die Beachtung

---

[7] Zu Nassau-Dillenburg auch: *R. S. Elkar*, Aufstand rund um das Siegerland, in: Siegerland 52 (1975), S. 125—126.

sozialer Belange der Bürger und Bauern bei der durchgehenden Ordnung von Justiz und Verwaltung Beschwerdepunkte des Bauernkriegs vorweg aus. Mit seiner Annahme der evangelischen Lehre im Sommer 1524 entzog Landgraf Philipp zudem der zur Rechtfertigung der Zwölf Artikel dienenden Berufung auf das Evangelium in seinem Land die Angriffsfläche. Das Evangelium wurde von ihm umgekehrt zur Stärkung der Obrigkeit bei Herstellung des Friedens im Lande eingespannt. Gegen den Adel und die Geistlichkeit wurden Bürger und Bauern zu Verbündeten des Landesherrn.

Seine entschlossene Haltung machte den Landgrafen zum wichtigsten Alliierten des Schwäbischen Bundes bei der *Vernichtung der bäuerlichen Kriegshaufen.* Schon am 27. April brach er mit Heeresmacht gegen die Bauern in Hersfeld und Fulda auf; er verfolgte dabei den Nebenzweck der Herrschaftsausdehnung. Die Reichsabtei Hersfeld nahm er ohne Mühe ein und verleibte sie seinem Land ein. Unter blutigen Verlusten der Bauern eroberte der Landgraf am 3. Mai Fulda; die auferlegte hohe Kriegsentschädigung konnte hier freilich nicht von ihm zu dauernder Aneignung des Landes genutzt werden. Am 15. Mai besiegte Landgraf Philipp mit den Herzögen Georg von Sachsen und Heinrich von Braunschweig bei Frankenhausen den von Thomas Müntzer geführten Bauernhaufen[8].

Am 17. Mai vernichtete Herzog Anton von Lothringen ein elsässisches Bauernheer bei Zabern, während Kurfürst Ludwig von der Pfalz sich noch am 10. Mai mit seinen Untertanen bei Forst einigte. Bedrohlich wurde die Lage für die Aufständischen am Mittelrhein, als die vereinigten Heere des Schwäbischen Bundes und des Kurfürsten von der Pfalz, bei dem sich der Erzbischof von Trier befand, die Bauernhaufen in Franken in zwei Schlachten besiegten und am 8. Juni in Würzburg einzogen. Am 11. Juni forderte Georg Truchseß von Waldburg als oberster Hauptmann des Schwäbischen Bundes die Stadt Mainz und den Rheingau auf, sich auf Gnade und Ungnade zu ergeben. Mit Rücksicht auf die Staatshoheit von Kurmainz wurde dem erzbischöflichen Hofmeister Frowin von Hutten als Bundeshauptmann hier die Strafaktion übertragen, und der erzbischöfliche Statthalter, der sich zum Heer des Pfalzgrafen

---

[8] Zum Zug des hessischen Landgrafen und zur Schlacht bei Frankenhausen s. auch o. Kapitel „Thüringen", S. 169 ff. Zum folgenden vgl. das Kapitel „Oberrhein", S. 92 ff.

begab, schaltete sich vermittelnd ein. Die Städte und Ämter des Mainzer Oberstifts unterwarfen sich seit dem 13. Juni. Mainz, Bingen und die Gemeinden des Rheingaus stellten seit dem 22. Juni Vollmachten zu *Unterwerfungsverhandlungen* aus. Der Sieg des Kurfürsten von der Pfalz bei Pfeddersheim am 23./24. Juni brach den letzten Widerstandswillen. Waren die Rheingauer nach Bewilligung ihrer Artikel am 20. Mai vom Wacholder in ihre Wohnorte heimgekehrt, so besetzte ein Teil der Aufrührer bei Herannahen der Kriegsgefahr die Landwehr bei Niederwalluf — eine Trotzhaltung, an der auch der Stadtschreiber von Eltville beteiligt war.

Alle Gemeinden des Erzstifts hatten neu zu huldigen, der Rheingau am 17. Juli. Die im Aufruhr erlangten Urkunden waren herauszugeben. Die alten Privilegien wurden aberkannt. Die Rüstung war abzuliefern; soweit sie den Ortsobrigkeiten wieder ausgehändigt wurde, blieb sie im Rathaus. In Tauberbischofsheim wurden 12 Rädelsführer hingerichtet, in Aschaffenburg, Ballenberg und im Rheingau je neun, in Walldürn vier, ebensoviele in Mainz, in Bingen drei. Überall wurden Schuldige des Landes verwiesen. Dem Rheingau wurde vom Schwäbischen Bund eine Kriegsentschädigung von 15 000 Gulden auferlegt; die Brandschatzung von 6 Goldgulden oder 7 schlechten Gulden entsprach dem vom Bund festgelegten Satz. Doch hatten die Schuldigen außerdem Strafgelder an den Erzbischof zu zahlen. Ihre wechselnde Höhe von 3 bis 100 Gulden gibt auch einen Anhaltspunkt zur Beurteilung der am Aufstand beteiligten Volksschichten. Die von den Städten des Mainzer Oberstifts zu zahlenden Strafgelder betrugen bei Aschaffenburg 1 300, bei Dieburg 400 Gulden.

Der Erzbischof von Mainz beseitigte den durch die Kapitulation der Aufständischen eingetretenen Zustand der Rechtlosigkeit in seinem Land, indem er im Laufe des Jahres 1527 in den Städten des Oberstifts neue Stadtordnungen und im Rheingau eine Landesordnung nach einem einheitlichen Schema erließ. Sie regelten ausführlich Form und Zuständigkeit der staatlichen Behörden sowie der Gemeindeorgane und der örtlichen Gerichte, wobei alle freiheitlichen und demokratischen Errungenschaften zugunsten der landesherrlichen Obrigkeit beseitigt blieben. Lutherische „und andere leichtfertige, ungelehrte Priester", die das gemeine, einfältige Volk verführt hätten, wurden verboten, aber die zuzulassenden Geistlichen sollten — eine deutliche Konzession an ein Schlagwort der Zeit — das Evangelium „lauter und rein", allerdings „vermöge päpstlicher Heiligkeit Dekret und kaiserlicher

Majestät Mandat", predigen. Die Ordnungen regelten auch die unter den Zeitbegriff der „Polizei" fallenden privaten und öffentlichen Lebensbereiche. Die Verpflichtung zur Mitwirkung der Obrigkeit bei Gültverschreibungen wollte den „armen Untertan" vor Nachteil schützen. Das Verbot, die im Druck oder sonst ausgegangenen „unehrlichen Schmachbüchlein zu singen, zu lesen oder bei Wein oder in den Winkeln zu predigen oder zu verkünden", verdankte seine Aufnahme in die Ordnungen sicherlich den Verhältnissen des Bauernkriegs, ebenso die Androhung schwerer Strafe, wenn die Einwohner sich nicht der großen, breiten Birette und der zerschnittenen, kriegerischen landsknechtischen Kleider enthielten.

Während im Rheingau der Landschaftsverband schon in Hinblick auf die Markgenossenschaft und Landwehr erhalten blieb, wurde die landständische Einung der „Neun Städte" des Oberstifts abgeschafft.

Der Erzbischof von Trier forderte am 26. Juni 1525 im Feldlager vor Pfeddersheim seine Städte Boppard und Oberwesel zur Auslieferung der Verschreibungen von Anfang Mai auf. Im August ordnete er in beiden Städten und, zusammen mit den Räten des mitberechtigten Landgrafen von Hessen, in Limburg die Verfassung im Sinne einer Rücknahme aller demokratischen Elemente und Verstärkung der Rechte des Landesherrn und der Ortsobrigkeit. In Trier sollte allerdings das Autonomiestreben erst 1559 von der reformatorischen Bewegung entfacht werden[9].

Die Reichsstadt Frankfurt führte ihre am 2. Juli abgeschlossenen Unterwerfungsverhandlungen nicht mit dem Schwäbischen Bund, sondern mit dem Pfalzgrafen als höchstem weltlichen Reichsfürsten. Dem Rat blieb die Bestrafung der Aufrührer überlassen. Die drei Chorherrenstifte der Stadt erfüllten eine Forderung des Aufstands, indem sie auf Drängen des Rats die Ablösung der Ewigzinsen gestatten. Der Übergang der Stadt zum evangelischen Bekenntnis erlitt keine Verzögerung.

Der Landgraf von Hessen veranlaßte in den 42 Städten seines Landes zwischen dem 17. Juni 1525 und 2. Januar 1526 die Ausstellung neuer Huldigungsreverse mit einheitlichem Wortlaut. Wie in den Ordnungen von Kurmainz fehlt eingangs nicht der war-

---

[9] *H.-Ch. Rublack,* Gescheiterte Reformation. Frühreformatorische und protestantische Bewegungen in süd- und westdeutschen geistlichen Residenzen (Spätmittelalter und Frühe Neuzeit 4), 1978, S. 96 f.

nende Hinweis auf die Untaten der bäuerlichen Empörung und auf die Gegenaktion der Fürsten, bei der viele Bauern erschlagen worden seien. Ziel dieser städtischen Urkunden war Herstellung und Wahrung häuslichen Friedens und bürgerlicher Zucht und Ordnung. Versammlungen ohne Erlaubnis waren verboten. Ein wesentliches Merkmal der Maßnahmen des Landgrafen bestand darin, daß mit der Entgegennahme der Huldigung eine allgemeine Landesvisitation verbunden war. Dabei wurden auch Forderungen gegen Geistlichkeit und Adel aus dem Bauernkrieg laut. Die in Marburg vorgebrachte Klage über Kornspekulanten, die den Armen das Brot verteuern, weist auf Neuerungen im Wirtschaftsleben hin.

Wie von den Aufständischen im Bauernkrieg gefordert, wurden in Hessen die Klöster seit 1527 planmäßig vom Landgrafen durch Abfindung der Insassen aufgehoben. Ihr Vermögen ging aber an den Landesherrn über, der es weitgehend für vier Armen- und Siechenhäuser (Hospitäler) und die Universität Marburg verwandte[10].

Der Bauernkrieg hat also am Mittelrhein unabhängig von der konfessionellen Ausrichtung einen Ausbau der Staatsgewalt und den Beginn der Bemühung um die öffentliche Wohlfahrt zur Folge.

Von ihrer Warte als Sieger kultivierten die Landesherren die Erinnerung an den Bauernkrieg. Eine solche Interpretation stellte Kardinal-Erzbischof Albrecht der Stadt Mainz 1526 in dem Renaissancebrunnen auf dem Markt und dessen mahnender Inschrift „O bedenck das End" vor Augen. Das Lied, der Teufel habe dem Bauern den Trunk aus dem großen Faß geraten und gesegnet, erscheint als eine von oben redigierte Selbstverspottung, da die Verse sowohl von Eberbach im Rheingau, Limburg a. d. Haardt und der Kestenburg bei Hambach überliefert sind[11]. Die Stadt Wiesbaden erhielt nicht vor 1566 wieder einen Freiheitsbrief, und erst bei der Privilegienerneuerung von 1609 wurde der Hinweis auf die Rebellion von 1525 fortgelassen — allerdings nicht ohne den boshaften Vermerk, daß den Bürgern zu Gnaden eine frühere Klausel über-

---

[10] *E. G. Franz*, Die hessischen Klöster in der Reformation, in: Blätter für deutsche Landesgeschichte 109 (1973), S. 259—264.
[11] *W.-H. Struck*, Der Rheingauer Bauernkrieg von 1525, in: Rheingauische Heimatblätter 1975, Nr. 2—3. — Zum Teufelsbegriff im Zusammenhang von Reformation und Revolution: *J. Maurer*, Prediger (wie Bibl. Nr. 136), S. 276 f.

gangen worden sei. Das Domkapitel von Mainz setzte sich noch im 18. Jahrhundert in Bingen gegenüber Wünschen der Bürgerschaft unter Verweis auf die Unterwerfungsurkunde der Stadt von 1525 durch.

Das Aufbegehren gegen Unrecht und die Initiative zur Beseitigung unzeitgemäßer Lasten wurden in dieser Landschaft freilich während der frühen Neuzeit nicht auf Dauer unterdrückt. Aber die generelle Forderung nach Freiheit, Gleichheit und Brüderlichkeit, wie der „gemeine Mann" sie während des Bauernkriegs im Namen des Evangeliums, wenn auch nicht mit jenen abstrakten Parolen, vorbrachte, lebte doch erst, nun auf der Basis des Vernunftrechts der Aufklärung, durch die Französische Revolution von 1789 wieder auf.

Alpenländer

Von Peter Blickle

Für eine Interpretation des „Bauernkriegs" als „Revolution des gemeinen Mannes" liefern die Alpenländer besonders beweiskräftige Beispiele. In den Aufstandszentren — den Hochstiften Brixen und Trient in der Grafschaft *Tirol*, im Erzstift *Salzburg* und im Hochstift Chur in *Graubünden* — kommt dies in der Programmatik zum Ausdruck, deren gemeinsamer Bezugspunkt die Beseitigung der weltlichen Herrschaft der Bischöfe darstellt. Von den Kerngebieten Tirol, Graubünden und Salzburg ausgehend, erreichte der Bauernkrieg auch Vorarlberg[1] und das Fürststift St. Gallen[2] im Westen, wo sich freilich auch Einflüsse aus Oberschwaben und dem Allgäu geltend machten, und Oberösterreich und die Steiermark im Osten[3]. Die Programme in diesen Randzonen des alpenländischen Aufstandsgebietes sind weniger deutlich und weniger prinzipiell[4], dementsprechend bleibt die Aufstandsbewegung dort weniger radikal und in ihren Folgen im Vergleich zu den Kernländern bedeutungslos.

Nicht nur der ausgeprägte Antiklerikalismus mit seiner politischen Stoßrichtung gegen die weltliche Herrschaft der Kirche verknüpft die Aufstandsbewegung in den drei Ländern Tirol, Graubünden und Salzburg, von ähnlichem Gewicht sind die verfassungsrechtlichen Rahmenbedingungen. Alle drei Territorien kann-

---

[1] Die neueste Darstellung bei *B. Bilgeri*, Geschichte Vorarlbergs, Bd. 3, 1977, S. 36—61.

[2] Zuletzt *P. Blickle*, Bäuerliche Rebellionen im Fürststift St. Gallen, in: Ders. (Hrsg.), Aufruhr und Empörung? Studien zum bäuerlichen Widerstand im Alten Reich, 1980, S. 232 ff., 260—285.

[3] Vgl. dazu die Karten, S. 196 f. und 396 f., in diesem Band.

[4] Das gilt auch für die Unruhen in der Innerschweiz, von denen vornehmlich die Territorien von Zürich, Bern und Solothurn affiziert sind. Vgl. *G. Franz*, Bauernkrieg (wie Bibl. Nr. 39), S. 148—153. — Unentbehrlich noch immer *H. Nabholz*, Zur Frage nach den Ursachen des Bauernkrieges 1525, in: Ders., Ausgewählte Aufsätze zur Wirtschaftsgeschichte, Zürich 1954, S. 144—167.

ten eine landständische Verfassung, in der die Bauern eine mehr oder minder gefestigte politische Repräsentation wahrnehmen konnten[5], die im Zuge der revolutionären Bewegung von 1525/26 gesichert bzw. ausgebaut, ja bis zur politischen Autonomie der Land-, Stadt- und Berggemeinden gesteigert werden sollte. Eine beachtenswerte, allerdings auch nicht zu überschätzende personale Verklammerung der drei Aufstandszentren war in der Person Michael Gaismairs gegeben, der neben Erasmus Gerber im Elsaß und Thomas Müntzer in Thüringen zu den herausragenden Gestalten des deutschen Bauernkriegs gehört. In allen drei Ländern hat der Aufstand zu einer Verbesserung, mindestens zu einer Stabilisierung der bäuerlichen Rechtsstellung geführt. Das legt es nahe, die Besonderheiten des Bauernkriegs in den Alpenländern im dreifachen Zugriff über eine Beschreibung des *Verlaufs* (1), der *Ziele und* der dahinterliegenden *Ursachen* (2) und der *Folgen* (3) unter angemessener Berücksichtigung der Bedeutung *Gaismairs* zur Darstellung zu bringen.

1. Verlauf

Die Unruhen in den Alpenländern begannen in *Tirol* im Januar 1525 mit einem Aufstand der Schwazer Bergknappen[6]. In zwei Demonstrationszügen von mehreren Tausend Knappen in Richtung Innsbruck setzten sie bei Erzherzog Ferdinand, dem Landesfürsten von Tirol und Bruder Kaiser Karls V., personale Veränderungen in der Bergwerksverwaltung durch; zur Beilegung ihrer Beschwerden und um das von der Innsbrucker Regierung befürchtete Zusammengehen von Bergarbeitern, Bauern und Bürgern zu verhindern, versprach Ferdinand, im Mai einen Sonderlandtag für Nordtirol in Innsbruck abzuhalten. Mit diesem diplomatisch geschickten Schachzug wurden die Nordtiroler Knappen zunächst isoliert. Anders in Südtirol, wo die Bewegung seit ihren Anfängen die soziale Kluft

---

[5] Für Tirol und Salzburg vgl. zusammenfassend *P. Blickle*, Landschaften im Alten Reich. Die staatliche Funktion des gemeinen Mannes in Oberdeutschland, 1973. Für Graubünden die im folgenden genannten Studien von O. *Vasella* (wie Anm. 13, 16, 17).

[6] *A. Laube,* Der Aufstand der Schwazer Bergarbeiter 1525 und ihre Haltung im Tiroler Bauernkrieg. Mit einem Quellenanhang, in: Jahrbuch für Geschichte des Feudalismus 2 (1978), S. 225—258. — Ergänzend *K.-H. Ludwig*, Bergleute (wie Bibl. Nr. 135).

zwischen Bauern, Bergarbeitern und Bürgern überwand. Den Auftakt des Südtiroler Bauernkriegs stellt die gewaltsame Befreiung von Peter Pässler am 9. Mai 1525 dar[7], der wegen des wiederholten Übertretens eines Fischereiverbots durch den Brixener Bischof hingerichtet werden sollte. Seine Befreiung setzte die revolutionäre Bewegung in Südtirol in Gang. Am folgenden Tag wurden die Häuser der Geistlichen und des Adels in der Bischofsstadt Brixen geplündert, kurz darauf das benachbarte Kloster Neustift. Der führende Kopf des Brixener Aufstandes wurde Michael Gaismair. Von Brixen aus dehnte sich der Aufstand auf ganz Südtirol aus: Klöster und Burgen wurden gestürmt und eingenommen, im Hochstift Brixen wie im Hochstift Trient[8].

Zur Koordination der lokalen und regionalen Aktionen und Beschwerden[9] beriefen die Aufständischen auf den 30. Mai einen Landtag nach Meran ein. Damit kam demonstrativ auch der politische Geltungsanspruch zum Tragen, denn die Einberufung von Landtagen stand nach den verfassungsrechtlichen Regeln des Ständestaats allein dem Landesherrn zu. Der Meraner Landtag, eine im wesentlichen bäuerlich-bürgerliche Versammlung, erarbeitete ein Programm in 64 Artikeln[10], das jedoch stark auf die Südtiroler Verhältnisse zugeschnitten war. Nordtirol war in Meran nur durch sechs Gesandte vertreten; die Aufstandsbewegung hatte sich dort seit dem 9. Mai ohne inneren Zusammenhang mit Südtirol ausgebreitet, blieb aber von weit geringerer Radikalität als im Süden. Zu größeren Zusammenrottungen kam es nur um Telfs, einem Knotenpunkt der Reschen- und Brennerpaß-Verbindung über den Fernpaß ins Allgäu, und in der engeren und weiteren Umgebung von Hall. Hall, gewissermaßen Symbol für die Überfremdung der Tiroler Wirtschaft durch oberdeutsche Kaufleute — die Fugger

---

[7] Zum Ereignisablauf neben der durch ihre Prägnanz noch immer guten Einführung von *G. Franz*, Bauernkrieg (wie Bibl. Nr. 39), S. 154 bis 164, auch *J. Macek*, Tiroler Bauernkrieg (wie Bibl. Nr. 75), S. 132 bis 220, 299—344. — Für die Brixener Ereignisse *J. Bücking*, Michael Gaismair (wie Bibl. Nr. 77), S. 58—82.
[8] Für den italienisch sprechenden Teil Südtirols (Trient) vgl. neuerdings *U. Corsini*, La guerra rustica nel Trentino e Michael Gaismair, in: *F. Dörrer*, Gaismair (wie Bibl. Nr. 78), S. 79—97.
[9] Die Lokalbeschwerden sind für Tirol besonders gut überliefert. Vgl. *H. Wopfner*, Quellen Deutschtirol (wie Bibl. Nr. 9); *F. Steinegger — R. Schober*, „Partikularbeschwerden" der Tiroler (wie Bibl. Nr.10).
[10] *H. Wopfner*, Quellen Deutschtirol (wie Bibl. Nr. 9), S. 35—50.

hatten hier ihre Niederlassungen —, mußte den Aufständischen seine Tore öffnen. Im Zuge dieser Ereignisse flüchtete auch Gabriel Salamanca, der ehrgeizige und skrupellose spanische Ratgeber Ferdinands, ein in der Bevölkerung verhaßter Mann[11].

In dieser äußerst kritischen Situation muß es als Erfolg der Politik Ferdinands verbucht werden, daß es ihm gelang, mit der Einberufung eines Landtags nach Innsbruck, der am 12. Juni eröffnet wurde, seine schon verlorene Handlungsfähigkeit zurückzugewinnen. In Innsbruck wurden die 64 Meraner Artikel, erweitert durch Nordtiroler Beschwerden auf 96 Artikel, den Beratungen zugrundegelegt[12]. Der antiklerikale (und antifeudale) Affekt der Tiroler Empörung kam auch hier zum Tragen, insofern der Stand der Geistlichkeit (anfänglich auch der Adel) von den Beratungen ausgeschlossen wurde. Zwar gab es unter den Aufständischen, vornehmlich aus den Brixener und Trienter Gerichten, die bislang keine Landstandschaft besaßen, energischen Widerstand gegen die Beschickung des Landtags, doch generell lag der Austrag der Differenzen mit dem Landesfürsten in der Logik der Tiroler Bewegung, die zu keinem Zeitpunkt die habsburgische Landesherrschaft prinzipiell in Frage gestellt hatte. Indem sich die Aufständischen auf den Verhandlungsweg einließen, war freilich auch entschieden, daß sich die revolutionären Elemente nicht würden durchsetzen können, denn der Statthalter des Kaisers im Reich konnte schwerlich mit einem Eingehen auf die zentrale Forderung nach Säkularisation der Kirche das Signal zur Auflösung der Reichskirche geben.

In einer lockeren Verbindung zu den Tiroler Ereignissen steht die Bewegung in *Graubünden* insofern, als die Untertanen des Churer Bischofs eine Delegation auf den Meraner Landtag entsandt hatten[13] und Michael Gaismair, der im Oktober 1525 im Prättigau vor den Verfolgungen der Innsbrucker Regierung Zuflucht gefunden hatte[14], in noch nicht näher geklärter Weise wohl auf die Ereignisse in Graubünden Einfluß genommen hat. Das Zentrum des Aufstandes lag im Bereich des „Gotteshausbundes"

---

[11] *A. Hollaender,* Gabriel Salamanca, Graf von Ortenburg, und die tirolische Empörung 1525, in: Innerösterreich 1564—1619, Graz 1968, S. 9—37.
[12] *H. Wopfner,* Quellen Deutschtirol (wie Bibl. Nr. 9), S. 50—67.
[13] *O. Vasella,* Die bischöfliche Herrschaft in Graubünden und die Bauernartikel von 1525, in: Zeitschrift für Schweizerische Geschichte 22 (1942), S. 1—86, hier S. 2.
[14] Ebd., S. 54.

— neben dem „Grauen Bund" und dem „Zehngerichtebund" einer jener „Drei Bünde", die ‚Graubünden' als lockeres Bundesgeflecht konstituierten. Die Verfassung des Gotteshausbundes näherte sich landständischen Strukturen; auf gemeinsamen Versammlungen von Bischof, Domkapitel, Stadt Chur und der Landschaft konnten die bäuerlichen Gemeinden ihre Interessen zur Geltung bringen[15]. Ein detaillierter Vergleich mit Tirol ließe unschwer erkennen, daß durch das Fehlen des Adels und die geringe Bedeutung der Geistlichkeit das politische Gewicht der Bauern im Gotteshausbund sehr viel höher war.

Der antiklerikale Affekt bleibt auch in Graubünden ein hervorstechendes Merkmal des Bauernkriegs. Konkret richteten sich hier die Beschwerden gegen die geistliche Gerichtsbarkeit des Churer Bischofs, die der Aufstandsbewegung im gesamten Rheintal die einheitliche Stoßrichtung gab[16]. Zu ersten Unruhen kam es zu Beginn des Jahres 1525, als die Untertanen des Klosters Pfäfers die Zinsen und Zehnten verweigerten. Im Juni erweiterte sich auf dieser Grundlage der Widerstand auf das bischöfliche Gebiet. Chur selbst und die umliegenden Dörfer, das Domleschg und der Prättigau wurden zu Aufstandszentren; der Sturm der Bauern auf den bischöflichen Teil der Stadt Chur mit Unterstützung Churer Bürger markiert wohl den Höhepunkt der Unruhen, von denen man im einzelnen nicht weiß, in welchem Umfang sie gewaltsame Züge angenommen haben. Aus der latent anhaltenden und weniger spontan zum Ausbruch kommenden Krise erklärt sich wohl auch, daß erst im sog. Zweiten Ilanzer Artikelbrief vom 25. Juni 1526 ein programmatisches Manifest erstellt wurde[17]. Es nahm die lokalen Forderungen nach Aufhebung bzw. Reduzierung von Zinsen und Zehnten auf und verschärfte sie prinzipiell mit der Forderung nach Säkularisierung des Hochstifts. Hinter dem Ilanzer Artikelbrief stand vornehmlich der Druck der Bauern und zwar jener

---

[15] Für die Verfassungsverhältnisse grundlegend: Festschrift 600 Jahre Gotteshausbund, Chur 1967.

[16] O. *Vasella*, Bauernkrieg und Reformation in Graubünden 1525 bis 1526, in: Zeitschrift für Schweizerische Geschichte 20 (1940), S. 1—65, hier bes. S. 18 ff. — Die gesicherten Daten zum Verlauf hat Vasella in dieser Studie zusammengetragen; auf Einzelbelege wird, soweit sie diesem Beitrag entnommen sind, im folgenden verzichtet.

[17] Dazu O. *Vasella*, Die Entstehung der bündnerischen Bauernartikel vom 25. Juni 1526, in: Zeitschrift für Schweizerische Geschichte 21 (1941), S. 58—78.

Der Bauernkrieg in den Alpenländern

SCHWEIZER EIDGENOSSENSCHAFT
OBERER (GRAUER) BUND

KEMPTEN
ST. GALLEN
AUGSBURG
Telfs
Imst
VORARLBERG
Prättigau
ZEHN-
GERICHTEBUND
Klosters
Flüela-Paß
Ofen-Paß
Burgeis
Glurns
Lichtenberg
Vinschgau
Schlanders
GOTTESHAUSBUND
Cavizzana
Samoclevo
Cles
Caldes
Terzolas
Coredo
Ossana
Malè
Mechel
Tassull
Nom
Nogaredo

— Tiroler Landesgrenze
— Staats- oder Territorialgrenze

Territorien

||| Grafschaft Tirol und andere österreichische Gebiete
≡ Hochstift Brixen
⊠ Hochstift Trient
✚ Erzstift Salzburg
╱╱ Gemeine Drei Bünde (Graubünden)

Karte: Gaismairs Züge durch Tirol

Orte (von Nord nach Süd):

- BAYERN
- Kufstein
- Pinzgau
- vor Innsbruck
- Thaur (Gericht)
- Hall
- Volderer Brücke
- Gerlos-Paß
- Mittersill
- Sonnenburg (Gericht)
- Kropfsberg
- Steinach
- Pfitscher Joch
- Sterzing
- Jaufen-Paß
- Vintl
- Iselsberg
- Hachlstein
- Bruneck
- Lienz
- Vahrn
- Neustift
- Toblach
- Heinfels
- Pfeffersberg
- Brixen
- Latzfons
- Miland
- Meran
- Verdings
- Albeins
- Feldthurns
- Villanders
- Gufidaun
- Tisens
- Kastelruth
- Stein am Ritten
- Bozen
- Völs
- Kestelfondo
- Steinegg
- Tiers
- Welschnofen
- Deutschnofen
- Enn
- Kaldiff
- Agordo
- Cognola
- Cirè
- Telve
- Pergine
- Ivano
- Selva
- Levico
- VENEDIG

Legende:

- ■ Bewaffnete Zusammenrottungen, Kampforte der Bauern
- □ Widerstand gegen den Landtagsabschied, Verweigerung der Eidesleistung, Verweigerung von Abgaben und Dienstleistungen nach dem Bauernkrieg
- ////// Aufstandsgebiete 1525 (bzw. 1526 nur Salzburg)

Gaismairs Züge durch Tirol

- ⟶ nachweisbarer Weg
- ⇢ wahrscheinlicher Weg

Kartengrundlage: F. Dörrer, Gaismair (wie Bibl. Nr. 78), Kartenbeilage 1-3 (vereinfacht)

Maßstab: 0 — 10 — 20 — 30 km

des Gotteshausbundes, die schon im März 1526 Artikel aufgestellt hatten. Für eine Realisierung der Forderungen waren die Umstände nicht ungünstig: Der Bischof hatte schon 1523 das Land verlassen, das Domkapitel im Oktober 1525 die Kleinodien und Archive des Hochstifts außer Landes gebracht und damit Signale für die eigene Absetzbewegung gegeben[18].

Allein die instabile Situation in Graubünden erklärt, daß sich Gaismair dort nahezu ein halbes Jahr aufhalten konnte und den Prättigau als Organisationsplattform für einen Einfall nach Tirol ausbauen konnte. Von hier aus knüpfte er seine Verbindungen zu Zwingli zum Aufbau einer breiten evangelischen Allianz gegen das katholische Habsburg; von hier aus kümmerte er sich um die militärische Reorganisation der aus dem Reich geflüchteten Bauernführer; von hier aus zog er im Mai 1526 über Südtirol ins Erzstift Salzburg, um die dortigen Bauern in ihrem zweiten Aufstand gegen den Bischof militärisch zu unterstützen.

Das Signal zur Erhebung im Erzstift *Salzburg* gab die Befreiung eines als Ketzer verurteilten Geistlichen am 8. Mai 1525 auf dem Weg ins Gefängnis und die nachfolgende Enthauptung zweier beteiligter Bauern ohne ordentliches Gerichtsverfahren[19]. Am 25. Mai erhoben sich mit und unter Führung der Gewerken und Knappen des Gasteiner Tals die Bauern des Pinzgaus und Pongaus. Schon 10 Tage später konnte das Heer aus Bauern und Knappen in Salzburg einziehen, dessen vom Bischof seit 1523 stark unterdrückte Bürgerschaft den Aufständischen zufiel und damit den Erzbischof Matthäus Lang zur Flucht auf die Feste Hohensalzburg zwang.

Die allgemeinere Zielrichtung des Aufstandes umschreiben einerseits die „24 Artikel gemeiner Landschaft"[20] und die Forderun-

---

[18] O. *Vasella*, Bauernkrieg und Reformation (wie Anm. 16), S. 39.
[19] G. *Franz*, Bauernkrieg (wie Bibl. Nr. 39), S. 165. — Zur Ereignisgeschichte noch immer am umfangreichsten A. *Hollaender*, Studien zum Salzburger Bauernkrieg 1525, mit besonderer Berücksichtigung der reichsfürstlichen Sonderpolitik, in: Mitteilungen der Gesellschaft für Salzburger Landeskunde 72 (1932), S. 1—44, und 73 (1933), S. 39—108. — Ergänzend H. *Dopsch*, Der Salzburger Bauernkrieg und Michael Gaismair, in: F. *Dörrer*, Gaismair (wie Bibl. Nr. 78), S. 225—246.
[20] F. *Leist*, Quellen-Beiträge zur Geschichte des Bauern-Aufruhrs in Salzburg 1525 und 1526, Salzburg 1888, S. 6—10; leichter erreichbarer Druck bei G. *Franz*, Quellen Bauernkrieg (wie Bibl. Nr. 2), S. 295—309.

gen der Stadt Salzburg[21] mit der Inanspruchnahme des Göttlichen Rechts für die Neugestaltung sozialer und politischer Verhältnisse, andererseits ergibt sie sich aus der Praxis der Monate Juni und Juli 1525, insofern die Aufständischen als „Landschaft" die bischöflichen Amtleute in ihren Schutz nahmen und im Namen der „Landschaft" Gebote und Verbote erließen. Insofern ‚Landschaft' im Erzstift der geläufige Begriff für die politischen Stände Adel, Geistlichkeit und Städte (Märkte) war, wurde mit seiner Inanspruchnahme von den aufständischen Gewerken und Knappen, Bauern und Bürgern ein politischer Herrschaftsanspruch angemeldet[22].

Von Salzburg griff die Aufstandsbewegung rasch auf die östlich benachbarten habsburgischen Gebiete über; Unruhen im Attergau und um Admont wie in den Bergbaugebieten von Ennstal, Murtal und Salzkammergut veranlaßten den Landeshauptmann der Steiermark, Sigmund von Dietrichstein, zum militärischen Eingreifen, was mit dem überzeugenden Sieg der Aufständischen in Schladming am 3. Juli 1525 endete. In dieser für den Erzbischof verzweifelten Lage griff der Schwäbische Bund unter dem Druck Bayerns, das durchaus eigennützige Interessen gegenüber dem Erzstift verfolgte[23], in die Geschehnisse ein, obwohl Salzburg dem Bund nicht angehörte. Am 16. August erschien das Bundesheer vor Salzburg, konnte aber die Aufständischen weder besiegen noch zur Kapitulation zwingen. Man einigte sich auf einen Waffenstillstand, der auch eine Erledigung der Beschwerden auf dem Verhandlungsweg versprach.

Matthäus Lang verschleppte die in Aussicht genommenen Beratungen von Monat zu Monat, und als nach dem vergleichsweise unergiebigen Oktober-Landtag von 1525 schließlich im Frühjahr 1526 die Landesordnung zur Beseitigung der umfassenden Beschwerden erarbeitet werden sollte, zeigte sich, daß die bisherige Aktionsfront zerbrochen war — ein größerer Teil der Aufständischen verhandelte mit dem Fürstbischof, ein kleinerer Teil (dem weder Gewerken und Knappen noch Bürger angehörten), vornehm-

---

[21] *J. Widmann*, Zwei Beiträge zur salzburgischen Geschichte, in: Jahresbericht des k. k. Staats-Gymnasiums Salzburg 1897, S. 3—28.

[22] Breiter herausgearbeitet bei *P. Blickle*, Landschaft und Bauernkrieg im Erzstift Salzburg 1525/26, in: Salzburg in der europäischen Geschichte (Salzburg Dokumentation 19), Salzburg 1977, S. 89—110.

[23] Herausgearbeitet von *A. Hollaender*, Studien zum Salzburger Bauernkrieg (wie Anm. 19).

lich Pinzgauer und Pongauer Bauern, leistete Widerstand. Dieser sog. Zweite Salzburger Bauernaufstand war „ein Verzweiflungskampf, zu dem sich die Vertriebenen und Verbannten aus ganz Deutschland zusammenfanden"[24]. Es gilt als gesichert, daß Michael Gaismair an der Organisation dieses Aufstandes beteiligt war[25], lange bevor er Ende Mai, Anfang Juni mit wenigen Fähnlein in die Kampfhandlungen, zunächst erfolgreich, letztlich aber vergeblich eingriff. Am 2. Juli 1526 gab er seine Stellungen auf — der militärischen Überlegenheit des Schwäbischen Bundes waren er und seine Bundesgenossen letztlich nicht gewachsen — und schlug sich in gewaltigen Tagesmärschen nach Oberitalien durch. Mit der Niederlage der Salzburger im Juli 1526 endet der Bauernkrieg nicht nur in den Alpenländern, sondern auch im Reich.

Am Beginn und Ende des alpenländischen Bauernkriegs steht *Michael Gaismair*. Seine herausragende Bedeutung als Agitator wird gewiß noch übertroffen durch seine Bedeutung für politischprogrammatische Konzeptionen des Bauernkriegs. Gaismair entstammt einer Familie, deren steiler wirtschaftlicher Aufstieg wohl nur in einem prosperierenden Land wie Tirol möglich war. Sein Vater hatte es vom Tagwerker zum Gewerken von 18 Gruben um Sterzing gebracht, verfügte über einen Hof und war verantwortlich an der Renovierung der Brennerpaßstraße beteiligt[26]. Der zwischen 1487/90 geborene Michael Gaismair erweiterte die Erfahrungen aus dem Elternhaus durch seine berufliche Laufbahn als Sekretär zunächst des Tiroler Landeshauptmanns, dann des Fürstbischofs von Brixen[27]. Herkunft und Beruf sicherten ihm gewiß eine überdurchschnittlich breite Kenntnis sowohl der Probleme in der Gesellschaft wie ihrer Bewältigung durch die Obrigkeiten. Schon in den ersten Tagen des Brixener Aufstandes avancierte er zum obersten Feldhauptmann der Aufständischen und formulierte

---

[24] *G. Franz*, Bauernkrieg (wie Bibl. Nr. 39), S. 172.

[25] Zuletzt, unter Einbeziehung der Ergebnisse von Macek, *H. Dopsch*, Der Salzburger Bauernkrieg und Michael Gaismair, in: *F. Dörrer*, Gaismair (wie Bibl. Nr. 78), S. 236 f.

[26] Für die Geschichte der Familie vgl. *J. Bücking*, Michael Gaismair (wie Bibl. Nr. 77), S. 143—148.

[27] Zur Biographie vgl. die neueren Darstellungen von *J. Macek*, Tiroler Bauernkrieg (wie Bibl. Nr. 75), bes. S. 144—148, 432—489. — *A. Stella*, Gaismayr (wie Bibl. Nr. 76), S. 51—61. — *W. Klaassen*, Michael Gaismair. Revolutionary and Reformer (Studies in Medieval and Reformation Thought 23), Leiden 1978, S. 13—25.

in dieser Eigenschaft hauptverantwortlich das Programm der Aufständischen, seine sog. „Erste Landesordnung"[28]. Die für ihn enttäuschenden Ergebnisse des Innsbrucker Landtags von Juni/Juli 1525 führten dazu, daß er in Südtirol gegen die Annahme des Landtagsabschieds und die geforderte Huldigung Propaganda machte und damit immerhin erreichte, daß 18 Städte und Gerichte die Annahme verweigerten[29]. Einer Vorladung des Innsbrucker Hofrates folgte er im Vertrauen auf die Redlichkeit des Landesfürsten Ferdinand, erschien am 17. August in Innsbruck, wurde aber alsbald verhaftet und konnte sich seiner sicheren Hinrichtung nur durch die Flucht am 6./7. Oktober entziehen. Im Prättigau fand er die nötige Zuflucht und den sicheren Schutz der Gemeinde vor den Nachstellungen der Innsbrucker Regierung. Hier entstand die „Zweite Landesordnung"[30], die nach einem neuen Einfall in Tirol die Grundlage einer neuen Landesverfassung hätte werden sollen. Die Versuche, neuerdings den Aufstand in Tirol zu entfachen, scheiterten; dies und die wachsende Unsicherheit seines Fluchtortes trieben ihn ins Salzburgische, dem letzten Ort, wo noch gekämpft wurde und wo er sich noch am ehesten einen Erfolg seiner Ziele versprechen konnte. Der gescheiterte Versuch, das vom Schwäbischen Bund besetzte Radstatt einzunehmen, und Nachrichten von verlorenen Schlachten anderer Haufen gegen den Schwäbischen Bund veranlaßten ihn, sich südwärts durchzuschlagen; am 12. Juli erreichte er venezianisches Gebiet und ließ sich von Venedig anwerben, quittierte aber 1527 den Dienst und lebte fortan auf einem Hofgut bei Padua. Immer wieder versuchte er, im Vertrauen auf eidgenössische Hilfe in Tirol einzufallen bzw. die Habsburger zu schwächen, zuletzt unter Ausnutzung des antikatholisch-anti-

---

[28] Druck bei *J. Bücking*, Michael Gaismair (wie Bibl. Nr. 77), S. 149 bis 152. Bücking kommt das Verdienst zu, dieses Programm Gaismair zugewiesen zu haben. Vgl. ebd., S. 63, 149. — Die Zuweisung erfolgt im wesentlichen aufgrund textimmanenter Argumentationsschritte. Zu klären bleibt, in welchem Umfang die von Stella aufgefundenen und Gaismair zugeschriebenen, Bücking aber unbekannten „17 Artikel" aus Brixen vom Mai 1525 zur ‚Ersten Landesordnung' stehen. Vgl. *A. Stella*, La rivoluzione sociale di Michael Gaismayr alla luce di nuovi documenti (1525—1532), in: Atti della Accademia nazionale dei lincei 32, fasc. 1/2 (1977), S. 17—40. Die Artikel selbst ebd., Anm. 55—57.
[29] *J. Bücking*, Michael Gaismair (wie Bibl. Nr. 77), S. 68, 77.
[30] Text (mit Variantenapparat) jetzt bei *J. Bücking*, Michael Gaismair (wie Bibl. Nr. 77), S. 153—162.

habsburgischen Konzepts der Zürcher 1530. Das mag erklären, warum der Innsbrucker Hofrat alles daran setzte, seiner habhaft zu werden und das Kopfgeld auf die extrem hohe Summe von 1 000 fl. steigerte. So ist er schließlich auch durch einen bestochenen Paduaner 1532 ermordet worden[31].

Gaismair hat in seiner ‚Zweiten Landesordnung', konzipiert im bündnerischen Exil, ein weit über die Beschwerden und Forderungen der Aufständischen in den Alpenländern hinausweisendes Programm unter dem leitenden Gesichtspunkt, „zum ersten die eer gottes und darnach den gemeinen nutz zu suechen", entwickelt[32]. Die ‚Christlichkeit' des Staates wird dadurch gesichert, daß in der Regierung drei Lehrer der Theologischen Hochschule, der einzigen Landesuniversität, vertreten sind. Die Regierung ihrerseits wird gewählt aus den Vierteln (bisherigen Wehr- und Steuerbezirken des Landes Tirol) sowie von den Bergknappen; sie ist Appellationsinstanz für die Landgerichte, organisiert die Landesverteidigung und überwacht Gewerbe, Bergwerke und Armenfürsorge. Die staatlichen Aufgaben werden über die Einkünfte der Bergwerke finanziert und wo sie nicht ausreichen über eine Steuer. Die Gerichte selbst (und die Pfarreien) werden neu organisiert, sie übernehmen die Aufgaben der Verwaltung und Rechtspflege durch acht gewählte Geschworene.

Der hier erkennbaren politischen Entmachtung des Landesfürsten und der bislang privilegierten Stände Geistlichkeit und Adel entspricht die egalitär konzipierte Gesellschaft. Alle ständischen Unterschiede fallen; es gibt nur die Gesellschaft des Gemeinen Mannes, differenziert nach beruflicher Tätigkeit in Bauern, Handwerker und Knappen. Schlösser, Burgen und Stadtmauern werden geschleift, ein symbolisches Zeichen der neuen Gleichheit, aber wohl auch Präventivmaßnahme gegen die Herausbildung neuer sozialer Unterschiede. Die bisherigen Feudalabgaben werden ersatzlos gestrichen; als Belastung bleibt allein der Zehnt zur Versorgung der Pfarrer und Armen.

---

[31] Die biographischen Daten nach: *J. Bücking*, Michael Gaismair (wie Bibl. Nr. 77), S. 96—105. — *A. Stella*, Michael Gaismayr „cavaliere degli Strozzi" e la sua famiglia durante il soggiorno padovano (1527—1532), in: *F. Dörrer*, Gaismair (wie Bibl. Nr. 78), S. 115—123. — *W. Klaassen*, Michael Gaismair (wie Anm. 27), S. 61—70.

[32] Text wie Anm. 30. Zur Interpretation vgl. *P. Blickle*, Revolution von 1525 (wie Bibl. Nr. 42), S. 224 ff.

Wie immer man diese Landesordnung bewerten will[33], sie zählt trotz gewisser Unklarheiten zweifellos zu den hervorragenden, durch Kohärenz bestechenden revolutionären Programmen des Bauernkriegs[34]. Verständlich wird sie aus der Biographie Gaismairs, der sich vom Mai 1525 bis zum Frühjahr 1526 vom Reformer zum Revolutionär[35] entwickelte, verständlich wird sie aber auch aus der Logik der Aufstandsbewegung selbst, die erfolgreich nur dann sein konnte, wenn sie sich einem solchen Konzept bedingungslos zu verschreiben bereit war. Die Mehrheit der Aufständischen ist in ihren Zielvorstellungen nicht so weit gegangen. Vergleichbar sind die programmatischen Äußerungen in Tirol, Graubünden und Salzburg eher Gaismairs weniger radikalen ‚Ersten Landesordnung'[36] vom Mai 1525.

Sie sieht vor, die Feudalrente zu streichen und nur mehr den Zehnten einzuheben, der hälftig für die Pfarrerbesoldung und die Gemeindeaufgaben verwendet, hälftig dem Tiroler Landesfürsten zur Finanzierung staatlicher Aufgaben überwiesen werden soll. Ergänzt wird der Staatshaushalt durch die Restituierung aller Regalien (besonders der Bergwerke). Der Durchsetzung und Sicherung der ‚neuen Lehre' dient die Aufhebung aller Stifte und Klöster und die Pfarrerwahl durch die Gemeinde. Die Adligen werden wirtschaftlich und politisch entmachtet, indem jeder nur ein Gut bewirtschaften darf und dem Gemeindeverband eingegliedert

---

[33] Verwiesen sei nur auf die neueren Deutungen, die auch die älteren Positionen referieren und verarbeiten. Für die Praktikabilität der Landesordnung vgl. *J. Macek*, Tiroler Bauernkrieg (wie Bibl. Nr. 75), S. 378; *S. Hoyer*, Die Tiroler Landesordnung des Michael Gaismair. Überlieferung und zeitgenössische Einflüsse, in: *F. Dörrer*, Gaismair (wie Bibl. Nr. 78), S. 67—78; *M. Steinmetz*, Die Stellung des Tiroler Bauernkrieges und Michael Gaismairs in der deutschen frühbürgerlichen Revolution, ebd., S. 141—151. „Statisch-unitarischen Charakter" mit zu geringen Entwicklungsmöglichkeiten für die Zukunft attestiert der Ordnung *J. Bücking*, Michael Gaismair (wie Bibl. Nr. 77), S. 139—142.

[34] Zur Einordnung zuletzt *G. Vogler*, Tendenzen der sozialen und politischen Programmatik im deutschen Bauernkrieg. Ein Vergleich mit Gaismairs Tiroler Landesordnung, in: *F. Dörrer*, Gaismair (wie Bibl. Nr. 78), S. 99—114.

[35] So die Hauptthese von *J. Bücking*, Michael Gaismair (wie Bibl. Nr. 77).

[36] Text wie Anm. 28.

wird³⁷. Der Staat besteht im Konzept der ‚Ersten Landesordnung'
nur mehr aus weitgehend autonomen Gemeinden und dem Landesfürsten. Das ist ein Entwurf, der erstaunliche Parallelen in den
allgemeineren Programmen Tirols, Graubündens und Salzburgs
aufweist, ein weiterer Beleg für die Vergleichbarkeit der Aufstände
in den Alpenländern.

2. Ziele und Ursachen

Inwieweit Michael Gaismairs ‚Erste Landesordnung', das für die
aufständischen Brixener verbindliche Programm, die Formulierung
der Meraner Artikel beeinflußte, die ihrerseits mit den Innsbrucker
Zusätzen Grundlage der Landtagsberatungen wurden, läßt sich
nicht genau bestimmen. Inhaltlich zeigen beide Programme jedoch
eine hohe Kompatibilität. Das erlaubt es, von einheitlichen Zielen
in *Tirol* zu sprechen.

Zehn Tage nach der Eröffnung des Innsbrucker Landtags am
12. Juni 1525 trug der Bürgermeister von Innsbruck in Anwesenheit von Erzherzog Ferdinand 96 Beschwerden des Landes Tirol
vor³⁸, die zur Grundlage der Beratungen gemacht wurden und
schließlich in die erste umfassende „Tiroler Landesordnung" von
1526 mündeten, die im Zusammenhang mit den Folgen nochmals
zu würdigen sein wird. Die 96 Artikel kulminieren in den Forderungen, „daz die ganntz grafschafft Tirol mit allen iren bistumben,
clostern, slossern, stetten und gerichten F[ürstlicher] D[urch-
laucht] als unnserm gnedigisten herren und lanndsfursten und
sonnst niemand annderem zugehorig ... [sei] ... Item, ... dann

---

³⁷ *J. Bücking*, Michael Gaismair (wie Bibl. Nr. 77), S. 82 f., unterschätzt m. E. den Adelsartikel und den Artikel über die landesfürstliche
Gerichtsbarkeit, wenn er im Hinblick auf die Erste Landesordnung von
einem „funktional-arbeitsteiligen monarchischen Ständestaat" spricht; das
Merkmal ‚Ständestaat' trifft deswegen nicht mehr zu, weil die traditionellen Stände aufgehoben sind.
³⁸ Text wie Anm. 12. In der Interpretation folge ich weitgehend
meinen älteren Arbeiten. Vgl. *P. Blickle*, Revolution von 1525 (wie Bibl.
Nr. 42), S. 213 ff.; *Ders.*, Die Krise des Ständestaats. Tirol als Modell
zur Lösung des Konflikts von 1525, in: *F. Dörrer*, Gaismair (wie Bibl.
Nr. 78), S. 45—54. — Verwiesen sei in diesem Zusammenhang nochmals
auf die innovatorische Arbeit von *H. Buszello*, Bauernkrieg als politische
Bewegung (wie Bibl. Nr. 41), bes. S. 24 ff., S. 136 ff.

man weder bischof noch der chorherren oder frauencloster nit bedarff, sonnder nur in yedem gericht ain pharren zu halten, aufgericht soll werden, darynn ordnung furtzunemen, daz sy nit so hohen stannd, als bisher beschehen fueren, noch inen sovil zinß, sonnder nur ain zimliche notdurft zuegelassen werden. Sy sollen auch, weder die gaistlichen noch die weltlich adlsman, kainer stet oder gericht noch gerichtszwang unnter inen noch kainerlay regierung haben, sonnder alles F. D. zuesten ... Item, dieweil der gemein man den geistlichen, auch edlman hart und mit schweren kosten zu recht bringen muessen ..., deshalbn zu begern, ein recht und gericht furzunemen"[39].

In diesen wenigen Sätzen kommen die grundsätzlichen gesellschaftlichen und politischen Anliegen der Tiroler zum Ausdruck, die sich mit den übrigen Artikeln[40] in knappen Strichen folgendermaßen skizzieren lassen: Gefordert wird die Säkularisierung der Hochstifte (Brixen, Trient) und der Klöster zugunsten des Landesherrn, verlangt wird die Unterordnung der Geistlichkeit unter die Land- und Stadtgerichte sowie Pfarrerwahl durch die Gemeinde. Weniger radikal, aber doch prinzipiell angegriffen wird die traditionelle Stellung des Adels; zwar soll seine wirtschaftliche Position weitgehend unangetastet bleiben, sein privilegierter Gerichtsstand und seine bisherigen Herrschaftsrechte sollen ihm jedoch entzogen werden. Die politischen Rechte der mediaten Gewalten werden zwischen dem Landesfürsten und den Gemeinden verteilt; gestärkt werden sollen vornehmlich die ländlichen und städtischen Gemeinden, die alle lokalen Amtsträger zu wählen beanspruchen und dem Landesfürsten lediglich das Recht der Einsetzung der für die Einziehung und Verwaltung landesfürstlicher Einkünfte notwendigen Ämter gestatten. Das vermittelnde, den Landesfürsten kontrollierende Organ bleibt der Landtag. Die Spitze der Beschwerden richtet sich somit gegen die Geistlichkeit und den Adel in der Absicht, so den „gemeinen Nutzen" zu fördern, der durch eine Abgabenentlastung der bäuerlichen Wirtschaft, eine bessere Kontrolle der Stadtwirtschaft und durch eine verbesserte Rechtspflege gefördert werden soll.

Es entstünde ein falscher Eindruck, würde aus dieser summarischen Präsentation der umfangreichsten Beschwerdeschrift aus dem

---

[39] *H. Wopfner*, Quellen Deutschtirol (wie Bibl. Nr. 9), S. 52.
[40] Ausführliches Referat bei *J. Macek*, Tiroler Bauernkrieg (wie Bibl. Nr. 75), S. 205—218, 246 ff., 263 ff.

Bauernkrieg der Schluß gezogen, der Tiroler Aufstand ließe sich rein politisch interpretieren. Zur Einordnung ist es wichtig, darauf hinzuweisen, daß bereits seit dem frühen 15. Jahrhundert die Bauern und Bürger Tirols über ihre Landstandschaft auf dem Weg der Gravamina ihre Forderungen einbrachten; sie sind vielfältig, behandeln wirtschaftliche Belastungen der Bauern, Export- und Importprobleme, die Zuständigkeiten der Zünfte in den Städten, die Sonderstellung von Adel und Kirche, die unzureichende Rechtspflege. Fraglos wuchsen im 15. und frühen 16. Jahrhundert die wirtschaftlichen und sozialen Probleme[41]: Hinzuweisen wäre auf den sich stürmisch entwickelnden Salz-, Silber- und Kupferbergbau in Tirol seit dem ausgehenden 15. Jahrhundert und die zunehmenden finanziellen Belastungen des Landes durch die Verquickung von Tiroler mit reichischen Interessen seit Kaiser Maximilian; zusätzliche Schwierigkeiten schuf die Ausrichtung der Tiroler Wirtschaft auf den Montanbereich (Verbot von Viehexport, Einschränkung der Waldnutzungsrechte wegen des enormen Holzbedarfs der Hütten im Inntal; Gefährdung des Südtiroler Weinbaus durch billige Importe aus dem Trentino)[42]. Von Landtag zu Landtag vermehrten sich die Beschwerden; man behalf sich seit 1400 mit Teil-Landesordnungen, die aber durch die Isolierung von Einzelproblemen aus einem strukturellen Gesamtzusammenhang nicht weiterhalfen. Die letzten Jahrzehnte vor 1525 zeigen ganz deutlich, daß die Gravamina letztlich nur durch eine umfassende Landesordnung beseitigt werden konnten. Das war seit langem das Ziel der beiden Stände Städte und Gerichte. Die 96 Beschwerden des Landes Tirol, die durch Hunderte von Regional- und Lokalbeschwerden[43] abgestützt und erweitert werden, verdanken diesem Umstand ihren umfänglichen, aber auch umfassenden Charakter. Es bedurfte nur noch des Anstoßes von außen, der reformatorischen Bewegung und des Aufstandes im benachbarten Allgäu, um die Dämme brechen zu lassen.

Zur Ermittlung der Ziele in *Graubünden* ist man neben vereinzelten, diffusen Nachrichten ohne erkennbare Kohärenz auf den

---

[41] Als regionale Fallstudie (für Brixen) ist zu verweisen auf *J. Bücking*, Michael Gaismair (wie Bibl. Nr. 77), S. 15—57.

[42] Vgl. vor allem zur Bedeutung des Montanwesens *G. Benecke*, Maximilian I (1459—1519), an analytical biography, London 1982, S. 79 bis 93.

[43] Vgl. Anm. 9.

Zweiten Ilanzer Artikelbrief vom Juni 1526 angewiesen[44]. Er sieht vor, alle geistlichen Personen, vom Prälaten bis zum Bischof, ihrer weltlichen Herrschaft zu entsetzen; daß diese Forderung als Säkularisation zu buchstabieren ist, ergibt sich aus zwei weiteren Artikeln, die den Klöstern die Aufnahme von Novizen verbieten und das Klostervermögen der weltlichen Obrigkeit unterstellen. Symmetrisch dazu sollten die Zuständigkeiten der Gemeinden erweitert werden; Pfarrerwahl und Fisch- und Jagdrecht sollten in ihre Kompetenz übergehen, und — wie sich aus der weiteren Entwicklung ergibt, von der noch zu sprechen sein wird — ihre administrativen und jurisdiktionellen Kompetenzen sollten erweitert werden. Schließlich war auch an eine wirtschaftliche Entlastung der Bauern gedacht durch Aufhebung des Kleinzehnten, Reduzierung des Zehnten auf den Fünfzehnten, Kürzung der Frondienste und Beseitigung jener Abgaben, die ein Hörigkeitsverhältnis begründeten[45].

Ähnlich wie in Tirol sind zum Verständnis des Programms der aufständischen Bauern Rückblenden in das Spätmittelalter unerläßlich. Das heutige Graubünden machte im Spätmittelalter eine Entwicklung „vom Feudalismus zur Demokratie" durch[46]. Die sicher problematische Begriffswahl bringt eine richtige Tendenz zur Darstellung, den zunehmenden Einfluß ländlicher Gemeinden. Seit dem 14. Jahrhundert gewannen die „Bünde" wachsende politische Bedeutung, wobei als wichtig hervorzuheben ist, daß trotz der Beteiligung des Churer Bischofs, der Prälaten und des Adels das Gewicht der bäuerlichen Gemeinden ständig wuchs. Erst 1524 kam es nach Vorverträgen zur verfassungsmäßigen Konstituierung des staatlichen Verbandes „Gemeiner Drei Bünde", die der Churer Bischof nicht siegelte, ein nicht bangloses Indiz für die politischen Gewichte in Graubünden.

Wie in Tirol richtete sich die Aufstandsbewegung primär gegen die Kirche. Daß sie in Graubünden weitergehende Folgen zeitigen

---

[44] Druck bei *F. Jecklin,* Urkunden zur Verfassungsgeschichte Graubündens, in: Jahrsberichte der historisch-antiquarischen Gesellschaft Graubündens 1883, S. 89—98.

[45] Vgl. *I. Müller,* Geschichte der Abtei Disentis. Von den Anfängen bis zur Gegenwart, Zürich-Köln 1971, S. 70. — Breiter, aber weniger klar *O. Vasella,* Bischöfliche Herrschaft (wie Anm. 13), bes. S. 1 ff., 17 ff.

[46] *P. Liver,* Vom Feudalismus zur Demokratie in den graubündnerischen Hinterrheintälern, Chur 1929.

konnte, liegt auf der Hand, weil die Anlehnung der Bünde an die Eidgenossenschaft Rücksichtnahmen gegenüber der Kirche in weit geringerem Maße erforderlich machten.

Im Erzstift *Salzburg* konnte das Programm eine ähnliche Färbung annehmen wie in Graubünden. In den Artikeln der Stadt Salzburg, die im Gegensatz zu den ‚24 Artikeln gemeiner Landschaft Salzburg' klare verfassungspolitische Perspektiven entwickeln, heißt es: „Zum lessten, vnd in allgweg ist gros von nötten, das die Burgerschaft vonn Stetten vnd märckten, Auch die Bauerschafft von Gerichten Sambt den vonn Perckhwerchen, Treulich, vnd vesstigklich, als was ainen, dass auch den andern angee, mit pflicht und verschreibungen, wie vormals zu der Zeit, als der Igelbrieue [1403] aufgericht worden zum thail auch beschehen ist, Sich zusammen verschreiben vnd verpünden, Domit, wo ain Landsfürst hinfüran mer, das Land vnpillichen besweren wolt, das alsdann ain Landschaft, aus Craft solher verpündung, sich des widersetzen vnnd entladen, vnd also bey frid vnd ainigkait beleiben möcht. Doch das die geystlichen, vnd vom Adel, dieweil Sy allemal widerwerttig, vnd zu vntterdruckung des gemainen manns, dem Landsfürsten bisher, auf alle weg, anhengig gewest, ausgeschlossen vnd zu solch verpündnuss nit genumen werden."[47] Mit anderen Artikeln ergibt sich aus dieser Forderung ein neues Verfassungsmodell für Salzburg: Städte, Märkte, Landgerichte und Berggerichte sollten ihre Vertreter in den Landtag wählen, der Landtag seinerseits ein Landschaftsregiment als Regierung bestimmen. Das Institutionsgerüst des bestehenden Ständestaats wird genutzt, die politische Macht jedoch völlig neu verteilt. Der „gemeine Mann" (die Knappen und Gewerken, die Bauern und Bürger) bestimmt fortan die Geschicke des Landes; die Stellung des Landesfürsten bleibt vage, Hinweise sind vorhanden, die den Schluß erlauben, der Erzbischof solle lediglich seine geistlichen Würden behalten, ansonsten aber auf Pension gesetzt werden[48]. Die bäuerlichen Forderungen im engeren Sinn ähneln denen in Tirol: sie sind auf Abgabenentlastung und Rechtsverbesserung abgestellt.

Auch zum Verständnis des Programms der Salzburger ist es nötig, auf das 15. Jahrhundert zurückzublicken. Zwischen 1462 und 1525 waren die Bauern vier Mal nachweislich, drei Mal wahr-

---

[47] *J. Widmann*, Beiträge (wie Anm. 21), S. 27.
[48] Zur Interpretation *P. Blickle*, Revolution von 1525 (wie Bibl. Nr. 42), S. 160—163; *Ders.*, Landschaft und Bauernkrieg (wie Anm. 22).

scheinlich auf die 14 Landtage dieses Zeitraums geladen worden; motiviert waren diese außerordentlichen Ladungen seit dem Salzburger Bauernaufstand von 1462 durch die Beschwerden und Forderungen der Untertanen. Wie in Tirol häuften sich in den letzten Jahrzehnten vor dem ‚Bauernkrieg' die Gravamina gegen zu hohe wirtschaftliche Belastungen, willkürliche Neuerungen und unzureichende Rechtspflege. Die Beschwerden konnten eigentlich nur durch eine umfassende Landesordnung beigelegt werden; um dabei aber die Berücksichtigung der bäuerlichen Interessen zu sichern, mußten die Bauern (und seit dem Aufblühen des Bergbaus im späteren 15. Jahrhundert auch die Gewerken und Knappen) an einer verfassungsmäßig gesicherten Vertretung im Landtag interessiert sein.

Aus dem Vergleich der Programme in Tirol, Graubünden und Salzburg läßt sich erkennen, daß drei Determinanten die Zielsetzung bestimmten:

— Der durch die Reformation freigesetzte antiklerikale Affekt erlaubte den prinzipiellen Angriff auf die Kirche als weltliche Herrschaft und erklärt die Forderung nach Aufhebung (Brixen, Trient, Chur) oder drastischer Beschneidung (Salzburg) der bischöflichen und klösterlichen Herrschaftsrechte.

— Die rechtliche (Tirol, Gotteshausbund) oder faktische (Salzburg) Landstandschaft der Bauern erlaubte es, den institutionellen Rahmen der landständischen Verfassung beizubehalten, ihn aber durch die Neuordnung der politischen Zuständigkeiten (Verlagerung von Klerus und Adel auf Bürger, Bauern [und Knappen]) qualitativ zu verändern.

— Alte, weit ins 15. Jahrhundert zurückreichende Beschwerden wirtschaftlicher und rechtlicher Art waren durch obrigkeitliches Desinteresse nicht hinreichend berücksichtigt und durch neue Probleme der Alpenländer in Form der sprunghaft steigenden Bergarbeiterschaft und des intensiveren Handels verschärft worden. Nur umfassende Landesordnungen konnten die Lösung sein; nicht umsonst gehören die Tiroler und Salzburger Artikel zu den ausführlichsten Beschwerdeschriften der Bauernkriegszeit.

3. Folgen

Die Verbesserung der bäuerlichen Lage als Folge des Bauernkriegs zählt zu den gemeinsamen Merkmalen der Alpenländer. Nicht zuletzt auf diesen Umstand, umfassen doch die Alpenländer ein Drittel des gesamten Aufstandsgebietes, gründet das allgemeinere Urteil, der Bauernkrieg bedeute keineswegs das Ende eines „politischen" Bauernstandes[49], vielmehr habe er in weiten Teilen zu seiner wirtschaftlichen Entlastung und rechtlichen Stabilisierung beigetragen[50]. Dieses Urteil gilt jedenfalls für das 16. Jahrhundert. Die später gleichlaufenden Entwicklungen mit anderen Territorien im Reich, die auch in Tirol, stärker in Salzburg Formen absolutistischer Herrschaft hervorbringen, können keinesfalls in einen Begründungszusammenhang mit 1525 gebracht werden.

Bei einer Bewertung der Folgen muß man sich darüber im klaren sein, daß revolutionäre Zielsetzungen wie die Säkularisierung der Bistümer und Klöster dann nicht mehr durchsetzbar waren, wenn man sich auf den Verhandlungsweg einließ, und auf ihn mußten sich die Bauern angesichts der militärischen Übermacht der Fürsten im Reich einlassen. Allein Graubünden macht hier eine Ausnahme, was sich unschwer daraus erklärt, daß im Interessengegensatz zwischen Habsburg und der Eidgenossenschaft die „Bünde" eindeutig die Orientierung auf die Schweiz bevorzugten und damit die nötige Rückendeckung hatten.

Erinnert man daran, daß als charakteristische Gemeinsamkeit der Alpenländer auch der Stau von Beschwerden seit dem 15. Jahrhundert zu gelten hat, so zeigt sich bei der Prüfung der Frage, wie diese Probleme gelöst wurden, daß die bislang angesammelten Konfliktstoffe auf dem Verhandlungsweg weitgehend beseitigt oder neutralisiert wurden. Diese Tatsache läßt sich auch nicht mit dem Argument entkräften, daß man von Regierungsseite in Form von „Empörerordnungen" in Tirol[51] und Salzburg[52] neue Auf-

---

[49] Die These formuliert von *G. Franz*, Bauernkrieg (wie Bibl. Nr. 39), S. 294—300.
[50] Zur Kritik aufgrund des Salzburger und Tiroler Quellenmaterials erstmals *P. Blickle,* Landschaften (wie Anm. 5). — Für eine systematische Behandlung *Ders.,* Entmündigung des Bauern (wie Bibl. Nr. 140).
[51] Der Fürstlichen Grafschaft Tirol Landsordnung, 1526, fol. i 4 ff. (bei Durchpaginierung S. 134—145).
[52] Ordnung den Frid im Stifft vnnd Land Saltzburg zu handthaben vnd Emporung vnd aufstand zufürkommen (26.22, 1526). (Gedrucktes

stände zu verhindern suchte, weil davon die Verhandlungen nachweislich nicht berührt wurden.

Für *Tirol* läßt sich dieser Zusammenhang stringent aufweisen. Der Innsbrucker Juni/Juli-Landtag und der von ihm eingesetzte Ausschuß erarbeitete die erste umfassende Tiroler Landesordnung, die 1526 in mehreren Hundert Exemplaren gedruckt wurde[53]. Sie ist die Antwort auf die Meraner-Innsbrucker Artikel[54]. Verbessert wurde die Rechtspflege durch die staatliche Besoldung der Richter anstelle der bisher üblichen prozentualen Beteiligung an den Bußgeldern, die Aufhebung des privilegierten Gerichtsstandes ist die Antwort auf die Meraner-Innsbrucker Artikel[54]. Verbesfachung des Instanzenzugs. Stärkere obrigkeitliche Kontrolle der Kaufmannsgesellschaften und Hausierer sollte die Verteuerung von Lebensmitteln verhindern. Weitgehende Freigabe der Fischerei und beschränkte Freigabe der Jagd, Neueinschätzung der Güter nach Witterungsschäden, Ermäßigung der Roboten, Zehnten und Zinsen, Beseitigung der 10%igen Besitzwechselgebühren und Verbesserung der Besitzrechte in Angleichung an das Erbrecht kamen vor allem den Bauern zugute. Zieht man die revolutionären Forderungen der Meraner-Innsbrucker Artikel ab, dann sind die Beschwerden durch die Landesordnung weitestgehend erledigt worden[55]. Die bereits 1532 revidierte Landesordnung[56] hat zugegebenermaßen einige der Vergünstigungen zurückgenommen, bleibt aber im wesentlichen ihrer Vorgängerin von 1526 verpflichtet[57]; daß sie obrigkeitlicherseits noch immer als besondere Vergünstigung interpretiert wurde, ergibt sich mit wünschenswerter Klarheit aus dem Umstand, daß sich die Innsbrucker Regierung beharrlich weigerte, sie als subsidiäres Recht in den habsburgischen Vorlanden (Vorarlberg, Schwäbisch-Österreich, Vorderösterreich) gelten zu lassen.

Exemplar im Bayerischen Hauptstaatsarchiv, Hochstift Salzburg, Literalien 586).

[53] Der Fürstlichen Grafschaft Tirol Landsordnung, 1526.

[54] Vgl. die gegenüberstellende Auswertung bei *P. Blickle*, Landschaften (wie Anm. 5), S. 205—212.

[55] Extrem negative Bewertung bei *J. Macek*, Tiroler Bauernkrieg (wie Bibl. Nr. 75), S. 278 u. a. (allerdings ohne in einen detaillierten Vergleich von Beschwerden und Landesordnung einzutreten).

[56] Landtßordnung / der Fürstlichen Graffschafft Tirol, 1532.

[57] Die Argumentation im einzelnen unter Berücksichtigung entgegengesetzter Positionen bei *P. Blickle*, Revolution von 1525 (wie Bibl. Nr. 42), S. 267.

Am weitesten gehend sind die Folgen des Bauernkriegs für *Graubünden* anzuschlagen. Der Zweite Ilanzer Artikelbrief vom Juni 1526 war im Gegensatz zu den Meraner oder Salzburger Artikeln kein Forderungskatalog, sondern ein von den Drei Bünden geschriebenes Verfassungsdokument, das die Forderungen der Aufständischen integrierte, verfassungsrechtlich aber insofern problematisch war, als wichtige und bedeutende Bundesgenossen den Ilanzer Artikelbrief nicht wie erforderlich ratifiziert hatten, zum Teil sogar, wie der Bischof und das Domkapitel, von den Beratungen ausgeschlossen worden waren.

Die Praxis der Folgejahre sah einfach über die rechtliche Schwierigkeit hinweg, daß ein noch rechtmäßig gewählter Bischof im Exil lebte und das Domkapitel seine Rechte nicht preiszugeben bereit war: Das bischöfliche Gericht als Appellationsinstanz wurde aufgehoben; das Oberengadin wählte seit 1526 ohne jede obrigkeitliche Konsultation seinen Ammann; vielerorts übernahmen die Gemeinden die gesamte Gerichtsbarkeit. Mit größer werdendem zeitlichem Abstand versuchte man seitens der Bauern die Vorgaben des Artikelbriefs auch rechtlich abzusichern, indem man den Berechtigten ihre Herrschaftsrechte abkaufte, zu vergleichsweise lächerlichen Summen, die freilich von den Herren akzeptiert werden mußten, wollten sie nicht ohne jede Entschädigung ausgehen: 1 200 fl. zahlte das Puschlav für die Ablösung der bischöflichen Rechte; um 2 300 fl. kauften sich die Untertanen der Herrschaft Greifenstein aus der hochstiftischen Herrschaft frei; gleiches gilt für die Gerichte Flims, Grub, Ilanz und Lugnez[58]. In den Klosterherrschaften war es kaum anders: Viele Orte lösten nach 1526 die Zehntverpflichtungen durch einmalige Geldzahlungen an die Empfänger ab, und wohl wenig charakterisiert die Stimmung in Graubünden so gut wie die Tatsache, daß das Kloster Disentis im Oktober 1526 seinen Gotteshausleuten seine Rechte an Lehen, Huben, Fastnachthühnern um 1 500 fl. verkaufte, um als monastische Niederlassung überhaupt überleben zu können[59].

Was aus der ehemals im Hochmittelalter umfassenden Stellung des Hochstifts Chur geworden war, zeigt die Neuwahl eines Bischofs 1541: Die Wahlkapitulation diktierten die Bauern des Gotteshausbundes, nicht das Domkapitel; alle in den letzten 16 Jahren

---

[58] Diese und weitere Beispiele aufgelistet bei *O. Vasella*, Bischöfliche Herrschaft (wie Anm. 13), S. 53—81.
[59] *I. Müller*, Disentis (wie Anm. 45), S. 71 f.

rechtlich oder faktisch erfolgten Veränderungen wirtschaftlicher, politischer oder kirchlicher Art waren als unveränderlich zu bestätigen. Aus einem üppigen Hochstift war eine schlanke Diözese geworden.

In *Salzburg* gestalteten sich die Verhandlungen besonders zäh und langwierig; und entsprechend bescheidener war der Ertrag, was letztlich auch damit zu erklären ist, daß die neuerliche militärische Auseinandersetzung 1526 die Kompromißbereitschaft der landesfürstlich-erzbischöflichen Seite deutlich verringert hatte. Wie in Tirol sollten die Gravamina durch Verhandlungen auf einem Landtag entschieden werden. Der Oktober-Landtag von 1525 unter Beteiligung der Stadt-, Land- und Berggerichte brachte einen Teil der Beschwerden vom Tisch, was in einem entsprechenden Landtagsabschied festgehalten wurde[60]. Die eigentliche Beratung für eine umfassendere Landesordnung setzte auf dem März-Landtag 1526 ein, blieb aber im ständisch-landesfürstlichen Ausschuß in den Folgeberatungen hängen, so daß dem November-Landtag 1526 keine verabschiedungsfähige Vorlage präsentiert werden konnte. Man einigte sich dahingehend, das bisher vom Ausschuß Erarbeitete als Mandat zu publizieren[61]. Dabei blieb es; eine Landesordnung ist in Salzburg im 16. Jahrhundert nicht mehr erlassen worden.

Was ergeben der Landtagsabschied vom 30. Oktober 1525 und das Mandat vom 20. November 1526: Prinzipiell wird das Alte Herkommen betont und den Untertanen wiederholt nahegelegt, ihre Rechte gegenüber den Grundherren und landesherrlichen Beamten beim Landesfürsten oder gegenüber dem Landesfürsten selbst beim Hofrat einzuklagen. Wie ein solcher Rahmen ausgefüllt werden konnte, war natürlich in hohem Maße von den jeweiligen Umständen abhängig. Konkrete Verbesserungen wurden erreicht in der Rechtspflege durch die Zurückdrängung der Eingriffsmöglichkeiten des Landeshauptmanns in die Landgerichte, durch klare Abgrenzung der Kompetenzen und Instanzen, die Fixierung der Besoldung des Gerichtspersonals und die Entlastung der Gemein-

---

[60] F. *Leist,* Quellen-Beiträge (wie Anm. 20), S. 57—60.
[61] Ebd., S. 127—143. Für eine kritische Edition und die Einordnung in gesamthistorische Zusammenhänge vgl. jetzt auch F. V. Spechtler — R. *Uminsky* (Hrsg.), Die Salzburger Landesordnung von 1526 (Göttinger Arbeiten zur Germanistik 305), 1981. Für Details des Redaktionsvorgangs vor allem die landesgeschichtliche Einführung von H. Dopsch, S. 15*—85*.

den von Gerichtskosten; wirtschaftliche Verbesserungen boten die Aufhebung des Ungeld, die Herabsetzung der Grundgülten und die Schaffung einer festen Taxordnung, die den Wildwuchs der Gebühren und Abgaben beschnitt.

Man mag über den Wert dieser Normierungen streiten[62], jedenfalls hat man die Beschwerden beraten und auf sie nicht nur negativ reagiert. Die weiteren Einberufungen der Gerichte im 16. Jahrhundert beweisen, auch wenn sie nicht zu einer rechtlich abgesicherten Landstandschaft führten, daß der Bauer als politische Größe im Erzstift Salzburg nicht übersehen wurde.

---

[62] Die Kritik an meiner Qualifizierung als „bauernfreundlich" verarbeitet mit der Interpretation bei *P. Blickle*, Revolution von 1525 (wie Bibl. Nr. 42), S. 268 f.

In den vorstehenden Beiträgen wurde der Bauernkrieg nach seinen Hauptregionen behandelt. Eine vergleichende Übersicht über die Ereignisse in den einzelnen Aufstandsgebieten gibt die Zeittafel am Ende dieses Bandes (S. 395 ff.). Sie soll das Verhältnis zwischen den Aufstandsbewegungen: Gleichzeitigkeit oder Phasenverschiebung, sichtbar machen.

Systematischer Teil

Ursachen

Von Rudolf Endres

Der Streit um die Ursachen des Bauernkriegs ist so alt wie der Bauernkrieg selbst. Heute wird einheitlich in der Forschung der Standpunkt vertreten, daß man von einer Vielfalt und Komplexität der Ursachen auszugehen hat, von einem Faktorenbündel oder von mehreren Konfliktfeldern, die von Region zu Region, ja von Ort zu Ort verschieden sein konnten. Der Reformation kam die Funktion eines Auslösers oder Katalysators zu, weniger die eines verursachenden Faktors.

Neben den objektiven Gegebenheiten, neben der wirtschaftlichen, sozialen und rechtlichen Lage der Bauern am Vorabend des Bauernkriegs müssen aber auch die subjektive Einschätzung der Bauern selbst und ihre Bewußtseinslage mitberücksichtigt werden. Diese fanden ihren Niederschlag in den lokalen Beschwerden und Klagen der Bauern, die keineswegs völlig identisch gewesen sein müssen mit den objektiven Gegebenheiten. Nur aus objektiven und subjektiven Faktoren zusammen kann eine Analyse der Revolutionsursachen von 1525 durchgeführt werden[1].

Eine quantitative Auswertung der lokalen Beschwerden aus dem oberschwäbischen Raum hat Peter Blickle vorgenommen und auf diesem Wege eine Hierarchie der Gravamina erhalten. An der Spitze der Beschwerden stand die Leibeigenschaft mit ihren wirtschaftlichen und sozialen Folgen. Das nächste Konfliktpotential stellte die Landwirtschaft dar, die in einer echten Krise steckte, und schließlich die Landesherrschaft, die einen einheitlichen Untertanenverband anstrebte, wobei der Landessteuer eine wichtige Rolle zukam[2].

---

[1] Zur Methodendiskussion und zu den neuen Forschungsansätzen s. Bibl. Nr. 35—38, 55, sowie oben Kapitel „Deutungsmuster des Bauernkriegs in historischer Perspektive", S. 11 ff., und Kapitel „Methodenfragen der gegenwärtigen Bauernkriegsforschung", S. 23 ff.
[2] *P. Blickle*, Revolution von 1525 (wie Bibl. Nr. 42), S. 32 ff.

Für Südwestdeutschland, aber auch für weite Teile Frankens und Mitteldeutschlands, dokumentieren die Zwölf Artikel die bäuerlichen Beschwerden, die hauptsächlich auf eine bessere Herrschafts- und Sozialordnung abzielten, vor allem durch die Kommunalisierung bisheriger herrschaftlicher Rechte und Aufgaben. Allerdings kann der Beschwerdekatalog der Zwölf Artikel nur modifiziert und bedingt auf andere Regionen übertragen werden, können die Zwölf Artikel nicht generell und allein die Ursachen und das Programm des Bauernkriegs widerspiegeln[3].

1. Langfristige Strukturveränderungen

Um das Phänomen „Bauernkrieg" in seiner ganzen Komplexität erfassen zu können, um die verursachenden wirtschaftlichen, sozialen, verfassungsmäßigen, rechtlichen, politischen und religiösen Faktoren genauer bestimmen zu können, müssen in die Analyse vor allem Veränderungen der „Strukturen von langer Dauer" einbezogen werden, also langfristige Erscheinungen wie die spätmittelalterliche Agrarkrise mit ihren Folgen, die feudale Krise des Adels und der Klöster oder der Aufbau des frühmodernen Staates[4].

Aufschlußreich ist bereits das Verbreitungsgebiet der Aufstandsbewegung[5]. Die Hauptgebiete des Aufruhrs waren in auffallender Weise gekennzeichnet durch eine *besonders kleinräumige Herrschaftsstruktur.* Hier fanden sich eine Vielzahl von Reichsstädten, eine Unzahl von kleinen geistlichen und weltlichen Herrschaften, von Klosterherrschaften, von ritterschaftlichen Kleinstaaten und Zwergterritorien, von Hochstiften und Grafschaften. Die Ausbildung von Großterritorien und frühmodernen Flächenstaaten war noch im Gange oder wurde gar erst begonnen[6].

---

[3] Vgl. ebd., S. 90 ff. In vielen Gemeinden Thüringens und Frankens wurden die Zwölf Artikel zwar als Vorlage benutzt, aber an die örtlichen Gegebenheiten und Beschwerden angepaßt.

[4] Siehe hierzu *F. Braudel*, Geschichte und Sozialwissenschaften. Die ,longue durée', in: *H.-U. Wehler* (Hrsg.), Geschichte und Soziologie, 1972, S. 189—215.

[5] Vgl. die Karte im Anhang dieses Bandes, S. 396 f.

[6] *G. Oestreich*, Geist und Gestalt des frühmodernen Staates, 1969, S. 5 f., charakterisiert den frühmodernen Staat als eine „ungemeine Steigerung der politischen Intensität", was auf die Kleinstaaten in Schwaben,

Das Aufstandsgebiet war auch das Gebiet der sog. *„versteinerten Grundherrschaft"*, die dadurch charakterisiert war, daß infolge der starken Gemengelage die Herrschaftsrechte, die noch weitgehend personal bezogen waren, am schärfsten ausdifferenziert wurden in Landesherrschaft, Grundherrschaft, Leibherrschaft und Kirchenherrschaft. Die gleiche Person konnte so mehreren unterschiedlichen Herrschaftsträgern unterworfen sein: z. B. einem Fürsten als Untertan und Steuerzahler, einem Adligen als Grundhöriger, einem Grafen vor Gericht und einem Kloster als Leibeigener[7].

1.1 Urbanisierung und Bevölkerungszunahme

Die wichtigsten Gebiete des Bauernkriegs waren aber auch gekennzeichnet durch einen *hohen Urbanisierungsgrad*. Dabei war weniger die Zahl der Großstädte charakteristisch, sondern das außergewöhnlich dichte Netz von Mittel- und Kleinstädten, bis hin zu Zwergstädten und Marktflecken mit nur einigen hundert Einwohnern. Bei den kleinen Städten aber war die Verbindung mit dem Umland, waren die Nahmarktbeziehungen oder Stadt-Land-Beziehungen besonders eng. Die Bevölkerung in den Kleinstädten war noch überwiegend agrarisch bestimmt und in der Landwirtschaft tätig, mit eigener Stadtallmende und gemeinsamer Weide; viele Bürger verfügten auch über Grundbesitz auf dem Lande[8]. Daraus erklärt sich, daß gerade die kleinen Städte und Marktflecken mit ihren vielen Ackerbürgern oder Häckern sich an dem Aufstand der Bauern beteiligten und vielfach sogar zu den wichtigsten Trägern und Zentren des Aufstandes wurden.

Das dichte Städtenetz im Aufstandsgebiet muß im Zusammenhang der allgemeinen *demographischen Entwicklung im Spätmittelalter* gesehen werden. Um die Mitte des 15. Jahrhunderts waren die schweren Bevölkerungsverluste durch die Pestwellen des „Schwarzen Todes", die schätzungsweise ein Drittel der Bevölke-

---

Franken, Thüringen und am Oberrhein noch nicht zutraf. Vgl. *R. Endres,* Die „Staatlichkeit" in Franken, in: Handbuch der bayerischen Geschichte, hrsg. v. *M. Spindler,* Bd. 3/1, 1979², S. 349 ff.
[7] *F. Lütge,* Geschichte der deutschen Agrarverfassung (Deutsche Agrargeschichte 3), 1963, S. 87 ff.
[8] Siehe *H. Ammann,* Vom Lebensraum der mittelalterlichen Stadt, in: Berichte zur deutschen Landeskunde 31 (1963), S. 284—316. — Zum folgenden s. auch u. Kapitel „Stadt und Bürgertum", bes. S. 275 ff.

rung hinweggerafft hatten[9], wieder ausgeglichen. Die spätmittelalterliche Agrardepression wurde überwunden, und die wirtschaftliche Entwicklung nahm einen deutlichen Aufschwung[10]. Begleitet wurde der wirtschaftliche Aufschwung, der seit etwa 1470 erkennbar einsetzte, von einem beträchtlichen Bevölkerungswachstum vor allem im Süden und Südwesten des Reiches, in der Schweiz und in Oberschwaben, den bevorzugten Werbegebieten für Söldner[11]. David W. Sabean[12] und Peter Blickle rechnen für Oberschwaben und das Bodenseegebiet mit einem mittleren Bevölkerungsanstieg von 1—1,5% jährlich, während das Bevölkerungswachstum in anderen Regionen, wie in Sachsen und in den Habsburgischen Landen, 0,5—1% betragen haben soll[13].

Unmittelbar nach den verlustreichen Pestwellen konnten die zahlreichen Städte fast unbegrenzt Leute vom Lande aufnehmen; die sprunghaft steigenden Einwohnerzahlen belegen den raschen Zuzug[14]. Der Bevölkerungsdruck nahm schließlich in den Städten so sehr zu, daß Ulrich von Hutten den Krieg gegen die Türken

---

[9] *Ph. Ziegler*, The Black Death, London 1969; *G. Deaux*, The Black Death, London 1969.
[10] Vgl. *W. Abel*, Agrarkonjunktur (wie Bibl. Nr. 96); *Ders.*, Massenarmut und Hungerkrisen im vorindustriellen Europa, 1974; *Ders.*, Landwirtschaft 1350—1500, in: Handbuch der deutschen Wirtschafts- und Sozialgeschichte, hrsg. v. *H. Aubin* u. *W. Zorn*, Bd. 1, 1971, S. 300—334.
[11] *E. von Frauenholz*, Das Heerwesen in der Zeit freien Söldnertums, 1936; *D. W. Sabean*, Vorabend des Bauernkriegs (wie Bibl. Nr. 98), S. 47 f.; *S. Hoyer*, Ursachen Bauernkrieg (wie Bibl. Nr. 94), S. 663 f.
[12] *D. W. Sabean*, Vorabend des Bauernkriegs (wie Bibl. Nr. 98), S. 37 f.
[13] *P. Blickle*, Revolution von 1525 (wie Bibl. Nr. 42), S. 78 ff. Für Thüringen errechnet *F. Koerner*, Die Bevölkerungszahl und -dichte in Mitteleuropa zum Beginn der Neuzeit, in: Forschungen und Fortschritte 33 (1959), S. 328 ff., für den Beginn des 16. Jahrhunderts eine wesentlich größere Zunahme als gegen Ende.
[14] *H. Grees*, Die Bevölkerungsentwicklung in den Städten Oberschwabens (einschließlich Ulms) unter besonderer Berücksichtigung der Wanderungsvorgänge, in: Ulm und Oberschwaben 40/41 (1973), S. 123 bis 198; *P. Eitel*, Die Herkunft der Überlinger Neubürger im 15. Jahrhundert, in: Schriften des Vereins für die Geschichte des Bodensees 87 (1969), S. 127—131; *R. Endres*, Zur Einwohnerzahl und Bevölkerungsstruktur Nürnbergs im 15./16. Jahrhundert, in: Mitteilungen des Vereins für Geschichte der Stadt Nürnberg 57 (1970), S. 242—271.

forderte, um die Zahl der Menschen wieder zu reduzieren[15]. Die Abwanderung in die attraktiven Städte wurde schließlich im Südwesten des Reiches und in Schwaben unterbunden durch die Ausbildung der Institution „Leibeigenschaft" und durch das damit verbundene Verbot der Verbürgerung durch die Leibherren, wie umgekehrt bald auch die überfüllten Städte selbst den Zuzug erschwerten, indem sie die Aufnahmegebühren deutlich erhöhten. Aufnahmefähig waren offensichtlich noch länger die Städte in Thüringen, in Franken und im Elsaß, wo kein Übervölkerungsdruck erkennbar ist[16]. Allerdings setzten sich auch hier die Städte gegen den Zulauf speziell der ländlichen Armut zur Wehr, wie die zahlreichen restriktiven Armenordnungen und Bettelverbote für fremde Arme eindrucksvoll belegen[17].

Die Bevölkerungszunahme hatte auch nachhaltige *Folgen für die Sozialstruktur auf dem Lande und für die Agrarverfassung*, selbstverständlich mit regionalen Unterschieden. Vor allem nahm aufgrund der demographischen Entwicklung die klein- und unterbäuerliche Schicht beträchtlich zu. Denn zunächst suchte man — zumindest in den Realteilungsgebieten — dem wachsenden Bevölkerungsdruck durch Teilung der Höfe zu begegnen, was in den spätmittelalterlichen Dörfern zu zahlreichen Halb-, Viertel-, Achtel- und sogar Sechzehntelhöfen führte. Daneben entstanden viele Seldengüter oder Kleinstellen mit nur wenig Grundbesitz oder auch nur mit einem Garten. Schon bald aber ließ der Bevölkerungszuwachs eine zahlreiche „unterbäuerische Schicht" auf dem Lande entstehen, aus Tropf- oder Bloßhäuslern ohne jeden Grund-

---

[15] Vgl. O. *Jolles*, Die Ansichten der nationalökonomischen Schriftsteller des 16. und 17. Jahrhunderts über Bevölkerungswesen, in: Jahrbücher für Nationalökonomie und Statistik NF 13 (1886), S. 197.

[16] F. *Rapp*, Vorgeschichte des Bauernkrieges (wie Bibl. Nr. 69), S. 29 ff.; R. *Endres*, Lage des „Gemeinen Mannes" (wie Bibl. Nr. 99), S. 63.

[17] S. etwa die Bettel- und Armenordnungen der Städte Straßburg, Freiburg, Basel oder Nürnberg (1478 und 1522). O. *Winckelmann*, Das Fürsorgewesen der Stadt Straßburg vor und nach der Reformation bis zum Ausgang des 16. Jahrhunderts, 1922; R. *Endres*, Zur wirtschaftlichen und sozialen Lage in Franken vor dem Dreißigjährigen Krieg, in: Jahrbuch für fränkische Landesforschung 28 (1968), S. 5—51; *Th. Fischer*, Städtische Armut und Armenfürsorge im 15. und 16. Jahrhundert. Sozialgeschichtliche Untersuchungen am Beispiel der Städte Basel, Freiburg i. Brg. und Straßburg, 1979; *Chr. Sachße* — *F. Tennstedt*, Geschichte der Armenfürsorge in Deutschland, 1980, S. 63 ff.

besitz, aus Gärtnern, Tagelöhnern, Dienstboten, Hausgenossen, Inwohnern, Dorfhandwerkern und Dorfarmen, die in manchen Gebieten, wie etwa in Sachsen, Thüringen, Franken, Württemberg und Oberschwaben, nachweislich 40—50% der ländlichen Bevölkerung umfaßte[18]. So waren z. B. in der Klosterherrschaft Salem 1505 und in dem Dorf Bermatingen ein Drittel, in Neufrach die Hälfte und in Buggensegel mehr als die Hälfte der Familien mittellos[19]. In einem normalen Erntejahr produzierten in Oberschwaben knapp 40% der Bauern für den Markt, 30% hatten ihr Auskommen und bei gut 30% reichten die Erträge nicht zur Versorgung der Familie aus; sie waren auf Neben- oder Zuerwerb angewiesen. Bei dem Überangebot an Arbeitskräften auf dem Land aber sanken die Löhne, was gerade die Tagelöhner, Saisonarbeiter und Dienstboten betraf, während gleichzeitig die Getreidepreise anstiegen[20].

1.2 Änderungen der Agrarstruktur und des Anbaus

Die wachsende Bevölkerung in den Dörfern bedeutete aber auch, daß die Ressourcen des Dorfes unter mehr Menschen aufgeteilt werden mußten, was zunächst durch Rodung oder auch durch Teilung der Allmenden versucht wurde. Doch wurden sehr bald die *Grenzen der Ausdehnung und landwirtschaftlichen Erschließung* erreicht. Vereinzelt kam es bereits zu innerdörflichen Spannungen und Auseinandersetzungen, vor allem in Oberschwaben, wo sich die berechtigten Hofbesitzer dagegen wehrten, daß die Allmende unter die Landlosen aufgeteilt wurde[21].

---

[18] *P. Blickle,* Revolution von 1525 (wie Bibl. Nr. 42), S. 83 ff.; *R. Endres,* Bauernkrieg in Franken (wie Bibl. Nr. 71), S. 37 f.; *D. Lösche,* Vermögensverhältnisse thüringischer Bauern im Jahre 1542, in: Jahrbuch für Wirtschaftsgeschichte 1964, Teil II/III, S. 122 ff.; *D. W. Sabean,* Vorabend des Bauernkriegs (wie Bibl. Nr. 98), passim; *G. Franz,* Die soziale Schichtung des Dorfes, in: *Ders.,* Geschichte des deutschen Bauernstandes (Deutsche Agrargeschichte 4), 1976², S. 214 ff. In der oberschwäbischen Klosterherrschaft Rot standen 1518 Höfe, Gütlein und Sölden in einem Verhältnis von 51:27:21 (*P. Blickle,* Revolution von 1525 [wie Bibl. Nr. 42], S. 64), und in manchen Dörfern im Ries betrug das Verhältnis von Höfen zu Sölden und Leerhäusern bereits 17:83.
[19] *C. Ulbrich,* Leibherrschaft (wie Bibl. Nr. 106), S. 305.
[20] *D. W. Sabean,* Vorabend des Bauernkriegs (wie Bibl. Nr. 98), S. 63.
[21] So beschwerten sich 1525 die Bauern der Herrschaft Meßkirch

Eine weitere Folge des Bevölkerungsdrucks auf dem Lande war die *Änderung des Erbrechts*. Während in Thüringen, Bayern und Franken ein verhältnismäßig gutes Erbrecht, die Erbleihe, vorherrschte, kam es im Elsaß und in Oberschwaben seit dem ausgehenden 15. Jahrhundert zu erheblichen Verschlechterungen. Im Elsaß, wo das Pachtsystem weitverbreitet war, konnten nach Ablauf der relativ kurzen Pachtfristen von 9—18 Jahren die Güter nach freiem Gutdünken und zu veränderten Bedingungen wieder ausgegeben werden[22]. In Oberschwaben, einem Fallehengebiet, fielen die Güter beim Tod des Bauern an den Grundherrn zurück, der sie nun frei vergeben konnte. Die Stadt Ravensburg wandelte sogar die parzellierten Erblehen durch gezielte Aufkäufe in leistungsfähige, aber zugleich leibfähige Güter um, die aber jetzt nur noch an einen Erben übergeben wurden. Die Geschwister sanken so mehrheitlich in den Status von Knechten oder Mägden ab. Die Änderungen in den Leiheformen oder Erbgewohnheiten seit 1470 führten unausweichlich zu innerfamiliären Differenzierungen und Spannungen; nur einer wurde Erbe des Hofes, während die Geschwister in ihrem sozialen Status zu Landarbeitern absanken[23].

In den Realteilungsgebieten mit dem stark parzellierten und aufgesplitterten Besitz in der Dorfflur, der intensiv in Form der Zwei- und Dreifelderwirtschaft genutzt wurde, spielten in wachsendem Maße zur Eigenversorgung der individuelle Garten und die Allmende eine Rolle. Dies galt insbesondere für die Versorgung mit Gemüse, Obst, Fleisch, Fisch, Bau- und Brennholz, mit Waldfrüchten usw. Dabei reichte der Kleinbesitz bei zusätzlicher Allmendenutzung zwar zur Eigenversorgung, kaum aber zur Erzielung einer Marktquote. Nur bei Marktnähe und vor allem beim Anbau von Sonderkulturen war der kleinbäuerliche Besitz noch lebensfähig. Deshalb begann die wachsende ländliche Bevölkerung sich zu spezialisieren.

So entstanden Gebiete mit intensivster Bewirtschaftung und *Spezialisierung auf Sonderkulturen*. Im Vordergrund stand der Weinbau, der weitgehend in Monokultur betrieben wurde und der sich im 15. Jahrhundert am Bodensee, im Elsaß und im Maingebiet,

---

darüber, „das sie mit söldnern und taglönern in den dörfern übersetzt" seien. *P. Blickle*, Revolution von 1525 (wie Bibl. Nr. 42), S. 81.

[22] *F. Rapp*, Vorgeschichte des Bauernkrieges (wie Bibl. Nr. 69), S. 33 ff.

[23] *D. W. Sabean*, Vorabend des Bauernkriegs (wie Bibl. Nr. 98), S. 21 ff.; *P. Blickle*, Revolution von 1525 (wie Bibl. Nr. 42), S. 82 f.

aber auch in Ober- und Niederösterreich noch ausweitete[24]. Der Weinbau war marktorientiert und marktabhängig und damit sehr krisenempfindlich. Vor allem aber wurde er von der Konkurrenz des Bieres bedrängt. Neben dem Weinbau muß auch der Ausbau der Gartenkultur beachtet werden, die gerade im südwestdeutschen Raum, in Franken und in Thüringen weit verbreitet war. So wurden Obstbau und marktorientierter Gemüseanbau in der Umgebung der großen rheinischen Städte gepflegt, aber auch um Nürnberg und Bamberg. Da auch der Gartenbau meist als Monokultur betrieben wurde, war er ebenfalls sehr krisenanfällig, was die Gärtner wie die Häcker zu einem revolutionären Potential werden ließ, wie z. B. in Straßburg, Speyer oder Bamberg.

Andere Regionen hatten sich auf den Anbau von Gewerbepflanzen spezialisiert oder auf den Anbau von Farbpflanzen wie Krapp am Oberrhein oder Waid in Thüringen. In Oberschwaben und im Bodenseegebiet spielte vor allem der Anbau von Flachs eine große Rolle, der für die schwäbische Leinen- und Barchentproduktion benötigt wurde. Als jedoch die Barchentindustrie zu Beginn des 16. Jahrhunderts in eine schwere Krise geriet, wurde Flachs nicht mehr benötigt, was vielen Flachsanbauern und Farbpflanzenbauern den wirtschaftlichen Ruin brachte oder sie zumindest schwer verschulden ließ.

1.3 Ländliches Nebengewerbe

Um der wachsenden klein- und unterbäuerlichen Schicht auf dem Lande ausreichende Verdienstmöglichkeiten bieten zu können, war die Existenz eines ländlichen Nebengewerbes fast noch wichtiger als die Gartenkultur und der Anbau von Gewerbepflanzen. So war im Spätmittelalter in Oberschwaben und im Bodenseegebiet ein wichtiges *Leinenexportgewerbe* aufgebaut worden, das auch die Dörfer erfaßt hatte, und die *ländliche Barchentindustrie* in Schwaben und im Ries war sogar überwiegend verlagsmäßig organisiert[25]. Durch den *frühkapitalistischen Verlag* waren Stadt und

---

[24] *A. Laube — M. Steinmetz — G. Vogler*, Geschichte der frühbürgerlichen Revolution (wie Bibl. Nr. 45), S. 30.
[25] *F. Wielandt*, Das Konstanzer Leinengewerbe, 1950, bes. S. 57 ff. und 77 ff.; *H. Ammann*, Die Nördlinger Messe im Mittelalter, in: Aus Verfassungs- und Landesgeschichte. Festschrift *Theodor Mayer*, Bd. 2, 1955, S. 283—315; zuletzt *W. von Stromer*, Die Gründung der Baumwollindustrie in Mitteleuropa, 1978, S. 11 ff. Vgl. auch *P. Blickle*, Revolution von 1525 (wie Bibl. Nr. 42), S. 53; *G. Heitz*, Ländliche Leinenpro-

Land eng miteinander verbunden, und als billige Textilarbeiter und Garnspinner wurden hauptsächlich die unterbäuerlichen Gruppen in den Dörfern erfaßt. Die vielen Söldner, Beisassen und Bloßhäusler ohne Grundbesitz und Allmenderechte lebten fast ausschließlich vom Textilgewerbe und waren nur noch zur Erntezeit als ländliche Lohnarbeiter tätig. Sie alle wurden von den zwei *schweren Barchentabsatzkrisen* zu Ende des 15. und zu Beginn des 16. Jahrhunderts auf das nachhaltigste getroffen[26]; massenhafte Erwerbslosigkeit auf dem Lande war die Folge.

1.4 Montanwesen

Neben der Landwirtschaft stellte das Montanwesen in vielen Gebieten, etwa in Mitteldeutschland, im Ost-Alpenraum oder im Erzgebirge, den wichtigsten Sektor der Wirtschaft dar, voran der *Silber- und Kupferbergbau und -handel*[27]. Die Bergarbeiter waren zu freien Lohnarbeitern geworden, die in arbeitsteiliger Zusammenarbeit in den Gruben förderten. Sie waren persönlich frei und genossen Freizügigkeit. Ihre Zahl schätzt man zu Beginn des 16. Jahrhunderts im Nordtiroler Schwaz, dem bedeutendsten Bergbaurevier Europas, auf 10—15 000 und im erzgebirgischen Bergbau sowie in Joachimsthal auf jeweils 3—4 000. Frauen- und Kinderarbeit war weit verbreitet und bei der geringen Höhe der Löhne auch notwendig; Akkordarbeit war üblich. Die soziale Absicherung der Bergarbeiter war praktisch gleich Null. In mehreren Aufständen und Streiks seit dem ausgehenden 15. Jahrhundert artikulierten die Bergarbeiter ihre berufsspezifischen Beschwerden und ihre Unzufriedenheit mit den wirtschaftlichen und sozialen

---

duktion in Sachsen (1470—1555), 1961; *B. Kirchgässner*, Der Verlag im Spannungsfeld von Stadt und Umland, in: Stadt und Umland, hrsg. v. *E. Maschke* u. *J. Sydow* (Veröffentlichungen der Kommission für geschichtliche Landeskunde in Baden-Württemberg, Reihe B, Bd. 82), 1974, S. 72—128.

[26] *D. W. Sabean*, Vorabend des Bauernkriegs (wie Bibl. Nr. 98), S. 39; *A. Schulte*, Geschichte der Großen Ravensburger Handelsgesellschaft, Bd. 2, 1923, S. 73 ff. und 97 ff.

[27] *A. Laube — M. Steinmetz — G. Vogler*, Geschichte der frühbürgerlichen Revolution (wie Bibl. Nr. 45), S. 11 ff.; *A. Laube*, Studien über den erzgebirgischen Silberbergbau von 1470 bis 1546, 1974; *Ders.*, Der Aufstand der Schwazer Bergarbeiter 1525 und ihre Haltung im Tiroler Bauernkrieg, in: *F. Dörrer* (Hrsg.), Gaismair (wie Bibl. Nr. 78), S. 171 bis 184; *P. Blickle*, Revolution von 1525 (wie Bibl. Nr. 42), S. 188 ff.

Verhältnissen im Bergbau. Die Krise im Montanwesen vor allem Mitteldeutschlands nach 1515 als Folge einer starken Überproduktion bei Kupfer verschärfte die allgemeine Situation, denn sie brachte sinkende Löhne für die Bergarbeiter bei gleichzeitig steigenden Getreidepreisen[28]. Dazu kamen noch technische und finanzielle Schwierigkeiten im frühkapitalistischen Bergbau und im Hüttenwesen, wo sich vor allem der wachsende Mangel an Holz bemerkbar machte[29]. Die Krise im Bergbau führte schließlich zu Aufständen der Bergarbeiter gegen Gewerken, wie die Fugger, gegen Hüttenherren und Bergbeamte parallel zu den Aufständen der Bauern 1525; doch fand keine wirksame Verbindung oder Verbrüderung zwischen den Bergknappen und Bauern statt. Angesichts der Krise und des Kampfes um die Arbeitsplätze wurden die Bauern von den Bergknappen sogar als Konkurrenz empfunden und abgewiesen[30].

2. Die Belastungen der Bauern

2.1 Grundherrliche Abgaben

Die wirtschaftliche und soziale Lage jedes einzelnen Bauern wurde entscheidend mitbestimmt durch die dinglichen Abgaben und persönlichen Dienste, die er zu leisten hatte. Die dinglichen Abgaben lassen sich in grundherrliche, gerichtsherrliche, landesherrliche und gegebenenfalls leibherrliche Abgaben unterteilen, die sich auch überschneiden konnten. Hinzu kamen dann noch der Zehnt für die Kirche und der Handlohn bei Besitzveränderungen[31].

Unter den dinglichen Abgaben standen an erster Stelle die *„Zinsen oder Gülten"* als Ausfluß der Grundherrschaft. Die Grundzin-

---

[28] *E. Westermann*, Das Eislebener Garkupfer und seine Bedeutung für den europäischen Kupfermarkt 1460—1560, 1971, S. 110 ff.

[29] Als Beispiel *G. Pfeiffer*, Ludwigsstadt im Bauernkrieg, in: Wirtschaftskräfte und Wirtschaftswege. Festschrift für *H. Kellenbenz*, Bd. 1, 1978, S. 493—506.

[30] *A. Laube*, Zum Problem des Bündnisses von Bergarbeitern und Bauern im deutschen Bauernkrieg, in: *G. Heitz — A. Laube — M. Steinmetz — G. Vogler*, Bauer im Klassenkampf (wie Bibl. Nr. 49), S. 83 bis 110.

[31] Vgl. *D. W. Sabean*, Vorabend des Bauernkriegs (wie Bibl. Nr. 98), S. 19 ff., 74 f.; *P. Blickle*, Revolution von 1525 (wie Bibl. Nr. 42), S. 51 ff.; *R. Endres*, Bauernkrieg in Franken (wie Bibl. Nr. 71), S. 38 ff.

sen waren jährlich zu leisten und wurden meist noch in Naturalien bezahlt, überwiegend mit Getreide oder Wein, aber auch mit Erbsen, Käse, Gänsen, mit Herbst- oder Fastnachtshühnern, mit Eiern und den sog. „Küchengefällen" für die verschiedensten Gartengewächse, die als Neuerung auch von den Kleinstellen- und Gartenbesitzern erhoben wurden. An den Naturalabgaben waren die feudalen Grundherren interessiert, da seit dem ausgehenden 15. Jahrhundert die Lebensmittelpreise wieder anstiegen. Die Bauern hätten dagegen die Gülten lieber in Geld abgegolten, da sich im Zuge der vorherrschenden Inflation der fixierte, nominal gleichbleibende Geldbetrag real deutlich verminderte.

Grundsätzlich waren die Gülten von Grundherrschaft zu Grundherrschaft, ja von Hof zu Hof unterschiedlich geregelt. So zog das Kloster Weingarten durchschnittlich 20% der Erträge aus der Landwirtschaft ab, wobei die kleineren Höfe sogar bis zu 40% des Bruttoertrags zu leisten hatten[32]. In der Grundherrschaft des Klosters Michelsberg in Bamberg war es genau umgekehrt: hier betrug die durchschnittliche Belastung der Höfe durch die Grundrente etwa 30% des Bruttoertrags, wobei allerdings die größeren Höfe über 40% abzuliefern hatten, während die kleineren Anwesen mit nur 20—25% belastet wurden[33]. Im Unterelsaß wurden rund 25% des Getreideertrags oder des geernteten Weins als Grundzins einverlangt[34].

Die Fixierung der Getreidegülten bedeutete für den Bauern zwar eine gewisse Sicherheit, doch andererseits brachte sie bei Mißernten große Nachteile. Da die Grundherren rücksichtslos das Getreide einholten, waren die Bauern gezwungen, auf das Saatgetreide zurückzugreifen, wodurch sie im folgenden Jahr völlig ruiniert wurden. *Mißernten* größeren Ausmaßes mit Getreidehöchstpreisen und Hungersnöten gab es im Elsaß in den Jahren 1480—1483, 1490—1492, 1500—1503 und 1516—1519, in Fran-

---

[32] *D. W. Sabean*, Vorabend des Bauernkriegs (wie Bibl. Nr. 98), S. 60 ff.; siehe auch die Kritik bei *B. Asmuss*, Das Einkommen der Bauern in der Herrschaft Kronburg im frühen 16. Jahrhundert. Probleme bei der Errechnung landwirtschaftlicher Erträge, in: Zeitschrift für bayerische Landesgeschichte 43 (1981), S. 45—91.
[33] *R. Braun*, Das Benediktinerkloster Michelsberg in Bamberg 1015 bis 1525 (Die Plassenburg 39), 1978, S. 301.
[34] *F. Rapp*, Vorgeschichte des Bauernkrieges (wie Bibl. Nr. 69), S. 34 f.

ken in den Jahren 1501—1503, 1505, 1517 und 1523—1525 sowie am Oberrhein 1489—1491, 1501/02, 1511—1515 und 1516/17[35].
Für viele Bauern und Winzer bedeuteten die Mißwuchsjahre das Ende ihrer wirtschaftlichen Existenz. Sie konnten die fälligen Grund- oder Pachtzinsen nicht mehr aufbringen und liefen einfach davon. Der neue Pächter aber mußte — so im Elsaß — die Schulden seines Vorgängers übernehmen, weshalb auch ihn bald der Bankrott ereilte. Andere Bauern überbrückten eine Mißernte durch die Aufnahme von Krediten, sei es bei reichen Bauern, Juden, Bürgern oder kirchlichen Einrichtungen. Viele der Kreditnehmer aber konnten bald ihren Verpflichtungen nicht mehr nachkommen, woraufhin es zu Verpfändungen oder gar zur Verhängung des Kirchenbanns kam. Half auch dies nichts, dann konnte der Kreditgeber sich nach Jahresfrist selbst Recht verschaffen. Er durfte das Pfand einziehen oder sich an die berüchtigten „Blutzapfen" wenden, an Söldner, die in das Dorf zogen und gewaltsam die fälligen Gelder eintrieben[36]. Auch in Oberschwaben wurden die Abgaben in Mißwuchsjahren in voller Höhe rücksichtslos eingezogen, weshalb in den lokalen Beschwerden der Bauern 1525 die Forderung nach Reduzierung der insgesamt als überhöht empfundenen Gülten (72% der Artikel) eine wichtige Rolle spielte[37].

2.2 Zehnten

Neben dem Grundzins in durchschnittlicher Höhe von 30—40% des Bruttoertrages mußte noch der Zehnt bezahlt werden. Er wurde unterteilt in den *„Großen Zehnt"* und den *„Kleinen Zehnt"*. Ersterer schloß die „vier Körner", also „Korn, Weizen, Gerste und Hafer", und den „Weinzehnt" ein. Der Kleine Zehnt dagegen erfaßte die sog. Schmalsaat, also Kraut, Rüben, Hirse, Erbsen, Zwiebeln und Obst, sowie den „Heuzehnt" und den „Blutzehnt" oder „lebenden Zehnt" von Kälbern, Schweinen, Schafen, Lämmern, Ziegen, Hühnern, Gänsen, ja selbst von Bienen. Praktisch erfaßte der Zehnt alle landwirtschaftlichen Produkte,

---

[35] *F. Rapp*, Vorgeschichte des Bauernkrieges (wie Bibl. Nr. 69), S. 40; *R. Endres*, Bauernkrieg in Franken (wie Bibl. Nr. 71), S. 39; *H. Buszello*, Teuerung am Oberrhein (wie Bibl. Nr. 97), S. 18—42.

[36] *F. Rapp*, Vorgeschichte des Bauernkrieges (wie Bibl. Nr. 69), S. 40—43.

[37] *P. Blickle*, Revolution von 1525 (wie Bibl. Nr. 42), S. 37 ff. und 54 f.

„alle frucht, klein oder groß, in dorff und außwendig des dorffs" und „alles viechs, lebendig oder tod"[38]. Nur in wenigen Fällen war der Zehnt in eine fixierte Geld- oder Naturalabgabe umgewandelt worden; häufig war er in kirchenfremden Besitz gelangt. Die Ausdehnung des Zehnten auch auf den Kleinen Zehnt, der zudem nicht in der Heiligen Schrift nachgewiesen werden konnte, traf besonders die dörfliche Unterschicht, da sie nun sogar Abgaben von ihren Gartengewächsen und von ihrem wenigen Kleinvieh zu leisten hatte, die zur Selbstversorgung lebensnotwendig waren. Deshalb forderten 44% der oberschwäbischen Artikel die Aufhebung des Kleinen Zehnten und 41% die Abschaffung bzw. Umwandlung des Großen Zehnten[39]. Die in den Zwölf Artikeln und in den vielen Lokalbeschwerden geforderte Kommunalisierung des Zehnten zugunsten der Armenversorgung hätte für die feudalen Zehntbesitzer schwere materielle Folgen mit sich gebracht. Denn viele Feudalherren bezogen fast ein Drittel ihrer Einnahmen oder Feudalrenten aus den unterschiedlichen Zehnten. So machten beim Kloster Michelsberg in Bamberg die Zehnten gut 20% der grundherrlichen Einnahmen aus, auf die schwer verzichtet werden konnte[40].

2.3 Handlohn

An dritter Stelle der dinglichen Abgaben stand der sog. *Handlohn* oder das „laudemium", eine Besitzwechselabgabe, die in Thüringen, Franken und Schwaben erst im Laufe des 15. Jahrhunderts neu eingeführt worden war. Die Abgabe wurde von allen Liegenschaften des Lehnsgutes bei Besitzveränderungen, bei Verkauf oder Vererbung, erhoben und betrug in der Regel 5—10% des Wertes des Gutes, war aber vielerorts vor dem Bauernkrieg sogar auf 15% gesteigert worden. Der Handlohn wurde beim Tod des Lehnsträgers wie des Lehnsherrn einverlangt und im Bambergischen sogar beim Ausbezahlen der Geschwister, was wiederum ausdrücklich als

---

[38] Zitat bei *R. Braun*, Michelsberg (wie Anm. 33), S. 187. Im Gegensatz zu Franken wurde in Oberschwaben kein Blutzehnt einverlangt. *P. Blickle*, Revolution von 1525 (wie Bibl. Nr. 42), S. 81.
[39] *P. Blickle*, Revolution von 1525 (wie Bibl. Nr. 42), S. 38.
[40] *R. Braun*, Michelsberg (wie Anm. 33), S. 185 ff. und 301. Bei manchen Feudalherren kamen die Einnahmen aus dem Zehnt sogar den Gülten an Bedeutung gleich. *P. Blickle*, Revolution von 1525 (wie Bibl. Nr. 42), S. 27.

Neuerung bezeichnet wurde[41]. In den Städten wurde beim Wegzug eines Bürgers eine *Nachsteuer* einverlangt, wodurch die Mobilität spürbar eingeschränkt wurde. So wurde in der Reichsstadt Rothenburg am Vorabend des Bauernkriegs die Nachsteuer von 10 auf 20% des Vermögens erhöht, was viele daran hinderte, die Stadt zu verlassen[42]. In manchen Gemeinden außerhalb des Leibeigenschaftsgebietes wurden ebenfalls das Mortuarium oder der *Todfall* eingezogen, und zwar wiederum als Neuerung. Doch war dieses Hauptrecht etwa in Thüringen, Franken, im Ries oder in Niederösterreich lediglich eine zusätzliche Art von Erbschaftssteuer, die nicht leibherrlich begründet war[43].

2.4 Allmende

Neben den drei wichtigsten Lasten, nämlich Zins, Zehnt und Handlohn, hatten die Bauern noch eine ganze Reihe weiterer, unterschiedlich begründeter Abgaben zu leisten: so etwa den Wässerzins für das Bewässern von Wiesen, da die meisten Bäche gebannt worden waren; dann Forsthennen, Forstkäse, Forsteier oder Eichelhafer für Waldrechte oder die Nutzung der Waldweide. Viele dieser Abgaben mußten gezahlt werden, obwohl die entsprechenden Rechte überhaupt nicht mehr wahrgenommen werden durften. Denn durch die weitgehende *Bannung der Wälder* durch die Grund- und vor allem durch die Landesherren wurden die Bauern aus den Wäldern verdrängt. Allerdings war aus forstwirtschaftlichen Gründen, was von den Bauern nur selten eingesehen wurde, die Bannung der Wälder dringend erforderlich. Denn durch den hohen Energiebedarf war das Holz, der wichtigste Rohstoff des Mittelalters, knapp geworden. Um dem Raubbau am Wald ein Ende zu machen, waren seit der Mitte des 15. Jahrhunderts landesherrliche Waldordnungen erlassen worden, in denen die Zuweisungen für die Berechtigten genau reglementiert, gewisse Baumarten

---

[41] *R. Endres,* Bauernkrieg im Hochstift Bamberg (wie Bibl. Nr. 72), S. 99.
[42] *Thomas Zweifel,* Rothenburg an der Tauber im Bauernkrieg, in: Quellen zur Geschichte des Bauernkriegs aus Rothenburg an der Tauber, hrsg. v. *F. L. Baumann* (Bibliothek des literarischen Vereins in Stuttgart 139), 1878, S. 172 ff.
[43] Vgl. *R. Braun,* Michelsberg (wie Anm. 33), S. 219; *H. Feigl,* Die Ursachen der niederösterreichischen Bauernkriege des 16. Jahrhunderts und die Ziele der Aufständischen, in: *F. Dörrer* (Hrsg.), Gaismair (wie Bibl. Nr. 78), S. 197—209.

besonders geschützt und die Wiederaufforstung zur Pflicht gemacht wurden. Höchste Verärgerung mußte es jedoch bei den berechtigten Bauern und Bürgern hervorrufen, wenn sie mit ihren Nutzungsrechten eingeschränkt wurden, andererseits aber die Herrschaften hohe Gewinne durch Holzverkauf aus den gebannten Forsten zogen, etwa durch den Ausbau der Flößerei im Schwarzwald oder im Frankenwald. Die systematische und gewinnreiche Kommerzialisierung des Waldes durch Kirche und Adel und die Verdrängung oder zumindest weitgehende Zurückdrängung der Bauern und Bürger aus den Wäldern führte verständlicherweise dazu, daß im Bauernkrieg die Forderung nach Freiheit des Waldes eine ganz wichtige Rolle spielte. In Oberschwaben forderten 61% der Bauern die Sicherung oder sogar Ausweitung ihrer Holzbezüge und 46% forderten mehr Weide- und Allmendrechte[44].

In der Grafschaft Henneberg sammelten sich die Bauern um eine Fahne, in deren Mitte ein Kreuz und daneben ein Fisch, ein Vogel und ein Baum abgebildet waren. Denn neben der freien Nutzung des Waldes waren die freie Jagd sowie der freie *Fischfang* die Symbole für alte Rechte und Freiheiten. Deshalb begannen auch viele Aufstände, wie etwa in Forchheim 1524, mit dem Ausfischen der Teiche von Klöstern, Dompropsteien oder Adligen. Denn das ursprünglich freie Fischrecht in Bächen und Seen war eingeengt worden auf den einmal wöchentlichen Fischfang für Kranke oder Schwangere, was vielerorts sogar auch noch verboten wurde. Da von dem kirchlichen Fastengebot fast ein Drittel des Jahres betroffen war, wurden die Bürger und Bauern gezwungen, ihren hohen Bedarf an Fischen bei den Adligen oder Klöstern zu decken, die die Gewässer gebannt und gleichzeitig ihre Teichwirtschaft enorm gesteigert und ausgeweitet hatten. Am Vorabend des Bauernkriegs erreichte etwa die Teichwirtschaft, die als besonders gewinnbringend galt, in Franken und in der Oberpfalz ihren Höhepunkt. Der Fisch als wichtiges Nahrungsmittel und als Fastenspeise war nun in der Tat zu einem teuren „Herrenessen" geworden, zu einem Luxus, den sich der „arme gemeine Mann" nur noch selten leisten konnte. Nicht umsonst forderten über die Hälfte der aufständischen Bau-

---

[44] *P. Blickle,* Revolution von 1525 (wie Bibl. Nr. 42), S. 36 f., 58 ff.; *R. Braun,* Michelsberg (wie Anm. 33), S. 149; *K. Hasel,* Die Entwicklung von Waldeigentum und Waldnutzung im späten Mittelalter als Ursache für die Entstehung des Bauernkrieges, in: Allgemeine Forst- und Jagdzeitung 138 (1967), S. 140 ff.

ern in Oberschwaben die Freigabe der Fischerei und der Gewässer[45].

Den vielen lokalen Beschwerden nach zu schließen, bildete die *Jagdleidenschaft der feudalen Herren* für die Bauern einen echten Grund zu Klagen. Denn nicht nur die Schäden durch das übermäßig gehegte Wild stiegen an, vielerorts mußten sogar die Zäune um die bebauten Felder von den Bauern niedergelegt werden, die zusehen mußten, wie die Jagdgesellschaft die Felder verwüstete[46]. Vor allem aber wurden neue Jagdfronen eingeführt, voran der Hundszins oder das Hundslager. Demzufolge mußte die gesamte Jagdgesellschaft samt der Hundemeute für die Dauer der Jagd beherbergt und versorgt werden, was mehrmals im Jahr der Fall sein konnte. Auch wurden die Bauern als Treiber eingesetzt, wobei die großen Treibjagden gerne zur Erntezeit abgehalten wurden. So nimmt es nicht wunder, daß die Bauern beim Burgensturm die teuren Jagdgeräte mit besonderem Haß vernichteten[47].

Noch größere Belastungen für die Eigenwirtschaft und vor allem beträchtliche Einschränkungen der Allmenden brachte für viele dörfliche und städtische Gemeinden die *Ausweitung der landesherrlichen, klösterlichen und adligen Schäfereien,* die teils durch Einhegungen und teils durch Geltendmachung von Triftgerechtigkeiten auf Bauernland und Gemeindebesitz erfolgten. Besonders in den lokalen Beschwerden in Thüringen und Franken finden sich auffallend häufig Klagen, die sich auf die landes- oder grundherrlich betriebene Schafzucht beziehen; mancherorts standen die Klagen über die Verletzung der eigenen Hutrechte und die willkürliche Ausdehnung der herrschaftlichen Schäferei sogar an der Spitze der Beschwerden[48]. Die sprunghafte Steigerung der Schaf-

---

[45] *H. Heimpel,* Fischerei und Bauernkrieg (wie Bibl. Nr. 103), S. 353—372; *P. Blickle,* Revolution von 1525 (wie Bibl. Nr. 42), S. 36 f., 64 f.; *R. Endres,* Die wirtschaftlichen Grundlagen des niederen Adels in der frühen Neuzeit, in: Jahrbuch für fränkische Landesforschung 36 (1976), S. 222.

[46] Vgl. die Beschwerden der württembergischen Landschaft 1514, in: Württembergische Landtagsakten 1498—1515, bearb. v. *W. Ohr* u. *E. Kober,* 1913, S. 167 ff.; weiterhin *H. W. Eckardt,* Herrschaftliche Jagd, bäuerliche Not und bürgerliche Kritik, 1976; *P. Blickle,* Revolution von 1525 (wie Bibl. Nr. 42), S. 58 ff.

[47] *R. Endres,* Adelige Lebensformen (wie Bibl. Nr. 100), S. 16 ff.; *Ders.,* Lage des „Gemeinen Mannes" (wie Bibl. Nr. 99), S. 76 f.

[48] *R. Endres,* Bauernkrieg im Hochstift Bamberg (wie Bibl. Nr. 72),

haltung in Franken und Mitteldeutschland stand in engem Zusammenhang mit einer Hochkonjunktur in der Textilindustrie als Folge des Bevölkerungswachstums. Wie schon bei der Forst- und Teichwirtschaft, so entdeckten die Feudalherren jetzt auch die Wollproduktion als einen Weg zu gesteigertem Gewinn, allerdings zu Lasten der Bauern und Ackerbürger und ihrer Allmenden[49]. Die frühkapitalistische Wirtschaftsentwicklung in den Städten war nicht ohne Folgen für das Land geblieben und wurde von den weltlichen und geistlichen Herren zu Einkommenssteigerungen genutzt.

2.5 Fronen

Fronen und Dienste sind synonyme Begriffe. Fronen konnten Grundherren, Leibherren und Gerichtsherren von den Bauern fordern. Die Tätigkeiten, die in Form von Fronen geleistet werden mußten, waren im agrarischen Bereich etwa Pflügen, Säen, Ernten, Mist fahren oder Waldarbeit. Sie konnten aber auch Tätigkeiten im gewerblichen Bereich umfassen, wie Garn spinnen, Tücher weben, Bier brauen oder Getreide mahlen. Wichtig waren sie vor allem als Transport- oder Spanndienste bei spannfähigen Bauern. Frondienste waren auch die Herbergspflicht für die Jagdgesellschaft oder die Bewachung von herrschaftlichen Ernten und Herden.

Dauer und Art der Fronen waren völlig verschieden, von Ort zu Ort und von Hof zu Hof, wobei eher die Minderzahl der Höfe Frondienste zu leisten hatte, zumindest im Altsiedelland. Die gemessenen Fronen betrugen in der Grundherrschaft des Memminger Spitals 2—3 Tage pro Jahr, in der Klosterherrschaft Ochsenhausen dagegen bis zu 16 Tage und beim Kloster Michelsberg 3—12 Tage. Ungemessene Fronen gab es im Bereich der Grundherrschaft des Klosters Michelsberg überhaupt nicht, und in Oberschwaben wur-

---

S. 100 f.; *Ders.*, Bauernkrieg in Franken (wie Bibl. Nr. 71), S. 39 ff.; *R. Quietzsch*, Triftgerechtigkeit (wie Bibl. Nr. 104), S. 52—78.

[49] Im Fürstentum Ansbach wollte man durch eine Schafordnung 1469 sogar den Untertanen generell die Haltung von Schafen untersagen, um dem Landesherrn, den Klöstern und Adligen höhere Gewinne aus ihrer Schafzucht zu sichern. *R. Endres*, Die wirtschaftlichen Grundlagen (wie Anm. 45), S. 221; vgl. auch *R. Braun*, Michelsberg (wie Anm. 33), S. 148 f.

den ungemessene Dienste erst relevant, als die Umwandlung der Grundherrschaft zur Obrigkeit erfolgte[50].

Eine große Bedeutung kam den Fronen dagegen in den Gebieten zu, in denen die Eigenwirtschaften der Klöster und vor allem des Adels ausgebaut wurden. Dies galt insbesondere für den mittel- und ostdeutschen Raum und für Niederösterreich, wo die Gutsbesitzer über die Einführung neuer Fronen oder die Ausweitung der bisherigen Robotverpflichtungen von etwa 12 Tagen im Jahr auf 1—2 Tage pro Woche ihre Gutswirtschaft intensivierten, um so an dem Konjunkturaufschwung in der Agrarwirtschaft zu partizipieren. So zeigen die Beschwerden der Bauern des Rittergutes Thurm in der Nähe von Zwickau aus dem Jahre 1524, daß die abhängigen Bauern zu erheblich größeren Dienstleistungen beigezogen wurden, wodurch der Gutsherr weitere Arbeitskräfte einsparen konnte. Außerdem verlangte er von den Bauern den Einsatz neuer Ackergeräte und die Anwendung neuer Anbaumethoden sowie den Anbau neuer Pflanzen, voran von Industriepflanzen für die heimische Textilindustrie[51]. Eine wichtige Rolle spielte auch die Ausweitung der Wein-, Getreide-, Woll- und Holzfuhren, durch die die adligen und klösterlichen Eigenwirtschaften ihre Produkte billig auf den Markt bringen ließen.

3. Die Leibeigenschaft

Unter Leibeigenschaft, sie erscheint seit dem 13. Jahrhundert urkundlich als proprietas de corpore, versteht man die persönliche Abhängigkeit von einem Leibherrn im Gegensatz zur real bezogenen Grundhörigkeit. Die Leibeigenschaft bestand im Spätmittelalter und sogar in der Frühneuzeit in einigen deutschen Altsiedellandschaften, wobei sie in den Rheinlanden deutlich zurückging. In Thüringen, Franken, Bayern, Tirol, Steiermark und Vorarlberg spielte sie zur Zeit des Bauernkriegs schon keine nennenswerte Rolle mehr; sie existierte nur noch in rudimentärer Form. Wenn die Tiroler Bauern 1525 die Beseitigung der Leibeigenschaft forderten, dann war dies auf die bloße Übernahme der Zwölf Artikel der oberschwäbischen Bauern zurückzuführen, und in Franken

---

[50] *P. Blickle*, Revolution von 1525 (wie Bibl. Nr. 42), S. 66 ff.; *R. Braun*, Michelsberg (wie Anm. 33), S. 176 ff.

[51] *U. Blauhut*, Die Beschwerdeartikel der Thurmer Bauern von 1524, in: Sächsische Heimatblätter 18 (1972), S. 116—170.

übersprangen die Gemeinden, die sich an die Zwölf Artikel als Vorlage für ihre Beschwerden hielten, einfach den Leibeigenschafts-Artikel.

Im Südwesten des Reiches dagegen, insbesondere in Oberschwaben, im Allgäu, im Schwarzwald und am Oberrhein hatte sich das Institut der Leibeigenschaft erhalten und sogar seit dem ausgehenden 14. Jahrhundert im Zusammenhang mit der spätmittelalterlichen Agrarkrise eine wesentliche Intensivierung erfahren. Klosterherrschaften, Adelsherrschaften und vereinzelt sogar Stadtherrschaften suchten durch die *Intensivierung der persönlichen Abhängigkeitsverhältnisse* ihre Einkommensverluste durch die Agrardepression auszugleichen und die Landflucht zu verhindern. Für die betroffenen klösterlichen, adligen oder städtisch-spitälischen Untertanen bedeutete die Leibherrschaft eine schwere wirtschaftliche Belastung und rechtliche Benachteiligung[52].

So wird es auch verständlich, daß in Oberschwaben die Leibeigenschaft sowohl quantitativ wie auch qualitativ an der Spitze der lokalen Beschwerden im Bauernkrieg stand: 70% der Dörfer und Herrschaften verlangten kompromißlos die Beseitigung der Leibeigenschaft. Zählt man noch die Beschwerden über die Folgen der Leibeigenschaft dazu, also die Klagen über die Todfallabgaben und über die Heiratsbeschränkungen, dann erhöht sich der Anteil der Beschwerden sogar auf 90%. Bei den Klagen über die Folgen der Leibeigenschaft stand die wirtschaftliche Bedeutung der Todfallabgabe im Vordergrund mit 37%, während sich über die Rekognitionsabgabe 27% und über die Beschränkung der Ehefreiheit 24% der Bauern beschwerten[53].

Die Leibeigenschaft, die das Ergebnis eines herrschaftlichen Intensivierungsprozesses im ganzen südwestdeutschen Raum war, zeigte folgende Merkmale: Aufhebung der Freizügigkeit, das Ver-

---

[52] Vgl. hierzu *C. Ulbrich*, Leibherrschaft (wie Bibl. Nr. 106); *W. Müller*, Leibeigenschaft im Bauernkrieg (wie Bibl. Nr. 107); Saarbrücker Arbeitsgruppe, Leibeigenschaft (wie Bibl. Nr. 105); *P. Blickle*, Revolution von 1525 (wie Bibl. Nr. 42), S. 40 ff.; *Ders.*, Agrarkrise und Leibeigenschaft im spätmittelalterlichen Deutschen Südwesten, in: Agrarische Nebengewerbe und Formen der Reagrarisierung im Spätmittelalter und 19./20. Jahrhundert, hrsg. v. *H. Kellenbenz* (Forschungen zur Sozial- und Wirtschaftsgeschichte 21), 1975, S. 39—56; *W. Troßbach*, „Südwestdeutsche Leibeigenschaft" in der Frühen Neuzeit — eine Bagatelle?, in: Geschichte und Gesellschaft 7 (1981), S. 69—90.

[53] *P. Blickle*, Revolution von 1525 (wie Bibl. Nr. 42), S. 36.

bot der Verbürgerung, der freien Wahl des Schirm- und Schutzherrn sowie der ungenossamen Ehe und zahlreiche wirtschaftliche Belastungen.

Freizügigkeit war vor der Intensivierung der Leibeigenschaft bedingt möglich nach vorheriger Einholung der Erlaubnis des Leibherrn und der Entrichtung einer bestimmten Abzugsgebühr. Nach den hohen Menschenverlusten durch die Pestwellen seit der Mitte des 14. Jahrhunderts, die schätzungsweise mehr als ein Drittel der Bevölkerung hinweggerafft hatten, setzte offensichtlich eine massenhafte Landflucht in die entvölkerten Städte ein, die bessere rechtliche und soziale Stellungen und vor allem bessere Verdienst- und Lebensbedingungen boten. Die Barchentindustrie in den südwestdeutschen Städten erlebte gerade in diesen Jahrzehnten ihre Blüte. Die adligen und klösterlichen Herren auf dem Lande waren infolgedessen gezwungen, ihre Bauern enger an sich zu binden. Als Mittel hierzu dienten ihnen das *Verbot, den Schutz- und Schirmherrn frei zu wählen,* sowie die *Verhinderung der Freizügigkeit und der Flucht in die Stadt.* So kam es im 15. Jahrhundert in manchen Klosterherrschaften, wie etwa in Schussenried oder in St. Blasien im Schwarzwald, zu eidesstattlichen Verpflichtungen von Leibeigenen, daß sie sich, ihre Frauen und Kinder sowie ihre Güter dem Kloster nicht entfremden würden. Um eine etwaige Flucht zu verhindern, und als Flucht wurden sowohl der Ortswechsel wie auch der bloße Wechsel des Schutz- und Schirmherrn verstanden, wurden hohe Bürgschaften und eine zusätzliche Gesamthaftung der Nachbarn urkundlich fixiert. Kam es trotzdem zu einer Flucht, so zog dies den Verlust des gesamten Vermögens der Flüchtigen nach sich. Gleichermaßen praktizierte auch der oberschwäbische Adel das Instrument der Leibeigenschaft, um die horizontale Mobilität der Bauern zu verhindern. Oftmals gab es sogar vertragliche Vereinbarungen zwischen kirchlichen und adligen Herrschaften, die den jeweiligen Leibherrn berechtigten, flüchtige Leibeigene aus den fremden Herrschaftsgebieten wieder zurückzuholen.

In engem Zusammenhang mit der Beseitigung der Freizügigkeit stand die allmähliche *Beschränkung und Bestrafung der ungenossamen Ehe.* Um die Mitte des 15. Jahrhunderts wurden beispielsweise in den Klosterherrschaften Schussenried und Weingarten die ungenossamen Ehen, also die Ehen zwischen Leibeigenen und Nicht-Leibeigenen oder die Ehen von Leibeigenen verschiedener Herren, für die früher das Einholen der Heiratserlaubnis und eine geringfügige Heiratsabgabe genügt hatten, mit schweren wirtschaftlichen Sanktionen belegt. Ungenossam Verheiratete mußten sogar die Konfiskation ihres Besitzes an Gütern und fahrender Habe in Kauf nehmen. So zog das Kloster Schussenried seit 1439 neben den üblichen Todfallabgaben bis zu zwei Drittel der Verlassenschaft bei einem ungenossam Verheirateten ein, während sich Weingarten als Strafe für eine ungenossame Heirat neben dem Besthaupt und dem Gewandfall mit der Hälfte bzw. einem Drittel der Hinterlassenschaft begnügte. Das Kloster Rot dagegen verlangte den Freikauf des Ehepartners und dann die Ergebung in den eigenen Leibeigenenverband. Die hohen Strafsummen, die meist von beiden Leibherren ungenossam Verheirateter eingezogen wurden, kamen in der Praxis einer völligen Enterbung der Kinder gleich. Deshalb glichen die Erschwernisse bzw. harten Konsequenzen bei einer ungenossamen Ehe praktisch einem Eheverbot, was bei den Betroffenen zu Widerspenstigkeiten führen mußte und Empörungen förmlich provozierte[54].

Zu den rechtlichen und sozialen Konsequenzen der Leibeigenschaft und den schweren wirtschaftlichen Sanktionen bei einer ungenossamen Ehe kamen für den Leibeigenen noch weitere Abgaben hinzu. So hatte er als *Rekognitionszins* Leibhennen oder Leibschillinge zu liefern, eine nur wenig belastende Leibsteuer. Schwerer wog der sog. „*Todfall*", der vom Nachlaß eines Verstorbenen einbehalten wurde. Dazu gehörten das Besthaupt, also das beste Stück Vieh, und das Bestgewand oder Bestkleid. Dazu kam aber noch ein gewisser Anteil an der Hinterlassenschaft des Leibeigenen, meist der Halbteil oder auch nur der dritte Teil. Bei unverheirateten oder kinderlosen Leibeigenen wurden in manchen Klosterherrschaften sogar Ansprüche auf das gesamte Erbe erhoben, was jedoch zu Aufständen und Prozessen führte. Daraufhin mußten in „Herrschaftsverträgen" die Erbansprüche reduziert werden. Die Klosterherrschaft Schussenried gab sich 1439 mit Besthaupt und Gewandfall zufrieden. Rot verzichtete 1456 auf den Halbteil und ebenso Ochsenhausen 1502. Nur im Kempten und in Weingarten wurde über das Jahr 1525 hinaus an der Abgabe des Halbteils festgehalten[55].

Im Allgäu und in St. Blasien im Schwarzwald war in der 2. Hälfte des 15. Jahrhunderts das *Prinzip der ärgeren Hand* durchgesetzt worden. Dieser „Allgäuische Gebrauch" hatte zur

---

[54] *P. Blickle*, Revolution von 1525 (wie Bibl. Nr. 42), S. 44 f.
[55] Ebd., S. 49 f.

Folge, daß die Kinder aus einer Ehe zwischen Freizinsern und Leibeigenen grundsätzlich leibeigen wurden. Gerade diese Ausweitung der Leibeigenschaft auf bisher nicht leibeigene Bauern wurde in den Zwölf Artikeln und in den lokalen Beschwerdeschriften des Bauernkriegs besonders angeprangert. Wirtschaftlich führte der „Allgäuische Gebrauch" dazu, daß durch den Einzug des Halbteils der Verlassenschaft der noch weit verbreitete Eigenbesitz im Laufe weniger Generationen in die Grundherrschaft eines Klosters oder eines weltlichen Leibherrn überwechselte, da die wenigsten Leibeigenen in der Lage waren, ihren Halbteil in Bargeld abzugelten[56].

Zu den wirtschaftlichen Faktoren trat seit dem ausgehenden 14. Jahrhundert noch die *Funktion der Leibeigenschaft in der Territorialpolitik* hinzu[57]. Im Zuge des Territorialaufbaus bedienten sich die Herren wegen der sich überlagernden Herrschaftsrechte im deutschen Südwesten des Instruments der Leibherrschaft, um ihre Herrschaftsrechte auszuweiten und arrondierte Herrschaftsgebiete mit einem einheitlichen Untertanenverband zu gewinnen. So setzten etwa der Abt von Kempten oder der Abt von Salem ihre Zinser und Freizinser unter harten wirtschaftlichen Druck oder griffen sogar zu Einkerkerungen, um widerspenstige Freizinser und Zinser in die Leibeigenschaft herabzudrücken. Nach erfolgter rechtlicher Nivellierung wurden schließlich Leibeigene ausgetauscht, Mann gegen Mann und Frau gegen Frau, dann ganze Gruppen, und bald wechselten vertraglich 1000 und mehr Leibeigene ihre Herren. Der betroffene leibeigene Bauer blieb dabei im Ort und auf dem Hof, lediglich der Leibherr wechselte. So entstanden geschlossene Herrschaftsgebiete, in denen es nur noch einen Herrn gab, der allein gegenüber allen Bauern die Gerichts-, Steuer- und Wehrhoheit beanspruchen konnte. Auf diese Weise wurden im deutschen Südwesten einheitliche Untertanenverbände in purifizierten Herrschaftsbezirken geschaffen, ein Prozeß, der endgültig um die Mitte des 16. Jahrhunderts abgeschlossen war.

Zur Zeit des Bauernkriegs hatten die Ausgleichsverträge zwischen Herrschaft und Leibeigenen zwar zu einer ganzen Reihe von

---

[56] R. *Wiedemann*, Der „Allgäuische Gebrauch" einer Gerichtsbarkeit nach Personalitätsprinzip (Schriftenreihe zur bayerischen Landesgeschichte 11), 1932.

[57] P. *Blickle*, Leibeigenschaft als Instrument der Territorialbildung im Allgäu, in: Wege und Forschungen der Agrargeschichte. Festschrift für *Günther Franz* (Zeitschrift für Agrargeschichte und Agrarsoziologie, Sonderband 3), 1967, S. 51—66.

Erleichterungen geführt, doch der Konfliktherd oder das Konfliktpotential Leibeigenschaft als solche war nicht bereinigt. Denn die ungenossame Ehe wurde weiterhin bestraft, wie auch die Freizügigkeit und die freie Wahl des Schutzherrn verboten blieben. Für die nicht grundbesitzenden Leibeigenen bedeutete die Beschränkung der Freizügigkeit, daß ihre Verdienstmöglichkeiten auf den Bereich der Herrschaft eingeschränkt wurden. Die Todfallabgaben waren zwar weitgehend auf Gewandfall und Besthaupt reduziert, und nur noch in einigen Gebieten mußte der Halbteil oder der Drittelteil der Hinterlassenschaft abgeliefert werden, doch dürfen die wirtschaftlichen Belastungen der eingeschränkten Todfallabgaben nicht unterschätzt werden; dies gilt vor allem für die ärmeren Bauern.

4. Der frühmoderne Territorialstaat

4.1 Steuern

Der im Auf- und Ausbau befindliche frühmoderne Territorialstaat suchte seine politische Intensität nicht nur durch die Verflächung und monopolhafte Intensivierung des Rechtswesens zu gewinnen, sondern gleichermaßen durch den Ausbau des Finanzwesens und durch die Ausbildung eines Beamtenapparats. Als Mittel der Staatsfinanzierung dienten vor allem die neuen Steuern[58].

Für den einzelnen Bürger, besonders den Ackerbürger, oder den Bauern bedeutete das, daß er zu den Abgaben für die Grund-, Gerichts-, Zehnt- und Leibherren in wachsendem Maße Forderungen des Landesherrn zu erfüllen hatte, und zwar in Form von direkten wie indirekten Steuern. Seit 1500 wurden zudem noch Reichssteuern erhoben, die ebenfalls vom Landesherrn gegen Beteiligung eingezogen wurden. Bei den indirekten Steuern stand an

---

[58] Vgl. hierzu *G. Droege*, Die finanziellen Grundlagen des Territorialstaates in West- und Ostdeutschland an der Wende vom Mittelalter zur Neuzeit, in: Vierteljahresschrift für Sozial- und Wirtschaftsgeschichte 53 (1966), S. 145—161; *V. Ernst*, Die direkten Staatssteuern der Grafschaft Wirtemberg, in: Württembergisches Jahrbuch für Statistik und Landeskunde 1904, I, S. 55—90, und II, S. 78—119; *R. Endres*, Bauernkrieg in Franken (wie Bibl. Nr. 71), S. 42; *P. Blickle*, Revolution von 1525 (wie Bibl. Nr. 42), S. 126 ff.; *M. Lanzinner*, Fürst, Räte und Landstände (Veröffentlichungen des Max-Planck-Instituts für Geschichte 61), 1980.

erster Stelle das *Ungeld*, eine Abgabe auf Wein und Bier, vereinzelt auch auf Mehl und Fleisch, die in der Regel 10—20% des Kaufpreises ausmachte. Das Ungeld war zunächst nur in den Städten erhoben worden und nur für ganz bestimmte Zwecke, wie etwa der Errichtung der Stadtmauer. Gegen Ende des 15. Jahrhunderts aber wurde es in vielen Territorien auch auf das flache Land ausgedehnt und zudem regelmäßig eingezogen, wogegen die Bauern heftigst protestierten[59].

Besonders verhaßt waren die *außerordentlichen Landessteuern*, die zur Tilgung der Landesschulden einverlangt wurden und in der Regel 5—10% des mobilen Vermögens ausmachten. Sie wurden ursprünglich als einmalige Beihilfen bei außergewöhnlichen Anlässen gewährt, dann aber in immer kleiner werdenden Intervallen eingezogen, bis schließlich aus den ehedem einmaligen Unterstützungen regelmäßige Steuern erwuchsen, die zudem ständig erhöht wurden. Wenn sich die Bauern der Grafen von Fürstenberg im Schwarzwald beschwerten, daß die Landessteuer im Gegensatz zu früher zweimal im Jahr in gleicher Höhe eingezogen würde, so war dies ein Weg zur Steuererhöhung, während in vielen Territorien der Steuersatz einfach verdoppelt wurde[60].

Andere Landesherren verlangten einen beträchtlichen Aufpreis, wenn die Steuern in gängigen Silbermünzen und nicht in Gold bezahlt wurden, oder sie hielten bei Einführung einer neuen Währung an den bisherigen Nominalbeträgen fest, was realiter bedeutete, daß die Untertanen ein Drittel oder gar die Hälfte des bisherigen Steuersatzes mehr bezahlen mußten. Diese *monetären Maßnahmen* waren durch die vorherrschende inflationäre Verschlechterung der silbernen Zahlungsmittel bedingt, die z. B. in Nürnberg zwischen 1440 und 1500 genau 26% ausmachte[61]. Die überregionalen Münzreformen von 1482, 1491/93, 1512 und 1524 waren nicht umsonst in vielen Städten von Unruhen und Aufständen

---

[59] Vgl. *R. Endres*, Bauernkrieg im Hochstift Bamberg (wie Bibl. Nr. 72), S. 100 f. In Schwaben wurde dagegen das Ungeld nur selten erhoben, zumindest auf dem Lande, und bot so zu Beschwerden keinen Anlaß. *P. Blickle*, Revolution von 1525 (wie Bibl. Nr. 42), S. 68 f. — Zu den indirekten Steuern s. auch u. Kapitel „Stadt und Bürgertum", S. 258—272.
[60] *P. Blickle*, Revolution von 1525 (wie Bibl. Nr. 42), S. 69, 126 ff.; *R. Endres*, Bauernkrieg in Franken (wie Bibl. Nr. 71), S. 41 ff.
[61] *F. von Schrötter*, Brandenburg-fränkisches Münzwesen, Bd. 1, 1927, S. 159; vgl. auch *D. W. Sabean*, Vorabend des Bauernkriegs (wie Bibl. Nr. 98), S. 74 f.

begleitet⁶². Denn die Münzreformen brachten stets beträchtliche Abwertungen der umlaufenden Silbernominalen, an die sich zwar die Preise sehr rasch anpaßten, nicht aber die Löhne. Wenn dann die Löhne in verschlechterter Kleinmünze in unveränderter nominaler Höhe ausbezahlt wurden, so bedeutete das ein spürbares Sinken der Kaufkraft. Die Steuern aber mußten mit Aufschlag bezahlt werden.

In vielen geistlichen Territorien, wie etwa in Salzburg, in Bamberg, Würzburg und Eichstätt, wurde seit dem 15. Jahrhundert als Neuerung eine sog. *"Weihsteuer"* erhoben, mit welcher die hohen Auslagen bei Amtsantritt eines neuen Kirchenfürsten gedeckt werden sollten. Diese Sondersteuer betrug in der Regel bei Stiftslehen 10% des Gesamtbesitzes und bei den Untertanen, bei denen der Kirchenfürst nicht zugleich auch Grundherr war, bis zu 10 fl. pro Hof, was dem Wert von 2—3 Ochsen entsprach⁶³.

Zu den genannten direkten und indirekten Steuern kamen seit dem ausgehenden 15. Jahrhundert auch noch die *Reis- oder Wehrsteuern*, die vom Landesherrn als Inhaber der Wehrhoheit eingezogen wurden. In den meisten Territorien war die Wehrpflicht der Untertanen auf das Gebiet der Herrschaft und auf die Landesnot beschränkt. Jetzt aber erhoben die Landesherren eigene Reissteuern etwa für den Schwäbischen Bund oder als Reichssteuern zur Türkenabwehr. Dabei waren sie sich über ihre unsichere Rechtsposition durchaus im klaren. Denn die Bauern vertraten den Standpunkt, daß ihre Gült- und Zinszahlungen die Herren zu Schutz und Schirm verpflichteten und im Kriegsfall auch zum Heereszug. Die neuen Reissteuern empfanden sie deshalb als ungerechtfertigte Neuerungen. Wenn es wegen der Reissteuern sogar in manchen Herrschaften zu Aufständen kam, so zeigt dies die Höhe der Belastung für die bäuerliche Wirtschaft. Man schätzt, daß die Reissteuer für den Kriegszug des Schwäbischen Bundes gegen Ulrich von Württemberg 1519 einen Hof mit rund ¹/₂ fl. pro

---

⁶² Vgl. die Aufstellung bei *E. Maschke*, Deutsche Städte am Ausgang des Mittelalters, in: Die Stadt am Ausgang des Mittelalters, hrsg. v. *W. Rausch*, 1974, S. 40 Anm. 206; ferner *R. Endres*, Zünfte und Unterschichten (wie Bibl. Nr. 131), S. 151—170.
⁶³ Siehe die Salzburger Beschwerden von 1462, in: *G. Franz*, Quellen Bauernkrieg (wie Bibl. Nr. 2), S. 14; *R. Endres*, Bauernkrieg im Hochstift Bamberg (wie Bibl. Nr. 72), S. 101 f.

Monat belastete. Reissteuern wurden allein aufgrund der Reichsabschiede in den Jahren 1507, 1510, 1522 und 1524 eingezogen[64].

Wenn die Rothenburger Häcker behaupteten, daß sie mehr als die Hälfte ihres Einkommens für Steuern und Zinsen wieder abgeben müßten, so war dies nicht übertrieben. Denn die materiellen Lasten lagen weniger in der einzelnen Steuer oder Abgabe, sondern in ihrer Häufung, wobei erschwerend hinzukam, daß viele erst neu aufgekommen waren, „neue Beschwerungen" darstellten, was von den Bauern als besonders ungerecht empfunden wurde.

Berücksichtigt man insgesamt die vielfältigen und stetig steigenden Belastungen der Untertanen durch Grund-, Gerichts- und Leibherren und vor allem durch den Territorialstaat, so muß man zu dem Schluß kommen, daß die wirtschaftliche Lage breiter Schichten auf dem Lande und in den Städten am Vorabend des Bauernkriegs offensichtlich ungünstiger war, als man vielfach in der Literatur wahrhaben will. Der Anstieg der Getreidepreise seit dem ausgehenden 15. Jahrhundert kam zunächst nur den Getreidegroßproduzenten zugute, die auch Vorrats- und Spekulationsgeschäfte betreiben konnten, nicht aber dem einfachen Bauern. Im Weinbau sanken die Preise, und bei den Industriepflanzen wirkte sich die Krise im Barchentgewerbe verheerend aus. Daß die allgemein schwierige Wirtschaftslage von den Bauern selbst erkannt wurde, zeigen die vielen Klagen und Beschwerden, nicht zuletzt über die hohen Steuern. Aber auch die Fürstenpartei mußte die schwere Situation der Untertanen anerkennen. So wurde etwa die Türkensteuer von 1522/23 von den Reichsständen dahingehend modifiziert, daß Arme und Reiche nach ihrem jeweiligen Vermögen belastet und Kleinbauern, Häcker und Köbler mit weniger als 30 fl. Vermögen sogar völlig davon befreit wurden. Dem Bischof von Würzburg war diese Türkensteuer sogar von seinem Landtag verweigert worden mit dem Argument, daß die Lage der Bevölkerung so schwierig sei, daß jede neue Auflage unweigerlich einen Aufstand hervorrufen werde[65]. Die unbestreitbare schwierige Wirtschaftslage bei Bauern und Bürger, an der auch der frühmo-

---

[64] *P. Blickle*, Revolution von 1525 (wie Bibl. Nr. 42), S. 70 f., 126 ff. Zur Bedeutung des Reichssteuerwesens für die territorialstaatliche Entwicklung s. *W. Schulze*, Landesdefension und Staatsbildung (Veröffentlichungen der Kommission für Neuere Geschichte Österreichs 60), 1973; *Ders.*, Reich und Türkengefahr im späten 16. Jahrhundert, 1978.

[65] *F. Remus*, Untersuchungen über die Entstehung des Bauernkrieges im Hochstift Würzburg 1525, phil. Diss. Marburg (masch.) 1925, S. 26.

derne Staat mit seinen wachsenden Steuerforderungen maßgeblich beteiligt war, bildete ein echtes Krisenfeld und Krisenpotential.

4.2 Landesherrliche Administration versus Gemeindeautonomie

Der frühmoderne institutionelle Territorialstaat verstärkte den Druck und Zugriff auf seine Untertanen nicht nur durch wachsende Steuerforderungen, sondern auch durch eine erhöhte Zahl von Beamten und vor allem durch die Einschränkung der dörflichen und städtischen Autonomien. Besonderen Unwillen erregte die von den Landesherren zielbewußt und selbstherrlich vorgenommene *Einsetzung von landfremden Adligen oder römisch-rechtlich gebildeten Juristen als Amtsleute und Vögte,* die neues Recht setzten oder neues Recht einführten. Sie nutzten besonders rücksichtslos ihre privilegierte Amtsstellung aus, traten gegenüber den Bauern und Bürgern als selbständige Obrigkeit auf und wirtschafteten vielfach in die eigene Tasche. So beschwerten sich in Franken zahlreiche Gemeinden darüber, daß sie „einen auslendischen, fremden Unmenschen" als Kastner, Schultheiß und Richter oktroyiert bekommen hätten, der mit den lokalen Verhältnissen nicht vertraut sei[66]. In Tirol richtete sich der Volkszorn besonders gegen den Statthalter Gabriel von Salamanca, den „Jud und Bösewicht", der ein frühabsolutistisches Regiment einführen wollte. Auch in den oberschwäbischen Lokalbeschwerden nahmen die Klagen über die *Übergriffe des modernen Territorialstaates* einen breiten Raum ein: insgesamt klagten 67% der Bauern über die landesherrliche Gerichtsbarkeit und über Einschränkungen der Gemeindekompetenzen[67].

Das Bestreben und Ziel der modernen Flächenstaaten, ihre Herrschaft bis hinab zu dem einzelnen Untertanen durchzusetzen, war nur möglich, wenn eine einheitliche Verfassungs-, Gerichts- und Steuerorganisation geschaffen wurde. Für den frühmodernen Territorialstaat war es daher unumgänglich notwendig, die Bereiche der Gemeindekompetenzen und der Rechtspflege oder -praxis, die eng miteinander verbunden waren, anzutasten, und zwar in den Dörfern wie in den Städten. *In den Dörfern mußten die bisher autonomen dörflichen Organe,* die das politische und wirtschaftliche Leben eigenständig bestimmt hatten, *durch herrschaftliche ersetzt werden.* Denn nur so konnte der obrigkeitliche Zugriff auf

---

[66] R. *Endres,* Lage des „Gemeinen Mannes" (wie Bibl. Nr. 99), S. 67.
[67] P. *Blickle,* Revolution von 1525 (wie Bibl. Nr. 42), S. 37 f.

die Allmende, auf den Wald und die Gewässer durchgedrückt und die Beseitigung der autonomen Rechtskreise durchgesetzt werden. Während bisher die Dörfer genossenschaftlich durch selbstgewählte bäuerliche Ammänner oder Vierer verwaltet wurden, die die komplizierte Drei-Felder-Wirtschaft, die Holzzuteilung und den Weidegang regelten, Gebot und Verbot erließen und im Dorfgericht über die Niedergerichtsfälle Recht sprachen, so wurden diese Organe jetzt durch einen herrschaftlich bestimmten Schultheißen verdrängt. Die Dorfordnungen des 15. und frühen 16. Jahrhunderts belegen diesen Prozeß eindrucksvoll: zuerst beteiligte sich die Obrigkeit nur an den Wahlen zu den Dorfämtern, dann bestätigte sie den Gewählten und schließlich ernannte sie ihn und setzte ihn frei ein. Gegen diese Entmachtung durch den Staat und gegen die Zurückdrängung ihrer genossenschaftlich-autonomen Rechte setzten sich besonders die reichen Bauern zur Wehr, die bisher die Dorfämter wahrgenommen und ausgeübt hatten[68].

Noch massiver erfolgte der *Zugriff des Staates auf die Städte,* voran auf die kleineren Ackerbürgerstädte, deren Rechte und Freiheiten deutlich eingeschränkt und abgebaut wurden. Während bislang die Bürgergemeinde ihre Ratsschöffen und Bürgermeister selbst wählte, mußte sie jetzt einen landesherrlichen Schultheißen akzeptieren, der auch dem Stadtgericht vorsaß. Der Amtmann des Landesherrn entschied jetzt sogar, wie viele Stadtordnungen zeigen, über die Neuaufnahme von Bürgern, und zwar zunächst zusammen mit der Bürgerschaft, bald aber allein. Auch zog er automatisch alle Gerichtsangelegenheiten ab einem bestimmten Streitwert an sich. Selbst die freie Verfügung über die Stadtschlüssel und die Stadttore wurde der Gemeinde schrittweise entzogen, weshalb im Bauernkrieg die Forderung nach Rückgabe der Stadtschlüssel bei vielen Städten an der Spitze ihrer Artikel stand[69].

---

[68] *P. Blickle,* Revolution von 1525 (wie Bibl. Nr. 42), S. 72 ff.; *R. Endres,* Ländliche Rechtsquellen als sozialgeschichtliche Quellen, in: Deutsche ländliche Rechtsquellen, hrsg. v. *P. Blickle,* 1977, S. 161—184; *P. Blickle,* Die staatliche Funktion der Gemeinde — die politische Funktion des Bauern, in: ebd., S. 205—223.

[69] Z. B. die Bamberger Artikel, in: *G. Franz,* Quellen Bauernkrieg (wie Bibl. Nr. 2), S. 408; s. auch die Stadtordnung von Münnerstadt vom 22. Februar 1525, in: *K. Dinklage* (Hrsg.), Fränkische Bauernweistümer, 1954, S. 216; vgl. *H. Buszello,* Gemeinde (wie Bibl. Nr. 122), S. 105 bis 128.

In vielen kleineren Städten in Thüringen und Franken mußten die Bürgermeister die Stadtrechnungen vor den Amtsleuten offenlegen, die auch über den Gemeindewald und die Gemeindewiesen verfügten. Vor allem aber wurde den Städten die bisherige Gerichtshoheit entzogen oder zumindest spürbar eingeschränkt. Denn die meisten Gerichtsfälle, die bisher vor dem Stadtgericht verhandelt wurden, zog nun das Landgericht in der Hauptstadt an sich. So mußten im Hochstift Würzburg sogar Eheverträge vor dem Landgericht abgeschlossen werden[70].

Der direkte und harte Zugriff des Staates, vielfach noch gesteigert durch eine rüde Beamtenschaft, auf die bisher autonome politische, juristische und wirtschaftliche Struktur der Städte, voran der kleinen Ackerbürgerstädte, trieb diese im Bauernkrieg in das Lager der Aufständischen und machte sie zu Zentren im Kampf gegen den frühmodernen Staat.

5. Krise des Feudalismus — der Burgen- und Klostersturm

Allen regional unterschiedlichen Aufstandsbewegungen von 1525 war ein *haßerfüllter Burgen- und Klostersturm* gemeinsam, der die Krise des Feudalismus, speziell der kleinen und mittleren Feudalherren, offenkundig werden ließ. Denn angesichts der großen wirtschaftlichen Schwierigkeiten bei Bauern und Ackerbürgern war der wirtschaftlich und sozial motivierte Neid und Haß auf die privilegierten Feudalgewalten, auf Adel, Klöster und Geistlichkeit, gewachsen, die von den neuen landesherrlichen Steuern befreit waren und so zusehends wirtschaftliche Vorteile gewannen, die sie rücksichtslos ausnutzten[71]. Andererseits aber waren die Mediatgewalten gezwungen, zu neuen kapitalistischen Wirtschaftsformen überzugehen, wenn sie ihre wirtschaftliche und finanzielle Krise überwinden wollten. Dies galt für Adel und Klöster bei der Ausdehnung der Forstwirtschaft, der Schafzucht und der Teichwirtschaft.

---

[70] Z. B. die Klagen der Stadt Münnerstadt, abgedruckt in: *Lorenz Fries*, Geschichte des Bauernkrieges in Ostfranken, hrsg. v. *A. Schäffler* u. *Th. Henner*, 1883, Bd. 2, S. 234—237; *H. Müller*, Die Forderungen der thüringischen Städte im Bauernkrieg, in: Die frühbürgerliche Revolution in Deutschland, hrsg. v. *G. Brendler*, 1961, S. 138—144.

[71] *R. Endres*, Lage des „Gemeinen Mannes" (wie Bibl. Nr. 99), S. 65 ff.; *H. Wunder*, Mentalität aufständischer Bauern (wie Bibl. Nr. 38), S. 9—37.

Die seit dem ausgehenden 15. Jahrhundert einsetzende Konjunktur im Getreidebau infolge der Bevölkerungszunahme und der Ausweitung der Geld-Ware-Beziehungen suchte der Adel durch eine *Intensivierung der Eigenwirtschaft* zu nutzen, also von der bloßen Rentenwirtschaft abzugehen. Viele Gutsherren oder auch nur großbäuerliche Burgenbesitzer bestellten aber nicht nur große Teile ihrer Felder selbst, sondern spekulierten auch mit den Naturalabgaben ihrer abhängigen Bauern. Denn im Frühjahr konnte auf dem städtischen Markt ein wesentlich höherer Preis erzielt werden als gleich nach der Ernte und bei Mißernten sogar ein Mehrfaches des Normalpreises. Besonders bevorzugt bei den *Spekulationsgeschäften* mit agrarischen Produkten waren die adligen Amtsleute, denen nicht nur der Großteil ihrer Besoldung noch in Naturalien bezahlt wurde, sondern denen zudem noch die Zehntscheunen und Getreidekästen als Lagerräume zur Verfügung standen[72]. In ähnlicher Weise spekulierten viele Adlige auch mit Schlachtvieh, das sie „aufstallten", was wiederum zu Lasten der dörflichen Allmende ging, wie sie auch ihre vergrößerten Schafherden dem Dorfhirten unterstellten. Die stetig wachsenden, volkreichen Städte und die Ausweitung der Geldwirtschaft boten einen lukrativen Absatzmarkt für ländliche Erzeugnisse, für Getreide, Fleisch, Milchprodukte, Fisch, Wolle und Gartengewächse, was vom Adel gesehen und durch die Verstärkung der Eigenwirtschaft auf Kosten der bäuerlichen Allmenden genutzt wurde.

Große Spekulationsgeschäfte mit Getreide oder Wein trieben auch die Geistlichen, die Klöster, Spitäler und Stifte in den Städten. So studierte der Pfarrer Agram von Wolxheim im Unterelsaß genau die Preisentwicklung auf dem Straßburger Weinmarkt und versuchte stets, seinen Wein zum günstigsten Zeitpunkt zu verkaufen[73]. Dabei hatte die Kirche eine Vielzahl von wirtschaftlichen und finanziellen Vorteilen, was sie in zunehmendem Maße als ernsthafte Konkurrenz für das städtische Bürgertum in Erscheinung treten ließ. Denn viele Männer- und vor allem Frauenklöster übten handwerkliche Gewerbe aus und verkauften ihre Produkte, wie etwa wertvolle Textilarbeiten, auf dem Markt, aber auch Wein und Bier, ohne dafür das übliche Ungeld bezahlen zu müssen. Die finanziellen Gewinne benutzten die kirchlichen Institute, um

---

[72] *R. Endres*, Adelige Lebensformen (wie Bibl. Nr. 100), S. 13 ff.; *Ders.*, Die wirtschaftlichen Grundlagen (wie Anm. 45), S. 220.
[73] *F. Rapp*, Vorgeschichte des Bauernkrieges (wie Bibl. Nr. 69), S. 36.

weitere Besitzungen zu erwerben oder neue Betriebe zu eröffnen. Für die Neuerwerbungen beanspruchten sie ebenfalls die Steuervorteile der „toten Hand". Durch die *wachsende Zahl der „gefreyten Häuser"* aber wurden die Besitzungen, die von den Gemeinden zur Besteuerung beigezogen werden konnten, ständig geringer. Da die Steuergesamtsummen jedoch gleichblieben oder sogar noch erhöht wurden, wurden die Besitzbürger bei der Ausmittlung oder der Umlage ständig schwerer belastet, während direkt daneben die „gefreyten Höfe" der Kirche und des Adels wuchsen und wirtschaftlich blühten[74].

Ein Gleiches galt für die Fron-, Reis- und Wachdienste, wovon die Häuser und Besitzungen der Klöster, Kommenden und Stifte sowie die Amtsgebäude und Privathäuser der Adligen in den Städten befreit waren. Dies hatte zur Folge, daß die übrige Bürgergemeinde einseitig und übermäßig belastet wurde. So bat z. B. das kleine städtische Ebern dringend um Abstellung dieses Übelstandes, da es innerhalb seiner Mauern 11 gefreite Häuser des Adels und dazu noch 8 gefreite Priesterhäuser habe, „daraus bishero nichts ... an wache, frone, bethe noch ganz kain dere burgerliche mitleidung tragen"[75].

Trotz aller wirtschaftlichen Anstrengungen und auch ungerechtfertigter Ausnutzung der Privilegien *konnten Adel und Geistlichkeit die Krise des Feudalismus nicht überwinden.* Die Belastungen und Kosten einer standesgemäßen Lebensführung und ständischen Repräsentation, die Teilnahme an den aufwendigen Ritter-Turnieren, um die gesellschaftliche Exklusivität zu demonstrieren, sowie die Kosten für die Fehden und den Burgenunterhalt führten zu einer hohen Verschuldung des Niederadels. Der wirtschaftliche und soziale Abstieg konnte nur von einigen Familien verhindert werden, wie die Schadensersatzlisten aus dem Bauernkrieg zeigen, die einen fast bäuerlich einfachen Lebensstil für die meisten Angehörigen des fränkischen Adels ausweisen[76].

---

[74] *R. Endres*, Lage des „Gemeinen Mannes" (wie Bibl. Nr. 99), S. 71 f.; s. auch *H.-J. Goertz*, Antiklerikalismus (wie Bibl. Nr. 111), S. 182—209.

[75] *Lorenz Fries*, Bauernkrieg in Ostfranken (wie Anm. 70), Bd. 2, S. 74.

[76] *R. Endres*, Adelige Lebensformen (wie Bibl. Nr. 100), passim; zu den Kosten standesgemäßen Lebens s. *Ders.*, Adelige Lebensformen in Franken im Spätmittelalter, in: Adelige Sachkultur des Spätmittelalters (Sitzungsberichte der phil.-hist. Klasse der Österreichischen Akademie der

Für die Klöster erwiesen sich die außerordentlich hohen Außenstände als echte Krisensymptome. So konnte das Kloster Michelsberg tatsächlich nur über 58% der nominellen Einnahmen verfügen und mußte auf 42% Außenstände verzichten. Die Bauern der Grundherrschaft weigerten sich ganz einfach, die fälligen Abgaben zu liefern, und das Kloster hatte keine Möglichkeit, die Außenstände einzutreiben, denn selbst der Kirchenbann versagte[77].

Ein weiteres Krisensymptom war die Unterbesetzung vieler Klöster, die es den wenigen Mönchen erlaubte, in offener und vielfach provozierender Weise ihre reichen Pfründen zu genießen. Der tagtägliche Umgang mit den sich als „Herren" gerierenden Mönchen und „Pfründenessern" schuf bei Bauern und Bürgern einen wirtschaftlich motivierten kollektiven psychischen Druck und Pfaffenhaß, der sich im gewaltsamen Sturm auf Klöster, Domherrenhöfe und Kommenden Luft schaffte[78].

Neben Adel und Geistlichkeit waren aber auch die landesherrlichen Beamten, adlige wie nichtadlige, von allen Abgaben und Steuern befreit. Bei dem zunehmenden Ausbau der Territorialverwaltung und der wachsenden Zahl von Beamten bedeutete das, daß in den Amtstädten immer mehr Leute befreit und immer mehr Objekte bei der Umlegung und Ausmittlung der Steuern „gefreyt" wurden, was die Bürger dann um so härter traf[79].

Die Krise besonders der kleinen Feudalherren, die ihren wirtschaftlichen Niedergang durch gesteigerte Ausnutzung ihrer feudalen Privilegien aufzuhalten suchten, war aber auch eine *politische Legitimitätskrise*. Denn die Rechtfertigung ihrer feudalen Herrschaftsrechte durch die Gewährung von Schutz und Schirm war längst hinfällig und durch die vielen Fehden total unglaubwürdig geworden. Das ursprünglich gegenseitige Verhältnis von Herren und Bauern war zu einem einseitigen Abhängigkeitsverhältnis geworden, das von den Beherrschten als Ausbeutung empfunden wurde. Deshalb forderten die Bauern und Ackerbürger etwa im Hochstift Bamberg, daß der Bischof die verhaßte Mitregierung des parasitären Domkapitels ausschalten sollte, das die Macht im

---

Wissenschaften, Bd. 400), 1982, S. 73—104. Zur ‚Adelskrise' vgl. *R. Sablonier*, Zur wirtschaftlichen Situation des Adels im Spätmittelalter, in: ebd., S. 9—34.

[77] *R. Braun*, Michelsberg (wie Anm. 33), S. 237.

[78] *R. Endres*, Lage des „Gemeinen Mannes" (wie Bibl. Nr. 99), S. 74 f.

[79] Vgl. ebd., S. 71—74.

Hochstift weitgehend an sich gezogen hatte[80]. Gleichermaßen überflüssig wurde auch der privilegierte Adel angesehen, dessen Sonderstellung ebenfalls beseitigt werden sollte, wie es der sog. „Schlösserartikel" am radikalsten ausdrückte[81].

An sich kamen die Forderungen nach Beseitigung der Mediatgewalten den Vorstellungen des frühmodernen Flächenstaates entgegen, der ebenfalls auf die Ausschaltung der adligen und kirchlichen Zwischengewalten und Immunitäten abzielte und die Schaffung eines einheitlichen Untertanenverbandes anstrebte. In dem Ritteraufstand unter Franz von Sickingen 1523 hatte sich der Adel vergeblich gegen diesen Druck von oben zu wehren versucht. Die Furcht vor der Mediatisierung durch das übermächtige Landesfürstentum erklärt auch die Teilnahme vieler Adliger in Franken und Thüringen am bäuerlichen Aufstand, die in vielen Fällen freiwillig erfolgte. Götz von Berlichingen als Bauernhauptmann soll gegenüber dem Odenwälder Haufen sogar geäußert haben: „er vermog die edelleut zu ine zu pringen, dann sy als wol von fürsten als paurn betrangt sein"[82]. Für viele Adlige bot sich die Koalition von Bauern und Rittern gegen die Landesfürsten an, ein Plan, der vor allem von Wendel Hipler verfochten wurde. Doch eine umfassende Verbindung konnte nicht mehr zustandekommen, da schon zu viele Adlige in den Fürstendienst getreten waren und der Haß der Bauern auf die privilegierten Ritter zu groß war.

6. Die religiösen und geistigen Ursachen

Daß die religiöse Frage weniger zu den eigentlichen Ursachen des Bauernkriegs gehörte, sondern mehr die Funktion eines Katalysators hatte, ist heute die übereinstimmende Meinung in der Forschung. Die spätmittelalterliche Kirche war durch offenkundige Mißstände in vielem fragwürdig geworden und ihre Autorität hatte weitgehend an Glaubwürdigkeit verloren. Der *Antiklerikalismus*, nicht zuletzt auch wirtschaftlich begründet, war in den Dörfern und noch mehr in den Städten weit verbreitet. Man empfand den unverhüllt vorgezeigten Reichtum der vielen Pfründen-

---

[80] H. *Buszello*, Gemeinde (wie Bibl. Nr. 122), S. 110.
[81] G. *Vogler*, Schlösserartikel (wie Bibl. Nr. 124), S. 113—121.
[82] H. *Ulmschneider*, Götz von Berlichingen, 1974, S. 133—170, Zitat S. 137.

esser als ungerechtfertigt und sah den umfangreichen Kirchenbesitz und die reichen Einnahmen viel besser genutzt für die wachsende Schar der Armen und Bettler, für neue Schulen oder zur Bezahlung der hohen Steuern, „damit der arm mann nit zu hoch belastet werde"[83].

Dabei charakterisieren nicht nur die Kirchenhistoriker die Jahrzehnte vor dem Bauernaufstand als einen religiös-kirchlich bestimmten Zeitraum. Bernd Moeller urteilt sogar, daß die Zeit um 1500 „eine der kirchenfrömmsten Zeiten des Mittelalters" gewesen sei[84]. Die bäuerliche und städtische Bevölkerung war noch sehr stark von der Religion durchdrungen, und zwar in allen Lebensbereichen und Lebensäußerungen. Die Mentalität des Gemeinen Mannes wurde von Kirche und Religion geprägt, doch wurde er konfrontiert mit der *Krise der spätmittelalterlichen Kirche*. Doch die Krise konnte die Laienfrömmigkeit im Kern nicht berühren, sondern leitete die *Volksreligiosität* nur in Bahnen, die sich mehr und mehr der Amtskirche entzogen. Die Intensität und Massenhaftigkeit der Volksreligiosität nahm zu, wenn auch in manchen seltsamen Formen und übersteigerten Auswüchsen, wie etwa in der Heiligen- und Reliquienverehrung oder im Prozessions- und Wallfahrtswesen. Hier äußerten sich die Heilsunsicherheit und das Heilsverlangen der Menschen, spielten Tod und apokalyptische Ängste eine große Rolle. Nicht umsonst erlebten Astrologie und Prophetien eine Hochblüte, aber auch schlichte Wundergläubigkeit. Untergangsstimmung, eschatologische Erwartung und das Wissen um den Anbruch apokalyptischer Zeiten bestimmten die Mentalität des Volkes.

---

[83] Vgl. etwa die Forderungen der Bürger von Forchheim, Bamberg, Würzburg oder Münnerstadt. *G. Franz*, Quellen Bauernkrieg (wie Bibl. Nr. 2), S. 315, 408; *Lorenz Fries*, Bauernkrieg in Ostfranken (wie Anm. 70), Bd. 2 , S. 229; *M. Cronthal*, Die Stadt Würzburg im Bauernkrieg, hrsg. v. *M. Wieland*, 1887, S. 30 ff.
[84] Siehe hierzu *B. Moeller*, Frömmigkeit in Deutschland um 1500, in: Archiv für Reformationsgeschichte 56 (1965), S. 5—31; weiterhin *P. Baumgart*, Volksfrömmigkeit (wie Bibl. Nr. 110), S. 186—204; *H. Boockmann*, Voraussetzungen des Bauernkrieges (wie Bibl. Nr. 109), S. 9—27; *H.-J. Goertz*, Antiklerikalismus (wie Bibl. Nr. 111), S. 189 bis 209; *P. Blickle*, Die Reformation im Reich (Uni-Taschenbücher 1 181), 1982, S. 18 ff.; *H. Cohn*, Reformatorische Bewegung und Antiklerikalismus in Deutschland und England, in: *W. J. Mommsen* u. a. (Hrsg.), Stadtbürgertum und Adel in der Reformation ... (Veröffentlichungen des Deutschen Historischen Instituts London 5), 1979, S. 309—329.

Doch auf dieser Grundhaltung erwuchs nicht der Bauernkrieg als „Glaubensrevolte"[85]. Bezeichnenderweise wurde die reformatorische Forderung nach der freien Pfarrerwahl erst durch die Zwölf Artikel im Verlauf der Revolte weiter verbreitet und meist von den Herren widerspruchslos anerkannt, während der Pfaffenhaß, der Haß gegen die reichen Klöster und gegen die Mißstände in der Kirche an der Spitze der Dorf- und Stadtbeschwerden standen[86]. Der offenkundige sittliche Verfall weiter Teile der Geistlichkeit ging einher mit der groben Vernachlässigung der seelsorgerischen Aufgaben und Pflichten, die schlechtbezahlten Vikaren, Altaristen oder Bettelmönchen überlassen wurden. Die Bevölkerung in Stadt und Land reagierte mit wachsendem Antiklerikalismus und der Forderung nach dem „Pfaffentod". Dabei richteten sich die Kritik und der Haß nicht gegen die Kirche als solche, sondern gegen die Mißstände und gegen die schlechten Diener der Kirche.

Der Pfaffenhaß war schon in den vielen städtischen Unruhen vor dem Bauernkrieg und in den Zehntverweigerungen auf dem Lande zu erkennen. Der Neu-Karsthans forderte, daß die Nester der Pfaffen zerstört und die Mönche ausgerottet werden müßten, denn sie stellten eine „unnütze Bürde auf Erden" dar. Doch mit der *Berufung auf das Göttliche Recht* erhielt der Aufstand der Bauern und Bürger 1525 eine neue Legitimität, wodurch sich der Bauernkrieg deutlich von den Unruhen des Spätmittelalters unterschied. Das Göttliche Recht lieferte jetzt den Aufständischen die Rechtfertigung für ihr Tun und ließ die Bauern, die unter schwerem wirtschaftlichen und sozialen Druck standen, besonders auf die antiklerikalen Angriffe der reformatorischen Prediger achten[87].

---

[85] So *H. A. Oberman,* Tumultus rusticorum: Vom „Klosterkrieg" zum Fürstensieg. Beobachtungen zum Bauernkrieg unter besonderer Berücksichtigung zeitgenössischer Beurteilungen, in: *Ders.* (Hrsg.), Bauernkrieg 1525 (wie Bibl. Nr. 51), S. 157—172.
[86] In Oberschwaben wurde die Pfarrerwahl nur in 13% der örtlichen Beschwerden gefordert. *P. Blickle,* Revolution von 1525 (wie Bibl. Nr. 42), S. 38.
[87] Vgl. *W. Becker,* „Göttliches Wort" (wie Bibl. Nr. 114), S. 232 bis 263; *I. Schmidt,* Das göttliche Recht (wie Bibl. Nr. 113); zuletzt *P. Bierbrauer,* Das Göttliche Recht (wie Bibl. Nr. 115), S. 210—234; *P. Blickle,* Revolution von 1525 (wie Bibl. Nr. 42), S. 140—149.

7. Zusammenfassung

Am Vorabend des Bauernkriegs hatte sich die wirtschaftliche, soziale und politische Lage der Bauern auf dem Lande und in den Ackerbürgerstädten deutlich verschlechtert. Zwar waren die Folgen der spätmittelalterlichen Agrardepression überwunden, abgesehen von der Leibeigenschaft in manchen südwestdeutschen Herrschaften, und erlebte die Landwirtschaft sogar einen Aufschwung, doch blieb die Agrargesellschaft labil und anfällig für Krisen. Der regional unterschiedliche Bevölkerungsdruck führte in weiten Bereichen dazu, daß auf dem Lande eine breite „unterbäuerische Schicht" erwuchs, die auf Neben- und Zuerwerb angewiesen war. Gerade für diese ländliche Armut war die Nutzung der Allmende als Garantie für das Existenzminimum unbedingt notwendig; sie wurde deshalb von der Einschränkung oder gar Bannung der Wälder, Wässer und Weiden durch die Herrschaft besonders schwer getroffen. Die hohen Gülten, die zudem mehrfach ausgeweitet oder erhöht wurden, die Ausdehnung des Zehnten auch auf den Kleinen Zehnt und Blutzehnt, die Münzverschlechterungen, die Mißernten und die neuen Steuerforderungen des frühmodernen weltlichen und geistlichen Territorialstaates wie auch des Reiches führten in weiten Teilen der Bevölkerung auf dem Lande und in den Städten an die Grenze der Belastbarkeit, was auch subjektiv von den betroffenen Untertanen so empfunden wurde. Die Krisen im Montanwesen und in der Textilindustrie verschärften die wirtschaftliche Not und führten in den Städten zu wachsenden Unruhen. Neben den hohen Steuerforderungen litten Bauern und Bürger unter dem sich verstärkenden Zugriff des Staates und seiner Beamten auf die bisherigen Freiheiten und autonomen Rechte der Gemeinden sowohl im wirtschaftlichen wie rechtlichen Bereich. In den territorial kleingesplitterten Räumen machte sich auch die Krise der kleinen Feudalherren bemerkbar. Niederadel und Klöster suchten ihre finanzielle Krise durch die Ausweitung und Intensivierung der Eigenwirtschaften zu überwinden, was eindeutig zu Lasten der Bauern und ihrer Allmendrechte ging, aber auch in die Wirtschaftsbereiche der Städte eingriff. Die Steuerprivilegien und die wachsende wirtschaftliche Konkurrenz von Adel und Klöstern erregten Neid und Mißgunst, zumal die kleinen Feudalherren und Mediatgewalten auch einer tiefen Legitimitätskrise unterlagen. Dazu kamen der Autoritätsverlust der Kirche und die allgemeine Kirchenkritik. Als dann die reformatorischen Prediger das Göttliche Recht als Argument und Rechtfertigung lieferten und den Beschwerden der Bauern und Bürger eine neue Legitimität gaben, brach der Aufstand los.

Stadt und Bürgertum

Zur Steuerpolitik und zum Stadt-Land-Verhältnis

Von Ulf Dirlmeier

Es hieße, mit Schwung weit offene Türen einzurennen, wenn hier die Einbeziehung der Städte in eine Darstellung der Ereignisse um 1525 nochmals eigens gerechtfertigt würde. Die zur Zeit des Jubiläumsjahres 1975 vertretbare Feststellung, vor allem die westliche Geschichtsforschung habe die Verwicklung der Städte in die Bauernunruhen des 16. Jahrhunderts zu wenig beachtet[1], ist durch die seitherige Entwicklung eindeutig überholt[2].

Die Übereinstimmung in der Erweiterung des Forschungshorizonts durch die Einbeziehung der Städte erstreckt sich freilich nicht auch auf Sachaussagen und Interpretationen im einzelnen. Diese Feststellung spricht a priori weder gegen die angewandten Methoden noch gegen die erzielten Ergebnisse, sie läßt sich mühelos mit der Vielfalt der Erscheinungsformen erklären: Die gegen Ende des 15. und zu Beginn des 16. Jahrhunderts gehäuft auftretenden innerstädtischen Unruhen erstrecken sich vom Alpennordrand bis an die Küste und erfassen Orte, die nach Größe, Verfassung, politischer Zugehörigkeit und wirtschaftlicher Ausrichtung denkbar verschieden sind[3]. Ohne Anspruch auf Vollständigkeit sind beson-

---

[1] *A. Laube*, Die Volksbewegungen in Deutschland von 1470 bis 1517. Ursachen und Charakter, in: *P. Blickle* (Hrsg.), Revolte (wie Bibl. Nr. 47), S. 84—98, hier S. 85.

[2] Vgl. die Literaturangaben bei *P. Blickle*, Revolution von 1525 (wie Bibl. Nr. 42), S. 165 ff. Besonders hinzuweisen ist auf die Arbeiten aus dem Sonderforschungsbereich 8 der Universität Tübingen wie z. B. *D. Demandt — H.-Chr. Rublack*, Stadt und Kirche in Kitzingen (Spätmittelalter und Frühe Neuzeit 10), 1978, und zuletzt *I. Bátori — E. Weyrauch*, Die bürgerliche Elite der Stadt Kitzingen (Spätmittelalter und Frühe Neuzeit 11), 1982.

[3] Die von Erich Maschke geplante Darstellung konnte leider von ihm nicht mehr abgeschlossen werden. Eine vorläufige Übersicht gibt: *Ders.*, Deutsche Städte am Ausgang des Mittelalters, in: *W. Rausch* (Hrsg.), Die Stadt am Ausgang des Mittelalters (Beiträge zur Geschichte der Städte Mitteleuropas 3), Linz/Donau 1974, S. 1—44, hier S. 40 mit Anm. 206.

ders folgende Forschungsdifferenzen zu nennen: Die städtischen Unruhen und Aufstände werden einerseits in Kontinuität zu den Verfassungskonflikten des 15. Jahrhunderts gesehen, andererseits im Zusammenhang mit grundlegenden Wandlungen[4]. Sie erscheinen als integrierender Bestandteil der Bauernbewegung, als Zweig des Bauernkriegs und als isolierte innerstädtische Ereignisse[5]. Entsprechend unterschiedlich gewichtet wird das Ausmaß bürgerlich-bäuerlicher Solidarisierung und das Potential wirklicher Interessengleichheit[6]. Übereinstimmung besteht zwar darin, daß monokau-

---

[4] Zur Kontinuität vgl. *K. Arnold*, Bauernkrieg in Kitzingen (wie Bibl. Nr. 132), S. 186 f.; *W. Wettges*, Reformation und Propaganda. Studien zur Kommunikation des Aufruhrs in süddeutschen Reichsstädten (Geschichte und Gesellschaft, Bochumer Historische Studien 17), 1978, bes. S. 121; *H. Schilling*, Aufstandsbewegung in der Stadtbürgerlichen Gesellschaft des Alten Reiches, in: *H.-U. Wehler* (Hrsg.), Bauernkrieg 1524—1526 (wie Bibl. Nr. 55), S. 193—238, hier bes. S. 234 u. 238. Zu grundlegenden Wandlungen vgl. *A. Laube*, Volksbewegungen (wie Anm. 1), S. 89 f.; *J. Bücking*, Michael Gaismair (wie Bibl. Nr. 77), S. 15; *O. Rammstedt*, Stadtunruhen 1525 (wie Bibl. Nr. 133), S. 252 f.

[5] Den engen Zusammenhang zwischen Bauernbewegung und städtischen Unruhen betont, mit Differenzierungen zwischen Reichs- und Territorialstädten, besonders *P. Blickle*, Revolution von 1525 (wie Bibl. Nr. 42), S. 181 f. u. 188. Ders., Deutsche Untertanen. Ein Widerspruch, 1981, S. 105; *Ders.*, Funktion der Landtage (wie Bibl. Nr. 126), S. 3 f. Vgl. auch *H. A. Oberman*, Tumultus rusticorum: Vom „Klosterkrieg" zum Fürstensieg. Beobachtungen zum Bauernkrieg unter besonderer Berücksichtigung zeitgenössischer Beurteilungen, in: *Ders.* (Hrsg.), Bauernkrieg 1525 (wie Bibl. Nr. 51), S. 157—172, hier S. 160 f. Betonung der Unterschiede z. B. bei: *H. Schilling*, Aufstandsbewegung (wie Anm. 4), S. 237 f.; *R. Endres*, Zünfte und Unterschichten (wie Bibl. Nr. 131), S. 168 f. *H.-Chr. Rublack*, Die Stadt Würzburg im Bauernkrieg, in: Archiv für Reformationsgeschichte 67 (1976), S. 76—100, hier S. 94. *Th. Nipperdey*, Reformation, Revolution, Utopie. Studien zum 16. Jahrhundert (Kleine Vandenhoeck-Reihe 1408), 1975, S. 95. Zu den Stadtunruhen als Zweig des Bauernkriegs vgl.: *O. Rammstedt*, Stadtunruhen 1525 (wie Bibl. Nr. 133), S. 239, und *L. P. Buck*, Civil Insurrection in a Reformation City: The Versicherungsbrief of Windsheim, March 1525, in: Archiv für Reformationsgeschichte 67 (1976), S. 100—117, hier S. 100.

[6] Außer den in der voranstehenden Anm. genannten Arbeiten vgl. auch: *T. Scott*, Peasants' War in Waldshut (wie Bibl. Nr. 63), Teil 2, S. 145 u. 166 f. *W. Wettges*, Reformation und Propaganda (wie Anm. 4), S. 117. *G. Mühlpfordt*, Bürger im Bauernkrieg. Stimmen und Stimmungen 1524/25, in: *G. Brendler — A. Laube* (Hrsg.), Bauernkrieg 1524/25 (wie

sale Erklärungsansätze für die Motive der Aufstände nicht in Frage kommen, aber im einzelnen werden die Akzente außerordentlich unterschiedlich gesetzt: Als wichtigster Grund für die innerstädtischen Konflikte im ersten Drittel des 16. Jahrhunderts werden wirtschaftliche Bedrängnis, ungünstige sozioökonomische Entwicklung, inflationärer Preisanstieg ebenso eindeutig behauptet[7] wie bestritten[8], und vor einer einseitigen Überbewertung ökonomischer Kriterien bei der Beschäftigung mit der „frühbürgerlichen" Gesellschaft wird zu Recht generell gewarnt[9].

Von diesen Differenzen weitgehend unberührt, besteht dagegen eine breite Übereinstimmung in der Annahme, daß die Ausgestaltung der Verfassungswirklichkeit spätestens seit Ende des 15. Jahrhunderts deswegen zu den wesentlichen Ursachen der innerstädtischen Probleme gehört, weil sie zur Frontstellung zwischen einer sich abschließenden Honoratiorenschicht als Obrigkeit einerseits und der Mehrheit der Stadtbevölkerung (Gemeinde) andererseits führen mußte[10]. Unbestritten ist auch, daß innerhalb dieses Span-

Bibl. Nr. 48), S. 131—144, hier S. 131 u. 138 f. *G. Franz*, Bauernkrieg (wie Bibl. Nr. 39), S. 227 f.

[7] Gegen monokausale Erklärungen z. B. *G. Seebass*, Täufertum in Franken (wie Bibl. Nr. 146), S. 145, oder *A. Laube*, Die Volksbewegungen (wie Anm. 1), S. 88 f. Preisanstieg und ungünstige wirtschaftliche Entwicklung betonen u. a.: *O. Rammstedt*, Stadtunruhen 1525 (wie Bibl. Nr. 133), S. 252 f.; *R. Endres*, Zünfte und Unterschichten (wie Bibl. Nr. 131), S. 153 f.; *J. Bücking*, Der „Bauernkrieg" in den habsburgischen Ländern als sozialer Systemkonflikt, in: *H.-U. Wehler* (Hrsg.), Bauernkrieg 1524—1526 (wie Bibl. Nr. 55), S. 168—192, hier S. 170; *Ph. Broadhead*, Popular Pressure for Reform in Augsburg 1524—1534, in: *W. J. Mommsen* (Hrsg.), Stadtbürgertum und Adel in der Reformation (Veröffentlichungen des Deutschen Historischen Instituts London 5), 1979, S. 80—87, hier S. 80 f.

[8] Gegen die ungünstige wirtschaftliche Entwicklung als Grund für die Unruhen wenden sich z. B.: *K. Arnold*, Kitzingen (wie Bibl. Nr. 132), S. 202; *I. Bátori — E. Weyrauch*, Bürgerliche Elite (wie Anm. 2) S. 159; *W. Becker*, Reformation und Revolution (Katholisches Leben und Kirchenreform im Zeitalter der Glaubensspaltung 34), 1974, S. 84; *W. Wettges*, Reformation und Propaganda (wie Anm. 4), S. 10; *W.-H. Struck*, Bauernkrieg am Mittelrhein (wie Bibl. Nr. 88), S. 69 u. 72 f.

[9] *A. Haverkamp*, Die „frühbürgerliche" Welt im hohen und späten Mittelalter. Landesgeschichte und Geschichte der städtischen Gesellschaft, in: Historische Zeitschrift 221 (1975), S. 571—602, hier S. 575.

[10] *K. Arnold*, Kitzingen (wie Bibl. Nr. 132), S. 185. *I. Bátori*, Ratsherren und Aufrührer. Soziale und ökonomische Verhältnisse in der Stadt

nungsverhältnisses Steuer- und Finanzfragen besonders häufige „Unruheauslöser" waren[11].

Zweck der nachfolgenden Ausführungen kann es nicht sein, eine künstliche Harmonisierung aller unterschiedlichen Erklärungsansätze zu versuchen und eine „endgültige" Lösung vorzuschlagen. Ich konzentriere mich auf die Frage nach der Berechtigung der zeitgenössischen Beschwerden über den Steuerdruck, was natürlich Überlegungen zur wirtschaftlichen Lage der Stadtbevölkerung einschließt. Weiter werde ich kurz auf die obrigkeitlichen Tendenzen und auf die mögliche Interessenidentität zwischen Stadt- und Landbewohnern eingehen. Ich berücksichtige dabei vor allem die großen Reichsstädte des oberdeutschen Bauernkriegsgebietes, deren Teilnahme bzw. Nichtteilnahme an der Bauernbewegung ich im Anschluß an Rudolf Endres in der Tat für entscheidend halte[12].

Kitzingen zur Zeit des Bauernkrieges und der Reformation, in: *W. J. Mommsen* (Hrsg.), Stadtbürgertum und Adel (wie Anm. 7), S. 149—214, hier S. 150 und 161 f. *P. Blickle*, Revolution von 1525 (wie Bibl. Nr. 42), S. 172 u. 182. *Ders.*, Deutsche Untertanen (wie Anm. 5), S. 105. *R. Endres*, Probleme des Bauernkrieges (wie Bibl. Nr. 73), S. 96. *D. Demandt — H.-Chr. Rublack*, Stadt und Kirche (wie Anm. 2), S. 11 f. u. 69. *G. Wunder*, Geschlechter und Gemeinde. Soziale Veränderungen in süddeutschen Reichsstädten zu Beginn der Neuzeit, in: *W. Rausch* (Hrsg.), Die Stadt an der Schwelle der Neuzeit (Beiträge zur Geschichte der Städte Mitteleuropas 4), Linz/Donau 1980, S. 41—52, hier S. 41 f.

[11] *J. Ellermeyer*, Sozialgruppen, Selbstverständnis, Vermögen und städtische Verordnungen, in: Blätter für deutsche Landesgeschichte 113 (1977), S. 203—275, hier S. 272. Ferner z. B. *P. Blickle*, Thesen zum Thema — Der „Bauernkrieg" als Revolution des „gemeinen Mannes", in: *Ders.* (Hrsg.), Revolte (wie Bibl. Nr. 47), S. 127—131, hier S. 130. *Ph. Broadhead*, Popular Pressure (wie Anm. 7), S. 80 f. *S. Jahns*, Frankfurt, Reformation und Schmalkaldischer Bund. Die Reformations-, Reichs- und Bündnispolitik der Reichsstadt Frankfurt am Main 1525—1536 (Studien zur Frankfurter Geschichte 9), 1976, S. 25 f. *E. Maschke*, Deutsche Städte (wie Anm. 3), S. 21. *W.-H. Struck*, Bauernkrieg am Mittelrhein (wie Bibl. Nr. 88), S. 68. *O. Rammstedt*, Stadtunruhen 1525 (wie Bibl. Nr. 133), S. 253. *G. Wunder*, Geschlechter und Gemeinde (wie Anm. 10), S. 44.

[12] *R. Endres*, Probleme des Bauernkrieges (wie Bibl. Nr. 73), S. 104 f. u. 110. Vgl. auch *G. Mühlpfordt*, Bürger im Bauernkrieg (wie Anm. 6), S. 143 f. — Um jedes Mißverständnis zu vermeiden, sei ausdrücklich hinzugefügt: Die folgenden Ausführungen thematisieren nicht die ganze Breite der Aspekte, die das Problem Bürgertum und Bauernkrieg stellt;

1. Beschwerden über Steuern

Die im ersten Drittel des 16. Jahrhunderts überaus zahlreichen Klagen über die Beschwernisse des Gemeinen Mannes verweisen fast immer auch und besonders auf die *Belastung mit Steuern und Abgaben*[13]. Für die städtischen Unruhen nach 1512 läßt sich durchweg die indirekte Besteuerung (das Ungeld) als Mitauslöser feststellen, und 1525 gehört die Forderung nach steuerlicher Entlastung zu den auffälligsten Übereinstimmungen zwischen Bauern und Städtern: Vom Oberrhein (Straßburg) über Franken (Würzburg, Kitzingen, Windsheim, Nürnberg), Schwaben (Augsburg) bis Frankfurt und darüber hinaus in den Städteunruhen nördlich des Mains werden Abgabenentlastungen gefordert und/oder wenigstens zeitweise von der Obrigkeit zugestanden[14]. Die Abschaffung bzw. drastische Verringerung von Steuern und Zöllen in Friedrich Weygandts Heilbronner Reformprogramm gilt als Eingehen vor allem auf die Interessenlage der Stadtbewohner[15]. Es liegt also nahe, hier einen Beleg zu sehen für den Kausalzusammenhang zwischen wirtschaftlicher Unzufriedenheit und Schlechterstellung breiter Bevölkerungskreise einerseits sowie der Häufung städtischer Unruhen andererseits[16].

---

sie greifen zwei, u. E. jedoch zentrale Fragestellungen heraus. Im übrigen sei auf das Kapitel „Ursachen" verwiesen.

[13] *H. A. Oberman*, Tumultus rusticorum (wie Anm. 5), S. 157. *G. Franz*, Bauernkrieg (wie Bibl. Nr. 39), S. 70, 84, 93. Vgl. auch die Nachweise in Anm. 11.

[14] *P. Blickle*, Revolution von 1525 (wie Bibl. Nr. 42), S. 176 (Straßburg). *L. P. Buck*, Civil Insurrection (wie Anm. 5), S. 102 (Windsheim). *D. Demandt* — *H.-Chr. Rublack*, Stadt und Kirche (wie Anm. 2), S. 11 f. (Kitzingen). *H.-Chr. Rublack*, Würzburg im Bauernkrieg (wie Anm. 5), S. 78 (Würzburg). *G. Franz*, Bauernkrieg (wie Bibl. Nr. 39), S. 93 (Augsburg). *S. Jahns*, Frankfurt (wie Anm. 11), S. 38. *R. Postel*, Zur Sozialgeschichte Niedersachsens im Zeitalter des Bauernkrieges, in: *H.-U. Wehler* (Hrsg.), Bauernkrieg 1524—1526 (wie Bibl. Nr. 55), S. 85 (Braunschweig). *O. Rammstedt*, Stadtunruhen 1525 (wie Bibl. Nr. 133), S. 253.

[15] *M. Steinmetz*, Die dritte Etappe der frühbürgerlichen Revolution. Der deutsche Bauernkrieg 1524—1526, in: *R. Wohlfeil* (Hrsg.), Bauernkrieg 1524—1526 (wie Bibl. Nr. 56), S. 65—89, hier S. 81 f.

[16] *Ph. Broadhead*, Popular Pressure (wie Anm. 7), S. 80 f. *O. Rammstedt*, Stadtunruhen 1525 (wie Bibl. Nr. 56), S. 252 f. u. 262 f. *G. Seebass*, Täufertum in Franken (wie Bibl. Nr. 146). S. 145. Vgl. auch Anm. 11.

Tatsächlich hat der Konnex zwischen stadtinternen Konflikten und Steuererhebung zur Bauernkriegszeit bereits eine lange Tradition. Angefangen spätestens mit der Augsburger Verfassungsänderung von 1368, bei der die Frage vorzugsweise direkter oder indirekter Steuern eine wesentliche Rolle spielte, gehört die *ungerechte Steuererhebung* neben Bestechlichkeit, Willkür, Cliquenwirtschaft zum festen Bestand der Vorwürfe Unzufriedener gegen das jeweilige Stadtregiment[17]. Gerade diese Standardisierung zwingt zu Überlegungen, ob hier der Finanzsektor insgesamt nur zum populären Vehikel allgemeiner, überwiegend verfassungsbedingter Unzufriedenheit gemacht wird, ob — dies die trivialste Interpretationsmöglichkeit — nur die zu allen Zeiten gegebene Unlust am Steuerzahlen darin zum Ausdruck kommt oder ob tatsächlich von einer Entwicklung ausgegangen werden kann, die für wirtschaftlich weniger gut gestellte Schichten nachteilig war. Dabei wird man tunlichst nicht zuerst und allein auf qualifizierende Quellen zurückgreifen, sondern auch auf Zahlen, soweit sie durch städtische Haushaltsrechnungen zur Verfügung gestellt werden — ein Zahlenmaterial, das bisher bei den Erörterungen über die Kausalzusammenhänge städtischer Unruhen des frühen 16. Jahrhunderts anscheinend weniger beachtet wurde.

2. Der Anteil direkter und indirekter Steuern an den Haushaltseinnahmen der Städte Frankfurt, Nördlingen, Nürnberg, Schwäbisch Hall und Basel

2.1 Die Zahlen

Die folgenden Belege zur Entwicklung des Steueraufkommens, besonders der die Masse der Bevölkerung belastenden Verbrauchssteuern, sind auf den Zeitraum nach der Mitte des 15. Jahrhunderts beschränkt. Sie erfassen danach also in etwa einen Ausschnitt, für den Kenntnisse oder Erfahrungen bei den an Unruhen der Bauernkriegszeit Beteiligten vorausgesetzt werden können[18].

---

[17] *O. Brunner*, Souveränitätsproblem und Sozialstruktur in den deutschen Reichsstädten der früheren Neuzeit, in: *H. Stoob* (Hrsg.), Altständisches Bürgertum, Bd. 2 (Wege der Forschung 417), 1978, S. 361—399, hier S. 364. Der Aufsatz ist zuerst erschienen in: Vierteljahrschrift für Sozial- und Wirtschaftsgeschichte 50 (1963), S. 329—360.

[18] Zum Aspekt des Erfahrungshorizonts vgl. *H. Buszello*, „Teuerung" am Oberrhein (wie Bibl. Nr. 97), S. 27.

Zumindest für die Frage nach der subjektiven Berechtigung von Unzufriedenheit ist der Verzicht auf die säkulare Entwicklung deswegen angemessen, weil den Zeitgenossen entsprechende Vergleichsmöglichkeiten kaum verfügbar waren.

Frankfurt/Main[19]

Anteil der Vermögenssteuer (Bede) und der indirekten Steuern an den ordentlichen Haushaltseinnahmen, in Pfund Heller

	Einnahmen, gesamt	I Bede	II Ungeld	III Mahlgeld	IV Weinniederlage	V Zoll, Weggeld	Anteil von II—V
1480	24 500	—	4 000	4 200	1 400	1 700	46,1%
1515	22 500	—	3 100	4 000	1 750	2 000	48,2%
1525	21 600	—	4 100	2 900	1 600	1 900	48,6%
1540	28 300	—	3 450	3 700	3 100	2 400	44,7%

Nördlingen[20]

Anteil von Vermögenssteuer und Getränkeungeld an den ordentlichen Haushaltseinnahmen, in rhein. Gulden bzw. in %

	Einnahmen, gesamt	davon Vermögenssteuer in %	davon Ungeld in %
1451	10 484	30,5	33,8
1469	8 897	17,2	31,5
1480	8 404	20,8	38,5
1505	9 722	17,2	49,1

Nürnberg[21]

Anteil der Vermögenssteuer (Losung), des Getränkeungelds und der Getreideauflage an den ordentlichen Haushaltseinnahmen. Fünfjahresdurchschnitte in Pfund Heller neu

---

[19] Zahlen nach *F. Bothe*, Die Entwickelung der direkten Besteuerung in der Reichsstadt Frankfurt bis zur Revolution 1612—1614 (Staats- und sozialwiss. Forschungen 26, 2), 1906, S. 115.
[20] Zahlen nach *F. Dorner*, Die Steuern Nördlingens zu Ausgang des Mittelalters, phil. Diss. München 1905, S. 68.
[21] Zahlen errechnet nach *P. Sander*, Die reichsstädtische Haushaltung Nürnbergs. Dargestellt aufgrund ihres Zustandes von 1431—1440, 1902, S. 784 f.

Stadt und Bürgertum

	Einnahmen, gesamt	I Losung	II Getränkeungeld	III Getreideauflage	II + III
1501/05	207 690 = 100%	32 333 = 15,6	86 862 = 41,8		
1506/10	189 391 = 100%	50 947 = 26,9	80 647 = 42,6	17 454 = 9,2	98 101 = 51,8
1511/15	177 618 = 100%	48 904 = 27,5	75 679 = 42,6	11 775* = 6,6	87 545 = 49,2
1516/20	173 923 = 100%	47 278 = 27,2	71 872 = 41,3		
1521/25	201 726 = 100%	61 139 = 30,3	87 980 = 43,6		
1526/30	216 650 = 100%	58 809 = 27,1	88 411 = 40,8		

* für die Jahre 1511—1514

Schwäbisch Hall[22]

Anteil der Vermögenssteuer (Beet) und Verbrauchsabgaben an den Gesamteinnahmen, in %

	Beet	Ungeld	Weintax	Ungeld + Weintax
1449/50	18,6	10,6	—	—
1479/80	23,3	13,6	5,8	19,4
1498/99	18,2	16,4	7,2	23,6
1519/20	17,1	13,3	6,7	20,0
1539/40	3,9	4,8	8,8	13,6

Einnahmen aus Beet, Ungeld und Weintax, in rhein. Gulden

	Beet	Ungeld + Weintax
1479/80	1 620 = 100%	1 354 = 100%
1498/99	1 566 = 96	2 024 = 149
1519/20	1 547 = 95	1 815 = 134
1539/40	1 064 = 66	3 754 = 277

[22] Zahlen nach *D. Kreil*, Der Stadthaushalt von Schwäbisch Hall im 15./16. Jahrhundert. Eine finanzgeschichtliche Untersuchung (Forschungen aus Württembergisch-Franken 1), 1967, S. 201—205.

Basel[23]

Entwicklung der Einnahmen aus den wichtigsten Verbrauchssteuern

Fünfjahresdurchschnitte in Pfund Pfennigen

	Wein-ungeld	Mühlen-ungeld	Fleisch-steuer	Salz-gewinn
1500/01 bis 1504/05	2 289 = 100%	3 727 = 100%	1 450 = 100%	784 = 100%
1505/06 bis 1509/10	2 753 = 120	4 112 = 110	1 605 = 110	815 = 104
1510/11 bis 1514/15	3 867 = 169	4 485 = 120	1 732 = 119	911 = 116
1515/16 bis 1519/20	4 204 = 183	4 151 = 111	1 692 = 117	988 = 126
1520/21 bis 1524/25	4 755 = 207	4 372 = 117	1 836 = 127	942 = 120
1525/26 bis 1529/30	4 190 = 183	4 211 = 113	1 708 = 118	911 = 116

2.2 *Auswertung*

Bei der Interpretation von Ergebnissen spätmittelalterlicher Stadthaushalte besteht das Problem, daß bekanntlich die Höhe der Einnahmen vom Finanzbedarf dominiert wurde und daß von Haushaltsjahr zu Haushaltsjahr starke Schwankungen auftreten können[24]. So ist z. B. in Nürnberg die Entwicklung des Haushalts

---

[23] Zahlen errechnet nach *B. Harms*, Der Stadthaushalt Basels im ausgehenden Mittelalter, Erste Abt., Bd. 1, 1909, S. 339—495. Zur Trendentwicklung der Basler Haushaltseinnahmen und -ausgaben vgl. *J. Rosen*, Eine mittelalterliche Stadtrechnung — Einnahmen und Ausgaben in Basel 1360—1535, in: *E. Maschke — J. Sydow* (Hrsg.), Städtisches Haushalts- und Rechnungswesen (Stadt in der Geschichte 2), 1977, S. 45—68, bes. die Tabellen und Grafiken S. 63—68.
[24] *L. Schönberg*, Die Technik des Finanzhaushalts der deutschen Städte im Mittelalter (Münchener volkswirtschaftliche Studien 103), 1910, S. 144—146 u. 152. *B. Kirchgässner*, Zur Frühgeschichte des modernen Haushalts. Vor allem nach den Quellen der Reichsstädte Eßlingen und Konstanz, in: *E. Maschke — J. Sydow* (Hrsg.), Rechnungswesen (wie Anm. 23), S. 9—44, hier S. 38.

nach 1500 ganz eindeutig von der politischen Lage (bayerisch-pfälzischer Krieg 1504/05) bestimmt[25]. Eben deswegen empfiehlt es sich auch nicht, die kurz- bis mittelfristige Entwicklung der Einnahmeseite unreflektiert als Indiz für den Gang der Wirtschaftskonjunktur zu verwenden: Steigende Steueraufkommen können ebenso rigorosere Fiskalpolitik wie zunehmenden Wohlstand anzeigen. Auch wenn man diese, kaum verbindlich lösbaren Methodenprobleme im Auge behält, ergeben die vorausstehenden Zahlenreihen bei unterschiedlichen Berechnungsansätzen durchaus *Anhaltspunkte dafür, wie weit sich der Gemeine Mann zumindest aus seiner Sicht durch die obrigkeitliche Steuerpolitik über Gebühr belastet fühlen konnte.*

Auffallend ist die gegenläufige Entwicklung des Aufkommens aus Verbrauchs- und Vermögenssteuern in Nördlingen und Schwäbisch Hall, wobei daran zu erinnern ist, daß die sozial ungleichen Auswirkungen direkter bzw. indirekter Steuern durchaus bekannt waren. In Nördlingen führte die Erhöhung des Weinungeldes 1505 zum schlagartigen Anstieg der Einnahmen (+ 70%) gegenüber 1504. Unter dem Eindruck der Unruhen von 1514 wurde die Steuererhöhung kurzfristig zurückgenommen, ab 1519 kehrte der Rat zum Ungeldsatz von 1505 zurück[26]. In Schwäbisch Hall wurde ab 1462 der Weinausschank zusätzlich mit der „Weintax" belastet, dagegen wurde 1522 der Satz der Vermögenssteuer von 0,5% auf 0,25% halbiert, entsprechend reduzierte sich das Aufkommen (1521: 1263 Gulden, 1523: 706 Gulden). Teilweise wurde dieser Ausfall wohl durch verstärkte Besteuerung des Landgebietes mit Schatzungen ausgeglichen, aber eben auch durch das Anziehen der Konsumsteuern. Der Anstieg der Ungeldeinnahmen von 1479/80 = 100 auf 1539/40 = 277 erklärt sich jedenfalls nicht durch ein

---

[25] *P. Sander*, Reichsstädtische Haushaltung (wie Anm. 21), S. 856 u. 862. Bei den Basler Einnahmen aus Wein- und Mühlenungeld werden z. T. auch Teuerungsjahre durchgeschlagen haben. Vgl. *H. Buszello*, „Teuerung" am Oberrhein (wie Bibl. Nr. 97), S. 34.

[26] *F. Dorner*, Steuern Nördlingens (wie Anm. 20), S. 62, 69, 111; Dorner übt heftige Kritik an der, wie er meint, unsozialen Steuerpolitik des Rates. Als Beispiel für eine frühe Stellungnahme zu direkter und indirekter Steuer s.: Die Chroniken der deutschen Städte vom 14. bis ins 16. Jahrhundert, hrsg. v. der Historischen Kommission bei der Bayerischen Akademie der Wissenschaften. Augsburg, Bd. 1, 1865 (Neudruck 1965), S. 79; Teile der Zünfte wollen dem Ungeld 1387 nur zustimmen, falls die „purger ir güt stiurten, als lib in wär".

Anwachsen der Bevölkerung: Zwischen 1500 (ca. 5 000 Einwohner) und 1530 (ca. 4 800 Einwohner) ist die Entwicklung leicht rückläufig[27].

Dem Trend zu abnehmendem Aufkommen aus direkter Besteuerung passen sich im Betrachtungszeitraum auch Frankfurt und Basel an. In beiden Städten dominierten im ganzen 15. Jahrhundert die indirekten Steuern, doch wurden zumindest bei außerordentlichem Geldbedarf auch Vermögenssteuern erhoben. In Frankfurt war dies nach den Rechenbüchern im 15. Jahrhundert neunmal der Fall, gehäuft in der zweiten Jahrhunderthälfte (1475—78, 1495—97), aber zwischen 1510 und 1556 wurde die Vermögenssteuer ganz ausgesetzt; in Basel wurde zuletzt 1475/76—1480/81 auch eine direkte Steuer erhoben. In beiden Städten erreichen die Einkünfte aus Verbrauchsabgaben einen Anteil von etwa 60% der Haushaltseinnahmen[28]. Die zu Beginn des 16. Jahrhunderts in Basel ziemlich regelmäßig ansteigenden Erträge der indirekten Steuern erklären sich auch hier nicht durch Bevölkerungswachstum, weil für das ganze 16. Jahrhundert nur mit einer Zunahme um rund 11% zu rechnen ist[29]. Auffallend ist die Verdoppelung des Weinungeld-Aufkommens zwischen 1500 und 1525, während Getreide (Brot) und Fleisch anscheinend nicht ganz so rigoros besteuert wurden.

Eine mindestens teilweise abweichende Fiskalpolitik lassen die Zahlen für Nürnberg erkennen. Hier wurde die Vermögenssteuer

---

[27] *D. Kreil,* Stadthaushalt (wie Anm. 22), S. 167, 181, 201—205. *Ders.,* Zusammensetzung und Entwicklung des Haushalts der Reichsstadt Schwäbisch Hall von 1420 bis 1620, in: *E. Maschke — J. Sydow* (Hrsg.), Rechnungswesen (wie Anm. 23), S. 83—90, hier S. 88. Da im Haushaltsjahr 1539/40 wegen Gebietserwerbungen hohe Anleihen aufgenommen wurden, sinkt der Anteil des Steueraufkommens an den Gesamteinnahmen prozentual ab. Daher gibt die Entwicklung der Steuern in absoluten Zahlen ein klareres Bild.

[28] *F. Bothe,* Besteuerung (wie Anm. 19), S. 71 u. 97, zur Steuererhebung in Frankfurt. *G. Schönberg,* Finanzverhältnisse der Stadt Basel im 14. und 15. Jahrhundert, 1879, S. 448 ff., zu den Basler Vermögenssteuern. Zum Prozentanteil der Verbrauchsabgaben: *H. Mauersberg,* Wirtschafts- und Sozialgeschichte zentraleuropäischer Städte in neuerer Zeit, 1960, S. 441, und *O. Feger,* Zur Konstanzer Finanzgeschichte im Spätmittelalter, in: Zeitschrift für die Geschichte des Oberrheins 111 (1963), S. 177—239, hier S. 213.

[29] *H. Mauersberg,* Wirtschafts- und Sozialgeschichte (wie Anm. 28), S. 26.

(Losung) bis 1504 nur jedes zweite Jahr erhoben, danach fast ohne Unterbrechung; vor dem Bauernkriegsjahr wurde sie nur 1508 und 1516 ausgesetzt. Entsprechend steigt ihr prozentualer Anteil an den Haushaltseinnahmen. Freilich: Die Verbrauchssteuern bringen auch hier weit höhere Erträge, zwischen der zweiten Hälfte des 15. und der ersten Hälfte des 16. Jahrhunderts beträgt die durchschnittliche Steigerung des Aufkommens ungefähr 64%[30]. Auffallend ist, daß zur Deckung des zusätzlichen Finanzbedarfs von 1504 bis 1514 für Nürnberg erstmals auch das Brotgetreide mit einer Sondersteuer belastet wurde, die den Anteil der Konsumabgaben auf über 50% der ordentlichen Einnahmen steigen läßt. Gleichzeitig wurden durch befristete Aufschläge auch beim Weinungeld 1504 und 1505 Höchsterträge erzielt: Bei einer insgesamt ausgewogeneren Steuerpolitik war der Nürnberger Rat im ersten Viertel des 16. Jahrhunderts auch bei der Konsumbelastung keinesfalls zimperlich, und im Durchschnitt der Jahre 1521/25 wurden bei der Losung wie beim Ungeld die besten Einnahmen seit dem Jahrhundertbeginn verzeichnet[31].

Bei dem Vergleich von Einzelergebnissen aus Haushaltsrechnungen muß man wegen der häufigen Einnahmeschwankungen zweifellos besonders vorsichtig sein, trotzdem deuten sich auch unmittelbare, *kurzfristige Reaktionen auf das Jahr 1525* an: In Frankfurt liegen die Erträge des Mahlgeldes, d. h. der besonders unbeliebten Steuer auf den Brotverbrauch, im Bauernkriegsjahr um rund 25% unter denen der verfügbaren, nächstgelegenen Vergleichsjahre 1515 und 1540. Hier gab es im Rat schon 1508 anläßlich einer Steuer für König Maximilians Italienzug Sorge vor Unruhen, und gegen die bösen Reden im gemeinen Volk sollten die

---

[30] *P. Sander*, Reichsstädtische Haushaltung (wie Anm. 21), S. 784 f. (Jahre ohne Vermögenssteuer) und S. 863, durchschnittliche Entwicklung des Ungelds von 1469/82 = 50 000—60 000 Pfund Heller bis 1522/45 = 80 000—100 000 Pfund Heller. Die solide Nürnberger Finanzpolitik als Voraussetzung des sozialen Friedens betont *W. Wettges*, Reformation und Propaganda (wie Anm. 4), S. 97.

[31] *P. Sander*, Reichsstädtische Haushaltung (wie Anm. 21), S. 853 f. u. 863 f., zu Weinungeld und Getreideaufschlag. Wie weit der Anstieg des Steueraufkommens auch von der Bevölkerungsvermehrung beeinflußt wird, ist schwer zu sagen, weil die Zahlen umstritten sind; vgl. *O. Puchner*, Das Register des Gemeinen Pfennigs (1497) der Reichsstadt Nürnberg als bevölkerungsgeschichtliche Quelle, in: Jahrbuch für fränkische Landesforschung 34/35 (1975), S. 909—948, hier S. 931.

Bürger wegen der erhöhten Verbrauchssteuern um Geduld gebeten werden. In den 46 Artikeln der Frankfurter Gemeinde (22. April 1525) gehört dann die Halbierung der Ungelder, „dem Armen zu Gutt", zu den zentralen Forderungen (Art. 9). Der hier zu unterstellende unmittelbare Zusammenhang mit der Alltagswirklichkeit ist freilich nicht durchgehend gegeben: In Artikel 40 wird auch die gerechte Festsetzung der Vermögenssteuer verlangt — „dem Armen als dem Richen nach Anzale" — obwohl, wie oben erwähnt, seit 1510 keine Bede mehr erhoben worden war[32]. In Nürnberg gab es 1525 im Volk Forderungen nach einem Zusammengehen mit den Bauern gegen das städtische Ungeld, und zu den unruhedämpfenden Maßnahmen des Rates gehörte die Befreiung der Besitzer kleiner Vermögen (bis 100 Gulden) von der direkten Steuer (einschließlich Kopfsteuer)[33]. Das Losungsaufkommen 1525 liegt dann auch um 8% unter dem Vorjahr und um 10,5% unter dem Folgejahr. Noch deutlicher ist der Einschnitt beim Ungeld: Hier werden 1522, also in unmittelbarer zeitlicher Nähe, die bis dahin höchsten Einnahmen des Jahrhunderts erzielt (100 516 Pfund Heller neu). Im Bauernkriegsjahr liegt das Aufkommen dann um 15% unter dem Vor- und um 19% unter dem Folgejahr; besonders dieses rasche Wiederanziehen der Verbrauchssteuer ist zu beachten. In Basel wurden vom Rat 1525 vor allem den Bauern des Landgebietes Abgabenerleichterungen versprochen. Die Stadt erzielte im Rechnungsjahr 1524/25 bei Wein- und Mühlenungeld auffallend hohe Einkünfte, im folgenden Haushaltsjahr ergeben sich Abnahmen von 23 bzw. 11,5%, die nach dem Befund der weiteren Rechnungen kurzfristig nicht wieder ausgeglichen wurden[34].

---

[32] *F. Bothe*, Besteuerung (wie Anm. 19), S. 150 f., zu 1508. *G. Franz* (Hrsg.), Quellen Bauernkrieg (wie Bibl. Nr. 2), S. 455—461, Nr. 150 (Text der Frankfurter Artikel). Vgl. auch *S. Jahns*, Frankfurt (wie Anm. 11), S. 38.

[33] *P. Sander*, Reichsstädtische Haushaltung (wie Anm. 21), S. 863. *R. Endres*, Bauernkrieg in Franken (wie Bibl. Nr. 71), S. 55.

[34] *P. Sander*, Reichsstädtische Haushaltung (wie Anm. 21), S. 785, Einnahmen der Stadt Nürnberg aus

Losung und Ungeld (Pfund Heller neu)

1524	61 783	97 698
1525	56 986	82 988
1526	63 661	102 519

Zu Basel 1525 s. Basler Chroniken, Bd. 6, bearb. v. *A. Bernoulli*, 1902, S. 128, und *P. Blickle*, Revolution von 1525 (wie Bibl. Nr. 42), S. 178 f.

3. Die Auswirkungen der Verbrauchssteuern

Die voranstehenden Zahlen belegen für fünf Reichsstädte zwischen Oberrhein und Main: Die Erträge der indirekten, im Fall Nürnbergs auch der direkten, Steuern steigen im Vorfeld des Bauernkriegs teils in absoluten Zahlen an, teils ergeben sich deutliche Gewichtsverlagerungen von den Vermögenssteuern zur vorzugsweisen Konsumbelastung. Es bleibt die Überlegung, wieweit Kenntnisse über solche Entwicklungen als Motiv für Unzufriedenheit in breiteren Bevölkerungsschichten vorausgesetzt werden können. Angesichts der strikten Geheimhaltung im Finanzwesen der Städte[35] — hier liegt wohl eher als bei tatsächlicher Mißwirtschaft die Ursache für Verdächtigungen und Vorwürfe — war die Höhe der Haushaltseinnahmen, ihre prozentuale Aufteilung und ihre Entwicklung selbstverständlich nur einem ganz kleinen Kreis bekannt. Dagegen war der Sache nach nicht geheimzuhalten, ob direkte oder indirekte Steuern erhoben wurden, und auch die Höhe der Abgabesätze war kaum wirksam zu verbergen[36]. Erst recht war nicht geheimzuhalten, daß entgegen den Grundsätzen einer vorzugsweise konsumentenfreundlichen Versorgungspolitik mit Wein (bzw. Bier), Getreide (Brot) und seltener auch Fleisch *gerade die spätmittelalterlichen Grundnahrungsmittel besteuert und verteuert* wurden. Damit wurde zwar die Gesamtheit der Bevölkerung erfaßt, aber die weniger Vermögenden waren besonders betroffen — dies wird man als allgemein bekannt voraussetzen dürfen, auch wenn die Aufschläge nicht von jedem exakt beziffert werden konnten.

In Frankfurt betrug das Ungeld für Schankwein seit der Wende 14./15. Jahrhundert 25%; das Ungeld pro Achtel Roggen wurde 1488—1491, 1493—1513 und 1518 jeweils von 20 auf 25 Heller erhöht (+25%), zu Beginn des 16. Jahrhunderts wurde damit der Getreidepreis durchschnittlich um rund 23% verteuert[37]. In

---

J. Rosen, Stadtrechnung (wie Anm. 23), verzeichnet S. 63, Graphik 1, für 1517, 1520, 1524 und dann wieder 1530 Einnahmespitzen.

[35] *B. Kirchgässner*, Frühgeschichte des Haushalts (wie Anm. 24), S. 44.

[36] In Nördlingen versucht Mitte des 15. Jahrhunderts der Rat, den Weinschenken die Geheimhaltung des Ungelds vorzuschreiben. *F. Dorner*, Steuern Nördlingens (wie Anm. 20), S. 63.

[37] Die Gesetze der Stadt Frankfurt im Mittelalter, hrsg. v. *A. Wolf* (Veröffentlichungen der Frankfurter Historischen Kommission 13), 1969,

Nördlingen war der Schankwein im 15. Jahrhundert mit 11—16% belastet, nach der Ungelderhöhung von 1505 stieg dieser Satz beim billigen Schankwein, d. h. einem Massenkonsumgut, auf 20—22%, während die exklusiven Südweine nur mit ca. 8% besteuert wurden. Wer eigenen Wein einlagerte, sich also Vorratswirtschaft leisten konnte, zahlte in Schwäbisch Hall nur ca. 4% Steuer, während der Schankwein durch Maßverkleinerung zu Beginn des 16. Jahrhunderts um 20% verteuert wurde. In Basel ergeben sich aus den Ungeldsätzen zu Anfang des 16. Jahrhunderts Preisaufschläge von rund 25% bei Wein und über 20% bei Getreide[38]. In Nürnberg betrug das Weinungeld pro Fuder zu Beginn des 15. Jahrhunderts 2 Gulden, es wurde in der Folgezeit kontinuierlich gesteigert — 1435 auf 4 Gulden, 1458 auf 6 Gulden, 1504—06 und 1510 auf 8 Gulden. Daraus errechnen sich für den Schankwein Belastungen von 27% nach der Mitte des 15. Jahrhunderts bzw. 33% zu Beginn des 16. Jahrhunderts. Nach einem Gutachten von 1470 enthielt auch der Schankpreis für Bier einen Steueranteil bis zu 28%. Dagegen nimmt sich die Getreideauflage von 1504—14 geradezu bescheiden aus: Die 32 Pfennige pro Sümmer Roggen bedeuten einen durchschnittlichen Preisaufschlag von 7,6%[39].

Die Reihe läßt sich fortsetzen: Überlingen und Ulm liegen mit einer Schankweinsteuer von 12,5% am unteren Ende der Skala, Eßlingen schlug 16,66% auf, in Augsburg wurde 1474 das Weinungeld von rund 14% auf rund 20% heraufgesetzt — „wan man muest gellt machen", bemerkt der Chronist dazu[40]. In Straßburg waren nach der Schankpreisordnung Mitte des 15. Jahrhunderts durch Ungeld und Gewinnspanne bei Wein Preisaufschläge bis zu 40% möglich. Ende des 15. Jahrhunderts wurde das Mahlgeld, d. h. die Besteuerung des Brotverbrauchs, kräftig heraufgesetzt, für Weizen von 12 auf 20 Pfennige pro Viertel (+ 66,6%), was

---

S. 402—404, Nr. 321. *U. Dirlmeier,* Untersuchungen zu Einkommensverhältnissen und Lebenshaltungskosten in oberdeutschen Städten des Spätmittelalters (Abhandlungen der Heidelberger Akademie der Wissenschaften, Phil.-hist. Klasse , Jg. 1978, 1), 1978, S. 61—66, auch zum folgenden.

[38] *F. Dorner,* Steuern Nördlingens (wie Anm. 20), S. 58 u. 64. *D. Kreil,* Stadthaushalt (wie Anm. 22), S. 182.

[39] *U. Dirlmeier,* Untersuchungen (wie Anm. 37), S. 61 u. 64.

[40] Die Chroniken der deutschen Städte (wie Anm. 26). Augsburg, Bd. 3, 1892 (Neudruck 1965), S. 355. Die Rückkehr zum früheren Maßvolumen gehörte 1524 zu den Forderungen der Opposition: *G. Franz,* Bauernkrieg (wie Bibl. Nr. 39), S. 93.

Stadt und Bürgertum 269

einem durchschnittlichen Preisaufschlag von 30% entspricht. Dabei wurde im Rat die Zielrichtung dieser Fiskalmaßnahme ganz offen angesprochen: Den Getreideaufschlag zahle jeder, auch der, der sonst (d. h. bei der Vermögenssteuer) wenig oder nichts gebe. Gerade die *unteren Schichten* sollten also zu finanziellen Leistungen herangezogen werden. Kein Wunder, daß zu den Beruhigungsmaßnahmen des Straßburger Rates 1525 auch die Aufhebung der Konsumsteuern gehörte[41].

Über allgemeine Kritik am Finanzwesen und der Abgabenbelastung hinausgehend, sind speziell *negative Folgen der indirekten Besteuerung zeitgenössisch durchaus gesehen worden:* Generell für falsch hält z. B. Erasmus v. Rotterdam die vorzugsweise Besteuerung lebensnotwendiger Güter wie Brot, Wein, Tuch wegen der Benachteiligung der Armen gegenüber den Reichen. Ins Positive gewendet, preist Ende des 15. Jahrhunderts Felix Faber seine Heimatstadt Ulm wegen ihrer niedrigen Steuern, die besonders den Armen das Dasein erleichtern („sed leviter potest quilibet pauper ibi stare") — zumindest bezüglich der Höhe des Weinungeldes ein zutreffendes Lob[42]. Der Freiburger Rat klagt (1486) über eine landesherrliche Getränkesteuer, die einseitig die Stadt belaste. Die Nachbarn könnten daher „die grösser maß schenken, daz gar kein zerung by unns ist, unser maß clein, mit zweyen ungelt pfennig beladen ..." Fast gleichzeitig stellen die Straßburger Tucher fest, manche Landweber seien früher Bürger und Zunftmitglieder gewesen „und hant ir burgreht und zunft ufgeseit und verlorn lon werden", weil sie auf dem Land billiger lebten als in der Stadt[43].

Ob solche Feststellungen und Wertungen in vollem Umfang zutreffen, muß hier nicht entschieden werden. Jedenfalls haben die

---

[41] *K. Th. Eheberg,* Verfassungs-, Verwaltungs- und Wirtschaftsgeschichte der Stadt Straßburg bis 1681, Bd. 1, 1899, S. 510 f., Nr. 266. *P. Blickle,* Revolution von 1525 (wie Bibl. Nr. 42), S. 176.

[42] Erasmus von Rotterdam, Institutio principis Christiani, nach: *J. Höffner,* Wirtschaftsethik und Monopole im fünfzehnten und sechzehnten Jahrhundert (Freiburger Staatswissenschaftliche Schriften 2) o. J. [1941], Nachdruck 1969, S. 56. Fratris Felicis Fabri tractatus de civitate ulmensi, hrsg. v. *G. Veesenmeyer* (Bibliothek des Literarischen Vereins Stuttgart 186), 1889, S. 147; zur Höhe des Ulmer Weinungeldes s. o. S. 268.

[43] *H. Flamm,* Der wirtschaftliche Niedergang Freiburgs i. Br. und die Lage des städtischen Grundeigentums im 14. und 15. Jahrhundert (Volkswirtschaftliche Abhandlungen der Badischen Hochschulen 8,3), 1905, S. 146. *U. Dirlmeier,* Untersuchungen (wie Anm. 37), S. 65.

Folgen des städtischen Steuersystems, so wie sie von den Zeitgenossen gesehen wurden, auch das Verhältnis zwischen Stadt und Land belastet. Die von František Graus diagnostizierte Mischung von Furcht und Verachtung des Bürgers gegenüber den Bauern wäre hier noch um den Neid zu ergänzen[44]. Überdies haben die städtischen Finanzinteressen zusätzliche, das Umland diskriminierende Maßnahmen nach sich gezogen: Auf die Verbrauchssteuern und deren Erhöhung reagierte die Stadtbevölkerung offenbar gern mit *Konsumverlagerung* in die umliegenden Dörfer, und dagegen richteten sich vom 14. Jahrhundert an zahlreiche Erlasse. Städte wie z. B. Augsburg, Frankfurt, Nürnberg, Speyer oder Straßburg versuchten ihren Einwohnern zu verbieten, auf dem Land zu feiern, Wein zu kaufen oder Getreide mahlen zu lassen. Noch Mitte des 16. Jahrhunderts erklärt der Basler Rat, die Fleischeinkäufe der Bürger auf den Dörfern schadeten nicht nur dem Ungeld, sondern gereichten zum höchsten Gespött der Stadt[45].

Quantifizierende wie qualifizierende Belege bestätigen demnach, daß die innerstädtischen Beschwerden über Abgabenbelastung zumindest in vielen Fällen nicht auf subjektives Mißbehagen, sondern tatsächlich auf wachsenden Steuerdruck und zunehmendes Reglementieren zurückgeführt werden können[46]. Dementsprechend wächst die Menge der überlieferten Verordnungen, die gelegentlich auch Hinweise auf die wirtschaftliche Situation von Teilen der

---

[44] *F. Graus*, Randgruppen der städtischen Gesellschaft im Spätmittelalter, in: Zeitschrift für historische Forschung 8 (1981), S. 385—437, hier S. 435. Zum Stadt-Land-Verhältnis s. u. S. 275 ff.

[45] Die Chroniken der deutschen Städte. Augsburg, Bd. 3 (wie Anm. 40), S. 355. Die Gesetze der Stadt Frankfurt (wie Anm. 37), S. 252, Nr. 164, und S. 335, Nr. 245. C. *Weiss,* Das Rechnungswesen der freien Reichsstadt Speier im Mittelalter, in: Mitteilungen des historischen Vereines der Pfalz 5 (1875), S. 3—27, hier S. 12—14. *J. Baader,* Nürnberger Polizeiordnungen aus dem XIII. bis XV. Jahrhundert (Bibliothek des Literarischen Vereins Stuttgart 63), 1861, S. 248 f. *J. Brucker,* Strassburger Zunft- und Polizeiverordnungen des 14. und 15. Jahrhunderts, 1889, S. 543. Basler Chroniken, Bd. 8, bearb. v. *P. Burckhardt,* Basel 1945, S. 385 mit Anm. 20.

[46] *P. Blickle,* Thesen zum Thema (wie Anm. 11), S. 130. *R. Endres,* Zünfte und Unterschichten (wie Bibl. Nr. 131), S. 153 f. *W. Wettges,* Reformation und Propaganda (wie Anm. 4), S. 29 f. Weitere Nachweise in Anm. 11. Zunehmender Steuerdruck muß aber nicht in jedem Fall mit eigennütziger und unsozialer Steuerpolitik gleichsetzbar sein — so *G. Franz,* Bauernkrieg (wie Bibl. Nr. 39), S. 84.

Stadtbevölkerung enthalten, beispielsweise im Bereich des Almosenwesens: In Straßburg, Augsburg, Nürnberg, Kitzingen wird der Bezug von *Almosenleistungen* ausdrücklich für Arbeitsfähige, auch im Kindesalter, verboten[47]. Wenn dergestalt Arbeit statt Bettel vorgeschrieben werden mußte, wird man als Ursache weniger eine Prädisposition zur Arbeitsscheu voraussetzen, als vielmehr vermuten dürfen, daß die verfügbaren Beschäftigungen keine wesentlich bessere Existenzsicherung boten als die Teilhabe an Wohlfahrtsleistungen. Eine Nürnberger Ordnung von 1522 gibt die Möglichkeit zur Zahlengegenüberstellung: Arbeitsunfähige, aber nicht pflegebedürftige Eheleute mit Kindern erhalten als Unterhaltszahlung bis maximal 90 Pfennige pro Woche oder im Jahr 4 680 Pfennige = ca. 17 rhein. Gulden. Nach den Lohnverhältnissen des Stadtbauamtes zu Beginn des 16. Jahrhunderts konnten Handlanger, selbst unter der wenig wahrscheinlichen Voraussetzung einer lückenlosen Dauerbeschäftigung, den Betrag von 17 Gulden nur knapp erreichen[48]. Sie blieben also auch unter günstigsten Umständen auf dem Niveau von Almosenempfängern, jedenfalls als Alleinverdiener mit Familie.

Zu den auf die wirtschaftliche Situation bezogenen Beschwerden der innerstädtischen Opposition zu Beginn des 16. Jahrhunderts besteht also eine recht gute Übereinstimmung: Dem Nachweis einer

---

[47] O. *Winckelmann*, Das Fürsorgewesen der Stadt Straßburg vor und nach der Reformation bis zum Ausgang des 16. Jahrhunderts, 2 Teile (Quellen und Forschungen zur Reformationsgeschichte 5), 1922, Teil 1, S. 67, Teil 2, S. 84, 90, 92, 100. *M. Bisle*, Die öffentliche Armenpflege der Reichsstadt Augsburg mit Berücksichtigung der einschlägigen Verhältnisse in anderen Reichsstädten Süddeutschlands, 1904, S. 165 u. 170. O. *Winckelmann*, Die Armenordnungen von Nürnberg (1522), Kitzingen (1523), Regensburg (1523) und Ypern, Teil 1, in: Archiv für Reformationsgeschichte 10 (1912/13), S. 242—280, Teil 2, in: ebd. 11 (1914), S. 1—18; hier Teil 1, S. 259 ff. *D. Demandt — H.-Chr. Rublack*, Stadt und Kirche (wie Anm. 2), S. 55. — Vgl. ferner *Chr Sachße — F. Tennstedt*, Geschichte der Armenfürsorge in Deutschland. Vom Spätmittelalter bis zum 1. Weltkrieg, 1979; *Th. Fischer*, Städtische Armut und Armenfürsorge im 15. und 16. Jahrhundert (Göttinger Beiträge zur Wirtschafts- und Sozialgeschichte 4), 1979.
[48] O. *Winckelmann*, Das Fürsorgewesen (wie Anm. 47), Teil 1, S. 48, und Teil 2, S. 278. *J. Kessler*, Sabbata (wie Bibl. Nr. 16), S. 242, 479, 487 (zur Kinderarbeit in St. Gallen). Fratris Felicis Fabri tractatus (wie Anm. 42), S. 147 (zur Kinderarbeit in Ulm). Zu dem Almosen-Lohn-Vergleich in Nürnberg s. *U. Dirlmeier*, Untersuchungen (wie Anm. 37), S. 443 f.

sehr spürbaren steuerlichen Belastung der Stadtbevölkerung, noch dazu auf besonders empfindlichen Bereichen des Konsumsektors, lassen sich Indizien zuordnen für eine, vorsichtig formuliert, wenig vorteilhafte wirtschaftliche Lage derer, die an der Basis der Sozialhierarchie standen. Das entspricht den vom säkularen Trend ableitbaren Folgerungen, doch sollte man den „inflationären Preisanstieg" nicht überstrapazieren, weil dessen Auswirkungen doch erst nach 1525 verstärkt wirksam wurden[49].

4. Entfremdung zwischen Rat und Gemeinde — Gemeinsamkeiten zwischen Städtern und Landbewohnern?

4.1 Rat und Gemeinde

Der gewiß nicht in ihrer Gesamtheit von Verelendung bedrohten, aber doch in Teilen von negativen Entwicklungen betroffenen Stadtbevölkerung steht der Rat gegenüber — mit seinem Streben nach exklusiver Abgrenzung, Ausdehnung der Kompetenzen und dem Anspruch auf weitestgehenden Gehorsam[50]. Unverkennbar

---

[49] D. Saalfeld, Die Wandlungen der Preis- und Lohnstruktur während des 16. Jahrhunderts in Deutschland, in: Beiträge zu Wirtschaftswachstum und Wirtschaftsstruktur im 16. und 19. Jahrhundert (Schriften des Vereins für Socialpolitik NF 163), 1971, S. 9—28, hier S. 16 mit dem Nachweis, daß die Kaufkraft der Löhne erst in den 1530er Jahren steil abfällt.

[50] Aus Raumgründen ist eine ausführlichere Darstellung der negativen wirtschaftlichen Entwicklungen und der obrigkeitlichen Tendenzen an dieser Stelle nicht möglich. Nur ein Hinweis: Auch die Intensivierung des Ratsregiments nach innen kann in den Haushaltsrechnungen nachgewiesen werden. Z. B.:

Schwäbisch Hall, Haushaltsaufwendungen für

	Allgemeine Verwaltung	Innere Sicherheit	Anteil am Gesamthaushalt
1479/80	303 Gulden = 100%	273 Gulden = 100%	8,0%
1498/99	403 Gulden = 133%	272 Gulden = 99%	12,7%
1519/20	708 Gulden = 233%	487 Gulden = 178%	15,3%
1539/40	1 318 Gulden = 435%	466 Gulden = 170%	6,2%

ist die Tendenz der Obrigkeit, in dem auf wachsender Entfremdung beruhenden Spannungsverhältnis zu den Untertanen mit zunehmender *Härte und Kleinlichkeit auf jede Art von Kritik zu reagieren*. Es fällt nicht schwer, Beispiele dafür zu finden, wie im 15. und 16. Jahrhundert schon einige unbedachte, aufruhrverdächtige Worte schwerste Bestrafung nach sich ziehen können: In Frankfurt (1487), Ulm (1517), Augsburg (1524), Nürnberg (1525) werden Todesurteile vollstreckt[51]. In Villingen wird 1497 ein Bürger zu lebenslanger Haft verurteilt „von ettlicher wortt wegen", die er gegen Stadtschreiber und Schultheiß geäußert haben soll. Die Äußerung „Ist ain burgermaister mer weder ain gemain?" war in den Augsburger Unruhen 1524 genügender Anlaß zur Bestrafung; in Bern wurde schlechthin als meineidig bestraft, wer gegen Ratsbeschlüsse redete, und die St. Galler Obrigkeit war sich (1477) nicht zu schade, Untersuchungen anzustellen über Geschwätz, das im Bad belauscht worden war[52].

Die durchwegs erkennbare Neigung zum „harten Durchgreifen" wird in halboffiziellen Selbstdarstellungen auch zum Grundsatz

---

Nürnberg, Aufwendungen der Stadt für Besoldungen und Gehälter

1486:	2 599	Gulden	1508:	8 000 — 10 000	Gulden
1491:	5 000 — 6 000	Gulden	1520:	10 000 — 11 000	Gulden
1501:	10 000 — 12 000	Gulden	1539:	11 000 — 12 000	Gulden

Nach *D. Kreil*, Stadthaushalt (wie Anm. 22), S. 119 u. 124, und *P. Sander*, Reichsstädtische Haushaltung (wie Anm. 21), S. 859.

[51] Frankfurter Chroniken und annalistische Aufzeichnungen des Mittelalters, bearb. v. *R. Froning* (Quellen zur Frankfurter Geschichte 1), 1884, S. 228. *E. Naujoks*, Obrigkeitsgedanke, Zunftverfassung und Reformation. Studien zur Verfassungsgeschichte von Ulm, Esslingen und Schwäb. Gmünd (Veröffentlichungen der Kommission für geschichtliche Landeskunde Baden-Württemberg, Reihe B, Bd. 2), 1958, S. 46. Die Chroniken der deutschen Städte. Augsburg, Bd. 1 (wie Anm. 26), S. 157 f. *R. Endres*, Probleme des Bauernkrieges (wie Bibl. Nr. 73), S. 97.

[52] Heinrich Hugs Villinger Chronik, hrsg. v. *Chr. Roder* (Bibliothek des Literarischen Vereins Stuttgart 164), 1883, S. 3 f. mit dem Hinweis auf allgemeine Schadenfreude über das Entkommen des Verurteilten. Die Chroniken der deutschen Städte (wie Anm. 26). Augsburg, Bd. 6, 1906 (Neudruck 1966), S. 26 mit Anm. 3. Die Berner Chronik des Valerius Anshelm, hrsg. v. *E. Blösch* u. a., 6 Bde., Bern 1882—1901, hier Bd. 5, S. 218 zu 1527. *H. C. Peyer*, Leinwandgewerbe und Fernhandel der Stadt St. Gallen von den Anfängen bis 1520, Bd. 1: Quellen (St. Galler wirtschaftswissenschaftliche Forschungen 16,1), 1959, S. 237—241, Nr. 509.

der Regierungskunst erklärt, am deutlichsten in Nürnberg, wo Konrad Celtis allen Stadtregierungen und Fürsten die Einsicht empfiehlt, gegen das Volk „ut servile et indomitum vulgus" streng mit Geld- und Leibesstrafen vorzugehen, weil mit Furcht mehr als mit dem Appell an das Ehrgefühl zu erreichen sei. Dagegen wirkt Christoph Scheurl's zufriedene Feststellung, in Nürnberg habe die plebs keinerlei politisches Gewicht, noch durchaus moderat[53].

Angesichts dieser, bis hierher bewußt einseitig gezeichneten Entwicklungen und Voraussetzungen erscheint es nur logisch und naheliegend, daß *partielle Zusammenschlüsse zwischen Bauern und Städtern* nachweisbar sind. Besonders eng waren diese Zusammenschlüsse zwischen städtischer Opposition und Bauern offensichtlich in Thüringen, aber z. B. auch im Elsaß oder in Franken wurden Stadt-Land-Barrieren überwunden. Am Beispiel der Stadt Waldshut zeigt eine exemplarische Untersuchung die *Kooperationsmöglichkeiten*, aber auch die Konfliktpotentiale in den Beziehungen einer Landstadt zu den umliegenden Bauern[54]. Überraschender als bäuerlich-städtisches Zusammengehen erscheint eher, daß größere Territorialstädte und manche Reichsstädte nur widerstrebend und zeitweise auf die Seite der Bauern getreten sind (wie Würzburg, Freiburg, Memmingen, Heilbronn, Frankfurt) und daß sich *gerade die entscheidenden oberdeutschen Zentren* — Straßburg, Augsburg und voran Nürnberg — *ganz verweigert haben*[55]. Die kompromißbereite, klug taktierende Ratspolitik[56] ist sicher nur

---

[53] *A. Werminghoff*, Conrad Celtis und sein Buch über Nürnberg, 1921, S. 185 f. (Celtis) u. 217 (Scheurl). Zu beachten ist, daß Celtis zwischen Stadtregiment und Fürsten keinen Unterschied macht.

[54] *G. Mühlpfordt*, Bürger im Bauernkrieg (wie Anm. 6), S. 133—136. *T. Scott*, Peasants' War in Waldshut (wie Bibl. Nr. 63), Teil 2, S. 167 f. Besonders auch *P. Blickle*, Revolution von 1525 (wie Bibl. Nr. 42), S. 178 u. 181 f. Vgl. auch o. die einzelnen Abschnitte im regional-chronologischen Teil, besonders die Kapitel „Oberrhein", „Franken", „Thüringen" und „Mittelrhein"; dort zahlreiche Beispiele für ein Zusammengehen von Bauern und Bürgern.

[55] *R. Endres*, Bauernkrieg in Franken (wie Bibl. Nr. 71), S. 53 f. u. 57. Ders., Probleme des Bauernkrieges (wie Bibl. Nr. 73), S. 104 f. u. 110. *M. Steinmetz*, Die dritte Etappe (wie Anm. 15), S. 68 u. 74. *H.-Chr. Rublack*, Würzburg im Bauernkrieg (wie Anm. 5), S. 94. *G. Mühlpfordt*, Bürger im Bauernkrieg (wie Anm. 6), S. 143 f. — Vgl. dazu auch die Ausführungen in den Abschnitten des regional-chronologischen Teils dieses Bandes.

[56] Zur vermittelnden Ratspolitik z. B. *R. Endres*, Bauernkrieg in

eine teilweise Erklärung dafür, daß hier der Druck von unten nicht ausreichte, um eine eindeutige Parteinahme für die Bauern zu erzwingen. Neben dem diplomatischen Geschick der Regierenden wird zunächst zu berücksichtigen sein: Trotz unbestreitbarer Anlässe zur Kritik kann die innerstädtische Herrschaftsausübung im Spätmittelalter nicht einfach als „Ausbeutungssystem"[57] bezeichnet werden. Vielmehr sind im 15. und verstärkt zu Beginn des 16. Jahrhunderts auf Notjahre bezogene Sozialleistungen nachweisbar, die mindestens eine teilweise Legitimation für die finanzielle Beanspruchung der Bevölkerung darstellten und auf die sich die Obrigkeiten mit einem gewissen Recht berufen konnten: So unterstützte der Nürnberger Rat in der Teuerung 1501—03 über 5 000 Arme mit verbilligtem Brot, in Straßburg gab es in der Versorgungskrise 1517/18 zusätzlich zu Spitalsinsassen und Findelkindern über 2 000 Almosenempfänger, in Augsburg ließ der Rat 1517 pro Woche 200 Schaff Roggen (= ca. 29 000 kg) verbacken, was bei einem unterstellten Jahresbedarf von 200 kg pro Person ungefähr 7 500 Unterstützungsbedürftigen entspräche[58].

4.2 Städter und Landbewohner

Noch mehr als solche loyalitätsfördernden Maßnahmen fällt aber wohl ins Gewicht, daß nicht nur zwischen der städtischen Obrigkeit und dem Umland, sondern auch zwischen der Mehrheit der Stadtbevölkerung und den Landbewohnern mit erheblichen *Interessengegensätzen* zu rechnen ist. Der Hinweis darauf bedeutet keinen Rückfall in eine überholte, Stadt und Land isolierende Betrachtungsweise[59]. Im Gegenteil, gerade die auf die Stadt als

---

Franken (wie Bibl. Nr. 71), S. 55. *P. Blickle,* Revolution von 1525 (wie Bibl. Nr. 42), S. 173. *Ph. Broadhead,* Popular Pressure (wie Anm. 7), S. 87. *G. Seebass,* Täufertum in Franken (wie Bibl. Nr. 146), S. 143.

[57] *K. Czok,* Die Bürgerkämpfe in Süd- und Westdeutschland im 14. Jahrhundert, in: Jahrbuch für Geschichte der oberdeutschen Reichsstädte, Esslinger Studien 12/13 (1966/67), S. 46.

[58] *R. Endres,* Zur Einwohnerzahl und Bevölkerungsstruktur Nürnbergs im 15./16. Jahrhundert, in: Mitteilungen des Vereins für Geschichte der Stadt Nürnberg 57 (1970), S. 242—271, hier S. 267 (Armenunterstützung in Nürnberg). *O. Winckelmann,* Das Fürsorgewesen (wie Anm. 47), Teil 1, S. 73 (Straßburg). Die Chroniken der deutschen Städte (wie Anm. 26). Augsburg, Bd. 5, 1896 (Neudruck 1966), S. 77.

[59] Davor warnen z. B. *F. Kopitzsch,* Bemerkungen zur Sozialgeschichte der Reformation und des Bauernkrieges, in: *R. Wohlfeil*

Zentralort gerichtete Orientierung der ländlichen Wirtschaft bedingt die beiderseitigen Interessendivergenzen[60]. Unabhängig von der Frage nach den (sicher nicht auf Wohlfahrtserwägungen beschränkten) Antriebskräften und unabhängig von Fragen nach der Effektivität der getroffenen Maßnahmen ist festzuhalten: Grundsätzlich betreiben die Städte auf dem Sektor der Lebensmittelversorgung eine Politik des *Konsumentenschutzes* und auf dem Sektor der gewerblichen Erzeugung eine Politik des *Produzentenschutzes* — beides verlangt nach der wirtschaftlichen *Kontrolle des Umlandes*[61].

Besonders die Maßnahmen zur Sicherstellung der Getreideversorgung sind bekannt. Städte wie Augsburg, Nürnberg, Zürich, Bern oder — um den oberdeutschen Bereich einmal zu verlassen — Magdeburg haben sich mindestens mit Teilerfolgen darum bemüht, die Getreideüberschüsse eines möglichst weiten Einzugsbereichs auf ihre Märkte zu lenken. Mit der gleichen Absicht wurden aber auch die übrigen Nahrungsmittel (tierische Produkte, Wein) erfaßt[62]. Ein bei den Konsumenten populäres, in der Praxis sicher oft mißachtetes, aber doch bevorzugt eingesetztes Ordnungsmittel war dabei das *Fürkaufsverbot*. Es besagt, daß in einem bestimmten Umkreis um die Stadt — die Tendenz zur räumlichen Ausweitung

---

(Hrsg.), Bauernkrieg 1524—1526 (wie Bibl. Nr. 56), S. 177—218, hier S. 186, sowie *A. Haverkamp*, Die „frühbürgerliche" Welt (wie Anm. 9), S. 599.

[60] *R. Kießling*, Herrschaft — Markt — Landbesitz. Aspekte der Zentralität und der Stadt-Land-Beziehungen spätmittelalterlicher Städte an ostschwäbischen Beispielen, in: Städteforschung, Reihe A, Bd. 8 (1979), S. 180—218, hier S. 216. *A. Haverkamp*, Die „frühbürgerliche" Welt (wie Anm. 9), S. 602.

[61] Vgl. dazu: *H. Mauersberg*, Wirtschafts- und Sozialgeschichte (wie Anm. 28), S. 544—546. *F. Blaich*, Fleischpreise und Fleischversorgung in Oberdeutschland im 16. Jahrhundert, in: Beiträge (wie Anm. 49), S. 29 bis 56, hier S. 30. *G. Wunder*, Reichsstädte als Landesherren, in: Städteforschung, Reihe A, Bd. 8 (1979), S. 79—91, hier S. 88.

[62] Dazu *U. Dirlmeier*, Untersuchungen (wie Anm. 37), S. 39 ff.; ferner: *H. Wermelinger*, Lebensmittelteuerungen, ihre Bekämpfung und ihre politischen Rückwirkungen in Bern vom ausgehenden 15. Jahrhundert bis in die Zeit der Kappelerkriege (Archiv des Historischen Vereins der Stadt Bern 55), 1977, bes. S. 13 f. *R. Kießling*, Herrschaft — Markt — Landbesitz (wie Anm. 60), S. 194 f. *H. Harnisch*, Bauern — Feudaladel — Städtebürgertum (Abhandlungen zur Handels- und Sozialgeschichte 20), 1980, S. 133, zu Magdeburg.

ist im 15. und 16. Jahrhundert klar erkennbar — der Einkauf durch (Zwischen-)Händler untersagt ist[63]. Damit soll der landwirtschaftliche Erzeuger am freihändigen Verkauf gehindert und zum Besuch des städtischen Marktes gezwungen werden. Hier unterliegt er zumindest de jure den zahlreichen städtischen *Preistaxen*, die ganz im Interesse der Verbraucher konzipiert sind[64].

Klar in Erscheinung tritt der Gegensatz zwischen freihändlerisch gesinnten Produzenten und städtischen Marktordnungsprinzipien beispielsweise im Verhältnis der Stadt Bern zu den Bauern ihres Landgebietes im ersten Drittel des 16. Jahrhunderts: Die Bauern wollen ihre Produkte, besonders Butter, so lohnend wie möglich nach Oberitalien exportieren, während der Rat den Verkauf zu vorgeschriebenen Preisen auf dem städtischen Markt zu erzwingen versucht[65]. Nach der offiziösen Darstellung der Stadtchronistik sind die 1513 von den Bauern erzwungenen Zugeständnisse, voran „fri kouf und verkouf", für ein geordnetes Regiment „unlidlich und verderblich"[66]. Wenn also in Frankfurt 1525 die Gemeinde in den 46 Artikeln auch die strikte Beachtung des Getreide-Fürkaufsverbotes verlangt, dann richtet sich diese Forderung nicht nur gegen den stadtsässigen Spekulanten, sondern genauso gegen den landsässigen Erzeuger[67]. Man wird auch bezweifeln können, daß die Fürkaufs- und Exportverbote der Tiroler Landesordnung von 1526 tatsächlich Stadt und Land gleichermaßen gedient haben[68].

Marktzwang und Preisregulierung als Mittel städtischer Ordnungspolitik gegenüber dem Umland betreffen die *überschußproduzierenden Betriebe*, d. h. die bäuerliche Oberschicht und die

---

[63] Zum Begriff des Fürkaufs *H. Wermelinger*, Lebensmittelteuerungen (wie Anm. 62), S. 58—62. *R. Kießling*, Herrschaft — Markt — Landbesitz (wie Anm. 60), S. 194—197.

[64] *F. Blaich*, Die Reichsmonopolgesetzgebung im Zeitalter Karls V. Ihre ordnungspolitische Problematik (Schriften zum Vergleich von Wirtschaftsordnungen 8), 1967, S. 82—85 u. 89—95.

[65] *H. Wermelinger*, Lebensmittelteuerungen (wie Anm. 62), S. 78 f.

[66] Die Berner Chronik des Valerius Anshelm (wie Anm. 52), Bd. 3, S. 463. Hier wird die enge Verbindung von Wirtschaftskontrolle und Herrschaft besonders gut erkennbar.

[67] *W.-H. Struck*, Bauernkrieg am Mittelrhein (wie Bibl. Nr. 88), S. 19. Bezeichnend ist auch die Forderung nach dem Ausschluß auswärtiger Tagelöhner: *O. Rammstedt*, Stadtunruhen 1525 (wie Bibl. Nr. 133), S. 262.

[68] So *P. Blickle*, Funktion der Landtage (wie Bibl. Nr. 126), S. 9.

Grundherren. Dagegen tangieren die Grundsätze des Gewerbeschutzes vor allem jene Teile der Landbevölkerung, die auf handwerklichen (Zusatz-)Verdienst angewiesen sind. Das Ziel der städtischen Politik ist es, selbständige *Dorfhandwerker* zu unterdrücken oder in die Stadt zu holen, dagegen richten sich z. B. die Beschwerden der Zürcher Landschaft (1489)[69]. Die Absicht, das Hinterland als Lieferanten von Rohstoffen und Halbfabrikaten zu organisieren, wird auf dem *Textilsektor* gut erkennbar — ein besonders wichtiger Aspekt für die Frage nach möglicher Interessenidentität von städtischen Handwerkern und Landbevölkerung. Es zeigt sich dabei, daß die Weberzünfte durchweg zu einer ausgeprägt restriktiven Politik neigen, während die Stadtobrigkeiten mit Rücksicht auf die Exportförderung die Produktionsausweitung auf das Umland nicht ausschließen und die Verleger sogar ausgesprochen daran interessiert sind, Kostenvorteile auf dem Land wahrzunehmen[70]. Die Frage der Zulassung bzw. Nichtzulassung der Landweber zum städtischen Markt ist im 15. und 16. Jahrhundert ein stets wiederkehrender Streitpunkt zwischen Rat und Webern, z. B. in Augsburg, Ulm, Memmingen. In Memmingen, 1525 eine Stadt des bäuerlich-bürgerlichen Zusammengehens, waren die Gäuweber 1496 zugelassen, 1510/11 auf Druck der Weber wieder ausgeschlossen worden; 1512 erzielte der Rat einen Kompromiß über ihre Zulassung zum Barchentmarkt der Stadt[71]. Daß der hier sichtbare Gegensatz zwischen Stadthandwerk und Umland 1525 zeitweise überdeckt wurde, kann nicht bezweifelt werden; daß er aber ganz ausgeräumt war, erscheint unwahrscheinlich.

Stadtansässige Verbraucher und Handwerker profitieren also gegenüber den agrarischen wie gewerblichen Produzenten des Umlandes mindestens tendenziell von den Ordnungsvorstellungen

---

[69] Quellen zur Zürcher Wirtschaftsgeschichte, bearb. v. *W. Schnyder*, Bd. 2, Zürich, Leipzig 1937, S. 844 f., Nr. 1461. Zum Landhandwerk auch: *O. Rammstedt*, Stadtunruhen 1525 (wie Bibl. Nr. 133), S. 253. *G. Wunder*, Reichsstädte als Landesherren (wie Anm. 61), S. 88. *R. Kießling*, Herrschaft — Markt — Landbesitz (wie Anm. 60), S. 205 u. 216.

[70] *F. Irsigler*, Stadt und Umland im Spätmittelalter: Zur zentralitätsfördernden Kraft von Fernhandel und Exportgewerbe, in: Städteforschung, Reihe A, Bd. 8, 1979, S. 1—14, hier S. 8.

[71] *R. Kießling*, Herrschaft — Markt — Landbesitz (wie Anm. 60), S. 199—203. *G. Geiger*, Die Reichsstadt Ulm vor der Reformation. Städtisches und kirchliches Leben am Ausgang des Mittelalters (Forschungen zur Geschichte der Stadt Ulm 11), 1971, S. 41 f.

Stadt und Bürgertum 279

ihrer Obrigkeit. Gewiß wirkt sich die dabei angestrebte Stadtorientierung der Wirtschaft des Umlandes nicht ausnahmslos nur negativ aus; Köln beispielsweise hat einer weiteren Umgebung durchaus auch positive Impulse gegeben[72]. Auf jeden Fall aber tritt die Stadt hier dem Land gegenüber mit dem Anspruch auf Unterordnung auf. Das gilt erst recht im Fall eigenen Territorialbesitzes, wo *die Kontrolle der Wirtschaft nur der Teilaspekt einer Herrschaftsausübung* ist, die sich von der fürstlicher Territorialstaaten kaum unterscheidet. Ulm, Heilbronn, Rothenburg und Schwäbisch Hall halten an der Leibeigenschaft in ihren Landgebieten fest; besonders bezeichnend erscheint das Vorgehen der Stadt Basel, die sich in ihrem Ewigen Bund mit den Eidgenossen (1501) ausdrücklich die Herrschaft über ihre Eigenleute und das Weiterbestehen der *Leibeigenschaft* garantieren läßt[73]. Und Nürnbergs Verhältnis zu seiner Landschaft wird auch dadurch charakterisiert, daß das Bauerngericht als Schule gilt, „darinn die Nurmbergischen rathsherren ire söen erstlich uben und küen machen wollen"[74]. Aus dem Blickwinkel der Landbevölkerung können demnach die Städte mit ihrem Anspruch auf wirtschaftliche Dominanz und herrschaftliche Überordnung kaum als besonders freiheitlich organisierte Gemeinwesen in Erscheinung getreten sein. Das erklärt vielleicht, warum nicht städtische Verfassungselemente, sondern die *Schweizer Eidgenossenschaft als Ideal bäuerlicher Reformvorstellungen* erscheinen, und das erklärt vielleicht auch, warum in der Umgebung Jäcklein Rohrbachs und besonders bei Michael Gaismair ausgesprochen städtefeindliche Töne begegnen[75].

---

[72] *F. Irsigler,* Stadt und Umland (wie Anm. 70), S. 4—6.
[73] *G. Wunder,* Reichsstädte (wie Anm. 61), S. 88 f. *G. Geiger,* Reichsstadt Ulm (wie Anm. 71), S. 46. Quellenbuch zur Verfassungsgeschichte der Schweizerischen Eidgenossenschaft und Kantone, bearb. v. *H. Nabholz* u. *P. Kläui,* Aarau 1947³, S. 75—85, Zitt. 20 u. 21.
[74] Christoph Scheurl's Epistel, in: Die Chroniken der deutschen Städte (wie Anm. 26). Nürnberg, Bd. 5, 1874 (Neudruck 1961), S. 801 f.
[75] Zum Idealbild von der Eidgenossenschaft vgl. *H. Buszello,* Bauernkrieg als politische Bewegung (wie Bibl. Nr. 41), S. 190 f. *Ders.,* Staatsvorstellung (wie Bibl. Nr. 123), S. 294. Zum wirtschaftlichen Gegensatz Bauern — Städte: *F. Kopitzsch,* Sozialgeschichte der Reformation (wie Anm. 59), S. 192. Städtefeindliche Äußerungen: *G. Franz,* Bauernkrieg (wie Bibl. Nr. 39), S. 189. *J. Bücking,* Michael Gaismair (wie Bibl. Nr. 77), S. 76, 83, 154. Entschieden zu weit geht *H. Angermeier,* Vorstellungen von Staat und Reich (wie Bibl. Nr. 121), S. 341, mit der An-

5. Schluß

Als kurzes Fazit: Innerhalb der Städte bestehen zwischen der zunehmend autoritären Obrigkeit und der in sich keineswegs homogenen Bevölkerungsmehrheit Spannungsverhältnisse mit z. T. langer Tradition, die in der Bauernkriegszeit das Übergreifen der Bewegung erleichtern. Die auf mehr politische Mitspracherechte und auf Abgabenentlastung gerichteten Forderungen sind, jedenfalls auf städtischer Seite, deutlich von den bestehenden politischen und wirtschaftlichen Verhältnissen mitbestimmt; besonders vom Zustand des Steuerwesens her gesehen ist der Realitätsbezug unbestreitbar. Die weitgehende Übereinstimmung zwischen den Programmen von Bauern und Stadtgemeinden sollte nicht übersehen lassen, daß zwischen der Landbevölkerung und den Einwohnern vor allem (aber nicht nur[76]) der größeren Städte gravierende Interessengegensätze bestehen[77]. Eine gemeinsame Frontstellung von innerstädtischer Opposition und Bauern gegen obrigkeitliche Ansprüche wird niemand bestreiten, die Beispiele dafür reichen von Südtirol bis Sachsen[78]. Eine darüber hinausgehende, dauerhafte Interessengemeinschaft von städtischen Konsumenten und bäuerlichen Produzenten sowie von städtischen Zünftlern und Landhandwerkern wird man sich dagegen nur schwer vorstellen können. Voraussetzung dafür wäre der Verzicht auf Vorteile gewesen, die das Stadtsystem zu bieten hatte, trotz Gehorsamsanspruch, trotz fehlender politischer Mitverantwortung und trotz steuerlicher Belastung.

---

nahme, die Bauern hätten u. a. alles einebnen wollen, was städtische Kultur erreicht habe.

[76] Zur Bannmeilenpolitik einer Territorialstadt (Lauingen) vgl. *R. Kießling*, Herrschaft — Markt — Landbesitz (wie Anm. 60), S. 197 f.

[77] *H. Schilling*, Aufstandsbewegung (wie Anm. 4), S. 194 u. 237 f., mit der Warnung vor der Gleichsetzung städtischer und ländlicher Aufstandsbewegungen.

[78] *P. Blickle*, Revolution von 1525 (wie Bibl. Nr. 42), S. 183 ff.

Legitimation, Verlaufsformen und Ziele

Von Horst Buszello

1. Evangelium und Göttliches Recht

Das zentrale und richtungsweisende Dokument des deutschen Bauernkriegs von 1525 waren die *Zwölf Artikel*. Sie waren „Beschwerdeschrift, Reformprogramm und politisches Manifest zugleich"[1], eine „Marseillaise des paysans, sans musique" (Ch. Pfister).

Mit größter Wahrscheinlichkeit wurden die Zwölf Artikel zwischen dem 28. Februar und dem 3. März in der oberschwäbischen Reichsstadt Memmingen niedergeschrieben. Als ihr Verfasser gilt der dortige Kürschnergeselle und Feldschreiber des Baltringer Haufens, Sebastian Lotzer. Dieser wurde bei seiner Arbeit unterstützt durch den Memminger Prädikanten Christoph Schappeler, der die Einleitung und die Bibelstellen zu den letzten sieben Artikeln hinzufügte. Die Zwölf Artikel basieren auf den Lokalbeschwerden zumindest der Baltringer Dörfer, als deren „artifizielles Produkt" sie anzusehen sind. Ihr Verfasser hat sich jedoch die Freiheit genommen, den Katalog der Beschwerden zu ergänzen und die Gewichte im einzelnen anders zu setzen. Es war Lotzers gestaltende und ordnende Hand, die den Zwölf Artikeln ihre Stringenz und innere Logik verlieh[2].

---

[1] Druck der Zwölf Artikel u. a. in *G. Franz*, Quellen Bauernkrieg (wie Bibl. Nr. 2), Nr. 43. Eine umfassende Analyse in *P. Blickle*, Revolution von 1525 (wie Bibl. Nr. 42); Zitat ebd., S. 23. — Zu den Zwölf Artikeln s. auch o. Kapitel „Oberschwaben und Württemberg", S. 109 bis 113.

[2] Zur Entstehung: *G. Franz*, Zwölf Artikel (wie Bibl. Nr. 116). Dazu jetzt *P. Blickle*, Nochmals Zwölf Artikel (wie Bibl. Nr. 117). Verhältnis der Zwölf Artikel zu den Baltringer bzw. oberschwäbischen Beschwerden: *P. Blickle*, Revolution von 1525 (wie Bibl. Nr. 42), S. 31—39. Zu Schappeler und Lotzer: *M. Brecht*, Hintergrund der Zwölf Artikel (wie Bibl. Nr. 118); problematisch bleibt freilich die These, Schappeler sei maßgeblich von lutherischem Gedankengut geprägt worden. Zu Schappeler *J. Maurer*, Prediger (wie Bibl. Nr. 136), S. 386—399.

Die Zwölf Artikel nennen ihren Verfasser nicht. Man wird den Grund dafür nicht nur in Lotzers Furcht vor Verfolgung sehen dürfen. Als „gründliche und rechte Hauptartikel aller Bauernschaft und Hintersassen der geistlichen und weltlichen Obrigkeiten, von welchen sie sich beschwert vermeinen" präsentieren sich die Zwölf Artikel bewußt als der gemeinsame Wille, als kollektive Äußerung aller beschwerdeführenden Untertanen.

Kurz vor dem 20. März wurden die Zwölf Artikel erstmals in Augsburg gedruckt. Danach traten sie unter wechselndem Namen (Zwölf Artikel, Artikel der schwäbischen Bauern, Artikel aus dem Schwarzwald) einen wahren Siegeszug durch Süd- und Mitteldeutschland an. Sie wurden bekannt von Tirol bis Thüringen, vom Elsaß bis zum Erzgebirge. Insgesamt sind 25 Drucke bei 15 Druckorten nachweisbar. An der Spitze steht Erfurt mit vier, gefolgt von Straßburg und Zwickau mit je drei, Konstanz, Regensburg und Nürnberg mit je zwei Drucken; je einer stammt aus Augsburg, Reutlingen, Zürich, Worms, Speyer, Forchheim, Würzburg, Magdeburg und Breslau[3].

Für die Attraktivität der Zwölf Artikel lassen sich zumindest drei Gründe anführen:

— Sie artikulierten zentrale Anliegen der Aufständischen. Der Katalog der Beschwerden bzw. Forderungen war wirklichkeitsnah und repräsentativ.

— Sie konzentrierten die Masse der bäuerlichen Beschwerden auf 12 bzw. 11 „Hauptartikel". Damit verliehen sie der bäuerlichen Argumentation Prägnanz und eine gewisse ‚Handfestigkeit'.

— Sie rechtfertigten die Erhebung insgesamt und die Beschwerden im einzelnen aus dem Wort Gottes, aus dem Evangelium[4].

---

[3] Zur Verbreitung s. etwa *G. Franz*, Quellen Bauernkrieg, Register: Zwölf Artikel. Zu den Drucken: *H. Claus*, Der deutsche Bauernkrieg im Druckschaffen der Jahre 1524—1526 (Veröffentlichungen der Forschungsbibliothek Gotha 16), 1975, S. 24—29; ergänzend *M. Kobuch — E. Müller*, Die Gestalt des Bauern in den Titelholzschnitten der Zwickauer Drucke der Zwölf Artikel von 1525, in: Zeitschrift für Geschichtswissenschaft 23 (1975), S. 920—928. Zu den Druckern *F. Hartweg*, Die Drucker der Zwölf Artikel der Bauern 1525, in: *M. Steinmetz* (Hrsg.), Bauernkrieg und Müntzer (wie Bibl. Nr. 53), S. 37—42. Zusammenfassend *G. Vogler*, Oberschwäbische Zwölf Artikel (wie Bibl. Nr. 120).

[4] *F. Hartweg*, Die Schriftbeweise der ‚Zwölf Artikel' der Bauern-

Mit ihrer Kombination von allgemeinem Prinzip (Evangelium) und konkreten Einzelforderungen (aufgelistet in elf Artikel) sprachen die Zwölf Artikel sowohl die mehr abstrakt, prinzipiell wie die mehr konkret, kasuistisch denkenden Menschen an. Durch ihren konsequenten Bezug auf das Gotteswort, das Evangelium waren sie geeignet, Massen zu begeistern, die zwar nicht mehr kirchen-, aber immer noch und verstärkt bibeltreu waren.

Die Argumentation der Zwölf Artikel verläuft in drei, aufeinander abgestimmten Schritten. Die Einleitung widerlegt grundsätzlich den Vorwurf der Empörung und „Rotterei". Sie stellt fest, daß die Aufständischen nichts begehren als das Evangelium „zur Leer und Leben". Deshalb können die Bauern nicht „ungehorsam, aufrürisch genennt werden", da Gottes Wort nur „Liebe, Fride, Geduld und Ainigkait" lehrt. Die anschließenden Artikel 1 bis 11 bringen den positiven Nachweis, daß die einzelnen bäuerlichen Forderungen dem „wort Gotes ... gemeß" sind. Die Bauern verlangen nur, was das Evangelium als ‚recht' ausweist. Der abschließende 12. Artikel erklärt den Verzicht auf jede Forderung, sobald nachgewiesen wird, daß sie im Widerspruch zu Gottes Wort steht. Doch gelten schon jetzt weitere Artikel als beschlossen, falls sich bei neuer Erkenntnis zeigt, daß auch diese „wider Got und Beschwernus des Nächsten weren".

Die Beweisführung der Zwölf Artikel beruht auf dem Bekenntnis zum *Evangelium als lebens-, gesellschafts- und herrschaftsgestaltendem Prinzip*. Die Bauern verlangten das Evangelium „zur Leer und Leben"; sie wollten es „hören und demgemeß ... leben". Die Verbindlichkeit der Heiligen Schrift endete nicht vor den Problemen dieser Welt; sie war die Norm, an der sich das ganze Leben der Menschen ausrichten sollte.

Die Anwendung des Evangeliums auf die Probleme dieser Welt war keine originäre Idee von Lotzer oder Schappeler. Bereits im Januar 1524 forderten Züricher Untertanen die Aufhebung der Leibeigenschaft unter Verweis auf die Bibel. Am 12. Februar 1525 ermahnte der Führer des Baltringer Haufens, Ulrich Schmid, die Nonnen des Klosters Heggbach, selbst zu arbeiten; Vorbild sollten ihnen Adam und Moses sein. Drei Tage später meldete der bayerische Kanzler Leonhard Eck seinem Herzog, der Aufstand der Baltringer habe seinen Ursprung in den Lehren Martin Luthers,

---

schaft und ihre Widerlegung durch Johann Brenz, in: *S. Hoyer* (Hrsg.), Reform — Reformation — Revolution, 1980, S. 193—211.

„dann den mererntteil so ziehen die Paurn ire Begern auf das Gotzwort, Ewangeli und pruederliche Lieb". Mit der „göttlichen Schrift" argumentierten am 16. Februar die Bauern des Dorfes Attenweiler und der Vogtei Mittelbiberach gegen die Leibeigenschaft; letztere verlangten zudem die Freigabe der fließenden Gewässer „nach gotlicher Fursehung". Die Bauern des Spitals Biberach verlangten Brief und Siegel, daß die Herren sie „lasen beliben beim Wort Gottes und was das ausweist". Im September 1524 handelte die Gemeinde zu Mühlhausen/Thüringen „vill vom Regiment" und beschloß ihr Urteil „aus Gots Wort"; „wo diser Beschluß aber Gots Worte entgegen stunde, solt er gebessert und vorandert werden". Und wie in den späteren Zwölf Artikeln wurden auch hier die einzelnen Forderungen mit Bibelzitaten abgestützt. Nach eigenem Zeugnis hat Thomas Müntzer auf seiner Reise an den Oberrhein (Dezember 1524 — Januar 1525) im Klettgau und Hegau „etliche Artikel, wie man herschen soll aus dem Ewangelio angegeben, daraus furder andere Artikel gemacht"[5]. — So war die Leistung von Lotzer und Schappeler nicht die ‚Entdeckung' des Evangeliums als Entscheidungskriterium auch für innerweltliche Probleme, sondern die konsequente und durchgängige Anwendung dieses Prinzips in einem überzeugenden, handlichen Programm. Erst die Zwölf Artikel bewirkten, daß sich die Aufständischen ‚massenhaft' und flächendeckend, nicht mehr nur vereinzelt und punktuell zum Wort Gottes bekannten. Erst mit ihnen gewann das Schriftprinzip unter den Aufständischen seine Explosivkraft und programmatische Wirkung[6].

Als sich der Baltringer, der Allgäuer und der Bodenseehaufen am 6./7. März zur „Christlichen Vereinigung" Oberschwabens zusammenschlossen, taten sie dies „dem almechtigen ewigen Got zu Lob und Eher und Erufung des heiligen Evangelii und *götlichs Rechten*". Sie gelobten, „was man geistlicher oder weltlicher Oberkeit von *götlichem Rechten* zu tun schuldig, demselben in keinen Weg

---

[5] S. zum Vorstehenden: *W. Müller*, Leibeigenschaft im Bauernkrieg (wie Bibl. Nr. 107), hier S. 12 ff.; *G. Franz*, Quellen Bauernkrieg (wie Bibl. Nr. 2), Nr. 30 (S. 141), 33, 34 b und d, 34 c, 165, 190 (S. 531). S. ferner o. Kapitel „Oberrhein", S. 67 f. — Dazu auch *P. Blickle*, Nochmals Zwölf Artikel (wie Bibl. Nr. 117).
[6] Belege dazu nach *G. Franz*, Quellen Bauernkrieg (wie Bibl. Nr. 2), Register: Evangelium.

widerwertig [zu] sein" (Hervorhebung v. Vf.)[7]. Außer den oberschwäbischen Bauern benutzten auch die Aufständischen im Klettgau und im Schwarzwald die Vokabel Göttliches Recht; schon im Elsaß trat der Begriff merklich zurück, und in den Alpenländern und in Franken spielte er so gut wie keine Rolle[8]. Die Aufständischen hatten ein Wort mit langer Tradition und unsicherem, variierendem Bedeutungsinhalt aufgegriffen. Im Kontext des Bauernkriegs (ab Februar/März 1525) dürfen wir im allgemeinen jedoch davon ausgehen, daß sich das Göttliche Recht inhaltlich aus dem Evangelium oder der Bibel bestimmt. Am 27. Februar lehnte der Führer des Baltringer Haufens, Ulrich Schmid, eine Kammergerichtsentscheidung über die bäuerlichen Klagen ab und verlangte stattdessen das Göttliche Recht. Als die Gesandten des Schwäbischen Bundes spöttisch bemerkten, Gott werde wohl kaum vom Himmel herabsteigen und einen Gerichtstag ansetzen, antwortete Ulrich Schmid, gelehrte, fromme Männer sollten „diesen Span nach Lut gottlicher Geschrift ... urtailen und ... entschaiden"[9].

Das Göttliche Recht des Evangeliums, als „Chiffre für die buchstäbliche Anwendung der Heiligen Schrift nicht nur auf die Lehre der Kirche, sondern auf alles irdische Leben schlechthin"[10], ist scharf abgegrenzt gegen jedes Alte Recht, gegen Herkommen und Brauch. Es wird nicht gefunden durch Rückgang in die Vergangenheit oder durch einen Appell an Vernunft, Verstand oder Billigkeit, sondern einzig und allein in der Bibel. Eine Gesellschaft auf der Basis des so verstandenen Göttlichen Rechts ist exakt den Vorschriften des Evangeliums, d. h. dem Willen des gerechten Gottes, nachgestaltet; in ihr herrscht die „göttliche Gerechtigkeit".

---

[7] *G. Franz*, Quellen Bauernkrieg (wie Bibl. Nr. 2), Nr. 51. S. auch u. Anm. 79.
[8] *I. Schmidt*, Das göttliche Recht (wie Bibl. Nr. 113), S. 37—54.
[9] *G. Franz*, Quellen Bauernkrieg (wie Bibl. Nr. 2), Nr. 31 (S. 146 f.). S. auch *W. Becker*, „Göttliches Wort" (wie Bibl. Nr. 114), und *P. Bierbrauer*, Das Göttliche Recht (wie Bibl. Nr. 115). — Eine unbesehene und pauschale Gleichsetzung von Göttlichem Recht und Evangelium wäre dennoch bedenklich. Anfang April 1525 appellierten die Stühlinger an die „göttliche, naturliche Pillickeit, Vernunft und Verstant". „Göttlich" ist hier das, was jeder natürlich, billig und vernünftig denkende Mensch als Recht erkennt. *G. Franz*, Quellen Bauernkrieg (wie Bibl. Nr. 2), Nr. 25 (S. 123).
[10] *H.-J. Goertz*, Antiklerikalismus (wie Bibl. Nr. 111), S. 194.

Zusammen mit der inneren, eigengesetzlichen Dynamik, die jeder Massenbewegung eigen ist, veränderte die Idee des Evangeliums als lebenspraktischer Norm das Denken und Wollen der Aufständischen sowie den Verlauf der Bewegung[11]. Im Evangelium und/oder Göttlichen Recht fanden die Aufständischen eine absolute, tragfähige und mitreißende *Legitimation ihres Handelns*[12].

Das Evangelium stand über allen Menschen, war unabhängig von Zeit und Raum. Wer sich ihm widersetzte, machte für alle deutlich, daß er es nicht mit Christus, sondern mit dem Teufel hielt. Zwar präzisierten die Zwölf Artikel die Forderung nach dem Evangelium als alleiniger Entscheidungsgrundlage in elf „Hauptartikeln", doch begründete es einen grundsätzlich offenen Anspruch, wie es der zwölfte Artikel ausdrücklich formulierte. Die Aufständischen waren im Moment der Notwendigkeit enthoben, Klagen und Beschwerden zu sammeln und zu katalogisieren; das Evangelium deckte alle Möglichkeiten sozusagen pauschal ab. Bislang waren die Bauern in ihrer Argumentation gegenüber den Herren an das Alte Recht, an Brauch und Herkommen gebunden gewesen; nur innerhalb des Alten Rechts war eine Korrektur der Verhältnisse möglich. Mit dem Evangelium bzw. dem Göttlichen Recht konnten die Aufständischen erstmals die Grenzen des Alten Rechts überschreiten. Nun waren Forderungen gerechtfertigt, für die es zuvor keine Legitimation gegeben hatte. Vor dem Evangelium erwies sich in vielen Fällen gerade der alte Zustand als Unrecht. Eine wiederkehrende Argumentationsformel in den Zwölf Artikeln lautet: „... ist bißher jm brauch gewesen, ... [doch] dem wort Gotz nit gemeß ..." Damit wurde die gesamte überkommene Ordnung der Welt fragwürdig und war potentiell änderungsbedürftig. In Umkehrung der Argumentation bis Februar/März 1525 wurde das Alte Recht nun zur Fluchtburg der Herren vor dem Göttlichen Recht. Da gleichzeitig die Klagen aus dem Alten Recht über das Evangelium neu und überzeugender begründet werden konnten, war erstmals im Bauernkrieg eine einheitliche Rechtfertigung aller Beschwerden gegeben. Nicht zuletzt emotionalisierten

---

[11] Aus Raumgründen ist es nicht möglich, nochmals auf die erste Phase des Aufstands einzugehen. S. dazu das Kapitel über die Stühlinger Erhebung, o. S. 63—71, bes. S. 69—71.
[12] Zum Folgenden auch *P. Blickle*, Revolution von 1525 (wie Bibl. Nr. 42), S. 140—149, 281. *M. Bußmann*, Theologie und Bauernkrieg, theol. Diss. Münster (masch.) 1977, S. 176—220.

Evangelium und Göttliches Recht die Massen und setzten damit neue Energien frei.

Die Aufständischen wollten das Evangelium, Gottes Wort, „handhaben", „erheben", „bestätigen", „aufrichten", „vollstrecken"[13]. Ihr Tun war ein „bruderliches, christliches Furnemen". *Die Haufen als Bekenntnisgemeinschaften aller wahren Christen* vollzogen Gottes Willen, in ihrem Tun offenbarte sich Gott. Sie „stritten den Streit des Herrn" und „litten um Gottes Willen". Wer sich dem Anschluß entzog, „verspottet[e] göttliches Gezeugnis" und begab sich auf die Seite derer, „so das Evangelium verfolg[en]"[14].

Die Haufen bezeichneten sich als „christliche Vereinigung", „christliche Vereinigung und Bruderschaft", „christliche Versammlung der evangelischen Brüder", „christliche ehrsame Gemeinde"[15]. Zwar wechselte die Bezeichnung wie Haufen, Gemeinde, Versammlung, doch nie fehlte das Attribut christlich oder brüderlich. Die Fahnen der Haufen waren mit biblischen Symbolen oder Aufschriften geschmückt; die offiziellen Schreiben begannen oder endeten mit religiösen Grußformeln.

Der erzwungene förmliche Eintritt der Herren in die „christlichen Vereinigungen" besaß einen unübersehbaren Symbolwert. In ostensibler Umkehr der alten Verhältnisse waren es nun die Herren, die den Bauern huldigten, während diese Schutz- und Schirmbriefe ausstellten. Herren und Ritter mußten zu Fuß gehen; die Bauernführer erschienen hoch zu Roß, versehen mit den Attributen und Symbolen der Herrschaft. Durch Eintritt in die „christliche Vereinigung" wurde man „Bruder" unter Brüdern. „Bruder" wurde die demonstrative Anrede unter den Aufständischen[16].

Das Bekenntnis zum Evangelium machte es unmöglich, den Konflikt in herkömmlicher Weise durch ein Gerichtsurteil oder einen Verhandlungskompromiß zu lösen. Dies hat der Rat der Stadt Überlingen deutlich gesehen, als er am 25. März an Memmingen schrieb, alle weiteren Verhandlungen mit den Bauern seien fruchtlos, weil „sich ire artikel so sie zusammen schweren, nit auf ainich benantlich beschwerden, sonder allain vast dahin lenden, das sie als christenlich prueder das hailig evangelium und gotlich recht, soviel

---

[13] W. *Becker*, „Göttliches Wort" (wie Bibl. Nr. 114), bes. S. 244 ff.
[14] G. *Franz*, Quellen Bauernkrieg (wie Bibl. Nr. 2), Nr. 168.
[15] Belege nach ebd., Register.
[16] H.-M. *Maurer*, Bauernkrieg als Massenerhebung (wie Bibl. Nr. 57), hier S. 282—284.

an inen sei, beschirmen und handhaben wollen"[17]. Erstes Ziel der Aufständischen war es, alle Obrigkeiten und Herren — notfalls mit Waffengewalt — zum Eintritt in die „christlichen Vereinigungen" zu zwingen, d. h. auf das Evangelium zu verpflichten. Danach sollte eine abschließende *„Reformation" auf der Grundlage des Evangeliums* durchgeführt werden. „Richter" über Klage und Gegenklage sollten gelehrte und fromme Männer sein, die das Göttliche Recht aus der Bibel verkünden und nach ihm urteilen. Jeder hat sich dem Göttlichen Recht zu unterwerfen; es gilt immer und überall, ist m. a. W. nicht an die überkommenen Herrschaftsgrenzen gebunden. An die Stelle der vielen Alten Rechte würde das eine und absolute Göttliche Recht treten[18].

Es ist auffallend, daß *das Bekenntnis zum Evangelium als gesellschaftsgestaltender Norm oder zum Göttlichen Recht vor allem in territorialen Splittergebieten* die Argumentation der Aufständischen beherrschte[19]. Dies war der Fall in Oberschwaben, im Schwarzwald und Klettgau, im Elsaß, in den südwestlichen Gebieten Frankens und in Teilen Thüringens. In größeren und geschlossenen Territorien trat es dagegen merklich zurück (Tirol, Württemberg, Kurpfalz, Hochstift Bamberg, Hochstift Würzburg nördlich des Main).

Hervorstechendes Kennzeichen der Bewegung in den territorialen Splittergebieten war deren *überterritorialer Charakter.* Die Haufen vereinigten Untertanen verschiedener Herrschaften und operierten über die territorialen Grenzen hinweg. Dies war „ein Novum insofern, als die bisherigen Revolten den engen herrschaftlichen Bezugsrahmen nie durchbrochen hatten"[20]. Vielfach hatte der Aufstand auch hier mit territorial begrenzten Aktionen begonnen (z. B. Stift Kempten, Reichsstadt Rothenburg). Mit ihren Kla-

---

[17] Zit. nach *L. Muchow,* Zur Geschichte Überlingens im Bauernkrieg, phil. Diss. Freiburg/Br. 1889, S. 24.

[18] Im einzelnen *H. Buszello,* Bauernkrieg als politische Bewegung (wie Bibl. Nr. 41), S. 34—57. Zu den oberschwäbischen „Richter"-Listen auch *M. Brecht,* Hintergrund der Zwölf Artikel (wie Bibl. Nr. 118), S. 48 f. (192 f.).

[19] Dies belegen hinreichend die bei *G. Franz,* Quellen Bauernkrieg (wie Bibl. Nr. 2), abgedruckten Quellen.

[20] Zum Folgenden *H. Buszello,* Bauernkrieg als politische Bewegung (wie Bibl. Nr. 41), S. 22, 35—58; *P. Blickle,* Revolution von 1525 (wie Bibl. Nr. 42), S. 140—149; Zitat ebd., S. 144.

gen wandten sich die Untertanen an die jeweilige Herrschaft; rechtlicher Bezugspunkt waren Altes Recht und Herkommen. Innerhalb kurzer Zeit — vielfach bedurfte es nur weniger Tage — gaben die Aufständischen die territoriale Exklusivität auf und verbündeten sich mit den Untertanen benachbarter Herren. In anderen Fällen (so um Baltringen und im Elsaß) war der Aufstand von Anfang an überterritorial angelegt. Bereits die ersten Aktionen gingen von Untertanen mehrerer Herren aus, die sich ohne Rücksicht auf herrschaftliche Bindungen zusammengefunden hatten.

Es kennzeichnet die Erhebung des Jahres 1525, daß Unmut, Unruhe und Aufstand sich nicht auf einzelne, räumlich voneinander getrennte Bauernschaften beschränkten (wie das noch 1524 im östlichen Schwarzwald und den angrenzenden Gebieten der Fall war), sondern jeweils eine ganze Region erfaßten. In dieser Situation mußten die Enge der territorialen Verhältnisse in einem politischen Splittergebiet, das Fehlen eines territorialen Bewußtseins und die Gleichartigkeit der Beschwerden ein gemeinsames Vorgehen geradezu herausfordern. Das letzte Hindernis für einen überterritorialen Zusammenschluß fiel, sobald die Aufständischen sich nicht mehr am Alten Recht orientierten, sondern eine Legitimation jenseits aller politischen (territorialen) und altrechtlichen Bindungen fanden: das Evangelium und Göttliche Recht als alleinige und absolute Norm für Wollen und Handeln.

Im Allgäu und im Elsaß stand das Bekenntnis zum Evangelium am Beginn des überterritorialen Zusammenschlusses. Im Gebiet um Baltringen ging der Zusammenschluß dem Rekurs auf das Göttliche Recht voraus. Der Baltringer Haufen war zunächst nicht mehr als ein Zweckbündnis von Untertanen verschiedener Herren mit unterschiedlichen Klagen; wechselseitig wollten sich die Bauern zu ihrem Recht verhelfen. Der entscheidende Durchbruch erfolgte am 27. Februar; an diesem Tag lehnte Ulrich Schmid eine Gerichtsentscheidung über die bäuerlichen Klagen ab und verlangte stattdessen das „göttliche Recht, das jedem Stand ausspricht, was ihm gebührt, zu tun oder zu lassen". Erst das Bekenntnis zum überterritorialen Göttlichen Recht machte aus verbündeten Bauernschaften eine wirkliche Gemeinschaft mit identischen Zielen und Interessen.

Das Evangelium führte nicht nur Bauern verschiedener Herrschaften zusammen. Es war geeignet, auch die Trennungslinien zwischen Bauern, Bürgern und (soweit vorhanden) Bergknappen zu überwinden[21]. Es wurde Katalysator und „Ideologie" der überterritorialen und überständischen Bewegung.

In größeren und geschlossenen Territorien blieben die Aufstände im wesentlichen *territorial begrenzt*. Das Alte Recht und die Billigkeit waren — zumindest vorerst — ausreichende Rechtfertigung. In Verhandlungen mit ihrem Landesherrn versuchten die Aufständischen die Erfüllung ihrer umfangreichen Forderungen zu erlangen. Lediglich die Erhebung im Erzstift Salzburg war stark von religiösem, evangelischem Geist durchzogen[22].

Die Zwölf Artikel waren im gesamten Aufstandsgebiet bekannt. Programmatische Bedeutung, als Ersatz für lokale oder regionale Beschwerdeschriften erlangten sie jedoch mehr in Gebieten territorialer Zersplitterung als in den Großterritorien[23]. Dies hat einen Grund sicherlich darin, daß die einzelnen Forderungen (Artikel 1 bis 11) die Verhältnisse in einem politischen Splittergebiet (Oberschwaben) widerspiegelten und auf die teilweise anders gearteten Realitäten der Großterritorien nur bedingt anwendbar waren. Hinzu kam aber noch ein weiteres: Das Bekenntnis zum Evangelium, das die gesamte Beweisführung der Zwölf Artikel durchzog, zeigte in den großen Territorien weniger Wirkung als in den territorialen Splittergebieten[24]. Freilich darf man eine solche Feststellung nicht über Gebühr generalisieren. Die Taubertaler in Franken bekannten sich vehement zum Evangelium, ohne die Zwölf Artikel zu ihrem Programm zu erheben (wie es die Neckartal-Odenwälder taten). Umgekehrt argumentierten die Aufständischen in Württemberg oder der Pfalz mit den Zwölf Artikeln, obwohl deren Auf-

---

[21] Dazu *P. Blickle*, Revolution von 1525 (wie Bibl. Nr. 42), S. 164—195. Zu den Interessendivergenzen zwischen Bauern und Bürgern s. o. Kapitel „Stadt und Bürgertum", S. 275—279. — Zum Begriff des „Gemeinen Mannes" als Träger der Erhebung von 1525 s. auch *V. Press*, Herrschaft, Landschaft und „Gemeiner Mann" in Oberdeutschland, in: Zeitschrift für die Geschichte des Oberrheins 123 (1975), S. 169—214, hier bes. S. 181; *R. H. Lutz*, Wer war der gemeine Mann? (wie Bibl. Nr. 128). Im Folgenden gebrauchen wir den Begriff „Gemeiner Mann" synonym für einfache Leute, nichtprivilegierte Menschen, Untertanen; strittig ist die genaue Abgrenzung nur bei der städtischen Bevölkerung.
[22] S. die „24 Artikel gemeiner Landschaft Salzburg", in: *G. Franz*, Quellen Bauernkrieg (wie Bibl. Nr. 2), Nr. 94.
[23] Dazu im einzelnen *P. Blickle*, Revolution von 1525 (wie Bibl. Nr. 42), S. 90—104.
[24] Eine bezeichnende Ausnahme macht hier nur das Erzstift Salzburg; s. o. Anm. 22.

stand sonst wenig evangelisch-biblische Züge trug. So konnte man den „Überbau des göttlichen Rechts" von den konkreten Forderungen abziehen (Taubertaler)[25]. Doch war es anderseits auch möglich, die Zwölf Artikel gleichsam zu ‚materialisieren'. Die Aufständischen übernahmen die konkreten Forderungen, legten auf den ‚Überbau', das Evangelium, jedoch kein allzu großes Gewicht (Württemberg, Pfalz). In diesem Sinne konnten die Zwölf Artikel sogar Verhandlungsgegenstand zwischen Bauern und Herren werden (nördliche Ortenau, Markgräflerland)[26].

2. Bauernkrieg und Reformation

Angesichts der zentralen Rolle, die Evangelium und biblizistisch verstandenes Göttliches Recht im Denken der Aufständischen einnahmen, stellt sich die Frage nach dem Zusammenhang von Bauernkrieg und Reformation.

Als Ergebnis der jüngsten Diskussion muß man festhalten, daß die Verzahnung von Bauernkrieg und Reformation enger war, als in den letzten 50 Jahren gemeinhin angenommen[27], daß man ihr mit Schlagworten und generalisierenden bis plakativen Urteilen jedoch nicht beikommen kann. Unumgänglich ist die differenzierende Betrachtung eines komplexen Phänomens. In thesenartiger

---

[25] *P. Blickle,* Revolution von 1525 (wie Bibl. Nr. 42), S. 147.
[26] S. o. S. 77—79. Verhandlungsgegenstand waren die Zwölf Artikel auch bei der Tagung in Basel für die Sundgauer Bauern (Juli 1525); allerdings hatte sich die Situation nach den Schlachten bei Zabern und Scherweiler-Kestenholz bereits grundlegend zum Nachteil der Bauern verändert. Dazu o. S. 88 f.
[27] Es war v. a. die wirkungsmächtige Bauernkriegsmonographie von *G. Franz* (wie Bibl. Nr. 39), die den Zusammenhang von Bauernkrieg und Reformation sehr stark reduzierte. Eine Neubesinnung über diesen Gegenstand setzte in der Bundesrepublik Deutschland erst um 1975 ein; dagegen hatte die Forschung der DDR stets am engen Zusammenhang von Bauernkrieg und Reformation festgehalten. Vgl. die in der Bibliographie, Nr. 25—31, angegebene Literatur. Ferner: *Th. Nipperdey —
P. Melcher,* Bauernkrieg, in: *Th. Nipperdey,* Reformation, Revolution, Utopie (Kleine Vandenhoeck-Reihe 1408), 1975, S. 85—112. Zuletzt *S. Hoyer,* Reform — Reformation — Revolution. Versuch einer historischen Standortbestimmung, in: *Ders.* (Hrsg.), Reform — Reformation — Revolution, 1980, S. 9—18.

Verkürzung möchten wir den gegenwärtigen Stand der westlichen Forschung so darstellen:

Die Reformation richtete ihre Angriffe in radikaler Form gegen die alte Kirche, wobei die Kirchenkritik in zahlreiche Bereiche hineinwirkte, die wir heute als weltlich bezeichnen und separieren. Sie hatte zudem den Beweis erbracht, daß jahrhundertealte Institutionen gleichsam über Nacht beseitigt werden konnten[28]. In Wort und Tat trug die Reformation wesentlich zur Destruktion der alten Ordnung bei.

Die Reformation gab, durchaus in Fortführung älterer Ansätze, den einfachen Menschen ein neues, gehobenes Selbstwertgefühl sowie ein Gefühl der Befreiung von alten kirchlichen Bindungen[29]. Sie wirkte destabilisierend.

Häretische und „revolutionäre" Gedanken lebten vor der Reformation in abgeschlossenen und isolierten Zirkeln. „Erst durch die reformatorische Predigt wurde ... ein Raum geschaffen, in welchem sich die Protagonisten des bäuerlichen Aufruhrs bewegen konnten, bewegen über größere Distanzen ohne jede Furcht vor dem Inquisitor, welche die Vertreter nonkonformistischer Religiosität und wohl auch nonkonformistischer Soziallehren bisher in den Untergrund gedrängt und ihre Wirkung mit Erfolg beschnitten hatte."[30]

Die Überschneidung von religiöser und wirtschaftlich-sozialer Erwartung war zwar ein Element schon der Zeit vor 1517; doch war es die Reformation, die solche Gedanken intensivierte und ihnen eine neue Qualität verlieh. „Sie motivierte [den Gemeinen Mann] in anderer und neuer Weise, seinen politisch-sozialen Forderungen Geltung zu verschaffen. Sie weckte dabei Kräfte, die sich schließlich eruptiv, massenhaft und gewaltsam Bahn zu brechen suchten."[31]

Die konsequente Inanspruchnahme des Evangeliums für eine Neuordnung aller Lebensbereiche, die Gleichsetzung des Göttlichen Rechts mit den Vorschriften der Bibel oder des Evangeliums sowie der breite gesellschaftliche Durchbruch dieses Programms sind nicht erklärbar ohne die wirkungsmächtige Reformationstheologie und -propaganda, die das Schriftprinzip (sola scriptura) in den Mit-

---

[28] So zuletzt *J. Maurer*, Prediger (wie Bibl. Nr. 136), S. 23, 38 f., 53.
[29] Ebd., S. 33—36.
[30] *H. Boockmann*, Voraussetzungen des Bauernkrieges (wie Bibl. Nr. 109), S. 22.
[31] *P. Baumgart*, Volksfrömmigkeit (wie Bibl. Nr. 110), S. 204.

telpunkt ihrer Argumentation gerückt hatten. Der Biblizismus in der Bewegung von 1525 ist — von partiellen Modifikationen abgesehen — ein „Derivat der ‚evangelischen Predigt' und der ‚reformatorischen Flugschrift' "[32].

Zwischen den herausragenden Führern der Reformation und dem Volk stand als Vermittler der reformatorischen Ideen das Heer der Prädikanten und Pfarrer. Für die Bewußtseinsbildung der Massen wurden deren Predigten u. U. wichtiger als die Argumentationen der Spitzenreformatoren. Diese im wesentlichen „städtische Intelligenz" lieferte den Aufständischen die Ideologie, indem sie Evangelium und Göttliches Recht von der Stadt auf das Land transportierte[33].

Mit zwei Forderungen traten die Aufständischen offen auf die Seite der Reformation: „lautere" Predigt des Gotteswortes, Wahl des Pfarrers durch die Gemeinde. Wahl und gegebenenfalls Abwahl des Pfarrers durch die Gemeinde waren das Instrument, „mit dessen Hilfe die reformatorische Bewegung im Dorf heimisch gemacht werden sollte, nachdem sie in der Stadt Fuß gefaßt hatte"[34]. Sie waren das Mittel, die Predigt des „reinen", unverfälschten Gotteswortes zu sichern.

[32] *P. Blickle*, Revolution von 1525 (wie Bibl. Nr. 42), S. 237. *H. Scheible*, Das reformatorische Schriftverständnis in der Flugschrift „Vom alten und nüen Gott", in: *J. Nolte — H. Tompert — Ch. Windhorst* (Hrsg.), Kontinuität und Umbruch (Spätmittelalter und Frühe Neuzeit. Tübinger Beiträge zur Geschichtsforschung 2), 1978, S. 178—188, macht deutlich, daß für die Zeitgenossen das Schriftprinzip Zentrum der reformatorischen Lehre war. *B. Moeller*, Stadt und Buch, in: *W. J. Mommsen* u. a. (Hrsg.), Stadtbürgertum und Adel in der Reformation/ The Urban Classes, the Nobility and the Reformation (Veröffentlichungen des Deutschen Historischen Instituts London 5), 1979, S. 25—39; dazu ergänzend: *R. W. Scribner*, Flugblatt und Analphabetentum. Wie kam der gemeine Mann zur reformatorischen Idee?, in: *H.-J. Köhler* (Hrsg.), Flugschriften als Massenmedium der Reformationszeit (Spätmittelalter und Frühe Neuzeit 13), 1981, S. 65—76. Zur „Öffentlichkeit": *R. Wohlfeil*, Reformation in sozialgeschichtlicher Betrachtungsweise, in: *S. Hoyer* (Hrsg.), Reform — Reformation — Revolution, 1980, S. 95 bis 104, hier S. 96—98.

[33] *P. Blickle*, Revolution von 1525 (wie Bibl. Nr. 42), S. 173. Zur Rolle der Prediger und Prädikanten: *M. Bußmann*, Theologie und Bauernkrieg (wie Anm. 12), S. 220—276; *J. Maurer*, Prediger (wie Bibl. Nr. 136).

[34] *G. Vogler*, Oberschwäbische Zwölf Artikel (wie Bibl. Nr. 120), S. 215.

Das Evangelium, „lauter" und „rein" gepredigt, war im Bauernkrieg nicht mehr nur ein Gradmesser für die schlechte Einrichtung der Welt, es wurde darüberhinaus richtungweisend für eine neue und bessere Ordnung. Aus ihm gewannen die Aufständischen „zugleich eine inhaltliche Bestimmung der zentralen Werte, die für eine christliche Gesellschaft verpflichtend sind und damit eine teleologische Festlegung jeder Rechtsetzung auf ein vorgegebenes Ziel". Das Evangelium wurde „Leitlinie für die konstruktive Neugestaltung einer christlichen Polis"[35].

Der Versuch, das Evangelium zur verpflichtenden Grundlage einer kirchlichen und weltlichen Neuordnung zu machen, d. h. kirchliche und weltliche Reformation zusammenzuführen, indem letztere evangelisch legitimiert wurde, wurzelte (von Thomas Müntzer einmal abgesehen) eher in der Theologie Zwinglis als in der Luthers[36].

Mit wachsender Schärfe zerschnitt Martin Luther seit Mitte April 1525 jedes Band zwischen dem Bauernkrieg und der Reformation (besser und richtiger: seiner Reformation). Sein Kampf galt dem „Mordpropheten" Thomas Müntzer und den „räuberischen und mörderischen Rotten der Bauern". Deren kämpferische Inanspruchnahme des Evangeliums für die Belange dieser Welt war ihm ein Werk des Teufels, eine „fleischliche" Umdeutung der christlichen Freiheit[37].

Diese, in der Nachfolge Luthers immer wieder vorgetragene Interpretation des Bauernkriegs als mißverstandene oder mißbrauchte Reformation läßt sich jedoch nur aufrechterhalten, „wollte man allein die lutherische Reformation als die legitime Reformation gelten lassen. Sobald man aber Zwingli und die oberdeutschen ‚christlichen Humanisten' als eigenständige Reformatoren würdigt — und daran kann wohl kein Zweifel sein —, dann muß auch die Revolution von 1525 als eine Entfaltung der Reformation verstanden werden."[38]

---

[35] *P. Bierbrauer*, Das Göttliche Recht (wie Bibl. Nr. 115), S. 232 ff.

[36] So *P. Blickle*, Revolution von 1525 (wie Bibl. Nr. 42), S. 237 bis 244. *H. Buszello*, Bauernkrieg als politische Bewegung (wie Bibl. Nr. 41), S. 117—122; *J. Maurer*, Prediger (wie Bibl. Nr. 136), S. 84—87, 143 bis 152.

[37] Vgl. *J. Maurer*, Prediger, S. 205—221.

[38] *P. Blickle*, Revolution von 1525 (wie Bibl. Nr. 42), S. 244 (einer näheren Definition bedarf u. E. jedoch der Begriff „Entfaltung"). Zwischen lutherischer und oberdeutscher bzw. Fürsten- und Gemeindereformor-

Die Verbindungslinien zwischen dem Bauernkrieg und der Reformation waren zahlreich und effektiv. Die Behauptung ist nicht zu gewagt, daß es den Bauernkrieg in dieser seiner Gestalt ohne die Reformation nicht gegeben hätte. Dennoch muß man, um ein Mißverständnis zu vermeiden, auch hinzufügen: Die religiös-kirchliche Erneuerung war im eigentlichen Sinne nicht die Ursache der Erhebung, und der Bauernkrieg war zu keiner Zeit ein bloßer Ableger der Reformation[39]. Der Bauernkrieg war eine sozial-politische Bewegung, die sich zur Reformation öffnete, weil diese selbst gegenüber einem Ereignis wie dem Bauernkrieg offen war[40]. Sozial-politische und religiös-kirchliche Bewegung verschmolzen miteinander, bis Martin Luther und die Siege der Fürsten beide wieder voneinander trennten. Dies gilt zumindest für den ländlichen Bereich; in den Städten lagen die Dinge z. T. anders[41].

3. „Brüderliche Liebe" und „gemeiner christlicher Nutzen"

Das Evangelium, „lauter" und „klar" gepredigt „ohne allen menschlichen Zusatz", enthüllte einen beklagenswerten Zustand der Welt.

Im „Spiegl des hailigen Ewangelii" erkannten die Bauern und Bergknappen im Erzstift Salzburg, „wie der gemain Man durch vil mannigfeltig Ungerechtigkait hoch beschwert, gedruckht und in Verderben gefurt ist". Mit Schmerz bedachte die „ersame Gemain" das „unchristlich, unnatürlich, unmenschlich, ängstlich, verdamblich

---

mation in ihrer jeweiligen Stellung zum Bauernkrieg unterscheidet auch G. *Zimmermann,* Zehntenfrage (wie Bibl. Nr. 112 a).

[39] „Der Bauernkrieg hängt mit der Reformation zusammen, bildet im ‚Wildwuchs der Reformation' aber so etwas wie eine eigene revolutionäre Bewegung, einen eigenen revolutionären Kreis." *H.-J. Goertz,* Antiklerikalismus (wie Bibl. Nr. 111), S. 200.

[40] So auch *J. Bücking — H.-Chr. Rublack,* Der Bauernkrieg in den vorder- und oberösterreichischen Ländern und in der Stadt Würzburg, in: *B. Moeller* (Hrsg.), Bauernkriegsstudien (wie Bibl. Nr. 50), S. 52.

[41] Dazu *H. Schilling,* Die politische Elite nordwestdeutscher Städte in den religiösen Auseinandersetzungen des 16. Jahrhunderts, in: *W. J. Mommsen* u. a. (Hrsg.), Stadtbürgertum und Adel (wie Anm. 32), S. 235—308; *M. Brecht,* Luthertum als politische und soziale Kraft in den Städten, in: *F. Petri* (Hrsg.), Kirche und gesellschaftlicher Wandel in deutschen und niederländischen Städten der werdenden Neuzeit (Städteforschung, Reihe A, Bd. 10), 1980, S. 1—21.

und verderblich Wesen, so laider zu lang wider Got und Recht und wider Vernunft gebraucht ist". Aus Eigennutz und Geiz haben die Herren: „Veindte Gottes und antichristisch[e] Wuetriche, Sellmörder, Verfuerer, Rauber und Verderbe[r] der armen Gemain", „die götlich Warhait und Gerechtigkait ... veracht, verworfen und under die Fueß getreten ..., die Menig des gemeinen Volgks mit ganz verfuerlichen Stuckhn weit von dem Weg ewangelischer Warheit und zu dem Teufl gefuert und darneben gemein Nutz vertilgt..."[42]

Nur kürzer und weniger wortgewaltig, in der Sache aber gleich schrieben die Memminger Dörfer an den Rat der Stadt: Nachdem das Evangelium seit etwa zwei Jahren in der Reichsstadt gepredigt wird, habe man entdeckt „vil böser Mißbreüch, so dem Wort Gottes ganz entgegen und zuwider seind, auch dem gemainen armen Man vast beschwerlich und unleidenlich"[43].

Schuldig am Zustand der Welt waren in erster Linie die Geistlichen. Sie, die die Wahrheit verkünden sollten, haben sie vorsätzlich „verdunkelt", um die Güter dieser Welt an sich zu reißen. Sie haben alle Mittel aufgeboten, um den „arm ainfeltig Man" glauben zu machen, „solch ir groß Mißprauch sein rechtlich und woll gehandlt"[44].

Das Evangelium demaskierte und entlarvte die bisherige Ordnung als einen Zustand der Unterdrückung und Ausbeutung. Falsche Predigt machte die Menschen blind und wehrlos, eine Beute der Herren auf Erden und des Teufels im Jenseits. Kampf für das Evangelium in seiner reinen, unverfälschten Art war deshalb immer auch ein Kampf für eine gerechte Welt — und umgekehrt.

Die Aufständischen stritten für „Liebe, Friede, Geduld und Einigkeit" unter den Menschen. An die Stelle von Habgier und Eigennutz sollten *die „brüderliche Liebe" und der „gemeine christliche Nutzen" als Grundwerte der neuen Ordnung* treten[45].

Mit dieser „Vision" verbanden die Aufständischen eine Reihe konkreter Erwartungen[46].

---

[42] *G. Franz*, Quellen Bauernkrieg (wie Bibl. Nr. 2), Nr. 94 (S. 295 f.).
[43] Ebd., Nr. 39.
[44] Ebd., Nr. 94 (S. 296).
[45] Dies hat deutlich herausgestellt *P. Blickle*, Revolution von 1525 (wie Bibl. Nr. 42), S. 151, 279.
[46] Auf Einzelnachweise kann im folgenden weitgehend verzichtet werden. Grundsätzlich verweisen wir auf die Zwölf Artikel, gedruckt

a) Die *Pfarrer* sollen das Evangelium „lauter und klar predigen on allen menschlichen Zusatz". Sie sollen von der Gemeinde gewählt und bei ungebührlichem Verhalten auch von dieser abgesetzt werden. Aus dem Großen Zehnten, der von der Gemeinde eingesammelt und verwaltet wird, sollen sie auskömmlich versorgt werden.

Mönche und Nonnen sind „unnütz" und „nichtswürdig". Klöster und Stifte sollen deshalb aufgehoben oder zumindest reduziert, deren Besitz dem gemeinen Nutzen zugeführt werden.

In mehreren geistlichen Territorien regen Bürger und Bauern eine Säkularisierung an. *Bischöfe und Äbte* sollen weltliche Titel annehmen und heiraten[47]. Wo die Aufständischen nicht so weit gehen, sollen zumindest die Rechte der *Domkapitel* drastisch beschnitten werden[48].

b) Die Bauern fordern die gänzliche Aufhebung der *Leibeigenschaft*. Sie wollen heiraten, „wa sie wellendt", und ziehen, „hinder wen sie wellendt". Alle leibherrlichen Abgaben sollen entfallen.

c) Bürger und Bauern verlangen mehr *Rechtssicherheit*. Urteile sollen nach feststehenden und objektiven Rechtsgrundsätzen gefällt werden, „auf das man dem Armen tu wie dem Reichen".

d) Die Forderung nach mehr Rechtssicherheit berührt direkt die Stellung des Adels innerhalb der Gesellschaft. Der *Adel* soll seine Privilegien vor Gericht verlieren und der bäuerlich-bürgerlichen Rechtsordnung unterworfen werden: „Es söllen auch all die Gaistlich und Weltlich, Edeln und Unedeln hinfuro sich des gemainen Burger- und Baurnrechten halten und nit mer sein, dann was ain ander gemainer Mann tun soll."[49]

In Großterritorien (wie z. B. Tirol) mit deutlich abgegrenzter landesherrlicher Gewalt soll dies dadurch erreicht werden, daß dem

---

u. a. in *G. Franz*, Quellen Bauernkrieg (wie Bibl. Nr. 2), Nr. 43; ferner auf die in *G. Franz*, Quellen Bauernkrieg, abgedruckten Quellen, leicht zugänglich über das Register. Einzelnachweise auch in *H. Buszello*, Bauernkrieg als politische Bewegung (wie Bibl. Nr. 41), S. 16 ff.; *P. Blickle*, Revolution von 1525 (wie Bibl. Nr. 42), S. 31 ff.

[47] So in Speyer, Fulda, Würzburg. In Tirol sollten die Bistümer Trient und Brixen aufgelöst werden; *G. Franz*, Quellen Bauernkrieg (wie Bibl. Nr. 2), Nr. 91 (Art. 2).

[48] In Speyer, Bamberg, Salzburg.

[49] *G. Franz*, Quellen Bauernkrieg (wie Bibl. Nr. 2), Nr. 120. Vgl. ebd., Nr. 110 (S. 352).

Adel alle eigenständigen Herrschaftsrechte genommen werden. Obrigkeit soll allein der Landesherr sein, in dessen Namen gewählte Richter über alle Personen gleiches Recht sprechen. Seine Sonderstellung verliert der Adel auch im wirtschaftlichen Bereich. An den Lasten der Gemeinde soll er wie jeder andere Bürger oder Bauer mittragen (er soll „mitleiden").

e) Mit allen bisher genannten Forderungen ist immer auch eine *wirtschaftliche Entlastung* des Gemeinen Mannes verbunden. Der Kleine Zehnt soll aufgehoben werden; diejenigen Teile des Großen Zehnten, die nicht für die Versorgung des Pfarrers benötigt werden, sollen der Armenfürsorge dienen oder für Notfälle zurückgelegt werden. Fortfall der leibherrlichen Abgaben entlastet den Bauern ebenso wie das „Mitleiden" des Adels oder die Verwendung säkularisierter Klostergüter für öffentliche Aufgaben. Darüberhinaus fordern die Aufständischen die Reduzierung von Abgaben und Diensten auf ein erträgliches Maß. Allmenden, die den Gemeinden widerrechtlich entzogen worden waren, sollen zurückgegeben und allgemeiner Nutzung zugeführt werden, Jagd und Fischfang (z. T. in eingeschränktem Umfang) jedem freistehen[50].

f) Bürger und Bauern fordern eine möglichst große *Autonomie der Gemeinden* bei der Regelung innerer Angelegenheiten[51]. Pfarrer, Vögte (Amtmänner, Schultheißen) und Richter sollen von der Gemeinde gewählt, entfremdete Allmenden wieder der Gemeindeverwaltung unterstellt werden. Die städtischen Magistrate sollen die Stadtschlüssel verwahren. Einem Schultheißen soll es untersagt sein, ohne Genehmigung an Ratssitzungen teilzunehmen.

Vehement und radikal wandten sich die Aufständischen ab März/April 1525 gegen die alte Kirche. Landauf, landab wurden Klöster besetzt, geplündert und zerstört; Priester, Mönche und Nonnen attackiert, beschimpft und verspottet. Statt die Menschen auf den Weg des Evangeliums und der Wahrheit zu führen, haben sie den Gemeinen Mann „teglich ... mit iren Lugen und Menschentand" geschunden. In ihrer Habgier wurden sie „reißende Wölfe",

---

[50] *K. Hasel,* Die Entwicklung von Waldeigentum und Waldnutzung im späten Mittelalter als Ursache für die Entstehung des Bauernkrieges, in: Allgemeine Forst- und Jagdzeitung 138 (1967), S. 140—148.
[51] *E. Walder,* Gehalt der Zwölf Artikel (wie Bibl. Nr. 119). *P. Blickle,* Revolution von 1525 (wie Bibl. Nr. 42), S. 72—77.

"Beißschafe" (statt Bischöfe)⁵². Klöster und Stifte waren Orte des Verrats, der Unterdrückung und des Verderbens. Ziel der Aufständischen war es, den Klerus als besitzenden und privilegierten, als Herrenstand zu beseitigen. Tragendes Element im neuen Kirchenaufbau sollten die Pfarrer sein, von den Gemeinden gewählt und in Maßen besoldet. Nachdem die klerikale Hierarchie unter Beweis gestellt hatte, daß sie das wahre Evangelium zu eigenem Nutzen unterdrückt, oblag es den Gemeinden als Repräsentanten der wahren Kirche, über die rechte Verkündung des Gotteswortes zu wachen. In Wahl und Abwahl des Pfarrers sowie in dem jederzeit möglichen Entzug der Versorgung besaßen sie wirkungsvolle Kontroll- und Machtmittel. Der Pfarrer wurde Diener der Gemeinde.

In den antiklerikalen Forderungen floß manches zusammen — Angst um das Heil der Seele wohl ebenso wie ein mannigfach begründeter, stetig genährter Haß auf die sozialen und wirtschaftlichen Privilegien des Klerus und das Gefühl, bislang in geistlichen und weltlichen Dingen arglistig getäuscht worden zu sein. Der *"Antiklerikalismus"* war älter als der Bauernkrieg. Doch ist er in seiner spezifischen Gestalt, in der er sich 1525 zeigte, nicht denkbar ohne den Einfluß der Reformation, die ihn mit religiösen Argumenten begründete, belebte und verschärfte⁵³.

Weniger eindeutig war die Haltung gegenüber dem Adel. Auf jeden Fall sollte er seiner Privilegien im Rechts- und Wirtschaftsleben verlustig gehen, d. h. den bäuerlichen und bürgerlichen Gemeinden stärker als bisher integriert werden. In beiden Bereichen sollte er „sich des gemainen Burger- und Baurnrechten halten und nit mer sein, dann was ain ander gemainer Man tun soll"⁵⁴. So-

---

[52] *G. Franz*, Quellen Bauernkrieg (wie Bibl. Nr. 2), Nr. 101 (S. 329). *H. Buszello*, Bauernkrieg als politische Bewegung (wie Bibl. Nr. 41), S. 165 f.

[53] Vgl. *H. J. Cohn*, Anticlericalism in the German Peasants' War 1525, in: Past and Present 83 (1979), S. 3—31; *Ders.*, Reformatorische Bewegung und Antiklerikalismus in Deutschland und England, in: *W. J. Mommsen* u. a. (Hrsg.), Stadtbürgertum und Adel (wie Anm. 32), S. 309—329; *H.-J. Goertz*, Antiklerikalismus (wie Bibl. Nr. 111). Auch *R. Endres*, Lage des „Gemeinen Mannes" (wie Bibl. Nr. 99); *H. A. Oberman*, Tumultus rusticorum: Vom „Klosterkrieg" zum Fürstensieg, in: *Ders.* (Hrsg.), Bauernkrieg 1525 (wie Bibl. Nr. 51), S. 157—172 (300 bis 316). In ihrem Angriff auf „Pfaffen und Mönche" konnten sich die Aufständischen vielfach der wohlwollenden Billigung des Adels erfreuen; s. *G. Franz*, Quellen Bauernkrieg (wie Bibl. Nr. 2), Nr. 158.

[54] S. o. Anm. 49.

weit wir sehen, blieb der Adel wie bisher Grundeigentümer. Doch hätte er durch die Verringerung von Abgaben und Diensten beträchtliche materielle Einbußen hinnehmen müssen. Durch Fortfall der Leibherrschaft hätte er zudem den Zugriff auf die Person der Bauern verloren. Seine Gebots- und Verbotsgewalt hätte weitgehend vor den Gemeinde-‚grenzen' geendet. Überall forderten die Aufständischen den Auszug des Adels aus Burgen und Schlössern; er sollte „sich in gemaine Hüser wie ander frembd Lüt begeben"[55]. Darin, wie im Verbot zu reiten, muß man gewiß einen symbolischen Akt sehen; der erzwungene Verzicht auf die bisherige Herrenstellung und damit das Ende von Unterdrückung und Ausbeutung sollten sichtbar demonstriert werden. Doch zugleich verlor der Adel seine militärischen Stützpunkte und damit die Möglichkeit künftiger Gegenwehr. „Im ‚Schlösserartikel' treffen sich politisches Erfordernis, militärische Notwendigkeit und soziales Programm."[56]

In Großterritorien wie z. B. Tirol oder Salzburg sollten die Herrschaftsrechte des Adels auf den Landesherrn übertragen werden, dessen obrigkeitlicher Gewalt der Adel wie alle anderen Bewohner unterstellt werden sollte. Damit gingen die Aufständischen den gleichen Weg, den die Landesfürsten bereits seit längerem beim Ausbau ihrer Herrschaft verfolgt hatten. Doch stießen beide Parteien darin aufeinander, daß der Landesherr die uneingeschränkte Verfügungsgewalt auch über die Dörfer, Gerichtsgemeinden und Städte für sich beanspruchte, während Bauern und Bürger versuchten, sich aus den herrschaftlichen Bindungen zu lösen. Der landesherrlichen Gewalt sollten die autonomen, sich selbst verwaltenden Dorf-, Gerichts- und Stadtgemeinden gegenüberstehen. Und dort, wo die Aufständischen die Errichtung eines landständischen/landschaftlichen Regiments forderten, sollte der Landesfürst überdies einer Kontrolle unterworfen werden, die wiederum von den Gemeinden legitimiert war (vgl. dazu u. S. 305—308). Damit erweist sich das Gemeindeprinzip, der „*Kommunalismus*", auch in Großterritorien — d. h. ebenso wie in Gebieten territorialer Zersplitterung mit genossenschaftlich-bündischer Staatsvorstellung — als *eines der tragenden Elemente in den bäuerlich-bürgerlichen Ordnungsvorstellungen*. Die geforderte Aufhebung adliger Herrschaftsrechte

---

[55] *G. Franz*, Quellen Bauernkrieg (wie Bibl. Nr. 2), Nr. 68 (S. 236). Vgl. ebd., Nr. 110 (S. 352), 120.

[56] *G. Vogler*, Schlösserartikel (wie Bibl. Nr. 124), S. 121.

und deren Übertragung auf den Landesherrn dürfen also nicht als Wunsch verstanden werden, durch Zentralisation die Macht des Fürsten zu steigern. Was die Aufständischen anstrebten, waren — positiv formuliert — die Eliminierung der ihnen nächststehenden Obrigkeiten, Rechtsvereinheitlichung und Steigerung der Kameraleinkünfte[57].

Das *Verlangen nach Aufhebung der Leibeigenschaft*[58]*, mehr Rechtssicherheit und wirtschaftlicher Entlastung* des Gemeinen Mannes war keine „Frucht des neuen Evangeliums" oder einer sonstigen Idee. Es resultierte aus der täglichen Erfahrung, aus Zorn, Verbitterung oder Not. Was die Menschen erhofften, waren konkrete Erleichterungen. Doch indem es gelang, die alten Forderungen aus dem Evangelium zu begründen, nahmen sie eine neue Qualität an. Was zuvor ein subjektiv empfundenes ‚Ärgernis' war, wurde nun objektives Unrecht vor Gott — unchristlich und damit unmenschlich. Die Aufständischen waren geschützt vor dem Vorwurf, bei allen Forderungen nur den eigenen Vorteil im Auge zu haben (was bedeuten würde, prinzipiell nicht anders zu handeln als die Herren in der Vergangenheit).

Leibeigenschaft paßte nicht in eine Gesellschaft, die sich als Gemeinde „christlicher Brüder" verstand: „Hie ist weder knecht noch herr / wir seind allzumal ayner in Christo / ja also einer ... daß ye ayner des andern glid sein soll / auß vns allen eyn leyb zu machen vnder dem haupt Jesu Christo."[59] Eine solche Gesellschaft konnte es nicht hinnehmen, daß Menschen durch überhöhte Abgaben „ganz und gar an [den] Bettelstab" kommen. Und sie mußte ihren Mitgliedern, armen und reichen, Recht und Gerechtigkeit widerfahren lassen. In der Vergangenheit war „Recht" jeweils das gewesen, was den Herren diente, von ihnen gesetzt und je nach Bedarf geändert wurde; so sahen es die Aufständischen, und sie forderten nun: „Es ist gar zeit, das wir buren auch herschen, dan

---

[57] So auch *P. Blickle,* Revolution von 1525 (wie Bibl. Nr. 42), S. 129 f.; *V. Press,* Herrschaft, Landschaft und „Gemeiner Mann" (wie Anm. 21), S. 187 („partielle Interessenidentität von Herrscher, Städten und Gerichten").

[58] Dazu *W. Müller,* Widerstand gegen die Leibeigenschaft (wie Anm. 5); *Ders.,* Freiheit und Leibeigenschaft — Soziale Ziele des deutschen Bauernkriegs?, in: *P. Blickle* (Hrsg.), Revolte (wie Bibl. Nr. 47), S. 264 bis 272. *P. Blickle,* Revolution von 1525 (wie Bibl. Nr. 42), S. 105 ff.

[59] *H. Buszello,* Bauernkrieg als politische Bewegung (wie Bibl. Nr. 41), S. 157.

wan einer rechts begert, spricht unser amptman: er sig das recht, es muß anders zugen ..."[60]

In der jüngeren Forschung besteht weitgehend Einigkeit darüber, daß Evangelium und Göttliches Recht den Bauernkrieg potentiell revolutionierten, ihm den Weg zur Revolution öffneten[61]. Zum einen war erstmals die Möglichkeit gegeben, über die tradierte Ordnung hinwegzugehen. Zum anderen begründete das Bekenntnis zum Evangelium einen in alle Zukunft offenen Anspruch: Neue und bessere Bibelkenntnis konnte neue Forderungen rechtfertigen und weitere Veränderungen erforderlich machen.

In den Klagen und Forderungen sowie programmatischen Äußerungen zeichnen sich die Umrisse der neuen Ordnung ab. Damit könnte man einen Schritt weiter gehen und die Frage stellen, ob die Aufständischen tatsächlich den Weg zur Revolution beschritten hatten oder ob sie sich de facto doch mit systemimmanenten Reformen begnügten: Hätte die Summe aller erwarteten Neuerungen die überkommene Ordnung grundlegend, qualitativ verändert?

Jede Antwort auf die *Frage nach dem „revolutionären Gehalt"* der bäuerlichen und bürgerlichen Forderungen ist jedoch mit einer Unsicherheit behaftet (die u. U. zur Spekulation verleitet).

Man kann fragen, ob die Mehrheit der Aufständischen wirklich so strikt auf den formulierten Forderungen bestanden oder ob sie am Ende nicht doch die Verhandlung und den Kompromiß gesucht hätte (d. h. auf eine immer auch vorhandene gemäßigte Linie eingeschwenkt wäre)[62]. Das biblische Gebot der christlichen Nächstenliebe konnte Forderungen begründen, aber auch begrenzen. Das Bekenntnis zu „Liebe, Friede, Geduld und Einigkeit", zu „brüderlicher Liebe" und „gemeinem christlichen Nutzen" ließ sich auch gegen die Aufständischen wenden; es konnte ein Argument gegen

---

[60] Vorstehende Zitate: *G. Franz*, Quellen Bauernkrieg (wie Bibl. Nr. 2), Nr. 68; *Ders.*, Bauernkrieg. Aktenband (wie Bibl. Nr. 1), Nr. 50.

[61] *P. Blickle*, Revolution von 1525 (wie Bibl. Nr. 42), bes. S. 279 ff.; *G. Vogler*, Oberschwäbische Zwölf Artikel (wie Bibl. Nr. 120). — Zum Begriff „sozialer Systemkonflikt" s. *P. Blickle*, Revolution von 1525, S. 12 ff. — Vgl. auch *H. G. Hockerts*, Der Bauernkrieg 1525 — frühbürgerliche Revolution, defensive Bauernerhebung oder Revolution des „Gemeinen Mannes", in: Geschichte in Wissenschaft und Unterricht 30 (1979), S. 1—20.

[62] So *H.-M. Maurer*, Bauernkrieg als Massenerhebung (wie Bibl. Nr. 57), vor allem S. 289 ff. — Vgl. dazu auch o. S. 120—122.

gewaltsame und für vertragliche Lösungen sein⁶³. Bei den Memminger Verhandlungen am 6./7. März waren es die Bodensee- und Allgäuer Bauern, die ein Bekenntnis zum Göttlichen Recht eher als Fessel auffaßten. Ulrich Schmid und Sebastian Lotzer bekräftigten, „was Gottes Wort erwise, des Sentenz welle[n sie] geleben, nachkommen und nit witer tringen". Daran hatten die See- und Allgäuer Bauern wenig Gefallen, „sunder vermaintend kain bessers, dann nun dapfer mit dem Schwert hindurch tringen"⁶⁴. Die Aufständischen setzten ihre Hoffnung auf die „Hochgelerten der hailigen Schrift", von denen sie insbesondere die inhaltliche Ausgestaltung des Göttlichen Rechts erwarteten. Die führenden reformatorischen Theologen lehnten jedoch jede Zusammenarbeit ab. Ob und wie sich dieser Umstand auf das Denken und Wollen der Aufständischen ausgewirkt hätte, bleibt eine offene Frage.

4. Staatsvorstellungen

In wenigen Wochen, von März bis Anfang Mai 1525, war die alte Herrschaft in Süd- und Mitteldeutschland zusammengebrochen. Die Herren hatten sich in die wenigen verbliebenen Zufluchtsorte zurückgezogen oder waren gezwungen worden, den „christlichen Vereinigungen" beizutreten. Den Führern der Aufständischen fiel die Aufgabe zu, durch eine neue Ordnung das entstandene Machtvakuum so zu füllen, daß das Erreichte gesichert und einer erneuten Unterdrückung des Gemeinen Mannes für alle Zeiten vorgebeugt würde. Nach Lage der Dinge mußte die neue Ordnung sowohl eine militärische als auch eine politische Komponente enthalten.

Ein erster Schritt war der *Versuch, die Haufen fester zu organisieren* — durchweg nach dem Vorbild der Landsknechtsheere oder des Landesaufgebots⁶⁵. Dabei ging es nicht nur darum, die militä-

---

⁶³ Vgl. *M. Brecht,* Hintergrund der Zwölf Artikel (wie Bibl. Nr. 118), S. 51 ff.
⁶⁴ So der Bericht des Johannes Keßler; *G. Franz,* Quellen Bauernkrieg (wie Bibl. Nr. 2), Nr. 31 (S. 148).
⁶⁵ S. zum Folgenden die bei *G. Franz,* Quellen Bauernkrieg (wie Bibl. Nr. 2), abgedruckten Ordnungen (Nr. 52, Art. 8 f. und 12; 54; 75 f.; 107, Zusätze; 110; 116; 139; 145). *H. Schnitter,* Die bäuerlichen Haufen — Keim eines Volksheeres 1524/25, in: *M. Steinmetz* (Hrsg.), Bauernkrieg und Müntzer (wie Bibl. Nr. 53), S. 72—78; *M. Bensing,* Die „Haufen" im

rische Schlagkraft zu erhöhen; Ziel war es auch und vor allem, die Ordnung im Land aufrechtzuerhalten, Plünderungen und Ausschreitungen zu verhindern. Die Haufen wurden stufenweise in kleinere Einheiten unterteilt, eine militärische und administrative Leitung aufgebaut. Vorschriften regelten das Leben im Lager und das Verhalten gegenüber Außenstehenden.

Die Haufen waren Heer und erste Realisation der neuen brüderlichen Gesellschaft in einem. In ihnen wurde Gottes Wort täglich gepredigt; bei Strafe waren Fluchen, Beleidigungen, Zutrinken, Spiel, Gotteslästerung und der Aufenthalt unehrlicher Personen im Lager verboten. In ihnen sollten unbedingter Friede, Gerechtigkeit für jedermann und Gehorsam herrschen; unter besonderem Schutz standen die Schwachen: Alte und Kranke, Frauen und Kinder, Witwen und Waisen.

Die Haufen sollten sich aus der waffenfähigen Mannschaft einer bestimmten Region rekrutieren. Einer Regelung bedurfte folglich das Verhältnis zwischen den Haufen und den einzelnen Gemeinden. Die diesbezüglichen Bestimmungen betrafen das Aushebungsverfahren, den Unterhalt der Haufen sowie die Pflichten der Daheimgebliebenen.

Aufbauend wirkten die Führer der Aufständischen vor allem aber dort, wo sie ihren Blick über die Zeit des Kampfes und über die ‚Grenzen' des eigenen Haufens hinaus richteten — wo sie Ideen entwickelten, die man mit Fug und Recht als Staatsvorstellungen bezeichnen kann[66]. Entsprechend den realen Bedingungen gingen sie zwei Wege:

— In großräumigen und geschlossenen Territorien sollte ein *landständisches/landschaftliches Regiment* zusammen mit dem Landesherrn oder gar an seiner Stelle die Politik führen[67].

---

deutschen Bauernkrieg, in: *G. Heitz — A. Laube — M. Steinmetz — G. Vogler* (Hrsg.), Bauer im Klassenkampf (wie Bibl. Nr. 49), S. 183 bis 199.

[66] Zum Folgenden verweisen wir grundsätzlich auf *H. Buszello*, Bauernkrieg als politische Bewegung (wie Bibl. Nr. 41); *Ders.*, Gemeinde (wie Bibl. Nr. 122); *Ders.*, Staatsvorstellung (wie Bibl. Nr. 123); *P. Blickle*, Revolution von 1525 (wie Bibl. Nr. 42). Ferner seien erwähnt die Arbeiten von *H. Vahle* und *H. Angermeier* (wie Bibl. Nr. 23, 121); *W. Raitz*, Die politischen Ziele des Bauernkriegs — reformistisch, konservativ-revolutionär, revolutionär?, in: *Ders.* (Hrsg.), Bauernkrieg (wie Bibl. Nr. 52), S. 211—224.

[67] Zum Begriff der „Landschaft" s. *P. Blickle*, Landschaften im Alten

— In Gebieten großer territorialer Zersplitterung sollte eine *überterritoriale Einung (Vereinigung, Eidgenossenschaft)* von bäuerlichen und bürgerlichen Gemeinden die Rechte des Gemeinen Mannes gegenüber den Herren sichern.

Grund und Ziel beider Konzeptionen war es, den Gemeinen Mann: Bürger, Bauern und soweit vorhanden Bergknappen, als (mit-)bestimmenden oder kontrollierenden Faktor in den politischen Prozeß einzuführen — und dies nicht nur auf der unteren, gemeindlichen Ebene. Durch eine institutionell (konstitutionell) abgesicherte Beschränkung der Herrschaftsträger sollte verhindert werden, daß notwendige Obrigkeit wieder — wie in der Vergangenheit — in Tyrannei ausartet. Mit anderen Worten: Bauern, Bürgern und Bergknappen wurde das Wächteramt über die neue, christliche Ordnung übertragen. Die *Grundprinzipien der projektierten Verfassung* waren einerseits die (Stadt-, Land- und Berg-)Gemeinden als Basis des staatlichen Aufbaues und anderseits die Wahl der Repräsentanten bzw. derer, die Herrschafts- oder Regierungsfunktionen übernahmen.

„[Diese] Pläne waren weder anarchisch [noch] chaotisch ...; vielmehr entwickelt aus den Vorstellungen und Kategorien der Zeit heraus."[68] Die Führer des Aufstands griffen zwei Formen staatlicher Verfassung auf, die beide im ausgehenden Mittelalter bzw. zu Beginn der Neuzeit nicht nur Idee, sondern praktizierte Realität waren: *einerseits das Modell des landständisch/landschaftlich verfaßten, anderseits das des genossenschaftlich-bündischen Staates*[69].

In fünf Fällen stoßen wir auf das Verlangen, ein landständisches/landschaftliches Regiment neben oder an Stelle der landesfürstlichen Gewalt zu errichten[70]:

Reich. Die staatliche Funktion des gemeinen Mannes in Oberdeutschland, 1973, vor allem die einleitende Begriffsbestimmung, S. 3—23. Dazu V. *Press,* Herrschaft, Landschaft und „Gemeiner Mann" (wie Anm. 21). Für die Programme des Bauernkriegs wird man im einzelnen Fall entscheiden müssen, ob der Begriff „landständisch" oder „landschaftlich" der angemessene ist.

[68] *H.-M. Maurer,* Die verlorene Volksrevolution, in: Journal für Geschichte 2 (1980), S. 3—13, hier S. 12.

[69] Zum politischen Bewußtsein der Aufständischen s. *P. Blickle,* Revolution von 1525 (wie Bibl. Nr. 42), S. 131—139; *Ders.,* Deutsche Untertanen. Ein Widerspruch, 1981.

[70] *W. Stolze,* Der deutsche Bauernkrieg. Untersuchungen über seine

Bamberg:
Plan einer „ordnung Im Stifft"

Markgräflerland (Rötteln-Sausenberg und Badenweiler):
Brief des Markgrafen Ernst von Baden an die Stadt Basel vom 7. Mai 1525

Salzburg:
„Gemainer Stat Salzburg Beschwerung", Artikel 46—59

Württemberg:
Sog. „Verhandlungsangebot" württembergischer Städte an Herzog Ulrich

Würzburg:
Artikel der Würzburger Bürgerschaft vom 30. Mai 1525

Die „Gemainer Stat Salzburg Beschwerung", die als Beispiel etwas ausführlicher behandelt werden sollen, enthalten in den Artikeln 46—59 ein ausgeführtes Programm faktischer Säkularisierung des Erzstifts und völliger politischer Entmachtung des Erzbischofs und des Domkapitels. Dem Erzbischof soll „hinfüran ain Regimendt von Landsleutten besetzt werde[n]. Als Adl, burgern vnd Bauerschaften (Gerichten)"; bei ihm soll die weltliche Herrschaft im Erzstift liegen. Rechtsgelehrte und Geistliche, dazu alle Ausländer sind von einer Berufung in das Regiment ausgeschlossen. Die „Landschaft" will sich auch aller anderen wichtigen Regierungsämter bemächtigen. Der Kammermeister, von der „Landschaft" eingesetzt, muß dieser schwören und Rechnung legen. Über die Dompropstei und die Klöster des Erzstifts werden weltliche Aufseher gestellt. Schloß und Stadt Salzburg werden von „gemeiner Landschaft" besetzt. Der entmachtete Erzbischof erhält eine Pension; die „Landschaft" mißt ihm jährliche Unterhaltskosten zu.

Artikel 48 sieht die Besetzung des Regiments mit Adligen, Bürgern und Bauern vor; ausgeschlossen bleibt nur die Geistlichkeit.

Entstehung und seinen Verlauf, 1907, Anlage Nr. 5 (S. 238 ff.); *H. Schreiber*, Bauernkrieg (wie Bibl. Nr. 7), Bd. 2, Nr. 216; *H. Widmann*, Zwei Beiträge zur salzburgischen Geschichte, in: Gymnasialprogramm Salzburg 1897, S. 16—27; *G. Franz*, Quellen Bauernkrieg (wie Bibl. Nr. 2), Nr. 141; *M. Cronthal*, Die Stadt Würzburg im Bauernkrieg, hrsg. v. *M. Wieland*, 1887, S. 30 ff. — Dazu *P. Blickle*, Die Funktion der Landtage im „Bauernkrieg", in: Historische Zeitschrift 221 (1975), S. 1—17.

Artikel 59 spricht dagegen von einem Bündnis der „Burgerschaft vonn Stetten vnd märckten, Auch [der] Bauerschafft vonn Gerichten Sambt den vonn Perckhwerchen", von dem „die geystlichen, vnd vom Adel, dieweil Sy allemal widerwerttig, vnd zu vntterdruckung des gemainen manns, dem Landsfürsten bisher, auf alle weg, anhengig gewest, ausgeschlossen [sein sollen]". Dieser Widerspruch ist vielleicht so aufzulösen, daß zur Wahrung bürgerlicher und bäuerlicher Freiheiten ein engeres Bündnis zwischen Bürgern, Bauern und Bergknappen geschlossen werden sollte, daß bei der Führung der Landespolitik diese den Adel trotz allem am Regiment beteiligten. Wahrscheinlicher ist es jedoch, daß die Stellung des Adels im neuen Staatsaufbau unter den Aufständischen selbst strittig war. Auf jeden Fall konnte der Artikel 59 zum Ansatzpunkt dafür werden, den Adel wie die Geistlichkeit vom Regiment auszuschließen, d. h. die politisch berechtigte „Landschaft" auf Bürger, Bauern und Bergknappen zu beschränken.

Wie im Erzstift Salzburg sollte der Landesherr auch im Herzogtum Württemberg und im Markgräflerland entmachtet und die gesamte Regierungsführung auf das Regiment übertragen werden. Im Hochstift Würzburg begnügten sich die Aufständischen mit der Forderung, daß viermal im Jahr ein ständisches Kollegium mit dem Bischof zusammenkommen und alle anstehenden Probleme beraten sollte.

Die Regimente in Württemberg, Würzburg und Bamberg sollten mit Angehörigen der drei weltlichen Stände: mit Adligen, Bürgern und Bauern, besetzt werden; die Geistlichkeit wurde in allen Fällen ausgeschlossen. Im Regiment, das die Markgräfler errichten wollten, sollten hingegen nur Bauern vertreten sein: „Und sich die Hauptleut daneben auch hören lassen, daß der Landschaft Meinung sei, uns [dem Markgrafen] ein Regiment zu machen, dermaß daß sie all Ämpter mit Bauren besetzen ... und mussen wir auch ein Paur sein ..."[71] Diese Absicht dürfte ihren Grund darin gehabt haben, daß die „Landschaft" des Markgräflerlandes praktisch nur aus Bauern bestand.

Die Besetzung der Regimente in Salzburg, Württemberg, Würzburg, Bamberg und dem Markgräflerland sollte ohne Zweifel der „Landschaft" bzw. den Ständen (via Landtag) vorbehalten sein, auch wenn dies nicht ausdrücklich gesagt wird.

---

[71] *H. Schreiber*, Bauernkrieg (wie Bibl. Nr. 7), Bd. 2, Nr. 216. Dazu *P. Blickle*, Landschaften (wie Anm. 67), S. 141 ff.

Überblickt man die Zeugnisse für die Einrichtung eines landständischen/landschaftlichen Regiments zur Kontrolle oder Übernahme der landesfürstlichen Macht im Zusammenhang, dann fällt zunächst einmal auf, daß jener Vorsatz in größeren und geschlossenen Territorien geäußert wurde. In diesen „Großterritorien" wie auch im kleinen, doch geschlossenen Markgräflerland blieb der Bauernkrieg eine innerterritoriale Bewegung, eine Auseinandersetzung zwischen den Untertanen eines Territoriums und ihrem jeweiligen Landesherrn. Analog dazu erfolgte auch die politische Neuordnung im territorialen Rahmen und nicht in Zusammenarbeit mit fremden Haufen.

Alle genannten Territorien besaßen 1525 eine seit langem funktionierende landständische/landschaftliche Verfassung, und an dieser orientierten sich die Aufständischen. „Die landständische Verfassung war als Modell für die Staatsvorstellungen der Revolution deswegen tauglich, weil sie erkennen ließ, daß Ordnungsprobleme in einem großflächigen Staat im Zusammenwirken von Landesherr und Landschaft zu meistern waren. Der Alternativentwurf mußte lediglich die bestehende Verfassung mit den grundsätzlichen Anliegen der Revolution harmonisieren."[72]

In der Mehrzahl der vorliegenden Fälle waren es Bürger, die die Errichtung eines landständischen/landschaftlichen Regiments forderten oder zumindest als Programm formulierten. Doch zeigt das Beispiel der Markgräfler Bauern, daß diese Idee keineswegs eine spezifisch bürgerliche politische Konzeption war. Entscheidend für die Entwicklung dieses Programms war nicht die ständische Zugehörigkeit, sondern das Ausmaß, in dem Bürger oder Bauern in der Vergangenheit in die gesamtterritoriale Politik einbezogen worden waren und deren Organe kennengelernt hatten. Eine solche Schulung und politische Bewußtseinsbildung erfolgten in erster Linie über die Landstandschaft, durch die Mitarbeit im Landtag. Und in diesem Punkt war die Ausgangslage der Bauern im allgemeinen schlechter als die der Bürger[73].

Die zwei Bedingungen: innerterritorialer Verlauf des Aufstandes und Existenz einer landständischen/landschaftlichen Verfassung, waren in geradezu mustergültiger Weise auch in *Tirol* gegeben. Dennoch fehlen für das Jahr 1525 Hinweise darauf, daß die

---

[72] P. Blickle, Revolution von 1525 (wie Bibl. Nr. 42), S. 213.
[73] Dazu auch P. Blickle, Funktion der Landtage (wie Anm. 70), S. 6—8.

Aufständischen ein alternatives politisches Programm, die Staatsspitze betreffend, verfolgt hätten. Sie bestätigten zum einen die Einrichtung der Landtage und verschärften die Rückbindung der Landtagsabgeordneten an ihre Gemeinden[74]. Zum anderen verlangten sie, daß die „Regierung oder Regiment zu Ynnsprugg mit verstendigen, erlichen Landleuten, so der Landspreuch Wissen tragen, als vom Adl, Stetten und Gerichten und nicht von aussern oder gaistlichen Leuten noch Doktores besetzt werden ..."[75] Es bleibt unklar, was die Aufständischen hier unter „Regierung" oder „Regiment" verstanden. Der Kontext, in dem jene Forderung steht, deutet wohl darauf hin, daß damit nur die oberste Gerichtsbehörde gemeint war[76]. Doch gibt es zumindest einen indirekten Hinweis, daß in gleicher Weise auch die Besetzung des Hofrats mit Angehörigen der drei weltlichen Stände verlangt wurde[77]. Offenbar wurde dem Erzherzog aber nicht das Recht bestritten, die Mitglieder des „Regiments" oder des Hofrats in eigener Kompetenz zu bestimmen. Dadurch, daß der Kreis der möglichen Mitglieder zum einen eingeschränkt (keine Ausländer, Kleriker oder Rechtsgelehrte), zum anderen näher umschrieben wurde (Adlige, Bürger und Bauern), suchten die Aufständischen lediglich eine stärkere Bindung der obersten Behörden an das Land zu erreichen[78].

Die Idee einer Beschränkung landesfürstlicher Macht durch ein landständisches/landschaftliches Regiment wurde 1525 nur in solchen Ländern vertreten, in denen der Aufstand als territorial begrenzte Auseinandersetzung zwischen dem Gemeinen Mann auf der einen und dem Landesherrn auf der anderen Seite verlief. Voraussetzungen dieser Art waren in Oberschwaben nicht gegeben. Bedingt durch die kleinräumigen territorialen Verhältnisse schlos-

---

[74] Meraner Artikel, Art. 49. *G. Franz*, Quellen Bauernkrieg (wie Bibl. Nr. 2), Nr. 91.

[75] Ebd., Nr. 91, Art. 12.

[76] *H. Buszello*, Bauernkrieg als politische Bewegung (wie Bibl. Nr. 41), S. 137 f. Doch dazu *P. Blickle*, Revolution von 1525 (wie Bibl. Nr. 42), S. 215.

[77] *H. Buszello*, Bauernkrieg als politische Bewegung (wie Bibl. Nr. 41), S. 138.

[78] Ein Regiment sollte schließlich auch im Stift Waldsassen errichtet werden. Doch lagen die Dinge hier so unterschiedlich, daß man sich scheut, dieses Regiment den oben behandelten an die Seite zu stellen. Vgl. *H. Buszello*, Bauernkrieg als politische Bewegung (wie Bibl. Nr. 41), S. 138 f. S. auch u. S. 345 f. Anm. 92.

sen sich die dortigen Untertanen Mitte Februar bis Anfang März zu drei großen, überterritorialen Haufen zusammen: zum Baltringer und (Boden-)Seehaufen sowie zum Allgäuer Bund. Bereits vor dem 6. März hatten die Allgäuer und Bodenseebauern zueinander geschworen. Am 6./7. März verbanden sich alle drei Haufen in Memmingen zur *„Christlichen Vereinigung"* Oberschwabens; sie einigten sich auf eine Bundesordnung, eine Eidesformel sowie eine Predigt- und Landesordnung[79].

In der Bundesordnung entwickelten die Vertreter der drei Haufen den Gedanken einer als Landfriedensbündnis deklarierten ewigen Eidgenossenschaft von „Städten, Flecken und Landschaften" Oberschwabens zum Zwecke dauernden Schutzes der bäuerlichen und bürgerlichen Rechte gegenüber den Obrigkeiten[80]. Eine überterritoriale Einung von bürgerlichen und bäuerlichen Gemeinden bzw. Verbänden („Landschaften") sollte für alle Zeiten einer erneuten Unterdrückung des Gemeinen Mannes vorbeugen. Die ursprünglich militärischen Verbände der drei Haufen wurden als militärisch-politische Organe in die neue Ordnung (,Verfassung') integriert; sie erhielten den Charakter von Zwischenorganisationen zwischen Städten, Dörfern und „Landschaften" einerseits sowie der „Christlichen Vereinigung" anderseits.

Die Basis der neuen Verfassung bildeten die Stadt- und Dorfgemeinden sowie „Landschaften". Diese organisierten sich in größeren regionalen Einheiten, deren institutionelle Verkörperung die Haufen waren. Die Haufen schlossen sich wiederum zur „Christlichen Vereinigung" Oberschwabens zusammen. Räumlich überspannte die Vereinigung das Gebiet eines großen Territoriums (Württemberg, Tirol) oder das der Schweizer Eidgenossenschaft.

Erklärtes Ziel der „Christlichen Vereinigung" war die Wiederherstellung „brüderlicher Liebe" unter den Menschen. Maßstab

---

[79] Als einzige bäuerliche Programmschrift neben den Zwölf Artikeln wurde auch die Memminger Bundesordnung im Druck verbreitet. S. *H. Claus*, Druckschaffen (wie Anm. 3), S. 29—31. Sie ist am einfachsten zugänglich in *G. Franz*, Quellen Bauernkrieg (wie Bibl. Nr. 2), Nr. 50 (Entwurf), 51 (endgültige Fassung). Abweichend von *P. Blickle*, Nochmals Zwölf Artikel (wie Bibl. Nr. 117), S. 289 ff., halten wir daran fest, daß die Handschriften des Freiburger Stadtarchivs als Abschriften eines Entwurfs bzw. einer ersten Fassung der Memminger Bundesordnung anzusehen sind. Nur so ist das Datum des 6. März zu erklären.

[80] Für Einzelheiten s. *H. Buszello*, Bauernkrieg als politische Bewegung (wie Bibl. Nr. 41), S. 53—67.

dafür sollte allein das Evangelium, das Wort Gottes, sein. Die Vereinigung verstand sich selbst als ein Schutzbündnis zur Erlangung und Sicherung des Rechts innerhalb der überkommenen politischen Ordnung. Denn die alten Obrigkeiten wurden von der Vereinigung anerkannt. Leistungen der Untertanen wurden nicht generell verworfen, sondern nur auf ihre Rechtmäßigkeit vor dem Göttlichen Recht überprüft. Die bestehende Rechtsordnung sollte weiterhin Geltung haben. Allerdings mußten die Dienstleute der Fürsten und Herren diesen den Eid aufsagen und Mitglied der Vereinigung werden. Tatsächlich wären mit der „Christlichen Vereinigung" jedoch grundsätzlich neue Machtverhältnisse entstanden. Die bisherigen Obrigkeiten wären, nicht zuletzt durch den „Schlösserartikel", zur Machtlosigkeit verurteilt worden. Alle Gewalt hätte bei der bäuerlich-bürgerlichen Eidgenossenschaft bzw. ihren Führern gelegen. Als genossenschaftlich-bündische Organisation legte sich die „Christliche Vereinigung" gleichsam ‚quer' zu den tradierten feudalen Herrschaftsverhältnissen.

Das Ziel der Baltringer, Allgäuer und Bodenseebauern: der wirksame Schutz des Gemeinen Mannes vor der Willkür der Herren, war identisch mit dem Anliegen der Aufständischen in Salzburg, Würzburg oder im Markgräflerland. Das Mittel zu seiner Verwirklichung war in Oberschwaben ein anderes. Es trug den territorialen Verhältnissen und der dadurch bedingten Entwicklung des Aufstandes Rechnung; dem überterritorialen Zusammenschluß entsprach auf der Ebene der Staatsvorstellung die überterritoriale Einung.

Mit ihrem Programm einer auf Städten, Dörfern und „Landschaften" gründenden, sich stufenweise aufbauenden Eidgenossenschaft (Einung, „Vereinung" oder „Vereinigung") griffen die Führer der oberschwäbischen Bauern ein Verfassungsmodell auf, das gerade im deutschen Südwesten eine lange Tradition besaß. Die „Christliche Vereinigung" Oberschwabens war dem Vorbild älterer südwestdeutscher oder Schweizer Bünde nachgebildet. In den Rechtsformen zur Konstituierung der Vereinigung, ihrer inneren Organisation, den Zielen und Verfügungen machte sie sich einen Kanon feststehender und unerläßlicher Formen und Muster zu eigen. Neu und revolutionär für die deutschen Verhältnisse außerhalb der Schweizer Eidgenossenschaft war nur die bäuerliche Komponente dieser Einung — nicht das genossenschaftlich-bündische Prinzip als solches.

Im Staatsarchiv Basel lagert eine Handschrift, deren Inhalt Heinrich Ryhiner in seine Chronik des Bauernkriegs aufgenommen und mit den Worten eingeführt hat, die Sund- und Breisgauer Bauern hätten deren Artikel „handhaben" wollen[81]. Der Text gleicht im wesentlichen dem Entwurf der oberschwäbischen (Memminger) Bundesordnung vom 6. März 1525. Allerdings enthält er drei Abweichungen. Gegenüber dem Entwurf fehlen die Eingangszeilen mit dem Datum des 6. März. Der dritte Artikel ist in der Basler Handschrift abweichend vom Entwurf formuliert. Artikel 17 sieht im Entwurf der oberschwäbischen Bundesordnung ein Besteuerungsrecht des Bundes vor; in der Basler Handschrift werden hier Forderungen und Absichten formuliert, die auffällig an die Zwölf Artikel erinnern. Man kann nun annehmen, daß der Entwurf der oberschwäbischen Bundesordnung an den südlichen Oberrhein gelangte, wo er redaktionell überarbeitet und partiell geändert wurde. Aus der oberschwäbischen wäre so eine *„oberrheinische Bundesordnung"* geworden[82].

Gegenüber einer solchen Deutung hat Peter Blickle die Ansicht vertreten, daß der Text der Basler Handschrift älter sei als die oberschwäbische Bundesordnung. Entstanden sei er am Oberrhein, als originäre „oberrheinische Bundesordnung". Von dort gelangte er nach Memmingen und in den Besitz von Sebastian Lotzer, der auf seiner Basis zwei Schriftstücke formulierte: die Zwölf Artikel (ausgehend von Artikel 17 der Vorlage) und die oberschwäbische Bundesordnung.

Unabhängig davon, welcher der beiden Deutungen man sich anschließen mag, bleibt festzuhalten: Die Idee, eine „christliche Vereinigung" als neues Verfassungsorgan neben — oder richtiger: über — die bisherigen Obrigkeiten zu setzen, wurde nicht nur in Oberschwaben vertreten; in einem gleichlautenden Programm wurde sie auch am südlichen Oberrhein propagiert, zumindest war sie dort bekannt. Strittig kann wohl nur sein, in welcher Beziehung beide Programme zueinander standen; unsicher dürfte trotz der bestimmten Angabe Heinrich Ryhiners sein, welchen Grad der Verbindlichkeit das Programm am Oberrhein erlangte.

Am 10./11. Mai *schlossen sich* in der mittelelsässischen Stadt Molsheim *13 Haufen aus dem gesamten Elsaß und der angrenzen-*

---

[81] Das Folgende basiert auf *P. Blickle*, Nochmals Zwölf Artikel (wie Bibl. Nr. 117). Doch s. auch Anm. 79.

[82] Denn als Abschrift kann man die Basler Handschrift nicht einfach bezeichnen!

den Pfalz zu einem Bund zusammen[83]. Seine Leitung lag in Händen eines „Obersten Hauptmannes" und einer Anzahl von „Regenten". Die einzelnen Haufen blieben als solche bestehen. Sie wurden von einem Obersten oder Hauptmann geführt. In seinen Entscheidungen war dieser jedoch an die Zustimmung des Haufens bzw. seiner „Regenten" gebunden; er sollte nicht handeln „verborgelich on wissen des haufens oder zugebnen regenten". Obwohl die Angaben der einzigen, zugrundeliegenden Quelle oft unklar bleiben, dürfte doch soviel sicher sein: Der Bund und die Haufen waren analog organisiert. Neben dem „Obersten Hauptmann" und den Obersten der Haufen standen jeweils „Regenten". Die Obersten waren in ihren Entscheidungen und Handlungen an die Zustimmung der Haufen oder seiner Regenten gebunden. Nur vermuten können wir, daß dies auch für den „Obersten Hauptmann" galt. Nehmen wir an, daß die Regenten eines Haufens diesen zugleich auf der Ebene des Bundes vertraten, dann besaßen sie eine Doppelfunktion, durch die der Bund und die Haufen auf enge Weise miteinander verbunden waren. Einmal waren sie ein nach ‚innen' wirkendes Organ der jeweiligen Haufen; zum anderen bildete die Versammlung der Regenten ein übergeordnetes, oberstes Entscheidungsorgan des Bundes.

Die Ordnung des Bundes war dreistufig: von den einzelnen Gemeinden über die Haufen zum landesweiten Bund. Sowohl die Haufen als auch der Bund besaßen Exekutivorgane. Der „Oberste Hauptmann" und die „Regenten" waren den Obersten der Haufen übergeordnet, besaßen Weisungs- und Gesetzgebungskompetenz. Städte und Dörfer waren verpflichtet, neben den Organen des Bundes und der Haufen allen Obrigkeiten gehorsam zu sein, „weliche sich evangelische meinüng underziehend" — d. h. die in Einklang mit den Vorschriften des Evangeliums regierten und von den Haufen deshalb als Verbündete und Freunde angesehen wurden.

Die inhaltlichen Parallelen dieses Bundes zur „Christlichen Vereinigung" Oberschwabens sind nicht zu übersehen. Hier wie dort schlossen sich mehrere Haufen unter Wahrung ihrer Existenz auf

---

[83] Die Quellen in *G. Franz*, Bauernkrieg. Aktenband (wie Bibl. Nr. 1), Nr. 72, 76 f.; *H. Virck*, Correspondenz Straßburg (wie Bibl. Nr. 8), Nr. 230, 289, wichtig auch S. 142 Anm. 3; *G. Franz*, Quellen Bauernkrieg (wie Bibl. Nr. 2), Nr. 75 f. Dazu *P. Blickle*, Alternativen des Feudalismus 1525. Die Bedeutung des Elsaß für die Konzeption einer korporativbündischen Verfassung im „Bauernkrieg", in: *A. Wollbrett* (Hrsg.), Guerre des paysans (wie Bibl. Nr. 65), S. 9—12.

Dauer zusammen; geistige Grundlage war das Bekenntnis zum Evangelium. Der Aufbau des elsässischen Bundes und der oberschwäbischen Vereinigung war dreistufig: von den Gemeinden über die Haufen zur landesweiten Vereinigung. „Selbst wenn man unterstellt, die Organisation der Elsässer Haufen habe allein der militärischen Sicherung gedient, ist doch einsichtig, daß eine solche Konzeption [wie in Oberschwaben] auch als politisches Modell realisierbar war."[84]

Eine politische Konzeption, die der in Oberschwaben und im Elsaß vergleichbar ist, zeichnet sich in groben Umrissen auch in *Franken* ab, wo der Bauernkrieg ebenfalls als überterritoriale Bewegung verlief.

Wendel Hipler, der Führer des Neckartal-Odenwälder Haufens, dachte bei der Vorbereitung der für Mitte Mai angesetzten Heilbronner Tagung bereits an die Zeit, in der nach glücklich bestandenem Kampf der Gemeine Mann wieder zu seiner Arbeit zurückkehren könnte[85]. Eine kleinere Truppe sollte aber auch dann „in dieser Landsart" unterhalten werden, und zumindest einige der jetzigen Hauptleute und Räte sollten weiterhin im Amt bleiben. Dreierlei war den Hauptleuten und Räten aufgegeben: auf alle besonderen Vorkommnisse zu achten, Frieden und Recht zu wahren sowie wechselseitige Hilfe (wir dürfen wohl ergänzen: gegen Übergriffe der Fürsten und Herren) zu organisieren.

In der Vorstellung Hiplers sollten die Hauptleute und Räte sowie die Kerntruppe für ganz Franken oder zumindest ein größeres Gebiet („in dieser Landsart") zuständig sein. Dies und der nötige Unterhalt der gemeinsamen Exekutivorgane setzten voraus, daß der überterritoriale Zusammenschluß der fränkischen Bauern und Bürger — bisher in mehreren großen Haufen — auch zukünftig in irgendeiner Form bestehen blieb.

Nach den Vorstellungen der Aufständischen sollte der Klerus als herrschender Stand beseitigt werden. Wegfall der Leibeigenschaft, reduzierte Abgaben und Dienste, ausgeweitete kommunale Autonomie sowie das Ende seiner jurisdiktionellen und wirtschaftlichen Sonderstellung hätten die Position des Adels nachhaltig geschwächt. Ein landständisches/landschaftliches Regiment mit bürgerlich-bäuerlicher Mehrheit oder eine dauernde, überterritoriale

---

[84] *P. Blickle*, Revolution von 1525 (wie Bibl. Nr. 42), S. 203.

[85] Der Beratungsplan in *G. Franz*, Quellen Bauernkrieg (wie Bibl. Nr. 2), Nr. 122.

Eidgenossenschaft von Bauern und Bürgern hätte die verbliebenen Rechte und Möglichkeiten der Herren minimalisiert. Die alten Obrigkeiten hätten de facto abgedankt; ihre Gewalt wäre mehr oder weniger auf den Gemeinen Mann übergegangen: „Und es hat dise Gelegenheit in irem Tun, das kein Furst, Graff, Edelman oder andere anseheliche Leut, die im Gewalt uf Erden gesessen, vor in pleiben sollen, mussen alle herunter."[86]

Dennoch bleibt zu betonen, daß die alten Obrigkeiten weder vertrieben noch gar erschlagen werden sollten. Mit Ausnahme des Klerus sollten sie weitgehend in ihren Ämtern verbleiben, und mit ihnen wäre der alte Herrschaftsapparat zumindest äußerlich erhalten geblieben. Damit kommt etwas Unentschiedenes, ‚Halbes' in den neuen Staatsaufbau.

Woher resultierte diese *Zurückhaltung der Aufständischen vor einer radikalen Lösung*? Ein Grund könnte gewesen sein, daß der Gemeine Mann die jahrhundertealte ‚Berufung' des Adels zur Herrschaft grundsätzlich respektierte. Möglicherweise schloß für viele auch das Bekenntnis zum Evangelium die Anerkennung der Obrigkeiten ein. Der entscheidende Grund dürfte dennoch ein anderer gewesen sein. Für die Aufständischen war nicht in erster Linie wichtig, welche Person oder welcher Stand Herrschaft ausübte. Ihr Denken richtete sich nicht gegen Personen und Institutionen als solche, sondern auf den Geist, das Fundament und Ziel von Herrschaft. Dieses wollten sie ändern; die Herren sollten nach Maßgabe des Göttlichen Rechts regieren und nicht nach ihren eigenen, selbstsüchtigen Satzungen. So versicherte der dritte der Zwölf Artikel, die Bauern würden der Obrigkeit „in allen zimlichen und christlichen Sachen geren gehorsam sein"; und ausdrücklich fügte er hinzu: „Nit das wir gar frei wöllen sein, kain Oberkait haben wellen, lernet uns Gott nit." Ein Mandat forderte die Aufständischen in Württemberg auf, „der Oberkeit, so nit widar das Gotzwort gebut, gehorsam [zu sein] . . . bei dem Zorn Gottas und peinlicher Straff". In ähnlicher Weise sprach Florian Geyer in Rothenburg und Würzburg. Aus Thüringen wird berichtet: „Ist [ein Herr] dann bescheidenlich und fredlich vormals angesehen, das er nit gerne wider das Ewangeli gehandelt, so wollen si [die Aufständischen] in zimlicher Weis wider aufwerfen in ein Regiment, daran zu pleiben, so lang er wol regirt . . ."[87]

---

[86] Ebd., Nr. 175 (S. 512).
[87] Die Zitate nach ebd., Nr. 43, 139, 175; auch Nr. 111, 119.

Nach allen Zeugnissen lebten die Aufständischen in der Hoffnung, die alten Obrigkeiten könnten „christlich" werden und die Untertanen „brüderlich" regieren. Jeder Eintritt eines Adligen in die „christlichen Vereinigungen" bestärkte sie in diesem Glauben; bereitwillig nahmen sie die erzwungene Unterwerfung für einen Ausweis innerer Einkehr.

Vor die letzte Entscheidung waren die Aufständischen erst gestellt, als offenkundig wurde, daß die Hoffnung auf einen Gesinnungswandel der Herren trog. Nun blieb nur noch eine einzige, freilich nicht mehr realisierbare Konsequenz: die *Absetzung und Vertreibung der alten Obrigkeiten.*

Zu dieser Einsicht, daß die Herren von ihrer Tyrannei nicht lassen würden, war Thomas Müntzer wohl schon früh gelangt — auch wenn er die Möglichkeit, einzelne Fürsten und Herren könnten doch noch zur inneren Einkehr bewogen werden, nie ganz ausschloß[88].

Anfang Mai 1525 begründete ein unbekannter Autor in der Flugschrift „An die versamlung gemayner Pawerschafft" mit historischen und biblischen Argumenten das Recht des Volkes, unchristliche Herrscher abzusetzen. Er gab den Aufständischen ein biblisch begründetes Widerstandsrecht — mehr noch: eine Widerstandspflicht. Er forderte sie zu einer kampfbereiten Entschlossenheit auf: „Daß aber ain Landtschafft oder ain gemaynde macht hab jren schedlichen herren zu entsetzen, will ich auß der götlichen Juristrey xiij sprüch einfüren ... wann ain gemayne landtschaft lang zeyt jrs herren mutwillen vnd verderben verduldet, sonder hoffnung ainer besserung bey jme, so es aber nit sein will, so soll ayn gemayne landtschaft sich kecklich bewapnen mit dem schwert Luce am xvij vnd sprechent: Wir sind nichts mer schuldig von dysem vntrewen pfleger vnd bösen herren ... Nun dysen Moab, Agag, Achap, Phalaris vnd Nero auß den stülen gestossen, ist gottes höchst gefallens. Die schrifft nennet sy nit diener gottes, sonder schlangen, drachen vnd wölffe."[89]

---

[88] So *W. Elliger*, Müntzer (wie Bibl. Nr. 82), bes. S. 3—7, 663 ff. Ebenso *E. Wolgast*, Thomas Müntzer (Persönlichkeit und Geschichte 111/112), 1981, S. 93 ff. S. auch *P. Blickle*, Revolution von 1525 (wie Bibl. Nr. 42), S. 228—232.

[89] Die Flugschrift ediert in *H. Buszello*, Bauernkrieg als politische Bewegung (wie Bibl. Nr. 41), S. 152—192, Interpretation S. 92—125, Zitat S. 176—180. Dazu auch *S. Hoyer*, Widerstandsrecht und Widerstandspflicht in der Flugschrift „An die versamlung gemayner pawer-

Unter den Papieren, die Balthasar Hubmaier bei seiner Flucht aus Waldshut zurückließ, befand sich auch ein sog. „Verfassungsentwurf". Er entstand nach dem 17. Mai 1525, da in ihm die Schlacht bei Zabern erwähnt wird. Der „Verfassungsentwurf" baut inhaltlich auf dem „Schwarzwälder Artikelbrief" auf. In Fortsetzung der dortigen Gedanken entwirft er das Konzept einer neuen Staatsspitze. Nachdem sich das Volk in einem christlichen Bund zusammengeschlossen hat, fordert es die bisherigen Obrigkeiten dreimal auf, dem Bund beizutreten. Tun sie dies, d. h. unterwerfen sie sich der neuen christlichen Ordnung, dem Göttlichen Recht, können sie in ihrem Amt verbleiben. Weigern sie sich jedoch, wollen sie wie bisher unchristlich, tyrannisch regieren, hat das Volk das Recht und die Pflicht, einer solchen Obrigkeit „das Schwert zu nehmen". Aus zwölf von den Bauern vorgeschlagenen Kandidaten wählt das Volk einen neuen Regenten. Dieser muß nicht dem Adel angehören. Falls er gleichfalls „ungeschickt" wird, wird er vom Volk dreimal ermahnt, danach abgesetzt. Will er sich dem Absetzungsurteil nicht fügen, verhängt der neue Herr über ihn den „weltlichen Bann" oder tritt ihm mit Waffengewalt entgegen — „damit die blutdurstigen Tyrannen ausgetilget werden"[90].

Aus der Erfahrung, daß die Herren auf keinen Fall zur Nachgiebigkeit bereit waren und zum Gegenangriff übergingen, versuchten die Hegauer und die Sundgauer im Juni bzw. September 1525 die ‚Flucht' in die Schweiz. Sie boten ihr Land den Eidgenossen zu „Schutz und Schirm" an, womit sie sich von den alten Obrigkeiten lossagten[91].

Anfang 1526 schrieb Michael Gaismair seine „Zweite Tiroler Landesordnung"; sie ist das Ergebnis eines Lernprozesses, der aus

---

schafft" (1525), in: *G. Heitz — A. Laube — M. Steinmetz — G. Vogler* (Hrsg.), Bauer im Klassenkampf (wie Bibl. Nr. 49), S. 129—155.

[90] Der Verfassungsentwurf ist nur in einer knappen Zusammenfassung bekannt, die von Johann Faber 1528 veröffentlicht wurde. *G. Franz*, Quellen Bauernkrieg (wie Bibl. Nr. 2), Nr. 67. Für eine Herleitung des Verfassungsentwurfs aus dem Gedankengut von Thomas Müntzer *W. Elliger*, Müntzer (wie Bibl. Nr. 82), S. 651—667; dagegen *P. Blickle* in Zeitschrift für Agrargeschichte und Agrarsoziologie 24 (1976), S. 79 f.; *Ders.*, Revolution von 1525 (wie Bibl. Nr. 42), S. 226 bis 228. Gegen Hubmaier als Autor *T. Bergsten*, Hubmaier (wie Bibl. Nr. 64), S. 295—301.

[91] *P. Blickle*, Revolution von 1525 (wie Bibl. Nr. 42), S. 199 f.; zu den Sundgauern s. o. Kapitel „Oberrhein", S. 89.

dem Reformer Gaismair den Sozialrebellen und Revolutionär werden ließ. Alle Stände sollen aufgehoben werden, es solle „ain ganze Glaichait im Land sein". Der Landesherr, Erzherzog Ferdinand, wird nicht mehr erwähnt. An seine Stelle tritt ein Regiment mit Sitz in Brixen; dessen Mitglieder sollen „aus allen Viertailen des Landes, auch etlich vom Pergwerch erkuest werden"[92].

Die Aufständischen, die die entschiedene und radikale Konsequenz aus dem Gang der Ereignisse gezogen hatten, waren zu einer Haltung gelangt, die sich — wenn auch nicht immer im geistigen Fundament, so doch in den konkreten politischen Folgerungen und Zielen — mit dem deckte, was einzelne Wortführer schon seit Jahrzehnten propagiert hatten: die Vertreibung aller Fürsten und Herren mit der einzigen Ausnahme des Kaisers (wie die stets wiederholte Formulierung lautet)[93].

Schon in den Bundschuhverschwörungen von 1502, 1513 und 1517 war es das Ziel der Verschworenen gewesen, keinem Herrn mehr untertan zu sein außer dem Kaiser und dem Papst; Adlige und Geistliche sollten aus dem Land vertrieben oder erschlagen werden. Gleiche Gedanken tauchten 1525 wieder auf. So wollten elsässische „Bauern" „hinfur keinen andern herren dann den kayser... gedulden und... haben, auch selbs ein satzung... machen, was sy seinen amblewten geben sollen, wollen auch, so es mit den geistlichen ein ende hat, gegen den weltlichen gleicherweise furnemen"[94]. Aus dem Bauernkrieg liegen etwas mehr als 10 Zeugnisse dieser Art vor; sie stammen aus den südlichen Oberrheinlanden, aus Oberschwaben und den Alpenländern Tirol und Salzburg. In der Hälfte der Fälle waren es namentlich faßbare Einzelpersonen, die derartige Gedanken äußerten. Daraus muß man wohl den Schluß ziehen, daß die Idee, außer dem Kaiser keinen Herrn mehr anzuerkennen, kein politisches Allgemeingut war, sondern in kleinen, radikalen ‚Zirkeln' lebte. Dazu würde auch passen, daß dieses Programm der bäuerlichen Reichsunmittelbarkeit in den Bund-

---

[92] Druck der „Zweiten Tiroler Landesordnung" u. a. in *G. Franz*, Quellen Bauernkrieg (wie Bibl. Nr. 2), Nr. 92. Grundlegend dazu: *J. Bücking*, Michael Gaismair (wie Bibl. Nr. 77), S. 58—92. Zu Gaismair und seiner „Zweiten Tiroler Landesordnung" s. auch o. Kapitel „Alpenländer", S. 200—204.

[93] Zum Folgenden *H. Buszello*, Bauernkrieg als politische Bewegung (wie Bibl. Nr. 41), S. 67—91; dazu *Ders.*, Staatsvorstellung (wie Bibl. Nr. 123), S. 286 Anm. 44.

[94] *G. Franz*, Bauernkrieg. Aktenband (wie Bibl. Nr. 1), Nr. 73.

schuhverschwörungen eine größere Rolle spielte als im Bauernkrieg. Inwieweit man die Versicherung, den Kaiser als obersten Herrn anzuerkennen, als Ausdruck eines wirklichen Reichsbewußtseins werten darf, läßt sich nur schwer sagen. Vor allem im Blick auf das Elsaß möchten wir eine solche Deutung nicht von vornherein und pauschal ablehnen. Doch bleibt anderseits auch zu beachten, daß den Aufständischen nichts ferner lag als eine wirkungsvolle Steigerung der kaiserlichen Macht; im Augenblick der Loyalitätserklärung gegenüber dem Kaiser waren sie zugleich darauf bedacht, die kaiserliche Oberhoheit nicht allzu wirkungsvoll werden zu lassen. Schon Albert Rosenkranz hat im Blick auf die Bundschuhverschwörungen von 1502, 1513 und 1517 darauf hingewiesen, daß „an den Stellen, wo der Kaiser im Munde der Verschworenen genannt wird, ... alle Züge persönlichen Zutrauens, wie sie das Volk seinen Helden beizulegen pflegt, [fehlen]"[95]. Daran änderte sich auch 1525 nichts. Mit der Versicherung, den Kaiser auch in Zukunft als Herrn anzuerkennen, brachten die Aufständischen im allgemeinen wohl nicht mehr zum Ausdruck, als daß sie den durch das Reich gesetzten Rahmen politischer Ordnung nicht sprengen wollten, daß sie sich auch weiterhin als Glieder des Reiches fühlten. Angesichts dieser Haltung kann man nicht davon sprechen, daß die Aufständischen im Bauernkrieg für ein neues und stärkeres Reich kämpften, um nationale Einheit rangen. Hinzu kommt, daß das Streben nach Reichsunmittelbarkeit kein Anliegen der Massen war.

Das Programm, nur noch den Kaiser als Herrn anzuerkennen, war unter dem prägenden Einfluß der — gewiß idealisierten — Verhältnisse in der Schweizer Eidgenossenschaft entstanden. Die Bauern wollten „frei sein wie die Schweizer". Die Annahme des eidgenössischen Vorbildes als entscheidender willensbildender Faktor erklärt zugleich, warum jenes Ziel nur in den Nachbarländern der Schweiz, nicht jedoch im inneren Deutschland anzutreffen war.

Abschließend sei noch ein Wort zu den Plänen und Programmen von Wendel Hipler und Friedrich Weygandt gesagt. Beide verfolgten gegenüber dem Adel eine gemäßigte, auf Ausgleich bedachte Politik. Hipler erwog die Möglichkeit, Fürsten und Adligen die Einkommensverluste aus säkularisiertem Kirchengut zu ersetzen;

---

[95] *A. Rosenkranz*, Der Bundschuh, die Erhebungen des südwestdeutschen Bauernstandes in den Jahren 1493—1517, Bd. 1, 1927, S. 285 f.

Weygandt sah für den Adel neue Aufgaben im Dienst der Fürsten und des Kaisers vor.

Wendel Hiplers Beratungsplan für eine Bauernversammlung in Heilbronn erwuchs aus den Bedingungen der überterritorialen Bewegung am Neckar und im Odenwald[96]. Den Abschluß des Aufstandes sollte eine landesweite „Reformation" bilden. „Verordnete Männer" sollten nach Klage und Gegenrede die Entscheidung treffen „nach billichen Dingen ... zu gutter Ordnung, doch das in alle Weg die Beschwerung absein". Es ist auffallend, daß Hipler hier nicht vom Evangelium oder Göttlichen Recht als Entscheidungskriterium spricht, sondern nur von der Billigkeit. Nach Beendigung der Kämpfe sollte der Gemeine Mann wieder an seine Arbeit gewiesen werden; eine Kerntruppe unter einem Hauptmann und etlichen Räten sollte jedoch weiterhin beisammen bleiben. Vom Kaiser erwartete Hipler keine Unterstützung; er erwog vielmehr die Möglichkeit, daß dieser mit ausländischen Söldnern in den Konflikt eingreifen könnte.

Friedrich Weygandt, Mainzer Keller (Rentamtmann) in Miltenberg, nahm nach herrschender Auffassung dreimal zum Aufstand in Franken Stellung. Von ihm stammen ein Entwurf für ein Ausschreiben an Adel und Reichsstädte mit beigefügten „Artikeln", ein förmlicher Reichsreformentwurf sowie ein Brief vom 18. Mai[97]. Weygandts Gedanken münden jedesmal in *Vorschläge für eine Reichsreform* aus: Recht, Münze, Maß und Gewicht werden im ganzen Reich vereinheitlicht; von den Dorf- und Stadtgerichten wird ein durchgängiger Rechtszug bis hinauf zum Reichskammergericht geschaffen. Alle (Sonder-)Bündnisse im Reich werden aufgehoben; kaiserliche Hauptleute „mit etlichen vom Adel" sorgen für Frieden und Recht. Dem Kaiser wird eine Reichssteuer zugestanden, die alle zehn Jahre zu erheben ist. Weygandt selbst faßte sein Vorhaben in den Satz zusammen, die angestrebte Neuordnung bezwecke nichts anderes als die Nötigung der Fürsten zum Gehor-

---

[96] Druck in *G. Franz,* Quellen Bauernkrieg (wie Bibl. Nr. 2), Nr. 122.

[97] Druck ebd., Nr. 123 f.; *K. Kaczerowsky* (Hrsg.), Flugschriften des Bauernkrieges (Rowohlts Klassiker der Literatur und der Wissenschaft. Deutsche Literatur 33), 1970, Nr. 11. Eine gründliche Analyse der Überlieferungs- und Zuweisungsprobleme, die die Schriften von Weygandt und Hipler stellen, dazu umfassende Literaturangaben, gibt jetzt *K. Arnold,* arm man vnnd gemainer nutz (wie Bibl. Nr. 124 a); auf diese Arbeit sei nachdrücklich verwiesen.

sam gegenüber dem Kaiser um der Wohlfahrt des Heiligen Römischen Reiches willen.

Friedrich Weygandt war kein Bauernführer, sondern ein ‚Mann am Schreibtisch'. Adressat seiner Schreiben war Wendel Hipler, Führer des Neckartal-Odenwälder Haufens. Ob dieser Weygandts Gedanken einer Reichsreform übernahm oder aus eigenem Antrieb gleiche Ziele verfolgte, können wir nicht sagen. Hiplers Beratungsplan für die Heilbronner Tagung geht jedenfalls mit keinem Wort auf eine mögliche Neuordnung des Reiches ein. Und aus der bloßen Tatsache, daß Weygandt zwei Briefe mit Reichsreformplänen und einen Reichsreformentwurf an Hipler sandte, darf man nicht ohne weiteres auf gleiche Vorsätze auch bei Hipler schließen[98].

---

[98] Dagegen *K. Arnold*, S. 286: „Dieser ‚Bauernkrieg' war durchaus auch Kampf um staatspolitische Vorstellungen, um die Zukunft des Reiches und für eine überterritoriale, nationale Einheit."

Folgen und Wirkungen

von Helmut Gabel und Winfried Schulze

1. Vorüberlegungen

Das öffentliche und wissenschaftliche Interesse an historischen Ereignissen hängt nicht zuletzt vom Grad ihrer Bedeutung für das nachfolgende historische Geschehen ab, also dem, was wir gemeinhin als die Folgen eines Ereignisses bezeichnen. Vor dem Hintergrund einer solchen Feststellung und angesichts der offensichtlichen Niederlage und Erfolglosigkeit des Bauernkriegs wird man einer eigenen Abhandlung zu diesem Thema zunächst mit einer gewissen Reserve begegnen. Der hier beobachtbare Widerspruch ist jedoch schon in der gesamten bisherigen Bewertung des Bauernkriegs angelegt, wenn wir etwa Leopold von Rankes Feststellung vom Bauernkrieg als dem „größten Naturereignis des deutschen Staates"[1], die Bewertung des Bauernkriegs als „radikalste Tatsache der deutschen Geschichte"[2] durch Karl Marx oder die neuerdings üblich gewordenen Charakterisierungen als „fundamentales Ereignis der deutschen Sozialgeschichte" (Mieck)[3] oder als „Wendepunkt der deutschen Geschichte der frühen Neuzeit" (Scribner)[4] jener Fülle von Äußerungen gegenüberstellen, die uns die negativen Folgen dieses Ereignisses für die unterlegenen Bauern versichern[5]. Ja, es mag zuweilen der Eindruck entstehen, als sei ge-

---

[1] *L. v. Ranke*, Deutsche Geschichte im Zeitalter der Reformation, Bd. 2 [zuerst 1839], hrsg. v. *P. Joachimsen* (Gesamt-Ausgabe, 1. Reihe, 7. Werk), 1925, S. 165.
[2] *K. Marx*, Zur Kritik der Hegelschen Rechtsphilosophie. Einleitung, in: K. Marx — F. Engels, Werke, Bd. 1, 1976, S. 386.
[3] *I. Mieck*, Europäische Geschichte der Frühen Neuzeit. Eine Einführung, 1977², S. 165.
[4] *R. W. Scribner*, The German Peasants' War, in: *St. Ozment* (Hrsg.), Reformation Europe: A Guide to Research, St. Louis 1982, S. 121.
[5] Einzelbelege für die negative Einschätzung der Folgen des Bauern-

rade die Vergeblichkeit des „großartigsten Revolutionsversuchs des deutschen Volkes" (Friedrich Engels)[6] die eigentlich wichtige Folgewirkung gewesen, bestätigt gewissermaßen durch Alexander von Humboldts Einsicht, daß „der große Fehler der deutschen Geschichte" darin bestehe, „daß die Bewegung des Bauernkrieges nicht durchgedrungen" sei[7]. Es liegt auf der Hand, daß eine solche Sehweise eine Bestätigung jener These von der historisch tief verwurzelten Untertänigkeit des deutschen Volkes zu bieten scheint, die die neuere deutsche Geschichte nahelegt.

Es stellt sich heraus, daß eine an der Kategorie des kurzfristigen ‚Erfolges' gemessene Beurteilung des Bauernkriegs den Blick auf jene historiographischen Bemühungen zu verstellen droht, die nach langfristigen Wirkungen dieses Ereigniskomplexes fragen. Es mag schließlich auch als ein Impuls zum erneuten Aufgreifen dieser „Folgen"-diskussion akzeptiert werden, wenn Günther Franz, der Nestor der Bauernkriegsforschung, in einer neueren Forschungsbilanz gerade die „Folgen" als jenen Bereich charakterisierte, der am ehesten der Revision bedürfe[8].

Es wäre der Forschung kaum dienlich, wenn der nachfolgende Versuch einer Neubestimmung der Folgen von 1525 seinen Anstoß vorrangig aus der Absicht bezöge, die lange Zeit dominierende Vergeblichkeitsthese unbewiesen durch eine positive Bilanz zu ersetzen und der Erhebung damit jenen subjektive Zweifel ausschließenden „Fundamentalcharakter" zu attestieren, der eine wissenschaftliche Beschäftigung mit ihr erst lohnenswert zu machen scheint. Immerhin darf nicht übersehen werden, daß das von der Forschung jahrzehntelang düster gezeichnete Bild der Situation nach der bäuerlichen Niederlage, zumal wenn von den unmittelbar folgenden herrschaftlichen Strafexpeditionen und Methoden der Schadensregulierung die Rede ist, durch Quellen bestätigt werden kann und lediglich die Allgemeingültigkeit der auf lokalem und regionalem Material beruhenden Aussagen nicht immer einsichtig

---

kriegs finden sich bei *P. Blickle*, Entmündigung des Bauern (wie Bibl. Nr. 140), S. 298—302.

[6] *F. Engels*, Der deutsche Bauernkrieg, in: *K. Marx — F. Engels*, Werke, Bd. 7, 1960, S. 409.

[7] A. v. Humboldt gegenüber J. Fröbel im Mai 1843. Zitiert nach *H. Beck* (Hrsg.), Gespräche Alexander von Humboldts, 1959, S. 193.

[8] *G. Franz*, Der Bauernkrieg 1525 in heutiger Sicht, in: *F. Dörrer* (Hrsg.), Gaismair (wie Bibl. Nr. 78), S. 37—43, hier S. 41.

ist. Sicherlich wird man dieser Feststellung die Ergebnisse der nüchtern bilanzierenden Untersuchung von Thomas Klein entgegenhalten müssen, die allein unter Berücksichtigung demographischer, vermögensrelevanter, wirtschaftlicher und rechtlicher Aspekte die negativ gefärbten Urteile über die Folgewirkungen des Bauernkriegs stark revidiert hat[9]. Man kann jedoch schwerlich verkennen, daß auch die Hinweise Kleins auf die geringen Schwierigkeiten, die etwa bei der Schließung einer Bevölkerungslücke von ca. 75 000 Menschen oder der Zahlung von Strafgeldern beobachtet werden können, nichts anderes als Indizien für die geringe Folgenschwere und den episodenhaften Charakter des Bauernkriegs zu sein scheinen. Angesichts der in dieser Fragerichtung erkennbaren Begrenzung erscheint die prinzipielle Frage naheliegend, ob eine Erörterung der in Schadensbilanzen, Gerichtsrechnungen u. ä. quantifizierbaren Folgen des Bauernkriegs überhaupt den Kern dessen trifft, was als historisch bedeutsame Nachwirkung dieses Ereignisses angesehen werden muß.

Die in dieser Frage erkennbare sachliche und zeitliche Erweiterung der hier zur Debatte stehenden historischen Wirkungszusammenhänge erfordert eine begriffliche Präzisierung. Dabei erweist sich die geschichtstheoretische Unterscheidung zwischen ereignis- und strukturgeschichtlicher Betrachtungsweise als hilfreich. Ohne Zweifel steht ein nur an quantifizierbaren Daten orientiertes Urteil über die Folgen des Bauernkriegs auf dem Boden einer ereignisgeschichtlichen Perspektive, die einen kausalen Zusammenhang von Begebenheiten vorrangig durch die chronologische Abfolge von „Ereignissen" herzustellen vermag, die den Zeitgenossen zugänglich war[10]. So sind z. B. die Niederlage der Aufständischen und die hieraus resultierenden Strafaktionen für die betroffenen Zeitgenossen als unmittelbare Wirkung des Bauernkriegs erfahr- und einsehbar, wie vielfältige Quellenzeugnisse belegen. Gerade die Urteile einsichtiger, zur Mäßigung ratender Beobachter belegen diesen Eindruck und verstellen damit auch zuweilen einen weiteren historischen Blick[11]. Es liegt auf der Hand, daß die Grenze der ereig-

---

[9] *Th. Klein,* Folgen des Bauernkriegs (wie Bibl. Nr. 139).
[10] S. dazu die prinzipiellen Überlegungen von *R. Koselleck,* Ereignis und Struktur, in: Geschichte — Ereignis und Erzählung (Poetik und Hermeneutik 5), 1973, S. 560—571.
[11] Hervorgehoben seien die Schriften von *J. Brenz,* Von Milderung der Fürsten gegen die aufrührerischen Bauern, sowie die an Kaiser, Für-

nisgeschichtlichen Perspektive dann erreicht ist, wenn die Frage nach der Bedeutung des Bauernkriegs für überindividuelle, nicht notwendig als kausale Sinneinheiten erfahrbare Struktur- und Funktionszusammenhänge gestellt wird[12]. Damit ist der Kern dessen getroffen, was von der Forschung selten oder nur hypothetisch als mögliches Wirkungsfeld des Bauernkriegs diskutiert worden ist und sich in so unterschiedlichen Bereichen wie etwa den politischen Institutionen, der Herrschafts- und Rechtsordnung des Reichs und der Territorien, der politischen Kultur, der Verhaltensformen und kollektiven Mentalitäten konkretisiert.

Überblickt man die im frühen 19. Jahrhundert einsetzenden wissenschaftlichen Urteile über die Folgen von 1525, so läßt sich die Feststellung treffen, daß es Ansätze allgemeiner, über die Aneinanderreihung quantifizierbarer Fakten hinausgehende Interpretationen schon immer gegeben hat. Dabei bildet die 1842 von dem Paulskirchenabgeordneten Johann Baptist Haggenmüller in seiner Geschichte Kemptens vertretene Auffassung, daß die Rettung und dauernde Befestigung der althergebrachten Rechte der bäuerlichen Bevölkerung das Hauptergebnis des Bauernkriegs seien[13], die große Ausnahme in einer bis in die jüngste Vergangenheit reichenden Reihe von Einschätzungen. Diese sehen vielmehr — von geringfügigen Modifikationen abgesehen — in der Stärkung des Landesfürstentums, der politischen Entrechtung und Entmündigung des Bauern sowie in der Mediatisierung und Säkularisierung von Adel und Geistlichkeit die auch langfristig relevanten Folgen der Erhebung[14]. Auf die historiographische Tradition, in der Haggenmüllers Äußerung steht, soll noch weiter unten eingegangen werden.

---

sten und Adel gerichtete Supplikation *A. Fessers* (beide 1525). Abgedruckt in: *A. Laube — H.-W. Seiffert* (Hrsg.), Flugschriften (wie Bibl. Nr. 17), S. 333—337 bzw. 338—346.

[12] Zum Strukturbegriff s. die in Anm. 10 genannte Arbeit R. Kosellecks.

[13] *J. B. Haggenmüller*, Geschichte der Stadt und gefürsteten Grafschaft Kempten, Bd. 2, 1842, S. 1.

[14] Diese auf W. Zimmermanns Bauernkriegsgeschichte von 1841/43 zurückgehende Beurteilung hat ihre klassische Ausprägung in der 1933 erstmals erschienenen Gesamtdarstellung von *G. Franz*, Bauernkrieg (wie Bibl. Nr. 39), S. 294 ff., erfahren. Zur historiographischen Tradition dieser Einschätzung s. die instruktiven Angaben bei *P. Blickle*, Entmündigung des Bauern (wie Bibl. Nr. 140), S. 298—302.

Wenn an diesem hier skizzierten negativen Pauschalurteil Zweifel geäußert worden sind[15], so ist dies nicht nur auf die im Gedenkjahr 1975 geführte Diskussion zurückzuführen, sondern auch auf das Verdienst von Forschungsbemühungen, die ihre thematischen Bezugspunkte eigentlich außerhalb des Bauernkriegs gewinnen. Gemeint sind die neuere sozialgeschichtlich orientierte Ständeforschung und die in personeller Hinsicht mit ihr weitgehend deckungsgleiche neuere deutsche Sozial- und Verfassungshistorie. In dem Bemühen, den horizontalen und vertikalen Wirkungszusammenhang der Ständegesellschaft zu bestimmen, sucht die neuere Ständeforschung eine zu starke Verengung der historischen Perspektive auf den kleinen, von Fürst und Ständen gebildeten Kreis der „Gouvernants" zu vermeiden und die von der älteren Forschung selten gestellte Frage nach der politischen Funktion der Untertanenverbände zu intensivieren[16]. Die im Zuge dieser Arbeiten erforderliche Beschäftigung mit dem lange vernachlässigten, in der gesamten frühen Neuzeit zu beobachtenden Phänomen des bäuerlichen Widerstandes zeitigte dabei Ergebnisse, die das vom tradierten Erscheinungsbild des territorialen Obrigkeitsstaates abgeleitete Urteil über die Folgen von 1525 erheblich in Frage stellten[17]. Als vorläufiger Ertrag dieser Untersuchungen kann festgehalten werden, daß die in Form sozialer Bewegungen geäußerten bäuerlichen Interessen herrschaftliche Entscheidungsprozesse durchaus zu beeinflussen vermochten. Dies läßt sich vielfältig nachweisen, wobei die Belege aus den unterschiedlichen Bereichen der Land- und Reichstage, der Gerichtsinstanzen, der Agrarpolitik, der fürstlichen Ordnungspolitik und der politischen

---

[15] Erste Umwertungen bei *K. Bosl* — *E. Weis*, Die Gesellschaft in Deutschland, Bd. 1: Von der fränkischen Zeit bis 1848, 1976, S. 194 ff., *B. Moeller* (wie Anm. 91), S. 100 f., und bei *W. Janssen* — *E. Ennen*, Deutsche Agrargeschichte. Vom Neolithikum bis zur Schwelle des Industriezeitalters, 1979, S. 209—211.

[16] Wesentliche Anstöße zur Beschäftigung mit dieser Frage gab die Studie von *E. Lousse*, Gouvernés et Gouvernants en Europe occidentale durant le bas moyen age et les temps modernes, in: Standen en Landen 35 (1966), S. 7—48.

[17] Einen Überblick über den aktuellen Forschungsstand geben *W. Schulze*, Bäuerlicher Widerstand und feudale Herrschaft in der frühen Neuzeit, 1980, S. 26 ff., sowie *Ders.*, Aufruhr und Empörung? Neue Studien zum bäuerlichen Widerstand im Alten Reich, in: Zeitschrift für historische Forschung 9 (1982), S. 63—72.

Theoriebildung gewonnen werden können. Die Bedeutung dieser Ergebnisse für die Frage nach den Wirkungen des Bauernkriegs mag man daraus ersehen, daß die Berücksichtigung bäuerlicher Interessen durch die Obrigkeiten nicht nur als Ausdruck eines fürstlich-ständischen Konflikts um die Repräsentation der Untertanenschaft interpretiert, sondern auch als essentieller Bestandteil einer Politik angesehen wird, deren Leitlinie vor allem nach der traumatischen Erfahrung des Bauernkriegs langfristig auf die Vermeidung gewaltsamer bäuerlicher Widerstandsaktionen abgestellt war.

Wenn auch die These von der „politischen Entmündigung des Bauern" als Folge der Niederlage heute als überwunden gelten darf, so ist eine unbestreitbare methodische Schwäche der neueren Forschung darin zu sehen, daß sie ihr Urteil über die Folgen des Bauernkriegs weniger durch den Nachweis eines stringenten Kausalzusammenhangs zwischen 1525 und dem danach zu beobachtenden rechts- und verfassungspolitischen Wandel gewinnt, sondern dahin tendiert, von vorgefundenen Strukturen regressiv auf die Existenz eines Wirkungszusammenhangs zu schließen. Andererseits legt die eingangs erwähnte Charakterisierung des Bauernkriegs als „fundamentales Ereignis" oder „some kind of turning point in early modern history"[18] ein Vorgehen nahe, das neben den unmittelbaren Ergebnissen die über den Erfahrungshorizont der Zeitgenossen hinausgehenden strukturellen Folgewirkungen behutsam thematisiert und der kritischen Diskussion eröffnet. Nur so scheint die Möglichkeit gegeben, die bislang übliche ‚Joker'-funktion des Bauernkriegs in positiver wie negativer Hinsicht — von der Thomas Klein sprach[19] — zu differenzieren und ggf. zu präzisieren. Der Ertrag eines solchen Vorgehens ist in Teilfragen schon zu beobachten, wie etwa das Schicksal der von Franz Lau kritisierten These vom Ende der Reformation als Volksbewegung durch den Bauernkrieg ausweist[20]. Damit ist zugleich auch der Hinweis auf die hier

---

[18] So lautet die Formulierung R. W. Scribners in der in Anm. 4 genannten Studie (S. 121).

[19] *Th. Klein*, Folgen des Bauernkriegs (wie Bibl. Nr. 139), S. 94.

[20] *F. Lau*, Der Bauernkrieg und das angebliche Ende der lutherischen Reformation als spontaner Volksbewegung, in: Luther-Jahrbuch 26 (1959), S. 109—134, wieder abgedruckt in: *W. Hubatsch* (Hrsg.), Wirkungen der deutschen Reformation bis 1555 (Wege der Forschung 203), 1967, S. 68—109. Für die weitere Forschungsentwicklung sei verwiesen auf *H.-*

notwendige Einbindung des Phänomens Bauernkrieg in die allgemeine Geschichte des früheren 16. Jahrhunderts gegeben. Es wird sich keine befriedigende Diskussion der Folgen von 1525 erreichen lassen, wenn nicht — wie schon von Rudolf Endres und Volker Press gefordert[21] — der Zusammenhang mit dem anderen drängenden Problem dieser Jahre hergestellt wird, das mit Hans Maier als die „Krise der alten Ständeordnung"[22] gesehen werden kann, deren Höhepunkt die Reformation bildet.

2. Opfer, Schäden und Strafen

Die im Erfahrungshorizont der Zeitgenossen wohl am nachhaltigsten verankerten Folgen des Bauernkriegs stellen die durch den Aufstand verursachten Strafen und Schäden dar. So ist es nicht weiter verwunderlich, daß in der Regel jeder zeitgenössische Bericht über den Bauernkrieg mit Angaben über die Zahl der Todesopfer und die Höhe der materiellen Schäden endet. Beginnt man mit der Frage nach der Zahl der nachweisbar mit dem Bauernkrieg in Zusammenhang stehenden *Todesfälle*, so stößt man bald auf die Schwierigkeit, daß die an sich reiche Quellenüberlieferung nicht immer übereinstimmende Angaben enthält. Diese besonders für das Elsaß geltende Beobachtung schlägt vor allem dann zu Buche, wenn z. B. die zeitgenössischen Mitteilungen über die Zahl der Toten in den drei Schlachten von Lupfstein, Zabern und Scherweiler-Kestenholz in einem solchen Maße differieren, daß sich bei der Zusammenzählung der jeweils kleinsten überlieferten Zahlen 7 000, bei Addition der Maximalangaben 38 000 Tote ergeben[23]. Ungeachtet dieser Feststellung wird man aber prinzipiell mit Thomas Klein davon ausgehen können, daß die Zahl der Opfer einiger großer Bauernkriegsschlachten im Tausender-, mehrerer Gefechte im Hunderter- und der Strafaktionen im Zehnerbereich anzusiedeln ist[24]. Unter Berücksichtigung der für die bekannten Schlach-

---

Chr. Rublack, Forschungsbericht Stadt und Reformation, in: *B. Moeller* (Hrsg.), Stadt und Kirche im 16. Jahrhundert, 1978, S. 9—26.
[21] *R. Endres*, Bauernkrieg in Franken (wie Bibl. Nr. 71), S. 31; *V. Press*, Bauernkrieg als Problem (wie Bibl. Nr. 35), S. 176.
[22] *H. Maier*, Die ältere deutsche Staats- und Verwaltungslehre, 1966, S. 87.
[23] *Th. Klein*, Folgen des Bauernkriegs (wie Bibl. Nr. 139), S. 74.
[24] Ebd., S. 74.

ten, Gefechte und Strafaktionen überlieferten Angaben dürfte sich die Gesamtzahl der auf den Bauernkrieg zurückzuführenden Todesopfer auf maximal 70—75 000 belaufen. Diese Zahl liegt noch beträchtlich über der Schätzung Jakob Fuggers, der von 50 000 Toten ausging, jedoch erheblich unterhalb jener Angaben, in denen von weit über 100 000 Toten die Rede ist[25].

Diese aus subjektiver Sicht sicherlich betroffen machenden Größenordnungen verlieren erheblich an Gewicht, wenn man sie auf ihre demographischen Konsequenzen hin befragt. Wie Klein überzeugend dargelegt hat, bedeutet der Bevölkerungsverlust in den Aufstandsgebieten bei Annahme eines jährlichen Bevölkerungsanstiegs von 0,7% den Ausfall des Zuwachses von höchstens 5 Jahren, wobei eventuelle Wanderungsgewinne noch unberücksichtigt geblieben sind[26]. Die auf den ersten Blick hoch erscheinende Zahl der Todesopfer führte also weder zu einem Einbruch in die demographische Struktur, wie sie im vorindustriellen Europa beim Zusammenwirken von Massenarmut, Hungersnot und Seuchen zuweilen stattgefunden hat[27], noch zu einer wirkungsvollen Minderung des Bevölkerungsdruckes, wie er in den dichtbesiedelten Realteilungsgebieten des deutschen Südwestens im 16. Jahrhundert zu beobachten ist[28].

Bei der Beurteilung der materiellen Aufruhrschäden muß zwischen den von den Aufständischen zu entrichtenden Straf- und Wiedergutmachungszahlungen und der wirtschaftlichen Schädigung der weltlichen und geistlichen Herren durch die Plünderung und Zerstörung von Schlössern, Burgen und Herrensitzen sowie von Klöstern, Stiften und Wirtschaftshöfen unterschieden werden. Beginnt man mit letzterem, so muß die enttäuschende Feststellung gemacht werden, daß sich aus den vorliegenden Quellen kaum konkrete Angaben über die dem Adel und der Geistlichkeit durch den Bauernkrieg *tatsächlich entstandenen Schäden* gewinnen las-

---

[25] Zu Fugger s. *G. Franz* (Hrsg.), Quellen Bauernkrieg (wie Bibl. Nr. 2), S. 592. Von 150 000 Toten ist in der Zusammenstellung der Gesamtschätzungen bei *H. Kirchner*, Der deutsche Bauernkrieg im Urteil der Freunde und Schüler Luthers, theol. Hab.schr. Greifswald (masch.) 1968, S. 253 Anm. 3, die Rede.
[26] *Th. Klein*, Folgen des Bauernkriegs (wie Bibl. Nr. 139), S. 78.
[27] *W. Abel*, Massenarmut und Hungerkrisen im vorindustriellen Europa, 1974, S. 43 ff.
[28] *D. W. Sabean*, Vorabend des Bauernkriegs (wie Bibl. Nr. 98), S. 37 f.

sen[29]. Hinzu kommt, daß der Wert einschlägiger Auflistungen von Zerstörungen und Plünderungen durch den von den Bauern geleisteten Schadensersatz stark relativiert wird, ja in einzelnen Fällen durchaus von herrschaftlichen Gewinnen gesprochen werden kann.

Wendet man sich nun den *Straf- und Wiedergutmachungsgeldern* zu, so fällt auf, daß sie zwar verhältnismäßig zuverlässig quantifizierbar sind, die Urteile über ihre Höhe und Berechtigung jedoch nur selten in Beziehung zu den durch den Bauernkrieg entstandenen Unkosten und dem Verfahren der Schadensregulierung gesetzt werden[30]. Von Ausnahmen abgesehen wurde die Eintreibung der Schadenskontributionen durchaus geregelt und mit Hilfe eines großen bürokratischen Apparats durchgeführt, wobei der Schwäbische Bund als Hauptadressat bäuerlicher Reparationsleistungen das in der militärischen Praxis bewährte Instrument der „Brandschatzung" einsetzte und zu einem regelrechten System weiterentwickelte. „Brandschatzung" bedeutet dabei eine in Geld zu leistende Ersatzleistung für den Verzicht der Soldaten auf ihr Plünderungsrecht[31].

Die Verhängung dieser Schadenskontribution hing von der aktiven oder passiven Teilnahme am Aufstand ab. Ein Bauer konnte nur dann von der Brandschatzung befreit werden, wenn er zu beweisen vermochte, daß er weder mit den Aufständischen zusammengearbeitet noch sie in irgendeiner Weise unterstützt hatte. War jemand zur Teilnahme genötigt worden, so galt dies nicht als Entschuldigung[32]. Witwen, Waisen und jene, die unter extremer Armut lebten, waren von der Zahlung befreit.

Die Bauern hatten ein Mitspracherecht bei der Verteilung der auferlegten Summe auf die einzelnen Mitglieder des Dorfes. Die Festlegung der Brandschatzung auf 6 fl. pro Kopf diente nur dem Zweck, die Gesamthöhe des von der Gemeinde zu zahlenden Be-

---

[29] Siehe dazu die Ausführungen bei *Th. Klein,* Folgen des Bauernkriegs (wie Bibl. Nr. 139), S. 89 f.
[30] Eine Ausnahme ist die wegweisende Untersuchung von *Th. F. Sea,* The Swabian League and the German Peasants' War, Ph. D. Berkeley 1974. S. auch seine in der Bibliographie (Nr. 147) genannte Arbeit sowie *Ders.,* The Economic Impact of the German Peasants' War. The Question of Reparations, in: Sixteenth Century Journal 8 (1977), S. 75—97.
[31] *Th. F. Sea,* Economic Impact (wie Anm. 30), S. 82.
[32] *W. Vogt* (Hrsg.), Correspondenz Ulrich Artzt 10 (wie Bibl. Nr. 6), S. 36, Nr. 554, und S. 111—113, Nr. 703.

trages zu bestimmen. Mandate des Schwäbischen Bundestages wiesen vielmehr darauf hin, daß die vom einzelnen Bauern tatsächlich zu zahlende Summe von der Gemeinde festgelegt werden sollte. Kriterium war die individuelle Steuerleistung[33]. Demzufolge sollte die von einem reichen Bauern zu erbringende Zahlung höher als die eines armen sein.

Dieses System funktionierte nicht immer. So wurden etwa einige Gemeinden zur Zahlung von Schadenskontributionen gezwungen, obwohl sie gar nicht am Aufstand teilgenommen hatten. Graf Wolf zu Montfort und Rothenfels erklärte, daß die Bauern seines Territoriums nicht imstande wären, ihren Verpflichtungen ihm gegenüber nachzukommen, falls sie Zahlungen an den Bund leisteten[34]. Einige Landesherren verweigerten den Schatzeintreibern des Bundes rigoros den Zutritt in ihr Territorium und entwickelten ein eigenes System der Schadensregulierung[35].

Trotz dieser Schwierigkeiten wurde bis 1528 der größte Teil der geforderten Zahlungen geleistet. Die in einer Höhe von insgesamt 230 000 fl. eingetriebenen Forderungen wurden verschiedenen Zwecken zugeführt. In erster Linie dienten sie der Begleichung der Unkosten, die dem Bund bei der Niederschlagung des Aufstandes entstanden waren. Veranschlagt man hierfür ca. 140 000 fl., so wird deutlich, daß die bei der Unterdrückung der Empörung anfallenden Kosten vollständig von den Aufständischen bezahlt worden sind. Der Restbetrag wurde auf einzelne Bundesmitglieder verteilt, etwa auf die bayerischen Herzöge, die sich bei der Aufstellung des Bundesheeres finanziell stark engagiert hatten[36].

Über das tatsächliche Gewicht, das den vom Schwäbischen Bund geforderten Summen im Rahmen der Schadensregulierung zukommt, lassen sich jedoch nur dann zuverlässige Aussagen gewinnen, wenn man sie mit der Höhe der Strafgelder vergleicht, die von den Landes- und Grundobrigkeiten in den jeweiligen Territorien über die Bevölkerung verhängt wurden. So liegen etwa die

---

[33] So heißt es in einem Mandat des Schwäbischen Bundes: „derhalben so wollent die selben suma auff euch selbst vnder ainander nit den feurstatten sondern der steur nach zerschlahen." Zitiert nach *Th. F. Sea*, Economic Impact (wie Anm. 30), S. 83 Anm. 38.
[34] *W. Vogt* (Hrsg.), Correspondenz Ulrich Artzt 10 (wie Bibl. Nr. 6), S. 96, Nr. 682.
[35] Ebd., S. 53, Nr. 588, und S. 114, Nr. 705.
[36] S. dazu den tabellarischen Anhang bei *Th. F. Sea*, Economic Impact (wie Anm. 30), S. 91 ff.

2—4 fl., die im kursächsischen Amt Altenburg von fast 95% aller Bauernstellen zu entrichten waren, erheblich unter der vom Schwäbischen Bund zur Tilgung seiner Unkosten festgelegten individuellen Quote von 6 fl.[37] Wenn man aber bedenkt, daß allein in den ernestinischen Landen 106 600 fl. zusammenkamen, also mehr als das Doppelte einer normalen Jahreseinnahme des Staates[38], so wird die vom Schwäbischen Bund eingenommene Gesamtsumme von 230 000 fl. stark relativiert. Da die diesem Betrag zugrundeliegende Quote von 6 fl. in der Tat nicht mehr als eine Berechnungseinheit darstellte und individuelle Schwankungen von 1—12 fl. üblich waren (wobei der überwiegende Teil der Individualbeträge im unteren Bereich anzusiedeln ist), muß davon ausgegangen werden, daß die Forderungen des Schwäbischen Bundes zu einer weitaus geringeren Belastung von Bauernstellen führten als die jeweiligen territorialstaatlichen Regelungen. Neben Kursachsen sei als weiteres Beispiel noch das Hochstift Würzburg genannt, wo unter Bischof Conrad von den Untertanen ein Betrag abgegolten werden mußte, der mit 270 000 fl. die Gesamteinnahme des Schwäbischen Bundes weit überstieg und auf eine ungewöhnlich hohe Individualbelastung schließen läßt[39].

Stellt man die Frage, *in welchem Maß die Entschädigungszahlungen die bäuerliche Wirtschaft belastet haben,* so muß darauf hingewiesen werden, daß z. B. einige Bundesmitglieder Bedenken gegenüber dem oben beschriebenen System der Brandschatzung äußerten, da es ihrer Meinung nach eine übermäßige Bürde für ihre Untertanen darstellte[40]. Doch wird man die Aufrichtigkeit dieser Einwände anzweifeln müssen, da auch so manches Bundesmitglied durch die den Untertanen auferlegten Zahlungen seine eigenen

---

[37] *M. Straube,* Teilnehmer und Folgen (wie Bibl. Nr. 148), S. 225 f.
[38] *G. Falk,* Strafgeldregister, unausgeschöpfte Quellen zur Geschichte des Bauernkrieges 1525 in Thüringen, in: Die frühbürgerliche Revolution in Deutschland, hrsg. v. *G. Brendler,* 1961, S. 126—133, hier S. 131.
[39] *R. Endres,* Probleme des Bauernkriegs (wie Bibl. Nr. 73), S. 109. Die Summe wurde durch eine Haussteuer in Höhe von 8½ Gulden eingeholt, die „ein jeder hausess, reich oder arm, fraw oder man, für seine person" in drei Raten bezahlen mußte. Für einen Tagelöhner mit einem Tagesverdienst von 15 Pfennigen kam diese Buße fast dem Gesamtverdienst eines halben Jahres gleich. S. dazu *R. Endres,* Bauernkrieg in Franken (wie Bibl. Nr. 71), S. 64 und 66.
[40] *Th. F. Sea,* Schwäbischer Bund (wie Bibl. Nr. 147), S. 156—158, mit zahlreichen Beispielen.

Einnahmen und Schadensersatzforderungen gefährdet sah. Zudem dürfte die Angst vor einem erneuten Bauernaufstand eine nicht unwesentliche Rolle gespielt haben[41]. Doch sind bis auf einen gelegentlich zu beobachtenden Zahlungsunwillen keine Zeichen bäuerlichen Aufbegehrens gegen Straf- und Reparationsgelder festzustellen. In manchen Gebieten ließen die bündischen Beauftragten die Gemeinden einen verstärkten Druck auf Zahlungsunwillige ausüben, indem sie den Gehorsamen auftrugen, „das sy denselben ungehorsamen, sy seyen weß herrschaft sy wellen, pfäl fur die thur slagen, wunn und wayd mit inen nit suchen lassen, oder sy mit weyb und kinder bey inen nit dullden oder leyden ..."[42]

Allgemein gültige Aussagen über die Folgen der Entschädigungszahlungen für die bäuerlichen Wirtschaften sind beim gegenwärtigen Stand der Forschung noch unzulässig — zu stark hängen derartige Urteile von der ökonomischen Struktur des jeweiligen Dorfes und der Größe und Produktivität der landwirtschaftlichen Betriebe ab. In Hinsicht auf die Folgen für die innerdörflichen Verhältnisse ist zu vermuten, daß die Methode der Strafgelderhebung, die in der Regel den vermögenden, steuerlich leistungsfähigen Bauern benachteiligte, zur Vergrößerung der Spannungen zwischen arm und reich in der Dorfgemeinde beitrug. Doch konnten sich aus dem System auch Vorteile für die dörfliche Oberschicht ergeben, z. B. dann, wenn sie zahlungsunfähigen Gemeindemitgliedern durch einen Kredit die Begleichung der ihnen abgeforderten Summen ermöglichte. Es liegt auf der Hand, daß hieraus eine verstärkte ökonomische Abhängigkeit der vermögensschwachen Gruppen von der dörflichen Oberschicht entstehen konnte. Als weiteres Element kommt hinzu, daß häufig auch Grundherren als Bürgen bäuerlicher Zahlungsverpflichtungen in Erscheinung traten und sich hierdurch ebenfalls die Möglichkeit zur Vergrößerung der Abhängigkeit vermögensschwacher Bauern schufen. Es wäre jedoch irreführend, wenn auf der Grundlage dieser Beobachtungen generell

---

[41] Hinsichtlich der Brandschatzung hat dieser Aspekt auf den Bundestagen immer wieder eine entscheidende Rolle gespielt. Die Furcht der Bundesmitglieder vor neuen Aufständen führte dabei zu einer eigentümlichen, zwischen rigorosen Verfolgungen und Milde schwankenden Politik. Vielfältiges Belegmaterial hierfür bieten die Deutschen Reichstagsakten unter Kaiser Karl V., Jüngere Reihe (= RTA/JR), Bd. 7, Teil 1—2.

[42] *W. Vogt* (Hrsg.), Correspondenz Ulrich Artzt 10 (wie Bibl. Nr. 6), S. 32, Nr. 544.

auf eine langfristig wirksame Verschlechterung der sozialen und ökonomischen Lage der Bauern in den betroffenen Gebieten geschlossen würde, wie dies Thomas F. Sea anzunehmen scheint, wenn er von „dauerhaften Schaden für die bäuerliche Wirtschaft", einer „Schwächung der bäuerlichen Solidarität" und einer „tieferen Unterwerfung der Bauern" spricht[43].

Neben Kollektivstrafmaßnahmen in Gestalt von Bußgeldern und Brandschatzungen hatte der Bauernkrieg auch eine Vielzahl von *Strafverfahren gegen* besonders aufgefallene *Einzelpersonen* zur Folge, in der Regel eingeleitet auf dem Gnadenweg einer Urfehdeverschreibung, seltener auf dem ordentlichen Gerichtsweg[44]. Dabei wurden die Betroffenen in Hauptschuldige oder „Rädelsführer" und Mitläufer unterteilt. Hauptschuldige wurden zum Teil grausam zu Tode gefoltert, Mitläufer dagegen relativ milde behandelt. Die „Ausgetretenen", also die aus politischen Gründen außer Landes Geflohenen, mußten bei ihrer Rückkehr mit einer genauen Untersuchung ihres Verhaltens während der Empörung und u. U. mit Strafen rechnen[45].

In den Artikeln des Schwäbischen Bundes war festgelegt, unter welchen Bedingungen ein Untertan, der den Aufstand unterstützt hatte und seinem Herrn den Gehorsam schuldig geblieben war, wieder angenommen werden sollte[46]. Er mußte „Urfehde", also erneut Treue und Gehorsam schwören und versprechen, sich an keinem Aufruhr mehr zu beteiligen. Er hatte seine Waffen abzuliefern und wurde aufgefordert, sich mit seiner Obrigkeit wegen des angerichteten Schadens zu vergleichen[47].

Hauptleute, die ergriffen worden waren, wurden in der Regel sofort hingerichtet. Ein ordentlicher Prozeß wurde gegen gefan-

---

[43] *Th. F. Sea*, Economic Impact (wie Anm. 30), S. 90. Zu bedenken ist auch, daß das 16. Jahrhundert insgesamt einen beachtlichen Anstieg der Territorial-, Kreis- und Reichssteuern erlebte, der von den Untertanen offensichtlich ohne bislang erkennbare Beeinträchtigung ihrer Existenzgrundlage verkraftet werden konnte.
[44] *E. Mayer*, Behandlung der Empörer (wie Bibl. Nr. 61), S. 40 f.
[45] Ebd., S. 46 f. Als Spezialuntersuchung zu dieser Problematik ist *Ph. Kintner*, Memmingen (wie Bibl. Nr. 60), heranzuziehen.
[46] *G. Franz* (Hrsg.), Quellen Bauernkrieg (wie Bibl. Nr. 2), S. 578 f.
[47] *E. Mayer*, Behandlung der Empörer (wie Bibl. Nr. 61), S. 37 ff. Das ganze Spektrum der Straf- und Unterdrückungsmaßnahmen zeigt die wichtige Studie von *G. Vogler*, Auswirkungen der Niederlage (wie Bibl. Nr. 144), auf.

gene Rädelsführer nur selten eingeleitet. Wenn dies doch wie im Fall des Matern Feuerbacher vorkam, dann lautete die Anklage auf „Aufruhr" und „Landfriedensbruch", worauf die Todesstrafe stand[48]. Vor diesem Hintergrund wird auch die Überraschung der Zeitgenossen über die Freisprechung Feuerbachers, der sich im Laufe des Prozesses als treuer Anhänger der Obrigkeit entpuppte[49], verständlich.

Das Strafgericht der Fürsten hielt noch Jahre nach dem Bauernkrieg an. Gegenüber der weitaus überwiegenden Anzahl der Empörer beschränkten sich die Obrigkeiten jedoch darauf, die Teilnehmer durch Geldstrafen wirtschaftlich zu schwächen und sie zu entwaffnen, um eine Wiederholung der Empörung zu verhindern. Außerdem wurde versucht, ihnen die Möglichkeit von Zusammenkünften zu nehmen. So mußte Hans Stielin aus Bietigheim in Württemberg wie viele andere auch in einer Urfehdeverschreibung vom Januar 1528 versprechen: „Dartzu soll und will ich mich allein der ober und erberkait parthy und anhangs halten, all und jed heimlich zechen, gesellschaften und zusammenschlupfen meiden, auch all mein weer und harnasch dem vogt uberantworten und hinfuro deren kains mehr uberkommen, haben noch tragen, dann ain brotmesser."[50]

3. Politische und rechtliche Wirkungen

Eine allein auf den Erfahrungshorizont der Zeitgenossen begrenzte Analyse der Folgen des Bauernkriegs erschöpft sich, wie angedeutet, in Fragestellungen strafrechtlicher und demographisch-ökonomischer Art, ohne bedeutsame Wirkungen festmachen zu können[51]. Im Erfahrungshorizont der Zeitgenossen liegen freilich

---

[48] G. Vogler, Auswirkungen der Niederlage (wie Bibl. Nr. 144), S. 414; E. Mayer, Behandlung der Empörer (wie Bibl. Nr. 61), S. 20 ff.

[49] G. Bossert, Der Bauernoberst Matern Feuerbacher, in: Württembergische Jahrbücher für Statistik und Landeskunde 1923/24 (1926), S. 81 bis 102; 1925/26 (1927), S. 1—35. Außerdem sei auf E. Mayer, Behandlung der Empörer (wie Bibl. Nr. 61), S. 47 ff., verwiesen.

[50] Zitiert nach E. Mayer, Behandlung der Empörer (wie Bibl. Nr. 61), S. 74.

[51] So lautet die Einschätzung von G. Franz, Bauernkrieg in heutiger Sicht (wie Anm. 8), S. 41.

noch die verschiedenen Ansätze zur politischen Bewältigung dieser Herrschaftskrise. Gerade im Vergleich etwa mit der Retorsionsgesetzgebung in Ungarn nach dem Dosza-Aufstand von 1514, einer im wesentlichen fehlenden programmatischen Reaktion in Frankreich und England auf die Krisenjahre 1547/49 (Pitauds-Aufstand in Guyenne bzw. Western und Kett's Rebellion in Devon bzw. Norfolk) ist bemerkenswert[52], daß der Bauernkrieg sehr differenzierte Reaktionen der beteiligten Herrschaftsträger provoziert hat, die sich zwischen den Modellen der Unterwerfung und der Kooperation bewegen. Bezieht man in eine solche Untersuchung der politischen Folgen auch die Reaktionen des Reichstags von Speyer 1526 und des Schwäbischen Bundes mit ein[53], dann ergibt sich ein insgesamt beachtenswertes, weit gespanntes Spektrum von Reaktionen, die sich wegen ihrer grundsätzlichen Bedeutung einer Betrachtung allein der Zeitgenossen entziehen mußten.

Folgt man der Chronologie der Ereignisse, so zeigt sich, daß in einigen der vom Bauernkrieg erfaßten Gebiete *vertragliche Lösungen* erreicht wurden, die einzelnen Beschwerden der Bauern Rechnung trugen bzw. die sozialen Folgen der Leibeigenschaft abmilderten. Zu nennen wären hier der Tirschenreuther Vertrag für Waldsassen vom Mai 1525, der Renchener Vertrag vom 25. Mai 1525, die schon vorher geschlossenen Verträge mit den Basler Ämtern, der 2. Basler Vertrag für die markgräflich-badischen Untertanen in Röttlen-Sausenberg und Badenweiler vom 12. September 1525, der Memminger bzw. der Martinszeller Vertrag vom Januar 1526. Sogar im Herrschaftsgebiet des militärischen Führers des Schwäbischen Bundes, des Truchsessen von Waldburg, kam es im Frühjahr 1526 zu einer eher erstaunlichen Verhandlungsphase um einige zentrale bäuerliche Beschwerden, u. a. die Auswirkungen der Leibeigenschaft und die Frage der Dienste[54].

---

[52] Vgl. *W. Schulze*, Europäische und deutsche Bauernrevolten der frühen Neuzeit — Probleme der vergleichenden Betrachtung, in: *Ders.* (Hrsg.), Europäische Bauernrevolten der frühen Neuzeit, 1982, S. 10—60, hier S. 35.

[53] Vgl. dazu *P. Blickle*, Revolution von 1525 (wie Bibl. Nr. 42), S. 264 ff.; *G. Vogler*, Reichstag zu Speyer (wie Bibl. Nr. 141), S. 1396 ff., sowie *Th. F. Sea*, Schwäbischer Bund (wie Bibl. Nr. 147). Wichtig ist in diesem Zusammenhang auch *G. Vogler*, Auswirkungen der Niederlage (wie Bibl. Nr. 144).

[54] Nachweise bei *P. Blickle*, Revolution von 1525 (wie Bibl. Nr. 42), S. 258 ff. und 265 ff.; *Cl. Ulbrich*, Die Huldigung der Petersleute. Zu den

Lösungen in den hier angedeuteten Richtungen lassen sich keineswegs nur in dem kleinstaatlichen Bereich Oberschwabens und am Oberrhein ausmachen und so dem vermittelnden Druck des Schwäbischen Bundes zuschreiben. Auch in landständisch geprägten Territorien wie Tirol und Salzburg lassen sich Verhandlungserfolge nachweisen. Die Tiroler Landesordnung von 1526, 1532 unter Bewahrung wichtiger Erfolge erneuert, bedeutete eine Durchsetzung besserer Besitzrechte, Aufhebung bestimmter Robotdienste, Bereinigung der Zehntrechte, Freigabe von Jagd und Fischerei[55]. In Salzburg sind der Landtagsabschied vom 30. Oktober 1525 und das darauf aufbauende Mandat vom 20. November 1526 am ehesten als Programm einer Justizreform zu verstehen, das zwar am Sieg des Erzbischofs keinen Zweifel läßt, das aber in seiner ausdrücklichen Bestätigung und Förderung eines bäuerlichen Klagerechts als ein schon von Ranke bemerkter Versuch gesehen werden muß, bäuerlichen Interessen in einer auch auf der Reichsebene empfohlenen Weise gerecht zu werden[56]. Die Salzburger und Tiroler Landesordnungen lenken zugleich den Blick auf andere Landesordnungen, die auch als politische Reaktionen auf den Aufstand zu werten und in ihrer Ambivalenz von der Bestätigung herrschaftlicher Macht und sensiblem Reagieren auf die Beschwerden der bäuerlichen Untertanen hier zu vermerken sind. In Hessen forderte Landgraf Philipp einerseits die erneute Huldigung von allen 42 Städten mit Schuldbekenntnis, Anerkennung seiner Obrigkeit und Aufruhrverbot, andererseits befahl er eine Landesvisitation, die eine Fülle von Beschwerden an den Tag brachte und den Adel zu disziplinieren versuchte. Auf den Aufstand im Rheingau folgte die Landesordnung des Erzbischofs von Mainz aus dem Jahre 1527. Auch hier findet sich jene charakteristische Mischung von Beseitigung gemeindlicher Rechte, Verstärkung landesfürstlicher Kontrolle und Eingehen auf die Forderungen von 1525, deren Kennzeichnung als „eiserne Strenge" des Landesfürsten die neuere Forschung nicht mehr akzeptieren kann, auch wenn man bedenkt, daß die Verschreibung auf Gnade und Ungnade vom Juni 1525 im Jahre 1546

Folgen des Bauernkriegs im Kloster Schwarzach, in: *P. Blickle* (Hrsg.), Bauer, Reich und Reformation (wie Anm. 85), S. 74—84.

[55] *P. Blickle*, Landschaften im Alten Reich. Die staatliche Funktion des gemeinen Mannes in Oberdeutschland, 1973, S. 201 ff. (Tirol).

[56] Ebd., S. 527 ff.; *L. v. Ranke*, Deutsche Geschichte im Zeitalter der Reformation (wie Anm. 1), S. 177.

außer Kraft gesetzt wurde[57]. Eine direkt auf den Bauernkrieg bezogene Land- und Gerichtsordnung findet sich auch im Hochstift Würzburg aus dem Jahre 1528[58]. Bei fehlendem Eingehen auf die Beschwerden zielt sie darauf ab, daß „auch der gemain man sein gewerb und Handtierung nach nodturfft statlich treiben, menniglich bey Recht und Billigkeit ... gehandhabt und sovil möglich die sachen allenthalben zu einem friedlichen Weesen aufnehmen und gedeyen".

Damit sind die *Bemühungen des Speyerer Reichstags von 1526* angesprochen, dessen Proposition auch die Behandlung der Untertanenbeschwerden vorsah. Einen interessanten Einblick in die Überlegungen auf seiten einzelner Fürsten bietet uns die Instruktion des Pfalzgrafen Friedrich für seinen Rat Pelagius Probst für den geplanten Reichstag zu Augsburg, die schon im Oktober 1525 geschrieben wurde: Die Leibeigenschaft soll „abgetan" werden, ja neue Leibeigenschaftsverhältnisse sollen auch auf Bitten der armen Leute streng verboten sein. Die Zehntzahlungen sollen eingegrenzt und in bestimmten Fällen abgesetzt werden; ganz allgemein wird auch der „arme" als „nach bildnus des almechtigen zu der seligkeit beschaffen" angesehen, Aufruhr soll durch diese Einsicht verhindert werden[59].

Damit wird deutlich, daß zwar die Hauptsorge des Reichstags — und daran kann kein Zweifel bestehen — die Verhinderung eines weiteren Bauernkriegs war, daß aber dieses Ziel keineswegs nur durch Repression erreicht werden sollte. Der bekannte Ratschlag des Großen Ausschuß „Der Mißbrauch unnd beschwerung halb der underthanen" spiegelt wie andere vorbereitende Texte in beeindruckender Weise den Widerhall bäuerlicher Forderungen auf dem Reichstag wider. In Anlehnung an die Zwölf Artikel wurden hier die bäuerlichen Beschwerden untersucht — freilich in charakteristischer Zuspitzung auf die Beschwerden gegen die Geistlichkeit — und auch einzelne, freilich zurückhaltende Empfehlungen gegeben, die bei Verwirklichung beachtliche institutionelle Wirkungen gehabt hätten, wie etwa der Vorschlag, die Reichskreise Ordnun-

---

[57] Statt auf ältere Literatur sei hier auf *W.-H. Struck,* Bauernkrieg am Mittelrhein (wie Bibl. Nr. 88), S. 83 ff., verwiesen.
[58] Druck in: *J. M. Schneidt,* Thesaurus juris franconici, 2. Abschnitt, 4. Heft, Würzburg 1788, S. 834 ff.
[59] *W. Friedensburg,* Der Reichstag zu Speier, 1887, S. 507 ff.

gen für regionale Abgabenregelungen erstellen zu lassen[60]. Implizit wurde die Berechtigung vieler Forderungen der Bauern anerkannt und gefordert, „daß sych eyn yede oberkeit verhuten solt Ir Unterthonen widder billichs zu belestigen"[61]. Insgesamt erscheinen die in Speyer vom Großen Ausschuß erarbeiteten Forderungen so weitgehend, daß die bisherigen Aussagen über ihr Zustandekommen kaum ausreichende Antwort geben können[62]. Wenn auch der endgültige Abschied die deutlichere Sprache des Gutachtens nicht übernahm, so bleibt doch das Ausmaß einsichtsvoller Reaktion auf den Bauernkrieg beachtlich und erlaubt, den wenig präzisen Abschied von dieser Tendenz her zu interpretieren. Übrig blieb eine angesichts der regionalen Unterschiede kaum erstaunliche Generalklausel, die Herren sollten ihre Untertanen so behandeln, wie sie es mit „Gewissen", „göttlichem und natürlichem Recht" und der „Billigkeit" vereinbaren könnten. Daneben aber fand sich eine Formulierung, die aufgrund ihrer breiten Rezeption wesentliche Anstöße für die Inanspruchnahme von bis dato selten genutzten Mitteln der Konfliktlösung gab. In der noch aktuell auf die Schadensregulierung Bezug nehmenden Bestimmung läßt sich unschwer jene Regelung erkennen, die Streitigkeiten zwischen dem landsässigen Adel und seinen Holden der Kompetenz der territorialen Hofgerichte zuwies, für Konflikte zwischen reichsunmittelbaren Fürsten und ihren Untertanen die Reichsgerichte als zuständig erachtete[63]. So wird man festhalten können, daß die in Speyer versammelten Fürsten die Ursachen des Bauernkriegs nicht beseitigt, sondern nur ihre Wirkungen eingegrenzt haben[64]. Indem sie die gerade im ober-

[60] *L. v. Ranke*, Deutsche Geschichte im Zeitalter der Reformation, Bd. 6, hrsg. v. *P. Joachimsen* (Gesamt-Ausgabe, 1. Reihe, 7. Werk), 1926, S. 32—54.

[61] Ebd., S. 48.

[62] Leider fehlt der für diesen Reichstag einschlägige Band der Reichstagsakten. Aus dem bislang vorliegenden gedruckten Material sind keine Erkenntnisse zu gewinnen, die über den derzeitigen Forschungsstand (repräsentiert durch die in der Bibliographie unter Nr. 141 und 142 genannten Arbeiten von G. Vogler und R. Wohlfeil) hinausgehen, wie schon *P. Blickle*, Revolution von 1525 (wie Bibl. Nr. 42), S. 247 Anm. 9, betont hat.

[63] Neue und vollständigere Sammlung der Reichs-Abschiede II, Göttingen 1747, Neudruck 1967, S. 274 f. (§ 7); und *L. v. Ranke*, Deutsche Geschichte (wie Anm. 60), S. 43.

[64] Wir folgen hier der Interpretation von *P. Blickle*, Revolution von 1525 (wie Bibl. Nr. 42), S. 246 ff. Auch *G. Vogler*, Reichstag zu Speyer

deutschen Gebiet schon vor und im Bauernkrieg sichtbar gewordene Möglichkeit zur schiedsgerichtlichen oder gerichtlichen Entscheidung von Herrschaftskonflikten aufgriffen, eröffneten sie eine historisch bedeutsame Entwicklungsmöglichkeit.

Der Beweis für eine solche These soll auf zwei Ebenen geführt werden, einmal auf der historiographischen, zum anderen auf der realhistorischen Ebene. Bei der Untersuchung der *Bewertung des Bauernkriegs in der juristischen Literatur des 18. Jahrhunderts* fiel ins Auge, daß die dort keineswegs nur vereinzelt nachzuweisende Position erheblich von der „Vergeblichkeitsthese" abwich, die seit der Mitte des 19. Jahrhunderts die Geschichtsschreibung bestimmte. Für J. J. Schmauß haben die Bauernkriege zu einer vertraglichen Absicherung der bäuerlichen Dienstleistungen geführt und diese an dem sich wandelnden Maßstab der Billigkeit durch die Rechtsprechung korrigierbar gemacht[65]. Für Chr. E. Weisse stand die positive Wirkung des Bauernkriegs auf die Justizverfassung des Reiches außer Zweifel[66]. In einem Artikel des Zedler'schen „Universal-Lexikons" heißt es 1737, daß „vornehmlich aber durch den Bauren-Krieg der Bauren-Stand eine grosse Änderung bekommen und zwar der gröste Teil derer Teutschen Bauren als die eigentlichen Knechte derer Teutsche freye Leute geworden"[67]. Und als 1779 J. F. Runde die Frage aufwarf, wodurch sich der Zustand der Bauern in Deutschland so sehr gebessert habe, schrieb er u. a.: „Allein die endliche und völlige Vollendung dieser wichtigen Veränderung des deutschen Bauernstandes ist siebentens wohl ohnstreitig in den großen Unruhen zu suchen, welche der Bauernkrieg in fast allen deutschen Provinzen verursachte."[68] Äußerungen dieser Art lassen sich noch mehrere anführen; selbst wenn man sie ihrer-

(wie Bibl. Nr. 141), S. 1406, sieht eine Verbindung zwischen den Zwölf Artikeln und dem Gutachten des Großen Ausschusses, betrachtet freilich die Reformvorschläge als „Zwischenspiel ohne weitere Folgen" (S. 1410).

[65] *J. J. Schmauß*, Academische Vorlesungen und Reden über das teutsche Staatsrecht, Lemgo 1766, S. 664 f.

[66] *Chr. E. Weisse*, Über die Berichterstattung auf Klagen deutscher Untertanen gegen ihre Landesherren an den höchsten Reichsgerichten, Wetzlar 1791, S. 9.

[67] *J. H. Zedler*, Grosses vollständiges Universal-Lexikon, Artikel „Knecht", Bd. 15, Leipzig 1737, Sp. 1065 f.

[68] *J. F. Runde*, Vergleichung des ehemaligen und heutigen Zustands der deutschen Bauern ..., in: Mémoires de la Société des Antiquités de Cassel, Bd. 1, Kassel 1780, S. 266.

seits auch wiederum durch zeitbedingte Fragestellungen zu relativieren versucht, ist doch die Gleichartigkeit ihrer jeweiligen Argumentationen beeindruckend, zumal diese Thesen gegenüber der historiographisch dominierenden Auffassung praktisch unbekannt sind. Der Aufweis dieser älteren Tradition macht auch die weiter oben zitierte Bewertung Haggenmüllers verständlich, die sich damit als Endpunkt dieser Tradition betrachten läßt[69].

Die hier aber notwendige realhistorische Beweisführung kann ihren Ausgangspunkt von dem erwähnten Reichsabschied von 1526 nehmen, dem in der Reichskammergerichtsordnung von 1555 endgültig verankerten Klagerecht von Untertanen gegen ihre Landesherren, dem Deputationsabschied von 1600 und seiner Stärkung der territorialen Appellationsgerichte, aber auch von der seit 1594 ständig diskutierten Regelung des „Schreibens um Bericht" in *Untertanenprozessen*, das trotz vieler gegenteiliger Versuche der Landesfürsten bis zum Ende des Reiches keineswegs untertanenfreundliche Mandate des Reichskammergerichts verhindern konnte[70]. Auch die tatsächliche Frequentierung der Gerichte des Reiches und der Territorien unterstützt die Bedeutung des 1526 eröffneten bzw. institutionell verstärkten Rechtsweges[71]. Dabei ist auch zu beachten, daß die Bewältigung der Folgen des Bauernkriegs überall Gegenstand von Prozessen wurde, ein in sich schon widersprüchlicher Tatbestand. Sie betrafen sowohl das Schicksal einzelner Anführer (z. B. den Dürkheimer Eberhart Augenreich, der 1550 endlich im Kampf um sein Vermögen obsiegte[72]) als auch das Waffenrecht einzelner Gemeinden und die Wiedergewinnung verlorener Privilegien und gemeindlicher Rechte[73]. Am 22. Februar 1528

---

[69] Vgl. oben S. 325.
[70] Einen Überblick über diese reichsrechtliche Entwicklung gibt W. *Schulze*, Bäuerlicher Widerstand (wie Anm. 17), S. 76 ff.
[71] Ebd. (mit zahlreichen Beispielen). Vgl. auch W. *Schulze*, Veränderte Bedeutung (wie Bibl. Nr. 143), S. 288 ff.
[72] W. *Alter*, Eberhart Augenreich (1474—1550). Ein Bauernkriegsschicksal. 1. Hälfte: 1474—1525, in: Mitteilungen des Historischen Vereins der Pfalz 77 (1979), S. 145—229; 2. Hälfte: 1525—1550, in: ebd. 78 (1980), S. 223—299.
[73] Ein deutliches Indiz für die Fülle dieser Prozesse ist die Reaktion des Reichstages, der 1530 das Kammergericht zu schärferem Vorgehen gegen bäuerliche Kläger ermunterte und Mandate gegen beklagte Obrigkeiten verbot (Neue und vollständigere Sammlung der Reichs-Abschiede II, 1747, S. 320 f. [§ 92]).

erwirkten die Hattgauer das erste einer ganzen Kette von Mandaten gegen die Herren von Hanau-Lichtenberg und bewiesen damit schlagend die Wirksamkeit der hier beschriebenen Strategie[74]. Es mag als weiterer Beweis akzeptiert werden, wenn wir die Zahl der bäuerlichen Prozesse am Reichskammergericht nach dem Bauernkrieg ansteigen sehen (für das Elsaß 2 Prozesse vor und 22 nach dem Bauernkrieg bei bislang insgesamt 47 bekannten bäuerlichen Prozessen im 16. Jahrhundert)[75] und wenn wir dem Abschied des Reichstags von 1530 entnehmen, daß hier dem Kammergericht eine zu großzügige Behandlung der Rädelsführer des Bauernkriegs vorgeworfen wurde.

Überhaupt ist es von besonderem Interesse, den *Nachhall des Bauernkriegs auf der Ebene der ständischen Versammlungen* nachzuprüfen, also auf den Schwäbischen Bundestagen und den Reichstagen. Die Belege reichen hier von städtischen Instruktionen, die zu milder Behandlung der Bauern raten (Nürnberg 1527)[76], und Gerüchten über neue Unruhen (im Elsaß 1526/27 unter der Führung des sog. Hans in der Matten)[77] bis zur Ermahnung des Bundestages vom Januar 1527 an Erzbischof Matthias Lang von Salzburg, seine Untertanen gegen die Bedrückungen der lokalen Obrigkeiten zu schützen, da sonst der Bund zugunsten der Untertanen einschreiten müsse[78]. („Wo ainischer Bundts stannd dardurch ain Aufrur erwecken, und das Es untugklicher weyse seynthalb beschehen were sich erfynden, so werd man sich desselben nit beladen oder annemen."[79]) In Oberwesel bekräftigten im Oktober 1527 die rheinischen Kurfürsten ihre Verpflichtung zu gegenseitiger Hilfe[80], im Januar 1529 prangerte Nürnberg die Haltung man-

---

[74] *J. Rott,* Neue Quellen und Detailaspekte über den Bauernkrieg im Unterelsaß, in: *S. Hoyer* (Hrsg.), Reform — Reformation — Revolution, 1980, S. 212 ff., hier S. 217, und Saarbrücker Arbeitsgruppe, Huldigungseid und Herrschaftsstruktur im Hattgau (Elsaß), in: Jahrbuch für westdeutsche Landesgeschichte 6 (1980), S. 117—155 (für die folgenden Prozesse).

[75] *B. Diestelkamp,* Das Reichskammergericht im Rechtsleben des 16. Jahrhunderts, in: Rechtsgeschichte als Kulturgeschichte. Festschrift für *Adalbert Erler* zum 70. Geburtstag, 1976, S. 435—480, hier S. 467 f.

[76] RTA/JR, Bd. 7, 1, S. 85.

[77] Ebd., S. 94.

[78] Ebd., S. 96.

[79] Neue und vollständigere Sammlung der Reichs-Abschiede II, 1747, S. 316 f. (§ 70).

[80] RTA/JR, Bd. 7, 1, S. 137.

cher Stände an, sich die Bauernkriegsschäden 2—3mal ersetzen zu lassen[81]. Ende 1527 heißt es in der Kölner Instruktion für den Regensburger Reichstag, daß der Aufruhr doch hauptsächlich „us gemeinen schetzen" entstanden sei[82]. Daneben finden sich begleitend immer wieder Hinweise auf die gespannte Lage, die Gefahr eines neuen Aufruhrs, den grundsätzlichen Widerwillen der Untertanen gegen die Obrigkeiten, die man bei einem Zug gegen die Türken totschlagen wolle. Sie belegen damit vielfach die „fast paranoide Furcht vor neuen Aufständen" (Th. F. Sea)[83].

Am Beispiel der sächsischen Politik um die Mitte des 16. Jahrhunderts ist überzeugend nachgewiesen worden, in welchem Maße die Erinnerung an 1525 nachwirkte. Als 1548 das kaiserliche Interim die kurfürstlichen Bemühungen um Ausgleich und öffentliche Ruhe in Frage stellte, schrieb ein sächsischer Rat an den Kurfürsten, besorgt über die große Zahl von Schmähschriften und ihre mögliche Wirkung: „So werdet es viel Bluets kosten, auch vile lande wust machen, Erger dan der Pawern Krieg."[84] So läßt sich zeigen, daß der Bauernkrieg zum Paradigma sozialer Konflikte schlechthin wird, dessen argumentatives Potential gerade in den Revolten des späten 16. Jahrhunderts immer wieder von den betroffenen, um Hilfe bittenden Obrigkeiten genutzt wurde[85].

Wenn auch kein Anlaß besteht, Anzeichen für eine Erneuerung des Widerstandes und für eine wachsende Einsicht in das falsche Vorgehen während des Bauernkriegs überzubewerten („Nit mit großen haufen zyhen, sonder iglichs volk wurde in seyner stadt, dorf oder flegken das alleyne handeln und darnechst zu hauf laufen", November 1525[86]), so zeigen uns doch viele Quellenhin-

---

[81] Ebd., S. 451 Anm. 1.
[82] RTA/JR, Bd. 7, 2, S. 982.
[83] RTA/JR, Bd. 7, 2, S. 988. Das Zitat bei *Th. F. Sea*, Schwäbischer Bund (wie Bibl. Nr. 147), S. 143.
[84] *G. Wartenberg*, Nachwirkungen des Bauernkrieges in der albertinischen Politik unter Moritz von Sachsen (1547—1551), in: Jahrbuch für Regionalgeschichte 7 (1979), S. 243—251, hier S. 246.
[85] Diese Feststellung ergab sich bei der Beschäftigung mit oberdeutschen Bauernrevolten zwischen 1580 und 1620. Vgl. *W. Schulze*, Oberdeutsche Untertanenrevolten zwischen 1580 und 1620. Reichssteuern und bäuerlicher Widerstand, in: *P. Blickle* (Hrsg.), Bauer, Reich und Reformation. Festschrift für *Günther Franz* zum 80. Geburtstag, 1982, S. 120 bis 147.
[86] *F. Gess* (Hrsg.), Akten und Briefe zur Kirchenpolitik Herzog Georgs von Sachsen, Bd. 2, 1917, Nr. 1174.

weise, *daß von einem totalen Rückfall in politische oder militärische Resignation nicht gesprochen werden kann.* Vielmehr bleiben die obrigkeitlichen Quellen in den Aufstandsgebieten von wachsamer Aufmerksamkeit geprägt, belegen sensibles Reagieren selbst auf offensichtliche Gerüchte wie etwa den von dem Salzaer Amtmann Sittich von Berlepsch vermuteten neuen Aufstand in Franken („uf zukunftigen christnacht irer herren und oberkeit sampt den geistlichen zu erschlahen")[87] und beweisen damit ex negativo, daß die zuweilen nachweisbare Formel, daß man es „recht" und „anders anfangen" müsse, es „besser" machen müsse als 1525, nicht ohne jeden realen Hintergrund war. Noch 1532 orientieren sich Salzburger Bauern am Mißerfolg von 1526, man wollte „nymer so nachlässig damit umgeen als vor beschehen"[88]. Auch andere Aufstandsbewegungen wie 1527/28 in den Dörfern der Herrschaft Hoyerswerda, in Schlesien ebenfalls 1527/28, in Triberg 1530 zeigen, daß die 1534 von König Ferdinand gegenüber Karl V. geäußerte Möglichkeit eines Aufstands des „gemeinen Mannes" mehr als nur eine politische Äußerung war[89], daß vielmehr — wie es Volker Press formulierte — die deutsche Agrargesellschaft über den Bauernkrieg hinaus „labil" blieb, der somit „Höhepunkt, nicht Abschluß einer Folge von Krisensituationen zwischen Herren und Untertanen" war[90]. Partiell läßt sich diese These auch auf die Volksbewegung als treibende Kraft der reformatorischen Umgestaltung in den Städten übertragen. Die bereits erwähnte Auffassung, die im Ende des Bauernkriegs auch das Ende der vom Volk getragenen Reformation sah, ist kaum zu akzeptieren, wenn auch eine verstärkte obrigkeitliche Kontrolle und eine innere Schwächung der Gemeinden kaum bezweifelt werden können[91].

---

[87] *W. P. Fuchs* — *G. Franz* (Hrsg.), Akten Mitteldeutschland (wie Bibl. Nr. 13), S. 738.

[88] Die Quelle gedruckt bei *W. Schulze*, Bäuerlicher Widerstand (wie Anm. 17), S. 167.

[89] Nach *V. Press*, Kaiser Karl V., König Ferdinand und die Entstehung der Reichsritterschaft, 1976, S. 33 Anm. 53.

[90] *V. Press*, Bauernkrieg als Problem (wie Bibl. Nr. 35), S. 176.

[91] Über den in Anm. 20 genannten Beitrag von *H.-Chr. Rublack* hinaus vgl. die differenzierende Stellungnahme zur These von F. Lau bei *F. Kopitzsch*, Bemerkungen zur Sozialgeschichte der Reformation und des Bauernkrieges, in: *R. Wohlfeil* (Hrsg.), Bauernkrieg 1524—1526 (wie Bibl. Nr. 56), S. 177—218, hier S. 194. *B. Moeller*, Deutschland im Zeitalter der Reformation (Deutsche Geschichte 4), 1977, S. 101, spricht zu

Eine solche Feststellung fortwährender Labilität, bestätigt sowohl durch die unmittelbaren Reaktionen auf das Ende des Bauernkriegs wie auch durch die neuere Aufarbeitung der regionalen Revolten zwischen 1526 und 1789, scheint für die Folgendiskussion eine zentrale Aussage zu sein, weil sie die historische Analyse zwangsläufig auf weitere Zeiträume erstreckt und damit das Gewicht stärker auf die *strukturellen Folgen* verlagert. Wenn belegt werden kann, daß der Gemeine Mann auch nach 1525 ein Element potentieller Instabilität blieb, dann können reformerische Impulse, die — wie oben gezeigt — in der Bewältigung der Krise von 1525 zu finden sind, auch in die Geschichte der deutschen Territorialstaaten und des Reichsverbandes fortgeschrieben werden, jener beiden durch Steuer-, Agrar- und Justizpolitik für die Lage bäuerlicher Untertanen in der frühen Neuzeit entscheidenden Größen.

Im Sinne einer solchen Erweiterung des Untersuchungsbereiches lassen sich beachtliche Folgewirkungen des Bauernkriegs ausmachen, ohne daß sich — wie dies generell bei historischen Ereigniskomplexen der Fall ist — eindeutige Kausalbeziehungen herstellen lassen können. In der gegebenen Situation territorialer Positionskämpfe zwischen Adel, Kirche, Städten, Territorialfürsten und einer noch unentschiedenen Konkurrenz dieser Herrschaftsträger untereinander mußte eine Krise wie der Bauernkrieg einen Selektionsvorgang dieser konkurrierenden Gewalten untereinander auslösen. Verlauf und Ende des Bauernkriegs stärkten das Landesfürstentum gegenüber der Kirche (nachweisbar etwa durch den im Bauernkrieg säkularisierten Kirchenbesitz)[92], dem niederen Adel

---

Recht von einem „Einschnitt", von „Ernüchterung, Klärung und auch Enttäuschung", wobei er die unterschiedliche Entwicklung von städtischer und ländlicher Reformation unterstreicht (S. 111). Vgl. überdies die Bemerkungen bei R. W. *Scribner,* The German Peasants' War (wie Anm. 4), S. 120.

[92] Vgl. dazu die Belege bei *R. Endres,* Probleme des Bauernkrieges (wie Bibl. Nr. 73), S. 98; *B. Schwineköper,* Klosteraufhebungen als Folge von Reformation und Bauernkrieg im Habsburgischen Vorderösterreich, in: Schau-ins-Land. Zeitschrift des Breisgau-Geschichtsvereins 97 (1978), S. 61—78; *W.-H. Struck,* Bauernkrieg am Mittelrhein (wie Bibl. Nr. 88), S. 80 f. Ein instruktives Beispiel ist für das Stift Waldsassen (Oberpfalz) überliefert. Noch während des Aufstands machte Pfalzgraf Friedrich dem Abt zu Waldsassen das „Angebot", mit einer Truppenbesatzung das Kloster zu schützen und Kleinodien, Urkunden usw. zur Verwahrung nach Amberg bringen zu lassen. Der Abt durchschaute die Absicht des Pfalzgrafen und verhandelte mit dem böhmischen König wegen der

(zunehmende Eingriffe in den grundherrlichen Bereich durch Landesfürsten oder den Schwäbischen Bund)[93] und gegenüber den Städten, deren innere Verfassung sich gegenüber der Belastung in Konfliktfällen als teilweise anfällig erwiesen hatte. In diesem Sinne läßt sich — wie dies Günther Franz getan hat — vom Landesfürstentum als „Sieger des Bauernkrieges" sprechen[94], während die „Entwaffnung" der Bauern bzw. die Abgabe der Glocken und ähnliche Maßnahmen hier kaum zu Buche schlagen dürften. Man wird freilich diesen Gewinn kaum bei den Landesherren der Kleinterritorien Oberdeutschlands sehen können. Sie gerieten angesichts steigender Reichssteuern im weiteren 16. Jahrhundert unter den doppelten Druck von Reichssteuern und Untertanen und mußten sich Revolten ebenso wie kontrollierende Eingriffe von Kaiser, Kreisfürsten oder dem Haus Habsburg gefallen lassen[95]. Der Bauernkrieg beseitigte zudem endgültig die Möglichkeit einer adlig-bäuerlichen Erhebung gegen Kirche und Landesfürstentum und trug damit auch zur Entmachtung von Reichsritterschaft und landständischem Adel bei. Neben diesem disziplinierenden Effekt des Bauernkriegs — sichtbar bei Bauernschaft, Klerus und Adel — scheint für die weitere Entwicklung vor allem der aus der existentiellen Bedrohung aller traditionellen Ordnung resultierende verstärkte Zwang zur Legitimation staatlicher Herrschaft bemerkenswert. Über der vordergründigen Frage nach der Stellung der Reformatoren zum Anliegen der Bauern und der richtigen Feststellung überwiegender Ablehnung des bäuerlichen Vorgehens ist oft der ambivalente Charakter der einschlägigen Äußerungen überse-

---

Übernahme der Schutzherrschaft, worauf Friedrich das Kloster besetzte und die Huldigung der Tirschenreuther entgegennahm. Wenn auch der Pfalzgraf 1526 nach Beschwerde des Abtes beim Reichsregiment zur Restitution des Klosters gezwungen wurde, so behielt er sich doch entscheidenden Einfluß auf die Angelegenheiten Waldsassens vor. Vgl. dazu G. *Rusam*, Der Bauernkrieg im Stift Waldsassen, in: Beiträge zur bayerischen Kirchengeschichte 4 (1897), S. 49—63; K. *Köhle*, Landesherr und Landstände in der Oberpfalz von 1400—1583 (Miscellanea Bavarica Monacensia 16), 1969, S. 33 f.

[93] Instruktive Beispiele werden bei *W.-H. Struck*, Bauernkrieg am Mittelrhein (wie Bibl. Nr. 88), S. 84 ff., für Hessen genannt. In Würzburg ließ der Bischof Adligen erst dann Entschädigungen auszahlen, wenn zuvor seine Landeshoheit anerkannt worden war. Vgl. dazu G. *Franz*, Bauernkrieg (wie Bibl. Nr. 39), S. 297 Anm. 9.

[94] G. *Franz*, Bauernkrieg (wie Bibl. Nr. 39), S. 297 f.

[95] Vgl. W. *Schulze*, Bäuerlicher Widerstand (wie Anm. 17), S. 128 ff.

hen worden. Schon die zeitgenössischen Stellungnahmen belassen es
nicht bei der Verurteilung der Übergriffe, sondern weisen den Obrigkeiten beachtliche Schuldanteile zu und nehmen damit einen
durchgängigen Topos der späteren Rebellionsliteratur vorweg[96].

4. Das Weiterleben des Bauernkriegs im historischen Bewußtsein

Sicherlich kann das Weiterleben eines historischen Ereignisses im
Bewußtsein von Wissenschaft und in der persönlichen Erinnerung
auch dem weiteren Bereich der Folgen eines Ereignisses zugeordnet
werden. Während an der Behandlung des Bauernkriegs bzw. einzelner herausragender Persönlichkeiten in der frühen Historiographie[97], der Literatur des 16. und 17. Jahrhunderts und der
beginnenden wissenschaftlichen Geschichtsschreibung des späten
18. Jahrhunderts kein Mangel besteht[98], ist über die *Erinnerung*

---

[96] Für Luther zeigt dies z. B. *H. Bornkamm*, Martin Luther in der Mitte des Lebens. Das Jahrzehnt zwischen dem Wormser und dem Augsburger Reichstag, 1979, S. 323 f. und 347 f. Im Unterschied zur frühen reformatorischen Geschichtsschreibung (dazu *H. Kirchner*, Der deutsche Bauernkrieg im Urteil der frühen reformatorischen Geschichtsschreibung, in: Zeitschrift für Kirchengeschichte 85 [1974], S. 239—269, sowie *R. Kolb*, The Theologians and the Peasants: Conservative Evangelical Reactions to the German Peasants' Revolt, in: Archiv für Reformationsgeschichte 69 [1978], S. 103—131) sieht die systematische Literatur zum Aufstandsproblem des späten 16. und 17. Jahrhunderts die „causae rebellionum" überwiegend auf der obrigkeitlichen Seite. Für den Bauernkrieg formuliert dies schon 1528 J. Agricola, wenn er schreibt: „Anno MDXXV hat ... den aufruhr der bauern niemand erregt / denn das beschwerte tyrannische Regiment" von „Fürsten / die ihren armen leuten keineswegs ... etwas nachlassen" wollten. Zitiert nach *G. Mühlpfordt*, Johann Agricola — Seine Anklagen gegen Fürsten und Herren nach dem Bauernkrieg (1528/1548), in: *M. Steinmetz* (Hrsg.), Bauernkrieg und Müntzer (wie Bibl. Nr. 53), S. 247.

[97] *M. Steinmetz*, Müntzerbild (wie Bibl. Nr. 34), und *H. Kirchner*, Bauernkrieg im Urteil (wie Anm. 96).

[98] *W. Trillitzsch*, Stellungnahmen humanistischer Dichter zum deutschen Bauernkrieg, in: Wissenschaftliche Zeitschrift der Karl-Marx-Universität Leipzig, Gesellschafts- und Sprachwissenschaftliche Reihe 23 (1974), S. 503—517; *E. Schäfer*, Der deutsche Bauernkrieg in der neulateinischen Literatur, in: Daphnis 9 (1980), S. 1—31.

an den Bauernkrieg über die Generation der Zeitgenossen hinaus kaum etwas bekannt geworden. Hier ist zunächst bemerkenswert, daß der Bauernkrieg für die Generation der Miterlebenden so bedeutsam war, daß er noch Jahrzehnte später zur Bestimmung des eigenen Lebensalters genutzt wurde. Diese in bäuerlichen Zeugenaussagen häufig auftauchenden Angaben belegen von einer bislang vernachlässigten Seite aus die Nachwirkung des Bauernkriegs[99]. Daß sich in obrigkeitlichen Quellen des 16.—18. Jahrhunderts immer wieder Hinweise auf den Bauernkrieg finden, vor allem, um damit die potentielle Gefährlichkeit kleinerer Revolten zu belegen, verwundert nicht. Auch ist z. B. der Rückgriff der 1725 klagenden Untertanen von Hanau-Lichtenberg auf den Renchener Vertrag kaum erstaunlich (der von der Herrschaft als „anmaßlicher" Vertrag bezeichnet wurde)[100], und es scheint nur konsequent, wenn der Kemptener Fürstabt nach über 200 Jahren den Anwalt seiner auf der Grundlage des Memminger Vertrags klagenden Untertanen als „Blaß-Balg deß aus der alten Aschen deß Bauren-Kriegs neuerlich hervorgesuchten Auffruhr-Feuers" bezeichnete[101].

Daß aber auch der Bauernkrieg als historisches Ereignis besonderen Gewichts noch im 17. und 18. Jahrhundert in Regionen nachweisbar ist, die nicht selbst vom Krieg berührt wurden, muß besonders hervorgehoben werden. So sprachen Bauern der Grafschaft Wied 1660 auf einer Versammlung davon, daß man in diesem Territorium keinen Bauernkrieg gehabt habe, aber man werde bald einen haben, der schlimmer sein werde als der erste. Im isenburgischen Gericht Gründau äußerte 1655 ein Untertan die Auffassung, es müßte einen Bauernkrieg geben. Weiter befragt, gab er dies als Weissagung der „heidnischen Sibylle" aus, die einen zweiten Bauernkrieg prophezeit habe. Im hessischen Gericht Staden gab 1734 ein bäuerlicher Untertan im Rahmen einer Befragung über den Widerstand in diesem Gericht die Überzeugung

---

[99] Dies geht aus Zeugenverhören in Reichskammergerichtsprozessen aus der zweiten Hälfte des 16. Jahrhunderts hervor. Die gleiche Beobachtung findet sich bei *K.-S. Kramer*, Bauern und Bürger im nachmittelalterlichen Unterfranken, 1957, S. 212.
[100] Klagsache Hanau-Lichtenbergischer Untertanen. Ex Actis kurz zusammengezogen — und dokumentirter Status causae ... o. O. 1732, hier S. A 2 v.
[101] Erhebliche In Jure et Facto wohlbegründete Motiva ... und Grund-Sätze, o. O. und o. J., S. 6.

preis: „Sie wußten wohl, daß die Bauernkriege nichts nütz gewesen."[102] Diese zufällig überlieferten Äußerungen mögen hier stellvertretend gemeint sein für eine sicherlich größere Zahl von einschlägigen Bemerkungen, die das Wissen um dieses historische Ereignis und die fortwährende Diskussion um die daraus zu ziehenden Lehren belegen. Man wird damit Bernd Moellers Aussage, daß die „Erinnerung an die schrecklichen Geschehnisse in die Tiefe" sank und vielerorts „Sagen und Träume" sie noch lange Zeit wachhielten[103], erheblich präzisieren können. Daß die letzte Äußerung von Bauern getan wurde, die sich über 200 Jahre später trotz ihres Wissens um das Ergebnis von 1525 erneut zur Wehr setzten und bewaffnet ihr Dorf bewachten, zeigt noch einmal, daß aus dem Bauernkrieg und der Niederlage der Bauern keine langfristige Resignation oder gar politische Apathie der bäuerlichen Untertanen abzuleiten ist. Der Bauernkrieg ist vielmehr als eine elementare historische Erfahrung der ständischen Gesellschaft des frühen 16. Jahrhunderts zu betrachten, die Obrigkeiten und Untertanen in ihrem politisch-sozialen Verhalten tiefgreifend beeinflußte und insofern beachtenswerte „Folgen" zeitigte, die über den Horizont der Zeitgenossen weit hinausreichten.

---

[102] Diese Zitate werden nachgewiesen in der Bochumer Dissertation von *W. Troßbach,* Soziale Bewegung und politische Erfahrung. Bäuerlicher Protest in hessischen Territorien. 1648—1806, 1987, S. 179 ff.

[103] *B. Moeller,* Deutschland im Zeitalter der Reformation (wie Anm. 91), S. 100.

Literatur-Nachtrag zu S. 343:

Daß dem Bauernkrieg in der zeitgenössischen politischen Diskussion die Rolle eines Paradigmas politisch-sozialer Konflikte zufiel, belegt auch die Studie von *G. Bossert,* Der Heilbronner Reformator Johann Lachmann im Bauernkrieg, in: Württembergische Jahrbücher für Statistik und Landeskunde 1908, S. 44—76.

Kommentierte Auswahlbibliographie

Kommentierte Auswahlbibliographie

Von Peter Bierbrauer

Die Bibliographie enthält eine eng begrenzte Auswahl der Quellenpublikationen und der nach 1933 erschienenen wissenschaftlichen Literatur. Die zeitliche Grenze ergibt sich aus der Erstveröffentlichung des Werkes von Günther Franz „Der deutsche Bauernkrieg", das der Forschung eine neue Grundlage lieferte. Die ältere Literatur ist über die 1. Auflage des Franz'schen Buches erschließbar. Im Hinblick auf das Quellenverzeichnis wurde von einer zeitlichen Begrenzung abgesehen, um die unverzichtbaren älteren Editionen berücksichtigen zu können. Der Literaturauswahl lagen zwei Kriterien zugrunde: Zum einen wurde ein Schwerpunkt auf solche Titel gelegt, die für die aktuelle Diskussion relevant sind oder sie widerspiegeln, zum anderen wurde versucht, die Bandbreite der regionalen und systematisch-thematischen Forschungsansätze abzudecken. Um die Orientierung zu erleichtern, wurde die Literatur entsprechend der Konzeption des vorliegenden Bandes nach inhaltlichen Gesichtspunkten geordnet. Die im Anmerkungsapparat der vorstehenden Beiträge benutzten Kurztitel wurden durch Kursivdruck kenntlich gemacht.

A. Quellen

Zwei unentbehrliche Quellensammlungen, die nicht nur das gesamte Bauernkriegsgebiet, sondern auch die Voraufstände berücksichtigen, wurden von Günther Franz ediert:

1. FRANZ, Günther (Hrsg.): Der deutsche *Bauernkrieg. Aktenband*, München-Berlin 1936, Nachdruck Darmstadt 1968²,

eine Sammlung zuvor unveröffentlichter Beschwerdeschriften und Artikel, die Franz in einem Aktenband seiner Darstellung zugeordnet hat. Eine wesentliche Ergänzung hierzu bildet eine Sammlung bereits veröffentlichter, aber zumeist schwer zugänglicher Quellen:

2. DERS. (Hrsg.): *Quellen* zur Geschichte des *Bauernkrieges*

(Ausgewählte Quellen zur deutschen Geschichte der Neuzeit. Freiherr vom Stein-Gedächtnisausgabe, Bd. 2), Darmstadt 1963.

Die meistverbreitete Beschwerdeschrift, die sich über ihren oberschwäbischen Ursprungsbereich hinaus zu einer Art „Manifest des Bauernkriegs" entwickelte, edierte:

3. GÖTZE, Alfred (Hrsg.): Die *zwölf Artikel* der Bauern 1525. Kritisch herausgegeben, in: Historische Vierteljahrsschrift 5 (1902), S. 1—33; der Quellentext nun leichter zugänglich in: Peter BLICKLE: Die Revolution von 1525, München-Wien 1981², S. 289—295.

Das wichtigste Material aus dem oberschwäbischen Aufstandsgebiet, einer der Kernzonen des Bauernkriegs, wurde von Franz Ludwig Baumann für die Forschung erschlossen, der Akten und erzählende Quellen in zwei gesonderten Bänden veröffentlichte:

4. BAUMANN, Franz Ludwig (Hrsg.): *Akten* zur Geschichte des deutschen Bauernkrieges aus *Oberschwaben*, Freiburg i. Br. 1877.

5. DERS. (Hrsg.): *Quellen* zur Geschichte des Bauernkrieges in *Oberschwaben* (Bibliothek des litterarischen Vereins in Stuttgart 129), Tübingen 1876, Nachdruck Aalen 1968.

Über den engeren oberschwäbischen Bereich hinaus reicht die Bedeutung der Korrespondenz des schwäbischen Bundeshauptmanns Ulrich Artzt, der wichtigsten Quelle zur Politik des Schwäbischen Bundes:

6. VOGT, Wilhelm (Hrsg.): Die *Correspondenz* des schwäbischen Bundeshauptmannes *Ulrich Artzt* von Augsburg aus den Jahren 1524—1527. Ein Beitrag zur Geschichte des schwäbischen Bundes und des Bauernkrieges, in: Zeitschrift des Historischen Vereins für Schwaben und Neuburg 6 (1879), S. 281—404; 7 (1880), S. 223—380; 9 (1882), S. 1—62; 10 (1883), S. 1—298.

Für den Bauernkrieg am Oberrhein liefern die Korrespondenzen der Städte Freiburg und Straßburg reiches Material:

7. SCHREIBER, Heinrich (Hrsg.): Der deutsche *Bauernkrieg*, gleichzeitige Urkunden (Urkundenbuch der Stadt Freiburg NF), 3 Teile (I: 1524; II: Januar—Juli 1525; III: Juli—Dezember 1525), Freiburg 1864—66,

mit wichtigen Aktenstücken zu den Anfängen des Bauernkriegs im Südschwarzwald 1524.

8. VIRCK, Hans (Hrsg.): Politische *Correspondenz* der Stadt *Straßburg* im Zeitalter der Reformation, 1. Bd.: 1517—1530 (Urkunden und Akten der Stadt Straßburg, 2. Abt.), Straßburg 1882,

enthält Quellen nicht nur zum Bauernkrieg im Elsaß (S. 107—193), sondern auch für Baden und weitere Nachbarregionen (S. 194 bis 250).

Die Beschwerdeschriften der Tiroler Bauern liegen in einer Edition vor, die neben den von den Städten und Gerichten gesamthaft vertretenen Meraner und Innsbrucker Artikeln auch Beschwerdeartikel aus den Jahren vor dem Bauernkrieg sowie eine große Anzahl lokaler Gravamina berücksichtigt:

9. WOPFNER, Hermann (Hrsg.): *Quellen* zur Geschichte des Bauernkriegs in *Deutschtirol* 1525, 1. Teil: Quellen zur Vorgeschichte des Bauernkrieges; Beschwerdeartikel aus den Jahren 1519—1525 (Acta Tirolensia 3), Innsbruck 1908, Nachdruck Aalen 1973.

Ergänzend hierzu neuerdings:

10. STEINEGGER, Fritz — SCHOBER, Richard (Hrsg.): Die durch den Landtag 1525 (12. Juni — 21. Juni) erledigten *„Partikularbeschwerden"* der *Tiroler* Bauern (Tiroler Landesarchiv, Handschriften Nr. 2889) (Tiroler Geschichtsquellen 3), Innsbruck 1976.

Eine umfangreiche Aktensammlung ist dem Bauernkrieg in Thüringen und seinen Nachbarregionen gewidmet:

11. MERX, Otto (Hrsg.): *Akten* zur Geschichte des Bauernkriegs in *Mitteldeutschland*, Bd. 1, 1. Abt., Leipzig 1923, Nachdruck Aalen 1964,

enthält im wesentlichen herrschaftliche Korrespondenzen aus den Monaten März und April 1525 und umfaßt den Raum westlich des Thüringer Waldes bis in den hessisch-fränkischen Bereich. Eine in der Materialauswahl erheblich gestraffte Fortsetzung für den gleichen Raum bietet die 2. Abteilung des 1. Bandes:

12. FRANZ, Günther — MERX, Otto (Hrsg.): *Akten* zur Geschichte des Bauernkriegs in *Mitteldeutschland*, Bd. 1, 2. Abt., Leipzig 1934, Nachdruck Aalen 1964.

Auf die Kerngebiete des mitteldeutschen Aufstands in Nordthüringen (Mühlhausen, Frankenhausen) und allgemein auf den Raum östlich des Thüringer Waldes (Vogtland, Erzgebirge) bezieht sich der 2. Band:

13. FUCHS, Walther Peter — FRANZ, Günther (Hrsg.): *Akten zur Geschichte des Bauernkriegs in Mitteldeutschland*, Bd. 2, Jena 1942, Nachdruck Aalen 1964.

Ein weiterer Zugang zum Bauernkrieg in Thüringen wurde durch die Gesamtausgabe der Schriften Thomas Müntzers erschlossen:

14. MÜNTZER, Thomas: *Schriften* und Briefe. Kritische Gesamtausgabe unter Mitarbeit von Paul KIRN hrsg. v. Günther FRANZ (Quellen und Forschungen zur Reformationsgeschichte 33), Gütersloh 1968.

Als besonders markante Beispiele der zeitgenössischen Bauernkriegschronistik sind hervorzuheben:

15. HARER, Peter: Wahrhafte und gründliche *Beschreibung des Bauernkriegs*, hrsg. v. Günther FRANZ (Schriften der Pfälzischen Gesellschaft zur Förderung der Wissenschaften 25), Kaiserslautern 1936,

eine wichtige Quelle zum Bauernkrieg in der Pfalz, im Elsaß und im Odenwald, weiterhin:

16. KESSLER, Johannes: *Sabbata*, unter Mitwirkung von Emil EGLI und Rudolf SCHOCH hrsg. v. Historischen Verein des Kantons St. Gallen, St. Gallen 1902, S. 170—199,

eine Darstellung des Bauernkriegs aus einer reformatorischen, betont eidgenössischen Position.

Eine bisher weitgehend vernachlässigte Quellengattung, die Flugschriftenliteratur, bieten in einer repräsentativen Auswahl:

17. LAUBE, Adolf — SEIFFERT, Hans-Werner (Hrsg.): *Flugschriften* der Bauernkriegszeit, hrsg. v. der Akademie der Wissenschaften der DDR, Berlin 1975.

Vgl. weiterhin Nr. 88.

B. Literatur

1. Zugänge zur Forschung

Bibliographische Hilfsmittel

Eine Gesamtbibliographie, die angesichts der kaum mehr übersehbaren Literatur dringend zu wünschen wäre, steht nicht zur Verfügung. Nützliche Hilfsmittel zur Erschließung der neueren Literatur bilden:

18 THOMAS, Ulrich (Bearb.): *Bibliographie* zum deutschen *Bauernkrieg* und seiner Zeit (Veröffentlichungen seit 1974), hrsg. innerhalb der Fachdokumentation Agrargeschichte von der Fachdokumentationsstelle Agrargeschichte an der Universität Hohenheim, 2 Teile, Stuttgart 1976/77,

eine annähernd vollständige Zusammenstellung der 1975 und 1976 erschienenen Literatur mit über 500 Titeln.

19. VOLZ, J. H. — BRATHER, S. (Bearb.): Der deutsche Bauer im Klassenkampf 1470—1648. Auswahlbibliographie der Veröffentlichungen in den sozialistischen Staaten 1945—72, in: Gerhard HEITZ — Adolf LAUBE — Max STEINMETZ — Günter VOGLER (Hrsg.), Der Bauer im Klassenkampf. Studien zur Geschichte des deutschen Bauernkrieges und der bäuerlichen Klassenkämpfe im Spätfeudalismus, Berlin 1975, S. 573—603,

eine Übersicht über die in Westeuropa nur teilweise rezipierten Untersuchungen, die in den sozialistischen Staaten vor 1972 veröffentlicht wurden.

Vgl. auch Nr. 20.

Forschungs- und Literaturberichte

Eine Reihe von Literaturübersichten und Forschungsberichten erleichtern die Orientierung insbesondere im Hinblick auf die 1975 erschienene Literatur:

20. ELKAR, Rainer S.: *Forschungen in der DDR* zur Geschichte der „Deutschen frühbürgerlichen Revolution". Problemvergleich und Zeitschriftenschau, in: Blätter für deutsche Landesgeschichte 112 (1976), S. 382—423,

besonders hilfreich eine beigefügte Bibliographie, die (S. 405 ff.) in 429 Nummern die Zeitschriftenliteratur der DDR erschließt.

21. KOPITZSCH, Franklin — WOHLFEIL, Rainer: *Neue Forschungen* zur Geschichte des Deutschen Bauernkrieges, in: Hans Ulrich WEHLER (Hrsg.), Der deutsche Bauernkrieg 1524—26 (Geschichte und Gesellschaft, Sonderheft 1), Göttingen 1975, S. 303—354,

    behandeln in zwei Teilen die Neuerscheinungen in der Bundesrepublik (Kopitzsch) und der DDR (Wohlfeil).

22. SABEAN, David: Der Bauernkrieg — ein *Literaturbericht* für das Jahr 1975, in: Zeitschrift für Agrargeschichte und Agrarsoziologie 24 (1976), S. 221—231,

    plädiert für eine verstärkte Berücksichtigung sozialanthropologischer Modelle in der Bauernkriegsforschung.

22 a. STRUCK, Wolf-Heino: *Neuerscheinungen* zur Geschichte des Bauernkriegs von 1525, in: Nassauische Annalen 87 (1976), S. 231—250,

    mit Hinweisen auch auf die ältere Literatur.

23. VAHLE, Hermann: Der deutsche *Bauernkrieg als politische Bewegung* im Urteil der Geschichtsschreibung, in: Geschichte in Wissenschaft und Unterricht 23 (1972), S. 257—277,

    ein Forschungsbericht, der die ideologische Befrachtung der älteren Bauernkriegshistoriographie aufzeigt und die wissenschaftliche Auseinandersetzung mit der von Günther Franz vertretenen politischen Bauernkriegsinterpretation analysiert.

24. WOLGAST, Eike: *Neue Literatur* über den Bauernkrieg, in: Blätter für deutsche Landesgeschichte 112 (1976), S. 424 bis 439.

Zur Forschungskontroverse um die „frühbürgerliche Revolution"

Eine Sammlung der wichtigsten älteren Texte mit einer instruktiven Einleitung ediert in:

25. WOHLFEIL, Rainer (Hrsg.): *Reformation* oder frühbürgerliche Revolution? (nymphenburger texte zur wissenschaft. modell-universität 5), München 1972.

Unter Bezugnahme auf die von Wohlfeil edierten Texte wurde die Diskussion fortgeführt von Winfried Schulze, der in der Zusammenfassung von Reformation und Bauernkrieg als Erscheinungsformen einer einheitlichen gesamtgesellschaftlichen Krise eine vermittelnde Position gegenüber dem Konzept der Historiker der DDR bezog:

26. SCHULZE, Winfried: „Reformation oder frühbürgerliche Revolution?". Überlegungen zum Modellfall einer Forschungskontroverse, in: Jahrbuch für die Geschichte Mittel- und Ostdeutschlands 22 (1973), S. 253—269.

Eine fundamentale Kritik an den theoretischen Grundlagen des Modells der frühbürgerlichen Revolution entwickelt:

27. WOHLFEIL, Rainer: Einleitung: Der *Bauernkrieg als geschichtswissenschaftliches Problem,* in: DERS. (Hrsg.), Der Bauernkrieg 1524—1526. Bauernkrieg und Reformation (nymphenburger texte zur wissenschaft. modelluniversität 21), München 1975, S. 7—15.

Eine gewisse Modifizierung in der Perspektive der DDR-Forschung läßt ein Aufsatz von Günter Vogler erkennen, der die revolutionäre Qualität von Reformation und Bauernkrieg durch einen Vergleich mit parallelen europäischen Volksbewegungen zu erweisen sucht und der durch diesen komparatistischen Ansatz das Konzept der frühbürgerlichen Revolution dem wissenschaftlichen Diskurs stärker öffnet:

28. VOGLER, Günter: *Revolutionäre Bewegung* und frühbürgerliche Revolution. Betrachtungen zum Verhältnis von sozialen und politischen Bewegungen und deutscher frühbürgerlicher Revolution, in: Zeitschrift für Geschichswissenschaft 22 (1974), S. 394—411.

Eine Kritik an der Bauernkriegsforschung in der Bundesrepublik Deutschland aus marxistischer Sicht bietet:

29. STEINMETZ, Max: *Positionen der Forschung.* Kritische Bemerkungen zur Bauernkriegsforschung in der Bundesrepublik Deutschland, in: Peter BLICKLE (Hrsg.), Revolte und Revolution in Europa. Referate und Protokolle des Internationalen Symposiums zur Erinnerung an den Bauernkrieg 1525 (Memmingen 24.—27. März 1975) (Historische Zeitschrift, Beiheft 4 NF), München 1975, S. 115—126.

Die gegenwärtige Position der Historiker der DDR zusammenfassend dargestellt in:

30. DERS.: Der geschichtliche Platz des deutschen *Bauernkrieges,* in: Gerhard BRENDLER — Adolf LAUBE (Hrsg.), Der deutsche Bauernkrieg 1524/25. Geschichte — Traditionen —

Lehren (Akademie der Wissenschaften der DDR. Schriften des Zentralinstituts für Geschichte 57), Berlin 1977, S. 15 bis 33.

Eine Analyse der Positionsveränderungen in der Geschichtswissenschaft der DDR in:

31. FOSCHEPOTH, Josef: *Reformation und Bauernkrieg* im Geschichtsbild der DDR. Zur Methodologie eines gewandelten Geschichtsverständnisses (Historische Forschungen 10), Berlin 1976.

Zur Geschichte der Bauernkriegshistoriographie

Eine kritische und umfassende Darstellung der Bauernkriegshistoriographie ist derzeit noch nicht verfügbar. Kaum mehr als eine Materialsammlung bietet:

32. WINTERHAGER, Friedrich: *Bauernkriegsforschung* (Erträge der Forschung 157), Darmstadt 1981.

Die starke Einwirkung politisch-gesellschaftlicher Bedingungen und Interessen auf die Bauernkriegshistoriographie zeigen an unterschiedlichen Beispielen die Untersuchungen von Wolfgang von Hippel und Max Steinmetz:

33. HIPPEL, Wolfgang von: *Bauernkrieg,* Französische Revolution und aufgeklärte Humanität. Zum Geschichtsbild des deutschen Bürgertums am Ende des 18. Jahrhunderts im Spiegel von Georg Friedrich Sartorius' „Versuch einer Geschichte des Deutschen Bauernkrieges", in: Peter BLICKLE (Hrsg.), Bauer, Reich und Reformation. Festschrift für Günther FRANZ zum 80. Geburtstag, Stuttgart 1982, S. 309—329.

34. STEINMETZ, Max: Das *Müntzerbild* von Martin Luther bis Friedrich Engels (Leipziger Übersetzungen und Abhandlungen zum Mittelalter, Reihe B, 4), Leipzig 1971.

Vgl. auch Nr. 35.

Methodenfragen und Forschungsansätze

35. PRESS, Volker: Der *Bauernkrieg als Problem* der deutschen Geschichte, in: Nassauische Annalen 86 (1975), S. 158—177, entwickelt auf der Grundlage einer Problemanalyse ein ausführliches Forschungsprogramm.

36. STALNAKER, John C.: Auf dem Weg zu einer *sozialgeschichtlichen Interpretation des* Deutschen *Bauernkrieges 1525—1526*, in: Hans-Ulrich WEHLER (Hrsg.), Der Deutsche Bauernkrieg 1524—1526 (Geschichte und Gesellschaft, Sonderheft 1), Göttingen 1975, S. 38—60,

ein Plädoyer für eine sozialgeschichtliche Forschungsstrategie, dem ein auf wirtschaftliche Krisensymptome verengtes Verständnis von Sozialgeschichte zugrunde liegt.

37. BÜCKING, Jürgen: Der *„Bauernkrieg"* in den habsburgischen Ländern *als* sozialer *Systemkonflikt*, in: Hans-Ulrich WEHLER (Hrsg.), Der Deutsche Bauernkrieg 1524—1526 (Geschichte und Gesellschaft, Sonderheft 1), Göttingen 1975, S. 168—192,

versucht die Modernisierungstheorie Barrington Moores zur Analyse des Bauernkriegs nutzbar zu machen.

Die wohl beste Umsetzung eines theoretischen Ansatzes in empirische Forschung bietet:

38. WUNDER, Heide: Zur *Mentalität aufständischer Bauern*. Möglichkeiten der Zusammenarbeit von Geschichtswissenschaft und Anthropologie, dargestellt am Beispiel des Samländischen Bauernaufstands von 1525, in: Hans-Ulrich WEHLER (Hrsg.), Der Deutsche Bauernkrieg 1524—1526 (Geschichte und Gesellschaft, Sonderheft 1), Göttingen 1975, S. 9—37,

die mit den von der Sozialanthropologie bezogenen Konzepten von „Teilkultur" und „Subkultur" die unterschiedliche Rolle deutscher und prussischer Bauern im Aufstand erklärt.

Vgl. auch Nr. 27, 57, 63.

2. Gesamtdarstellungen

39. FRANZ, Günther: Der Deutsche *Bauernkrieg*, Darmstadt 1977[11],

das Standardwerk über den Bauernkrieg und die vorausgegangenen Aufstände, das für den Verlauf der Ereignisse noch immer unverzichtbar ist, dessen interpretatorische Thesen jedoch durch die Ergebnisse der neueren Forschung relativiert, teilweise auch widerlegt worden sind.

40. WAAS, Adolf: Die *Bauern im Kampf* um Gerechtigkeit 1300—1525, München 1976[2],

eine eher populäre Darstellung im Anschluß an Günther Franz.

Einen ersten wesentlichen Beitrag zur Korrektur der Thesen von Franz leistete eine Untersuchung Horst Buszellos, der die politische Zielsetzung präziser bestimmte und Divergenzen aufzeigte:

41. BUSZELLO, Horst: Der deutsche *Bauernkrieg als politische Bewegung* mit besonderer Berücksichtigung der anonymen Flugschrift „An die versamlung gemayner Pawerschafft" (Studien zur europäischen Geschichte 8), Berlin 1969.

Die durch die vergleichende Landesgeschichte gewonnenen differenzierteren Einsichten in die Strukturelemente der ländlichen Gesellschaft bildeten die Grundlage für den Versuch einer Neuinterpretation des Bauernkriegs:

42. BLICKLE, Peter: Die *Revolution von 1525*, München-Wien 1981².

Der Bauernkriegsforschung in der DDR wurden wesentliche Impulse durch die Untersuchungen eines sowjetischen Historikers vermittelt:

43. SMIRIN, Moisej Mendeljewitsch: Die *Volksreformation* des Thomas Münzer und der große Bauernkrieg, Berlin 1956²,

ein breitangelegtes Werk, das die Person und die Wirkung Thomas Müntzers in das Zentrum des Geschehens rückte und den Aufstand in Thüringen als Kulminationspunkt des Bauernkriegs darstellte. Die Ursachen und die Vorgeschichte des Bauernkriegs behandelt:

44. DERS.: *Deutschland vor der Reformation*. Abriß der Geschichte des politischen Kampfes in Deutschland vor der Reformation, Berlin 1956².

Eine Art „Summa" der DDR-Forschung bieten:

45. LAUBE, Adolf — STEINMETZ, Max — VOGLER, Günter: Illustrierte *Geschichte der* deutschen *frühbürgerlichen Revolution*, Berlin 1974,

ein großformatiges, reich bebildertes Buch, das die Epoche von 1476 bis 1555 darstellt.

Daß die Vermittlung wissenschaftlicher Forschung an ein breiteres Publikum nicht notwendigerweise durch verzerrende Vereinfachungen erkauft werden muß, zeigt auf spannende Weise:

46. VOGLER, Günter: *Die Gewalt* soll gegeben werden *dem gemeinen Volk*. Der deutsche Bauernkrieg 1525, Berlin 1983².

3. Sammelwerke

Das Bauernkriegsjubiläum des Jahres 1975 fand seinen Niederschlag in der Veröffentlichung einer Reihe von Sammelbänden, in denen sich die Bandbreite und die thematische Vielfalt der Forschung manifestiert. Auf einen Kommentar kann zumeist verzichtet werden, da die wichtigsten Aufsätze in der Auswahlbibliographie gesondert aufgeführt werden.

47. BLICKLE, Peter (Hrsg.): *Revolte* und Revolution in Europa. Referate und Protokolle des Internationalen Symposiums zur Erinnerung an den Bauernkrieg 1525 (Memmingen 24. bis 27. März 1975) (Historische Zeitschrift, Beiheft 4 NF), München 1975.

48. BRENDLER, Gerhard — LAUBE, Adolf (Hrsg.): Der deutsche *Bauernkrieg 1524/25*. Geschichte — Traditionen — Lehren (Akademie der Wissenschaften der DDR. Schriften des Zentralinstituts für Geschichte 57), Berlin 1977.

49. HEITZ, Gerhard — LAUBE, Adolf — STEINMETZ, Max — VOGLER, Günter (Hrsg.): Der *Bauer im Klassenkampf*. Studien zur Geschichte des deutschen Bauernkrieges und der bäuerlichen Klassenkämpfe im Spätfeudalismus, Berlin 1975.

50. MOELLER, Bernd (Hrsg.): *Bauernkriegs-Studien* (Schriften des Vereins für Reformationsgeschichte 189), Gütersloh 1975.

51. OBERMAN, Heiko A. (Hrsg.): Deutscher *Bauernkrieg 1525* (Zeitschrift für Kirchengeschichte 85, 1974, Heft 2), 1974.

52. RAITZ, Walter (Hrsg.): Deutscher *Bauernkrieg*. Historische Analysen und Studien zur Rezeption (Lesen 3), Opladen 1976,
beleuchtet in einer Reihe von Aufsätzen insbesondere die literarische Verarbeitung des Bauernkriegs.

53. STEINMETZ, Max (Hrsg.): Der deutsche *Bauernkrieg und Thomas Müntzer*. Ausgewählte Beiträge der wissenschaftlichen Konferenz „Der deutsche Bauernkrieg — seine Stellung in der deutschen und europäischen Geschichte. Probleme, Wirkungen, Verpflichtungen", Karl-Marx-Universität Leipzig, 3. bis 7. Februar 1975, Leipzig 1976.

54. STROBACH, Hermann (Hrsg.): *Der arm man* 1525. Volkskundliche Studien (Akademie der Wissenschaften der DDR,

Zentralinstitut für Geschichte. Veröffentlichungen zur Volkskunde und Kulturgeschichte 59), Berlin 1975.

55. WEHLER, Hans-Ulrich (Hrsg.): Der Deutsche *Bauernkrieg 1524—1526* (Geschichte und Gesellschaft, Sonderheft 1), Göttingen 1975.

56. WOHLFEIL, Rainer (Hrsg.): Der *Bauernkrieg 1524—1526.* Bauernkrieg und Reformation (nymphenburger texte zur wissenschaft. modelluniversität 21), München 1975.

Vgl. auch Nr. 65, 78.

4. Regionale Bauernkriegsstudien

Oberschwaben und Württemberg

Ein tragfähiger Neuansatz zur Erklärung des Bauernkriegsverlaufs wurde von Hans-Martin Maurer am Beispiel Baden-Württembergs erprobt, der die stufenweise Eskalation auf die Eigendynamik bäuerlicher Handlungsformen und Verhaltensmuster zurückführte:

57. MAURER, Hans-Martin: Der *Bauernkrieg als Massenerhebung.* Dynamik einer revolutionären Bewegung, in: Bausteine zur geschichtlichen Landeskunde von Baden-Württemberg, Stuttgart 1979, S. 255-295.

58. SEITZ, Reinhard H.: Die *Bauernunruhen* des Jahres 1525 in der *Reischenau*. Ein Beitrag zur Geschichte des Bauernkrieges in Bayerisch-Schwaben, in: Schwäbische Blätter für Heimatpflege und Volksbildung 15 (1964), S. 65—79,

ein illustratives Beispiel für die Überleitung eines zunächst lokal begrenzten Konflikts gegen die Grundherrschaft des Augsburger Domkapitels in den allgemeinen oberschwäbischen Aufstand. Eine ähnliche Entwicklung im Nördlinger Ries beschreibt:

59. WEISSENBERGER, P.: Die Abtei *Neresheim* und das Härtsfeld *im Bauernkrieg,* in: Studien und Mitteilungen zur Geschichte des Benediktinerordens 70 (1959), S. 29—44.

60. KINTNER, Philip L.: *Memmingens* „Ausgetretene". Eine vergessene Nachwirkung des Bauernkriegs 1525—1527, in: Memminger Geschichtsblätter 1969 (1971), S. 5—40,

verfolgt nicht nur das Schicksal der Flüchtlinge, sondern stellt auch die vorausgegangenen Ereignisse in der Stadt Memmingen dar.

61. MAYER, E.: Die rechtliche *Behandlung der Empörer* von 1525 im Herzogtum Württemberg (Schriften zur Kirchen- und Rechtsgeschichte 3), 1957,

erweist in einer von positivistischem Rechtsverständnis geprägten Untersuchung die Legalität der herrschaftlichen Sanktionen im Rahmen der Landfriedensgesetzgebung des Reiches und der entsprechenden Bestimmungen des Tübinger Vertrages.

Baden und der Schwarzwald

Die wenigen neueren Untersuchungen konzentrieren sich auf die Ereignisse in und um Waldshut:

62. MÜLLER, Emil: Der Bauernkrieg im Kreise *Waldshut*, Ettikon 1961,

beschreibt den Verlauf des Bauernkriegs im Einflußbereich Waldshuts. Daß die Interessen der Stadt und der aufständischen Bauern keineswegs übereinstimmten, wurde von Tom Scott nachgewiesen, der daraus die Konsequenz einer heuristischen Unterscheidung von Interessen- und bloßen Aktionsgemeinschaften zog:

63. SCOTT, Tom: Reformation and *Peasants' War in Waldshut* and Environs: A Structural Analysis, in: Archiv für Reformationsgeschichte 69 (1978), S. 82—102, und 70 (1979), S. 140 bis 168.

Die Tätigkeit des Waldshuter Reformators Balthasar Hubmaier untersucht:

64. BERGSTEN, Torsten: Balthasar *Hubmaier*. Seine Stellung zu Reformation und Täufertum 1521—1528 (Acta Universitatis Upsaliensis. Studia Historica-Ecclesiastica Upsalensia 3), Kassel 1961.

Elsaß

65. WOLLBRETT, Alphonse (Hrsg.): La *Guerre des paysans* 1525 (Société d'Histoire et d'Archéologie de Saverne et Environs. Etudes Alsatiques, supplémentaire 93), Saverne 1975,

ein Sammelband zum Bauernkrieg im Elsaß.

Eine zusammenfassende Darstellung des elsässischen Aufstandes gibt:

66. BISCHOFF, Georges: La Guerre des Paysans et l'Alsace, in: Fridolin DÖRRER (Hrsg.), Die Bauernkriege und Michael

Gaismair. Protokoll des Internationalen Symposions vom 15. bis 19. November 1976 in Innsbruck-Vill (Veröffentlichungen des Tiroler Landesarchivs 2), Innsbruck 1982, S. 259—282.

67. DUBLED, Henri: *Aspects sociaux* de la guerre des paysans, notamment en Alsace, in: Annales Universitatis Saraviensis 5 (1956), S. 54—75,

verfolgt die strukturellen Determinanten des Konflikts in der ländlichen Gesellschaft des Elsaß. Auch Francis Rapp stellte die Ursachenproblematik in den Mittelpunkt seiner Untersuchungen:

68. RAPP, Francis: La *guerre des paysans* dans la vallée du Rhin supérieur: quelques problèmes d'interprétation, in: Charles-Quint, le Rhin et la France. Actes des journées d'études de Strasbourg 2.—3. Mars 1973 (Publications de la societé savante d'Alsace et des régions de l'Est. Collections „Recherches et Documents" 17), Strasbourg 1973, S. 135—155.

69. DERS.: Die soziale und wirtschaftliche *Vorgeschichte des Bauernkrieges* im Unterelsaß, in: Bernd MOELLER (Hrsg.), Bauernkriegs-Studien (Schriften des Vereins für Reformationsgeschichte 189), Gütersloh 1975, S. 29—45,

hebt die ökonomische Differenzierung innerhalb der ländlichen Gesellschaft hervor und verweist auf die erhebliche Verschuldung eines großen Teils der Bauernschaft.

Eine akribische Studie zum Ereignisablauf bietet am Beispiel der Stadt Weißenburg:

70. ROTT, Hans-Georg: Der Bauernkrieg und die Stadt Weißenburg im Elsaß. Bemerkungen zur Quellenlage und Versuch einer genaueren Chronologie, in: Peter BLICKLE (Hrsg.), Bauer, Reich und Reformation. Festschrift für Günther FRANZ zum 80. Geburtstag, Stuttgart 1982, S. 252 — 267.

Franken

Ein wesentlicher Fortschritt in der Erforschung des fränkischen Bauernkriegs ist durch die wissenschaftliche Leistung von Rudolf Endres erzielt worden, der in einer Reihe beispielhafter Untersuchungen den Zusammenhang wirtschaftlicher, sozialer, politischer und religiös-kirchlicher Faktoren aufzeigte:

71. ENDRES, Rudolf: Der *Bauernkrieg in Franken*, in: Blätter für deutsche Landesgeschichte 109 (1973), S. 31—68.

72. DERS.: Probleme des *Bauernkriegs im Hochstift Bamberg*, in: Jahrbuch für fränkische Landesforschung 31 (1971), S. 91—138.

73. DERS.: *Probleme des Bauernkrieges* in Franken, in: Rainer WOHLFEIL (Hrsg.), Der Bauernkrieg 1524—1526. Bauernkrieg und Reformation (nymphenburger texte zur wissenschaft. modelluniversität 21), München 1975, S. 90—115.

Eine anschauliche populäre Darstellung des Bauernkriegs in Franken gibt:

74. GRÄTER, Carlheinz: Der Bauernkrieg in *Franken*, Würzburg 1975.

Vgl. auch Nr. 99, 100.

Tirol und Michael Gaismair

75. MACEK, Josef: Der *Tiroler Bauernkrieg* und Michael Gaismair, Berlin 1965,

eine breitangelegte Darstellung aus marxistischer Position. Neues Material über Gaismair und den Tiroler Aufstand aus dem Staatsarchiv Venedig wurde durch eine italienische Untersuchung erschlossen:

76. STELLA, Aldo: La rivoluzione contadine del 1525 e l'utopia di Michael *Gaismayr*, Padova 1975.

77. BÜCKING, Jürgen: *Michael Gaismair:* Reformer — Sozialrebell — Revolutionär. Seine Rolle im Tiroler „Bauernkrieg" (1525/32) (Spätmittelalter und Frühe Neuzeit 5), Stuttgart 1978,

liefert eine bemerkenswerte Analyse der politischen Zielvorstellungen Gaismairs.

Eine Reihe von Aufsätzen zum Aufstand in Tirol und seiner Einordnung in den Bauernkrieg in:

78. DÖRRER, Fridolin (Hrsg.): Die Bauernkriege und Michael *Gaismair*. Protokoll des internationalen Symposions vom 15. bis 19. November 1976 in Innsbruck-Vill (Veröffentlichungen des Tiroler Landesarchivs 2), Innsbruck 1982.

Thüringen und Thomas Müntzer

79. BENSING, Manfred: Thomas Müntzer und der *Thüringer Aufstand* 1525 (Leipziger Übersetzungen und Abhandlungen zum Mittelalter, Reihe B, Bd. 4), Berlin 1966,

eine Darstellung des Thüringer Aufstands, die den Schwerpunkt auf die Persönlichkeit und die Wirkung Thomas Müntzers legt.
Eine etwas einseitige Fixierung auf die Person Thomas Müntzers lassen auch die den Thüringer Aufstand betreffenden Beiträge erkennen, die Max Steinmetz edierte:

80. STEINMETZ, Max (Hrsg.): Der deutsche *Bauernkrieg und Thomas Müntzer.* Ausgewählte Beiträge der wissenschaftlichen Konferenz „Der deutsche Bauernkrieg — seine Stellung in der deutschen und europäischen Geschichte. Probleme — Wirkungen — Verpflichtungen". Karl-Marx-Universität Leipzig, 3. bis 7. Februar 1975, Leipzig 1976.

Die revolutionäre Theologie Thomas Müntzers, ohne die der Verlauf des Aufstands in Thüringen nicht zu verstehen ist, analysiert:

81. GOERTZ, Hans-Jürgen: Innere und äußere Ordnung in der *Theologie Thomas Müntzers* (Studies in History of Christian Thought 2), Leiden 1967.

82. ELLIGER, Walter: Thomas *Müntzer.* Leben und Werk, Göttingen 1975,

das Standardwerk über Müntzer.
Den Zugang zur Müntzer-Forschung erleichtert:

83. FRIESEN, Abraham — GOERTZ, Hans-Jürgen (Hrsg.): *Thomas Müntzer* (Wege der Forschung 491), Darmstadt 1978,

eine Sammlung wegweisender Studien zur Theologie und zur politischen Wirkung Müntzers, die durch zwei aktuelle Forschungsberichte ergänzt wird. Zur Müntzer-Forschung weiterhin:

84. BRÄUER, Siegfried: Die Thomas-*Müntzer-Forschung 1960—1975,* in: Luther-Jahrbuch 1977, S. 127—141, und 1978, S. 102—139.

Mitteldeutschland

85. MITTENZWEI, Ingrid: Der *Joachimsthaler Aufstand* 1525. Seine Ursachen und Folgen (Deutsche Akademie der Wissenschaften zu Berlin. Schriften des Institutes für Geschichte, Reihe III, Bd. 6), Berlin 1968,

untersucht den Aufstand der Bergleute von Joachimsthal, einem Zentrum des Silberbergbaus auf der böhmischen Seite des Erzgebirges.
Verschiedene regionale Studien auch zum weiteren Umfeld der Bauernkriegsereignisse in:

86. Probleme der frühbürgerlichen *Revolution im Erzgebirge* und seinem Vorland. Wissenschaftliches Sonderheft der Monatsschrift „Der Heimatfreund für das Erzgebirge", Stollberg 1975.

Eine Rekonstruktion der Aufstandsereignisse in Sachsen verbunden mit einer einsichtigen Interpretation in:

87. BLASCHKE, Karlheinz: Ereignisse des *Bauernkriegs* 1525 in *Sachsen.* Der sächsische Bauernaufstand 1790. Karten mit erläuterndem Text (Abhandlungen der Sächsischen Akademie der Wissenschaften zu Leipzig, Philologisch-historische Klasse, Bd. 67, Heft 4), Berlin 1978.

Hessen und Mittelrhein

Eine sorgfältige Untersuchung der Aufstandsaktivitäten im mittelrheinisch-hessischen Raum mit den Zentren Kurmainz, Frankfurt und den Abteien Fulda und Hersfeld wurde von Wolf-Heino Struck vorgelegt, der seine Darstellung durch eine umfangreiche Edition unveröffentlichter Quellen (Schwerpunkt Rheingau) ergänzte:

88. STRUCK, Wolf-Heino: Der *Bauernkrieg am Mittelrhein* und in Hessen. Darstellung und Quellen (Veröffentlichungen der Historischen Kommission für Nassau 21), Wiesbaden 1975.

89. FRANZ, Eckhardt G.: *Hessen und Kurmainz* in der Revolution 1525. Zur Rolle des frühmodernen Staates im Bauernkrieg, in: Hermann BANNASCH — Hans-Peter LACHMANN (Hrsg.), Aus Geschichte und ihren Hilfswissenschaften. Festschrift für Walter HEINEMEYER zum 65. Geburtstag (Veröffentlichungen der Historischen Kommission für Hessen 40), Marburg 1979, S. 628—652,

demonstriert am Beispiel der Landgrafschaft Hessen und des Kurmainzer Erzbistums die größere Konfliktbewältigungsfähigkeit der in Hessen bereits eingespielten modernen Staatsverwaltung.

Bayern

90. HAUSHOFER, Heinz: Die Ereignisse des Bauernkriegsjahres 1525 im Herzogtum *Bayern,* in: Peter BLICKLE (Hrsg.), Bauer, Reich und Reformation. Festschrift für Günther FRANZ zum 80. Geburtstag, Stuttgart 1982, S. 268—285,

erklärt das Ausbleiben der Erhebung im Herzogtum Bayern.

Österreich

Die Forschung konzentriert sich offenbar auf den Aufstand in Tirol, während etwa für Salzburg keine weiterführenden Untersuchungen vorliegen. Eine Darstellung der Ereignisse in Oberösterreich gibt:

91. EICHMAYER, Karl: Reformation und Bauernkrieg in *Oberösterreich*, in: Karl EICHMAYER — Helmut FEIGL — Rudolf LITSCHEL, Weiß gilt die Seel und auch das Guet. Oberösterreichische Bauernaufstände und Bauernkriege im 16. und 17. Jahrhundert, Linz 1976, S. 7—67.

Schweiz

92. HERZOG, Paul: Die *Bauernunruhen* im Schaffhauser Gebiet 1524/25, Aarau 1965,
    betont den Einfluß Hubmaiers auf die Unruhen in Schaffhausen.

93. RENNEFAHRT, Hermann: Bauernunruhen im *Elsgau* (1462 und 1525), in: Schweizer Beiträge zur Allgemeinen Geschichte 20 (1962/63), S. 5—53,
    untersucht die vom elsässischen Aufstand beeinflußten Unruhen im Bistum Basel.

5. Systematische Aspekte der Bauernkriegsforschung

Ursachen und strukturelle Rahmenbedingungen

Der Schwerpunkt der neueren Forschung im Zusammenhang der Ursachenproblematik liegt auf den lange vernachlässigten wirtschaftlichen Faktoren.

94. HOYER, Siegfried: Zu den *Ursachen* des deutschen *Bauernkrieges* und zu den Problemen seines Verlaufs, in: Zeitschrift für Geschichtswissenschaft 24 (1976), S. 662—680,
    hebt die Krisensymptome einer im Wandel befindlichen Wirtschaftsordnung und den mobilisierenden Effekt der reformatorischen Theologie hervor.
    Auch in der älteren Forschung wurde vereinzelt bereits auf die wirtschaftliche Not der Bauern hingewiesen:

95. KELTER, Ernst: Die *wirtschaftlichen Ursachen* des Bauernkriegs, in: Schmollers Jahrbuch für Gesetzgebung, Verwaltung und Volkswirtschaft 65 (1941), S. 641—682.

Die Voraussetzung zur systematischen Auswertung der vielfach voneinander abweichenden Quellenbelege zur wirtschaftlichen Lage der Bauern wurde erst durch die moderne agrargeschichtliche Konjunkturforschung geschaffen. Vergleiche etwa:

96. ABEL, Wilhelm: Agrarkrisen und *Agrarkonjunktur*. Eine Geschichte der Land- und Ernährungswirtschaft Mitteleuropas seit dem hohen Mittelalter, Hamburg-Berlin 1978³,

    der für den Zeitraum vor dem Bauernkrieg eine Phase des konjunkturellen Aufschwungs konstatiert. Dieses Ergebnis wird durch eine neuere Untersuchung relativiert, die eine besondere Häufung von Mißernten und Teuerungen in den Jahrzehnten vor 1525 aufzeigt:

97. BUSZELLO, Horst: „Wohlfeile" und *„Teuerung" am Oberrhein* 1340—1525 im Spiegel zeitgenössischer erzählender Quellen, in: Peter BLICKLE (Hrsg.), Bauer, Reich und Reformation. Festschrift für Günther FRANZ zum 80. Geburtstag, Stuttgart 1982, S. 18—42.

97 a. WESTERMANN, Ekkehard: Zur weiteren Erforschung kommerzialisierter Agrargesellschaften Mitteleuropas und ihrer Konflikte im ersten Drittel des 16. Jahrhunderts, in: Studia Historiae Oeconomicae 15 (1980), S. 161—178,

    konstatiert ebenfalls heftige Krisenzustände in den Dekaden vor dem Bauernkrieg.

98. SABEAN, David W.: Landbesitz und Gesellschaft am *Vorabend des Bauernkriegs*. Eine Studie der sozialen Verhältnisse im südlichen Oberschwaben in den Jahren vor 1525 (Quellen und Forschungen zur Agrargeschichte 26), Stuttgart 1972,

    betont die zunehmenden Spannungen innerhalb der ländlichen Gesellschaft als Ursachenfaktor.

99. ENDRES, Rudolf: Zur sozialökonomischen *Lage* und sozialpsychologischen Einstellung *des „Gemeinen Mannes"*. Der Kloster- und Burgensturm in Franken 1525, in: Hans-Ulrich WEHLER (Hrsg.), Der Deutsche Bauernkrieg 1524—1526 (Geschichte und Gesellschaft, Sonderheft 1), Göttingen 1975, S. 61—78,

    analysiert den kumulativen Effekt verschiedenartiger neuer Belastungen der bäuerlichen Wirtschaft, deren Ausgangspunkt gleichermaßen der staatliche Modernisierungsprozeß bildet. Eine wesentliche Ergänzung hierzu bildet eine Bestandsaufnahme der adligen Lebensformen:

100. DERS.: *Adelige Lebensformen* in Franken zur Zeit des Bauernkrieges (Neujahrsblätter der Gesellschaft für fränkische Geschichte 35), Würzburg 1974.

Einen Einblick in die erhebliche soziale Differenzierung der ländlichen Gesellschaft ermöglichen die akribischen Untersuchungen von Dietrich Loesche und Elisabeth Schwarze an zwei regionalen Beispielen:

101. LOESCHE, Dietrich: Zur Lage der Bauern im Gebiet der ehemaligen freien Reichsstadt *Mühlhausen* in Thüringen zur Zeit des Bauernkriegs, in: Gerhard BRENDLER (Hrsg.), Die frühbürgerliche Revolution in Deutschland. Referate und Diskussion zum Thema Probleme der frühbürgerlichen Revolution in Deutschland 1476—1535, Berlin 1961, S. 64—72.

102. SCHWARZE, Elisabeth: Veränderungen der Sozial- und Besitzstruktur in *ostthüringischen Ämtern* und Städten am Vorabend des Bauernkriegs, in: Jahrbuch für Wirtschaftsgeschichte 1976/III, S. 255—273.

Die Bedeutung der Einschränkung bäuerlicher Allmendrechte als Konfliktursache zeigen die Studien von Hermann Heimpel und Rudolf Quietzsch:

103. HEIMPEL, Hermann: *Fischerei* und Bauernkrieg, in: Festschrift Percy Ernst SCHRAMM, Bd. 1, Wiesbaden 1964, S. 353—372.

104. QUIETZSCH, Rudolf: Der Kampf um die *Triftgerechtigkeit* in Thüringen und Sachsen um 1525, in: Hermann STROBACH (Hrsg.), Der arm man 1525. Volkskundliche Studien (Akademie der Wissenschaften der DDR, Zentralinstitut für Geschichte. Veröffentlichungen zur Volkskunde und Kulturgeschichte 59), Berlin 1975, S. 52—78.

Die Bedeutung der Leibeigenschaft als Ursachenfaktor insbesondere für den Bauernkrieg im Südwesten ist erst durch einige neuere Untersuchungen wieder in den Problemhorizont der Forschung gerückt. Vergleiche etwa:

105. SAARBRÜCKER ARBEITSGRUPPE: Die spätmittelalterliche *Leibeigenschaft* in Oberschwaben, in: Zeitschrift für Agrargeschichte und Agrarsoziologie 22 (1974), S. 9—33,

die am Beispiel des Klosters Schussenried die schwerwiegenden wirtschaftlichen und sozialen Folgen der intensivierten Leibherrschaft aufzeigte, und:

106. ULBRICH, Claudia: *Leibherrschaft* am Oberrhein im Spätmittelalter (Veröffentlichungen des Max-Planck-Instituts für Geschichte 58), Göttingen 1979,

die das bedeutende Gewicht der Leibeigenschaft als politisches und wirtschaftliches Herrschaftsinstrument für den gesamten oberrheinischen Raum nachwies. Daß die Verschärfung der leibherrlichen Bindungen den bäuerlichen Widerstand in besonderer Weise motivierte, zeigt:

107. MÜLLER, Walter: Wurzeln und Bedeutung des grundsätzlichen Widerstands gegen die *Leibeigenschaft im Bauernkrieg* 1525, in: Schriften des Vereins für Geschichte des Bodensees und seiner Umgebung 93 (1975), S. 1—41.

Die in der neueren Forschung nur unzureichend berücksichtigten politisch-staatlichen Strukturwandlungen werden in einer Untersuchung Karl Heinz Burmeisters thematisiert, der die Ausschaltung der Bauern aus dem Prozeß der Rechtsentwicklung hervorhebt:

108. BURMEISTER, Karl Heinz: Genossenschaftliche *Rechtsfindung* und herrschaftliche Rechtssetzung. Auf dem Weg zum Territorialstaat, in: Peter BLICKLE (Hrsg.), Revolte und Revolution in Europa (Historische Zeitschrift, Beiheft 4 NF), München 1975, S. 171—185.

Die Krise der Kirche und ihre sozialpsychologischen Konsequenzen erörtern unter verschiedenen Gesichtspunkten Hartmut Boockmann, Peter Baumgart und Hans-Jürgen Goertz:

109. BOOCKMANN, Hartmut: Zu den geistigen und religiösen *Voraussetzungen des Bauernkriegs*, in: Bernd MOELLER (Hrsg.), Bauernkriegs-Studien (Schriften des Vereins für Reformationsgeschichte 189), Gütersloh 1975, S. 9—27.

110. BAUMGART, Peter: Formen der *Volksfrömmigkeit* — Krise der alten Kirche und reformatorische Bewegung. Zur Ursachenproblematik des Bauernkriegs, in: Peter BLICKLE (Hrsg.), Revolte und Revolution in Europa (Historische Zeitschrift, Beiheft 4 NF), München 1975, S. 186—204.

111. GOERTZ, Hans-Jürgen: Aufstand gegen den Priester. *Antiklerikalismus* und reformatorische Bewegung, in: Peter BLICKLE (Hrsg.), Bauer, Reich und Reformation. Festschrift für Günther FRANZ zum 80. Geburtstag, Stuttgart 1982, S. 182—209.

Vgl. auch Nr. 67, 68, 69.

Legitimation, Zielsetzung und Programmatik

112. DÜLMEN, Richard van: *Reformation als Revolution.* Soziale Bewegung und religiöser Radikalismus in der deutschen Reformation (dtv Wissenschaftliche Reihe 4273), München 1977,

    verfolgt die über den Bauernkrieg hinaus fortwirkende Verbindung von religiöser Erneuerung aus dem Geist des Evangeliums und revolutionärer gesellschaftlicher Veränderung.

112 a. ZIMMERMANN, Gunter: Die Antwort der Reformatoren auf die *Zehntenfrage*. Eine Analyse des Zusammenhangs von Reformation und Bauernkrieg (Europäische Hochschulschriften, Reihe III, Geschichte und ihre Hilfswissenschaften 164), Frankfurt-Bern 1982,

    konkretisiert den Zusammenhang von reformatorischer Predigt und bäuerlichem Protest am Beispiel des umstrittenen Zehnten.
    Das „Göttliche Recht" ist die spezifische Legitimationsform und zugleich ein programmatisches Leitmotiv des Bauernkriegs. Über seinen Ursprung und Inhalt jedoch bestehen unterschiedliche Auffassungen:

113. SCHMIDT, Irmgard: *Das göttliche Recht* und seine Bedeutung im deutschen Bauernkrieg, phil. Diss. Jena (auch: Hanfried 2), Zeulenroda 1939,

    gelangte zu der auch in der jüngeren Diskussion noch vertretenen These einer prinzipiellen Identität von Altem Recht und Göttlichem Recht.

114. BECKER, Winfried: *„Göttliches Wort"*, „göttliches Recht", „göttliche Gerechtigkeit". Die Politisierung theologischer Begriffe?, in: Peter BLICKLE (Hrsg.), Revolte und Revolution in Europa (Historische Zeitschrift, Beiheft 4 NF), München 1975, S. 232—263,

    versteht das Göttliche Recht als eher emotionale Vorstellung von Brüderlichkeit, die auf den Einfluß der reformatorischen Predigt zurückzuführen ist.

115. BIERBRAUER, Peter: *Das Göttliche Recht* und die naturrechtliche Tradition, in: Peter BLICKLE (Hrsg.), Bauer, Reich und Reformation. Festschrift für Günther FRANZ zum 80. Geburtstag, Stuttgart 1982, S. 210—234,

    identifiziert das Göttliche Recht mit dem absoluten christlichen Naturrecht des Spätmittelalters.

Die Frage der Herkunft der „Zwölf Artikel", der wichtigsten programmatischen Schrift des Bauernkriegs, ist in der Forschung immer wieder erneut diskutiert worden. Die lange unbestrittene These von Franz vom oberschwäbischen Ursprung der Artikel ist neuerdings von Blickle angefochten worden, der eine oberrheinische Grundlage annimmt. Vergleiche:

116. FRANZ, Günther: Die Entstehung der *„Zwölf Artikel"* der deutschen Bauernschaft, in: Archiv für Reformationsgeschichte 36 (1939), S. 195—213.

117. BLICKLE, Peter: *Nochmals* zur Entstehung der *Zwölf Artikel*, in: DERS. (Hrsg.), Bauer, Reich und Reformation. Festschrift für Günther FRANZ zum 80. Geburtstag, Stuttgart 1982, S. 286—308.

118. BRECHT, Martin: Der theologische *Hintergrund der Zwölf Artikel* der Bauernschaft in Schwaben von 1525. Christoph Schappelers und Sebastian Lotzers Beitrag zum Bauernkrieg, in: Heiko A. OBERMAN (Hrsg.), Deutscher Bauernkrieg 1525 (Zeitschrift für Kirchengeschichte 85, 1974, Heft 2), 1974, S. 30—64 (174—208),

    konnte sich mit der These einer Beeinflussung durch Luther (versus Zwingli) nicht durchsetzen.

119. WALDER, Ernst: Der politische *Gehalt der Zwölf Artikel* der deutschen Bauernschaft von 1525, in: Schweizer Beiträge zur Allgemeinen Geschichte 12 (1954), S. 5—22,

    analysierte die politische Tragweite der Zwölf Artikel und bestimmte als Gesamttendenz die Lösung herrschaftlicher Bindungen und die Steigerung politischer Autonomie.

120. VOGLER, Günter: Der revolutionäre Gehalt und die räumliche Verbreitung der *oberschwäbischen Zwölf Artikel*, in: Peter BLICKLE (Hrsg.), Revolte und Revolution in Europa (Historische Zeitschrift, Beiheft 4 NF), München 1975, S. 206—231,

    bewertete die Zwölf Artikel als revolutionäres Programm. Die neuere Diskussion über die allgemeinen politischen Zielvorstellungen der Aufständischen wurde durch einen Aufsatz Heinz Angermeiers eingeleitet, der eine Tendenz zu staatlicher Zentralisierung behauptete:

121. ANGERMEIER, Heinz: Die *Vorstellungen* des gemeinen Mannes *von Staat und Reich* im deutschen Bauernkrieg, in:

Vierteljahrsschrift für Sozial- und Wirtschaftsgeschichte 53 (1966), S. 329—343.

Die Thesen Angermeiers wurden durch die Untersuchungen Horst Buszellos widerlegt, der eine landständische und eine korporativbündische Orientierung auf jeweils gemeindlicher Grundlage unterschied:

122. BUSZELLO, Horst: *Gemeinde*, Territorium und Reich in den politischen Programmen des Deutschen Bauernkrieges, in: Hans-Ulrich WEHLER (Hrsg.), Der Deutsche Bauernkrieg (Geschichte und Gesellschaft, Sonderheft 1), Göttingen 1975, S. 105—128.

123. DERS.: Die *Staatsvorstellungen* des „Gemeinen Mannes" im deutschen Bauernkrieg, in: Peter BLICKLE (Hrsg.), Revolte und Revolution in Europa (Historische Zeitschrift, Beiheft 4 NF), München 1975, S. 273—295.

124. VOGLER, Günter: *Schlösserartikel* und weltlicher Bann im deutschen Bauernkrieg, in: Gerhard BRENDLER — Adolf LAUBE (Hrsg.), Der deutsche Bauernkrieg 1524/25. Geschichte — Traditionen — Lehren (Akademie der Wissenschaften der DDR. Schriften des Zentralinstituts für Geschichte 57), Berlin 1977, S. 113—121,

unterstreicht die im Vorgehen der Aufständischen gegen Burgen und Schlösser manifestierte Absicht der Veränderung der politischen Machtverhältnisse.

124 a. ARNOLD, Klaus: damit der *arm man vnnd gemainer nutz* iren furgang haben ... Zum deutschen „Bauernkrieg" als politischer Bewegung: Wendel Hiplers und Friedrich Weygandts Pläne einer „Reformation" des Reiches, in: Zeitschrift für historische Forschung 9 (1982), S. 257—313,

analysiert die Entstehung des Heilbronner Reichsreformentwurfs.

125. SCHNEIDER, Annerose: Zur *Argumentation* in den Flugschriften der Bauernkriegszeit, in: Jahrbuch für Geschichte des Feudalismus 4 (1980), S. 259—288,

weist die gegensätzliche Verwendung häufig gebrauchter Bibelzitate durch die feindlichen Parteien nach.

Vgl. auch Nr. 41, 57, 77, 107.

Probleme des Verlaufs

126. BLICKLE, Peter: Die *Funktion der Landtage* im Bauernkrieg, in: Historische Zeitschrift 221 (1975), S. 1—17,

   analysiert Möglichkeiten und Grenzen der Konfliktbewältigung durch die im Verlauf des Bauernkriegs einberufenen Landtage.

127. GREINER, Christian: Die *Politik des Schwäbischen Bundes* während des Bauernkrieges 1524/25 bis zum Vertrag von Weingarten, in: Zeitschrift des Historischen Vereins für Schwaben 68 (1974), S. 7—94,

   stellt die inneren Gegensätze innerhalb des Bundes dar und betont den auf Konfrontation zielenden Charakter der Bundespolitik.

Vgl. Nr. 57.

Träger- und Führungsschichten

   Die summarische Umschreibung der Trägerschichten mit dem aus den zeitgenössischen Quellen entlehnten Begriff des „Gemeinen Mannes" hat sich in der neueren Forschung allgemein durchgesetzt. Abweichende Auffassungen bestehen jedoch hinsichtlich der Frage, welches soziale Spektrum der Begriff abdeckt. Für eine Identifikation mit dem politisch berechtigten Gemeindemitglied, dem „Gemeindemann", plädiert:

128. LUTZ, Robert: *Wer war der gemeine Mann?* Der dritte Stand in der Krise des Spätmittelalters, München-Wien 1979.

   Daß der „Bauernkrieg" nicht als rein agrarische Bewegung zu betrachten ist, sondern in erheblichem Umfang auch städtische Bevölkerungsschichten erfaßte, ist vor allem durch die Untersuchungen Karl Czoks herausgestellt worden:

129. CZOK, Karl: *Revolutionäre Volkserhebungen* in mitteldeutschen Städten zur Zeit der Reformation und des Bauernkrieges, in: Leo STERN — Max STEINMETZ (Hrsg.), 450 Jahre Reformation, Berlin 1967, S. 128—145.

130. DERS.: Zur sozialökonomischen Struktur und politischen Rolle der *Vorstädte in Sachsen und Thüringen* im Zeitalter der deutschen frühbürgerlichen Revolution, in: Wissenschaftliche Zeitschrift der Karl-Marx-Universität Leipzig, Gesellschafts- und Sprachwissenschaftliche Reihe 24 (1975), S. 53 bis 68.

131. ENDRES, Rudolf: *Zünfte und Unterschichten* als Elemente

der Instabilität in den Städten, in: *Peter Blickle* (Hrsg.), Revolte und Revolution in Europa (Historische Zeitschrift, Beiheft 4 NF), München 1975, S. 151—170,

liefert eine allgemeine Bestandsaufnahme der Konfliktursachen in den Städten.

Der Zusammenhang von städtischen Unruhen und Bauernkrieg ist auf besonders einsichtige Weise von Klaus Arnold am Beispiel der fränkischen Stadt Kitzingen dargestellt worden:

131 a. ARNOLD, Klaus: Die Stadt *Kitzingen* im Bauernkrieg, in: Mainfränkisches Jahrbuch für Geschichte und Kunst 27 (1975), S. 11—50,

weiterhin:

132. DERS.: Spätmittelalterliche Sozialstruktur, Bürgeropposition und *Bauernkrieg in* der Stadt *Kitzingen*, in: Jahrbuch für fränkische Landesforschung 36 (1976), S. 173—214.

133. RAMMSTEDT, Otthein: *Stadtunruhen 1525*, in: Hans-Ulrich WEHLER (Hrsg.), Der Deutsche Bauernkrieg 1524 bis 1526 (Geschichte und Gesellschaft, Sonderheft 1), Göttingen 1975, S. 239—276,

erörtert die Unruhen in einer Reihe von Städten am Rande oder abseits des eigentlichen Bauernkriegsgebietes.

Die Rolle der Bergleute im Bauernkrieg wurde von Adolf Laube und Karl-Heinz Ludwig untersucht, die auf divergierende Interessenlagen hinwiesen, welche die Bündnisbeziehungen erschwerten:

134. LAUBE, Adolf: Zum Problem des Bündnisses von *Bergarbeitern und Bauern* im deutschen Bauernkrieg, in: Adolf LAUBE — Gerhard HEITZ — Max STEINMETZ — Günter VOGLER (Hrsg.), Der Bauer im Klassenkampf. Studien zur Geschichte des deutschen Bauernkrieges und der bäuerlichen Klassenkämpfe im Spätfeudalismus, Berlin 1975, S. 83—110.

135. LUDWIG, Karl-Heinz: *Bergleute* im Bauernkrieg, in: Zeitschrift für historische Forschung 5 (1978), S. 23—47.

Die Rolle der evangelischen Geistlichen im Bauernkrieg untersucht:

136. MAURER, Justus: *Prediger* im Bauernkrieg (Calwer Theologische Monographien 5), Stuttgart 1979.

137. FRANZ, Günther: Die *Führer* im Bauernkrieg, in: DERS. (Hrsg.), Bauernschaft und Bauernstand 1500—1970. Büdinger Vorträge 1971—1972 (Deutsche Führungsschichten in der Neuzeit 8), Göttingen 1977, S. 104—116,

verweist auf die Überrepräsentanz wohlhabender Bauern in den Straflisten und betont die besondere Rolle der gemeindlichen Funktionsträger.

Folgen des Bauernkriegs

138. RÖSSLER, Hellmuth: Über die *Wirkungen von 1525*, in: Heinz HAUSHOFER — Willi A. BOELCKE (Hrsg.), Wege und Forschungen der Agrargeschichte. Festschrift für Günther FRANZ zum 65. Geburtstag, Frankfurt 1967, S. 104—114,
bestätigte nachdrücklich die von Günther Franz vertretene These einer politischen Entmündigung der Bauern nach 1525.

139. KLEIN, Thomas: Die *Folgen des Bauernkriegs* von 1525. Thesen und Antithesen zu einem vernachlässigten Thema, in: Hessisches Jahrbuch für Landesgeschichte 25 (1975), S. 65 bis 115,
negiert langfristig negative Folgen für die Agrarverfassung, relativiert die Einbußen an politischen Rechten und vermag weder in der Entwicklung der Landeskirchen noch in der Ausbreitung des Täufertums einen Zusammenhang mit den Ereignissen von 1525 zu erkennen.

140. BLICKLE, Peter: Die politische *Entmündigung des Bauern*. Kritik und Revision einer These, in: DERS. (Hrsg.), Revolte und Revolution in Europa (Historische Zeitschrift, Beiheft 4 NF), München 1975, S. 289—312,
weist auf vertragliche Regelungen in einer Reihe von Territorien hin, die für die Bauern Erleichterungen brachten und zugleich ihre politische Stellung sicherten.
Der Bauernkrieg und die notwendigen staatlichen Konsequenzen waren Gegenstand der Verhandlungen des Reichstages zu Speyer 1526, dessen Ergebnisse in den Untersuchungen von Günter Vogler und Rainer Wohlfeil unterschiedlich bewertet werden:

141. VOGLER, Günter: Der deutsche Bauernkrieg und die Verhandlungen des *Reichstags zu Speyer* 1526, in: Zeitschrift für Geschichtswissenschaft 23 (1975), S. 1396—1410.

142. WOHLFEIL, Rainer: Der *Speyerer Reichstag* von 1526, in: Blätter für pfälzische Kirchengeschichte und religiöse Volkskunde 43 (1976), S. 5—20.

143. SCHULZE, Winfried: Die *veränderte Bedeutung* sozialer Konflikte im 16. und 17. Jahrhundert, in: Hans-Ulrich

WEHLER (Hrsg.), Der Deutsche Bauernkrieg 1524—1526 (Geschichte und Gesellschaft, Sonderheft 1), Göttingen 1975, S. 277—302,

weist auf ein nach 1525 verändertes Problembewußtsein im Hinblick auf bäuerliche Unruhen hin, das zu einer Verbesserung der Möglichkeiten des gewaltfreien Konfliktaustrags führte. Nicht auf die Ausweitung der rechtlichen Klagemöglichkeiten, sondern auf die veränderten politischen Kräfteverhältnisse führt Günter Vogler den partikularen Charakter der bäuerlichen Widerstandsaktivitäten nach 1525 zurück:

144. VOGLER, Günter: Die *Auswirkungen der Niederlage* des deutschen Bauernkrieges von 1524/25 auf die Klassenauseinandersetzungen bis zur Mitte des 16. Jahrhunderts, in: Gustav HECKENAST (Hrsg.), Aus der Geschichte der ostmitteleuropäischen Bauernbewegungen im 16. und 17. Jahrhundert, Budapest 1977, S. 413—423.

Den Zusammenhang zwischen dem Zusammenbruch der bäuerlichen Bewegung und der Ausbreitung des Täufertums zeigen die von Hans-Jürgen Goertz veröffentlichten Studien und, am Beispiel der Entwicklung in Franken, die Untersuchung von Gottfried Seebass:

145. GOERTZ, Hans-Jürgen: Umstrittenes *Täufertum* 1525 bis 1975. Neue Forschungen, Göttingen 1975.

146. SEEBASS, Gottfried: Bauernkrieg und *Täufertum in Franken,* in: Heiko A. OBERMAN (Hrsg.), Deutscher Bauernkrieg 1525 (Zeitschrift für Kirchengeschichte 85, 1974, Heft 2), S. 140—156.

Die Strafpraxis und die Bemühungen um Pazifikation bilden den Gegenstand der Untersuchungen von Thomas Sea und Manfred Straube:

147. SEA, Thomas F., *Schwäbischer Bund* und Bauernkrieg: Bestrafung und Pazifikation, in: Hans-Ulrich WEHLER (Hrsg.), Der Deutsche Bauernkrieg 1524—1526 (Geschichte und Gesellschaft, Sonderheft 1), Göttingen 1976, S. 129 bis 167,

zeigt die erheblichen Spannungen auf, die innerhalb des Schwäbischen Bundes über die Bestrafungs- und Pazifizierungspolitik erwuchsen.

148. STRAUBE, Manfred: Über *Teilnehmer und Folgen* bäuerlicher Unruhen im kursächsischen Amt Altenburg während

des Bauernkriegs, in: Gerhard HEITZ — Adolf LAUBE — Max STEINMETZ — Günter VOGLER (Hrsg.), Der Bauer im Klassenkampf. Studien zur Geschichte des deutschen Bauernkrieges und der bäuerlichen Klassenkämpfe im Spätfeudalismus, Berlin 1975, S. 215—249,

bietet eine präzise Analyse der Bauernkriegsfolgen am Beispiel eines räumlich begrenzten Untersuchungsbereiches.

Vgl. auch Nr. 60, 61.

Hinweise zu Neuerscheinungen (1983 — 1990)

Nach der überaus lebhaften, kontrovers geführten und wohl deshalb so ergebnisreichen Diskussion im Umkreis des Jubiläumsjahres 1975 ist die Bauernkriegsforschung wieder in ein ruhigeres Fahrwasser eingekehrt. Zur Debatte stehen derzeit nicht neue Gesamtinterpretationen des Aufstandes von 1525, sondern Forschungsansätze von gleichsam „mittlerer Reichweite". Neben Korrekturen und Präzisierungen im einzelnen verdanken wir ihnen die Ausformung und Vertiefung von Positionen, die seinerzeit (1983/84) des öfteren nur in Umrissen dargestellt werden konnten.

Die Hinweise zu Neuerscheinungen sind nicht auf bibliographische Vollständigkeit angelegt. Sie enthalten diejenigen Titel, die nach Auffassung der Autoren dieses Bandes von größerer Bedeutung im Hinblick auf den Forschungs- und Diskussionsgang sind und deshalb für ein weiteres Studium empfohlen werden. Die Anordnung der Titel folgt dem Aufbau der „Kommentierten Auswahlbibliographie"; deren Ziffernfolge wird, um Überschneidungen zu vermeiden, fortgesetzt.

Quellen

149. SEEBASS, Gottfried: Artikelbrief, Bundesordnung und Verfassungsentwurf. Studien zu drei zentralen Dokumenten des südwestdeutschen Bauernkrieges (Abhandlungen der Heidel-

berger Akademie der Wissenschaften, philosophisch-historische Klasse, Jahrgang 1988, 1. Abhandlung), Heidelberg 1988, unternimmt eine text- und quellenkritische Analyse der drei im Titel genannten Quellen, gibt eine kritische Edition des Artikelbriefs und der Bundesordnung und ordnet die drei Dokumente inhaltlich und zeitlich einander zu. Gegen Peter Blickle (vgl. Nr. 117) tritt er dafür ein, daß die am Oberrhein und im Schwarzwald kursierenden handschriftlichen Fassungen der Bundesordnung (von der Forschung auch als „Oberrheinische Bundesordnung" bezeichnet) eine weiterentwickelte Form der Memminger Bundesordnung sind und nicht als Vorlage der letzteren und der Zwölf Artikel anzusehen sind.

Vgl. auch Nr. 157, 166, 180.

Zugänge zur Forschung

„Stationen und Positionen" der Bauernkriegsforschung seit der Monographie von Günther Franz (1933) dokumentiert in ausgewählten Texten:

150. BLICKLE, Peter (Hrsg.): Der deutsche Bauernkrieg von 1525 (Wege der Forschung 460), Darmstadt 1985.

Eine Zwischenbilanz der deutschen Forschung im Gefolge des Jubiläumsjahres 1975 gibt:

151. SCHULER, Peter-Joh.: Ungehorsam – Widerstand – Revolte. Neuere Forschungen zu bäuerlichen Unruhen am Ende des Spätmittelalters und in der Frühneuzeit, in: Zeitschrift für die Geschichte des Oberrheins 132 (1984) S. 412–418.

152. STEINMETZ, Max (Hrsg.): Die frühbürgerliche Revolution in Deutschland (Studienbibliothek DDR-Geschichtswissenschaft. Forschung, Bilanz, Aufgaben 5), Berlin/Ost 1985, vermittelt einen Überblick über die Bauernkriegs- (und Reformationsgeschichts-) forschung in der DDR von 1960–1984.

Ausgewählte Aspekte der Diskussion um die „frühbürgerliche Revolution" erläutert und präzisiert:

153. VOGLER, Günter: Reformation als „frühbürgerliche Revolution". Eine Konzeption im Meinungsstreit, in: Peter BLICKLE – Andreas LINDT – Alfred SCHINDLER (Hrsg.), Zwingli und Europa (wie Nr. 200), S. 47–69.

154. WINTERHAGER, Friedrich: Wilhelm Zimmermann. Ein schwäbischer Pfarrer als Historiker des Bauernkrieges, Würzburg 1986,

skizziert Lebensweg und Werk eines „Klassikers" der Bauernkriegshistoriographie.

Die Funktion des Bauernkriegs für politische Bildung und politisches Handeln untersucht:

155. KOPITZSCH, Franklin: Stationen der Bauernkriegsrezeption. Von Carl Theodor Welcker bis Carlo Schmid, in: Rainer POSTEL — Franklin KOPITZSCH (Hrsg.), Reformation und Revolution. Beiträge zum politischen Wandel und den sozialen Kräften am Beginn der Neuzeit. Festschrift für Rainer WOHLFEIL zum 60. Geburtstag, Stuttgart 1989, S. 313—329.

Gesamtdarstellungen und Sammelwerke

156. BLICKLE, Peter: Unruhen in der ständischen Gesellschaft 1300—1800 (Enzyklopädie deutscher Geschichte 1), München 1988,

ordnet den Bauernkrieg in den Zusammenhang der Revolten und Konflikte in der altständischen Gesellschaft ein. Er verortet ihn in eine eigens auszugrenzende Übergangsepoche zwischen Mittelalter und Neuzeit; sie sei dadurch gekennzeichnet, daß in ihr die Revolten zahlenmäßig zunehmen, die Radikalität wächst und sich städtische und bäuerliche Proteste enger verzahnen.

Eine Darstellung des Bauernkriegs in (zum Teil bislang unveröffentlichten) Quellen legen vor:

157. SCOTT, Tom — SCRIBNER, Bob: The German Peasants' War. A History in Documents, Atlantic Highlands / New Jersey 1990.

Das Reich zu Beginn des 16. Jahrhunderts

Angesichts der Breite des Themas — denn eine Darstellung der Situation im Reich zur Zeit des Bauernkriegs kann sich naturgemäß nicht auf die Beschreibung der Reichsverfassung beschränken — sind die seit der Erstauflage erschienenen Spezialstudien vergleichsweise zahlreich. Die Literaturhinweise beschränken sich auf anregende Gesamtdarstellungen und einige, auf Einzelprobleme weisende Untersuchungen.

Eine neue verfassungsgeschichtliche Gesamtdarstellung versucht:

158. BOLDT, Hans: Deutsche Verfassungsgeschichte. Politische Strukturen und ihr Wandel, Bd. 1: Von den Anfängen bis zum Ende des älteren deutschen Reiches 1806, München 1984, S. 247—288.

Neue Zugänge und Ausblicke auf Grundbefindlichkeiten Deutschlands im 16. Jahrhundert liefern:

159. ZINN, Karl-Georg: Kanonen und Pest. Über die Ursprünge der Neuzeit im 14. und 15. Jahrhundert, Opladen 1989, und:

160. STRAUSS, Gerald: Law, Resistance, and the State. The Opposition to Roman Law in Reformation Germany, Princeton/N.J. 1986.

Für die Verfassung des Reiches im engeren Sinne ist wichtig:

161. NEUHAUS, Helmut: Wandlungen der Reichstagsorganisation in der ersten Hälfte des 16. Jahrhunderts, in: Johannes KUNISCH (Hrsg.), Neue Studien zur frühen Reichsgeschichte (Zeitschrift für Historische Forschung, Beiheft 3), Berlin 1987, S. 113—140.

Für die ländliche und städtische Gesellschaft liegen zwei handbuchartige neue Monographien vor:

162. RÖSENER, Werner: Bauern im Mittelalter, München 1985, und:

163. ISENMANN, Eberhard: Die deutsche Stadt im Mittelalter 1250—1500. Stadtgestalt, Recht, Stadtregiment, Kirche, Gesellschaft, Wirtschaft, Stuttgart 1988.

Einen herausragenden Beitrag zur Entstehung der politischen Öffentlichkeit stellt die Studie von

164. KÖHLER, Hans-Joachim: Erste Schritte zu einem Meinungsprofil der frühen Reformationszeit, in: Volker PRESS — Dieter STIEVERMANN (Hrsg.), Martin Luther. Probleme seiner Zeit (Spätmittelalter und Frühe Neuzeit. Tübinger Beiträge zur Geschichtsforschung 16), Stuttgart 1986, S. 244—281,

dar, in der gleichermaßen der enorme Umfang wie die Inhalte der Flugschriften als Kommunikationsmedium der Reformationszeit aufgezeigt werden.

Für die Anfänge der Reformation jetzt als Auswahl aus einer Fülle von Arbeiten:

165. GOERTZ, Hans-Jürgen: Pfaffenhaß und groß Geschrei. Die reformatorischen Bewegungen in Deutschland 1517–1529, München 1987.

Regionale Bauernkriegsstudien

Oberrheinlande

Das „göttliche Recht" als Argumentationsfigur im Klettgau untersucht unter Berücksichtigung neuer Quellen, die im Anhang abgedruckt werden:

166. BLICKLE, Peter (zusammen mit einer Berner Arbeitsgruppe): Zürichs Anteil am deutschen Bauernkrieg. Die Vorstellung des göttlichen Rechts im Klettgau, in: Zeitschrift für die Geschichte des Oberrheins 133 (1985), S. 81–101.

Den Interessengegensatz zwischen der Stadt Freiburg und den Bauern betont:

167. SCOTT, Tom: Freiburg and the Breisgau. Town-Country Relations in the Age of Reformation and Peasants' War, Oxford 1986.

168. ZIMMERMANN, Gunter: Die ersten Tage des Bauernkriegs im Elsaß, in: Zeitschrift für die Geschichte des Oberrheins 135 (1987), S. 119–139,
untersucht die Verschränkung von bäuerlichem Aufstand und reformatorischer Bewegung im mittleren Elsaß.

Die Einwohner-, Wirtschafts- und Eigentumsverhältnisse in Pfeddersheim um 1525 als mögliche Ursache für die Teilnahme der Bevölkerung am Aufstand analysiert:

168a. ALTER, Willi: Pfeddersheim um 1525 — zugleich ein Beitrag zur Erforschung des Bauernaufstandes in Südwestdeutschland (Wormsgau, Beiheft 30), Worms 1990.

Ein reichsgerichtliches Nachspiel hatte der Bauernkrieg für die Stadt Weißenburg i.E.:

169. ALTER, Willi: Der Ablauf des Prozesses gegen die Stadt Weißenburg im Elsaß wegen Landfriedensbruches vor dem Reichskammergericht 1525 bis 1530, in: Mitteilungen des historischen Vereins der Pfalz 84 (1986), S. 231—260.

170. BLICKLE, Peter: Die Zwölf Artikel der Schwarzwälder Bauern von 1525, in: Rainer POSTEL — Franklin KOPITZSCH (Hrsg.), Reformation und Revolution . . . Festschrift für Rainer WOHLFEIL (wie Nr. 155), S. 90—100,

    macht geltend, daß dort, wo die Zeitgenossen von den „(Zwölf) Schwarzwälder Artikeln" sprechen, die von der Forschung so benannte, handschriftlich verbreitete „Oberrheinische Bundesordnung" gemeint sein könnte.

Vgl. auch Nr. 149, 201.

Oberschwaben

Zur Theologie und Wirksamkeit von Sebastian Lotzer in Memmingen:

171. RUSSELL, Paul A.: Lay theology in the Reformation. Popular pamphleteers in Southwest Germany 1521—1525, Cambridge u.a. 1986, S. 80—111.

172. KOBELT-GROCH, Marion: Von „armen frowen" und „bösen wibern". Frauen im Bauernkrieg zwischen Anpassung und Auflehnung, in: Archiv für Reformationsgeschichte 79 (1988), S. 103—137,

    befaßt sich mit den Ereignissen im Kloster Heggbach und mit dem bislang kaum beachteten Engagement von Frauen im Bauernkrieg.

Eine örtliche Studie bietet:

173. GARLEPP, Hans-Hermann: Der Bauernkrieg von 1525 um Biberach an der Riß. Eine wirtschafts- und sozialgeschichtliche Betrachtung der aufständischen Bauern (Schriften zur europäischen Sozial- und Verfassungsgeschichte 5), Frankfurt/M. — Bern 1987.

Vgl. auch Nr. 149, 196.

Franken

174. VICE, Roy L.: Vineyards, Vinedressors, and the Peasants' War in Franconia, in: Archiv für Reformationsgeschichte 79 (1988), S. 138–157,

betont die „Anfälligkeit" der Weinbauern für die Ziele der Aufständischen.

Thüringen

Aus der Vielzahl von neueren Arbeiten zu Thomas Müntzer seien genannt:

175. GOERTZ, Hans-Jürgen: Thomas Müntzer. Mystiker, Apokalyptiker, Revolutionär, München 1989, und:

176. VOGLER, Günter: Thomas Müntzer, Berlin/Ost 1989.

In beiden Biographien steht der Theologe Müntzer im Mittelpunkt. Seine theologischen Überlegungen führten Müntzer, der sowohl „Sozialrevolutionär" als auch „Theologe der Revolution" war (Goertz), in den sozialen Kampf.

Mittelrhein

Den Bauernkrieg im Rheingau behandelt:

177. STRUCK, Wolf-Heino: Reformation und Bauernkrieg aus der Sicht des Rheingaus, in: Hessisches Jahrbuch für Landesgeschichte 33 (1983), S. 102–144.

178. HOLLENBERG, Günter: Landgraf Philipp von Hessen und die hessischen Landstände im Bauernkrieg, in: Zeitschrift des Vereins für hessische Geschichte und Landeskunde 92 (1987), S. 123–129,

weist nach, daß der Landgraf im April 1525 keinen Landtag nach Alsfeld berief, sondern das bewaffnete Aufgebot Hessens dort versammelte, jedoch von sich aus versprach, die Beschwerden zu hören.

Zu den Fernwirkungen des Bauernkriegs am Mittelrhein vgl. auch Nr. 214, 215, 217.

Alpenländer

Die Bauernkriegsforschung für den Alpenraum war besonders intensiv für Tirol. Hervorzuheben ist die Biographie von:

179. BISCHOFF-URACK, Angelika: Michael Gaismair. Ein Beitrag zur Sozialgeschichte des Bauernkrieges (Vergleichende Gesellschaftsgeschichte und politische Ideengeschichte der Neuzeit 4), Innsbruck 1983,

die wichtige Details der Herkunft und beruflichen Laufbahn Gaismairs klärt und vor diesem Hintergrund Gaismairs Haltung und Stellung im Bauernkrieg aus dessen Interesse an seiner eigenen Karriere erklärt.

Eine prinzipielle Auseinandersetzung mit den staatstheoretischen Erwägungen Gaismairs stellt die profunde Untersuchung von:

180. POLITI, Giorgio: I setti sigilli della „Landesordnung". Un programma rivoluzionario del primo Cinquecento fra equivoci e mito, in: Annali dell'Istituto storico italo-germanico in Trento 12 (1986), S. 9–86, 14 (1988), S. 87–239,

dar, die nochmals die gesamte Forschung kritisch überprüft und in vielen Details zum Teil erhebliche Korrekturen bisheriger Interpretationen der Landesordnung bietet. Auch werden die überlieferten Texte der Landesordnung kritisch neu ediert.

Politis Arbeit wird ergänzt und flankiert von einer weitausgreifenden, alle bäuerlichen Programme analysierenden Arbeit von:

181. GANSEUER, Frank: Der Staat des „gemeinen Mannes". Gattungstypologie und Programmatik des politischen Schrifttums von Reformation und Bauernkrieg (Europäische Hochschulschriften III/228), Frankfurt/M. — Bern 1985,

die, im Vergleich mit den übrigen Programmen, Gaismairs Entwurf als eine Weiterentwicklung der bäuerlichen und bürgerlichen Beschwerden zum Modell eines „besten Staates" (nach den theologischen Kategorien Zwinglis) interpretiert.

Eine kursorische Behandlung der Tiroler Landesordnung von 1525/26 findet sich in der jüngsten Tiroler Landtagsgeschichte von:

182. KÖFLER, Werner: Land, Landschaft, Landtag. Geschichte der Tiroler Landtage von den Anfängen bis zur Aufhebung der landständischen Verfassung 1808 (Veröffentlichungen des Tiroler Landesarchivs 3), Innsbruck 1985.

Für Graubünden ist durch

183. MÖNCKE, Gisela: Ilanzer und Sarganser Artikel in einer Flugschrift aus dem Jahr 1523, in: Zeitschrift für Kirchengeschichte 100 (1989), S. 370—388,

die Entstehung der Verfassung Graubündens, soweit sie mit dem Bauernkrieg in Zusammenhang steht, weiter aufgeklärt worden.

Systematische Aspekte der Bauernkriegsforschung

Ursachen

Die sich überschneidende Dynamik von Strukturen langer Dauer und kurzfristigen Krisen als Ursachenfaktor des Bauernkriegs betont:

184. IRSIGLER, Franz: Zu den wirtschaftlichen Ursachen des Bauernkriegs von 1525/26, in: Kurt LÖCHER· (Hrsg.), Martin Luther und die Reformation in Deutschland. Vorträge zur Ausstellung im Germanischen Nationalmuseum Nürnberg 1983 (Schriften des Vereins für Reformationsgeschichte 194; zugleich: Wissenschaftliche Beibände zum Anzeiger des Germanischen Nationalmuseums 8), Schweinfurt o. J., S. 95—120.

Vgl. auch Nr. 165, 193.

Stadt und Bürgertum. Stadt-Land-Verhältnis

Die wichtigsten Neuerscheinungen zu den Stadt-Land-Beziehungen sind zwei Sammelbände, die einen umfassenden Überblick über die Thematik geben:

185. BULST, Neithard — HOOCK, Jochen — IRSIGLER, Franz: Bevölkerung, Wirtschaft und Gesellschaft. Stadt-Land-Beziehungen in Deutschland und Frankreich. 14. bis 19. Jahrhundert, Trier 1983,

und:

186. SCHULZE, Hans K.: Städtisches Um- und Hinterland in vorindustrieller Zeit (Städteforschung, Reihe A, Bd. 22), Köln — Wien 1985.

Den süddeutsch-schweizerischen Raum behandeln auch die Arbeiten von:

187. DUBLER, Anne Marie: Handwerk, Gewerbe und Zunft in Stadt und Landschaft Luzern (Luzerner historische Veröffentlichungen 14), Luzern — Stuttgart 1982,

188. DIETRICH, Christian: Die Stadt Zürich und ihre Landgemeinden während der Bauernunruhen von 1489 bis 1525 (Europäische Hochschulschriften, Reihe 3, Bd. 229), Frankfurt/M. — Bern 1985,

189. KÜMMEL, Juliane: Bäuerliche Gesellschaft und städtische Herrschaft im Spätmittelalter. Zum Verhältnis von Stadt und

Land im Fall Basel/Waldenburg, 1300 bis 1535 (Konstanzer Dissertationen 20), Konstanz 1983,

190. ZORN, Wolfgang: Ein neues Bild der Struktur der ostschwäbischen Gewerbelandschaft im 16. Jahrhundert, in: Vierteljahrsschrift für Sozial- und Wirtschaftsgeschichte 75 (1988), S. 153—187,
und:

191. KIESSLING, Rolf: Die Stadt und ihr Umland. Umlandpolitik, Bürgerbesitz und Wirtschaftsgefüge in Ostschwaben vom 14. bis ins 16. Jahrhundert (Städteforschung, Reihe A, Bd. 29), Köln — Wien 1989.

Eine gründliche Fallstudie zu den politischen und wirtschaftlichen Ursachen des gespannten Verhältnisses zwischen der Stadt Freiburg und den Bauern des Breisgaus gibt:

SCOTT, Tom: Freiburg and the Breisgau (wie Nr. 167).

Zu Thüringen:

192. HELD, Wieland: Die Sicherung der Ernährung als bedeutsamste Komponente der Beziehungen zwischen Stadt und Land in Thüringen im 16. Jahrhundert, in: Jahrbuch für Wirtschaftsgeschichte 1985, Heft 2, S. 119—130.

Einen Überblick über die Entwicklung der verschiedenen Gewerbelandschaften gibt:

193. VON STROMER, Wolfgang: Gewerbereviere und Protoindustrien in Spätmittelalter und Frühneuzeit, in: Hans POHL (Hrsg.), Gewerbe- und Industrielandschaften vom Spätmittelalter bis ins 20. Jahrhundert (Vierteljahrsschrift für Sozial- und Wirtschaftsgeschichte, Beiheft 78), Stuttgart 1986, S. 39—111.

Vgl. auch Nr. 163.

Legitimation, Verlaufsformen und Ziele

Als überaus ertragreich hat sich die Forschung zur bäuerlichen Reformation und, darin eingeschlossen, zum Verhältnis von Bauernkrieg und Reformation erwiesen. Vor allem Peter Blickle betont in seinen Arbeiten die strukturellen Gemeinsamkeiten von bäuerlicher und bürgerlicher Reformation, die er im Oberbegriff „Gemeindereformation" auch terminologisch zum Ausdruck bringt. Indem die Reformation der Bauern und Bürger die „Gemeinde" zum konzeptionellen Mittelpunkt hat, wird zugleich nach der Entwicklung und Funktion der Gemeinde an der Wende vom Mittelalter zur Neuzeit, kurz: nach „dem Prozeß der Kommunalisierung" gefragt. Als Einführung in den Gesamtkomplex können dienen:

194. BLICKLE, Peter: Die Reformation auf dem Hintergrund von Kommunalisierung und Christianisierung, in: DERS. — Johannes KUNISCH (Hrsg.), Kommunalisierung und Christianisierung. Voraussetzungen und Folgen der Reformation 1400—1600 (Zeitschrift für Historische Forschung, Beiheft 9), Berlin 1989, S. 9—28,

195. BIERBRAUER, Peter: Der Aufstieg der Gemeinde und die Entfeudalisierung der Gesellschaft im späten Mittelalter, in: ebd., S. 29—55,

und:

196. BLICKLE, Peter: Das göttliche Recht der Bauern und die göttliche Gerechtigkeit der Reformatoren, in: Archiv für Kulturgeschichte 68 (1986), S. 351—370; wieder in: DERS., Studien zur geschichtlichen Bedeutung des deutschen Bauernstandes (Quellen und Forschungen zur Agrargeschichte 35), Stuttgart — New York 1989, S. 155—168.

Kritische Bemerkungen und Fragen zum Konzept der Gemeindereformation:

197. SCHILLING, Heinz: Die deutsche Gemeindereformation. Ein oberdeutsch-zwinglianisches Ereignis vor der „reformatorischen Wende" des Jahres 1525?, in: Zeitschrift für Historische Forschung 14 (1987), S. 325—332.

An ausführlichen und argumentierenden Untersuchungen seien genannt:

198. BLICKLE, Peter: Gemeindereformation. Die Menschen des 16. Jahrhunderts auf dem Weg zum Heil, München 1985, unv. Studienausgabe 1987,

199. DERS. (Hrsg.): Zugänge zur bäuerlichen Reformation (Bauer und Reformation 1), Zürich 1987,

200. DERS. — LINDT, Andreas — SCHINDLER, Alfred (Hrsg.): Zwingli und Europa, Referate und Protokoll des Internationalen Kongresses aus Anlaß des 500. Geburtstages von Huldrych Zwingli vom 26. bis 30. März 1984, Zürich 1985,

mit mehreren einschlägigen Beiträgen;

201. CONRAD, Franziska: Reformation in der bäuerlichen Gesellschaft. Zur Rezeption reformatorischer Theologie im Elsaß (Veröffentlichungen des Instituts für europäische Geschichte Mainz, Abteilung für abendländische Religionsgeschichte 116), Stuttgart 1984,

202. VON RÜTTE, Hans (Red.): Bäuerliche Frömmigkeit und kommunale Reformation. Referate, gehalten am Schweizerischen Historikertag vom 23. Oktober 1987 in Bern (Itinera 8), Basel 1988,

und:

203. SCHIBEL, Karl-Ludwig: Das alte Recht auf die neue Gesellschaft. Zur Sozialgeschichte der Kommune seit dem Mittelalter, Frankfurt/M. 1985.

Zur Reformation in den Städten und zur Rolle der Städte im reformatorischen Prozeß:

204. VON GREYERZ, Kaspar: Stadt und Reformation. Stand und Aufgaben der Forschung, in: Archiv für Reformationsgeschichte 76(1985), S. 6—63,

der einen umfassenden Forschungsbericht gibt.

Die politische Situation der oberdeutschen Reichsstädte zwischen Anlehnung an die habsburgische Königs-/Kaisermacht und der Errichtung eines kommunal-bündischen Systems unter dem Druck des „gemeinen Mannes" in Reformation und Bauernkrieg („turning Swiss" — am Ende jedoch „a lost dream") untersucht:

205. BRADY JR., Thomas A.: Turning Swiss. Cities and Empire, 1450—1550, Cambridge u.a., 1985.

Auf der Suche nach dem Verfasser der anonym erschienenen Flugschrift „An die Versammlung gemeiner Bauernschaft" glaubt

206. PETERS, Christian: An die Versammlung gemeiner Bauernschaft (1525). Ein Vorschlag zur Verfasserfrage, in: Zeitschrift für bayerische Kirchengeschichte 54 (1985), S. 15—28,

diesen in Andreas Bodenstein von Karlstadt ausgemacht zu haben;

dagegen („Karlstadt war nicht der Verfasser der Flugschrift"):

207. HOYER, Siegfried: Karlstadt — Verfasser der Flugschrift „An die Versammlung gemeiner Bauernschaft"?, in: Zeitschrift für Geschichtswissenschaft 35 (1987), S. 128—137;

und wieder, seine Annahme bekräftigend:

208. PETERS, Christian: An die Versammlung gemeiner Bauernschaft (1525). Noch einmal — zur Verfasserfrage, in: Zeitschrift für bayerische Kirchengeschichte 37 (1988), S. 1—7.

Vgl. auch Nr. 149, 165 f., 168, 180—182.

Folgen und Wirkungen

Vesuche einer ausführlichen Gesamtwürdigung des Problems sind seit 1983 nicht mehr erschienen. Verwiesen werden kann freilich auf einige beachtenswerte Beiträge zu Einzelfragen.

209. HELD, Wieland: Landesherrliche Aktivitäten unmittelbar nach den Bauernkriegsereignissen in und um Schmalkalden, in: Jahrbuch für Regionalgeschichte 10 (1983), S. 108—114,

illustriert exemplarisch die Furcht der Landesobrigkeiten vor neuen Unruhen und beschreibt die in verstärkter militärischer Präsenz sich äußernden Sicherungsmaßnahmen.

Die Beobachtung, daß der Bauernkrieg neben herrschaftlichen Strafmaßnahmen auch eine Reihe von Reichskammergerichtsprozessen mit zum Teil günstigem Ausgang für die Aufständischen zur Folge hatte, erhärten:

ALTER, Willi: Der Ablauf des Prozesses gegen die Stadt Weißenburg im Elsaß wegen Landfriedensbruches vor dem Reichskammergericht 1525 bis 1530 (wie Nr. 169),

sowie:

210. ROMMEL, Ludwig: Die Mainzer Prozeßakten von 1543 und ihr Aussagewert für die Forschung zum Bauernkrieg auf dem Eichsfeld, in: Eichsfelder Heimathefte 1980, S. 301—320;

die von Rommel ausgewerteten Prozeßakten geben auch Aufschluß über die soziale Lage einzelner Bauern als Folge ihrer Beteiligung an der Erhebung und verweisen solchermaßen auf den Erkenntnisgewinn, den eine noch zu leistende zusammenfassende Darstellung aller Bauernkriegsverfahren am Reichskammergericht erwarten läßt.

Über die Versuche einzelner Klostervögte und Landesherren, die im Bauernkrieg akut gewordene Bedrohung klösterlicher Existenz auszunutzen mit dem Ziel einer Schwächung der kirchlichen Position, unterrichten eingehend:

211. SCHADEK, Hans: Schuttern und Freiburg zur Zeit des Bauernkriegs, in: Schau-ins-Land. Zeitschrift des Breisgau-Geschichtsvereins 101 (1982), S. 193—216,

sowie:

212. WÖLFING, Günther: Die Säkularisation des Klosters Veßra, in: Jahrbuch für Regionalgeschichte 10 (1983), S. 115—135.

Auf die Bedeutung des Bauernkriegs als langfristig wirksame historische Erfahrung bäuerlicher Untertanen verweisen:

213. TROSSBACH, Werner: Soziale Bewegung und politische Erfahrung. Bäuerlicher Protest in hessischen Territorien 1648—1806, Weingarten 1987,
und:

214. DERS.: Bauernprotest als politisches Verhalten. Zu den Agrarkonflikten im Wetterau-Vogelsberg-Gebiet zwischen 1648 und 1846, in: Archiv für Hessische Geschichte und Altertumskunde NF 42 (1984), S. 73—124.

215. SCHMIDT, Georg: Bauernunruhen in Weilmünster (1563— 1588), in: Nassauische Annalen 95 (1984), S. 91—117,
untersucht diesen lokalen Agrarkonflikt als Teil einer kommunalen Oppositionsbewegung im Hinblick auf das Verhalten der Landesherrschaft, des Wetterauer Grafenvereins und des Reiches.

Die Nachhaltigkeit der Ereignisse von 1525 im historischen Bewußtsein belegt anhand von Zeugenvernehmungen:

216. SCHNURRER, Ludwig: Zeugenverhörsprotokolle als Quelle zur Kultur-, Landes-, Orts- und Familiengeschichte, in: Erlanger Bausteine zur fränkischen Heimatforschung 30 (1983), S. 57—74.

Die Erinnerung an den Bauernkrieg als Traditionsmotiv vom späten 16. bis zum 19. Jahrhundert untersucht:

217. FRANZ, Eckhart G. (unter Mitarbeit von Michael Peter WERLEIN): Der Bauernkrieg von 1525 als revolutionäres Traditionsmotiv des 18. und 19. Jahrhunderts, in: Hambach 1832. Anstöße und Folgen (Geschichtliche Landeskunde 24), Wiesbaden 1984, S. 19—32.

218. ZIMMERMANN, Gunter: Die Einführung des landesherrlichen Kirchenregiments, in: Archiv für Reformationsgeschichte 76 (1985), S. 146—168,
vertritt in Anlehnung an Franz Lau die These, daß das landesherrliche Kirchenregiment nach dem Bauernkrieg als „Fortsetzung des Bauernkriegs ‚mit anderen Mitteln'" gesehen werden muß und insofern den Forderungen des Gemeinen Mannes gerecht wurde.

Zeittafel

1524	Oberrhein	Oberschwaben Württemberg	Franken	Thüringen/Mitteldeutschland	Mittelrhein	Alpenländer
Jan. Febr. März			Jan.—Mai: „Bauer von Wöhrd" predigt in Nürnberg, dann in Kitzingen	24. März: „Bund der Auserwählten" in Allstedt von Thomas Müntzer gegründet		
April Mai	(Vor) 25. Mai: Unruhen in Eschbach (b. Staufen) (Vor) 30. Mai: Klagen der Hauensteiner gegen den Abt von St. Blasien		26. Mai—3. Juni: Aufstand in Forchheim Mai—Juli: Zehntverweigerungen im Nürnberger Landgebiet Juni/Juli: Unruhen in Nürnberg			
Juni	23. Juni: Erhebung der Stühlinger					
Juli				13. Juli: Thomas Müntzers „Fürstenpredigt" 15. August: Thomas Müntzer in Mühlhausen		18. Juli: Kloster Ittingen (Thurgau) gestürmt
August	24. August(?): Zug der Stühlinger nach Waldshut					

1524	Oberrhein	Oberschwaben Württemberg	Franken	Thüringen/Mitteldeutschland	Mittelrhein	Alpenländer
Sept.				19. Sept.: Aufstand in Mühlhausen; Müntzer u. Pfeiffer verlassen die Stadt		
Okt.	2. Okt.: Erhebung im Hegau (Hilzinger Kirchweih) 6.–12. Okt.: Zug der Stühlinger durch die Gebiete nördl. der Wutach					
Nov.	1.–4. Nov.: Die Hauensteiner besetzen das Kloster St. Blasien 18. Nov.: Beschwerden der Villinger Dörfer 21. Nov.: Die Hauensteiner kündigen dem Abt von St. Blasien den Gehorsam auf					
Dez.	10. Dez.: Kloster St. Trudpert geplündert Ende Dez.: Unruhen in Colmar	24. Dez.: Erste Protestversammlung in Baltringen	Dez.: Karlstadt in Rothenburg/Tauber	13. Dez.: Rückkehr Pfeiffers nach Mühlhausen		

Zeittafel 397

1525	Oberrhein	Oberschwaben Württemberg	Franken	Thüringen/Mitteldeutschland	Mittelrhein	Alpenländer
Jan.	16. Jan.: Beschwerden der Hauensteiner gegen den Abt von St. Blasien 23. Jan.: Die Klettgauer klagen in Zürich über Gf. Rudolf von Sulz					Anfang 1525: Zins- und Zehntverweigerungen gegenüber dem Kloster Pfäfers (Bt. Chur) 22. Jan.: Aufstand der Schwazer Bergknappen
Febr.		9. Febr.: Verhandlungen der Baltringer mit dem Schwäbischen Bund 14. Febr.: Tag der Allgäuer Bauern in Sonthofen 16. Febr.: Baltringer Beschwerden 27. Febr.: Christliche Vereinigung der Allgäuer Ende Febr.: Zwölf Artikel	Ende Febr.: Jäcklein Rohrbach trifft sich mit Bauern in Böckingen	28. Febr.: Thomas Müntzer Prediger in Mühlhausen		

1525	Oberrhein	Oberschwaben Württemberg	Franken	Thüringen/Mitteldeutschland	Mittelrhein	Alpenländer
März	März: Beschwerdeschrift der Klettgauer	Anfang März: Zusammenschluß der Bodenseebauern 6./7. März: Christliche Vereinigung Oberschwabens, Memminger Bundesordnung 19. März: Zwölf Artikel im Druck erschienen	21./22. März: Aufstand in der Rothenburger Landwehr 26. März: Odenwälder Bauern schließen sich zusammen 27. März / 2. April: Neckartaler Haufen entsteht (Hauptmann Jä:klein Rohrbach) 1. April: Aufstand im Hochstift Würzburg (Marktbibart) 4. April: Der Rothenburger Haufen verläßt die Landwehr und bildet sich zum Taubertaler Haufen um	17. März: „Ewiger Rat Gottes" in Mühlhausen		6. März: Landtag zu Innsbruck
April	6. April: Beschwerden der Stühlinger und Fürstenberger Bauern dem Reichskammergericht übergeben	4. April: Schlacht bei Leipheim				

1525	Oberrhein	Oberschwaben Württemberg	Franken	Thüringen/Mitteldeutschland	Mittelrhein	Alpenländer
April	Anf. April: Zweiter Aufstand im Hegau und Schwarzwald		4.–10. April: Der Odenwälder und der Neckartaler Haufen vereinigen sich im Kloster Schöntal			
	Mitte April: Erhebung im Elsaß		10.–15. April: Aufstand in Stadt und Hochstift Bamberg			
		14. April: Schlacht bei Wurzach	12. April: Bildhäuser Haufen		13. April: Vorlage von 21 Artikeln beim Rat in Frankfurt	
	16./17. April: Bauernversammlung zu Dorlisheim	16./17. April: Weingartener Vertrag Mitte April: Der württembergische Haufen entsteht. Organisation eines Protestmarsches	16. April: Bluttat in Weinsberg			
	18. April: Capito, Zell und Butzer bei den Bauern in Altdorf			18. April: Aufstand in Stadt und Stift Fulda	19. April: Die Bürger von Frankfurt treten in Harnisch	
	19.–25. April: Aufstand in der Ortenau		19. April: Heilbronn gefallen	20. April: Erhebung im Werratal	20./22. April: Frankfurter Artikel	

1525	Oberrhein	Oberschwaben Württemberg	Franken	Thüringen/Mitteldeutschland	Mittelrhein	Alpenländer
April	20. April: Aufstand im Hochstift Speyer 23. April: Aufstand in der linksrheinischen Pfalz 24. April: Aufstand in der Stadt Speyer Ende April-Mitte Mai: Züge der elsässischen Haufen	25. April: Stuttgart von den Aufständischen besetzt	24.–27. April: Feldordnung der fränkischen Bauern („Ochsenfurter Ordnung") 27./30. April: Götz von Berlichingen Hauptmann des Neckartal-Odenwälder Haufens	21. April: Aufstand im Stift Hersfeld 27./28. April: Aufstand in Erfurt 29. April: Philipp von Hessen erobert Hersfeld 30. April–7. Mai: Zug Thomas Müntzers in das Eichsfeld	23. April: Aufstand im Rheingau (Eltville) 25. April: Aufstand in Mainz 26./27. April: Mainzer Artikel 27. April: Artikel in Friedberg 28. April: Artikel in Wetzlar 29. April: Rheingauer Artikel	Ende April: Unruhen und Aufstände in der Schweiz (Zürich, Schaffhausen, St. Gallen, Thurgau, Bern, Solothurn, Stadt und Hochstift Basel)

1525	Oberrhein	Oberschwaben Württemberg	Franken	Thüringen/Mitteldeutschland	Mittelrhein	Alpenländer
Mai	Anfang Mai: Aufstand im Markgräflerland und im Breisgau	2. Mai: Zweiter Aufstand im Allgäu			2.—4. Mai: Auszug der Rheingauer auf den Wacholder bei Eberbach	
				3. Mai: Philipp von Hessen besiegt die Fuldaer bei Frauenfeld		
	7. Mai: Haufen im Kraichgau		4./5. Mai: „Amorbacher Erklärung" 6./7. Mai: Sammlung der fränkischen Haufen vor Würzburg Anfang/Mitte Mai: Wendel Hiplers Beratungsplan; Friedrich Weygandts Reichsreformentwurf		7. Mai: Miltenberger Vertrag — das Erzstift Mainz im Bündnis mit den Bauern	
	8. Mai: Schwarzwälder Artikelbrief	Mai (vor 12.): Verfassungsentwurf für Württemberg	8. Mai: Schlacht bei Ostheim 9. Mai: Würzburg im Bauernbund	8. Mai: Frankenhausener Haufen	9. Mai: Artikel in Trier 9./10. Mai: Endgültige Fassung der Rheingauer Artikel	9. Mai: Beginn des Aufstandes in Tirol 10. Mai: Brixen von den Aufständischen eingenommen
	10./11. Mai: Bündnis von 13 Haufen aus dem Elsaß und der Pfalz			10. Mai: Der Werrahaufen löst sich auf 10./11. Mai: Thomas Müntzer trifft in Frankenhausen ein		

1525	Oberrhein	Oberschwaben Württemberg	Franken	Thüringen/Mitteldeutschland	Mittelrhein	Alpenländer
Mai	10./11. Mai: Verhandlung der Pfälzer Bauern mit Kf. Ludwig zu Forst	12. Mai: Schlacht bei Böblingen	14. Mai: Zweiter Aufstand im Hochstift Bamberg Artikel der fränkischen Bauern 15. Mai: Sturm auf Schloß Unserfrauenberg gescheitert	15. Mai: Schlacht bei Frankenhausen		13. Mai: Michael Gaismair zum Feldhauptmann gewählt 14. Mai: Aufstand in Nordtirol
	16., 17., 20. Mai: Schlachten bei Lupfstein, Zabern, Scherweiler-Kestenholz 23./24. Mai: Freiburg im Bündnis mit den Bauern				20. Mai: Artikel in Mainz-Kastel 24. Mai: Artikel in Limburg	
	25. Mai: Renchener Vertrag; Kf. Ludwig von der Pfalz nimmt Bruchsal ein			25. Mai: Eroberung Mühlhausens durch die Fürsten		25. Mai: Aufstand im Pongau und Pinzgau, im Gasteiner Tal (Gewerken)

1525	Oberrhein	Oberschwaben Württemberg	Franken	Thüringen/Mitteldeutschland	Mittelrhein	Alpenländer
Mai		28. Mai: Füssener Vertrag		27. Mai: Müntzer und Pfeiffer hingerichtet		
Juni			1. Juni: Bauernlandtag zu Schweinfurt 2. Juni: Schlacht bei Königshofen 4. Juni: Schlacht bei Ingolstadt 8. Juni: Einzug der Fürsten in Würzburg 17. Juni: Das Heer des Schwäbischen Bundes in Bamberg		31. Mai-15./16. Juni: Unterwerfung der neun Städte des Mainzer Oberstifts 17. Juni-2. Jan. 1526: Erneute Huldigung der hess'schen Städte	30. Mai-8. Juni: Landtag zu Meran, Meraner Artikel Mai/Juni: „24 Artikel gemeiner Landschaft Salzburg" Anfang Juni: Erneute Unruhen in der Nordost- und Westschweiz; Unruhen in Graubünden 4. Juni: Einzug der Aufständischen in Salzburg Juni/Juli: „Gemainer Stat Salzburg Beschwerung" 12. Juni: Eröffnung des Innsbrucker Landtags (Tiroler Landesordnung)
	23./24. Juni: Schlacht bei Pfeddersheim					

1525	Oberrhein	Oberschwaben Württemberg	Franken	Thüringen/Mitteldeutschland	Mittelrhein	Alpenländer
Juli	1./2. Juli: Schlachten bei Radolfzell und Hilzingen. „Hegauer Artikel" 11./12. Juli: Kapitulation von Weißenburg 12. Juli: Unterwerfung der Stühlinger und Fürstenberger	Mitte Juli: Endgültige Unterwerfung des Allgäus	3. Juli: Entschädigungsvertrag im Hochstift Bamberg		1.—14. Juli: Unterwerfung von Mainz, Frankfurt und des Rheingaus	3. Juli: Sieg der Bauern bei Schladming
August					5.—13. August: Unterwerfung von Limburg, Boppard, Oberwesel	
Sept.	12. Sept.: 2. Basler Vertrag für die Markgräfler Bauern 18. Sept.: 2. Offenburger Vertrag für die österreichischen Untertanen im Breisgau					

Zeittafel

1525	Oberrhein	Oberschwaben Württemberg	Franken	Thüringen/Mitteldeutschland	Mittelrhein	Alpenländer
Sept.	24. Sept.: Unterwerfung der Sundgauer					
Okt.						
Nov.	4. Nov.: Schlacht bei Grießen (Klettgau)		8. Nov.: Entschädigungsvertrag im Hochstift Würzburg			
	10./13. Nov.: Unterwerfung der Hauensteiner					
Dez.	5. Dez.: Kapitulation von Waldshut					

1526	Oberrhein	Oberschwaben Württemberg	Franken	Thüringen/Mitteldeutschland	Mittelrhein	Alpenländer
Jan.		Jan.: Memminger Vertrag				
Febr. März		Frühjahr: Verträge mit den Waldburger Untertanen				Frühjahr: „2. Tiroler Landesordnung" des Michael Gaismair
April	11. April: Kloster St. Blasien durch Brandstiftung zerstört					April: Zweiter Aufstand im Erzstift Salzburg
Mai						
Juni						25. Juni: „2. Ilanzer Artikelbrief" (Graubünden)
Juli						2. Juli: Ein Heer des Schwäbischen Bundes entsetzt Radstadt. Salzburger Aufstand niedergeworfen

Der deutsche Bauernkrieg

Goslar
Dortmund
Nordhausen
Mühlhausen
Köln
Hessen
Hersfeld
Rhein
Wetzlar • Gießen
Fulda
Limburg
Boppard
Friedberg
Frankfurt
Oberwesel
Mainz
Würzburg
Trier
Bamberg
Pfeddersheim
Königshofen
Mergentheim
Marktbibart
Speyer
Rothenburg
Hohenlohe
Metz
Heilbronn
Ansbach
Dieuze
Zabern
Stuttgart
Remstal • Gmünd
Straßburg • Böblingen
Ortenau
Ulm • Leiphein
Augsburg
Baltringen
Freiburg
Memmingen
Belfort
Weingarten
Vesoul
Waldshut
Mömpelgard Basel•
Ittingen • Lindau
Zürich • St. Gallen
Solothurn
Bern

(Nach G. Franz, Der deutsche Bauernkrieg, Karte 3; durchgesehen
und ergänzt durch die Verfasser der Regionalbeiträge)
Für Details, die auf einer Übersichtskarte nicht dargestellt
werden können, sei auf die Karten im regional-chronologischen
Teil dieses Buches verwiesen.

Legende

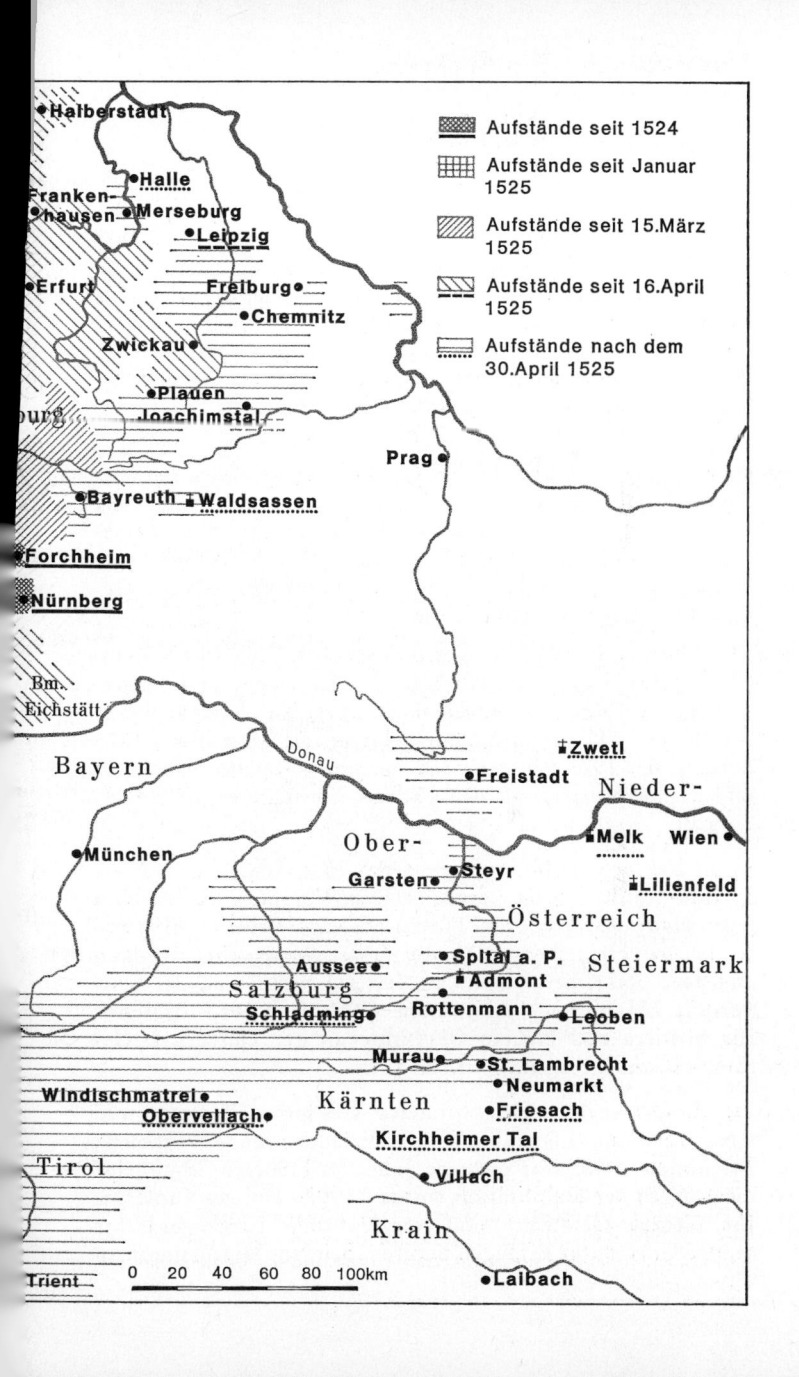

- ▦ Aufstände seit 1524
- ▦ Aufstände seit Januar 1525
- ▨ Aufstände seit 15. März 1525
- ▧ Aufstände seit 16. April 1525
- ▭ Aufstände nach dem 30. April 1525

Orte: Halberstadt, Halle, Frankenhausen, Merseburg, Leipzig, Erfurt, Freiburg, Chemnitz, Zwickau, Plauen, Joachimstal, Prag, Bayreuth, Waldsassen, Forchheim, Nürnberg, Bm. Eichstätt, Bayern, München, Donau, Zwetl, Freistadt, Nieder-, Ober-, Garsten, Steyr, Melk, Wien, Lilienfeld, Österreich, Aussee, Spital a. P., Steiermark, Salzburg, Admont, Schladming, Rottenmann, Leoben, Murau, St. Lambrecht, Neumarkt, Friesach, Windischmatrei, Obervellach, Kärnten, Kirchheimer Tal, Tirol, Villach, Krain, Trient, Laibach

0 20 40 60 80 100 km

Die Autoren

Bierbrauer, Peter, geb. 1952; studierte Geschichte und Philosophie an der Universität des Saarlandes. 1977—1981 Mitarbeit am Forschungsprojekt „Konflikte im agrarischen Bereich vom 14. bis zum 18. Jahrhundert im europäischen Vergleich" in Saarbrücken; 1981—1984 Wissenschaftlicher Assistent am Historischen Institut der Universität Bern. Promotion 1984.

Blickle, Peter, geb. 1938; studierte Geschichte und Politische Wissenschaften in München und Wien, wurde 1964 promoviert und 1971 habilitiert. Ab 1972 Professor für Neuere Geschichte und Landesgeschichte an der Universität des Saarlandes; lehrt seit 1980 als ord. Professor für Neuere Geschichte an der Universität Bern.

Buszello, Horst, geb. 1940; studierte Geschichte, Politische Wissenschaft und Literaturwissenschaft in Heidelberg und Berlin; Promotion 1967. Wissenschaftlicher Assistent, Akademischer Rat an der TU Berlin und der Universität Mannheim. 1973 Dozent, seit 1977 Professor für Geschichte (Spätes Mittelalter und Frühe Neuzeit) an der Pädagogischen Hochschule Freiburg/Br.

Dirlmeier, Ulf, geb. 1938; studierte Geschichte, Sozial- und Wirtschaftsgeschichte sowie Germanistik in Würzburg und Heidelberg. Nach der Promotion (1965) wissenschaftlicher Mitarbeiter bei der Heidelberger Akademie der Wissenschaften, dann Assistent und Oberassistent an der TU Berlin und der Universität Mannheim. Habilitation 1977. Seit 1981 Professor für Mittlere und Neuere Geschichte an der Universität-Gesamthochschule Siegen.

Endres, Rudolf, geb. 1936; studierte Geschichte, Germanistik, Geographie und Sozialkunde in Erlangen und Würzburg; Promotion 1963. War mehrere Jahre im Höheren Schuldienst tätig. Nach der Habilitation wurde er 1974 auf eine Professur für Neuere Geschichte und vergleichende Landesgeschichte an der Universität Erlangen berufen. Seitdem Mitvorstand am

Institut für Geschichte der Friedrich-Alexander-Universität Erlangen-Nürnberg.

Gabel, Helmut, geb. 1953; studierte Geschichte und Anglistik an der Ruhr-Universität Bochum. Z. Z. ist er als Wissenschaftlicher Mitarbeiter am Lehrstuhl „Neuere Geschichte I" der Ruhr-Universität Bochum beschäftigt und arbeitet an einer Dissertation über „Landesherrlich-bäuerliche Konflikte im Raum zwischen Eifel und Niederrhein in der Frühen Neuzeit".

Schulze, Winfried, geb. 1942; studierte Geschichte und Politische Wissenschaften in Köln und Berlin. Nach der Promotion 1970 und der Habilitation 1975 am Friedrich-Meinecke-Institut der Freien Universität Berlin Professor an der Gesamthochschule Kassel (1974) und an der Freien Universität Berlin (1976). Lehrt seit 1978 Geschichte der europäischen Frühen Neuzeit an der Ruhr-Universität Bochum.

Struck, Wolf-Heino, geb. 1911; studierte Staatswissenschaft, Geschichte, Deutsch und Englisch in Freiburg/Br., Berlin und Rostock; Promotion 1935. Als Archivar tätig seit 1937 am Anhaltischen Staatsarchiv Zerbst, von 1948 bis 1976 am Hessischen Hauptstaatsarchiv Wiesbaden, ab 1971 als dessen Leiter. Seit 1975 Honorarprofessor an der Universität Frankfurt a. M. und Vorsitzender der Historischen Kommission für Nassau.

Ulbrich, Claudia, geb. 1949; studierte Geschichte und Germanistik an der Universität des Saarlandes. Nach der Promotion (1977) war sie mehrere Jahre als Mitarbeiterin am Forschungsprojekt „Konflikte im agrarischen Bereich vom 14. bis zum 18. Jahrhundert im europäischen Vergleich" in Saarbrücken tätig.

Register

Zusammengestellt von *Horst Buszello*

Das Register enthält Landschafts-, Orts- und Personennamen sowie Sachbetreffe. Es bezieht sich auf den Textteil und die Zeittafel, nicht auf die Auswahlbibliographie und die Karten.

Unberücksichtigt blieben Orte und Personen, die nur beiläufig erwähnt werden, sowie alle nicht zeitgenössischen Autoren. Nicht ausgebracht wurden ferner die Sachbetreffe Ursachen, Ziele und Folgen, da dies zu einer ausufernden Häufung von Verweisen ohne praktischen Nutzen geführt hätte.

Kaiser und Könige erscheinen unter ihrem Personennamen (z. B. Karl V.), alle übrigen Herrscher unter dem Namen ihrer Länder (z. B. Friedrich der Weise unter Sachsen), sonstige Personen unter ihrem Familiennamen.

Die Umlaute ä, ö und ü werden wie a, o und u behandelt.

Abgaben siehe Gerichtsherrschaft, Grundherrschaft, Leibeigenschaft, Steuern, Zehnt
Abzugsgebühr 230, 236
Ackerbürger, -städte 47, 87, 136, 147, 153 f., 159, 165 f., 169, 219, 233, 239, 244 f., 248, 252
Adel
− Legitimationskrise 50, 248, 252
− politische Lage 43–45, 52, 121, 134 f., 155, 167, 249, 345
− soziale und wirtschaftliche Lage 50, 52, 167, 236, 238, 245, 247 f., 252, 278
 − Eigenwirtschaft 137, 156, 231–234, 245 f., 252
 − Privilegien 41, 140, 166, 245, 247 f., 252
 − Rentenwirtschaft 246
 − Spekulationsgeschäfte 246
− im Bauernkrieg 18 f., 89, 114, 149 f., 152 f., 166 f., 169, 179, 193 f., 231, 249, 287, 329 f.; s. auch Schlösser
− in den Programmen der Aufständischen 75, 92, 111, 116 f., 130, 142 f., 165 f., 185, 202 f., 205, 209, 247, 249, 297–301, 306 f., 309, 311, 314–320
− nach dem Bauernkrieg 176, 325, 337, 339, 345 f.
s. auch Allmende, Fischfang, Jagd, Wald
Agrarkrise, -depression 49–53, 218, 220, 235, 252
Agrarverfassung 78, 112, 135, 221
Agrarverfassungsverträge s. Vertragliche Regelungen
Allgäu, Allgäuer Haufen 97, 100–105, 113–122, 191, 193, 206, 235, 237, 284, 289, 303, 310 f., 397, 401, 404

Register

Allgäuischer Gebrauch s. Ärgere Hand
Allmende 108, 112, 136–138, 156, 171, 175, 206, 219, 222 f., 225, 230–233, 244–246, 252, 284, 298
Allstedt, „Bund der Auserwählten" 159, 395
Almosen s. Armenpflege
Alpenländer 51, 191–214, 225, 285, 318, 395, 397 f., 400, 404, 406; s. auch Österreich, Salzburg, Schweiz
Altdorf, Kloster 81 f., 399
Altdorfer Haufen 80–82, 86–88
Altes Recht s. Recht
Amorbacher Erklärung 179, 401
Annaberg 26, 168
Ansbach s. Brandenburg
Antiklerikalismus 55, 83, 86, 92, 141, 149, 158, 161, 166, 191, 194 f., 209, 248 f., 251, 299; s. auch Kirche, – Zustand
Ärgere Hand (Allgäuischer Gebrauch) 237 f.
Armenpflege, -fürsorge, -ordnungen 52, 189, 202, 221, 229, 250, 271, 275, 298
Artikelbrief
– Schwarzwälder 74 f., 317, 401
– Zweiter Ilanzer 195, 207, 212, 394
Aschaffenburg 177, 187
Augenreich, Eberhart 341
Augsburg
– Hochstift 100, 102, 104 f., 132
– Stadt 47, 51, 54, 109, 258 f., 268, 273 f., 279, 282
  – Almosen, Fürsorge 271, 275
  – Stadt-Land-Verhältnis 270, 276, 278 f.

Baar 73, 77; s. auch Schwarzwald
Baden, Markgrafschaft 46, 90
– Markgraf Ernst 77, 96
– Markgraf Philipp 78 f., 89, 91
s. auch Markgräflerland, Hachberg

Badenweiler, Herrschaft s. Markgräflerland
Baltringer Bauern, Dörfer, Haufen 97, 105–120, 122, 283–285, 289, 310 f., 396 f.
– Beschwerden 107 f., 110, 281, 397
Bamberg
– Hochstift 134, 139–141, 146, 148–152, 229, 241, 248, 288, 399, 402, 404
  – Bischof Weigand von Redwitz 141 f., 151 f., 248
  – Domkapitel 142, 151 f., 248 f., 297
  – Staatsvorstellung (Regiment) 130, 143, 306–308
– Stadt 140–142, 147, 149, 151, 224, 399, 403
Bann, weltlicher 74, 103, 317
Barchent, -produktion s. Textilgewerbe
Basel
– Hochstift 78, 400
– Stadt 51 f., 54, 77 f., 82 f., 89, 279, 291, 336, 400
  – Stadt-Land-Verhältnis 270, 279
  – Steuerpolitik 262, 264, 266, 268
  – 2. Basler Vertrag s. Markgräflerland
Battenheim 88 f.
Bauern
– bäuerliche Gesellschaft 47, 135 f., 156, 221 f., 252, 333
– klein-, unterbäuerliche Schicht 80, 87, 135 f., 137, 141, 149, 156, 221–225, 227, 229, 242, 252, 333
– soziale und wirtschaftliche Lage 17 f., 21, 31, 50, 52, 83, 104, 135–140, 156, 210, 222 f., 241 f., 245, 251 f., 278, 333 f.

- politisch-rechtliche Stellung 47–51, 103, 132 f., 136, 156, 192, 210
- Landstandschaft 45 f., 53, 192, 194 f., 206–209, 213 f., 307 f.; s. auch Landschaft
- politisches Bewußtsein, Rechtsbewußtsein 21, 35–37, 53, 103 f., 132, 136, 156
- politische Entmündigung? 131, 133, 210, 323, 325–327, 334, 340 f., 344 f., 349

Bauernaufstände
- vor dem Bauernkrieg 13, 21, 51, 53, 55, 61, 107, 251
- nach dem Bauernkrieg 132, 326 f., 342–346

Bauernführer s. Führer
Bauernhaufen s. Haufen
Bauernkrieg
- Begriff 12, 14 f., 18, 21, 26, 61, 70, 87
- als Einheit 16, 25–28, 35
- Interpretations-, Methodenprobleme 23–37, 324–328
- als Glaubensrevolte 251
- als politische Bewegung 14–17, 19, 21 f., 143
- als soziale Bewegung 20 f., 143
- als Revolution 20–22, 74, 98, 113, 117, 302, 323
- frühbürgerliche 18 f., 30–34
- des Gemeinen Mannes 38, 191
- und Reformation s. Reformation
- Legitimation 35, 61, 65, 70, 74, 108, 111 f., 117, 251 f., 286, 289 f., 301
- als innerterritoriale Bewegung 61, 129 f., 146, 183 f., 288, 290, 308 f.
- als überterritoriale Bewegung 61, 98 f., 102 f., 113, 146, 288–291, 309–315, 320
- Todesopfer 328 f.
- Erinnerung, Nachhall 189 f., 342 f., 347–349
- in der Historiographie 11–22, 35 f., 322 f., 325–327, 340 f.

Bayern 43, 51, 104, 128, 199, 223, 234, 331
Bayreuth s. Brandenburg
Beamte, Beamtentum 44, 157, 164, 177, 181, 184, 187, 199, 211, 213, 239, 243–246, 248, 252, 272 f., 298, 311
Bede (Bete) 138, 183, 247, 259–269
Behem (Böhm), Hans 134
Ben(c)kler, Hans 71
Bergbau 157, 168, 192, 199, 202 f., 206, 209, 225 f.
- Krise 166, 226, 252
Berggemeinde 167, 192, 208, 213; s. auch Bergleute, Gemeinde
Bergleute (-arbeiter, -knappen, Gewerken)
- im Bauernkrieg 26, 159, 167–169, 192 f., 198 f., 225 f., 289, 295, 397, 402
- in den Programmen der Aufständischen 202, 208 f., 305, 307, 318
Berlichingen, Götz von 148, 151, 249, 400
Bermeter, Hans, gen. Linck 149
Bern 51, 78, 89, 273, 276 f., 400
Beschwerden, Regelung der s. Gerichtsentscheid, Vertragliche Regelungen
Besitzrecht 50 f., 112, 135, 156, 211, 223, 230, 337
Besitzwechselabgaben s. Handlohn
Bestgewand (-kleid) 237, 239
Besthaupt 48, 132, 183, 230, 237, 239
Bevölkerungsentwicklung 50, 54, 93, 136, 219–222, 233, 236, 246, 252, 329
Bibel s. Evangelium

Biberach 97, 284
Biblizismus 293
Bildhäuser Haufen 147 f., 149, 151, 171, 399
Billigkeit 68, 90 f., 105, 108, 285, 290, 320, 338 f.
Bingen 180 f., 183, 187, 190
Bitsch-Zweibrücken, Grafschaft, Grafen 63, 78 f.
Böblingen, Schlacht 128, 130, 390
Bockenheimer Haufen 92 f.
Bodengeld 138
Bodensee 220, 223 f.
Bodenseebauern s. Seebauern
Bodenstein, Andreas, gen. Karlstadt s. Karlstadt
Böhm, Hans s. Behem
Boppard 185, 188, 404
Bottwarer Haufen 123 f.
Brandenburg-Ansbach, Brandenburg-Kulmbach-Bayreuth, Markgrafschaften 134, 139, 146, 152, 232
– Landtag 150
– Markgraf Kasimir 142, 150, 152
Brandschatzung 77, 131, 175, 186 f., 330–332, 334; s. auch Schadensersatz
Braunschweig, Herzog Heinrich von 173, 186
Bregenz 113 f.
Breisach 75, 77
Breisgau 61, 75, 77–79, 89, 96, 312, 401, 404
Brenz, Johannes 93
Brixen
– Hochstift 191, 193 f., 200, 204
– Säkularisierung 205, 209, 297
– Stadt 193, 318, 401
Bruchsal 90 f., 94, 402
Bruder, christlicher 143, 181, 287, 301
Brüderliche Liebe 74, 117, 284, 296, 302, 310

Bruderschaft, christliche (evangelische) s. Christliche Vereinigung
Bucer s. Butzer
Buch, Buchdruck 54
Buchholz 168
Bundesordnung
– Memminger (Oberschwäbische) 54, 105, 115–118, 120, 310–312, 398
– Oberrheinische 105, 110, 115, 312
Bundschuh 21, 53, 82 f., 183, 318 f.
Burgen s. Schlösser
Bürger, -tum
– politisch-rechtliche Lage s. Stadt
– soziale und wirtschaftliche Lage 51 f., 135 f., 140, 155, 239–242, 247, 252, 267–272
– im Bauernkrieg s. Stadt
s. auch Ackerbürger
Butzer, Martin 56, 81, 399

Capito, Wolfgang 81, 387
Christliche Vereinigung (Bruderschaft) 64, 130, 167, 287 f., 303, 312
– Allgäu 103 f., 397
– Baltringen 108 f.
– Oberrhein 312
– Oberschwaben 100, 113–119, 121 f., 284, 310 f., 313 f., 398
– Schwarzwald 74–76
Chur
– Hochstift 191, 194 f., 198, 207, 212, 397
– Säkularisierung 195, 207, 209
– Stadt 195
s. auch Graubünden
Colmar 82 f., 396
Crailsheim 146

Demonstration, Demonstrationsmarsch 66, 70 f., 126, 192
Dienste s. Fronen
Dietrichstein, Sigmund von 199
Dinkelsbühl 146

Disentis, Kloster 212
Dorf, -gemeinde 175, 293
– Autonomie, – vs. frühmoderner Staat 21, 35, 48 f., 111 f., 136, 153, 165, 176, 182, 187, 192, 204 f., 207, 213 f., 243–245, 252, 297–299, 300, 314
– Organe, Verfassung 38, 46–49, 244, 246
s. auch Allmende, Bauern, Gemeinde, Genossenschaftliches Prinzip, Landflucht, Kommunalismus, Staatsvorstellungen
Dorfhandwerker 136, 222, 278, 280
Dorlisheim 80–82, 86, 399
Dritteil 237, 239
Duderstadt 166

Eberbach, Kloster 182 f., 189, 401
Ebersheimmünster, Haufen 81 f., 86, 88
Eck, Dr. Leonhard von 106, 148, 283
Ehe
– Beschränkung 48, 77, 108, 235 f., 239
– Freiheit 77, 102, 297
– ungenossame 236 f., 239
s. auch Heirat
Eichstätt, Hochstift 134, 140 f., 148
Eid 66, 101–102, 114 f., 117 f., 182, 310
Eidgenossenschaft s. Einung, Schweiz
Einung (Eidgenossenschaft) 103, 117
– bäuerlich-bürgerliche 97 f., 101–102, 107, 112, 115–117, 310 f.; s. auch Staatsvorstellungen
Eisenach 169, 175
Eisenhut, Anton 92, 94, 126
Ellwangen 146

Elsaß 47, 51 f., 54, 56 f., 61, 63, 75, 77–90, 93–95, 98, 186, 192, 221, 223 f., 227 f., 246, 258, 268–271, 274 f., 282, 285, 288 f., 291, 317–319, 328, 342, 396, 399 f., 402, 404
– überregionaler Zusammenschluß 87 f., 312–314, 401
s. auch Sundgau
Eltville 182, 187, 400
Empörerordnungen 210
Ensisheim 83, 88 f.
Entwaffnung 76, 95, 120 f., 175, 187, 334 f., 341, 346
Erblehen, Erbleihe 135, 211, 223
Erbrecht s. Besitzrecht
Erfurt 154 f., 166, 172 f., 282, 400
Erzgebirge 26, 225, 282
Esslingen, Reichskammergericht 69, 71, 73, 268
Evangelium (Bibel, göttliche Schrift, Wort Gottes) 12, 16, 56, 61, 67 f., 81, 86 f., 90 f., 98, 100—102, 104, 106, 109—119, 128, 143, 146, 162, 180, 184, 190, 282—294, 301 f., 311, 313—315, 320
– rein gepredigt 67, 91, 115, 124, 141, 187, 293–297
– und überterritoriale, überständische Bewegung 288–291
Ewigzinse 188

Fahnen, – im Bauernkrieg 64 f., 68, 76, 86, 102, 231, 287
Fall s. Todfall
Fallehen 223
Fehde 39, 41 f., 248
Ferdinand, Erzherzog, König 64 f., 67, 71, 79, 88 f., 96, 121, 192, 194, 201, 204, 309, 318, 344
Fernhandel 47, 160, 179, 193
Feudalismus
– feudale Strukturen 38–49; s. auch Herrschaftliches Prinzip

- Krise 218, 245, 247 f., 252
- Alternativen s. Genossenschaftliches Prinzip, Kommunalismus, Staatsvorstellungen

Feudalrente 48, 50, 203, 229
Feuerbacher, Matern 124, 126–128, 335
Fischbach, Bacchus 82
Fischfang 98, 100, 102, 108, 112, 118, 138, 171, 193, 207, 211, 231 f., 298, 337
Flößerei 231
Flugblatt, Flugschrift 54
Forchheim 140, 231, 282, 395
Forst s. Wald
Forst, Treffen zu 92 f., 186, 402
Franken 16 f., 26, 98, 100, 123, 134–153, 164, 171, 175, 177, 186, 218, 221–224, 227–234, 243, 245, 249, 258, 274, 285, 288, 290, 314, 320, 344, 395–405; s. auch Bamberg, Nürnberg, Rothenburg o. d. T., Würzburg
- Feldordnung s. Ochsenfurter Ordnung

Frankenhausen 165 f., 171–173, 401
- Schlacht 173 f., 186, 402

Frankenthal 93
Frankfurt/Main 94, 177, 179 f., 183, 188, 238, 270, 273 f., 277, 399, 404
- Artikel 179, 185, 266, 277, 399
- Steuerpolitik 180, 260, 264 f., 267

Freiburg/Breisgau 63, 75 f., 87, 269, 274, 402
Freizinser 238
Freizügigkeit (freier Zug) 236, 297
- Einschränkung 48, 51, 77, 108, 230, 235 f., 239

Friedberg 184, 400

Fronen 48, 91, 132, 137, 146, 153, 156, 175, 207, 211, 232, 233 f., 247, 298, 314, 336 f.
Frühbürgerliche Revolution s. Bauernkrieg
Frühkapitalismus s. Kapitalismus
Fugger 193 f., 226, 329
Führer 21, 87 f., 90, 147–149, 181
Fulda, Stadt und Stift 130, 164 f., 169, 177, 180 f., 185 f., 399, 401
- Artikel 164 f., 180
- Koadjutor Johann von Henneberg 164 f., 180
- Säkularisierung 165, 180, 297

Fürkauf, Verbot 276 f.
Fürsorge s. Almosen
Fürsten s. Landesfürsten
Fürstenreformation 294
Fürstenberg, Grafschaft 65, 67, 69, 77, 240, 404
- Artikel 69 f., 398
- Graf Wilhelm 78

Füssener Vertrag 403

Gaismair, Michael 192–194, 198, 200–202, 279, 402
- Erste Tiroler Landesordnung 201, 203 f.
- Zweite Tiroler Landesordnung 201–203, 317 f., 406

Gartenkultur, Gärtner 80, 87, 141, 222–224, 227, 229, 246
Gastein 198, 402
Geilweiler Haufen 92 f.
Gemeinde 46–49, 69, 203, 207, 344
- Autonomie, vs. frühmoderner Staat 21, 35, 111 f., 136, 192, 204 f., 243–245, 297–300, 314, 337, 341
- Berggemeinde s. dort
- Gerichtsgemeinde s. dort
- Ländliche Gemeinde s. Dorf
- Stadtgemeinde s. Stadt

s. auch Genossenschaftliches Prinzip, Kommunalismus, Staatsvorstellungen
Gemeindereformation 294
Gemeiner Mann 15, 17, 47, 86, 142, 146 f., 164, 208, 231, 290, 295–297, 299, 338
Gemeiner (christlicher) Nutzen s. Nutzen
Genossenschaftlich-bündischer Staat s. Staatsvorstellungen
Genossenschaftliches Prinzip, -e Strukturen 21, 35, 38—49, 243—245, 311; s. auch Kommunalismus
Gerber 87
Gerber, Erasmus 81 f., 87 f., 192
Gerechtigkeit s. Recht, Rechtspflege
Gerichtsentscheid (Rechtsweg, ordentliches oder Schiedsgericht) 61, 66—69, 71, 73, 101—104, 106, 109, 111, 119, 121 f., 132, 287 f., 320, 339 f.; s. auch Untertanenprozesse, Vertragliche Regelungen
– Reformatoren als Richter 118 f., 146, 288, 303
Gerichtsgemeinde 182, 208, 300
Gerichtsherrschaft 43, 45, 48, 108, 219
– Abgaben, Folgen 146, 233
Gerichtswesen s. Rechtspflege
Getreidepreis 50 f., 83, 222, 226 f., 242, 267–269
Gewandfall s. Bestgewand
Gewässer 231 f., 244, 252, 284
Gewerken s. Bergleute
Geyer, Florian 148, 315
Gleichen, Grafschaft 154, 167
Goslar 166
Gotteshausbund s. Graubünden
Gotteswort, Göttliche Strift s. Evangelium
Göttliches Recht s. Recht

Graubünden 78, 191 f., 194 f., 198, 202–204, 206–210, 212 f., 397, 403, 406
– Zweiter Ilanzer Artikelbrief 195, 206 f., 212, 406
Grauer Bund s. Graubünden
Grießen, Schlacht 79, 95, 405
Großterritorien, – und Bauernkrieg 130, 218, 288–291, 297 f., 300 f., 308 f., 337 f.; s. auch Bauernkrieg, als innerterritoriale Bewegung
Grundherrschaft 43, 45, 48, 50 f., 108, 135–137, 156, 213, 219, 223, 230, 278, 333
– Abgaben, Dienste 108, 112, 136 f., 139, 146, 156, 211, 226–229, 233; s. auch Gülten
Guldenzoll 138
Gülten (Grundzinsen) 100, 112, 116, 136, 139, 161, 180, 182 f., 188, 195, 211, 214, 226–228, 241, 242, 252, 298, 314

Hachberg, Herrschaft 75
Häcker 219, 224, 242
Hagenau 54, 82, 90
Halbteil 237–239
Hall/Tirol 193
Halle 166
Hallstadt, Bauernlager 149–151
Hanau 184
Hanau-Lichtenberg, Grafschaft 63, 79, 348
– Grafen 78 f., 342
Handel 47, 160, 171, 179, 183, 193, 202, 209, 211, 277 f.
Handlohn 136 f., 211, 229
Handwerk, Handwerker 47, 49, 155, 158, 180, 202, 246, 278; s. auch Dorfhandwerker
Harz 157 f.
Hattgau 342
Hauenstein, Grafschaft 64, 66, 71,

73, 79 f., 95, 395 f., 405; s. auch
St. Blasien
- Artikel 66 f., 397
Haufen 17, 92, 97
- Organisation 87, 104, 106 f.,
114–117, 126 f., 303 f., 313
- Selbstverständnis 104, 287, 304
- im genossenschaftlich-bündischen Staat 117, 310, 314
Hauptrecht s. Besthaupt
Hegau 61, 66–68, 70 f., 73, 76, 79,
82, 98, 104 f., 120, 123, 284,
317, 396, 399
Hegauer Artikel 76 f., 79, 404
Heggbach, Kloster 106, 283
Heidelberg 90, 93–95, 151
Heilbronn 274, 279, 399
Heilbronner Versammlung (Bauernparlament) 146, 179, 258, 314
- Beratungsplan 14, 146, 314, 320
Heiligenstadt 166
Heiligenstein 80
Heirat
- Abgabe 236
- Beschränkung s. Ehe
- Erlaubnis 236
- freie s. Ehe
Helbling, Hans 105
Henneberg, Grafschaft 167, 231
- Graf Johann, Koadjutor 164 f.
- Graf Wilhelm 142, 151, 167,
169, 174
Herbitzheimer Haufen 82, 88
Herkommen s. Recht, altes
Herrenalb 90
Herrschaftliches Prinzip, -e Strukturen 21, 35, 38–49, 69, 182,
243–245; s. auch Feudalismus,
Staat, frühmoderner
Hersfeld, Stift 165, 169, 177, 180 f.,
185 f., 400
Hessen, Landgrafschaft 43, 177,
185 f., 189, 348, 403

- Landgraf Philipp 164, 169, 171,
173, 185 f., 188 f., 337, 400 f.
Hilzingen, Schlacht 76, 404
Hipler, Wendel 19, 249, 314, 319–
321
- Beratungsplan 14, 146, 314, 320
Hohentwiel 66, 77
Hohnstein, Grafschaft 154, 167
Holznutzung, -rechte s. Waldnutzung, -rechte
Hubmaier, Balthasar 64, 79
- Verfassungsentwurf (unter den
Papieren II.s gefunden) 75, 317
Hugshofen, Haufen 81
Huldigung
- der Bauern 76, 79, 120, 175,
187–189, 201, 337
- der Herren 287
Humpis, Hans Jacob, von Senftenau 114
Hundezins 137, 232
Hundshaber 137
Hundslager 137, 232
Hurlewangen, Dietrich 114
Hussiten, -kriege 39
Hut, Hans 162
Hutten, Ulrich von 220
Hüttenwesen 157, 206, 226;
s. auch Bergbau

Ilanz, Zweiter Ilanzer Artikelbrief s. Artikelbrief, Graubünden
Inflation 227, 240, 256, 272
Ingolstadt, Schlacht 94, 147, 152,
186, 403
Innsbruck 192
- Landtag März 1525 398
- Landtag Mai 1525 (Sonderlandtag für Nordtirol) 192
- Landtag Juni/Juli 1525 194, 201,
204, 211, 403
Ittenweiler 81
Ittingen, Kloster 395

Jagd, -rechte 98, 100, 102, 108, 112, 118, 137, 150, 171, 207, 211, 231 f., 298, 337
Jagdfronen 137, 232 f.
Jehle, Kunz (Konrad), zu der Nidernmülly 80, 95
Joachimsthal 168, 225
Juden, Judenhaß 83, 86, 180, 228

Kaiser 38–43, 346
– in den Programmen der Aufständischen 129 f., 318–321
Kaiserslautern 93
Kaiserstuhl 75
Kapitalismus 30, 51, 245
– Frühkapitalismus 51 f., 157, 180, 224, 226, 233
Karl V., Kaiser 42, 320
Karlstadt, Andreas 140, 179, 396
Kempten
– Stift 97, 100 f., 105, 131, 237 f., 288, 348
– Stadt 100, 109, 123
s. auch Memminger Vertrag
Kestenholz, Schlacht 77, 88, 291, 328, 402
Kirche (Klerus)
– Zustand, – in den Augen der Zeitgenossen 12, 14, 55, 86, 140, 157, 182, 184, 248, 250–252, 296, 298 f.; s. auch Antiklerikalismus
– Privilegien 184, 245–248, 252
– wirtschaftliche Betätigung, Lage 83, 137, 156, 181, 231 f., 234, 245–248, 252
– im Bauernkrieg 18, 86, 92 f., 119, 140, 147, 149, 150 f., 157, 163–166, 169, 171, 175, 179, 181–183, 193 f., 245, 248, 251, 298, 329 f.
– in den Plänen, Programmen der Aufständischen 74 f., 90 f., 111, 116, 141–143, 157, 161, 165–167, 179, 181, 184 f., 191, 195, 202, 205–209, 248, 297, 299, 306 f., 309, 314 f., 318; s. auch Pfarrerversorgung, Pfarrerwahl, Staatsvorstellungen
– Säkularisierung 91, 141 f., 150, 157, 163–165, 167, 171, 179 f., 183, 189, 194 f., 203, 205, 207, 209 f., 297, 306, 319, 325, 345
– nach dem Bauernkrieg 176, 189, 325, 329 f., 338, 345
Kirchenglocken 77, 346
Kirchenkritik s. Antiklerikalismus, Kirche
Kitzingen 152, 258, 271, 395
Klauengeld 138
Kleeburger Haufen 82 f., 87
Kleinterritorien, – und Bauernkrieg 218, 252, 288–291, 300, 309–314, 336 f., 346; s. auch Bauernkrieg, – als überterritoriale Bewegung
Klerus s. Kirche
Klettgau 67 f., 70 f., 77, 79, 98, 284 f., 288, 397 f.
Klöster s. Kirche
Knappen s. Bergleute
Koblenz 185
Kolbenhaufen 82 f., 93
Köln
– Erzbischof 95
– Stadt 47, 279, 343
Kommunalismus 46, 49, 300; s. auch Genossenschaftliches Prinzip
Kommunikation 53–55, 63
Konfliktregulierung s. Gerichtsentscheid, Untertanenprozesse, Vertragliche Regelungen
Königshofen, Schlacht 94, 147, 152, 186, 403
Konstanz, Stadt 57, 105, 282
Konsumsteuern s. Ungeld
Korporativ-bündischer Staat s. Staatsvorstellungen
Kraichgau 92, 94, 401
Kredit 83, 228, 333

Kriegssteuer s. Reissteuer
Kulmbach s. Brandenburg
Kurfürsten 40, 53
- rheinische 342

Land (Territorium) 38, 43–46;
s. auch Staat, frühmoderner
- Landesfürst, -herr 38–46, 48 f.,
  53, 55; s. auch Staat, frühmoderner
  - im Bauernkrieg 17 f., 28, 73,
    167 f., 210, 295; s. auch einzelne Territorien
  - in den Plänen der Aufständischen s. Staatsvorstellungen
  - als Sieger des Bauernkriegs
    187–190, 325, 337, 339 f.,
    345 f.; s. auch Staat, frühmoderner, Strafen
- Landessteuern s. Steuern
- Landschaft 45, 101, 105, 116–
  118, 122, 124 f., 126 f., 129–131,
  133, 182 f., 195, 199, 208, 306–
  308, 310 f., 316
- Landstände, Landständische Verfassung 38, 43–46, 192, 195,
  208 f., 308; s. auch Ständestaat
- Landstandschaft 45, 124, 129,
  199, 206
  - der Bauern 45 f., 53, 192,
    194 f., 206–209, 213 f., 307 f.
- Landständisch/landschaftlich
  verfaßter Staat s. Staatsvorstellungen
- Landtag 45 f., 129 f., 193,
  205 f., 208 f., 308
  - im Bauernkrieg 92, 125, 126,
    150 f., 192–194, 199, 201, 211,
    213, 337, 398
Landau 92 f.
Landflucht 50 f., 235 f.
Landfriede 43, 116, 310
Landsknechte 50, 118, 188, 220,
303

Landwirtschaft
- Aufschwung 220, 234, 252
- Krise 49–53, 217
Langensalza 165, 173, 344
Laß 48, 66
Laudemium s. Handlohn
Leibeigenschaft 43, 48, 66, 135,
156, 219, 234–239, 279
- Abgaben, Dienste, Folgen 48,
  51, 146, 217, 221, 233, 235–239
- Intensivierung 51, 100, 235–237,
  252
- und Territorialpolitik 238
- Klagen über, Aufhebung verlangt 26, 70, 98, 100, 102, 108,
  110, 112 f., 217, 235, 283 f.,
  297 f., 301, 314
- Erleichterungen 77–79, 132, 336
Leibfähige Güter 223
Leibhennen 237
Leibherrschaft s. Leibeigenschaft
Leibschilling 237
Leibsteuer 237
Leiherecht s. Besitzrecht
Leinengewerbe, -produktion
s. Textilgewerbe
Leiningen, Grafschaft 92
Leipheim, Schlacht 73, 119 f., 398
Leubas 101, 103 f.
Limburg/Lahn 184 f., 188, 402,
404
Lohnarbeiter 52, 225; s. auch
Tagelöhner
Lohnentwicklung 51, 222, 226,
241, 271
Lothringen 82, 86, 88
- Herzog Anton 77, 82, 88, 94,
  186
Lotzer, Sebastian 109 f., 115, 118,
120, 281–284, 303, 312
Lupfen, Sigmund von s. Stühlingen
Lupfstein, Schlacht 88, 328, 402
Luther, Martin 53, 55 f., 157, 184
- Theologie 55 f.
- zu Staat und Obrigkeit 56, 158

- Anhänger (Lutheraner) 141, 148, 153, 155, 182, 185, 187
- und Müntzer 158, 160, 162, 294
- und Bauernkrieg 11–20, 119, 168, 174, 283 f., 294 f.
s. auch Reformation

Mainz
- Erzstift 43, 95, 177, 179, 183, 187–190, 401
  - Oberstift 177, 187 f., 403
- Stadt 94, 180–183, 186 f., 189, 400, 404
  - Artikel 181, 183
s. auch Eichsfeld, Erfurt, Rheingau
Mainz-Kastel 183, 402
Malsch 90
Mansfeld, Grafschaft 154 f., 159, 167 f.
- Graf Albrecht 171 f.
- Graf Ernst 159 f., 165, 172, 174
Marburg 180, 185, 189
Marienberg 168
Markgräflerland 46, 61, 75, 291, 336, 401, 404
- Staatsvorstellung (Regiment) 130, 306–308, 311
- 2. Basler Vertrag 77–79, 336, 404
Martinszell, Vertrag 336
Matten, Hans in der (Mattenhans) 95, 342
Maursmünster 82
Maximilian I., Kaiser 39, 42, 206, 265
Meiningen, Grafschaft 169
Melanchthon, Philipp 93, 119
Memmingen 57, 61, 98, 105, 109, 274, 281, 287
- Bauern, Dörfer 108–110, 130, 296
  - Beschwerden, Eingabe 109 f.
- Stadt-Land-Verhältnis 278
- Tag zu 113–118, 303, 310, 312, 398
Memminger Bundesordnung s. Bundesordnung
Memminger Vertrag 131, 336, 348, 406
Meran
- Artikel 193 f., 204, 206, 211 f., 403
- Landtag 193 f., 403
Metzger 87
Michelsberg, Kloster 227, 229, 233, 248
Miltenberg 146, 320
Miltenberger Vertrag 179, 401
Mißernten 83, 136 f., 139, 156, 227 f., 246, 252, 275
Mitteldeutschland 218, 225 f., 233 f.; s. auch Thüringen
Mittelrhein 177–190, 399–404
Modernisierungstheorie 30, 32
Molsheim 81, 86
- Tag zu 87, 312, 401
Montfort, Grafen 120, 331
Mortuarium s. Todfall
Mühlhausen/Thüringen 154, 156, 160–166, 169, 171–175, 284, 395–398, 402
Mülhausen/Elsaß 82 f.
Müller, Hans, von Bulgenbach 64, 67, 71, 73, 77
Münstertal 66
Müntzer, Thomas 12, 16, 19, 56, 154, 157–175, 186, 192, 284, 294, 316, 395–397, 400 f., 403
- Lehre, Schriften 157–159, 161–163, 395
- und Luther s. Luther
Münzreform 240 f.
Münzverschlechterung 252

Nachsteuer 230
Naturrecht 98, 339
Nebenerwerb 222, 224 f., 252, 278

Neckartal-Odenwälder Haufen
141 f., 146, 151, 177, 183, 185,
290, 314, 321, 398–400
Neuburger Haufen 81, 86–88
Neu-Karsthans 251
Neustadt a. d. Weinstraße 92
Neustift, Kloster 193
Neuweilnau 184
Niederwalluf 197
Niklashausen, Pfeifer von
s. Behem, Hans
Nordhausen 154, 165, 172
Nördlingen, Steuerpolitik 260,
263, 268
Nürnberg 47, 54, 134, 147 f., 151–
153, 162 f., 224, 240, 258, 273 f.,
279, 282, 342 f., 395
– Almosen, Fürsorge 52, 271, 275
– Landgebiet 52, 136, 140, 147,
279, 395
– Reformation 57, 140, 147 f.
– Stadt-Land-Verhältnis 270, 276,
279
– Steuerpolitik, Haushalt 260–268
Nußdorfer Haufen 93
Nutzen
– gemeiner 90 f., 117, 157, 163,
183, 202, 205, 296 f.
– gemeiner christlicher 74, 296,
302

Oberdeutsche Reformatoren
(„Christliche Humanisten") 56,
294
Oberdorf, Tag zu 101 f.
Oberehnheim 83
Oberkircher Haufen 78
Oberpfalz 231, 345
Oberrhein, -lande 61–96, 105, 163,
218, 224, 227, 235, 258, 284, 312,
318, 337, 395–406
Oberrheinische Bundesordnung
s. Bundesordnung
Oberschwaben 26, 54, 61, 73, 82,
86, 97–123, 130–133, 191, 217 f.,
220–224, 228 f., 231–233, 235 f.,
243, 281, 284 f., 288, 290, 309–
312, 314, 318, 337, 396–406
Oberschwäbische Bundesordnung
s. Bundesordnung, Memminger
Oberschwäbische Landesordnung
118, 310
Oberwesel 185, 188, 342, 404
Ochsenfurter Ordnung (Feldord-
nung) 148, 400
Ochsenhausen, Kloster 105, 233,
237
Odenwälder Haufen s. Neckartal-
Odenwälder Haufen
Offenburg 77
– 2. Offenburger Vertrag 79, 89,
404
Öffentlichkeit 49, 53–55
Ortenau 61, 78, 95, 399
– nördliche 78 f., 291
– südliche 75
Osiander, Andreas 119
Österreich 51, 76, 128, 198, 201,
210, 220, 346
– Niederösterreich 224, 230, 234
– Oberösterreich 191, 224
– Schwäbisch-Österreich, Steier-
mark, Tirol, Vorarlberg, Vor-
derösterreich s. dort
s. auch Ferdinand, Erzherzog
Ostheim, Schlacht 151, 401
Otthera, Johann von 175
Öttingen, Grafen 146

Pacht, Pachtzinsen 223, 228
Pässler, Peter 193
Peasant-society-Theorie 30, 32
Pest 49, 51, 219 f., 236
Pfäfers, Kloster 195, 397
Pfaffenhaß s. Antiklerikalismus
Pfalz (Kurpfalz), Kurfürstentum
43, 61, 87, 91–95, 98, 177, 288,
290 f., 400–402
– Landtag 92
– Pfalzgraf Friedrich 338, 345 f.

– Pfalzgraf Ludwig 90–95, 151, 186–188, 402 f.
Pfarrer 116, 118
– Versorgung 102, 111, 115, 182, 202 f., 297–299
– Wahl 110 f., 113, 115, 141, 180–182, 203, 205, 207, 251, 293, 297–299
Pfeddersheim 92, 94
– Schlacht 94, 187 f., 403
Pfeiffer, Heinrich 161–163, 165 f., 172, 175, 396, 403
Philippsburg s. Udenheim
Pinzgau 198 f., 402
Polizei, gute 44, 46, 188
Pongau 198 f., 402
Prädikanten 57, 98, 157, 161, 182, 281, 293
Prättigau 194 f., 198, 201
Predigt, lautere s. Evangelium

Radolfzell 71, 75 f., 105, 404
Radstatt 201, 406
Rappertsweiler 97, 113
Ravensburg 120, 223
Realteilung 136, 221, 223
Rebellion, bäuerliche s. Bauernaufstände
Rebleute 82 f., 87, 182, 228
Recht
– Altes Recht, Herkommen 21, 35, 61, 65, 68, 70, 74, 101, 108, 213, 285 f., 288–290; s. auch Billigkeit
– Göttliches Recht, göttliche Gerechtigkeit 20 f., 35, 68, 74, 90, 97 f., 100 f., 104, 106, 108–110, 114, 116–119, 128, 130, 140, 143, 162, 182, 199, 251 f., 284–293, 296, 302 f., 311, 315, 317, 320, 339; s. auch Evangelium
Rechtsgelehrte 243, 306, 309
Rechtspflege, Rechtsprechung, Klagen über – 70, 103, 112, 161, 183, 205 f., 208 f., 211, 213, 243, 320

Rechtssicherheit als Forderung 112, 124, 297, 301
Rechtsweg s. Gerichtsentscheid, Untertanenprozesse
Reformation, reformatorische Bewegung 55–57
– Verbreitung 83, 150, 155, 160, 167, 181, 185 f.
– und Bauernkrieg 11–21, 31, 35, 81, 83, 86, 98, 104, 118 f., 140 f., 146–148, 153, 157–164, 175, 179, 181 f., 187 f., 203, 206, 209, 217, 251, 291–295, 299, 303, 327, 344, 346 f.
– Reformatoren als Richter s. Gerichtsentscheid
– nach dem Bauernkrieg 148, 153, 175, 188, 327, 344
s. auch Fürstenreformation, Gemeindereformation, Luther, Müntzer, Oberdeutsche Reformatoren, Täufer, Zwingli
Reichskammergericht 41 f., 69, 71, 73, 320, 339, 341 f., 398
Reichskreise 42, 338, 346
Reichsreform 39–43
Reichsreformentwurf, -programm s. Staatsvorstellungen
Reichsregiment 42 f., 339
Reichsritter, Aufstand 43, 139, 167, 181, 185 f., 249
Reichssteuern 40 f., 138, 252, 320, 346
Reichstag 39–42, 45
– und Bauernkrieg 338–340, 342
Reichsstadt s. Stadt
Reissteuer 138 f., 239, 241 f.
Rekognitionszins, -abgabe 235, 237
Renchener Vertrag 78 f., 336, 348, 402
Rheingau 94, 180–184, 186–188, 337, 400 f., 404
– Artikel 182, 187, 400 f.
– Landesordnung 187, 337
Richter s. Beamte

Ries 146, 150 f., 224, 230
Roboten s. Fronen
Rohrbach, Jäcklein 126, 279, 397 f.
Rothenburg o. d. Tauber 134, 138, 140, 146, 230, 242, 279, 288, 315, 396, 398
Rötteln, Herrschaft s. Markgräflerland
Rottweil 73

Saarland 83, 93
Sachsen, Herzogtum, Kurfürstentum 45, 140, 154 f., 160, 167, 172, 175, 220, 222, 280, 332, 343
- Herzog Georg 155, 160, 164, 167, 173, 175, 186
- Kurfürst Friedrich der Weise 55, 155, 159, 164, 171
- Kurfürst Johann 155, 159, 164, 171, 174 f.
Säkularisierung s. Kirche
Salamanca, Gabriel von 194, 243
Salza s. Langensalza
Salzburg
- Erzstift 191, 198–201, 209, 213 f., 241, 290, 295–297, 342, 344, 402 f., 406
  - Erzbischof Matthäus Lang 191, 198 f., 208 f., 306, 342
  - Artikel 198 f., 208 f., 306 f., 403
  - Landschaft 198 f., 208, 306 f.
  - Landständische Verfassung 46, 192, 209, 308
  - Landstandschaft der Bauern 46, 208 f., 213 f.
  - Landtage 46, 208 f.
    - im Bauernkrieg 1525/26 199, 213, 337
  - Knappen 198 f., 295
  - Staatsvorstellung (Regiment) 26, 30, 204, 208 f., 300, 306 f., 311, 318
  - Empörerordnung 210
- Mandat November 1526 213, 337
- Stadt 198
  - Artikel 198 f., 208, 306 f., 403
St. Blasien 66 f., 70 f., 73, 80, 95, 236 f., 395–397, 406; s. auch Hauenstein, Grafschaft
St. Gallen, Stadt und Stift 78, 191, 273, 400
St. Trudpert 66, 396
Sausenberg, Herrschaft s. Markgräflerland
Schadensersatz 77, 95 f., 152 f., 175, 187, 331–334
- Folgen für die bäuerliche Wirtschaft 153, 332–334
s. auch Brandschatzung
Schaffhausen 65, 77 f., 89, 400
Schafzucht 137, 156, 232, 245 f.
Schappeler, Christoph 98, 109, 115 f., 118, 281, 283 f.
Schatzung s. Steuer
Schellenberg, Herren von 65, 69
Scherweiler, Schlacht 77, 88, 291, 328, 402
Schladming, Schlacht 199, 404
Schlettstadt 82 f.
Schlick, Grafen von 168
Schlösser (Burgen), - im Bauernkrieg 74 f., 92 f., 116, 119, 149 f., 165 f., 171, 175, 193, 202, 232, 245, 300, 329 f.
- Schlösserartikel 74 f., 116 f., 142, 202, 249, 300, 311
Schmid, Jörg, gen. Knopf 101
Schmid, Ulrich, von Sulmingen 106 f., 109, 115, 118, 120, 283, 285, 289, 303
Schönau, Talvogtei 66 f.
Schöntal, Kloster 399
Schwaben 43, 100, 123, 218, 221, 224, 229, 258; s. auch Oberschwaben

Schwäbisch Hall 93, 261, 263, 268, 272, 279
Schwäbisch-Österreich 46, 211
Schwäbischer Bund 43, 103, 241
– als Klageinstanz, Schiedsrichter, Vermittler 101, 106 f., 109, 113, 115, 118 f., 121, 397
– militärisches Eingreifen 73, 77, 79, 94, 106, 120–122, 127 f., 151 f., 186, 199–201, 403, 406
– Strafaktionen 76 f., 131, 148, 152, 186 f., 330–334
– nach dem Bauernkrieg 337, 339, 342, 346
Schwanhausen, Johann 140 f.
Schwärmer 12, 14, 17, 20 f.
Schwarzacher Haufen 78, 81
Schwarzburg, Grafschaft 154 f., 167, 171 f.
Schwarzwald 61–80, 82, 98, 104, 120, 123, 163, 231, 235–237, 240, 285, 288 f., 399
– Christliche Vereinigung s. dort
– Schwarzwälder Artikelbrief s. Artikelbrief
Schwaz 26, 192, 225, 397
Schweiz, -er Eidgenossenschaft 66, 78, 88 f., 117, 201, 208, 210, 220, 279, 311, 317, 319, 400, 403; s. auch Basel, Bern, Chur, Graubünden, St. Gallen, Schaffhausen, Solothurn, Thurgau, Zürich
Schweinfurt 134, 403
Schwurgemeinschaften, bäuerliche 97 f., 100–102, 107, 112; s. auch Einung
Seebauern 73, 97, 113–121, 284, 303, 310 f., 398
– Artikel 115
Sickingen, Franz von 43, 139, 181, 249
Sippel, Hans 169
Solothurn 78, 88 f., 400
Sonderkulturen 223 f.

Sonthofen, Tag zu, Vereinigung 100 f., 397
Speyer
– Hochstift 61, 90–92, 400
– Bischof Georg 90 f.
– Domkapitel 91, 297
– Säkularisierung 91, 297
– Stadt 91, 94, 224, 270, 282, 400
– Reichstag 1526 338–341
Staat, frühmoderner, – vs. Gemeindeautonomie 21, 35, 43–46, 103, 136, 139, 155, 182, 218, 239–243, 245, 249, 252; s. auch Beamte, Herrschaftliches Prinzip
– und Bauernkrieg 21, 35, 139, 143, 182, 217, 241–243, 245, 249, 252
– Alternativen s. Staatsvorstellungen
– als Sieger des Bauernkriegs 153, 176, 187–189, 325, 345; s. auch Landesfürst
Staatsvorstellungen (Verfassungspläne der Aufständischen) s. auch Genossenschaftliches Prinzip
– Genossenschaftlich/kommunal/korporativ-bündischer Staat 26, 100, 117, 122, 305, 309–316; s. auch Einung
– Landständisch/landschaftlich verfaßter Staat 26, 100, 127, 129 f., 143, 198 f., 208 f., 300, 304–309, 314–316; s. auch Landschaft, Landstände
– Reichsreformpläne 14–17, 19, 21, 146, 320 f.
– Reichsunmittelbarkeit (Vertreibung der alten Obrigkeiten mit Ausnahme des Kaisers) 316–319
– Gaismair, Hubmaier, Müntzer s. dort
s. auch Graubünden, 2. Ilanzer Artikelbrief
Stadt 38, 40–43, 45–49, 51 f., 54, 111, 219–221

- Almosen s. dort
- Autonomie, – vs. frühmoderner Staat 48 f., 136, 155, 177, 243–245, 252; s. auch Genossenschaftliches Prinzip
- Verfassung, Verfassungsentwicklung 47 f., 177, 256 f., 272–275, 280, 346
- Haushalt, Steuerpolitik 256–272, 280
- Innerstädtische Opposition, Unruhen 13, 55, 82 f., 146 f., 161, 240, 251 f., 254, 256, 258 f., 263
- im Bauernkrieg 18 f., 21, 71, 75, 83, 87, 119, 121, 124–126, 128, 146–148, 154, 165 f., 169, 177, 179–187, 193, 195, 198 f., 219, 257, 274 f., 280, 289; s. auch einzelne Städte
  - Ziele, in den Programmen der Aufständischen 142, 161, 166, 171, 177, 181, 184 f., 208, 280, 298, 305–311, 313
- nach dem Bauernkrieg 153, 175 f.
s. auch Ackerbürger, Bürger
Ständestaat 43, 45, 130, 193, 208, 328
Steiermark 191, 199, 234
Stephansfelder Haufen 82, 87 f.
Steuern 40 f., 45 f., 138 f., 141, 143, 146, 153, 171, 175, 180, 202, 217, 230, 239–243, 245–248, 250, 252, 258–272, 280, 320, 346
Stockach 105
- Landgericht 66–68, 73, 104
Stolberg
- Grafschaft 154, 167, 171
- Stadt 158
Strafen nach dem Bauernkrieg
- Aberkennung von Privilegien 175, 187, 189
- Ausweisung 152 f., 187
- Blendung 152

- Brandschatzung s. dort
- Entwaffnung s. dort
- Freiheitsstrafen 131
- Geldstrafen, individuelle 131, 187, 334 f.
- Schadensersatz (Kollektivzahlungen) s. dort
- Todesstrafen, Hinrichtungen 77, 80, 88, 94, 120, 131, 151 f., 175, 187, 328, 334
- Urfehde s. dort
Straßburg
- Hochstift 63, 77 f.
- Stadt 47, 51 f., 54, 63, 77–83, 224, 258, 270, 274, 282
  - Almosen, Fürsorge 271, 275
  - Reformation, Reformatoren 56 f., 81, 83
  - Steuerpolitik 268 f.
Strukturveränderungen, langfristige 218–226
Stühlingen, Landgrafschaft 63–71, 74, 77, 395 f., 404
- Artikel 69 f., 398
- Graf Sigmund von Lupfen 63 f., 69
Stürzelbronn 82
Stuttgart 126, 400
Sulz, Graf Rudolf von 68, 397
Sundgau 77, 82 f., 86, 88 f., 291, 312, 317, 405

Tagelöhner 136, 149, 153, 222, 225
Tauberbischofsheim 187
Taubertaler Haufen 142, 146, 290 f., 398
Täufer 56, 153, 162
Teichwirtschaft 231, 233, 245
Telfs 193
Territorium s. Land, Groß-, Kleinterritorien
Territorialstaat, frühmoderner s. Staat
Territorialstaatlich-herrschaftli-

ches Prinzip s. Herrschaftliches Prinzip
Teuschlin, Dr. Johann 140
Textilgewerbe 224 f., 233 f., 236, 278; s. auch Wollproduktion
– Krise 224 f., 242, 252
Thurgau 78, 397, 400
Thüringen 154–177, 218, 221–224, 229 f., 232, 234, 245, 249, 274, 282, 284, 288, 315, 395–403
Tiengen 64 f., 71
Tirol 26, 191–194, 198, 200 f., 205 f., 225, 234, 243, 282, 288, 397 f., 401–403
– Artikel 193 f., 204 f.
– Empörerordnung 210
– Landesordnung 204, 206, 209, 211, 277, 337, 403
– Landständische Verfassung 130, 192, 209, 308
– Landstandschaft 46, 192, 194, 206, 209
– Landtage im Bauernkrieg 192–194, 201, 204, 211
– Staatsvorstellung 205, 209, 297 f., 300 f., 308 f., 318
s. auch Gaismair, Michael
Tirschenreuth, Vertrag 336
Todfall 48, 66, 77, 100, 102, 108, 112, 230, 235, 237, 239
Todtnau, Talvogtei 67
Triberg, Herrschaft 344
Trient, Hochstift 191, 193 f.
– Säkularisierung 205, 209, 297
Trier
– Erzstift 43, 185
  – Erzbischof Richard von Greiffenclau 94 f., 185 f., 188
– Stadt 185, 188, 401
Truttenhausen 81
Tübinger Vertrag 138 f.

Überlingen 66, 113, 268, 287
Udenheim 91

Ulm 51 f., 101, 105, 109, 119, 268 f., 273, 278 f.
Ungeld 138, 183, 214, 240, 246, 258–270, 272
Untertanenprozesse 341 f.
Urbanisierung 219
Urfehde 334 f.

Verbrauchssteuern s. Ungeld
Verfassungsentwurf s. Hubmaier
Verfassungspläne s. Staatsvorstellungen
Vermögenssteuer s. Bede
Vertragliche Regelungen 65, 77–79, 89, 91, 102, 105 f., 113, 119, 133, 151, 194, 199, 210, 287, 290, 303, 336–338; vgl. auch Gerichtsentscheid
Villingen 67, 71, 74–76, 273, 396
Vöhrenbach 74 f.
Vorarlberg 104, 191, 211, 234
Vorderösterreich 46, 63, 211
– Regierung zu Ensisheim 88 f.

Wachenheim 92
Wässerzins 230
Wald (Forst)
– Bannung durch die Herren 138, 206, 230 f., 244, 252
– Kommerzialisierung 231, 233, 245
– Freiheit gefordert 171, 231
– Rückgabe an die Gemeinden 112
Waldordnung 230
Waldnutzung, -rechte 108, 112, 137 f., 171, 206, 230 f.
Waldweide 230
Waldburg, Truchseß Georg von 73, 94, 120 f., 127, 132, 186, 336, 406
Waldkirch 75
Waldsassen, Stift 309, 336, 345 f.
Waldshut 64–66, 68–71, 79 f., 95, 274, 317, 395, 405

Wehrsteuer s. Reissteuer
Weide 171, 252
Weihsteuer 138 f., 241
Weinbau 206, 223 f., 242
Weingarten, Kloster 114, 120 f., 227, 236 f.
Weingartener Vertrag 73, 120–122, 399
Weinsberg 73, 123, 127, 129, 131, 133, 399
Weinsberger Haufen 123 f.
Weißenburg/Elsaß 81–83, 94 f., 404
Werratal 165, 168, 399, 401
Werrahaufen 169, 171 f.
Westerburg, Dr. Gerhard 179
Wetterau 184
Wetzel, Heinrich 89
Wetzlar 180, 184, 400
Weygandt, Friedrich 146, 258, 319–321, 401
Widerstandspflicht, -recht 316 f.
Wiesbaden 183 f., 189
Windsheim 134, 258
Winterstetten, Bernhard Schenk von 127
Winzer s. Rebleute
Winzingen 92
Wohlfahrtsleistungen s. Almosen
Wöhrd, Bauer von 395
Wollproduktion 232 f., 246; s. auch Textilgewerbe
Worms, Stadt 94, 183, 282
Wort Gottes s. Evangelium
Wunderer, Hans 126, 128
Wunnenstein 123 f., 126
Württemberg, Herzogtum 67, 73, 94, 123–131, 222, 288, 290 f., 335, 399–402
– Herzog Ulrich 43, 66, 73, 109, 128, 139, 241
– Landschaft 124, 126 f., 129–131
– Landtag 46, 124, 126, 129 f., 307
– Städte 123–126, 129
– „Verfassungsentwurf", Staatsvorstellung 130, 306–308, 315, 401
Wurzach, Schlacht 73, 120, 399
Würzburg
– Hochstift 94, 138–141, 146, 148, 152, 241 f., 245, 288, 332, 338, 398, 405
– Bischof Conrad von Thüngen 142, 151 f., 332
– Bischof Rudolf von Scherenberg 134
– Landtag 151, 242
– Staatsvorstellung (Regiment) 47, 130, 142 f., 306–308, 311
– Stadt 94, 134, 146–149, 151 f., 186, 258, 274, 282, 315, 401–403

Zabergäuhaufen 126
Zabern 82
– Schlacht 77, 88, 186, 291, 317, 328, 402
Zehngerichtebund s. Graubünden
Zehnt, Zehntverweigerung 100, 102, 111, 113, 116, 136 f., 140 f., 143, 181 f., 195, 207, 211 f., 228 f., 251 f., 297 f., 337 f., 395, 397
– Kommunalisierung 111, 182, 202 f., 229, 297
Zell, Matthäus 81, 399
Ziegler, Clemens 80
Ziegler, Nikolaus, Herr zu Barr 80
Zinsen, Boden- s. Gülten
Zinsen, Kapital- 180, 182
Zinser 238
Zoll 183, 258
Zug, freier s. Freizügigkeit
Zürich 51 f., 56 f., 66–68, 71, 78 f., 88 f., 202, 276, 278, 282 f., 397, 400
Zwickau 158, 282
Zwickauer Propheten 158
Zwingli, Huldrych 56, 98, 109, 119, 198, 292, 294

Zwölf Artikel 35, 98, 117, 229, 338
- Argumentation und Inhalt 111–113, 238, 251, 282–284, 286, 290, 315
- Druck 54, 113, 282, 398
- Entstehung 105, 110, 281, 284, 312, 397
- Übernahme, Verbreitung 78 f., 81, 86 f., 90 f., 93, 113, 125, 128, 132, 164–166, 169, 179–182, 186, 218, 234 f., 282, 290 f.

UTB FÜR WISSENSCHAFT

Auswahl Fachbereich
Geschichte

Isenmann: Die deutsche Stadt
im Spätmittelalter 1250-1500
UTB-GROSSE REIHE
(Ulmer). 1988. DM 68,--

33 Pirenne: Sozial- und Wirtschaftsgeschichte Europas im Mittelalter
(Francke). 6. Aufl. 1986. DM 17,80

119/120 Haberkern/Wallach: Hilfswörterbuch für Historiker 1/2
(Francke). 7. Aufl. 1987.
jeder Band DM 24,80

460 Bleicken: Die Verfassung der Römischen Republik
(Schöningh). 5. Aufl. 1989.
DM 21,80

461 Sprandel: Verfassung und Gesellschaft im Mittelalter
(Schöningh). 3. Aufl. 1988. DM 22,80

838/839 Bleicken: Verfassungs- und Sozialgeschichte des Römischen Kaiserreiches Bd. 1/2
(Schöningh). 3. Aufl. 1989./
2. Aufl. 1981. DM 24,80/19,80

930 Menger: Deutsche Verfassungsgeschichte der Neuzeit
(C. F. Müller). 7. Aufl. 1990.
DM 22,80

1151 Zimmermann: Das Papsttum im Mittelalter
(Ulmer). 1981. DM 22,80

1170 Faber/Geiss: Arbeitsbuch zum Geschichtsstudium
(Quelle & Meyer). 1983. DM 29,80

1181 Blickle:
Die Reformation im Reich
(Ulmer). 1982. DM 17,80

1251 Hoensch: Geschichte Polens
(Ulmer). 2. Aufl. 1990. Ca. DM 29,80

1330 Bleicken:
Die athenische Demokratie
(Schöningh). 2. Aufl. 1988.
DM 26,80

1332 Gründer: Geschichte der deutschen Kolonien
(Schöningh). 1985. DM 28,80

1398 Müller (Hrsg.):
Der deutsche Widerstand
(Schöningh). 2. Aufl. 1990. DM 22,80

1422 Schulze: Einführung in die Neuere Geschichte
(Ulmer). 1987. DM 26,80

1426 Kunisch: Absolutismus
(Vandenhoeck). 1986. DM 25,80

1551 Habel/Göbel:
Mittellateinisches Glossar
(Schöningh). 1989. DM 22,80

1552 Niedhart: Internationale Beziehungen 1917-1947
(Schöningh). 1989. DM 24,80

1553 Opgenoorth: Einführung in das Studium der neueren Geschichte
(Schöningh). 1989. DM 25,80

1556 Klueting: Das konfessionelle Zeitalter 1525-1648
(Ulmer). 1989. DM 39,80

Preisänderungen vorbehalten.

Das UTB-Gesamtverzeichnis erhalten Sie bei Ihrem Buchhändler oder direkt von UTB, 7000 Stuttgart 80, Postfach 80 11 24.

UTB FÜR WISSENSCHAFT

Auswahl Fachbereich
Wirtschafts- und Sozialgeschichte

Isenmann: Die deutsche Stadt
im Spätmittelalter 1250–1500
UTB-GROSSE REIHE
(Ulmer). 1988. DM 68,--

33 Pirenne: Sozial- und Wirtschaftsgeschichte Europas im Mittelalter
(Francke). 6. Aufl. 1986. DM 17,80

145 Henning: Die Industrialisierung
in Deutschland 1800 bis 1914
(Schöningh). 7. Aufl. 1989. DM 21,80

337 Henning: Das industrialisierte
Deutschland 1914 bis 1986
(Schöningh). 6. Aufl. 1988. DM 25,80

398 Henning: Das vorindustrielle
Deutschland 800 bis 1800
(Schöningh). 4. Aufl. 1985. DM 19,80

774 Henning: Landwirtschaft und
ländliche Gesellschaft in
Deutschland 1
(Schöningh). 2. Aufl. 1988. DM 24,80

894 Henning: Landwirtschaft und
ländliche Gesellschaft in
Deutschland 2
(Schöningh). 2. Aufl. 1985. DM 19,80

1267 Cipolla/Borchardt (Hrsg.):
Europäische Wirtschaftsgeschichte 1
Mittelalter
(Gustav Fischer). 1983. DM 22,80

1268 Cipolla/Borchardt (Hrsg.):
Europäische Wirtschaftsgeschichte 2
16. und 17. Jahrhundert
(Gustav Fischer). 1983. DM 28,80

1315 Cipolla/Borchardt (Hrsg.):
Europäische Wirtschaftsgeschichte 3
Die Industrielle Revolution
(Gustav Fischer). 1985. DM 29,80

1316 Cipolla/Borchardt (Hrsg.):
Europäische Wirtschaftsgeschichte 4
Die Entwicklung der industriellen
Gesellschaften
(Gustav Fischer). 1985. DM 32,80

1339 Grosser (Hrsg.):
Der Staat in der Wirtschaft der
Bundesrepublik
(Leske). 1985. DM 29,80

1369 Cipolla/Borchardt (Hrsg.):
Europäische Wirtschaftsgeschichte 5
Die europäischen Volkswirtschaften
im 20. Jahrhundert
(Gustav Fischer). 1986. DM 32,80

1378 Rothermund: Indiens wirtschaftliche Entwicklung
(Schöningh). 1985. DM 29,80

Preisänderungen vorbehalten.

Das UTB-Gesamtverzeichnis erhalten Sie bei Ihrem Buchhändler oder
direkt von UTB, 7000 Stuttgart 80,
Postfach 80 11 24.